Nova Lei Antitruste Brasileira

Nova Lei Antitruste Brasileira

AVALIAÇÃO CRÍTICA, JURISPRUDÊNCIA, DOUTRINA E ESTUDO COMPARADO

2017

Roberto Domingos Taufick

ALMEDINA

NOVA LEI ANTITRUSTE BRASILEIRA:
AVALIAÇÃO CRÍTICA, JURISPRUDÊNCIA, DOUTRINA E ESTUDO COMPARADO

COORDENADORES: Roberto Domingos Taufick
DIAGRAMAÇÃO: Almedina
DESIGN DE CAPA: FBA
ISBN: 978-858-49-3204-7

Dados Internacionais de Catalogação na Publicação (CIP)
(Câmara Brasileira do Livro, SP, Brasil)

Taufick, Roberto Domingos
Nova lei antitruste brasileira : avaliação
crítica, jurisprudência, doutrina e estudo
comparado / Roberto Domingos Taufick. – São Paulo :
Almedina, 2017.
Bibliografia.
ISBN: 978-85-8493-204-7
1. Direito antitruste – Brasil 2. Direito
antitruste – Legislação – Brasil 3. Direito da
concorrência – Legislação – Brasil 4. Direito
econômico – Legislação – Brasil I. Título.
17-03435 CDU-347.733(81)

Índices para catálogo sistemático:

1. Brasil : Direito antitruste 347.733(81)

Este livro segue as regras do novo Acordo Ortográfico da Língua Portuguesa (1990).

Abril, 2017

EDITORA: Almedina Brasil
Rua José Maria Lisboa, 860, Conj.131 e 132, Jardim Paulista | 01423-001 São Paulo | Brasil
editora@almedina.com.br
www.almedina.com.br

Ao Haydn, por ter-me tornado um ser humano melhor. À minha filha Melissa, por resgatar-me de mim mesmo, trazer-me paz de espírito e fazer-me conhecer o amor incondicional. À minha esposa Ana Luiza, por compartilharmos tudo na vida e apreciar, como só ela, as conquistas que obtemos a conta-gotas. Aos meus pais, por não terem vacilado no caminho ao meu lado.

NOTA DO AUTOR

A ideia de toda nova edição honesta é atualizar e aprimorar a anterior. O meu trabalho de atualização iniciou assim que saiu a edição original. O principal objetivo foi complementar a parte doutrinária com os materiais a que vinha sendo exposto. O segundo foi tentar tornar a linguagem mais fluida e rever posicionamentos. O terceiro foi selecionar estritamente os julgados que trouxessem mudanças de entendimento do Conselho Administrativo de Defesa Econcômica e que me auxiliassem no propósito de ter uma obra mais completa.

Desde 2012 tive a satisfação de ver este livro, como nenhum outro contemporâneo que verse sobre concorrência, constar da bibliografia de cursos ministrados por renomadas faculdades de direito e economia do país, incluindo as faculdades de direito da Universidade de São Paulo e das Universidades Federais do Rio Grande do Sul, Santa Catarina e Minas Gerais e o Instituto de Economia da Universidade Federal do Rio de Janeiro. Trata-se, aliás, da única obra sobre a nova lei lançada tempestivamente com um único autor, como me lembrou o jornalista Juliano Basile, à época do seu lançamento. Talvez por ter sido o único livro antitruste a reunir a dupla qualificação de ser publicado assim que foi publicada a Nova Lei Antitruste Brasileira e demonstrar preocupação marcante com a adaptação dos técnicos do Cade ao novo diploma legal, tive, ainda, a satisfação de ver grande parte das recomendações trazidas na edição anterior acolhidas por aqueles que elaboraram o novo regimento interno do Cade, como antecipava Sérgio T. Felicori em resenha ao meu livro para a Revista de Políticas Públicas e Gestão Governamental. Ademais, este livro, assim como artigos meus, têm sido citados amiúde em pareceres do Ministério Público Federal.

Desde os idos de 2012 tive, também, a oportunidade de, juntamente com o meu ex-chefe e sempre bom amigo Marcelo de Matos Ramos, conceber o Programa Nacional de Promoção da Concorrência do Ministério da Fazenda, baseado nas ideias que havia exposto ao Cade anos antes – tendo sido, ainda, selecionado pelo então Secretário de Acompanhamento Pablo Santos para elaborar o seu material didático em direito da concorrência. Foi também Pablo Santos quem, após a leitura do prefácio à edição anterior, encarregou o meu amigo (e seu chefe de gabinete) Ricardo Faria para implementar o meu projeto de traduzir para o português obras seminais do antitruste. Infelizmente, após meses de reuniões com possíveis interessados, esse projeto não teve prosseguimento por conta da confluência e dois fatores: o desinteresse das editoras comerciais e públicas e a falta de orçamento da Seae para subsidiar a publicação.

Nesse interregno foi outro grande amigo – Marcelo Amorelli – quem me trouxe, às portas do Ministério da Fazenda, prestes a partir para o aeroporto para o seu doutorado *sandwich* no King's College London, a notícia de que o professor Thiago Marrara havia defendido a sua livre docência na Universidade de São Paulo e, tendo usado a edição anterior deste livro, afirmara que se tratava, na sua opinião, do melhor livro de comentários à nova lei. Foi também Marrara quem, tendo apreciado a edição original desta obra, trouxe-me para a Almedina.

Ainda no *intermezzo* entre as duas edições, AnaLu e eu fomos agraciados com a nossa filha Melissa, perdemos o nosso amado Mozart e, por motivos conhecidos pelos mais próximos, deparei-me com a necessidade de fechar o meu blogue. Em Stanford, por onde estive entre 2014 e 2015, tive a gratificante experiência de ver o meu livro exposto meses a fio na Crown Library, ao mesmo tempo em que recebia de Doug Melamed, autor com Guido Calabresi do artigo seminal de Law & Economics *One View of the Cathedral*, o reconhecimento público pelo meu conhecimento em antitruste. Por fim, integrei, entre o último trimestre 2015 e o primeiro de 2016, o quase-último time da Seae, dirigido por Paulo Correa, até a sua temporária absorção gerencial pela Secretaria de Política Econômica do Ministério da Fazenda. Tive uma breve, mas prolífica passagem pela Assessoria Econômica do Mnistério do Planejamento, retornando à Seae na gestão de Mansueto Almeida.

Após esses anos, não posso deixar de agradecer às pessoas com quem aprendi antitruste na academia – Richard Whish, Mark Lemley, Calixto

Salomão Filho, Francisco Todorov, Barbara van Schewick –, assim como àquelas cujas discussões ou convivência contribuíram para o resultado desta edição, em particular Douglas Melamed, Einer Elhauge, Engrácia Antunes, Mike Shore, Alden Abbott, Elizabeth Piotrowski, Krisztian Katona, Mitch Polinsky, Tom Rubin, Sergio Lazzarini, Mariana Pargendler, César Mattos, Marcelo Ramos, Luiz Prado, Paulo (Furquim de) Azevedo, Paulo Correa, Mansueto Almeida, Pedro Miranda, Angelo Duarte, Ivo Gico, Lilian Hanania, Sergio Aquino, Tatiana Britto, Marcelo Amorelli, Nathalia Foditsch, Thiago Marzagão, André Ribeiro, Patricia Cabral, Sergio Felicori, João Aurélio Braga, Thiago Marrara, Leonardo Chagas, Pablo Santos, Jorge Arbache, Luiz Esteves, Ricardo Faria, Pricilla Santana, Breno Carneiro, Leopoldo Pagotto, Juliana Domingues, Eduardo Gaban, Bruno Salama, Paulo Lilla, Fabiana Bacchi, Matthieu Bonvoisin, Alvaro Fomperosa, Shawn Miller, Rafael Rios, Bruna Araújo, Denis Guimarães, Adriano Costa, Allan Cruz, Caio Mario Neto, Ricardo Botelho, Crístian Faustino e Rogério Gonçalves.

Por fim, o que talvez devesse ter dito no começo. Este não é um livro de comentários, pura e simplesmente. Ele foi originalmente pensado como um livro texto. Os comentários não se restringem à matéria dos dispositivos – tentei, pelo contrário, dispersar entre os 128 artigos da Nova Lei Antitruste Brasileira os principais conhecimentos que tinha para compartilhar sobre a matéria. Por isso, recomendo vivamente que a sua leitura seja feita, metodicamente, de uma capa à outra.

APRESENTAÇÃO

A Lei 12.529/2011, a "lei da concorrência" ou a "lei do CADE", teve um trâmite razoavelmente longo, que se iniciou com o Projeto de Lei nº 3.936, de 2004, do Deputado Carlos Cadoca. A este projeto foi apensado o Projeto de Lei nº 5.877, de 2005, de autoria do Poder Executivo que contemplava um escopo bem mais amplo de mudanças, incluindo uma racionalização administrativa da política de concorrência no Brasil.

Tive a oportunidade de acompanhar todas as fases do trâmite desta legislação. Primeiro, assessorando, na Câmara dos Deputados, o relator (Deputado Ciro Gomes) e o presidente da Comissão Especial (Deputado Vignati) que foi montada especificamente para tratar destes projetos. Segundo, como conselheiro do CADE entre 2008 e 2010, fui algumas vezes ao Senado para tratar do tema. Terceiro, assessorei o relator (Deputado Pedro Eugênio), na Câmara dos Deputados, das emendas do Senado ao Substitutivo aprovado na primeira casa legislativa. Isto me permitiu uma visão privilegiada de toda a evolução do debate dentro do Congresso Nacional.

Mas o maior privilégio foi ter tido a oportunidade de trabalhar com o autor desta obra, Roberto Taufick, no CADE. Dada a minha formação de economista, era fundamental contar com um profissional tão completo como ele na equipe de meu gabinete. Naquele momento, entre 2009 e 2010, Taufick já contava com este livro praticamente completo com base na redação do Substitutivo da Câmara, apenas faltando as emendas do Senado e a sua confirmação (ou não) pela Câmara dos Deputados, o que ocorreu em 2011.

Assim como outros livros de comentários a legislações, Taufick recorre de forma sistemática a decisões de vários tribunais, aos princípios e dispositivos de outras legislações, como Código Penal, Processo Penal, Civil, Processo Civil, entre outras, para interpretar a lei de concorrência. Para além destas fontes mais tradicionais, Taufick procura resgatar, de forma particularmente meticulosa, o chamado "espírito do legislador", apontando vários trechos do relatório do projeto de lei no Congresso. Isto permite um entendimento direto das motivações originais do legislador em várias passagens da lei.

Além disso, os comentários à lei de concorrência de Roberto Taufick são muito mais do que apenas comentários à nova lei, pois incorporam, de forma muito competente, duas peculiaridades fundamentais sobre a matéria "defesa da concorrência". Primeiro, é uma das áreas do direito mais influenciadas pela doutrina e jurisprudência internacionais. De fato, os casos discutidos em outras jurisdições são muito frequentemente utilizados nas decisões tomadas no âmbito do CADE.

É muito frequente nesta área a elaboração de Diretrizes por parte das autoridades antitruste estrangeiras que vão balizar os critérios e métodos utilizados na análise de casos concretos. Taufick apresenta um conhecimento muito amplo do universo destes documentos, especialmente os publicados pela Federal Trade Commission e Departamento de Justiça nos EUA, além daqueles veiculados pela Comunidade Europeia. De fato, não se entende legislação de concorrência sem um conhecimento bastante sólido dessas várias fontes internacionais de doutrina.

Segundo, a análise econômica tem um papel preponderante no antitruste, fazendo com que o Tribunal Administrativo do CADE tenha esta característica, considerada às vezes meio exótica pelos advogados, de ser compartilhado entre advogados e economistas. Mais do que isto, ambos devem dar opiniões que requerem tanto conhecimentos jurídicos como econômicos.

Nesse contexto, Roberto Taufick transita de forma exemplar nos dois lados dessas duas dimensões. Estudou muito e viveu no CADE e na SEAE a doutrina e jurisprudência nacionais, e com seu incansável esforço de pesquisa adquiriu profundo conhecimento do que acontece no plano internacional. Ao mesmo tempo é um daqueles "advogados híbridos" que está totalmente à vontade com o argumento econômico.

O leitor poderá desfrutar, em especial, das finas análises econômica e de doutrina antitruste internacional realizadas no art. 36 da Lei que traz a descrição das condutas potencialmente anticompetitivas tratadas pelo CADE. Há uma visão equivocada de juristas da área de que o papel da teoria econômica seria mais relevante na análise de atos de concentração do que em condutas. A análise do art. 36 da Lei 12.529/2011 realizada por Taufick deixa absolutamente clara a necessidade de se aportar um denso argumento econômico na avaliação das condutas, com farta citação de literatura econômica nacional e internacional como embasamento. Mesmo em cartéis em que se verifica maior resistência à incorporação da análise econômica no CADE, o trabalho de Taufick traz referências de literatura econômicas de suma importância, como o relatório feito pelo recente prêmio nobel Jean Tirole sobre a economia da colusão tácita para a Comissão de Concorrência europeia em 2003.

Esta soma de competências de Taufick foi fundamental para a elaboração de um livro de legislação concorrencial comentada no Brasil que acaba por se tornar, nas palavras do próprio autor em nota a esta edição, um livro texto (que consideramos imprescindível) na matéria. É simplesmente impossível comentar uma lei de concorrência desconsiderando o contexto internacional e/ou negligenciando o argumento econômico, sem descuidar ainda daqueles elementos de remissão a outras legislações e ramos do direito administrativo, civil e penal que devem obrigatoriamente constar de uma legislação comentada deste tipo.

Enfim, recomendo fortemente o livro de Roberto Taufick tanto para economistas como para advogados. Para economistas é uma verdadeira aula de direito em geral, inclusive para além da esfera do antitruste. Para advogados, é um tratado sobre uma área do direito cada vez mais importante do ramo mais geral do direito econômico. O conhecimento da área do direito da concorrência, de fato, alavanca de forma significativa a capacidade do profissional/aluno de transitar também pelos direitos regulatório, societário, financeiro, dentre outros.

O livro de Taufick, nesse contexto, apresenta os argumentos econômico e jurídico de forma amigável para, respectivamente, advogados e economistas. Nesse sentido, constitui uma oportunidade ímpar para ambos travarem contato com uma área que está, mais do que qualquer outra, na intersecção do direito e economia. De fato, o direito da concorrência constitui o exemplo mais bem acabado da revolução causada pela chamada “análise econômica do direito”, o que torna o livro de Taufick uma contribuição imprescindível para todos os interessados nesta área.

César Mattos
Doutor em Economia, ex-conselheiro do Cade

APRESENTAÇÃO

Comentários representam obras fundamentais a juristas, administradores públicos e outros profissionais que lidam com o direito quotidianamente, mas uma tortura para os escritores! Não é à toa que existem tão poucos livros do gênero dignos de menção. Para os que se atrevem a escrevê-los, duas dificuldades centrais se impõem: a necessidade de exaustão da análise e o conhecimento interdisciplinar.

Existem comentários por aí, é verdade, cujo autor abertamente escolhe os artigos, parágrafos ou incisos que deseja ou não abordar. Comenta uns, ignora outros e o leitor fica a se perguntar por que a obra leva o nome de comentários. Alguns chegam a ponto de consignar que o texto legal sequer suscita indagações ou dúvidas a merecer debate, como se o legislador inserisse certos dispositivos para decorar as leis! Essas obras entram no gênero dos "comentários seletivos".

Outros, em pior conduta, adotam a técnica da "lei em prosa". Eis o falso comentarista, que transcreve simples e descaradamente o texto legal com sutis inversões da ordem das palavras ou poucos sinônimos – isso quando não decide copiar literalmente o que redigiu o legislador. Este tipo, a meu ver, é pior que o comentarista seletivo. Além de não agregar conhecimento, desperdiça tempo e recursos financeiros dos leitores, além de muito papel.

Um comentário ideal guia-se pela exaustão da análise. Ao comentarista cabe refletir sobre a problemática que todos os artigos, parágrafos, incisos e alíneas da lei comentada são capazes de ocasionar. Cabe-lhe apresentar as interpretações possíveis do dispositivo legal, seus fundamentos e eventualmente jurisprudência relacionada, mandamentos análogos de leis passadas e referências ao direito estrangeiro.

Não é por outra razão que me alegro de apresentar a nova edição dos comentários de Roberto Taufick à Lei de Defesa da Concorrência. Como autor talentoso, corajoso e cuidadoso, Taufick se preocupa em oferecer ao leitor uma visão crítica e ampla dos inúmeros dispositivos da Lei, inclusive mediante comparações com o direito estrangeiro.

Mas não é só isso. Sua obra revela grande domínio técnico tanto sobre questões jurídicas de natureza econômica (que constituem o chamado direito concorrencial material) quanto de natureza administrativa (o chamado direito concorrencial organizacional, processual e contratual). Isso se deve a sua ampla e longa experiência de atuação em órgãos do SBDC, como o CADE e a SEAE, e a um rico e sólido currículo acadêmico, incluindo várias publicações, especializações em direito da concorrência, em políticas públicas e gestão governamental, além de passagens pela Federal Trade Comission nos Estados Unidos.

A formação e a experiência lhe permitiram dar cabo de comentar de modo sério e profundo as dezenas de dispositivos da LDC e, ao mesmo tempo, superar o segundo desafio que se impõe a qualquer comentarista: o domínio de conhecimentos interdisciplinares. Assim como a realidade, a lei não se divide em caixas, em gavetas. As disciplinas jurídicas, repartições acadêmicas úteis para fins pedagógicos e científicos, misturam-se no texto legal, exigindo do comentarista real (não do seletivo, nem do copiador) esforços para entender as normas sob diversas perspectivas disciplinares.

Em especial, a Lei de Defesa da Concorrência de 2011 dificulta a vida daqueles que pretendem comentá-la pela alta carga de normas de direito administrativo e, mais que isso, pelo intenso contraste dessas normas com as do superado modelo da lei de 1994. O que mudou realmente no direito concorrencial brasileiro não foi a sua disciplina econômica ou material. A caracterização jurídica da conduta infrativa à ordem econômica e a noção geral de concentração permanecem iguais (embora a lei atual tenha, respectivamente, alterado em poucos aspectos o rol exemplificativo de condutas anticoncorrenciais diante do que constava do modelo anterior e tenha explicitado os meios jurídicos de instrumentalização da operação concentrativa).

A grande mudança do SBDC ocorreu, de fato, no plano da Administração Pública e de sua disciplina jurídica. Mais que todas as leis anteriores, o diploma de 2011 assumiu o papel de um código administrativo da defesa da concorrência. Apenas para ilustrar o que se assevera, com a nova legislação, buscou-se: reforçar o CADE como autarquia regulatória intersetorial; dotá-lo de maior suporte técnico e amplos poderes instrutórios; enxugar o SBDC com a absorção das tarefas da SDE pela SG (órgão interno do CADE); reduzir a influência ministerial sobre os processos (conscientemente ou não); democratizar o processo administrativo diante dos vários interesses difusos que ele afeta; repensar o diálogo do CADE com as agências de regulação setorial; tornar mais transparentes as modalidades processuais e suas respectivas funções; redimensionar o controle de concentrações; valorizar por reflexo o controle de condutas (apesar de reduzir as sanções administrativas por infração concorrencial) e aprimorar a sistemática dos acordos concorrenciais.

Isso evidencia que, para se comentar a Lei de Defesa da Concorrência, não basta dominar os conceitos de cartel, de preço predatório ou de outras condutas, nem as teorias sobre as modalidades e os efeitos das concentrações econômicas. Enquanto a Administração Pública assumir o protagonismo da política concorrencial no Brasil, será preciso mais para explicar toda a complexidade do sistema e, sobretudo, para enxergar os problemas e as lacunas da legislação. Para se comentar a LDC, é fundamental conhecimento interdisciplinar, somado a experiência de longa data com a Administração, seus processos administrativos, peculiaridades e limitações organizacionais.

Os fatores que elevam os comentários de Roberto Taufick – como atestará o leitor – ao posto de obra de referência do direito concorrencial brasileiro residem justamente nessa prolífica soma: seriedade acadêmica, conhecimentos interdisciplinares e inquestionável familiaridade com o funcionamento administrativo do SBDC.

THIAGO MARRARA
Professor de Direito Administrativo da USP na FDRP
Livre-docente pela USP. Doutor pela Universidade de Munique (LMU)

PREFÁCIO[1]

Foi com entusiasmo que recebi o pedido de Roberto Taufick para que escrevesse o prefácio para a nova edição de Nova lei Antitruste Brasileira, cuja edição original foi publicada em 2012 e alcança agora a sua reedição.

Conheci Roberto em 2009, em minha primeira viagem ao Brasil, quando passei uma semana em contato com muitos membros da comunidade de advogados, economistas e autoridades brasileiras dedicadas à defesa da concorrência. Impressionou-me muito o entusiasmo e o profundo conhecimento que Roberto nutria acerca da lei e da política de defesa da concorrência. Foi, de fato, um prazer encontrar um número tão grande de jovens brasileiros com boa formação, interessados em fazer parte do desenvolvimento desta matéria tão relevante.

O desenvolvimento do direito da concorrência pelo mundo tem sido verdadeiramente notável. Quando comecei a estudar o assunto – há muito mais tempo do que gostaria de reconhecer! – havia menos sistemas de defesa da concorrência, relevantes, ou não, do que temos de dedos em nossas mãos. Hoje há cerca de 130 leis de defesa da concorrência em vigor, em todas as partes do mundo e em todo tipo de economia – desenvolvida, ou em desenvolvimento; industrial, ou agrícola; aberta ao comércio, ou fechada; grande, ou pequena. Acima desses regimes situam-se a OCDE, a UNCTAD, a ICN e vários outros órgãos supranacionais. A velocidade das mudanças tem sido empolgante e muito tem sido aprendido por muita gente em um período curto de tempo. Entre as peças essenciais de qualquer regime legal bem-sucedido está a necessidade de um ambiente acadêmico saudável, professores comprometidos e literatura capaz de explicar a lei e a política que não são, de modo algum, de simples aprendizado para o neófito; é, também, vital, portanto, ter

[1] Traduzido do original pelo autor.

acesso a comentários acerca do desenvolvimento da lei, na medida em que decisões são emanadas pelas autoridades concorrenciais e jurisprudência emerge dos tribunais.

Tive o ânimo afetado em algumas partes do mundo que visitei, ao testemunhar o quão moroso esse processo pode, às vezes, ser. Felizmente não se trata de crítica que eu possa estender ao Brasil. De fato, para o observador externo, o Brasil rapidamente se firmou como um dos regimes concorrenciais que merece muita atenção: não apenas por força da jurisprudência em formação, mas também pela literatura acadêmica associada.

Sinto-me extremamente feliz de que Roberto tenha produzido uma nova edição do seu livro. Não surpreende – ao contrário, deve ser louvado – que ela venha cerca de quatro anos após a primeira. A lei desenvolve-se depressa e precisa estar refletida na literatura assim que possível. Como autor, não é cômodo trazer uma nova edição do meu livro com David Bailey a cada três anos; ainda assim, acredito que, em particular em uma matéria que evolui com tamanha rapidez, ela é necessária.

Recomendo este livro para quem quer que esteja interessado no regime concorrencial em desenvolvimento no Brasil e congratulo Roberto pela publicação.

RICHARD WHISH, QC (Hon)
Professor Emérito de Direito

SUMÁRIO

Lei nº 12.529, de 30 de novembro de 2011

Estrutura o Sistema Brasileiro de Defesa da Concorrência; dispõe sobre a prevenção e repressão às infrações contra a ordem econômica; altera a Lei nº 8.137, de 27 de dezembro de 1990, o Decreto-Lei nº 3.689, de 3 de outubro de 1941 – Código de Processo Penal, e a Lei nº 7.347, de 24 de julho de 1985; revoga dispositivos da Lei nº 8.884, de 11 de junho de 1994, e a Lei nº 9.781, de 19 de janeiro de 1999; e dá outras providências.

V. nota ao art. 36, §3º, XVI.

TÍTULO I – Disposições gerais

CAPÍTULO I – Da finalidade

Art. 1º Esta Lei estrutura o Sistema Brasileiro de Defesa da Concorrência – SBDC e dispõe sobre a prevenção e a repressão às infrações contra a ordem econômica, orientada pelos ditames constitucionais de liberdade de iniciativa, livre concorrência, função social da propriedade, defesa dos consumidores e repressão ao abuso do poder econômico. Parágrafo único. A coletividade é a titular dos bens jurídicos protegidos por esta Lei.

"A Constituição Federal vigente estabelece a diretriz de que 'a lei reprimirá o abuso do poder econômico que vise à dominação de mercados, à eliminação da concorrência e ao aumento arbitrário dos lucros'. Vê-se, portanto, que o poder econômico é tido como um dado estrutural da própria ordem econômica, a qual incrimina somente o abuso, deixando espaço para o exercício de tal poder de forma regular, desde que observados os ditames dessa mesma ordem econômica. Como salienta Fábio Konder Comparato, a economia moderna está prestes a liquidar por completo a noção clássica de mercado, na qual este, através de sua estrutura atomística, seria orientado em favor do consumidor. A situação de monopólio – prossegue – seria uma anomalia, uma verdadeira aberração. Hoje, ao contrário reconhece-se o fato de os mercados serem formados por decisões de empresas dotadas de poder econômico: 'O poder econômico, portanto, é a regra, e não a exceção'. José Afonso da Silva e Eros Roberto Grau mencionam o posicionamento de Farjat, para quem 'fenômenos como os acordos, as posições dominantes, as práticas restritivas e as concentrações não são, em si mesmos, fenômenos patológicos, mas constituem, ao contrário, uma realidade fundamental do novo Estado Industrial – a ordem privada econômica'. (...)

A liberdade de iniciativa empresarial, portanto, porque inserida no contexto constitucional, há de ser exercitada não somente com vistas ao lucro, mas também como instrumento de realização da justiça social – da melhor distribuição de renda – com a devida valorização do trabalho humano, como forma de as-
ART. 1º segurar a todos uma existência digna. Assim, o lucro não se legitima por ser mera decorrência da propriedade dos meios de produção, mas como prêmio ou incentivo ao regular desenvolvimento da atividade empresária, segundo as finalidades sociais estabelecidas em lei. (...)Nas palavras de Comparato, todavia, 'não significa, escusa dizê-lo, que doravante toda companhia se transforme em órgão público e que tenha por objetivo primordial, senão único, o vasto interesse público. Mas significa que não obstante a afirmação legal de seu escopo lucrativo (...), deve este ceder o passo aos interesses comunitários e nacionais, em qualquer hipótese de conflito. A liberdade individual da iniciativa empresária não torna absoluto o direito ao lucro, colocando-o acima do cumprimento dos grandes deveres de ordem econômica e social, igualmente expressos na Constituição'. (...)

Dentro dessa perspectiva, tendo-se limitado a análise antitruste ao campo da iniciativa empresarial, o autor do abuso do poder econômico, em última instância, será sempre o controlador da empresa, pouco importando a forma pela qual exerça tal controle, seja por meio de controle societário interno, seja através de técnicas de controle externo, que não derivem dos direitos de sócio ou acionista.

O poder econômico será exercido, destarte, através do poder de controle empresarial, o qual, por sua vez, é um poder-dever ou um direito-função. Afirmar-se que o controlador deve dar à empresa destino que seja compatível com sua função social é dizer que o titular do poder econômico decorrente de tal controle deve observar essa mesma função. Daí a afirmação magistral de Fábio Konder Comparato de que 'o poder econômico é uma função social, de serviço à coletividade'."

[BRUNA, Sérgio Varella. **O poder econômico e a conceituação do abuso em seu exercício**. São Paulo: Editora Revista dos Tribunais, 1997. PP. 129/130; 141/144]

O art. 1º, como não poderia deixar de ser, estabelece os pilares que, para o legislador, devem orientar a análise antitruste. Trata-se de uma lista que combina liberdades franqueadas aos agentes econômicos com prerrogativas de intervenção pelo poder público, sempre que o abuso daquelas implique a interferência em um valor coletivo maior. Basicamente, uma liberdade pode estar sendo objeto de abuso sempre que um agente incorporar, irregularmente, um bem que é comum como se privado fosse; ou, em outras palavras, quando se reputar que a fruição aparentemente regular dessa liberdade demande a imposição de limites específicos com o fim de garantir o bem coletivo. A supremacia da coletividade está garantida pelo parágrafo único.

A lógica de análise, porém, nem sempre é tão simples: os valores apregoados no *caput* podem conflitar entre si. A liberdade de iniciativa pode, não raramente, alijar outros agentes econômicos do mercado. O caso mais claro dessa oposição ocorre na **inovação predatória**. Nessa situação, a liberdade de inovar encontra limites (i) no poder de mercado do predador; (ii) nos custos que terão de ser incorridos pelos agentes econômicos afetados (habitualmente, os concorrentes); (iii) na incapacidade de esses mesmos concorrentes arcarem com esses custos; e (iv) na negativa de o inovador vender/garantir o acesso ao objeto da inovação pelo valor compensatório; (v) na incapacidade de a nova prática ser mais lucrativa que a anterior enquanto os concorrentes não forem alijados do mercado (prova do *animus nocendi* e *recoupment*); (vi) na capacidade de o agente aumentar os seus preços, de maneira sustentada, a patamares superiores aos anteriores à predação; (vii) na ausência de benefícios líquidos ao consumidor após o alijamento dos concorrentes do mercado. Conforme se pode perceber, o único fator que, efetivamente, corrobora a necessidade de punir o agente é a constatação da predação [(v)-(vii)], dado que a inovação, em si, seria bem sucedida se gerasse benefícios líquidos ao consumidor. Para predação, v. art 36, §3º, III e referências ali presentes. ART. 1º

Outro ponto crescentemente sensível na análise concorrencial é a relevância do **poder de mercado** para a punibilidade do agente econômico. O pressuposto da análise concorrencial é, como regra, o poder de mercado detido individualmente, ou por uma coletividade de atores agindo de forma conjunta, pois, sem ele, a prática perpetrada costuma não gerar efeitos anticompetitivos. Em outras palavras, sendo possível, em relativamente curto período de tempo, que os consumidores de determinado mercado (ignorados os consumidores não representativos – como regra, por serem quantitativa e qualitativamente poucos, de tal sorte a não haver mais motivo para a tutela difusa instrumentalizada pelo antitruste) deixem de recorrer ao produto/serviço de determinado agente econômico, ou conjunto de agentes econômicos, migrando para o seus concorrentes, torna-se possível acreditar que esse mesmo agente/conjunto de agentes é incapaz de impor prejuízos concorrenciais à ordem econômica por meio dessa mesma atividade; nesse caso, o agente/conjunto de agentes não detém poder de mercado. Em outras palavras, o poder de mercado é a capacidade de um agente, unilateral ou coordenadamente, (A) aumentar preços na venda e/ou (B) reduzir (i) preços na compra,
ART. 1º (ii) quantidade produzida, (iii) qualidade, (iv) variedade de produtos ou serviços e/ou (v) o ritmo das inovações.

O poder de mercado não se confunde com a participação de mercado. A **participação de mercado (*market share*)** nada mais é que a fotografia ou medição da situação do consumo de um produto/serviço em um dado momento. Ela só define quem está vendendo mais (análise do quantitativo vendido), ou quem está ganhando mais (análise da qualidade econômica das vendas, ou seja, do total faturado). Mas não aponta qual o grau de fidelidade da clientela, ou, em outras palavras, a **elasticidade-preço**[2] para o produto de determinado agente econômico. Tampouco aponta para as **barreiras à entrada** de outros concorrentes naquele mercado. Dito de outro modo, um monopolista (100% de *market share*) pode não

[2] A elasticidade-preço mede a reação do consumidor à variação dos preços. Se a demanda reduzir-se proporcionalmente acima do aumento de preços, ela é elástica (sensível) à variação de preços. Se houver equivalência, a demanda é inelástica (indiferente) à variação de preços. Se a demanda reduzir-se proporcionalmente abaixo do aumento de preços, ela é pouco elástica (pouco sensível) à variação de preços. Quanto maior a elasticidade-preço (ou elasticidade preço-demanda), menor a fidelidade do consumidor e maior a dificuldade de encontrar um agente com poder de mercado.

deter poder de mercado, se, ao elevar substancialmente os preços e sustentar essa condição, houver significativa entrada no mercado por parte de outros agentes econômicos.

Embora uma elevada participação de mercado não implique, necessariamente, poder de mercado, ela costuma ser considerada forte indicativo da sua presença – de tal modo que, ao se ultrapassar determinado limiar fixado por lei (no Brasil, pelo art. 36, §2º, 20% de participação de mercado ou *market share*), o ônus da prova quanto à existência de poder de mercado é invertido em face do administrado.

[3]"As agências [US DoJ e FTC] ponderam a participação de mercado dos requerentes de um ato de concentração em dado mercado relevante, o nível de concentração daquele mercado e a variação da concentração causada pela operação. Operações que provoquem um aumento significativo na concentração e a criação de um mercado altamente concentrado presumidamente aumentam poder de mercado, mas tal presunção pode ser contestada ante provas robustas de que esse incremento de poder de mercado é improvável."

[Federal Trade Commission/U.S. Department of Justice. **Horizontal Merger Guidelines**, 2010. P. 3]

ART. 1º

O mercado costuma ser classificado, em função do seu grau de concentração, em (i) concentrado, (ii) moderadamente concentrado, ou (iii) altamente concentrado. As principais ferramentas para a sua medição são os índices C_n[4] (que medem o somatório das participações dos "n" maiores *players* do mercado, sendo o C_4 o mais comum) e o HHI (índice *Herfindahl-Hirschman*, que representa o somatório dos quadrados das participações de mercado de CADA UM dos *players*)[5]. Em razão de a sua determinação precisa demandar o conhecimento do *market share* de todos os concorrentes, a determinação do HHI é considerada mais

[3] *"The Agencies* [US DoJ/FTC] *give weight to the merging parties' market shares in a relevant market, the level of concentration, and the change in concentration caused by the merger. (...) Mergers that cause a significant increase in concentration and result in highly concentrated markets are presumed to be likely to enhance market power, but this presumption can be rebutted by persuasive evidence showing that the merger is unlikely to enhance market power."* [Federal Trade Commission/U.S. Department of Justice. **Horizontal Merger Guidelines**, 2010. P. 3]

[4] $C_n = p_1 + p_2 \dots p_n$

[5] $HHI = p_a^2 + p_b^2 \dots p_z^2$

complexa (exige mais dados) que a medição do C4. Ressalte-se, porém, que nem sempre é necessário calcular de forma precisa o HHI (ou, em outras palavras, ter acesso aos dados de mercado de todos os agentes econômicos) para estimar o grau de concentração de um mercado. Se os *market shares* conhecidos somarem 99%, por exemplo, é evidente que o maior acréscimo que se poderia esperar das participação de mercado não conhecidas é 1 ($= 1^2$), acréscimo que dificilmente seria capaz de alterar o grau de concentração já estimado com as demais participações. O mesmo é verdadeiro para mercados em que a participação de mercado de um dos *players* seja de, pelo menos, 50%: nessa situação, sendo o HHI necessariamente superior a 2500 pontos ($50^2 = 2500$, valor que se somará às participações dos demais competidores), fala-se, como se verá abaixo, de mercado altamente concentrado.

Costuma-se considerar que o C4 (somatório das participações de mercado dos 4 maiores *players*) acima de 75% indica mercado altamente concentrado, no qual a probabilidade de colusão é bastante elevada[6]. Em razão de servir, exclusivamente, ao propósito de facilitar a visuali-

[6] Para um aprofundado estudo acerca dos facilitadores da colusão (número de atores, barreiras à entrada, frequência de interação, grau de transparência do mercado, características da demanda, grau de inovação no mercado, simetria de custos/estrutura, homogeneidade do produto, presença dos atores em mercados diversificados (conglomerados), elasticidade da demanda, poder de compra, acordos de cooperação e presença de *maverick*, entre outros), v. TIROLE, Jean et alli. **The Economics of Tacit Collusion – Final Report for DG Competition, European Commission.** IDEI, Toulouse. Março de 2003:

"• *Number of participants: a merger that eliminates one of the significant competitors contributes to make collusion more sustainable.*

• *Entry barriers: collusion is more of a concern in markets with high entry barriers. This has two implications. First, a merger that would raise entry barriers (e.g., by uniting two potentially competing technologies) would thus tend to facilitate collusion. Second, collusion should be a concern for merger control only in those markets where there are significant entry barriers in the post-merger situation.*

• *The frequency of interaction: collusion is easier when firms interact more frequently. This factor is less likely than others to be directly affected by a merger but is relevant to assess whether collusion is an important concern.*

• *Market transparency: collusion is easier when firms observe each other's prices and quantities. This factor thus contributes to determine whether collusion is an important concern; in addition, however, some mergers may have a direct impact on market transparency. For example, a vertical merger between a manufacturer and a distributor may allow the manufacturer to have better access to its rivals' marketing strategies.*

• *Demand characteristics: collusion is easier in growing markets (taking as given the number of competitors, that is, ignoring the possible positive effect of demand growth on entry) than in declining markets and*

zação da participação de mercado conjunta dos "n" maiores concorrentes, a aplicação do índice C_n é mais indicada para a análise comportamental. A relação entre o grau de concentração e a colusão está em que, dada a menor quantidade de concorrentes, o ajuste é facilitado nos mercados mais concentrados. O raciocínio é bastante simples: quanto menor o número de agentes necessários para dominar, conjuntamente, o mercado, mais fácil é arquitetar um cartel, assim como monitorar e punir aqueles que desviarem da conduta, traindo o acordo. Havendo número maior de agentes econômicos em concertação, costuma ser necessário haver um facilitador (papel habitualmente cumprido pelas associações empresariais, ou profissionais, bem como, esporadicamente, por consultorias. V. nota ao art. 36, §3º, II).

Por sua vez, para a avaliação estrutural costuma-se recorrer ao ΔHHI, que nada mais é que a diferença entre os quadrados das participações de

in stable markets than in fluctuating markets. These factors are useful to assess the seriousness of the collusion concern but unlikely to be directly affected by a merger.
• Innovation: collusion is easier to sustain in mature markets where innovation plays little role than in innovation-driven markets. This is an important factor for assessing whether collusion is a serious concern. In addition, a merger that enhances the new entity's R&D potential may contribute to make collusion more difficult to sustain. ART. 1º
• Symmetry: it is easier to collude among equals, that is, among firms that have similar cost structures, similar production capacities, or offer similar ranges of products. This is a factor that is typically affected by a merger. Mergers that tend to restore symmetry can facilitate collusion, whereas those who create or exacerbate pre-existing asymmetry are more likely, ceteris paribus, to hinder collusion.
• Product homogeneity: we have noted that this factor has a more ambiguous impact on the likelihood of collusion, since it affects both the incentives to undercut the rivals and their ability to retaliate. Product differentiation can however have an impact when it contributes to introduce asymmetry between firms (e.g., when firms offer goods or services of different
qualities); also, product homogeneity can make the market effectively more transparent. Overall, this factor, which is necessarily affected by mergers, can be useful to assess the plausibility of collusion.
• Multi-market contact: collusion is easier to achieve when the same competitors are present in several markets. Multi-market contact is thus relevant to assess the plausibility of collusion; in addition, a merger can increase significantly the number of markets on which the same firms are competing, in which case it may reinforce the possibility of collusion.
• Demand elasticity and buying power reduce the profitability of collusion; in addition, large buyers have more latitude to break collusion. This is mostly relevant to assess the potential relevance of collusion, although buyer mergers can also have a direct impact.
• Other factors are also relevant, such as the existence of structural links of cooperative agreements or of a "maverick" firm. Thus a merger – or a merger remedy – that would create such links or remove a maverick would be more likely to facilitate collusion. The particular organisation of the markets (e.g., auction design for bidding markets) can be relevant to assess the plausibility of collusion."

CADA UM os agentes concorrentes, antes e depois da operação. Esse índice capta a noção de que os atos de concentração tornam-se crescentemente indesejáveis à medida que o mercado se concentra.

Existe, ainda, o denominado HHI modificado (MHHI), bastante utilizado em mercados nos quais haja participações cruzadas ou coparticipações (*joint ventures*). O MHHI consiste em adaptações ao HHI para melhor mensurar efeitos que não são captados pelo índice original. Exemplo da sua aplicação está no caso Exxon/Mobil (Case nº IV/M.1383) (disponível em http://ec.europa.eu/competition/mergers/cases/decisions/m1383_en.pdf. Acesso em 31.01.2011), a partir de estudos de Bresnahan e Salop[7].

"O novo guia norte-americano traz, inicialmente, uma classificação dos mercados relevantes segundo o valor do HHI:

- **Mercados não concentrados**: HHI abaixo de 1500 pontos;
- **Mercados moderadamente concentrados**: HHI entre 1500 e 2500 pontos;
- **Mercados altamente concentrados**: HHI acima de 2500 pontos.

ART. 1º Em seguida, o guia apresenta os padrões de interpretação, que indicam, ou não, a necessidade de aprofundar a análise da operação:

i. **Pequena alteração na concentração**: operações que resultem em variações de HHI inferiores a 100 pontos ($\Delta HHI < 100$) provavelmente não geram efeitos competitivos adversos, portanto, não requerem análise mais detalhada (o que se costuma referir como "ausência de nexo causal");

ii. **Mercados não concentrados**: se o mercado, após a fusão, permanecer com HHI inferior a 1500 pontos, a operação não deve gerar efeitos negativos, nem requerer análise detalhada;

iii. **Mercados moderadamente concentrados:** operações que resultem em mercados com HHI entre 1500 e 2500 pontos, e envolvam variação do índice superior a 100 pontos ($\Delta HHI > 100$) têm potencial de gerar preocupações concorrenciais e demandam uma análise mais detalhada;

iv. **Mercados altamente concentrados:** operações que resultem em mercados com HHI acima de 2500 pontos, e envolvam variação do índice entre 100 e 200 pontos ($100 \leq \Delta HHI \leq 200$) têm potencial de gerar preocupações concorrenciais e demandam uma análise mais detalhada. Operações que resultem em mercados com HHI acima de 2500 pontos, e envolvam variação do índice

[7] Bresnahan, T.F. and Salop, S.C.. **Quantifying the competitive effects of joint ventures.** International Journal of Industrial Organisation, vol.4 (1986), PP. 155/175.

acima de 200 pontos (ΔHHI > 200) presumivelmente geram aumento de poder de poder de mercado, portanto, efeitos concorrenciais adversos; essa presunção poderá ser refutada por evidências persuasivas em sentido contrário.

Os novos critérios adotados nos Estados Unidos são mais brandos em relação aos anteriores e, em certos pontos, mais brandos que os padrões adotados pela União Europeia, conforme quadro comparativo a seguir:

Guia americano - 1997	Guia europeu - 2004	Guia americano – 2010
Um ato de concentração não gera preocupações concorrenciais se:		
HHI < 1000, pós-fusão	HHI < 1000, pós-fusão	HHI < 1500, pós-fusão
1000 ≤ HHI ≤ 1800, pós-fusão, e ΔHHI ≤ 100	1000 ≤ HHI ≤ 2000, pós-fusão, e ΔHHI < 250	1500 ≤ HHI ≤ 2500, pós-fusão, e ΔHHI ≤ 100
HHI > 1800, pós-fusão, e ΔHHI < 50	HHI > 2000, pós-fusão, e ΔHHI < 150	HHI > 2500, pós-fusão, e ΔHHI < 100
ΔHHI < 50	ΔHHI < 150	ΔHHI < 100
Um ato de concentração tem potencial de gerar efeitos concorrenciais negativos se:		
1000 ≤ HHI ≤ 1800, pós-fusão, e ΔHHI > 100	1000 ≤ HHI ≤ 2000, pós-fusão, e ΔHHI ≥ 250	1500 ≤ HHI ≤ 2500, pós-fusão, e ΔHHI > 100
HHI > 1800, pós-fusão, e 50 ≤ ΔHHI ≤ 100	HHI > 2000, pós-fusão, e ΔHHI ≥ 150	HHI > 2500, pós-fusão, e 100 ≤ ΔHHI ≤ 200
Um ato de concentração presumivelmente gera efeitos concorrenciais negativos se:		
HHI > 1800, pós-fusão, e ΔHHI > 100		HHI > 2500, pós-fusão, e ΔHHI > 200

ART. 1º

Finalmente, deve-se destacar que os três guias trazem a ressalva que os limiares de HHI apresentados são indicativos gerais para a análise e que, mesmo que um ato de concentração resulte em níveis de concentração (HHI) e de variação (ΔHHI) indicativos de ausência de efeitos concorrenciais adversos, a operação poderá ser objeto de análise mais detalhada sempre que algum aspecto da operação ou circunstância do mercado venha a gerar preocupações dessa ordem (por exemplo: proximidade competitiva entre as requerentes, existência de elevadas barreiras à entrada, histórico de condutas concertadas)."

[Informe DEE nº 001/2010, de 28 de setembro de 2010][8]

[8] *"The Agencies often calculate the Herfindahl-Hirschman Index ("HHI") of market concentration. The HHI is calculated by summing the squares of the individual firms' market shares and thus gives*

"O nível de concentração global existente num mercado pode também fornecer informações úteis acerca da situação concorrencial. Para avaliar os níveis de concentração, a Comissão aplica frequentemente o índice Herfindahl-Hirschman (IHH). Este índice é calculado adicionando os quadrados das quotas de mercado individuais de todos os participantes no mercado. O IHH confere, proporcionalmente, um maior peso às quotas de mercado das empresas de maiores dimensões. Embora seja melhor incluir todas as empresas no cálculo, a ausência de informações acerca das pequenas empresas poderá não ter importância, uma vez que tais empresas não afectam o IHH de forma significativa. Apesar de o nível absoluto de IHH poder fornecer uma indicação inicial da pressão concorrencial no mercado após a concentração, a variação no IHH (conhecida por 'delta') constitui um valor aproximado da variação na concentração do mercado directamente resultante da operação de concentração. (...)

proportionately greater weight to the larger market shares. When using the HHI, the Agencies consider both the post-merger level of the HHI and the increase in the HHI resulting from the merger. The increase in the HHI is equal to twice the product of the market shares of the merging firms.
Based on their experience, the Agencies generally classify markets into three types:
- *Unconcentrated Markets: HHI below 1500*
- ART. 1º *Moderately Concentrated Markets: HHI between 1500 and 2500*
- *Highly Concentrated Markets: HHI above 2500*

The Agencies employ the following general standards for the relevant markets they have defined:
- *Small Change in Concentration: Mergers involving an increase in the HHI of less than 100 points are unlikely to have adverse competitive effects and ordinarily require no further analysis.*
- *Unconcentrated Markets: Mergers resulting in unconcentrated markets are unlikely to have adverse competitive effects and ordinarily require no further analysis.*
- *Moderately Concentrated Markets: Mergers resulting in moderately concentrated markets that involve an increase in the HHI of more than 100 points potentially raise significant competitive concerns and often warrant scrutiny.*
- *Highly Concentrated Markets: Mergers resulting in highly concentrated markets that involve an increase in the HHI of between 100 points and 200 points potentially raise significant competitive concerns and often warrant scrutiny. Mergers resulting in highly concentrated markets that involve an increase in the HHI of more than 200 points will be presumed to be likely to enhance market power. The presumption may be rebutted by persuasive evidence showing that the merger is unlikely to enhance market power.*

The purpose of these thresholds is not to provide a rigid screen to separate competitively benign mergers from anticompetitive ones, although high levels of concentration do raise concerns. Rather, they provide one way to identify some mergers unlikely to raise competitive concerns and some others for which it is particularly important to examine whether other competitive factors confirm, reinforce, or counteract the potentially harmful effects of increased concentration. The higher the post-merger HHI and the increase in the HHI, the greater are the Agencies' potential competitive concerns and the greater is the likelihood that the Agencies will request additional information to conduct their analysis." [Federal Trade Commission/U.S. Department of Justice. **Horizontal Merger Guidelines**, 2010. PP. 18/19]

É pouco provável que a Comissão identifique preocupações em termos de concorrência de tipo horizontal num mercado com um IHH, após a concentração, inferior a 1000. Estes mercados não justificam, normalmente, uma análise aprofundada.

É também pouco provável que a Comissão identifique preocupações em termos de concorrência de tipo horizontal numa concentração com um IHH, após a concentração, situado entre 1000 e 2000 e com um delta inferior a 250, ou numa concentração com um IHH, após a concentração, superior a 2000 e com um delta inferior a 150, excepto quando se verificam circunstâncias especiais como, por exemplo, um ou mais dos seguintes factores:

a) Uma concentração que envolva um concorrente potencial que entre no mercado ou um concorrente recente com uma quota de mercado reduzida;

b) Uma ou mais das partes na concentração são inovadores importantes e este facto não está reflectido nas quotas de mercado;

c) Existência de participações cruzadas significativas entre os participantes no mercado;

d) Uma das empresas na concentração é uma empresa 'dissidente', existindo grandes probabilidades de perturbar o comportamento coordenado;

e) Indícios de existência de coordenação passada ou presente ou de práticas que a facilitam;

f) Uma das partes na concentração possui uma quota de mercado anterior à concentração igual ou superior a 50%. (...) ART. 1º

Das concentrações horizontais podem resultar entraves significativos à concorrência efectiva, em especial através da criação ou reforço de uma posição dominante, principalmente de duas formas:

a) Eliminando pressões concorrenciais importantes sobre uma ou mais empresas que, consequentemente, beneficiarão de um aumento do poder de mercado, sem recorrer a um comportamento coordenado (efeitos não coordenados).

b) Alterando a natureza da concorrência, de forma que as empresas que anteriormente não coordenavam o seu comportamento são agora muito mais susceptíveis de coordenar e de aumentar os preços ou de prejudicar de qualquer outra forma a concorrência efectiva. Uma concentração poderá também tornar a coordenação mais fácil, mais estável ou mais efectiva para as empresas que já coordenavam o seu comportamento antes da concentração (efeitos coordenados). (...)

As concentrações em que uma empresa que já desenvolve actividades num mercado relevante realiza uma fusão com um concorrente potencial no mesmo mercado podem ter efeitos anticoncorrenciais semelhantes aos das concentrações entre duas empresas que já desenvolvem actividades no mesmo mercado relevante e, assim, podem resultar em entraves significativos à concorrência efectiva, em especial através da criação ou reforço de uma posição dominante.

Para que uma concentração com um concorrente potencial tenha efeitos anticoncorrenciais significativos, devem estar preenchidas duas condições de base. Em primeiro lugar, o concorrente potencial deve exercer já uma influência restritiva significativa ou deve existir uma probabilidade considerável de vir a transformar-se numa força concorrencial efectiva. Elementos que revelem que um concorrente potencial projecta entrar num mercado de uma forma significativa poderão contribuir para que a Comissão chegue a esta conclusão. Em segundo lugar, não deverá existir um número razoável de outros concorrentes potenciais susceptíveis de manter uma pressão concorrencial suficiente após a concentração."

[Comissão Europeia. **Orientações para a apreciação das concentrações horizontais nos termos do regulamento do Conselho relativo ao controle das concentrações de empresas (2004/C 31/03)**]

[9]"Ao conduzir essa análise, as agências tentam identificar os fatores que limitam a habilidade dos rivais em coordenar as suas ações anteriormente à

ART. 1º

[9] *"In conducting this analysis, the Agencies attempt to identify the factors that constrain rivals' ability to coordinate their actions before the merger. The Agencies also consider whether the merger would sufficiently alter competitive conditions such that the remaining rivals after the merger would be significantly more likely to overcome any pre-existing obstacles to coordination. Thus, the Agencies not only assess whether the market conditions for viable coordination are present, but also ascertain specifically whether and how the merger would affect market conditions to make successful coordination after the merger significantly more likely. This analysis includes an assessment of whether a merger is likely to foster a set of common incentives among remaining rivals, as well as to foster their ability to coordinate successfully on price, output, or other dimensions of competition.*
Successful coordination typically requires rivals (1) to reach terms of coordination that are profitable to each of the participants in the coordinating group, (2) to have a means to detect deviations that would undermine the coordinated interaction, and (3) to have the ability to punish deviating firms, so as to restore the coordinated status quo and diminish the risk of deviations. Guidelines § 2.1. (...)
Section 2.1 of the Guidelines sets forth several general market characteristics that may be relevant to the analysis of the likelihood of coordinated interaction following a merger: 'the availability of key information concerning market conditions, transactions and individual competitors; the extent of firm and product heterogeneity; pricing or market practices typically employed by firms in the market; the characteristics of buyers and sellers; and the characteristics of typical transactions.' Section 2.11 of the Guidelines states that the ability of firms to reach terms of coordination 'may be facilitated by product or firm homogeneity and by existing practices among firms, practices not necessarily themselves antitrust violations, such as standardization of pricing or product variables on which firms could compete' Further, '[k]ey information about rival firms and the market may also facilitate reaching terms of coordination.' Id. (...)
A merger may make coordination more likely or more effective when it involves the acquisition of a firm or asset that is competitively unique. In this regard, section 2.12 of the Guidelines addresses the acquisition of

fusão. Consideram, também, se a operação alterará suficientemente as condições competitivas, de tal modo que os concorrentes remanescentes após a operação estariam significativamente mais propensos a superar quaisquer obstáculos à coordenação que preexistissem. Assim, as agências não só verificam se as condições de mercado que ensejem coordenação estão presentes, mas também asseguram se e como a operação afetaria as condições de mercado no sentido de tornar mais factível uma coordenação bem-sucedida. A análise inclui uma avaliação acerca da probabilidade de a operação criar incentivos comuns entre os concorrentes remanescentes e sobre os incentivos que ela cria a uma coordenação bem-sucedida sobre preço, produção e outras dimensões concorrenciais.

Coordenações bem-sucedidas tipicamente demandam que os concorrentes (1) alcancem uma condição que seja simultaneamente proveitosa a cada um dos membros do cartel, (2) tenham mecanismos para detectar desvios de conduta que possam minar a coordenação e (3) tenham a mecanismos de coação sobre os traidores, de tal forma a restaurar o *status quo* de coordenação e reduzir o risco de desvios futuros. Guia § 2.1. (...)

O item 2.1 do Guia aponta diversas características gerais que podem ser relevantes para a análise da probabilidade de que uma interação coordenada decorra de uma operação: 'a disponibilidade de informações-chaves referentes às condições, transações e concorrentes no mercado; o grau de heterogeneidade entre os negócios e os produtos; práticas de mercado e precificação tipicamente empregadas pelos agentes no mercado; as características dos compradores e vendedores; e as características das transações tipicamente empregadas no mercado'. O item 2.1 do Guia aponta que a habilidade de os concorrentes coordenarem 'pode ser facilitada pela homogeneidade do produto ou dos negócios, bem como por práticas adotadas entre os concorrentes – práticas essas que não constituam violações concorrenciais em si, como a padronização de preços e produtos em relação a fatores nos quais poderia haver competição. Ademais, 'o acesso a informações-chaves acerca de concorrentes e do mercado também pode facilitar a coordenação'. Id. (...)

ART. 1º

'maverick' firms, i.e., 'firms that have a greater economic incentive to deviate from the terms of coordination than do most of their rivals (e.g., firms that are unusually disruptive and competitive influences in the market).' If the acquired firm is a maverick, its acquisition may make coordination more likely because the nature and intensity of competition may change significantly as a result of the merger. (...)
Similarly, a merger might lead to anticompetitive coordination if assets that might constrain coordination are acquired by one of a limited number of larger incumbents. For example, coordination could result if, prior to the acquisition, the capacity of fringe firms to expand output was sufficient to defeat the larger firms' attempts to coordinate price, but the acquisition would shift enough of the fringe capacity to a major firm (or otherwise eliminate it as a competitive threat) so that insufficient fringe capacity would remain to undermine a coordinated price increase."

Um ato de concentração pode tornar a coordenação mais provável e mais efetiva quando envolva a aquisição de uma sociedade ou de um ativo que é, sob o prisma concorrencial, único. Nesse sentido, o item 2.12 do guia trata da aquisição dos *mavericks*, *i.e.*, 'sociedades que têm incentivos maiores do que os concorrentes para desviar de um comportamento de coordenação (*e.g.*, sociedades que raramente são problemáticas e que subsistem como influências competitivas no mercado)'[10]. Se a adquirida é um *maverick*, a sua aquisição pode tornar a coordenação mais provável, porque a natureza e a intensidade da competição podem mudar significativamente como resultado da concentração. (...)

De forma similar, um ato de concentração pode levar à coordenação anticompetitiva se ativos que possam evitar a coordenação são adquiridos por um de um limitado número de competidores de maior porte. Por exemplo, a coordenação aumentaria se, anteriormente à aquisição, a capacidade de competidores existentes na franja expandir a produção fosse suficiente para evitar eventuais tentativas de coordenação de preços pelos competidores de maior porte; nesse caso, a aquisição alocaria de tal modo a capacidade produtiva da franja para um agente de maior porte (ou, em outras palavras, eliminaria a franja como uma ameaça competitiva) que a capacidade da franja passaria a ser insuficiente para afastar um aumento coordenado de preços."

ART. 1º [Federal Trade Commission/U.S. Department of Justice. **Commentary on the Horizontal Merger Guidelines**, 2006]

"Conforme ficará demonstrado, há uma forte tendência por parte da legislação societária brasileira em favorecer a concentração. Com isso, tem-se que, diante da total falta de soluções organizativas (societárias) que impeçam a concentração de poderes nas sociedades anônimas e nos grupos de sociedade, resta logicamente ao direito da concorrência atuar de forma intensa nesses campos, buscando estimular a opção pelo crescimento interno. (...)

No Brasil, foi justamente esse o caso quando da elaboração da legislação societária nacional referente às sociedades anônimas. A Lei nº 6.404/1976 nasce, segundo um dos próprios autores de seu Anteprojeto, com o objetivo de propiciar o desenvolvimento e o fortalecimento da grande empresa privada brasileira, tornando viável sua competição com os gigantes internacionais.

[10] *"A maverick firm can be interpreted as a firm with a drastically different cost structure, which is thus unwilling to participate to a collusive action. Of course, this "asymmetry" can be along other dimensions."* ("Uma maverick pode ser entendida como a sociedade com uma estrutura de custos drasticamente diferente, a qual, desse modo, não tem incentivos a participar de uma ação concertada. Claro que essa 'assimetria' pode encontrar-se em outras dimensões.") [TIROLE, Jean et alli. **The Economics of Tacit Collusion – Final Report for DG Competition, European Commission**. IDEI, Toulouse. Março de 2003.]

A política brasileira de desenvolvimento praticada nas décadas de 60 e 70 fonte desse culto à grande empresa como forma de garantir a continuidade do processo de industrialização brasileiro, gerou uma legislação societária que propositalmente favorece as concentrações, ao centralizar os poderes na figura do acionista controlador e facilitar a aquisição e a transferência do controle de uma dada sociedade.

Três aspectos da legislação societária demonstram bem esse seu viés concentracionista: (i) a proporção entre o capital votante da sociedade e seu capital total, (ii) a distribuição interna de poderes na sociedade e (iii) a regulamentação da responsabilidade do controlador."

[LIMA, Ticiane Nogueira da Cruz. **O Cade e as reestruturações societárias.** São Paulo: Singular, 2006]

Dúvidas, porém, podem pairar quanto a um agente econômico poder impor prejuízos à concorrência sem que detenha poder de mercado. Essa dúvida é realçada pelas repetidas declarações entre decisores e doutrinadores de que o poder de mercado é essencial para a configuração de ilícitos concorrenciais. Parece-me, porém, que essa condição seja inverídica. E aqui não me refiro à discussão entre a aplicação da regra da razão e da regra *per se*, que, como veremos mais adiante, está imbricada à atribuição do ônus da prova: em ambos os casos a punição costuma decorrer de provar-se, ou de presumir-se que há poder de mercado. Falo, sim, de casos em que a punição prescinde da prova e da presunção de poder econômico no mercado relevante em que os efeitos da conduta se fazem sentir. ART. 1º

Em casos ainda excepcionais, pode-se recorrer não só a atos de vandalismo – descritos no art. 36, §3º, XIII da nova lei como "destruir, inutilizar ou açambarcar matérias primas, produtos intermediários ou acabados, assim como destruir, inutilizar ou dificultar a operação de equipamentos destinados a produzi-los, distribuí-los ou transportá-los" –, como ao próprio Judiciário e autoridades administrativas no que se rotula por anglicismo como *sham litigation*. Essa alegada ***sham litigation*** **ou litigância de má-fé** e o vandalismo independem de poder de mercado para gerar danos ao mercado. Pensem no caso mais simples: um duopólio, no qual somente o lesado detém poder de mercado. Tanto a litigância de má-fé do concorrente quanto a destruição dos equipamentos da líder de mercado são ações factíveis por parte do agente sem poder de mercado aptas a afetar profundamente o *status quo* mercadológico.

Outro mito está em se afirmar que as práticas anticoncorrenciais são realizadas para eliminar concorrente. Na verdade, as **práticas anticompetitivas podem ser realizadas contra qualquer agente**, seja ele fornecedor, consumidor ou concorrente. A relevância concorrencial está em ser causado dano difuso de natureza concorrencial à ordem econômica: **é esse o tipo**. Não importa se o dano é causado, ou não, a concorrente; importa que ele seja impingido à concorrência, ainda que em mercado no qual não atue o causador do dano – como ocorre, por exemplo, em caso de desestruturação do mercado de distribuição dos produtos fabricados pelo infrator com o propósito de reduzir o poder de barganha dos distribuidores. De qualquer modo, o mais comum é que, em caso de condutas verticais (porque realizadas contra alguém acima ou abaixo na cadeia produtiva), a prática sirva como retaliação pelo comportamento em outro mercado no qual esses mesmos agentes são concorrentes.

A única condição adicional que me parece necessária para que o ilícito seja concorrencial é que, seja essa a sua intenção, ou não, dele decorra, ou dele possa decorrer vantagem de natureza concorrencial para o infrator[11]. Quase todo ilícito empresarial gera desvantagens concorrenciais à
ART. 1º vítima, mas só terá natureza antitruste, devendo ser julgado pelo Cade, aquele ilícito que tenha racionalidade concorrencial, ou seja, cujo dano impingido a determinado agente econômico promova, ou possa promover vantagem competitiva ao infrator, independentemente da sua intenção. Se não houver benefício concorrencial possível ao infrator, o ilícito empresarial não terá natureza antitruste.

O primeiro exemplo que me ocorre foi-me trazido pelo Conselheiro Luiz Carlos Prado[12] ao discutirmos, há dez anos, essa questão: atentados

[11] Neste ponto Marrara [Sistema brasileiro de defesa da concorrência: organização, processos e acordos administrativos: de acordo com o código de processo civil de 2015. São Paulo: Atlas, 2015. P. 209, nota de rodapé 15] comenta que discorda do meu entendimento com relação à minha afirmação de que "deve haver benefício concorrencial, ou seja, vantagem competitiva ao infrator, do contrário não haverá ilícito antitruste" e acresce que seria suficiente que houvesse vantagem futura potencial. Parece, aqui, ter-me interpretado mal, o professor da Universidade de São Paulo: o texto da edição anterior, nessa parte inalterado, esclarece que, para que ilícito seja concorrencial, seja necessário que dele decorra, *ou dele possa decorrer* vantagem de natureza concorrencial para o infrator.

[12] Porém, pelo menos naquela época, o Conselheiro não acreditava que qualquer ato praticado sem poder de mercado pudesse ter efeito concorrencial. O exemplo em questão foi dado, justamente, para provar a sua hipótese. A minha contrarrazão foi, opostamente, que esse

terroristas. Nessa situação, cabem reparações cíveis e punições criminais, mas, não, na seara concorrencial. Um exemplo mais complexo e que abarca ambas as situações pode ser, por sua vez, retirado dos preços predatórios. A exclusão do concorrente é ilícito concorrencial e consiste no propósito da prática. A ruína financeira dos clientes do concorrente alijado e dos distribuidores independentes que com ele contrataram, embora seja consequência indireta da predação e afete a concorrência nos mercados a jusante, não pode, *a priori*, ser reputada ilícito de natureza concorrencial – até mesmo porque o infrator seria mais amplamente beneficiado se ele assumisse os clientes do concorrente excluído.

ORDOVER, Janusz/WILLIG, Robert D.. **An Economic Definition of Product Innovation.** In *SALOP, ed.: Strategy, Predation, and Antitrust Analysis.* Federal Trade Commission Report. Washington, DC: US Government Printing Office, 1981.

V. art. 173, §4º CF.

V. AMBEV 'Tô Contigo': Processo Administrativo nº 08012.003805/2004-10, em que foi representada a Companhia de Bebidas das Américas – AMBEV, de relatoria de Fernando Furlan.

ART. 2º

V. AMBEV Garrafas: Processo Administrativo 08012.002474/2008-24, em que foi representada a Companhia de Bebidas das Américas – AMBEV, de relatoria de Carlos Ragazzo.

CAPÍTULO II – Da territorialidade

Art. 2º Aplica-se esta Lei, sem prejuízo de convenções e tratados de que seja signatário o Brasil, às práticas cometidas no todo ou em parte no território nacional ou que nele produzam ou possam produzir efeitos.

"E, para obviar a discussão sobre a eficácia extra-territorial da legislação, manda aplicar a Lei às práticas abusivas que produzam ou possam produzir efeitos no território nacional, ainda que praticadas no estrangeiro."

[Exposição de Motivos à Lei nº 8.884/94]

mesmo ato terrorista teria efeito concorrencial, se praticado por concorrente, ou por outro agente econômico que pudesse se beneficiar comercialmente do dano.

Segundo Tourinho Filho [Tourinho Filho, Fernando da Costa. **Processo Penal**. Vol. 1. São Paulo: Saraiva, 2007. PP. 121/122], há quatro princípios regentes em matéria de eficácia da lei penal no espaço: (i) territorialidade, (ii) nacionalidade ou personalidade, (iii) defesa ou proteção e (iv) universalidade.

> "De acordo com o primeiro princípio, a lei penal de um Estado só impera dentro dos seus limites territoriais. Dentro dos limites territoriais do Estado que a promulgou, a lei penal é aplicável a todos quantos a infringirem, pouco importando se nacional ou estrangeiro. O princípio da nacionalidade, também chamado da personalidade, é aquele segundo o qual o indivíduo, onde quer que esteja, faz-se acompanhar do direito punitivo do seu Estado de origem. De acordo com tal princípio, se um cidadão brasileiro for à Grécia e praticar naquele país um fato punível, a lei penal aplicável será a brasileira. Costuma-se distinguir o princípio da personalidade em ativo ou passivo. Ativo, quando se aplica ao cidadão a lei do seu Estado de origem, seja qual for o bem jurídico atingido pelo crime. De acordo com o passivo, só se aplica ao cidadão a lei penal do seu Estado de origem quando o bem jurídico pertença ao seu Estado ou a um co-nacional.
>
> ART. 2º
>
> Pelo princípio real, da proteção ou da defesa, leva-se em consideração a nacionalidade do bem jurídico ofendido ou ameaçado pelo fato punível, sendo de nenhuma importância o lugar onde haja ocorrido o fato e a nacionalidade do seu autor.
>
> Segundo o princípio da universalidade da lei penal, aplica-se ao autor do fato punível a lei penal do país em que se encontre, seja qual for o lugar onde o crime foi cometido, seja qual for a nacionalidade ou o bem jurídico violado."

As práticas anticoncorrenciais, na medida em que não configurem crimes (Lei 8.137/90), são fiscalizadas, tão somente, em função dos seus efeitos no Brasil. Na análise concorrencial, esses são os estritos limites da preocupação do julgador antitruste, que deve balizar o seu discernimento em função dos efeitos estritamente econômicos da prática. Por isso, o art. 36 tipifica os atos anticoncorrenciais em função dos efeitos buscados, ainda que não alcançados. Trata-se da aplicação do princípio real ao direito concorrencial, que leva em consideração os danos concorrenciais potencialmente causados à ordem econômica brasileira, independentemente do lugar de ocorrência do fato e da nacionalidade do autor. É também nesse sentido que a jurisprudência deixa de tipificar o cartel de exportação, inclusive a norte-americana (§7 Sherman Act or 15 U.S.C.

§6a[13]). Nesse mesmo diapasão, os atos de concentração que não possam provocar efeitos competitivos, mesmo que indiretos, sobre a ordem econômica do Brasil sequer devem ser submetidos a apreciação.

Por subsequente, repete o legislador a mesma imprecisão já presente no revogado art. 2º da Lei nº 8.884/94 e que foi de reiterada interpretação pelo Conselho, ao trazer para o antitruste o princípio da territorialidade ("[a]plica-se esta Lei, sem prejuízo de convenções e tratados de que seja signatário o Brasil, às práticas cometidas no todo ou em parte no território nacional (...)"). Ao ir além do princípio real e adotar, adicionalmente, o princípio da territorialidade, o legislador externaria preocupação, inclusive, com atos realizados no Brasil e cujos efeitos se fazem sentir em países estrangeiros – entre os quais se encontram as denominadas práticas do comércio internacional, como *dumping* e subsídios, expressamente excluídos da competência do Cade, nos termos do art. 119, *caput*.

É claro que, habitualmente, encontraremos práticas anticompetitivas e mesmo atos de concentração que, realizados no Brasil, só geram efeitos no estrangeiro. Mas, nesse caso, além de o órgão de defesa da concorrência brasileiro carecer de legitimidade-interesse-de-agir (valendo-me de expressão do direito processual civil) para coibir a prática, essa prática ART. 2º poderá ser coibida por qualquer órgão de defesa da concorrência alienígena cuja lei acolha o princípio real.

É sempre válido lembrar que, além de o acolhimento do princípio da territorialidade representar afronta à proteção da ordem econômica nacional trazida pela Constituição Federal (art. 173, §§4º e 5º), ele vai de encontro à sua própria natureza. Primeiro, porque a preocupação da lei concorrencial é de natureza econômica, não moral. Dessarte, só devem ser objeto da lei os atos que gerem, ou possam gerar efeitos econômicos no Brasil, ainda que por via indireta. Em segundo lugar, porque o

[13] "*Sections 1 to 7 of this title shall not apply to conduct involving trade or commerce (other than import trade or import commerce) with foreign nations unless–*
(1) such conduct has a direct, substantial, and reasonably foreseeable effect–
(a) on trade or commerce which is not trade or commerce with foreign nations, or on import trade or import commerce with foreign nations; or
(b) on export trade or export commerce with foreign nations, of a person engaged in such trade or commerce in the United States; and
(2) such effect gives rise to a claim under the provisions of sections 1 to 7 of this title, other than this section. If sections 1 to 7 of this title apply to such conduct only because of the operation of paragraph (1)(B), then sections 1 to 7 of this title shall apply to such conduct only for injury to export business in the United States."

princípio da territorialidade tem um viés de proteção criminal da própria pessoa física contra punições que não encampem princípios acolhidos na ordem jurídica brasileira, como a pena de morte e a prisão perpétua – preocupação que não se estende à pessoa jurídica. Terceiro, porque a territorialidade visa conferir proteção soberana sobre o território nacional, dada a necessidade da extradição da pessoa física para que as penas restritivas da liberdade impostas no exterior se tornem efetivas – preocupação que não há com relação à pessoa jurídica.

É por isso que, apenas, aos efeitos criminais das práticas – aqueles que atingem as pessoas físicas (dirigentes e subalternos) – é que cabe a invocação da territorialidade do art. 5º do Código Penal.

[14]"[Q]ualquer acordo cujo objeto, ou efeito, seja restringir a concorrência... para um produto intermediário é capaz de afetar o comércio intracomunitário, ainda que o produto em questão não seja comercializado entre os estados-membros, desde que esse produto sirva de insumo para outro produto que seja comerciado em outro local dentro da comunidade."

ART. 2º [Parecer do Advogado-Geral Darmon no caso Woodpulp, protocolado em 7 de julho de 1992– casos C-89/85, C 104/85, C 114-85, C 116-85, C 117-85 e C-125/85 até C-129/85. P. I-1565].

"Os Estados Unidos foram talvez o primeiro país a tentar aplicar normas nacionais a fatos ocorridos fora dos Estados Unidos, como uma tentativa de controlar as atividades econômicas de empresas americanas ou não-americanas, mas que têm efeitos na área de concorrência. Os três atos que compõem a legislação anti-truste americana: o *Sherman Act*, o *Clayton Act* e o *Federal Trade Commission Act*, eram atos destinados a regular a concorrência no território americano. Ocorre que os Estados Unidos, a partir dos anos 1950, começaram a aplicar esta lei a fatos ocorridos fora dos Estados Unidos, mas que produzissem efeito dentro dos Estados Unidos. E o Brasil, ao editar a Lei nº 8.884, que é a lei que regula atualmente o Cade, sob a nova presidência do nosso querido amigo João Grandino Rodas, adotou também essa mesma teoria, ao lado do que fizera também a Europa no passado. (...)

[14] "[A]ny agreement whose object or effect is to restrict competition... for an intermediate product is capable of affecting intra-Community trade, even if there is no trade in that intermediate product between the Members States, where the product constitutes the raw material for another product marketed elsewhere in the Community."

Na área do Direito Econômico nós temos uma norma de caráter geral segundo a qual cada Estado tem liberdade para estabelecer o sistema econômico que desejar. O artigo 1º da Carta do Direitos e Deveres Econômicos dos Estados, aprovada pela ONU, diz isto:

'Art. 1º Cada Estado tem o direito soberano e inalienável de escolher seu sistema econômico, bem como seu sistema político, social e cultural, conforme a vontade de seu povo, sem ingerência, pressão ou ameaça exterior de qualquer espécie.'

Diante da interdependência e do caráter transnacional das relações internacionais, a condução de atividades econômicas em um país pode ter reflexos na ordem internacional e no território de outros Estados, interferindo com valores e princípios nem sempre coincidentes. Tal é o caso do direito à concorrência, em que a conduta no exterior pode acarretar consequência no interior de outro Estado. E vejam que no caso do direito à concorrência se trata de um direito que nem sempre tem uma consideração, é aceito internacionalmente. (...)

Há uma autora francesa, Eveline Froidchochu, que fez uma certa catalogação desses efeitos, ou procurou mostrar com uma espécie de guia que deve servir ao julgador para verificar se esses efeitos ocorreram ou não. Um deles é verificar se as operações objeto da conduta têm caráter contínuo e substancial; se os contratos foram negociados ou executados pelo agente do território do país; se as relações existentes entre um agente e a filial ou outro representante, situado no território, são tais que esse representante atue como alter-ego; se a relação entre a empresa e qualquer outro estabelecido no território é de tal ordem que se pode concluir que esta última atua como representante da primeira no exterior; e, se o volume de vendas efetuado no território nacional é substancial. Portanto, há uma série de requisitos para se verificar se os efeitos ocorreram ou não. (...) ART. 2º

O mesmo acontece no caso do Brasil. O princípio é esse: de um lado a lei material, definindo infração da ordem econômica, ou crime; de outro lado, a possibilidade processual de sujeitar à lei brasileira e julgar no Brasil o autor da conduta. (...)

Essas são hipóteses que ainda devem ser cogitadas, porque há – eu sei que existe no Cade, de meu conhecimento – duas ações, uma provém da Alemanha e a outra provém dos Estados Unidos, aplicando esta teoria. Um dos casos que eu conheço, um cartel feito nos Estados Unidos por diversas empresas americanas e não-americanas. Há um processo agora no Cade tentando submeter à lei brasileira as matrizes, portanto as empresas estrangeiras, à lei brasileira."

[Magalhães, José Carlos de. **Aplicação Extra-Territorial da Legislação Anti-Truste**. IX Congresso Jurídico Brasil-Alemanha, Sociedade de Estudos Jurídicos Brasil-Alemanha (SEJUBRA) e Instituto Brasileiro de Direito Tributário da USP (IBDT). Florianópolis, 9-10 de novembro de 2000, Auditório da Reitoria da Universidade Federal de Santa Catarina. Disponível em http://www.

sejubra.org.br/9/Confer%C3%AAncia%20Prof.%20Magalh%C3%A3es.pdf. Acesso em 14.01.11].

V. Processo Administrativo nº 08012.005255/201011, em que foram representadas Elpida Memory, Inc.; Hitachi Ltd. e outros, de relatoria de Márcio de Oliveira Júnior.

V. Voto-Vista de Luiz Schuartz no cartel das vitaminas: Processo Administrativo nº 08012.004599/1999-18, em que foram representadas F. Hoffmann-La Roche Ltd., Aventis Animal Nutrition do Brasil Ltda. e outros.

V. Ato de Concentração nº 08012.001186/2007-71, em que foram requerentes Fábrica de Peças Elétricas Delmar Ltda e Lorenzetti S/A – Indústrias Brasileiras Eletrometalúrgicas, de relatoria de Luiz Carlos Prado.

V. Ato de Concentração nº 08012.011733/2008-16, em que foram requerentes Toshiba Medical Visualization Systems Europe, Limited e Barco NV, de relatoria de Luiz Carlos Prado.

V. Ato de Concentração nº 08012.011065/2008-19, em que foram requerentes 3M Company e Grafoplast S.p.A, de relatoria de César Mattos.

ART. 2º

V. *Matsushita Electric Industrial Co. v. Zenith Radio Corp., 475 U.S. 574, 106 S.Ct. 1348, 89 L.Ed.2d 538*

V. *American Banana Co. v. United Fruit Co., 213 US 347 (1909)*

V. *United States v. Aluminium Company of America (Alcoa), 148 F. 2d at 416 (2d Cir 1945)*

§ 1º Reputa-se domiciliada no território nacional a empresa estrangeira que opere ou tenha no Brasil filial, agência, sucursal, escritório, estabelecimento, agente ou representante.

"Com efeito, a sociedade comercial, desde que esteja constituída nos termos da lei, adquire categoria de pessoa jurídica. Torna-se capaz de direitos e obrigações. A sociedade comercial, assim, é empresário, jamais empresa. É a sociedade comercial, como empresário, que irá exercitar a atividade produtiva.

A preocupação do jurista germânico Endemann, de considerar a empresa como personalidade jurídica, não vingou. Os juristas, em sua maioria, não admitem a empresa como sujeito de direito, como pessoa jurídica em si.

Outra distinção fácil é a de que a empresa pode ser o exercício da atividade individual, de pessoa natural. É a empresa individual, contrapondo-se à empresa coletiva, que é a exercida pela sociedade comercial. A empresa não supõe, como se vê, necessariamente, uma sociedade comercial."

[Requião, Rubens. **Curso de Direito Comercial**. São Paulo: Saraiva, 2000. PP. 60/61].

Parece-me razoável acreditar que o §1º não contenha mais que uma declaração de quais agentes econômicos podem ser enquadrados na lei pelo princípio da territorialidade (*caput* do art. 2º, *ab initio*). A jurisprudência do Cade, entretanto, não tem poupado esforços para ler neste dispositivo desautorização para punir as operações sem consequências no território brasileiro.

Embora o esforço seja louvável, ele me parece, sob o ponto de vista semântico, vão. A lei concorrencial adota o princípio da territorialidade e tem, portanto, formalmente, claro alcance sobre situações que, embora geradas por agente domiciliado no Brasil, produzem efeitos, exclusivamente, no estrangeiro – em que pese ao fato de o Conselho ter, meritoriamente, afastado a eficácia da sua aplicação nesses moldes.

Desse modo, o dispositivo em questão, infelizmente, apenas ilustra quais as sociedades estrangeiras que poderiam ser penalizadas pelo Cade, ainda que os efeitos concorrenciais não viessem a ser sentidos no Brasil (princípio da territorialidade). As demais, sem domicílio brasileiro, só poderiam ser penalizadas pelo Cade por atos cujos efeitos se fizessem sentir aqui (*caput* do art. 2º, *in fine*). ART. 2º

"Assim, com base em uma interpretação puramente literal de tal dispositivo, nota-se que a própria lei define exaustivamente quais empresas têm o condão de produzir efeitos em território brasileiro. Portanto, operações envolvendo empresas não enquadradas no dispositivo acima transcrito não teriam repercussão no ambiente concorrencial pátrio, estando os efeitos das mesmas adstritos ao mercado externo. (...)

Ora, o artigo 2º da Lei nº 8884/94 é bastante incisivo ao determinar o âmbito local de aplicação da lei. Qualquer prática, ato, ou operação somente deverá ser analisado pelo Sistema Brasileiro de Defesa da Concorrência se for praticado no Brasil ou que em seu território produza ou possa produzir efeitos. Trata-se nesse sentido da aplicação dos princípios da territorialidade e da ubiguidade. (...)

Assim, 'se configurarem esses atos infrações contra a ordem econômica brasileira, seus responsáveis deverão ser punidos de acordo com a lei brasileira, independentemente do fato de já terem sido punidos ou, eventualmente, absolvidos no Exterior'. O raciocínio *a contrario sensu* também é válido na medida em que operações realizadas no exterior sem consequências no território brasileiro, não merecem análise pelo Sistema Brasileiro de Defesa da Concorrência.

Com base na aplicação de uma interpretação sistemática do dispositivo legal referido, entendo que a indicação de qual é o ambiente concorrencial presumivelmente afetado por tais atos está exatamente na previsão legal do artigo 2º, ao se delimitar o território nacional como âmbito de aplicação da Lei nº 8884/94."

[Voto-Vista de Roberto Pfeiffer no Ato de Concentração nº 08012.009254/2002-36, em que foram requerentes The Carlyle Group e Qinetiq Group Plc., de relatoria de Fernando de Oliveira Marques].

V. Ato de Concentração nº 08012.009254/2002-36, em que foram requerentes The Carlyle Group e Qinetiq Group Plc., de relatoria de Fernando de Oliveira Marques.

V. Ato de Concentração nº 08012.0006025/2001-89, em que foram requerentes Pacific Cycle, LLC e Schwinn/GT Corp., de relatoria de Ronaldo Porto Macedo Júnior.

V. Ato de Concentração nº 28/95, em que foram requerentes Nalco e Exxon Energy Chemicals Brasil Ltda., de relatoria de Rodrigues Chaves.

ART. 2º

§ 2º A empresa estrangeira será notificada e intimada de todos os atos processuais previstos nesta Lei, independentemente de procuração ou de disposição contratual ou estatutária, na pessoa do agente ou representante ou pessoa responsável por sua filial, agência, sucursal, estabelecimento ou escritório instalado no Brasil.

Filial, agência, sucursal, estabelecimento ou escritório são todas denominações referentes a unidades de uma sociedade. A ciência dos atos processuais dessa sociedade pode dar-se por meio dessas unidades. Diferente é o caso da sua subsidiária, que é outra pessoa jurídica.

Embora falemos do mesmo grupo e, portanto, de um vínculo de suma importância para a análise concorrencial, infrações antitrustes à ordem econômica não são, necessariamente, punidas em função do faturamento do seu grupo. Aliás, na lei anterior, a punição ocorria, exclusivamente, em função do faturamento da pessoa jurídica infratora, independentemente da relação de controle intrassocietária (v. nota ao art. 37, I).

"Ora, constituindo o grupo societário uma espécie de 'empresa de segundo grau', coloca-se o problema de saber se destinatário dessas normas constituirão apenas as empresas constituintes (de primeiro grau) ou se também a própria empresa global do grupo, enquanto tal.

A importância desta questão analisa-se em dois plano: no plano das relações externas e das relações internas do grupo.

No primeiro desses planos, a questão fundamental é a de saber se o grupo enquanto tal pode funcionar como unidade de imputação das normas jurídico-concorrenciais no tráfico jurídico externo; máxime se os comportamentos violadores das normas da concorrência levados a cabo por uma sociedade do grupo poderão, ou até deverão, ser imputados à sociedade-mãe ou ao próprio grupo enquanto tal. (...)

No plano das relações internas, a questão é exactamente a inversa. Dado que o grupo constitui uma unidade económico-empresarial composta por sociedades juridicamente independentes mas economicamente dependentes, pergunta-se se não se deverão considerar isentos da aplicação das normas sobre a concorrência aqueles actos ou condutas que, conquanto contrários a essas normas, hajam sido levados pelas sociedades do grupo entre si mesmas. (...)

Muito embora não exista uma resposta unívoca a estas questões (dependentes como estão das circunstâncias dos casos concretos), pode-se afirmar que a tendência geral da legislação e jurisprudência aponta no sentido de reconhecer no grupo uma unidade, não apenas econômica, mas também jurídica – dito ART. 2º
doutro modo, como uma verdadeira *empresa* única para efeitos da aplicação das normas em matéria de concorrência, contrariando assim os cânones clássicos do direito das sociedades e do direito privado, tributários do princípio da independência. Uma primeira comprovação desta tendência consagrou-a expressamente o próprio legislador português no art. 14º, nº 4 do diploma atrás referido, preceito que vem elevar o grupo de sociedades a unidade jurídica de imputação das normas concorrenciais, ao afirmar que 'é equiparado a empresa o grupo de empresas, entendendo-se como tal o conjunto de empresas que, embora juridicamente distintas, se comportam concertadamente no mercado, em virtude de vínculos de interdependência ou subordinação de carácter financeiro, contratual, directivo ou outro'. Por outro lado, cumpre recordar aqui que a jurisprudência comunitária vem afinando por idêntico diapasão sempre que o grupo de sociedades se comporte no mercado como uma verdadeira unidade de acção e decisão econômica (*single economic unit*). Isso significa – no plano das relações externas – que sempre que uma sociedade do grupo pratique um dado comportamento anticoncorrencial em conluio com (prática concertada) ou contra (abuso de posição dominante) uma terceira empresa, na sequência de instruções directas provenientes do núcleo dirigente do grupo, então a realidade material do controlo inter-societário deverá primar sobre o princípio da separação das personalidades jurídicas das sociedades agrupadas: tal comportamento

será de imputar à própria sociedade-mãe ou mesmo ao grupo como um todo. Isso significa ainda – agora no plano das relações internas – que sempre que tal comportamento se haja verificado dentro do perímetro do próprio grupo, máxime ocorrendo entre a sociedade-mãe e uma das sociedades-filhas, a existência do mesmo poderá funcionar como uma circunstância excludente da natureza anticoncorrencial desse mesmo comportamento, que será interpretado como uma mera operação de reorganização interna de uma única empresa, sem efeitos para o mercado e a concorrência."

[Antunes, José A. Engrácia. **Os Grupos de Sociedades**. Coimbra: Almedina, 1993. PP. 159/163].

[15]"Isto significa que a solução do problema da responsabilidade intragrupo deve-se basear no equilíbrio entre a autonomia e o controle na relação entre controladora e subsidiária. A decisão acerca da responsabilidade da controladora pelo passivo de uma filial do grupo depende, essencialmente, de saber se a decisão relevante foi tomada autonomamente pela subsidiária, ou decorreu do poder exercido pelo controlador."

[Antunes, José A. Engrácia. **Liability of Corporate Groups – autonomy and control in parent-subsidiary relationship in US, German and EU Law:**
ART. 2º **an international and comparative perspective**. Deventer, Boston: Kluwer Law and Taxation Publishers, 1994. P. 10].

Por outro lado, dada a solidariedade passiva prevista no art. 33, o credor da subsidiária terá direito a exigir e receber de um ou de alguns dos devedores, parcial ou totalmente, a dívida comum – não importando renúncia da solidariedade a propositura de ação pelo credor contra um ou alguns dos devedores (art. 275 do CC).

"Só que a lei fala em filial, agência, sucursal ou representante. A lei não fala em subsidiária. Vocês sabem que subsidiária não se confunde com filial. Subsidiária é uma pessoa jurídica que tem personalidade jurídica própria; ela é constituída no Brasil; ela atua no Brasil como pessoa jurídica; ela não tem a representação da sua matriz no exterior, salvo se tem uma procuração ou alguma coisa nesse sentido.

[15] *"This means that the resolution of intragroup liability issues should be based on, and follow the results of, the enquiry into the concrete balance between autonomy and control in the parent-subsidiary relationship at stake. In deciding whether the parent corporation should be made liable or not for debts of one group affiliate, the decisive question should be whether the decision from which the liabilities in dispute arose was was taken under the autonomous decision-making authority of the subsidiary corporation or was taken under the control exercised by the parent."*

Portanto, a subsidiária não representa a matriz e não pode assim ser considerada, nem para efeitos processuais, para obrigar a matriz a vir ao Brasil.

Na hipótese de que a matriz pratique um ato no exterior e que produza efeitos no Brasil, embora a matriz possa ser objeto de um processo perante o Cade, a subsidiária não, salvo se a subsidiária for um móvel pelo qual este efeito se produziu, se ela atuou, se foi através da subsidiária que a matriz realizou essa conduta infratora da economia."

[Magalhães, José Carlos de. **Aplicação Extra-Territorial da Legislação Anti-Truste**. IX Congresso Jurídico Brasil-Alemanha, Sociedade de Estudos Jurídicos Brasil-Alemanha (SEJUBRA) e Instituto Brasileiro de Direito Tributário da USP (IBDT). Florianópolis, 9-10 de novembro de 2000, Auditório da Reitoria da Universidade Federal de Santa Catarina. Disponível em http://www.sejubra.org.br/9/Confer%C3%AAncia%20Prof.%20Magalh%C3%A3es.pdf.. Acesso em 14.01.11].

"Os conceitos de subsidiária e de holding correspondem às duas extremidades da linha de participação entre sociedades.

Subsidiária é a sociedade que é controlada por uma outra, enquanto holding é a sociedade de controle.

A holding assume posição ativa – controla; a subsidiária assume a posição passiva – é controlada. (...) ART. 2º

A holding controla sociedades subsidiárias que, por sua vez, podem controlar outras tantas, passando, assim, a acumular as posições de subsidiária e holding. (...)

O estabelecimento é um conjunto de meios destinados ao exercício da atividade comercial. A sociedade adquire ou aluga um imóvel, dota-o de instalações, compra máquinas, contrata empregados, reúne enfim uma série de instrumentos que, assim conjugados, constituem o estabelecimento.(...)

Agências, lojas, fábricas, escritórios, sucursais, filiais são palavras que integram a vasta nomenclatura com que se designa o estabelecimento. A matriz ou sede é o estabelecimento principal.

Os estabelecimentos são, pois, unidades da empresa, pertencendo à sociedade e funcionando como instrumentos de sua atuação.

Convém deixar bem clara a distinção existente entre estabelecimento e subsidiária. O estabelecimento é parte, parcela, unidade de ação da sociedade; a subsidiária não integra a sociedade, visto ser outra sociedade, da qual aquela participa.

Exemplificando: a Refinaria Duque de Caxias é um estabelecimento da PETRÓLEO BRASILEIRO S.A. – PETROBRAS, enquanto a PETROBRAS DISTRIBUIDORA S.A. é uma subsidiária. A refinaria é, portanto, uma unidade da PETROBRAS, não tendo personalidade jurídica. A DISTRIBUIDORA, embora controlada pela PETROBRAS, é uma outra pessoa jurídica, daí decorrendo a sua condição de sujeito de direito. (...)

As relações entre controladoras, controladas e coligadas devem-se pautar, rigorosamente, pelos padrões de mercado, não se admitindo (art. 245) o favorecimento de uma companhia em detrimento da outra. Os administradores responderão pessoalmente pelas perdas e danos daí decorrentes."

[Borba, José Edwaldo Tavares. **Direito Societário.** Rio de Janeiro: Renovar, 2001. PP. 28/29, 36/37, 471].

V. art. 33.
V. nota ao art. 37, I.
V. art. 275 do Código Civil.

TÍTULO II – Do sistema brasileiro de defesa da concorrência

CAPÍTULO I – Da composição

ART. 3º **Art. 3º O SBDC é formado pelo Conselho Administrativo de Defesa Econômica – Cade e pela Secretaria de Acompanhamento Econômico do Ministério da Fazenda, com as atribuições previstas nesta Lei.**

O primeiro ponto digno de nota está na formalização do termo Sistema Brasileiro de Defesa da Concorrência (SBDC) na lei concorrencial. Conforme se detalhará adiante, o SBDC passa a ser composto por apenas dois órgãos. Embora a Secretaria de Acompanhamento Econômico (Seae) do Ministério da Fazenda (MF) permaneça no sistema, as suas antigas funções de instrução processual são incorporadas pelo Cade, assim como aquelas da Secretaria de Defesa Econômica (SDE) do Ministério da Justiça (MJ), agora extinta (v. parágrafo único do art. 121).

Para um primeiro contato, pode-se generalizar que as funções de instrução processual passam a ser concentradas na Superintendência-Geral do Cade (SG), com o auxílio do Departamento de Estudos Econômicos da autarquia (DEE). Como se vislumbrará no decorrer dos artigos, a especialização dessas unidades no Cade levará a eficiências, incluindo ganhos de escopo.

Por outro lado, a contribuição da Seae para o SBDC, pela presente lei, restringe-se à advocacia da concorrência. O mais relevante a observar, preliminarmente, nessa alteração, está em adiantar o cerne do funcionamento do novo SBDC, calcado sobre a prevenção – e, não mais, sobre a repressão. Prevenção, seja pela difusão da cultura concorrencial, seja pela análise, agora prévia, dos atos de concentração.

Para o histórico de surgimento da Seae, v. TAUFICK, Roberto Domingos; RAMOS, Marcelo; COSTA, Adriano. **A New Horizon for Competition Advocacy in Brazil**. In: Denis Alves Guimaraes, Fabrizio Cugia di Sant'Orsola, Rehman Noormohamed. (Org.). *Communications and Competition Law. Key Issues in the Telecoms, Media and Technology Sectors.* 1ed.: Kluwer Law, 2014, v. 1, PP. 357/372.

CAPÍTULO II – Do Conselho Administrativo de Defesa Econômica – Cade

Art. 4º O Cade é entidade judicante com jurisdição em todo o território nacional, que se constitui em autarquia federal, vinculada ao Ministério da Justiça, com sede e foro no Distrito Federal, e competências previstas nesta Lei. ART. 4º

Diferentemente dos Estados Unidos e da União Europeia, onde uma autoridade concorrencial central (no caso dos EUA, duas autoridades concorrenciais centrais) convive com autoridades descentralizadas (em estados federados ou em países), o regime brasileiro tem centralizado exclusivamente no Cade a competência para julgar casos de ilícitos concorrenciais. Essa competência exclusiva, entretanto, não decorre explicitamente do texto constitucional, que confere à União, aos Estados e ao Distrito Federal a prerrogativa de legislar, concorrentemente, sobre direito econômico (art. 24, I CF). Embora esteja claro que à União caberia, pelo art. 173, § 4º, adotar lei que reprimisse o abuso do poder econômico que vise à dominação dos mercados, à eliminação da concorrência e ao aumento arbitrário dos lucros, essa competência não me parece, à luz de ambos os artigos da CF, necessariamente exclusiva. Antes, parece-me que a Constituição se refira a uma lei geral, como também ocorre no caso da competência da União para editar uma lei geral de licitações – em ambos os casos, sendo possível que os estados e municípios tenham leis específicas, desde que respeitem a lei geral.

V. nota ao art. 97.

Seção I – Da Estrutura Organizacional do Cade

Art. 5º O Cade é constituído pelos seguintes órgãos:
I – Tribunal Administrativo de Defesa Econômica;
II – Superintendência-Geral; e
III – Departamento de Estudos Econômicos.

A nova estrutura do Cade aproxima-se do desenho da *Federal Trade Commission* norte-americana (FTC) para antitruste[16] (para maiores detalhes, v. Taufick, Roberto Domingos. **A brief overview of the Federal Trade Commission's organization and operation**. Revista de Direito da Concorrência, v.14, p. 69-106. IOB/Cade: Brasília, 2007). O tripé (i) escritório de economia (*Bureau of Economics*, BE), (ii) escritório concor-
ART. 5º rencial (*Bureau of Competition*, BC) e (iii) Tribunal (*Commission*) é reproduzido na criação, respectivamente, do Departamento de Estudos Econômicos, da Superintendência-Geral e do Tribunal Administrativo de Defesa Econômica.

A nova estrutura, ao instigar a separação dos economistas dos juristas, visa fazer do DEE, como sugere o próprio nome, um *think tank* em estudos econômicos e econométricos, incentivando a produção de *papers* e de estudos sobre os impactos das operações já aprovadas sobre a economia. A avaliação *ex post* dos efeitos das operações que já passaram pelo sistema não só permite aperfeiçoar os instrumentos de análise de que dispõe o Cade, como serve para consubstanciar a contestação da operação aprovada previamente, após a verificação dos seus impactos anticoncorrenciais sobre a economia. É de destacar que a alocação do DEE fora da estrutura do Tribunal prova, como veremos ao longo dos comentários, que os seus ofícios devem servir, seja ao Tribunal, seja à Superintendência-Geral. Esse entendimento, aliás, foi incorporado pelo Cade, como se pode observar na Figura 1 abaixo.

[16] A agência lida, também, com defesa do consumidor, tarefas que eram acumuladas na antiga estrutura da SDE.

Observe-se, ainda, que, assim como na *US FTC*, a figura da ProCade (lá, *General Counsel*) encontra-se estruturada dentro dos órgãos do Cade – mais precisamente, do Tribunal Administrativo e da Superintendência-Geral (nos Estados Unidos, a relação de hierarquia é com a presidência do Conselho).

Há quem defenda que a ProCade, por definição legal, pertença à estrutura da Advocacia-Geral da União (AGU). A mim me parece equivocado e excessivo formalismo. Ora, a ProCade, como sói acontecer com os órgãos nos quais os Procuradores Federais exercem, descentralizadamente, as suas funções, é criada para defender as decisões do Cade – atuando, com parcialidade, na defesa dos interesses da autarquia. Não é outro o entendimento externado pelo art. 15 da Nova Lei Antitruste Brasileira e repetido pelo art. 18 do Decreto nº 7.738/2012. Essa é, também, a leitura corrente em qualquer um desses órgãos, como pude observar em anos de prática no Poder Executivo federal.

Embora gozem de autonomia para elaborar opinativos contrários às posições dos demais pareceristas ao longo da instrução, incluindo a Superintendência-Geral, e para manifestar-se contrariamente à posição do Tribunal durante a sessão de julgamento, os procuradores federais e o ART. 5º
Procurador-Chefe estão vinculados à decisão do Tribunal Administrativo e às decisões monocráticas terminativas do Superintendente-Geral assim que elas ocorram. A isso se acresça que o Procurador-Chefe não só pode não pertencer aos quadros de carreira da AGU, como, nesse caso, guarda precária relação funcional com ela, resultante, tão-somente, da obrigação de seguir normas orientadoras (em função do art. 2º, §5º c/c art. 4º, XIII da Lei Complementar 73/93) – no que não destoa da relação que todos os servidores do Poder Executivo federal mantêm com as orientações do Advogado-Geral da União, por força do art. 4º, X e XI da Lei Complementar 73/93.

Em outras palavras, como ser integrante da AGU, se o dirigente máximo da ProCade, o Procurador-Chefe, guarda apenas um estrito dever funcional de seguir orientações normativas, em que não difere da relação que os demais servidores do Poder Executivo federal guardam com relação ao Advogado-Geral da União sem que, por isso, sejam considerados integrantes da AGU?

Apenas parte dos servidores da ProCade (os procuradores federais) – não necessariamente todos – é que, individualmente, tem (e deve ter, nos termos do art. 131 da CF) relação de pertinência funcional com a AGU (*v.g.*, o poder-dever de exonerar do art. 5º, V c/c 7º, III da Lei Complementar 73/93) – no que, entretanto, não destoa da situação dos gestores federais em relação ao Ministério do Planejamento, Orçamento e Gestão, que ocupam as assessorias do Tribunal e as unidades da Superintendência-Geral em exercício descentralizado, sem que isso transforme a natureza dessas unidades da Administração Indireta em Administração Direta.

Parece-me, nesse sentido, que, além de materialmente inconsistente a pertinência da ProCade à AGU, formalmente a leitura do art. 2º, §3º da Lei Complementar 73/93 não prescinde da análise da lei concorrencial, a fim de que não se distorça o alcance que se quis dar com o próprio art. 131 da CF. É nesse sentido que a expressão "órgão vinculado" do art. 2º, §3º da LC 73/93 não deve ser, em qualquer hipótese, lida como "órgão subordinado". Afinal, se vínculo implicasse subordinação, onde estaria a autonomia[17] decisória do Cade em relação ao seu vínculo com o Ministério da Justiça?

ART. 5º Desse modo, a dúvida encontra-se sanada: a ProCade é (i) órgão vinculado à AGU, dada a necessária obediência a linhas gerais de organização e atuação derivadas do mandamento do art. 131 da CF, (ii) mas integrante da estrutura do Cade, de onde advêm as ordens do Tribunal e, ocasionalmente, do Superintendente-Geral, a quem deve assessorar (recordando que a relação de assessoramento, reiterada ao longo da Lei Complementar 73/93, é hierárquica[18]). Guarda, portanto, natureza híbrida.

Nisso discordamos do organograma do Cade, segundo o qual a relação da ProCade com o Tribunal e com a Superintendência-Geral é de vinculação, não de subordinação.

[17] Segundo Maria Sylvia di Pietro (**Direito Administrativo**. 15ª edição. São Paulo: Atlas, 2003. P. 368), deve-se "evitar o termo autonomia, em relação às autarquias, porque estas não têm o poder de criar o próprio direito, mas apenas a capacidade de se auto-administrar a respeito das matérias específicas que lhes foram destinadas pela pessoa pública política que lhes deu vida". É no alcance dessa capacidade de auto-administração, sem qualquer relação de hierarquia com o Ministério com que tem vínculo, que o termo autonomia é utilizado neste livro.

[18] Em relação às lei ordinárias que tratam as assessoria jurídicas das autarquias como órgãos da AGU, não só incorrem em imprecisão formal, quanto se mostram materialmente inconsistentes, segundo a tese aqui defendida. Não obstante, a lei concorrencial é mais recente e específica.

Figura 1. Organograma do Cade

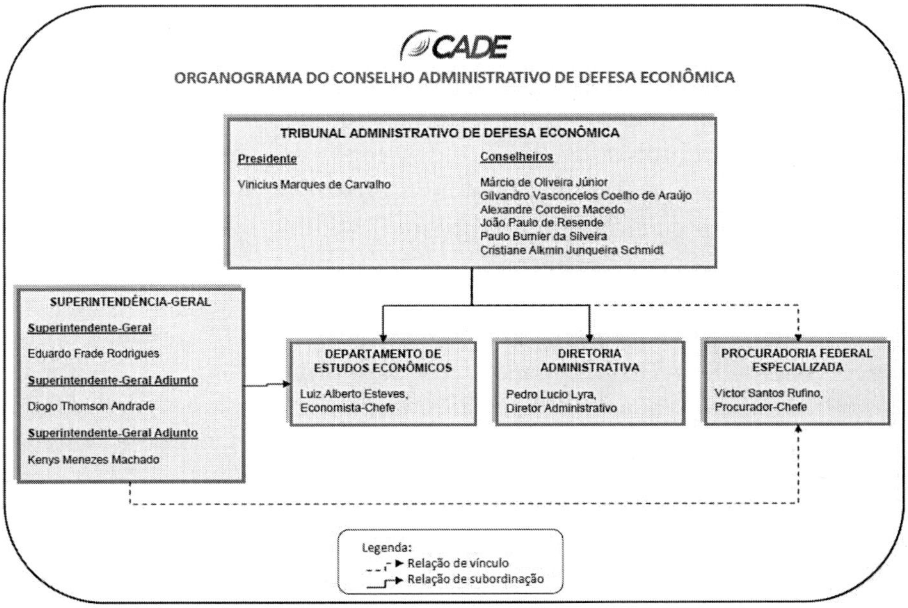

Fonte: Cade
Atualizado em 16/09/2015 ART. 5º

Note-se que a relação de subordinação não implica a perda da autonomia da ProCade na elaboração dos pareceres. Assim fosse, os procuradores federais não teriam autonomia com relação ao Procurador-Chefe, ou com relação ao Advogado-Geral da União. Trata-se de situação equivalente à do DEE, cujos economistas têm autonomia na elaboração dos seus pareceres, mas que guardam relação de hierarquia com relação ao Tribunal e à Superintendência-Geral reconhecida no organograma do Cade. A noção de vinculação passa a falsa percepção de que a ProCade tem uma rotina autônoma, ao passo que, na verdade, ela é ditada pelo ritmo de pareceres solicitados pelos dirigentes do Cade.

Por sua vez, a estrutura da Superintendência-Geral definida em lei não reflete, formalmente, a existência de um homólogo à Divisão de Análise Prévia da *US FTC* (*Premerger Notification Office* – PNO), que não só faz uma primeira triagem dos atos que devem receber tratamento sumário, mas presta, também, esclarecimentos acerca dos critérios de submissão dos atos de concentração a qualquer demandante, firmando entendimentos não vinculantes que podem vir a ser formalizados pelo Conselho da FTC. Embora não haja determinação expressa nesse sentido, é desejável que a agência conte com catalisadores da análise, tais como servidores (nos Estados Unidos, paralegais, em grande parte) que se especializem em identificar casos sumários. Além do fomento à celeridade pela especialização do trabalho, cria-se um corpo de servidores que terá muito a contribuir com a criação de crescentes filtros à submissão – o que desonera a Administração e os administrados. Note-se que essa recomendação, presente desde a edição anterior do livro, foi incorporada pelo Cade, que, desde a entrada em vigor da Nova Lei Antitruste Brasileira, adotou uma unidade de triagem de atos de concentração.

"A proposição cria formalmente o Sistema Brasileiro de Defesa da Concorrência (SBDC) formado pelo Cade e pela Seae/MF. No Cade, são consolidados três órgãos, o Tribunal Administrativo de Defesa Econômica (atual Cade), a Superintendência Geral (atual SDE) e o (novo) Departamento de Estudos Econômicos, com a missão principal de zelar "pelo rigor e atualização técnica e científica das decisões do órgão.

O diagrama abaixo resume a reestruturação institucional proposta."

ART. 5º

Quadro I. Sistema Brasileiro de Defesa da Concorrência – Reestruturação Institucional

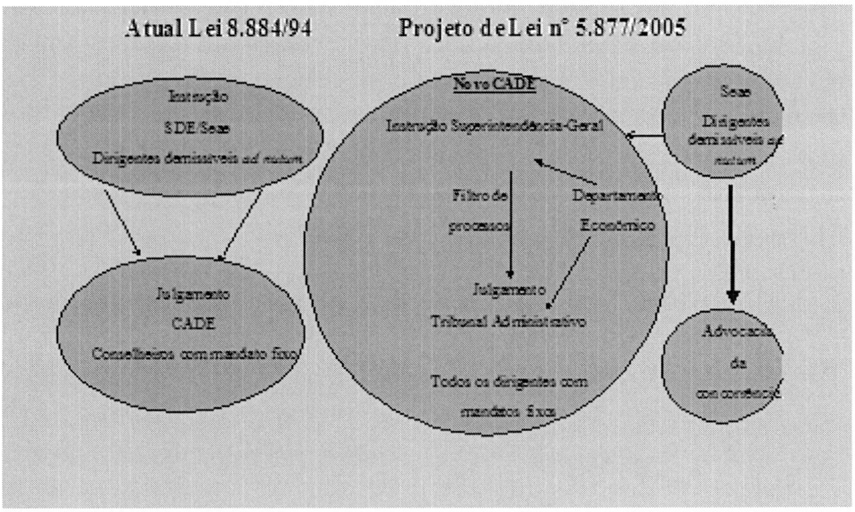

[Exposição de motivos do Substitutivo Ciro Gomes].

V. Decreto nº 7.738, de 28 de maio de 2012.

Seção II – Do Tribunal Administrativo de Defesa Econômica

Art. 6º O Tribunal Administrativo, órgão judicante, tem como membros um Presidente e seis Conselheiros escolhidos dentre cidadãos com mais de 30 (trinta) anos de idade, de notório saber jurídico ou econômico e reputação ilibada, nomeados pelo Presidente da República, depois de aprovados pelo Senado Federal.

O atual Ministro do Supremo Luiz Fux já se manifestou acerca da natureza judicante do Tribunal Administrativo:

"(...) A decisão proferida pelo Cade tem, portanto, no dizer de HELY LOPES MEIRELLES, uma natureza administrativa, mas também jurisdicional, até porque a nova lei antitruste, no art. 3º, como já salientado, conceitua o Cade como um 'órgão judicante'. Não resta dúvida que as decisões do Cade, pela peculiaridade de versarem sobre matéria especificamente complexa, que requer um órgão especializado, apresentam natureza bastante similar a uma decisão judicial. E o legislador quis exatamente atribuir a essa decisão uma natureza especificamente judicial, posto que de origem administrativa.' (João Bosco Leopoldino da Fonseca. Lei de Proteção da Concorrência. Rio de Janeiro, Editora Forense, 2001, p. 312/313) (...)" ART. 6º

[Relator: Ministro Luiz Fux (RESP 590960/DF; RE 2003/0169770-6, 1a Turma, j. 26/10/2004 , DJ 21.03.2005, p. 234)]

As nomeações para os principais cargos da agência são uniformizadas pela lei, com direito a sabatina no Senado Federal. Embora o Conselho tenha, como um todo, ao longo do tempo, preservado elevada qualidade técnica, as formalidades da lei continuam a ser, entrementes, solenemente ignoradas. Igualmente, as sabatinas do Senado Federal continuam a prestar pouco serviço à comprovação dos quesitos de notório saber na área concorrencial e reputação ilibada. Como decorrência, era inevitável haver, na história recente do Cade, aprovação em sabatina de candidato sem nenhuma familiaridade com a defesa da concorrência – como foi o caso de Enéas de Souza, que, tendo sido indicado por Tarso Genro e nomeado pelo ex-Presidente Lula, renunciou ao cargo antes de tomar posse, ao tomar conhecimento de que as sessões de julgamento eram abertas, transmitidas ao vivo e gravadas.

Aliás, com o incremento da relevância acadêmica e profissional do antitruste no Brasil, parece desejável que as indicações, refletindo esse avanço, saiam exclusivamente de profissionais e acadêmicos com relevante experiência em defesa da concorrência. Note-se, adicionalmente, que o critério definido no *caput* deste artigo é menos exigente que aquele trazido pelo *caput* do art. 5º da Lei nº 9.986, de 18 de julho de 2000, que regula as nomeações para as agências reguladoras, segundo o qual os membros do Conselho Diretor devem ter "formação universitária e elevado conceito no campo de especialidade dos cargos para os quais serão nomeados (...)".

Por fim, cabe destacar que, no momento de aprofundada crise econômica e anunciados cortes de gastos públicos em que este livro é escrito, o Cade propôs, por meio do seu então Presidente Vinicius Carvalho, que o número de membros do Tribunal fosse reduzido de sete para cinco – seguindo o mesmo padrão adotado pelas diretorias das agências reguladoras. A proposta foi vista com ressalvas por membros do governo Temer, que ali enxergou possível conotação política e tentativa de aparelhamento da máquina pública. Esse entendimento decorre dos seguintes fatores:

ART. 6º **1º:** votado o afastamento definitivo de Dilma Rousseff, Michel Temer poderia nomear até três membros do Tribunal do Cade, o seu Presidente e dois Conselheiros, além de um novo Procurador-Chefe e um novo Superintendente-Geral, com possível repercussão sobre toda a estrutura da Superintendência-Geral. As nomeações dariam ao novo governo a possibilidade de afastar a influência que o então presidente Carvalho – e, com ele, o governo anterior – ainda exerce sobre as decisões tomadas na autarquia;

2º: o nome do Conselheiro Gilvandro Araújo já se encontrava na Casa Civil para indicação para a Presidência do Cade pela Presidência da República quando Dilma Rousseff foi afastada. Mesmo após o desligamento de Vinicius Carvalho da Presidência do Cade, os membros do Tribunal Administrativo e da Superintendência-Geral a ele aliados permaneceram fazendo campanha para a sua indicação. Apesar de técnico e conciliador, o fato de o seu nome ter sido escolha pessoal de Carvalho depôs contra a autonomia de Araújo. A confirmação de Gilvandro como Presidente do Cade representaria, segundo essa tese, a preservação da influência do Partido dos Trabalhadores e de Vinicius Carvalho no Cade, uma vez que foi por meio daqueles que Araújo se tonou Procurador-

-Geral e, posteriormente, Conselheiro do Cade. Caso a proposta de redução das vagas para o Tribunal prosperasse e Araújo se fizesse Presidente do Cade, três vagas para Conselheiro seriam abertas na gestão Temer, mas apenas uma delas poderia ser preenchida, pois as demais seriam excluídas para dar implementação à proposta de Carvalho. Desse modo, a gestão anterior manteria intacta a sua influência sobre o Tribunal do Cade até as novas eleições para Presidente da República;

3º: a redução definitiva do número de gabinetes do Tribunal depende, em última instância, de alteração na Nova Lei Antitruste Brasileira. A redução proposta, entrementes, seria implementada, apenas, por meio do decreto de estrutura do Cade, o que corrobora a teoria de que se trataria de sugestão casuística para que, recuperando o poder de influência de indicação de autoridades, o grupo que propôs a redução passasse a sugerir a recuperação dos dois gabinetes;

4º: o Superintendente-Geral é o principal responsável pela pauta técnica do Cade – a sua posição raramente é questionada pelo Tribunal do Cade e, no caso de processos de sancionamento de condutas, diversamente dos atos de concentração, é ele quem define as prioridades investigativas do órgão. Ao perder o Superintendente-Geral, a antiga gestão perderia bastante poder sobre o Cade. Apesar da sua ligação íntima com a gestão de Carvalho, Eduardo Frade é técnico e aliados de Carvalho apostavam na sua recondução. Se confirmado no cargo, todo o Cade poderia ser mantido sob a influência da antiga gestão de Carvalho e do governo Rousseff. ART. 6º

A sensação de aparelhamento do Cade não se deu por esses fatos, isoladamente. Dois outros fatores são importantes nessa ponderação:

a. o concurso para Especialista em Políticas Públicas e Gestão Governamental de 2013 (edital ESAF nº 48, de 6 de junho de 2013), que proveria gestores governamentais federais para diversos órgãos federais, inclusive o Cade, e que foi anulado por decisão do Tribunal de Contas da União (TCU), que considerou excessivo o peso dado para a experiência profissional *vis-à-vis* a nota da prova. Além da constatação do TCU, o concurso teve questões de baixo nível de conhecimento, destoando dos concursos anteriores, e denúncias não investigadas de vazamento selecionado de questões para comissionados da Administração Federal;

b. os termos de criação das novas carreiras do Cade, incluídas no Capítulo X do Projeto de Lei nº 33/2016 (nº 4.252/2015, na Câmara dos

Deputados), que conferiam discricionariedade para que o Presidente do Cade ditasse os termos do concurso e do curso de formação das novas carreiras, com a possibilidade, inclusive, de sustentação oral. Caso não houvesse veto presidencial (Edição Especial do Diário Oficial da União nº 145-A, de 29 de julho de 2016), o PL teria permitido fazer aquilo que o TCU, com a pressão de uma carreira estruturada (a de Especialista em Políticas Públicas e Gestão Governamental), evitou com relação ao concurso de 2013: instrumentalizar o aparelhamento do Cade.

§ 1º O mandato do Presidente e dos Conselheiros é de 4 (quatro) anos, não coincidentes, vedada a recondução.

O legislador não enfrentou mecanismos para evitar que a totalidade dos Conselheiros seja indicada por um mesmo partido – o que sucede, especialmente, em casos de recondução presidencial e quando alguns cargos no Conselho permanecem vagos por significativo lapso temporal. Na *US FTC*, o mecanismo encontrado foi a repartição da indicação dos
ART. 6º membros do Conselho pelos partidos da situação e da oposição.

A nova lei tampouco acrescentou qualquer garantia contra atrasos que provoquem mandatos coincidentes no Tribunal – o que facilita a ocorrência de interrupções no funcionamento do Cade por falta de *quorum* e corrobora a formação de um Tribunal aliado a uma única ideologia política, levando a que o Cade, mais que um órgão de Estado, torne-se, progressivamente, órgão de governo.

O precedente aberto pela nomeação de Fernando Furlan para Presidente do Cade também esclarece que o período de quatro anos tende a ser adotado como o máximo que um indivíduo pode permanecer, consecutivamente, no Conselho, seja no exercício da função de Conselheiro, ou Presidente, seja no cômputo total do exercício de ambas as funções. No caso de Furlan (2011), apesar de não termos encontrado qualquer óbice legal para o cumprimento de quatro anos adicionais como Presidente, após ter exercido quase três anos e meio a função de Conselheiro, as consultorias jurídicas dos Ministérios da Fazenda e da Justiça somaram-se à Casa Civil para concluir que, no silêncio da lei, o cumprimento de mais de quatro anos consecutivos no Conselho poderia ensejar a contestação dos julgamentos do Cade no Judiciário.

Apesar de não ter sido firmado entendimento quanto à ilegalidade da permanência no Conselho por mais de quatro anos consecutivos, a decisão é importante precedente quanto à conveniência e oportunidade de limitar o tempo total em mandatos consecutivos em cargos do Conselho.

Ressalto que o entendimento consagrado no caso Furlan não se estende, automaticamente, aos mandatários que estejam voltando ao Conselho. Esse é o caso de Ricardo Cueva, que, antes de assumir a vaga de Ministro no Superior Tribunal de Justiça, era o nome favorito para assumir a Presidência do Cade, em 2011. Como já havia cumprido quatro anos como Conselheiro na gestão de Elizabeth Farina, Cueva ultrapassaria o limite de quatro anos no Conselho. Nesse sentido, o precedente sinalizou que o limite de quatro anos seria aplicável para mandatos consecutivos, apenas. Nada obstaria a permanência por mais quatro anos no Conselho, desde que não fossem consecutivos.

É relevante, alfim, esclarecer que o estabelecimento do mandato único, somado à interpretação de que não é possível permanecer no Tribunal – mesmo ocupando cargos diferentes – por mais de quatro anos consecutivos é medida exemplar para afastar as típicas concessões de membros do Tribunal nos seus últimos casos ao fim do mandato para conseguir apoio, inclusive político, para a sua permanência no Tribunal autarquia. Na verdade, caso se siga o precedente criado por Furlan e, mormente, caso se atenda à *mens legis* e se busque evitar o uso do voto como forma de barganhar apoio, inclusive político, nenhum Conselheiro em exercício, mesmo em início de mandato, deveria concorrer à vaga de Presidente do Cade. O entendimento apresentado pelas consultorias jurídicas no caso Furlan, entrementes, ao não constar expressamente em texto legal, tem sido considerado um fraco precedente, a ponto de, no momento em que encerro esta edição, o Cade estar passando por uma crise institucional sem precedentes derivada da briga entre entre dois Conselheiros que desejam ser alçados ao cargo de Presidente do Cade – e que, nessa condição, teriam incentivos a fazer concessões em votos para alcançar esse objetivo.

ART. 6º

Por fim, o aumento do prazo de mandato de dois para quatro anos elimina a necessidade de recondução para que o membro do Tribunal Administrativo atinja a sua maturidade institucional, nos termos expressos pelo Conselheiro César Mattos:

"A ampliação dos mandatos dos membros do Tribunal otimiza a experiência adquirida por estes no exercício da função, o que aproxima o órgão de seus congêneres internacionais. O prazo de dois anos é usualmente considerado como insuficiente, dado o natural período de aprendizado que os conselheiros devem ter nessa função de 'juízes administrativos'. Não é por outra razão que se mantém no PL a previsão de que os mandatos dos conselheiros serão não coincidentes de forma a permitir que as substituições ocorram de forma a preservar ao máximo a inteligência institucional e a trajetória (que se pretende) ascendente do órgão. Este argumento, no entanto, também indicaria que também o Superintendente-Geral deveria contar com um mandato igual ao dos membros do Tribunal, e não apenas dois anos. Aqui mais uma vez há um *trade-off* que merece reflexão. O maior problema da extensão de mandatos diz respeito à possibilidade de que uma escolha de conselheiro que se revele *ex-post* claramente equivocada perdure por período excessivo de tempo. No Plenário do Tribunal este é um problema menor dado que a capacidade de um membro gerar prejuízos à qualidade das decisões é diluída, pois há mais seis membros para corrigir possíveis erros. Já no que tange à Superintendência, não há esta possibilidade de correção, dado se tratar de decisão monocrática. De outro lado, pode se argumentar que o *check and balance* da Superintendência já é o próprio Tribunal, especialmente em função
ART. 6º da prerrogativa dos conselheiros em avocarem processos em caso de desacordo com o Superintendente. Ademais, o instituto da recondução constitui um dos fatores que mais comprometem a desejável independência dos mandatários."

[Mattos, César Costa Alves de. **Evolução Institucional da Defesa da Concorrência no Brasil: A Reforma do Cade**. *In* Regulação e Agências Reguladoras – governança e análise de impacto regulatório. ANVISA/Casa Civil da Presidência. P. 166. Disponível em http://www.anvisa.gov.br/divulga/public/Regulacao.pdf. Acesso em 16/02/2011]

V. art. 8º, VI.

§ 2º Os cargos de Presidente e de Conselheiro são de dedicação exclusiva, não se admitindo qualquer acumulação, salvo as constitucionalmente permitidas.

"XVI – é vedada a acumulação remunerada de cargos públicos, exceto, quando houver compatibilidade de horários, observado em qualquer caso o disposto no inciso XI. (Redação dada pela Emenda Constitucional nº 19, de 1998)

a) a de dois cargos de professor; (Incluída pela Emenda Constitucional nº 19, de 1998)

b) a de um cargo de professor com outro técnico ou científico; (Incluída pela Emenda Constitucional nº 19, de 1998)

c) a de dois cargos ou empregos privativos de profissionais de saúde, com profissões regulamentadas; (Redação dada pela Emenda Constitucional nº 34, de 2001)

XVII – a proibição de acumular estende-se a empregos e funções e abrange autarquias, fundações, empresas públicas, sociedades de economia mista, suas subsidiárias, e sociedades controladas, direta ou indiretamente, pelo poder público (Redação dada pela Emenda Constitucional nº 19, de 1998)".

[Art. 37, XVI e XVII CF].

"Para efeitos do disposto no art. 37, XVII, da Constituição são sociedades de economia mista aquelas – anônimas ou não – sob o controle da União, dos Estados-Membros, do Distrito Federal ou dos Municípios, independentemente da circunstância de terem sido 'criadas por lei'. Configura-se a má-fé do servidor que acumula cargos públicos de forma ilegal quando, embora devidamente notificado para optar por um dos cargos, não o faz, consubstanciando, sua omissão, disposição de persistir na prática do ilícito."

[RMS 24.249, Rel. Min. Eros Grau, julgamento em 14-9-04, DJ de 3-6-05]

§ 3º No caso de renúncia, morte, impedimento, falta ou perda de mandato do Presidente do Tribunal, assumirá o Conselheiro mais antigo no cargo ou o mais idoso, nessa ordem, até nova nomeação, sem prejuízo de suas atribuições.

V. nota ao §4º.

§ 4º No caso de renúncia, morte ou perda de mandato de Conselheiro, proceder-se-á a nova nomeação, para completar o mandato do substituído.

Claramente, a lei poderia ter previsto a ordem de sucessão entre os Conselheiros – especialmente em relação ao mais novo. Mesmo que a regra de substituição entre os Conselheiros venha a ser deixada para o regimento, como já sucedia com a Lei nº 8.884/94, é importante levar em conta um fator que foi, então, desconsiderado e que, habitualmente, provoca celeuma dentro do Cade: a peculiaridade da substituição do Conselheiro mais novo.

Seguindo a ordem estatuída para o Presidente e que foi reprisada no art. 16, I da Resolução 45/07 (Regimento Interno do Cade a regulamentar a Lei nº 8.884/94) e persistiu no art. 7º c/c art. 21 do anexo à Resolução nº 1/2012, ou novo Regimento Interno do Cade (novo RiCade), não há, por motivo óbvio, Conselheiro que lhe suceda na ordem regimental. Por outro lado, se olharmos para os dois lados da cadeia de nomeações de Conselheiros, tanto o mais antigo quanto o segundo mais novo já são sucessores do Presidente e do terceiro Conselheiro mais novo, sucessivamente – de tal sorte que a situação de um desses Conselheiros passaria a ser, injustificadamente, mais onerosa que aquela dos demais membros do Conselho, se tivessem de substituir, concomitantemente, o mais novo e o imediatamente mais antigo. Aliás, qualquer Conselheiro que tivesse como ônus permanente substituir o membro mais novo do colegiado estaria, nessa mesma situação, injustificadamente, onerado em dobro.

Caberia, eventualmente, a fim de evitar esse problema, passar a relatoria, interinamente, ao Presidente, que não carrega o ônus da sucessão de qualquer outro membro do Tribunal, ou criar uma substituição rotativa a ser realizada, preferivelmente, por sorteio.

ART. 6º Com relação à nomeação de novo mandatário para completar mandato, a regra pode ser bastante inadequada. Uma vez vedada a recondução dos membros do Tribunal, haverá menos incentivos a que se nomeie Conselheiro para completar o mandato que se findava, em particular quando esse estivesse próximo ao seu termo final. O mais correto seria nomear um novo mandatário para cumprir os quatro anos: afinal, qual o propósito da restrição imposta pelo § 4º ao tempo de mandato do substituto, se a sua nomeação deve passar pelos mesmos critérios e garantias das demais, cujos mandatos são de 4 anos?

§ 5º Se, nas hipóteses previstas no § 4º deste artigo, ou no caso de encerramento de mandato dos Conselheiros, a composição do Tribunal ficar reduzida a número inferior ao estabelecido no § 1º do art. 9º desta Lei, considerar-se-ão automaticamente suspensos os prazos previstos nesta Lei, e suspensa a tramitação de processos, continuando-se a contagem imediatamente após a recomposição do *quorum*.

Seguindo a proposta de reduzir o prazo de apreciação para a análise prévia, a ausência de *quorum* deixa de ser causa de interrupção dos prazos para se tornar motivo da sua suspensão. A redação credita à continuidade institucional a manutenção da memória e da análise iniciada pelo gabinete do antigo ocupante do cargo. A medida, embora favorável à celeridade, acaba reduzindo, na prática, o prazo disponível para a análise do novo Relator.

Não se deve olvidar que, além de prazo para se familiarizar com o caso, o sucessor pode ter posicionamento dissonante daquele do seu antecessor. Isso fica ainda mais cristalino quando se nota que o propósito da lei é, justamente, levar ao Tribunal somente os casos mais complexos – justamente aqueles em que o Relator deseja deixar a marca das suas convicções de forma mais nítida.

Vale sublinhar que uma suspensão que se alongue no tempo segue na contramão do objetivo da lei, pois prorroga indefinidamente a concretização de operações econômicas por força da morosidade do Executivo, do Senado Federal, ou de ambos. Por outro lado, diversamente dos incentivos criados pela análise *ex post* vigente na lei anterior, o dispositivo em apreço em uma sistemática de análise prévia ata as mãos do governante que, insatisfeito com o papel do Cade, queira esvaziá-lo. Como o efeito da falta de *quorum* é, justamente, a paralização de operações relevantes para garantir investimentos no Brasil – paralização essa cujo efeito político é nefasto para qualquer governante[19] –, o presidente da República perde os incentivos para deixar de nomear, com razoável antecipação, os sucessores dos Conselheiros em fim de mandato. ART. 7º

Por fim, destaco que, persistindo no erro do art. 4º da Lei nº 8.884/94, o legislador não previu a suspensão do prazo de análise nos casos de impedimento e suspeição na Lei nº 12.529/2011. Apesar de a redução do *quorum* de deliberação pelo art. 9º, §1º da nova lei ter minorado o risco de ocorrência dessa situação, a lei ainda cria incentivos a que os membros do Tribunal sejam menos transparentes quanto à sua parcialidade para julgar.

Art. 7º A perda de mandato do Presidente ou dos Conselheiros do Cade só poderá ocorrer em virtude de decisão do Senado Federal, por provocação do Presidente da República, ou em razão de condenação penal irrecorrível por crime doloso, ou de processo disciplinar

[19] Nesse sentido, é sempre interessante lembrar do slogan *It's the economy, stupid* usado para eleger Bill Clinton em momento no qual os Estados Unidos atravessavam uma recessão.

de conformidade com o que prevê a Lei nº 8.112, de 11 de dezembro de 1990 e a Lei nº 8.429, de 2 de junho de 1992, e por infringência de quaisquer das vedações previstas no art. 8º desta Lei.

Parágrafo único. Também perderá o mandato, automaticamente, o membro do Tribunal que faltar a 3 (três) reuniões ordinárias consecutivas, ou 20 (vinte) intercaladas, ressalvados os afastamentos temporários autorizados pelo Plenário.

Embora a redação não prime pela clareza, o artigo discrimina três possíveis formas de perda de mandato para os membros do Tribunal: (i) decisão do Senado Federal provocada pelo Presidente da República; (ii) condenação penal transitada em julgada por crime doloso ou (iii) decisão irrecorrível em processo administrativo disciplinar (PAD).

Claramente, o mandatário não poderia perder o mandato por decisão unilateral do Presidente da República, sob pena de tratarmos de um cargo comissionado como qualquer outro, em que se é demissível *ad nutum*. A decisão conjunta de dois poderes visa retirar a discricionariedade do chefe do Executivo, transformando a decisão em uma reavaliação
ART. 7º quanto à reputação ilibada, ou ao próprio notório conhecimento jurídico ou econômico.

A exoneração por condenação penal irrecorrível por crime doloso claramente remete à reavaliação da idoneidade do mandatário, mas não é consequência automática da lei: depende de expressa declaração do juiz/tribunal em sentença/acórdão. Afinal, crimes de menor potencial ofensivo, como injúria e difamação, muitas vezes decorrentes da própria natureza do trabalho exercido, podem não afetar a reputação ilibada do mandatário. Aliás, assim não o fosse, os membros do Tribunal poderiam sentir-se, inclusive, tolhidos na prerrogativa de advertir trabalhos considerados inadequados para a instrução de casos julgados – de que é exemplo o recente julgamento do cartel dos gases medicinais (Processo Administrativo nº 08012.009888/2003-70, em que foram representadas Air Liquide, White Martins e outros, de relatoria de Fernando Furlan), em que a ProCade caracterizou o comportamento dos advogados como beirando a litigância de má-fé.

Desse mesmo modo, embora indivíduos em face dos quais corram processos penais por crimes dolosos possam ser membros do Tribunal, é de bom tom resguardar o Cade de nomeações que tornem críveis futuras impugnações de decisões do Tribunal por vício na formação da vontade de um dos seus membros.

Por derradeiro, condenações confirmadas em processos administrativos disciplinares, seja em função de práticas descritas na Lei nº 8.112/90 e na Lei nº 8.429/92, seja em função de ilícitos previstos no art. 8º da própria lei concorrencial, somente serão objeto de exoneração do mandatário quando, nos termos dos artigos 127 e 135 da Lei 8.112/90, estiverem sujeitas às penalidades de suspensão e de demissão. Fala-se, aqui, de infrações profissionais que também afetem a reputação ilibada do mandatário. Contudo, assim como no caso de crimes dolosos de menor potencial ofensivo, o cometimento de algumas infrações descritas no art. 117 da Lei nº 8.112/90 (como a manifestação de apreço em repartição pública) não necessariamente mancha a reputação do mandatário, de tal sorte que a perda do mandato deve decorrer de expressa decisão da autoridade competente nesse sentido.

> "STF – AI 473883 AgR. Rel. Min. Ellen Gracie, DJ de 27.4.2010.
> Administrativo. Agravo regimental em agravo de instrumento. Processo disciplinar. Direito de defesa técnica. 1. O exercício da ampla defesa e do contraditório em Processo Administrativo Disciplinar prescinde da presença de advogado. Precedentes. 2. A falta de defesa técnica por advogado habilitado no processo administrativo disciplinar não ofende a Constituição Federal. RE 434.059/DF. Súmula Vinculante STF 5. 3. Agravo regimental improvido;"

Art. 8º Ao Presidente e aos Conselheiros é vedado:

I – receber, a qualquer título, e sob qualquer pretexto, honorários, percentagens ou custas;

II – exercer profissão liberal;

III – participar, na forma de controlador, diretor, administrador, gerente, preposto ou mandatário, de sociedade civil, comercial ou empresas de qualquer espécie;

IV – emitir parecer sobre matéria de sua especialização, ainda que em tese, ou funcionar como consultor de qualquer tipo de empresa;

V – manifestar, por qualquer meio de comunicação, opinião sobre processo pendente de julgamento, ou juízo depreciativo sobre despachos, votos ou sentenças de órgãos judiciais ressalvados a crítica nos autos, em obras técnicas ou no exercício do magistério; e

VI – exercer atividade político-partidária.

"Recurso contra diplomação de Prefeito sob alegação de ocorrência de vedação constitucional (arts.128, § 5º, II, e, e 130 da Carta Magna) por ser o candidato eleito membro do Ministério Público junto ao Tribunal de Contas do Estado do Rio de Janeiro. Interpretação do artigo 29, § 3º, do ADCT da Constituição Federal. Ao contrário do que ocorre com os juízes em geral, cujo exercício da atividade político-partidária é vedada absolutamente, por incapacidade ínsita à função mesma de juiz, o mesmo não sucede com os membros do Ministério Público, certo como é que a vedação que o artigo 128, II, e, lhes impõe admite, por força mesma do texto constitucional, que a lei ordinária lhe abra exceções, o que, evidentemente, só é admissível quando não há incompatibilidade absoluta entre o exercício da função pública e o da atividade político-partidária, mas, apenas, conveniência para o desempenho daquela."

[RE 127.246, Rel. Min. Moreira Alves, julgamento em 10-4-91, DJ de 19-4-96].

"Decisão: O Tribunal, por votação majoritária, julgou parcialmente procedente a ação direta, para, sem redução de texto, (a) dar, ao art. 237, inciso V da Lei Complementar federal nº 75, de 20/5/93, interpretação conforme à Constituição, no sentido de que a filiação partidária de membro do Ministério Público da União somente pode efetivar-se nas hipóteses de afastamento de suas funções institucionais, mediante licença, nos termos da lei, e (b) dar, ao art. 80
ART. 8º da Lei Complementar federal nº 75/93, interpretação conforme à Constituição, para fixar como única exegese constitucionalmente possível aquela que apenas admite a filiação partidária, se o membro do Ministério Público estiver afastado de suas funções institucionais, devendo cancelar sua filiação partidária antes de reassumir suas funções, quaisquer que sejam, não podendo, ainda, desempenhar funções pertinentes ao Ministério Público Eleitoral senão depois de dois anos após o cancelamento dessa mesma filiação político-partidária, vencido o Ministro Octávio Gallotti, que julgava totalmente improcedente a referida ação direta."

[ADIN 1.371-8].

"Decisão: O Tribunal, por votação majoritária, julgou parcialmente procedente a ação direta, para, sem redução de texto, conferir, ao inciso V do art. 44 da Lei nº 8.625, de 12/02/93 (Lei Orgânica do Ministério Público), interpretação conforme à Constituição, definindo como única exegese constitucionalmente possível aquela que apenas admite a filiação partidária de representante do Ministério Público dos Estados-membros, se realizada nas hipóteses de afastamento, do integrante do Parquet, de suas funções institucionais, mediante licença, nos termos da lei, vencido o Ministro Octávio Gallotti, que julgava totalmente improcedente a referida ação direta."

[ADIN 1.377-7].

A filiação tem natureza de atividade político-partidária. Desse modo, sequer filiado a partido político pode ser o mandatário. Equivocadamente, porém, a lei não trata de prazo de quarentena prévia e posterior ao exercício do mandato, de tal modo que a vedação é de pouca valia. Seguindo esse entendimento – trazido já na edição anterior deste livro –, o art. 17, §2º, II da Lei nº 13.303 (Lei das Estatais) vetou a indicação "de pessoa que atuou, nos últimos 36 (trinta e seis) meses, como participante de estrutura decisória de partido político ou em trabalho vinculado a organização, estruturação e realização de campanha eleitoral" para o Conselho de Administração de empresa pública e de sociedade de economia mista.

Note-se, porém, que o próprio fato de o cargo de Conselheiro ser, tal qual o de Ministro de tribunal superior, função política, ou seja, cuja indicação é do Presidente da República, já expõe o exercício da função a certo grau de comprometimento com o partido que o indicou. O reconhecimento disso é justamente o que nos leva a propor a regra descrita em nota ao art. 6º, § 1º acima (o partido de situação não poder ter nomeado mais que quatro membros do Tribunal), o que ensejaria maior transparência na discussão dos temas, pluralidade de opiniões e exposição de posições ideológicas divergentes entre os membros do Conselho. Essa pluralidade, diga-se, não só é desejável em órgãos colegiados – ela é, em última instância, o que diferencia a decisão colegiada da monocrática –, como serve de importante subsídio ao convencimento do magistrado que irá analisar os fundamentos da decisão em juízo. ART. 8º

Se um dos propósitos da lei, materializado na autonomia de confecção de pareceres pelo Economista-Chefe, foi aumentar o grau de informação disponível acerca da motivação da decisão – facilitando, inclusive, que injustiças sejam corrigidas no Judiciário, se necessário –, um importante passo a ser tomado no futuro será a institucionalização das indicações partidárias para o Tribunal. A pluralidade de opiniões tende a, socraticamente, construir a decisão mais coerente, mesmo que em sede de revisão judicial.

Ainda que não deva haver desempenho da atividade político-partidária pelo mandatário – propusemos, acima, inclusive uma regra de quarentena prévia e posterior ao exercício do mandato –, caberá aos partidos de situação e oposição identificar os profissionais cujos perfis melhor se encaixem nos objetivos do partido dentro dos requisitos legais de notório conhecimento e reputação ilibada. Não se trata de tentar politizar a decisão do Cade, mas de reconhecer que a inclinação ideológica é um dado e que as decisões serão tão mais transparentes e melhores quanto maior for a variedade dos interlocutores. Tratar-se-ia não apenas de um avanço com relação às decisões técnicas dos atos de concentração, mas também de uma forma de controle de condutas ilícitas envolvendo agentes políticos em decisões tomadas no seio do SBDC.

Por fim, cabe destacar que, na história recente do Cade, o então Presidente Vinicius Carvalho foi penalizado pela Comissão de Ética da Presidência da República em razão de assumir o cargo sem ter-se desvinculado do Partido dos Trabalhadores. Cabe perguntar se ele esteve desvinculado do partido enquanto, anos antes (2008-2011), exercia a função de Conselheiro dessa mesma autarquia.

"A Comissão de Ética Pública da Presidência da República decidiu na manhã desta segunda-feira (11) aplicar uma advertência ao presidente do Conselho Administrativo de Defesa Econômica (Cade), Vinicius Marques de Carvalho.

Segundo o presidente do colegiado, Américo Lacombe, a sanção foi aplicada porque ele não tomou todas as providências necessárias para se desvincular do PT antes de assumir o cargo. Segundo o Código de Conduta da Administração Pública, a advertência é a única punição que a comissão pode aplicar a autoridades em exercício.

ART. 8º

'Ele não tomou providências necessárias para cancelar o registro dele do partido. Ele pediu, mas não foi atrás, não foi à Justiça Eleitoral. Tanto que, algum tempo depois, depois de ele já ter se desligado do partido, numa relação do partido aparece o nome dele como integrante. Ele já não era mais integrante, mas não tomou esses cuidados', esclareceu Lacombe.

Segundo Lacombe, não houve omissão de informações. Para a comissão, Vinícius Carvalho não teria escondido o fato de ter sido filiado ao PT, apenas não formalizou seu desligamento de forma apropriada, segundo disse.

A advertência é a sanção aplicada pelo colegiado para autoridades da administração pública que ainda estejam no exercício do cargo.

'Vamos imaginar que amanhã ele queira ou alguém o convide pra ser ministro do Supremo (Tribunal Federal – STF). Sabe que uma das condições é ter reputação ilibada – será que ele terá depois de uma advertência?', detalhou o presidente. Para ele, a advertência representa uma 'mancha' no currículo. (...)"

[Braga, Juliana. **Comissão de Ética Pública aplica advertência ao presidente do Cade.** Portal G1 em 11.11.2013].

V. nota ao art. 6º, § 1º.
V. art. 237, V da LC nº 75/93.
V. art. 44, V da Lei nº 8.625/93.
V. art. 80, V da LC nº 75/93.

§ 1º É vedado ao Presidente e aos Conselheiros, por um período de 120 (cento e vinte) dias, contado da data em que deixar o cargo, representar qualquer pessoa, física ou jurídica, ou interesse perante o SBDC, ressalvada a defesa de direito próprio.

§ 2º Durante o período mencionado no § 1º deste artigo, o Presidente e os Conselheiros receberão a mesma remuneração do cargo que ocupavam.

§ 3º Incorre na prática de advocacia administrativa, sujeitando-se à pena prevista no art. 321 do Decreto-Lei nº 2.848, de 7 de dezembro de 1940 – Código Penal, o ex-presidente ou ex-conselheiro que violar o impedimento previsto no § 1º deste artigo.

A quarentena, que vinha sendo espontaneamente cumprida por alguns ex-mandatários do Cade, finalmente recebe a devida regulamentação, a qual viabiliza, financeiramente, a manutenção de profissionais que costumam ser avidamente procurados para o mercado antitruste. Com a devida previsão legal, a quarentena torna-se obrigatória. ART. 8º

Embora fosse menos custoso ao erário restringir os beneficiados a, apenas, os ex-mandatários que pretendam atuar nessa área e não tenham renda nesse interregno de 120 dias, ou, alternativamente, quando necessário, complementar a sua renda até o equivalente ao que recebiam durante esse mesmo tempo, a situação trazida pela lei é melhor que a precedente.

A manutenção do vínculo econômico tem um ganho inegável: enquanto estiver sendo pago, o ex-mandatário mantém vínculo financeiro com a Administração e a sua situação é mais facilmente equiparada àquela de servidores públicos para a sua penalização. Não é por outro motivo que o §3º acima enquadra o infrator na advocacia administrativa, situada entre os crimes praticados por funcionário público contra a administração em geral.

De acordo com o TCU, a quarentena de um ano remunerada pelo poder público é recomendada pela Organização para a Cooperação e o Desenvolvimento Econômico (OCDE) como prática para evitar que ex-dirigentes de agências levem ao mercado informações privilegiadas. Contudo, o período de quatro meses seria muito curto e criaria incentivos à captura do regulador pelo setor regulado:

"Período de Quarentena

108. Todas as agências preveem em sua legislação específica (lei ou regulamento) um período de quarentena para seus dirigentes. Porém, o período é considerado curto para os moldes internacionais.

109. Para garantir a autonomia decisória dos órgãos reguladores é preciso que esses entes sejam independentes perante os agentes econômicos exploradores da atividade regulada. Um dos principais mecanismos utilizados para efetivar essa independência é a imposição de regras que limitem o recrutamento de ex-dirigentes das agências por empresas dos setores regulados.

110. O cumprimento da 'quarentena' é comum em toda a Administração Pública, mas deve ser tratado com mais rigor no âmbito das agências reguladoras, haja vista a importância de suas decisões e o risco de captura de seus dirigentes.

111. O art. 8º da Lei nº 9.986/2000 uniformizou para todas as agências o
ART. 8º período de quarentena em quatro meses, contados da exoneração ou do término do mandato do dirigente. Durante esse período, o ex-dirigente fica impedido para o exercício de atividades ou de prestar qualquer serviço no setor regulado pela respectiva Agência.

112. Antes do advento da Lei nº 9.986/2000, as leis de criação da ANP e Aneel previam um período de quarentena de um ano, enquanto a legislação da Anatel, ANTT e Antaq determinavam que esse período de afastamento do dirigente deveria ser de até um ano.

113. Para a OCDE (2008):

'O período de quarentena recorrentemente adotado de quatro meses, onde o pessoal mais qualificado deixa a agência para ir ao setor privado é muito curto e deveria ser estendido para um mínimo de um ano dentro da linha adotada pela melhor prática internacional, com compensação adequada para os funcionários em questão'.

114. O curto período estabelecido para a quarentena dos dirigentes dos órgãos reguladores brasileiros aumenta a possibilidade de captura desses profissionais pelo setor regulado. Quanto maior o período de tempo que o ex-dirigente ficar afastado do setor regulado, menor será o fluxo de informações privilegiadas do regulador para o regulado, o que torna esse mecanismo de segurança mais eficaz.

115. Nesse sentido, entende-se que o período de quarentena deve ser de no mínimo 1 ano, tendo por parâmetro as melhores práticas internacionais, pois mitigaria os riscos de captura dos dirigentes dos órgãos reguladores federais por empresas dos setores regulados, melhorando a governança regulatória.

116. Mostra-se oportuno e conveniente uma discussão quanto à pertinência de se estender a quarentena para outros cargos de alto escalão das agências, como os Superintendentes. Tais funcionários, apesar de não terem, formalmente, voz ativa nas decisões colegiadas, tem acesso a informações muito sensíveis acerca do funcionamento do setor. Além disso, podem, em alguns casos, substituir eventualmente os diretores em seus impedimentos e afastamentos regulamentares ou, ainda, são os responsáveis pela elaboração dos pareceres técnicos que subsidiam decisões dos órgãos colegiados. Destaque-se que a aplicação do instituto da quarentena deve vir acompanhada de garantias remuneratórias aos agentes que a ela se submetam.

117. Ante o exposto, sugere-se recomendar à Casa Civil que verifique a possibilidade de aplicação da quarentena aos superintendentes das agências."

[Acórdão nº 2.261/Plenário, de 24.8.2011, TC nº 012.693/2009-9, Relator: Ministro José Jorge, Unidade Técnica: 1ª Sefid].

"Patrocinar interesse privado é o centro do tipo penal. É advogar, defender, patronear, facilitar, proteger, facilitar, proteger, apadrinhar, pleitear, favorecer um interesse particular alheio perante a administração pública, em qualquer dos seus setores, junto a companheiros ou superiores hierárquicos. (...) ART. 8º

Pratica o crime apenas o funcionário público, assim considerado quem exerce cargo, emprego ou função pública. Indispensável, por isso, que tenha entrado no exercício da função, não bastando a nomeação ou a posse (RT 467/356, 491/334) (...) Embora o *nomen juris* pareça indicar que o sujeito ativo seja advogado, o patrocínio a que se refere a lei no corpo do artigo faz incluir no âmbito do dispositivo qualquer funcionário público, a quem a lei veda, salvo algumas exceções, atuar como procurador ou intermediário junto às repartições públicas (art. 195, IX, do Estatuto dos Funcionários Civis)

Coautor é o particular que colabora na conduta do funcionário, estendendo-se àquele a circunstância elementar, nos termos do art. 31. Comum, aliás, é apresentar-se o particular como 'testa de ferro' do funcionário na advocacia administrativa. É partícipe também o particular em benefício de quem atua o funcionário desde que, ciente da ilicitude do seu procedimento, solicita o patrocínio. (...)

Na advocacia administrativa podem ocorrer, em concurso formal, os crimes de corrupção ativa, corrupção passiva ou concussão, seja a conduta do sujeito ativo solicitar ou receber vantagem ilícita (art. 317), oferecê-la ou prometer a vantagem a outro funcionário (art. 333), ou exigi-la (art. 316).

Quando o interesse privado corresponde a ato de ofício do sujeito ativo, ocorre apenas corrupção passiva ou prevaricação, delitos mais graves. Se o dinheiro entregue não for exigido ou reclamado pelo sujeito ativo, mas simples retribuição pelos serviços prestados, ocorre apenas o crime previsto no art. 321 (RT 329/201). Ocorre estelionato quando o funcionário não patrocina o interesse privado, mas ilude o particular para obter vantagem indevida. É o que se decidiu no caso em que o agente lesou contribuintes, fazendo-os acreditar que estavam pagando com descontos imposto devido, embolsando as quantias recebidas (RT 420/73)."

[Mirabete, Julio Fabbrini. **Manual de direito penal.** Vol. 3. São Paulo: Atlas, 2000. PP. 332/335].

V. Projeto de Lei 7.528/06.

§ 4º É vedado, a qualquer tempo, ao Presidente e aos Conselheiros utilizar informações privilegiadas obtidas em decorrência do cargo exercido.

ART. 8º

Diversamente da punição à advocacia administrativa, que visa coibir o irregular benefício concedido a terceiros por funcionário público em virtude da sua situação funcional, o presente dispositivo volta-se, prioritariamente, ao *insider* que se apodera de informações funcionais para benefício próprio.

"Art. 132. A demissão será aplicada nos seguintes casos:
IX – revelação de segredo do qual se apropriou em razão do cargo".
[Art. 132, IX da Lei 8.112/90].

Em suas anotações ao art. 132, IX da Lei nº 8.112/90, o Ministério do Planejamento, Orçamento e Gestão traz as seguintes observações[20]:

"► **Legislações Correlatas**
• Art. 325 e 327, do Código Penal Brasileiro

[20] Disponível em https://conlegis.planejamento.gov.br/conlegis/lei8112anotada/index.htm. Acesso em 21.01.2012.

• Art. 11, inciso III da Lei nº 8429, de 02 de junho de 1992 – Lei de Improbidade Administrativa

• Decreto-Lei nº 2.848, de 7 de dezembro de 1940. – Código Penal – Art. 325, 327

• Art. 5º da Lei nº 10.028, de 19/10/00 – Infrações administrativas contra as leis de finanças públicas

•Art. 198 do Código Tributário Nacional (Lei nº 5172/66), com redação dada pela LC 104/2001:

► **Manifestações dos Órgãos de Controle**

• Parecer no AGU/PRO-04/96 (anexo ao parecer nº GQ-110) Processo N. 00002.002045/96-88

EMENTA: Regra constitucional não escrita outorga ao TCU, quando em missão também constitucional de inspecionar bens e valores públicos, direito de examinar informações mesmo sigilosas, desde que intimamente vinculadas a inspeções ou auditorias em curso. Considerando que tal acesso não é indiscriminado, como sugerem as decisões 224/94 e n. 670/95 do Tribunal, e tendo em vista a gravidade das penas a que se sujeitam autoridades e funcionários, quer atendam às solicitações, quer deixem de a elas atender, aconselha-se a submissão da questão ao Judiciário.

► **Manifestações dos Tribunais Superiores** ART. 8º

STJ – Mandado de segurança nº 13.677 – DF (2008/0150130-0). Rel. Min. João Otávio de Noronha, DJe de 24.8.2009.

EMENTA: Mandado de segurança. Administrativo. Servidor Público. Penalidade. Demissão. Princípio da proporcionalidade. 1. Aplicam-se as disposições do artigo 132, IX, da Lei n. 8.112/90 a funcionário público que, exercendo suas funções no sistema de informática do órgão a que serve, franqueia acesso aos sistemas eletrônicos a terceiro estranho ao quadro funcional. A norma acima não exige, para que seja aplicada a pena de demissão, que haja revelação de informações essenciais do órgão em que o funcionário atua, mas das que ele tem acesso em razão das atribuições do cargo. 2. O princípio da proporcionalidade só pode ser aplicado depois de definida a norma incidente. 3.Segurança denegada.

STJ – Mandado de segurança nº 7.983 – DF (2001/0137400-4). Rel. Min. Hélio Quaglia Barbosa, DJ 21.10.2002;

EMENTA: Administrativo. Mandado de segurança. Processo Administrativo Disciplinar. Vícios formais. Inexistência. Aplicação da pena de demissão. Desproporcionalidade verificada na espécie. Segurança concedida. '1. A sindicância que vise apurar a ocorrência de infrações administrativa, sem estar dirigida, desde logo, à aplicação de sanção, prescinde da observância dos princípios do contraditório e da ampla defesa, por se tratar de procedimento inquisitorial, prévio à acusação e anterior ao processo administrativo disciplinar. 2. A eventual quebra do sigilo das investigações, com suposto vazamento de informações à imprensa, não tem o condão de revelar processo administrativo falho, porquanto o sigilo, na forma do art. 150 da Lei n. 8.112/90, não é garantia do acusado, senão que instrumento da própria investigação. 3. O poder disciplinar da Administração é representado pela faculdade de punir internamente as infrações funcionais dos servidores, controlando suas condutas internas. 4. O mandado de segurança somente se viabiliza se o alegado direito líquido e certo, que se visa proteger, for comprovado de plano, aferível apenas com as provas trazidas com a petição inicial, em atendimento ao rito sumário, característica dos remédios constitucionais. (...)'"

Subseção I – Da Competência do Plenário do Tribunal

Art. 9º Compete ao Plenário do Tribunal, dentre outras atribuições previstas nesta Lei:

I – zelar pela observância desta Lei e seu regulamento e do regimento interno;

ART. 9º

V. Resolução Cade nº 4, de 29 de maio de 2012.

V. Conselho Administrativo de Defesa Econômica. **Guia para Análise da Consumação Prévia de Atos de Concentração Econômica**, 2015.

V. Conselho Administrativo de Defesa Econômica. **Guia para Programa de Compliance**, 2016.

V. Conselho Administrativo de Defesa Econômica. **Guia: Termo de Compromisso de Cessação para Casos de Cartel**, 2016.

V. Conselho Administrativo de Defesa Econômica. **Programa de Leniência Antitruste do Cade**, 2016.

II – decidir sobre a existência de infração à ordem econômica e aplicar as penalidades previstas em lei;

III – decidir os processos administrativos para imposição de sanções administrativas por infrações à ordem econômica instaurados pela Superintendência-Geral;

Uma vez mais o legislador optou pelos excessos (talvez por dar demasiado crédito ao brocardo *quid abundat non nocet*). O inciso II nada mais é que uma redação mais específica que aquela do inciso III. Somente por processos administrativos para imposição de sanções administrativas por infrações concorrenciais à ordem econômica instaurados pela Superintendência-Geral pode o Tribunal infligir sanções administrativas por infração concorrencial à ordem econômica.

IV – ordenar providências que conduzam à cessação de infração à ordem econômica, dentro do prazo que determinar;

É entendimento quase comum no SBDC que deva existir um limite temporal para as obrigações impostas pelo Cade, seja em sede de apuração de condutas, seja como condição de aprovação de um ato de concentração.

Ora, esse raciocínio é correto com relação ao caráter meramente punitivo de uma infração concorrencial contra a ordem econômica, mas não faz qualquer sentido enquanto tiver relação com a reparação de um dano, ou com a sustentação da condição que permitiu a aprovação de uma concentração.

Pelo prisma meramente punitivo, o limite temporal decorre, entre outros, da crença de que essa punição tem efeito educativo, devendo o agente punido voltar, progressivamente, à mesma situação dos demais. Ademais, a punição deve ser proporcional ao dano, de tal sorte que a imposição de uma punição ilimitada no tempo tende a ser desproporcional ao prejuízo.

Entrementes, quando se fala da reparação do dano, o limite temporal não pode servir de empecilho ao objetivo que a própria lei consigna no seu art. 37, I, *in fine*. Do mesmo modo, se, em um ano, o sujeito liquidou, apenas, 1/10 de uma dívida, não faria sentido, *coeteris paribus*, liberá-lo do restante, faria?

O mesmo ocorre com relação à aprovação condicionada de uma operação: limitar o prazo de uma obrigação de *Chinese Wall*, por exemplo, sem que se saiba se, dentro desse prazo, a operação deixou de suscitar os receios levantados no acórdão, representa um paradoxo à decisão do próprio Tribunal Administrativo. Equivaleria a dizer que o Cade, ao impor uma obrigação aos contratantes, impõe um ônus ainda maior aos demais administrados, que sequer foram parte da obrigação; em outras palavras, o Cade estaria, tão somente, conferindo um prazo para que os demais concorrentes possam adequar-se à nova estrutura do mercado proposta na operação (apenas formalmente) aprovada de forma condicional. Não se trataria, materialmente, de condição, dado que a obrigação se extingue sem que aquela seja implementada, ou, em outras palavras, sem que sejam afastadas as preocupações externadas na decisão colegiada; mas de suspensão de parte dos efeitos da operação, pelo prazo assinalado pelo Conselho, independentemente dos resultados obtidos e do saneamento das preocupações concorrenciais.

V. art. 11, IV.

V – aprovar os termos do compromisso de cessação de prática e do acordo em controle de concentrações, bem como determinar à Superintendência-Geral que fiscalize seu cumprimento;

V. art. 11, IX.
V. art. 13, IX.

VI – apreciar, em grau de recurso, as medidas preventivas adotadas pelo Conselheiro-Relator ou pela Superintendência-Geral; ART. 9º

O inciso esclarece, vez por todas, que a imposição de medida preventiva pode ser fruto de decisão monocrática (Conselheiro-Relator ou pela Superintendente-Geral), a qual somente será levada ao Plenário (*en banc*) se houver recurso por parte do interessado.

O próprio Plenário reserva-se, entretanto, nos termos do inciso IV acima e *a fortiori* do inciso VI e do art. 84, a prerrogativa de baixar a medida de próprio punho.

V. art. 11, IV.
V. *caput* do art. 84.

VII – intimar os interessados de suas decisões;

VIII – requisitar dos órgãos e entidades da administração pública federal e requerer às autoridades dos Estados, Municípios, do Distrito Federal e dos Territórios as medidas necessárias ao cumprimento desta Lei;

IX – contratar a realização de exames, vistorias e estudos, aprovando, em cada caso, os respectivos honorários profissionais e

demais despesas de processo, que deverão ser pagas pela empresa, se vier a ser punida nos termos desta Lei;

A contratação de estudo pelo Cade sempre encontrou forte resistência dentro da própria autarquia, dado que os servidores já seriam remunerados para exercer esse trabalho que estaria sendo terceirizado. Justificar gastos com estudos extremamente especializados e para os quais o Cade ainda não se encontrava preparado era, pois, um desafio. Mas o recurso a esse expediente não é inédito.

Na gestão da então Presidente do Cade Elizabeth Farina, o Cade contratou como colaborador eventual o professor Alberto Salvo, que confeccionou o parecer intitulado 'O Método Bresnahan-Lau: Uma Nota Cautelar sobre sua Aplicabilidade' para o Processo Administrativo nº 08012.006019/2002-11 (cartel do GLP no Triângulo Mineiro), em que foram representados Agip, Copagaz, Ultragaz e outros. Essa postura vanguardista e que é, por outro lado, de praxe na *US Federal Trade Commission* – apesar de contar com um corpo amplamente mais significativo de PhDs em economia que o brasileiro (45 PhDs voltados exclusivamente para o antitruste, além de outros profissionais[21]) –, agora não só encontra expressa previsão legal, como passa a ser incentivada, em especial, para situações nas quais não haja tempo hábil de o escasso corpo de economistas/econometristas do Cade explorar as variáveis econômicas relevantes dos casos em andamento. ART. 9º

Outra verdadeira inovação da lei está no aproveitamento da regra das custas processuais judiciais, de tal modo que os estudos contratados serão arcados pelo administrado que vier a ser punido. E essa inovação traz três questões adjacentes: (i) se a regra vale para o punido que tiver participação societária do Estado; (ii) o aumento do grau de litigiosidade em função do questionamento em juízo da necessidade de pagar caros pareceristas e (iii) a possibilidade de contratar tais serviços por dispensa de licitação (art. 13, II c/c 25, II da Lei nº 8.666/93).

Pela letra da lei, não há distinção entre público e privado, de tal sorte que os estudos encomendados para embasar a punição de, *v.g.*, uma

[21] **2006 Handbook of Competition Economists, Global Competition Review**, Abril de 2006, PP. 3/5. Disponível em http://www.ftc.gov/be/recruit/06beover.pdf. Acesso em 16.02.2010.

empresa pública devem ser arcados pela sucumbente. Também é certo que a sucumbência representa um fator a mais a ser litigado em juízo, mas é bastante improvável que repercuta em maior número de litígios, pois só será objeto de discussão quando o administrado vier a ser condenado – o que, por si só, já garantiria elevada propensão a que a disputa fosse levada a juízo. Por derradeiro, a urgência derivada dos apertados prazos da nova lei e a necessidade de pareceristas consagrados para justificar a não utilização dos servidores do Cade deixam claro que o recurso à dispensa de licitação será a regra para essas contratações que, à primeira vista, não devem ser tão recorrentes aqui como nos Estados Unidos, onde esses estudos são contratados, ainda que, apenas, para subsidiar a tese dos técnicos das agências.

X – apreciar processos administrativos de atos de concentração econômica, na forma desta Lei, fixando, quando entender conveniente e oportuno, acordos em controle de atos de concentração;

Entre os acordos do inciso X incluem-se aquele para manter a rever-
ART. 9º sibilidade da operação (acordo de preservação da reversibilidade da operação – APRO, nos termos do art. 59, §1º) e os acordos em controle de atos de concentração propriamente ditos, a serem regidos regimentalmente. O APRO é usado, por exemplo, nos casos disciplinados pelo art. 88, §§3º, *in fine*, e 7º da Nova Lei Antitruste Brasileira, conforme disciplina do art. 16 da Resolução Cade nº 13/2015.

V. nota ao art. 92.
V. Resolução Cade nº 13, de 23 de junho de 2015.
V. art. 125 do novo RiCade.

XI – determinar à Superintendência-Geral que adote as medidas administrativas necessárias à execução e fiel cumprimento de suas decisões;

Da mesma forma que as medidas administrativas para implementar as decisões do Cade são atribuições da Superintendência-Geral (art. 9º, XI c/c art. 13, XVIII), as medidas judiciais são de competência da ProCade (art. 9º, XIII c/c art. 10, XII).

XII – requisitar serviços e pessoal de quaisquer órgãos e entidades do Poder Público Federal;

Publicada, novamente, na ausência de quadro permanente de pessoal do Cade, a nova lei concorrencial mantém o poder de requisitar da autarquia, sem direito a recusa pelo órgão de origem, nos termos já anunciados pelo revogado art. 81 da Lei nº 8.884/94 e pelo art. 7º da Lei nº 9.021/95 – agora praticamente retomados no art. 123.

Na prática, porém, as requisições são, sempre, negociadas com o órgão de exercício do servidor. Afinal, se o órgão requisitado não demonstrar interesse em liberar a sua saída, o desgaste institucional e do servidor, bem como o tempo despendido com recursos processuais junto ao Ministério do Planejamento têm sido motivações suficientemente acentuadas para que o SBDC continue a renunciar às suas prerrogativas formais.

A verdade é que o poder de requisitar pelo Cade sempre foi tão programático quanto se tem mostrado o exercício da prerrogativa do art. 121 da Nova Lei Antitruste Brasileira.

XIII – requerer à Procuradoria Federal junto ao Cade a adoção de providências administrativas e judiciais; ART. 9º

Em primeiro lugar, é importante notar que o presente inciso deve ser analisado em conjunto com o art. 9º, XI acima c/c art. 13, XVIII e o art. 10, XII – de tal sorte a esclarecer que à ProCade cabem as providências judiciais para a execução dos julgados, em contrapartida às providências administrativas da Superintendência-Geral. Esse entendimento foi, aliás, consagrado pela Resolução Cade nº 6/2013. As providências administrativas de que trata o presente inciso são de outra natureza, incluindo a elaboração de pareceres e estudos jurídicos, relatórios, entre outros. É possível, também, que a ProCade exerça atividade de suporte às providências administrativas a serem desempenhadas pela Superintendência-Geral para a execução das decisões do Tribunal. O que não há, em absoluto, é um conflito de competência entre as atribuições dessas duas unidades do Cade.

Em segundo lugar, é natural que um sistema de análise prévia repercuta em um número menor de operações contestadas em juízo, pois a dilação temporal provocada pela incapacidade de as requerentes superarem as ressalvas do Conselho corre contra os administrados, de modo a inviabilizar a operação. Nesses termos, as requerentes tendem a entrar mais facilmente em acordos satisfatórios para a Administração (interesse público) e administrados (interesse particular). Em razão de haver mais acordos (decisões negociadas) que atos unilaterais da Administração, cresce a legitimidade das decisões do órgão.

"No extremo oposto, com a necessidade de análise prévia, há muitas desistências de atos de concentração, pois a demora em se autorizar o ato torna-o indesejável, visto que o tempo econômico é diverso e a demora gera desinteresse das partes. No entanto, a análise prévia ainda permite que as restrições concorrenciais sejam mais bem desenhadas do que uma análise posterior."

[Farina, Elizabeth Maria Mercier Querido. **Apresentação prévia de atos de concentração.** In Revista Jurídica Consulex, ano XI, nº 263. Edição de 31 de dezembro de 2007 – edição especial: reforma da lei concorrencial brasileira. P. 18]

Para questões de efetividade em análises *a posteriori*, v. Ato de Concentração nº 08012.001697/2002-89 (caso Nestlé/Garoto), em que foram requerentes Chocolates Garoto S/A e Nestlé Brazil Ltda, de relatoria de Thompson Andrade.

ART. 9º

XIV – instruir o público sobre as formas de infração da ordem econômica;

Embora a advocacia da concorrência dentro da Administração Pública seja atribuição por excelência da Seae, o Tribunal preserva a competência que o art. 7º, XVIII da Lei nº 8.884/94 já trazia para praticar a advocacia da concorrência junto à população.

Por sua vez, o art. 13, XIII e XV traz a competência da Superintendência-Geral para, nos termos herdados do art. 14, XIII e XV da Lei nº 8.884/94, não só praticar, conjuntamente com a Seae, a advocacia da concorrência dentro da Administração Pública (entendida além do Poder Executivo), mas, também, conjuntamente com o Tribunal e com a Seae, realizar advocacia da concorrência junto à população.

O presente inciso é, porém, no nosso entender, pleonástico. Nada impede, como discutiremos em análise do *caput* do art. 19, que tanto o Tribunal Administrativo, quanto outra pessoa, física, ou jurídica, de direito privado, ou público, desde que dentro da sua finalidade corporativa/institucional, realize advocacia da concorrência em todas as esferas (junto ao setor público, aos agentes econômicos, ou à população em geral).

XV – elaborar e aprovar regimento interno do Cade, dispondo sobre seu funcionamento, forma das deliberações, normas de procedimento e organização de seus serviços internos;

Na verdade, o regimento, ou outro regulamento do Cade, nos termos desta lei, servirá a propósitos muito mais amplos e importantes, como estabelecer (i) prazos processuais para a análise de atos de concentração (art. 53 e segs.), (ii) regras de consulta e concessão da palavra a Procurador-Chefe, Superintendente-Geral e Economista-Chefe (art. 16, §2º e art. 51, III); (iii) regras de confidencialidade (art. 44, §2º e art. 49); (iv) rol de informações e documentos a serem apresentados na notificação do ato de concentração (art. 53); (v) a definição de casos sumários (art. 54); (vi) regras para o recurso em face de decisão pelo arquivamento (art. 66, §4º); (vii) o saneamento do processo (art. 77); (viii) regras de convivência para a propositura dos TCCs (art. 85); (ix) regras para a leniência, inclusive com o líder (art. 86); (x) regra de individualização da multa (art. ART. 9º
88, §3º); (xi) definição de consumação de uma operação (art. 88, §§3º e 4º); (xii) regulamento da análise prévia de atos de concentração com o propósito específico de participação em leilões, licitações e operações de aquisição de ações por meio de oferta pública (art. 89); (xiii) regulamento da punição da enganosidade em atos de concentração (art. 91); (xiv) regulamento do acordo em controle de ACs (v. nota ao vetado art. 92); (xv) regras para consultas em condutas em andamento (art. 9º, §5º).

A verdade é que, balizando-se pela lista acima, trazida desde a edição anterior desde livro, o Cade regulamentou todas essas matérias por meio da Resolução 13/2015 (atos de concentração consumados antes de apreciados pelo Cade), da Resolução 12/2015 (procedimento de consulta), da Resolução 17/2016 (notificação de contratos associativos), da Resolução 2/2012 (notificação de atos de concentração) e do RiCade (demais assuntos).

XVI – propor a estrutura do quadro de pessoal do Cade, observado o disposto no inciso II do *caput* do art. 37 da Constituição Federal;

Trata-se de repetição do art. 7º, XX da Lei 8.884/94.

Reviso, entretanto, o meu posicionamento externado na edição anterior. Naquele oportunidade, manifestei que a previsão da estruturação de carreira própria do Cade era oportuna, pois a paulatina alocação de Especialistas em Políticas Públicas e Gestão Governamental no Cade poderia ser insuficiente, no longo prazo, para a manutenção do órgão em regular funcionamento – especialmente pelo incentivo dado à carreira para o contínuo deslocamento entre os diferentes órgãos da Administração Pública. Adverti, ainda, que a transformação de uma carreira em outra não encontra respaldo no STF de tal sorte que o automático aproveitamento desses gestores governamentais já treinados na futura carreira sem concurso público deveria ser descartado.

"'Art. 37. A administração pública direta e indireta de qualquer dos Poderes da União, dos Estados, do Distrito Federal e dos Municípios obedecerá aos princípios de legalidade, impessoalidade, moralidade, publicidade e eficiência e, também, ao seguinte: (Redação da EC n. 19/98)

II – a investidura em cargo ou emprego público depende de aprovação prévia ART. 9º em concurso público de provas ou de provas e títulos, de acordo com a natureza e a complexidade do cargo ou emprego, na forma prevista em lei, ressalvadas as nomeações para cargo em comissão declarado em lei de livre nomeação e exoneração; (Redação da EC nº 19/98)'

Por vislumbrar ofensa ao princípio do concurso público (...), o Tribunal julgou procedente pedido formulado em ação direta ajuizada pelo Conselho Federal da Ordem dos Advogados do Brasil, para declarar a inconstitucionalidade da Lei n. 8.742/2005, do Estado do Rio Grande do Norte, que dispõe sobre a contratação temporária de advogados para o exercício da função de Defensor Público, no âmbito da Defensoria Pública do referido Estado-membro. Considerou-se que, em razão de desempenhar uma atividade estatal permanente e essencial à jurisdição, a Defensoria Pública não convive com a possibilidade de que seus agentes sejam recrutados em caráter precário. Asseverou-se ser preciso estruturá-la em cargos de provimento efetivo, cargos de carreira, haja vista que esse tipo complexo de estruturação é que garante a independência técnica das Defensorias, a se refletir na boa qualidade da assistência a que têm direito as classes mais necessitadas."

[ADI 3.700, Rel. Min. Carlos Britto, julgamento em 15-10-08, Informativo 524].

"Embora, em princípio, admissível a 'transposição' do servidor para cargo idêntico de mesma natureza em novo sistema de classificação, o mesmo não sucede com a chamada 'transformação' que, visto implicar em alteração do título e das atribuições do cargo, configura novo provimento, a depender da exigência de concurso público, inscrita no art. 37, II, da Constituição."
[ADI 266, Rel. Min. Octavio Gallotti, julgamento em 18-6-93, DJ de 6-8- 93].

"Transformação dos cargos ocupados da carreira de especialistas em políticas públicas e gestão governamental em cargos de analistas de orçamento. Alegação de ofensa ao art. 37, II, da Constituição Federal. Ocorrência, no caso, de relevância jurídica do pedido e de *periculum in mora*."
[ADI 722-MC, Rel. Min. Moreira Alves, julgamento em 23-4-92, DJ de 19-6-92].

Parece-me, entretanto, que essa leitura não é compatível com o disposto no art. 121, que visa alocar, de forma permanente na autarquia, membros da carreira de Especialista em Políticas Públicas e Gestão Governamental. O dispositivo em questão representa, assim, mera especificação de que compete ao Tribunal propor ao chefe do Poder Executivo, por intermédio do Ministério da Justiça (ao qual é o Cade é vinculado), o ART. 9º
decreto de estrutura do Cade (art. 125).

Esse mesmo entendimento consta da Exposição de Motivos ao Projeto de Lei nº 4.252/2015, que propunha a criação da carreira de analista em defesa econômica, equiparada às carreiras de analistas de regulação, para atuação no Cade:

"6. Outra medida proposta é a criação de carreiras de Analista em Defesa Econômica e Analista Administrativo para o Conselho Administrativo de Defesa Econômica – CADE, proposição que se insere em seu processo de modernização institucional, uma vez que essa entidade atua no controle de fusões e aquisições empresariais que possam reduzir a concorrência no mercado, coibindo práticas anti-concorrenciais, como cartéis e difundindo a cultura da concorrência no Brasil. No entanto, apesar de tais atribuições, **a Lei nº 12.529, de 30 de novembro de 2011, que estrutura o Sistema Brasileiro de Defesa da Concorrência, não tratou de carreira administrativa específica para o CADE.**" (grifei)

V. nota ao art. 121.
V. nota ao art. 122.

XVII – elaborar proposta orçamentária nos termos desta Lei;

"Verifica-se impacto orçamentário-financeiro com a criação de gastos obrigatórios de caráter continuado na previsão de criação de cargos e funções existentes nos arts. 122 e 125, compensados em parte pelas extinções previstas no art. 127 do Projeto de Lei nº 5.877, de 2005 (...)."
[Exposição de motivos do Substitutivo Ciro Gomes].

"Os precatórios judiciais, apresentados até 1º de julho, e nesta data atualizados, devem ser incluídos na proposta orçamentária que, submetida ao crivo do Poder Legislativo (art. 48, II, e 166 da CF), transformar-se-á na lei orçamentária do exercício seguinte. Somente se nela estiverem previstas dotações orçamentárias para tal fim é que os requisitórios poderão ser pagos; pois é vedada a realização de qualquer despesa sem que haja previsão no orçamento (art. 167, II, CF)."
[ADI 225, Rel. Min. Paulo Brossard, julgamento em 31-8-94, DJ de 25-5-01].

XVIII – requisitar informações de quaisquer pessoas, órgãos, autoridades e entidades públicas ou privadas, respeitando e mantendo o sigilo legal quando for o caso, bem como determinar as diligências
ART. 9º **que se fizerem necessárias ao exercício das suas funções; e**

XIX – decidir pelo cumprimento das decisões, compromissos e acordos.

§ 1º As decisões do Tribunal serão tomadas por maioria, com a presença mínima de 4 (quatro) membros, sendo o *quorum* de deliberação mínimo de 3 (três) membros.

O art. 49 da Lei nº 8.884/94 tinha a seguinte redação:

"Art. 49. As decisões do Cade serão tomadas por maioria absoluta, com a presença mínima de cinco membros."

A leitura do dispositivo permitia identificar um *quorum* de deliberação de cinco membros e a necessidade do posicionamento da maioria absoluta dos membros do plenário (quatro membros) favoravelmente a uma determinada posição para a tomada de decisão. A lei não previa um quorum de instalação. Em outras palavras, a interpretação gramaticalmente mais correta, embora, como explicaremos, pouco funcional, era a de que as decisões devessem ser tomadas pela convergência de quatro votos (maioria absoluta).

A baixa funcionalidade dessa interpretação residiria, contudo, no fato de que nem mesmo o voto de qualidade da Presidência (dado que o voto de qualidade só é contado em situações de empate, o que não há quando existem cinco julgadores) conseguiria salvar do *non liquet* uma decisão de 3x2 (pois não se alcançaria o mínimo de quatro votos – maioria absoluta – para um dos lados).

"Art. 48. A Administração tem o dever de explicitamente emitir decisão nos processos administrativos e sobre solicitações ou reclamações, em matéria de sua competência."
[Lei nº 9.784, de 29 de janeiro de 1999].

Talvez por esse motivo não se conteste que a interpretação sistematicamente – mas não gramaticalmente – mais correta seja a de que as decisões deveriam ser tomadas pela maioria simples dos presentes. Esse entendimento foi cristalizado no antigo Regimento Interno do Cade (Resolução nº 45/07). Ali não só se fez prever que o *quorum* de instalação também era de cinco membros, como que, nos casos de *quorum* mínimo, a maioria absoluta exigida pelo art. 49 da antiga lei seria atingida pela convergência de três votos. Em outras palavras, o antigo Regimento Interno do Cade distorcia o conceito de *maioria absoluta* (que é a maioria dos membros do Plenário, independentemente do número de membros aptos a votar presentes na sessão de julgamento) para que ele equivalesse ao conceito de *maioria simples* (que se define pela maioria dos presentes, independentemente do número total de membros do Plenário) e, assim, fosse afastada a possibilidade de *non liquet* nas decisões do Cade[22]. Exemplo dessa interpretação encontra-se no caso Suzano-Ripasa (AC nº 08012.010195/2004-19, em que foram requerentes Ripasa S/A Celulose e Papel e Suzano Bahia Sul Papel e Celulose S/A, de relatoria de Luis Fernando Schuartz), em que a aprovação da operação deu-se por 3x2, sem recurso ao voto de qualidade[23]. ART. 9º

[22] A outra alternativa seria admitir que os Conselheiros negociassem as suas posições, até que um deles abrisse mão da sua posição, ou que, nesses casos, fosse seguida uma convenção (por exemplo: no caso de atos de concentração, a decisão fosse pela reprovação incondicionada da operação e, no caso de condutas, a decisão fosse pela absolvição). Essa linha, porém, afastaria o princípio do livre convencimento do julgador.

[23] "Vencidos o Conselheiro Relator Luis Fernando Schuartz e o Conselheiro Luis Fernando Rigato Vasconcellos, que votaram pela não aprovação das operações, determinando a

O presente dispositivo, por sua vez, afastou essa dúvida quanto à maioria, que deixou de ser qualificada. Criou-se um *quorum* de instalação de quatro membros e reduziu-se o *quorum* de deliberação de cinco para três membros. A justificativa está presente na Exposição de Motivos do Substitutivo Ciro Gomes:

> "São recorrentes os problemas de falta de presença mínima para a votação o que atrasa excessivamente os julgamentos, contrariando nossa meta de prover **maior celeridade às decisões** na seara antitruste. Assim, enquanto **mantivemos o quorum de deliberação mínima em três membros do tribunal**, entendemos ser desejável reduzir o quorum de cinco para quatro membros. Há naturalmente casos em que o conselheiro está impedido de votar ou se ausenta no momento da votação, apesar da sessão ter sido aberta com a sua presença. Nesse caso, este conselheiro não fará diferença na votação, independente de haver um ou dois nesta situação. No entanto, se for mantido um quorum mínimo de cinco, o segundo impedido passa a fazer diferença, pois, na regra proposta pelo Projeto do Executivo, não poderia haver votação, mesmo que houvesse quatro membros presentes e três podendo votar, sem impedimentos. Assim, o que mais importa é **manter o quorum de deliberação mínimo**, enquanto se reduz o quorum de
> ART. 9º presença no início da sessão plenária."

Frise-se que o *quorum* de deliberação no Cade não foi mantido com a nova lei, mas, sim, reduzido de cinco para três. O entendimento consagrado nos julgamentos do Cade por ocasião da Lei nº 8.884/94 é que não haveria *quorum* para deliberação se o quantitativo de Conselheiros aptos a julgar fosse, em qualquer caso, reduzido para menos de cinco – independentemente do número de Conselheiro presentes na sessão.

A redução dos *quora*, em especial aquele de deliberação, atende ao propósito de evitar que ausências, impedimentos e suspeições obstem o julgamento célere dos atos de concentração no sistema de análise prévia. Por outro lado, ao admitir, no limite, uma decisão por dois votos a um, a redução da pluralidade de votos facilita a adoção de manobras escusas por parte de membros do Tribunal.

desconstituição parcial dos atos notificados, nos termos do voto do Relator. Participaram do julgamento a Presidente Elizabeth Maria Mercier Querido Farina e os Conselheiros Luis Fernando Rigato Vasconcellos, Luiz Carlos Thadeu Delorme Prado, Luis Fernando Schuartz e Abraham Benzaquen Sicsú. (...) Impedidos os Conselheiros Paulo Furquim de Azevedo e Ricardo Villas Boas Cuêva."

> "Quorum de aprovação. Número mínimo de votos necessários para que determinada matéria seja aprovada. Quorum de deliberação. Número mínimo de parlamentares que devem estar presentes em uma reunião de comissão ou sessão do Plenário para que se possa deliberar sobre qualquer matéria."
> [CÂMARA DOS DEPUTADOS. **Glossário**. http://www2.camara.gov.br/glossario/q.html. Acesso em 19.07.2011].

Parece-me, porém, pela leitura da exposição de motivos ("enquanto mantivemos o *quorum* de deliberação mínimo em três membros do tribunal, entendemos ser desejável reduzir o *quorum* de cinco para quatro membros"), que o objetivo do legislador fosse instituir um *quorum* de deliberação de quatro membros – cuja maioria simples é de três membros. Afinal, como ressaltei acima, três era a quantidade mínima de votos para que, "[h]avendo cinco membros do Plenário aptos a votar, a maioria absoluta [fosse] atingida pela convergência de três votos." (art. 81, §2º do antigo Regimento Interno do Cade). Ou seja, a redação do dispositivo não espelharia a preocupação do legislador.

A fim de resolver esse *imbroglio*, o Cade adotou a posição aqui defendida desde a edição anterior, ao definir no art. 82 do RiCade que o ART. 9º *quorum* de instalação será de quatro membros, sendo as decisões tomadas por maioria simples (com o subsequente quórum de aprovação mínimo de 2 votos). Por sua vez, o *quorum* de deliberação será de três membros. O RiCade também esclarece que a maioria absoluta será alcançada pela convergência de quatro integrantes do Plenário aptos a votar.

V. caso Suzano-Ripasa: AC nº 08012.010195/2004-19, em que foram requerentes Ripasa S/A Celulose e Papel e Suzano Bahia Sul Papel e Celulose S/A, de relatoria de Luis Fernando Schuartz.

§ 2º As decisões do Tribunal não comportam revisão no âmbito do Poder Executivo, promovendo-se, de imediato, sua execução e comunicando-se, em seguida, ao Ministério Público, para as demais medidas legais cabíveis no âmbito de suas atribuições.

Enquanto autarquia, os atos do Cade que possam ser definidos dentro do exercício da sua atividade-fim judicante não estão sujeitos a recurso impróprio ao Ministro da Justiça, tampouco a interpretação expressa em parecer da Advocacia-Geral da União, mesmo quando ratificado pelo Presidente da República nos termos do art. 40, §1º da Lei Complementar nº 73/93. O presente dispositivo reitera a previsão do art. 50 da Lei nº 8.884/94 de que as decisões do Tribunal não comportam revisão no âmbito do Poder Executivo e representa, como aquel'outro, a superação da necessidade de harmonizar as decisões da autarquia com a "política e a programação do governo", conforme previsto no art. 26 do Decreto-Lei nº 200, de 25 de fevereiro de 1967.

A análise prévia implementada pela presente lei aumenta, ainda, os incentivos para que os particulares, em lugar de questionar em juízo as decisões do colegiado, entrem em acordo com o Cade. Primeiramente, porque a operação não mais pode ser implementada até a decisão final do Cade. Em segundo lugar, porque, em sequência, as partes só poderão ter a tutela antecipada caso consigam provar que os danos infligidos às contratantes (*periculum in mora*) superam os prejuízos que recairão sobre a sociedade caso se comprove, em juízo, a pertinência dos achados do tribunal (*periculum in mora* reverso e princípio da prevenção). E aqui entra, outrossim, a discussão acerca do controle jurisdicional dos atos do Cade em face da inafastabilidade da tutela judicial (art. 5º, XXXV CF).

ART. 9º

"(...) A decisão proferida pelo Cade tem, portanto, no dizer de HELY LOPES MEIRELLES, uma natureza administrativa, mas também jurisdicional, até porque a nova lei antitruste, no art. 3º, como já salientado, conceitua o Cade como um 'órgão judicante'. Não resta dúvida que as decisões do Cade, pela peculiaridade de versarem sobre matéria especificamente complexa, que requer um órgão especializado, apresentam natureza bastante similar a uma decisão judicial. E o legislador quis exatamente atribuir a essa decisão uma natureza especificamente judicial, posto que de origem administrativa.' (João Bosco Leopoldino da Fonseca. Lei de Proteção da Concorrência. Rio de Janeiro, Editora Forense, 2001, p. 312/313) (...)"

[Relator: Ministro Luiz Fux (RESP 590960/DF; RE 2003/0169770-6, la Turma, j. 26/10/2004 , DJ 21.03.2005, P. 234)].

"A tutela administrativa dos direitos difusos, em especial "do direito à higidez da ordem econômica", também padece de enormes dificuldades para sua efetivação. Isso porque as decisões do Cade, como atos administrativos que são, estando sujeitas ao controle judicial, costumam demorar anos para serem efetivamente implementadas, graças a liminares concedidas initio litis."

[Badin, Arthur. **Transação judicial na Lei nº 8.884/94**. *In* Revista Jurídica Consulex, ano XI, nº 263. Edição de 31 de dezembro de 2007 – edição especial: reforma da lei concorrencial brasileira. P. 30].

[24]"Ao decidir acerca de um pedido da FTC para uma liminar concedendo o bloqueio a um ato de concentração, nos termos do §53(b), o tribunal distrital deve sopesar a probabilidade de sucesso da FTC na sua contestação à operação, segundo uma escala móvel. V. *Heinz, 246 F.3d* em *727; FTC v. Elders Grain, Inc., 868 F.2d 901, 903 (7th Cir. 1989)*. A balança tenderá a pender favoravelmente à FTC, dado que 'o interesse público na aplicação das leis concorrenciais' foi a medida de equidade imposta pelo Congresso ao aprovar o referido artigo da lei. *Heinz, 246 F.3d* em *726*. Portanto, a FTC geralmente obterá uma liminar bloqueando a operação quando 'levantar questões importantes, substanciais, complicadas e incertas sobre o mérito, de tal modo a torná-las importantes subsídios para uma investigação mais profunda'. *Heinz, 246 F.3d* em *714–15*. Ao alcançar esse padrão, a FTC 'cria uma presunção favorável à concessão da liminar', *id.* em *726*; mas os requerentes podem contestar a presunção ao levar provas favoráveis à concentração – o que torna necessário que a FTC apresente mais dados demonstrando probabilidade de sucesso, *Weyerhaeuser, 665 F.2d* em *1087*. Por outro lado, maiores probabilidades de sucesso da FTC corroborarão os argumentos favoráveis à concessão da liminar, a não ser que provas particularmente fortes sejam apresentadas pelos requerentes. V. *Heinz, 246 F.3d* em *727; Elders Grain, 868 F.2d* em *903*." ART. 9º

[*Federal Trade Commission v. Whole Foods Market, Inc., et al., United States Court of Appeals for the District of Columbia Circuit 07-5276, Appeal from the United States District Court for the District of Columbia 07cv01021 (2008)*].

[24] *"In deciding the FTC's request for a preliminary injunction blocking a merger under § 53(b), a district court must balance the likelihood of the FTC's success against the equities, under a sliding scale. See Heinz, 246 F.3d at 727; FTC v. Elders Grain, Inc., 868 F.2d 901, 903 (7th Cir. 1989). The equities will often weigh in favor of the FTC, since 'the public interest in effective enforcement of the antitrust laws' was Congress's specific 'public equity consideration' in enacting the provision. Heinz, 246 F.3d at 726. Therefore, the FTC will usually be able to obtain a preliminary injunction blocking a merger by 'rais[ing] questions going to the merits so serious, substantial, difficult[,] and doubtful as to make them fair ground for thorough investigation.' Heinz, 246 F.3d at 714–15. By meeting this standard, the FTC 'creates a presumption in favor of preliminary injunctive relief,' id. at 726; but the merging parties may rebut that presumption, requiring the FTC to demonstrate a greater likelihood of success, by showing equities weighing in favor of the merger, Weyerhaeuser, 665 F.2d at 1087. Conversely, a greater likelihood of the FTC's success will militate for a preliminary injunction unless particularly strong equities favor the merging parties. See Heinz, 246 F.3d at 727; Elders Grain, 868 F.2d at 903."*

"Até a decisão final de aprovação, deverão ser preservadas as 'condições de concorrência' entre as partes envolvidas, o que diminui o custo político, econômico e social decorrente de uma decisão de reprovação ou de aprovação, com restrições, e um AC.

A submissão prévia provocará uma pressão nas partes para que informações relevantes à análise do ato sejam apresentadas desde logo."

[BELLIBONI, Flávio Lemos. **Apresentação prévia de atos de concentração.** *In* Revista Jurídica Consulex, ano XI, nº 263. Edição de 31 de dezembro de 2007 – edição especial: reforma da lei concorrencial brasileira. P. 20].

"A distinção entre atos discricionários e atos vinculados tem importância fundamental no que diz respeito ao controle que o Poder Judiciário sobre eles exerce.

Com relação aos atos vinculados, não existe restrição, pois, sendo todos os elementos definidos em lei, caberá ao Judiciário examinar, em todos os seus aspectos, a conformidade do ato com a lei, para decretar a sua nulidade se reconhecer que essa conformidade inexistiu.

Com relação aos **atos discricionários**, o controle judicial é possível **mas terá que respeitar a discricionariedade administrativa nos limites em que ela é**
ART. 9º **assegurada à Administração Pública."**

[Di Pietro, Maria Sylvia Zanella. **Direito Administrativo**. 15ª edição. São Paulo: Atlas, 2003. P. 210].

"Muito se debate sobre a possibilidade de revisão, pelo Poder Judiciário, dos atos administrativos realizados pelo Conselho Administrativo de Defesa Econômica (Cade). De um lado há a opinião que defende a impossibilidade em razão do elevado teor de complexidade técnica que reveste os casos levados ao crivo do referido Conselho. Para estes, a principal razão de ordem jurídica reside no fato de os atos administrativos do Cade possuírem, essencialmente, natureza discricionária. De outro lado, defende-se a possibilidade e a necessidade da revisão, em razão das disposições constitucionais vigentes, do papel institucional que desempenha o Poder Judiciário e da relevância dos bens jurídicos/interesses envolvidos nos debates naquele Conselho.

Entretanto, quando se fala em revisão judicial das decisões do Cade, sempre se deve ter cautela no que diz respeito à alegada "tecnicidade e especialidade" de suas decisões. Sobretudo considerando-se o princípio constitucional da inafastabilidade da tutela jurisdicional, consagrado no art. 5º, XXXV, da Constituição de 1988. (...)

A natureza vinculada dos atos administrativos levados a efeito pelo Cade é incontestável, sobretudo porque, em sua maioria, são atos com efeitos sancionatórios e restritivos da liberdade dos agentes privados, o que, de forma alguma, pode decorrer de uma simples conveniência administrativa."

[De Souza, Carlos Fernando Mathias. **Controle jurisdicional dos atos do Cade.** *In* Revista Jurídica Consulex, ano XI, nº 263. Edição de 31 de dezembro de 2007 – edição especial: reforma da lei concorrencial brasileira. PP. 16/17].

§ 3º As autoridades federais, os diretores de autarquia, fundação, empresa pública e sociedade de economia mista federais e agências reguladoras são obrigados a prestar, sob pena de responsabilidade, toda a assistência e colaboração que lhes for solicitada pelo Cade, inclusive elaborando pareceres técnicos sobre as matérias de sua competência.

O presente dispositivo, que vinha na roupagem do art. 36 da Lei nº 8.884/94, havia sido suprimido pelo Senado Federal. Contrariamente ao que se pode, inicialmente, imaginar, não era praxe dos Conselheiros endossar o envio de ofícios a autoridades de outros órgãos com a cominação de penalidade por não colaboração. Entretanto, não foram raras as vezes em que respostas tempestivas chegaram apenas por conta de fazer-se constar a penalidade prevista em lei nos ofícios. Isso é especialmente verdadeiro quando as requisições eram enviadas para órgãos de outros poderes, ou para estados e municípios. ART. 9º

A exclusão pretendida pelo Senado Federal, entretanto, faz sentido prático no contexto da nova lei, pois os demais órgãos públicos não estarão preparados para atender ao exíguo prazo de análise de atos de concentração. Por outro lado, o dispositivo continua sendo útil nas análises de condutas – razão pela qual a sua exclusão integral, tal qual proposta pelo Senado, parecia-me excessiva.

§ 4º O Tribunal poderá responder consultas sobre condutas em andamento, mediante pagamento de taxa e acompanhadas dos respectivos documentos.

As consultas, que, dada a competência conferida pelo art. 7º, XVII da Lei nº 8.884/94, vinham sendo regidas, exclusivamente, pelo Regimento Interno do Cade, desde a derrogação das regras do art. 59 da Lei nº 8.884/94, passam a restringir-se, apenas, a condutas. Mais: somente a condutas em andamento, excluindo-se, desse modo, as condutas em abstrato.

Embora a Administração já viesse questionando, há muito, a utilidade das consultas, sob o receio de que servissem para isentar de punição determinadas práticas ilícitas, foi mantida aquela modalidade referente às práticas em andamento. Trata-se, justamente, do modelo de consulta mais útil ao próprio Cade, pois dela se pode partir para a advocacia da concorrência, ou instaurar o procedimento administrativo adequado para a apuração de conduta anticompetitiva. Essa leitura foi, aliás, incorporada ao art. 11 da Resolução nº 12/2015, segundo o qual, no caso de consultas que versem acerca da "licitude de atos, contratos, estratégias empresariais ou condutas de qualquer tipo, já iniciadas pela parte consulente" (art. 2º, II da resolução), o Cade determinará a sua conversão em procedimento preparatório de inquérito administrativo para apuração de infrações à ordem econômica, inquérito administrativo para apuração de infrações à ordem econômica, ou processo administrativo para imposição de sanções administrativas por infrações à ordem econômica, caso encontre indícios de ilicitude da conduta já iniciada (art. 11 da resolução).

ART. 9º "A Lei 8.884/94 prevê a possibilidade de consultas ao Cade sobre matérias de sua competência. Este instituto definitivamente não pegou, até porque as consultas submetidas tendem a ser sobre condutas em tese. Naturalmente, a avaliação de quaisquer condutas depende de uma série de particularidades das regras subjacentes as quais apenas serão conhecidas quando a conduta já estiver ocorrendo. Sendo assim, definimos que o Tribunal poderá responder consultas sobre condutas em andamento, de forma a evitar que o Cade tenha que dar pareceres em condutas ainda muito vagas, com pouco detalhe sobre seu *modus operandi.*"

[Exposição de Motivos do Substitutivo Ciro Gomes].

"Enquanto o imposto é uma espécie de tributo cujo fato gerador não está vinculado a nenhuma atividade estatal específica relativa ao contribuinte (CTN, art. 16), a taxa, pelo contrário, tem seu fato gerador vinculado a uma atividade estatal específica relativa ao contribuinte. Por isto é que se diz, reproduzindo ideia de A.D. Giannini (*Istituzioni di Diritto Tributario*, Milano, Dott. A. Giuffrè Editore, 1948, p. 39), que a taxa é um tributo vinculado. A primeira característica da taxa, portanto, é ser um tributo cujo fato gerador é vinculado a uma atividade estatal específica relativa ao contribuinte. Essa característica a distingue do imposto, entretanto não basta para sua identificação especifica, porque também a contribuição de melhoria tem seu fato gerador vinculado a atividade estatal especifica. Acrescente-se, pois, que a taxa é vinculada a serviço publico, ou ao exercício do poder de polícia. (...)

Entendemos até que a instituição e cobrança de uma taxa não têm como pressuposto essencial um proveito, ou vantagem, para o contribuinte, individualmente. O essencial, na taxa, é a referibilidade da atividade ao obrigado. A atuação estatal que constitui fato gerador da taxa há de ser relativa ao sujeito passivo desta, e não à coletividade em geral. Por isto mesmo, o serviço público cuja prestação enseja a cobrança da taxa há de ser específico e divisível, posto que somente assim será possível verificar-se uma relação entre esses serviços e o obrigado ao pagamento da taxa. Não é necessário, porém, que a atividade estatal seja vantajosa, ou resulte em proveito do obrigado. É esta a lição de Giannini (obra e local citados). Preferimos, portanto, excluir do conceito de taxa a ideia de contraprestação, não obstante maior respeito que temos pelas opiniões divergentes."

[MACHADO, Hugo de Brito. **Curso de Direito Tributário**. Malheiros: São Paulo, 2004. PP. 402/403].

O Cade, porém, admitiu, no art. 2º da Resolução nº 12/2015, uma abrangência muito maior. Consta desses dispositivos:

"Art. 2º As Consultas aqui regulamentadas poderão versar sobre:

I – a interpretação da legislação ou da regulamentação do Cade atinentes ao controle de atos de concentração, em relação a certas operações ou situações de fato adequadamente definidas;

II – a licitude de atos, contratos, estratégias empresariais ou condutas de qualquer tipo, já iniciadas pela parte consulente; ou

III – a licitude de atos, contratos, estratégias empresariais ou condutas de qualquer tipo, já concebidas e planejadas, mas ainda não iniciadas pela parte consulente."

Parece-me elogiável o posicionamento da autarquia. Primeiro, porque, na linha do que defendemos aqui nos comentários ao art. 5º, o Cade pode se servir das consultas para fazer esclarecimentos acerca da interpretação das normas por ela baixadas, ou, ainda, acerca do enquadramento de determinada operação como ato de concentração de notificação obrigatória. Fala-se, aqui, do papel atribuído ao PNO, na FTC americana.

Não se pode falar que o Cade, nesse caso, extrapolou as competências definidas em lei. Antes, ele apenas incluiu na roupagem procedimental da consulta prevista na Nova Lei Antitruste Brasileira esclarecimentos sobre o seu papel institucional – que, além de bastante caros aos agentes econômicos, não são mais que o dever legal (embora raramente exercido) de qualquer instituição.

V. pareceres da ProCade nas Consultas nº 08700.002938/2007-63 e nº 08700.002870/2007-12, em que foram consulentes, respectivamente, a Alliance One Brasil Exportadora de Tabacos Ltda. e a Universal Leaf Tabacos Ltda..

V. Resolução Cade nº 12, de 11 de março de 2015.

V. art. 145, II CF

V. art. 77 CTN

§ 5º O Cade definirá, em resolução, normas complementares sobre o procedimento de consultas previsto no §4º deste artigo.

Inova o legislador ao, apesar de não eliminar o instituto da consulta, submeter a sua regulamentação ao RiCade, ou a regumento específico ART. 9º – o que confere ao Conselho o poder de analisar discricionariamente o *modus operandi* do instituto.

A experiência tem mostrado que a consulta é pouco explorada pelo administrado, dada a possibilidade de expor-se, inutilmente, à Administração. Pelo lado da Administração, predomina o sentimento de que o administrado não busca pela consulta senão argumentos para utilizar em juízo a fim de justificar operações, ou práticas rejeitadas pelo Cade na análise *in concretu*. A mútua desconfiança e a própria carência de pessoal do órgão, que demanda melhor seleção de prioridades, tornou, inicialmente, recomendável limitar ao máximo o seu funcionamento – como tem sido o entendimento tradicional da ProCade, sempre sujeito a ser recuperado em momento futuro em que se torne adequado.

Vale observar, porém, que o § 4º limitou as consultas a condutas em andamento, excluindo a referência às condutas e concentrações em tese – entendimento esse que, (i) além de não ter privado o Cade de, por meio da Resolução nº 12/2015, admitir uma abrangência muito maior em benefício do administrado, (ii) certamente, por esse mesmo motivo, proporcionará a valorização desse procedimento (v. nota ao art. 9º, §4º). Essa regra, de qualquer modo, como advogamos desde a edição anterior, haveria de ser regulamentada, a fim de que se excluísse de apreciação qualquer consulta que, quando protocolada, versasse sobre conduta sob investigação, ou conexa, mesmo que ainda objeto do procedimento preparatório de inquérito administrativo para apuração de infrações concorrenciais à ordem econômica. Essa preocupação foi acolhida pelo Cade, que a fez constar expressamente dos artigos 3º, VI e 4º, II da Resolução 12/2015.

Note-se que o Cade fez constar do art. 8º daquela norma o caráter vinculante da resposta à consulta para o Tribunal e para os consulentes – vinculação que se circunscreve ao *prazo máximo de cinco anos* e se limita aos limites estritos dos fatos originalmente expostos pelos consulentes. Se, por um lado, parece-me claro que o *prazo máximo de cinco anos* corre a contar da notificação dos consulentes acerca daquele entendimento (ou da publicidade conferida à decisão no Diário Oficial da União), não há qualquer esclarecimento na norma acerca de que como será definida a duração do caráter vinculante. Entendo, contudo, que o mais correto, nesse caso, seja que a própria resposta à consulta defina a extensão desse lapso.

Por fim, é digno de nota que o Cade limitou a sua prerrogativa de reconsiderar a sua interpretação sobre as questões jurídicas e/ou fáticas ART. 9º
envolvidas, ou mesmo, se o interesse público assim o exigir, de determinar, subsequentemente, a cessação da própria prática analisada, à existência de fatos, ou motivos novos, sendo vedada a aplicação retroativa da nova interpretação para a aplicação de qualquer penalidade às partes consulentes, ou a qualquer administrado.

V. Resolução Cade nº 12, de 11 de março de 2015.

Texto excluído:

§ 6º A Câmara de Comércio Exterior – CAMEX, ou órgão que a suceder, e/ou o Ministério do Desenvolvimento, Indústria e Comércio, no âmbito de suas competências, deverão se posicionar em relação às decisões do Plenário acerca de matérias relativas a alteração tarifária, acesso a mercados e defesa comercial em, no máximo, 30 (trinta) dias após a publicação do acórdão, devendo permanecer disponível na internet pelo prazo mínimo de 1 (um) ano.

O § 6º introduzia relevante interface entre concorrência e comércio internacional, de tal sorte a incentivar que o MDIC e o Itamaraty pudessem passar a, paulatinamente, atribuir maior prioridade às recomendações de redução tarifária do Cade nas negociações internacionais.

Entretanto, havendo outros foros nos quais Itamaraty, MDIC e SBDC discutem questões atinentes a concorrência e comércio internacional e sabendo que as manifestações do MDIC em resposta às provocações do Cade seriam quase sempre evasivas, em função do caráter estratégico das tarifas sobre importação nas negociações internacionais, parece-me acertada a exclusão deste dispositivo. Mais faz sentido, no meu entender, que a Seae, fazendo uso da sua participação na Camex, realize advocacia da concorrência dentro daquela câmara interministerial.

Subseção II – Da Competência do Presidente do Tribunal

Art. 10 Compete ao Presidente do Tribunal:

ART. 10 Diversamente da função de Conselheiro, que pressupõe essencialmente a relatoria de processos, a função do Presidente inclui diversas atribuições administrativas, incluindo de representação do órgão.

Essa distinção fica bastante evidente já nos três primeiros incisos do artigo, que abordam o papel de representação do órgão (inciso I) e deixam claro que o Presidente não exerce a relatoria de nenhum caso (incisos II e III).

I – representar legalmente o Cade no Brasil ou no exterior, em juízo ou fora dele;

II – presidir, com direito a voto, inclusive o de qualidade, as reuniões do Plenário;

III – distribuir, por sorteio, os processos aos Conselheiros;

IV – convocar as sessões e determinar a organização da respectiva pauta;

V – solicitar, a seu critério, que a Superintendência-Geral auxilie o Tribunal na tomada de providências extrajudiciais para o cumprimento das decisões do Tribunal;

Em verdade, interpretado em conjunto com o art. 52 da lei, o cumprimento das decisões do Tribunal poderá, a critério do Tribunal, ser fiscalizado exclusivamente pela Superintendência-Geral, não se havendo de falar no compartilhamento de ônus com o Tribunal. Ao Presidente do Tribunal cabe, sim, nos termos do inciso VI abaixo, fiscalizar a Superintendência-Geral no exercício dessa atribuição.

"No art. 47 [52] do Projeto, regula-se a forma de fiscalização das decisões do Tribunal pela Superintendência. Ao Presidente do Tribunal se acrescenta a tarefa de fiscalizar a Superintendência-Geral na tomada de providências para execução das decisões e julgados do Tribunal. Também no inciso V do art. 11 da proposição, define-se que os conselheiros podem determinar à Superintendência-Geral a realização das diligências e a produção das provas que entender pertinentes nos autos dos processos administrativos."

[Exposição de Motivos do Substitutivo Ciro Gomes].

V. nota ao art. 9º, XI.

V. nota ao art. 11, V.

VI – fiscalizar a Superintendência-Geral na tomada de providências para execução das decisões e julgados do Tribunal; ART. 10

V. nota ao art. 10, V.

VII – assinar os compromissos e acordos aprovados pelo Plenário;

VIII – submeter à aprovação do Plenário a proposta orçamentária e a lotação ideal do pessoal que prestará serviço ao Cade;

"Verifica-se impacto orçamentário-financeiro com a criação de gastos obrigatórios de caráter continuado na previsão de criação de cargos e funções existentes nos arts. 122 e 125, compensados em parte pelas extinções previstas no art. 127 do Projeto de Lei nº 5.877, de 2005 (...)."

[Exposição de motivos do Substitutivo Ciro Gomes].

IX – orientar, coordenar e supervisionar as atividades administrativas do Cade;

X – ordenar as despesas atinentes ao Cade, ressalvadas as despesas da unidade gestora da Superintendência-Geral; e

O dispositivo garante à Superintendência-Geral autonomia para ordenar as suas próprias despesas.

"Ordenador de despesas é o servidor público investido de autoridade e competência para emitir empenho e autorizar pagamentos". (...)

Como regra, o ordenador de despesas é o agente responsável pelo recebimento, verificação, guarda ou aplicação de dinheiros, valores e outros bens públicos e responde pelos prejuízos que acarreta à Fazenda.

Por esse motivo, compete-lhe zelar pela boa e regular aplicação de recursos públicos, tanto nos atos que pratica como naqueles que ocorrem no âmbito das repartições públicas."

[FERNANDES, Jorge Ulisses Jacoby. **O ordenador de despesas e a Lei de Responsabilidade Fiscal.** *In* Revista de Informação Legislativa. Brasília a. 38 n. 151 jul./set. 2001. PP. 153/170. Disponível em http://www2.senado.gov.br/bdsf/bitstream/id/707/4/r151-09.pdf. Acesso em 22.02.2011].

ART. 10 **XI – firmar contratos e convênios com órgãos ou entidades nacionais e submeter, previamente, ao Ministro de Estado da Justiça os que devam ser celebrados com organismos estrangeiros ou internacionais; e**

O presente inciso separa de maneira bastante nítida a decisão colegiada, decorrente da atividade finalística do Cade, da decisão monocrática, decorrente da atividade administrativa exercida pelo Presidente (art. 21) – atribuição, aliás, tão relevante que impede que o Presidente do Tribunal tenha condições de exercer, concomitantemente, a relatoria de processos (v. nota ao inciso I). Observe-se que essa distinção permeia todo o artigo, a começar pelo inciso I.

"O exame da vigente CF permite constatar que a execução dos tratados internacionais e a sua incorporação à ordem jurídica interna decorrem, no sistema adotado pelo Brasil, de um ato subjetivamente complexo, resultante da conjugação de duas vontades homogêneas: a do Congresso Nacional, que resolve, definitivamente, mediante decreto legislativo, sobre tratados, acordos ou atos internacionais (CF, art. 49, I) e a do Presidente da República, que, além de poder celebrar esses atos de direito internacional (CF, art. 84, VIII), também dispõe – enquanto chefe de Estado que é – da competência para promulgá-los mediante decreto. O iter procedimental de incorporação dos tratados internacionais – superadas as fases prévias da celebração da convenção internacional, de sua aprovação congressional e da ratificação pelo chefe de Estado – conclui-se com a expedição, pelo Presidente da República, de decreto, de cuja edição derivam três efeitos básicos que lhe são inerentes: (a) a promulgação do tratado internacional; (b) a publicação oficial de seu texto; e (c) a executoriedade do ato internacional, que passa, então, e somente então, a vincular e a obrigar no plano do direito positivo interno. Precedentes."

[ADI 1.480-MC, Rel. Min. Celso de Mello, julgamento em 4-9-1997, Plenário, *DJ* de 18-5-2001].

V. art. 21.
V. art. 84, VIII da CF.

XII – determinar à Procuradoria Federal junto ao Cade as providências judiciais determinadas pelo Tribunal.

V. nota ao art. 9º, XI.
V. nota ao art. 9º, XIII.
V. art. 13, XVIII.

Subseção III – Da Competência dos Conselheiros do Tribunal

Art. 11 Compete aos Conselheiros do Tribunal:
I – emitir voto nos processos e questões submetidas ao Tribunal;
II – proferir despachos e lavrar as decisões nos processos em que forem relatores;

Proferir despachos em decisões interlocutórias e lavrar votos em decisões terminativas.

V. artigos 203-205 do novo Código de Processo Civil.

III – requisitar informações e documentos de quaisquer pessoas, órgãos, autoridades e entidades públicas ou privadas, a serem mantidos sob sigilo legal, quando for o caso, bem como determinar as diligências que se fizerem necessárias;

"Outro aspecto do assunto diz com as trocas de informações entre os órgãos. Assim, em reuniões do COAF, há representantes da CVM, da receita, enfim, de vários órgãos ligados ao sistema financeiro. A dúvida, então, é saber se eles trocam informações entre si e se essa troca eventual de informações configuraria ou não quebra de sigilo.

Os dispositivos do projeto de lei que permitem a solicitação de informações sigilosas pelos agentes do SBDC poderão reabrir a discussão no seio do STF. Sempre fui a favor da quebra do sigilo por entender que um país se constrói com a transparência. Ademais, uma análise histórica da elaboração da Constituição Federal de 1988 permite concluir que quando o constituinte se referiu à intimidade, quis referir-se apenas a ela, e quando se referiu à correspondência, idem. Expressamente, no entanto, referiu-se à necessidade de autorização judicial exclusivamente nas hipóteses de quebra de sigilo telefônico."

[MATTOS FILHO, Ary Oswaldo. **Informações sigilosas e o SBDC**. *In* Revista Jurídica Consulex, ano XI, nº 263. Edição de 31 de dezembro de 2007 – edição especial: reforma da lei concorrencial brasileira. P. 23].

Um dos temas mais controversos está na forma pela qual o Cade lidará com informações de atos de concentração apresentados previamente. ART. 11 O simples conhecimento de que determinada operação está sendo levada a cabo pelo concorrente pode levar a que determinado agente interfira nas negociações com o objetivo de cooptar o outro contratante. Não é por outro motivo que essas operações se regem por acordos de confidencialidade entre os particulares.

Não seria razoável que o Cade cobrasse publicidade de operações que podem provocar reações apaixonadas de concorrentes – até mesmo porque esse concorrente, ao notar a reestruturação por que passará o mercado em que também atua, pode agilizar operação de mesma natureza e, se menos complexa, tê-la aprovada pelo Cade antes mesmo daquela protocolada antecipadamente pelo concorrente – saindo, assim, injustamente, na frente com uma inovação concebida pelo concorrente (*first mover*).

Aliás, o entendimento esposado neste livro veio a ser endossado pelo art. 5º, §2º do Decreto nº 7.724/2012, que regulamenta a Lei nº 12.527/2011, ou Lei de Acesso a Informações (LAI). Ali se lê:

"Não se sujeitam ao disposto neste Decreto as informações relativas à atividade empresarial de pessoas físicas ou jurídicas de direito privado obtidas pelo Banco Central do Brasil, pelas agências reguladoras ou por outros órgãos ou entidades no exercício de atividade de controle, regulação e supervisão da atividade econômica cuja divulgação possa representar vantagem competitiva a outros agentes econômicos."

IV – adotar medidas preventivas, fixando o valor da multa diária pelo seu descumprimento;

Uma questão relevante e pouco comentada está em melhorar o padrão da multa diária no Brasil. Assim como no sistema europeu, a multa-base diária poderia ser um percentual do faturamento médio diário no ano anterior (v. art. 24(1) do Regulamento 1/2003), o que conferiria imediata proporcionalidade à penalidade, que se adequaria à condição econômica do infrator. Ocorre que, pelo menos desde a presidência de Elizabeth Farina, o plenário do Tribunal Administrativo do Cade questiona os incentivos a que a empresa do grupo envolvida na prática anticompetitiva direcione as suas atividades para outras empresas do grupo quando a investigação começar (já que, anteriormente à instauração do processo administrativo sancionador, há, de praxe, pelo menos a instauração de um inquérito administrativo). Nesse sentido, entendo que, a fim de evitar o incentivo perverso de que se fala, seja utilizada, como opção ao modelo ART. 11 europeu, a média dos faturamentos nos anos anteriores à instauração do inquérito administrativo.

V – solicitar, a seu critério, que a Superintendência-Geral realize as diligências e a produção das provas que entenderem pertinentes nos autos do processo administrativo, na forma desta Lei;

"A proposta separa as funções de decisão final e de fiscalização interna ao Cade, exercidas no âmbito do Tribunal, das de decisão preliminar, execução e fiscalização das decisões do Tribunal, exercidas pela Superintendência-Geral. Um dos exemplos está no art. 10 do Projeto, em que o Presidente do Tribunal determina que a Superintendência-Geral tome as providências para o cumprimento das decisões do Tribunal, enquanto que o dispositivo similar da Lei 8.884/94, atribui ao Presidente a tarefa de cumprir e fazer cumprir as decisões do Cade."

[Exposição de motivos do Substitutivo Ciro Gomes].

O texto inaugural da Câmara dos Deputados definia que toda sorte de instrução deveria, obrigatoriamente, ser executada pela Superintendência-Geral. A proposta foi alterada no Senado, para tornar faculdade que Conselheiro (e Presidente atuando, excepcionalmente, na instrução processual) requeira a adoção de medidas pela Superintendência-Geral. A nova redação flexibiliza a regra, de tal modo que a decisão mais eficiente poderá acontecer.

Observe-se que, apesar do uso do verbo 'solicitar' na nova redação, não se trata de mero convite: o Superintendente-Geral não pode deixar de realizar a instrução determinada. Não é por outro motivo que a redação que vinha da Câmara dos Deputados utilizava, com correição, o verbo 'determinar'.

Não é pelo fato de tornar-se ato discricionário do Conselheiro que o verbo deva ser alterado; o verbo 'solicitar' só faria sentido se também a realização das providências pela Superintendência-Geral se tornasse discricionária. Nesse caso, a dupla discricionariedade iria totalmente na contramão do objetivo da nova lei (*mens legis*), implicando perda de tempo no processo de instrução. Dessa forma, onde se lê 'solicitar', leia-se 'determinar' ou 'requerer' – terminologia utilizada no inciso VI abaixo, para as providências a serem tomadas pela ProCade.

ART. 11 Não é, tampouco, pelo fato de o Presidente do Tribunal e o Superintendente-Geral ocuparem cargos de natureza especial que não haja, em determinadas situações, prevalência de uma função sobre outra. O exemplo mais notório de hierarquia entre ocupantes de cargos equivalentes está na relação entre os Ministros de Estado nos foros interministeriais. Um exemplo está na Câmara de Comércio Exterior ("CAMEX"), presidida pelo Ministro de Estado do Desenvolvimento, Indústria e Comércio Exterior.

De qualquer modo, pela praxe, a instrução no gabinete do Conselheiro-Relator só não é a melhor solução se não tiver natureza complementar, mas constituir verdadeira reinstrução. Nesse caso, o aparato (inclusive numérico) investigador da Superintendência-Geral, herdado da SDE, costuma ser mais eficiente.

V. nota ao art. 9º, XI.
V. nota ao art. 10, V.

VI – requerer à Procuradoria Federal junto ao Cade emissão de parecer jurídico nos processos em que forem relatores, quando

entenderem necessário e em despacho fundamentado, na forma prevista no inciso VII do art. 15 desta Lei;

"A proposição também atribui aos conselheiros, a prerrogativa de requerer à Procuradoria Federal junto ao Cade emissão de parecer jurídico nos processos em que forem relatores, quando entenderem necessário, indicando que o parecer daquele órgão se torna opcional. Os conselheiros possuirão a mesma prerrogativa em relação à demanda de pareceres ao Economista-Chefe."
[Exposição de motivos do Substitutivo Ciro Gomes].

A assessoria a ser prestada pela ProCade é de caráter explicitamente jurídico ["requerer à Procuradoria Federal junto ao Cade emissão de **parecer jurídico**" (grifei)]. O art. 10, I da Lei nº 8.884/94[25] já trazia essa qualificação – que deriva da própria natureza do órgão.

Entretanto, o que se observa no quotidiano é a polarização das preocupações da Procuradoria Federal no enfrentamento do mérito econômico, abstendo-se, não raramente, de tratar, justamente, dos pontos jurídicos mais polêmicos, como suspensão/interrupção de prazos, tempestividade e preliminares de mérito – mesmo quando expressamente ART. 11
requisitada a ater-se a esses pontos.

Embora o enfrentamento do mérito tenha o potencial benefício de fornecer subsídios adicionais ao Tribunal, o que se tem notado é que, em geral, os pareceres apenas excepcionalmente estão em condições de acrescer elementos economicamente relevantes no exíguo prazo aberto para a Procuradoria. Desse modo, parece-me certo que a exiguidade de prazo para parecer da ProCade deriva, justamente, da necessidade de que se atenha, estritamente, à análise dos elementos jurídicos relevantes. Além de proporcionar a melhor alocação de tempo dos procuradores federais entre os casos juridicamente mais complexos e mais simples, proporciona-se o melhor aproveitamento temporal e a eventual utilização pelo gabinete do prazo não utilizado pelas demais unidades analíticas do Cade.

O ponto mais relevante do dispositivo, entretanto, está em tornar a análise pela ProCade facultativa. Embora já vingasse o entendimento de que o seu parecer era facultativo na análise de atos de concentração (item

[25] *"Art. 10. Junto ao Cade funcionará uma Procuradoria, com as seguintes atribuições: I – prestar assessoria jurídica à autarquia e defendê-la em juízo;"*

4 da Cláusula Segunda do Termo de Acordo de Cooperação Técnico--Operacional Cade/PROCADE/Seae/SDE, de 04 de março de 2009 c/c art. 42 da Lei nº 8.884/94), a nova lei torna facultativa a análise da Pro-Cade também nas condutas.

Dada a faculdade em solicitar os pareceres da ProCade – o que implica dizer que a solicitação deverá ser **pontual** e restrita aos casos nos quais a análise deva ser minuciosamente realizada –, parece-me mais adequado que esse prazo seja deixado em aberto, a fim de que o consulente possa definir, até mesmo em consulta informal com o Procurador-Chefe, o tempo a ser concedido. É importante frisar, porém, que a solicitação deve ser pontual. Afinal, seria caminhar em sentido contrário à inovação da lei abrir prazo para parecer sem que se apontasse, especificamente, o objeto da dúvida – equivalendo a solicitar parecer quase integralmente desnecessário.

Aliás, a própria obrigação legal de, doravante, a abertura de prazo para parecer da ProCade ser fundamentada (inciso VI, *in fine*) implica, necessariamente, que o aludido opinativo se atenha aos pontos devidamente justificados no despacho por meio do qual o parecer foi encomendado.
ART. 11 Caso isso não ocorra, o parecer estará sendo confeccionado ao arrepio da própria lei, que demanda que o objeto de análise da ProCade seja delineado e justificado pelo membro do Tribunal.

V. nota ao art. 75.

VII – determinar ao Economista-Chefe, quando necessário, a elaboração de pareceres nos processos em que forem relatores, sem prejuízo da tramitação normal do processo e sem que tal determinação implique a suspensão do prazo de análise ou prejuízo à tramitação normal do processo;

Com a tripartição do Cade entre Superintendência-Geral, Departamento de Estudos Econômicos e Tribunal, parece-me relevante ilustrar as linhas gerais de funcionamento do Cade, se espelhado no modelo da US FTC[26].

[26] Para maior detalhamento do funcionamento da análise na US FTC, v. TAUFICK, Roberto Domingos. **A brief overview of the Federal Trade Commission's organization and operation.** Revista de Direito da Concorrência, v. 14, PP. 69/106, 2007.

Em apertada síntese, os casos têm início na Superintendência-Geral, mais especificamente na Superintendência de controle de condutas, se falarmos de processos administrativos, inquéritos ou procedimento preparatório, ou na Superintendência de controle de estruturas, se falarmos de atos de concentração. Feita a análise técnica, apenas os casos mais complexos, cujas análises preliminares encerram-se com viés de reprovação, seguem para o Tribunal. Paralelamente ao desenvolvimento de propostas para análises econômicas complexas, o DEE designa um ou mais técnicos para atuar diretamente com cada equipe da Superintendência-Geral, auxiliando os seus juristas nos casos mais complicados. A autonomia técnica do DEE é tanta que a área tem a prerrogativa de divergir da conclusão do Superintendente-Geral e, nesse caso, deve apresentar um memorando divergente aos Conselheiros e à Presidência.

O Superintendente-Geral, juntamente com a equipe responsável pelo caso em discussão, deve sentar-se com o Economista-Chefe e com ele discutir os casos mais complexos antes da sua apresentação ao Conselho, a fim de (i) se dissuadirem mutuamente quanto à periculosidade da operação, (ii) convergirem nos seus posicionamentos quanto aos perigos da operação, ou (iii) optarem por apresentar seus posicionamentos diver- ART. 11
gentes ao Tribunal. Embora, nos Estados Unidos, essas reuniões (*Merger Screening Committees*) ocorram, de praxe, no vencimento do prazo legal de análise (*waiting period*), é imperativo, no Brasil que elas ocorram tão logo Superintendente-Geral e Economista-Chefe tenham formado o seu convencimento.

V. nota ao inciso VI.

VIII – desincumbir-se das demais tarefas que lhes forem cometidas pelo regimento;

IX – propor termo de compromisso de cessação e acordos para aprovação do Tribunal;

A celebração de termos de compromisso de cessação (TCCs) continua a cargo do Tribunal. A nova lei, entretanto, trata como concorrente (entre Superintendente-Geral e Conselheiro-Relator) a competência para propô-la (art. 13, IX).

A redação difere daquela do art. 14, IX e X da Lei nº 8.884/94, segundo a qual a Secretaria de Direito Econômico (SDE) do Ministério da

Justiça (MJ) podia, concorrentemente ao Conselho, celebrar TCCs – embora eles devessem ser encaminhados ao Cade para homologação.

Há, com a alteração de redação do dispositivo da antiga lei, o grande benefício de afastar a insegurança jurídica contratual que poderia derivar de atribuição concorrente a dois órgãos com claras divergências no que tange ao binômio acordo de leniência/TCC.

Por outro lado, parece-me, ainda, necessário criar uma regra de convivência entre o momento em que o TCC deverá ser negociado junto à Superintendência-Geral e junto ao Tribunal. Acredito que, por conta do próprio conhecimento adquirido ao longo da instrução, seria desarrazoado que o TCC não fosse proposto na Superintendência-Geral enquanto o processo por lá tramitar.

Com o advento do novo RiCade, o Cade seguiu esse entendimento, esposado já na edição anterior deste livro, no seu art. 179. *In verbis*:

> "Art. 179. Qualquer representado interessado em celebrar o compromisso de cessação de que trata o art. 85 da Lei nº 12.529, de 2011, deverá apresentar requerimento do termo ao Cade, dirigido ao Conselheiro-Relator, se os autos
> ART. 12 do processo administrativo já houverem sido remetidos ao Tribunal, na hipótese do art. 74 da Lei 12.529, de 2011, ou ao Superintendente-Geral, se o procedimento preparatório de inquérito administrativo, o inquérito administrativo ou o processo administrativo ainda estiverem em curso na Superintendência-Geral."

X – prestar ao Poder Judiciário, sempre que solicitado, todas as informações sobre andamento dos processos, podendo, inclusive, fornecer cópias dos autos para instruir ações judiciais.

Seção III – Da Superintendência-Geral

Art. 12 O Cade terá em sua estrutura uma Superintendência-Geral, com 1 (um) Superintendente-Geral e 2 (dois) Superintendentes-Adjuntos, cujas atribuições específicas serão definidas em Resolução.

"O primeiro aspecto nevrálgico no projeto diz com a estrutura do SBDC, deixando as secretarias [agora nas atribuições da Superintendência-Geral e do Departamento de Estudos Econômicos] de pertencer à Administração direta, inserindo-se na estrutura da Autarquia, que passa a ter maior organização e objetivos próprios, atuando de forma consistente, colaborativa e com responsabilidade."

[Farina, Elizabeth Maria Mercier Querido. **Apresentação prévia de atos de concentração.** *In* Revista Jurídica Consulex, ano XI, nº 263. Edição de 31 de dezembro de 2007 – edição especial: reforma da lei concorrencial brasileira. P. 18].

Conforme se poderá observar, a Superintendência-Geral assume as funções de órgão de investigação, antes reservadas à SDE. A unidade não só assumirá a liderança da política nacional de combate aos cartéis, como exercerá o filtro dos atos de concentração, os quais instruirá e julgará, independentemente da sua complexidade. Não obstante, servirá de acusador perante o Tribunal nos casos em que impuser restrições não negociáveis à operação – o que demandará clara separação de atribuições entre as duas Superintendências, de tal sorte a que uma se especialize em condutas e outra, na análise dos atos de concentração.

Embora essa separação não seja tão nítida na FTC, dado que um dos Vice-Diretores do *Bureau of Competition* – BC (equiparados aos Superintendentes) administra atos de concentração e a análise de condutas, a competência da agência norte-americana no combate a cartéis é marginal, dado que o Departamento de Justiça (*US Department of Justice*, DOJ) assume esse encargo. Nesses termos, a envergadura da área de combate a cartéis no Cade deve ser maior, de tal sorte a demandar o direcionamento de toda uma das Superintendências para a análise de condutas. Aliás, mesmo dentro dessa Superintendência é conveniente manter a estrutura já preparada pela SDE, em que uma subárea se volta, especificamente, para a celebração dos acordos de leniência – estando os agentes que aí atuam proibidos de comunicar as suas atividades com a área de investigações. Essa *Chinese Wall* blinda os agentes investidos da capacidade de celebrar a leniência, garantindo que as informações prestadas sob o escudo desse programa não sejam usadas, deslealmente, a desfavor do candidato que faria jus à leniência, aumentando a segurança do sistema e os incentivos à detecção dos cartéis. ART. 12

Felizmente, o Cade seguiu a recomendação que este livro traz desde a edição anterior. No Cade funcionam, hoje, oito coordenações, três delas voltadas exclusivamente para a investigação de cartéis. As demais cuidam tanto de atos de concentração, quanto de condutas unilaterais. Essa separação é preservada na divisão de atribuições entre os Superintendentes-Adjuntos: um deles só cuida de cartéis, ao passo que o outro cuida de atos de concentração e condutas unilaterais.

Apesar de, materialmente, ter caminhado bem o Cade, é importante ter em mente que o *caput* do art. 12 exige que as atribuições específicas de cada Adjunto sejam definidas em resolução, o que ainda não foi feito.

§ 1º O Superintendente-Geral será escolhido dentre cidadãos com mais de 30 (trinta) anos de idade, notório saber jurídico ou econômico e reputação ilibada, nomeado pelo Presidente da República, depois de aprovado pelo Senado Federal.

ART. 12

"É razoável indagar se a SDE, hoje subordinada a um órgão político como o Ministério da Justiça, deveria ter o poder discricionário de decidir por conta própria quando entrar em qual empresa. Nesse sentido, aliás, avança bem o projeto de reforma do sistema de defesa da concorrência em tramitação na Câmara, ao propor a realocação de toda a investigação para um órgão autárquico, independente e estruturalmente insulado de pressões políticas."

[Calliari, Marcelo. **É hora de discutir equilíbrio e futuro das autoridades na defesa da concorrência**. *In* Folha de S. Paulo, 10.01.11].

Andou bem o legislador ao não deixar à idiossincrasia do Tribunal a indicação dos dirigentes da Superintendência-Geral, garantindo-lhes autonomia funcional em razão deste dispositivo e do seguinte, que confere mandato ao Superintendente-Geral, embora não aos seus adjuntos.

A única oposição ao dispositivo poderia resultar do receio de que, na ausência de vínculos de confiança entre Tribunal e Superintendência-Geral, o Tribunal avocasse constantemente casos decididos, monocraticamente, pelo Superintendente-Geral. De todo modo, em nossa cultura, essa possibilidade é mais remota que o cabresto e o apadrinhamento, sendo certo que, quanto maior a autonomia do Superintendente-Geral com relação aos membros do Tribunal, mais razoável é supor que o controle sobre os seus atos será mais efetivo e maior a garantia de que o processo de tomada de decisão no SBDC será suficientemente dialético.

A duas primeiras experiências que nos traz o Cade até o presente momento, porém, mostram que, apesar de a escolha do Superintendente-

-Geral ser alocada, legalmente, sob a tutela do binômio Presidência da República/Senado Federal, a sua indicação tem partido do Presidente do Cade. O presente dispositivo, de qualquer forma, cria incentivos a que o Presidente do Cade sugira candidatos melhor qualificados, a fim de que a sua indicação não seja reprovada pelo Legislativo.

V. nota ao §5º.

§ 2º O Superintendente-Geral terá mandato de 2 (dois) anos, permitida a recondução para um único período subsequente.

A previsão de mandato para o Superintendente-Geral representa um dos mais louváveis ganhos da nova lei. A autonomia, em tese, ganha por conta da impossibilidade de o Ministro da Justiça exonerar *ad nutum* o seu titular tende a minorar a pressão política que o antigo Secretário de Direito Econômico transportava para dentro do SBDC. Não era raro que, em casos politicamente mais sensíveis, em particular as averiguações preliminares e os processos administrativos, o Secretário de Direito Econômico pautasse o seu posicionamento pela repercussão internacional do caso, ou segundo o seu apelo sobre governistas e base aliada.

O Superintendente-Geral, pela natureza da sua função, congênere à de membro do Tribunal, deve gozar de autonomia para tomar as suas decisões, o que se visa garantir pelo instrumento do mandato. Os seus adjuntos, ao ocuparem função mais técnica, devem, a fim de preservar a cultura concorrencial de um órgão de Estado (e não de governo), sair dos quadros do próprio órgão. Esse sistema é replicado nos órgãos de reconhecida excelência da Administração Pública Federal, como as Relações Exteriores (MRE/Itamaraty), a Fazenda (MF) e o Banco Central do Brasil (Bacen). De todo modo, para garantir a autonomia dessa unidade em face do Tribunal, os adjuntos devem, naturalmente, ser indicados pelo próprio Superintendente-Geral.

Dúvida está em saber se indivíduo que atuou como Superintendente--Geral poderá, se nomeado como membro do Conselho, permanecer mais de quatro anos no cômputo conjunto das funções. Se o fato de a decisão do Superintendente-Geral não ter caráter automaticamente terminativo pesar, será, sim, possível, como ao Procurador-Chefe (v. nota ao art. 16º, § 1º), permanecer quatro anos no Conselho, independentemente do tempo de exercício da função de Superintendente-Geral. Por sua vez, se a semelhança com as funções do Tribunal pesar (órgão decisor), aplica-se o limite de quatro anos consecutivos (v. nota ao art. 6º, § 1º). De qualquer modo, o fato de as decisões do Superintendente-Geral passarem, posteriormente, pelo Plenário deve ser pesar contrariamente à sua nomeação para o Tribunal, caso a sua participação na instrução dos casos e a sua condição de julgador monocrático tenham o condão de gerar impedimento significativo em casos que passem pelo órgão judicante.

É, nesse sentido, interessante observar as diferentes consequências geradas pela ocupação subsequente de cargos no Tribunal e na Superintendência-Geral, a depender do sentido em que se percorre o périplo. Três casos recentes ilustram bem essa situação. A passagem pelo órgão instrutor e, posteriormente, pelo Tribunal, ocasiona uma série de impedimentos. Foi o caso de Vinicius Carvalho, quando deixou o cargo de Secretário de Direito Econômico para se tornar Presidente do Cade. Em sentido inverso, a passagem pelo órgão judicante e o posterior exercício da função de acusador afasta os impedimentos. Esse foi o caso de Vinicius Carvalho, quando deixou o cargo de Conselheiro para assumir a Secre-
ART. 12 taria de Direito Econômico, ou o caso de Carlos Ragazzo, ao deixar o cargo de Conselheiro para assumir a função de Superintendente-Geral.

Se, na teoria, a preocupação com os impedimentos faz sentido, na prática, porém, como bem ilustra o caso de Carvalho e o de diversos advogados e pareceristas que passaram pelo SBDC, os candidatos mais indicados a ocupar uma função de decisor no Tribunal advirão, justamente, da prática do antitruste na área privada, ou da ocupação de funções com poder decisório na esfera pública, o que, de fato, dificulta bastante a tarefa de indicação pelo Executivo e de escrutínio pelo Senado.

Por fim, fica a discussão acerca do tempo do mandato e do porquê da escolha da recondução em lugar da sua extensão por quatro anos, como sucede com os membros do Tribunal. Aqui parece ter havido recurso a medidas diferentes para alcançar os mesmos propósitos (autonomia intelectual e neutralização do custo de aprendizado).

"A ampliação dos mandatos dos membros do Tribunal otimiza a experiência adquirida por estes no exercício da função, o que aproxima o órgão de seus congêneres internacionais. O prazo de dois anos é usualmente considerado como insuficiente, dado o natural período de aprendizado que os conselheiros devem ter nessa função de 'juízes administrativos'. Não é por outra razão que se mantém no PL a previsão de que os mandatos dos conselheiros serão não coincidentes de forma a permitir que as substituições ocorram de forma a preservar ao máximo a inteligência institucional e a trajetória (que se pretende) ascendente do órgão. Este argumento, no entanto, também indicaria que também o Superintendente-Geral deveria contar com um mandato igual ao dos membros do Tribunal, e não apenas dois anos. Aqui mais uma vez há um *trade-off* que merece reflexão. O maior problema da extensão de mandatos diz respeito à possibilidade de que uma escolha de conselheiro que se revele *ex-post* claramente equivocada perdure por período excessivo de tempo. No Plenário do Tribunal este é um problema menor dado que a capacidade de um membro gerar prejuízos à qualidade das decisões é diluída, pois há mais seis membros para corrigir possíveis erros. Já no que tange à Superintendência, não há esta possibilidade de correção, dado se tratar de decisão monocrática. De outro lado, pode se argumentar que o *check and balance* da Superintendência já é o próprio Tribunal, especialmente em função da prerrogativa dos conselheiros em avocarem processos em caso de desacordo com o Superintendente. Ademais, o instituto da recondução constitui um dos fatores que mais comprometem a desejável independência dos mandatários."

[Mattos, César Costa Alves de. **Evolução Institucional da Defesa da Concorrência no Brasil: A Reforma do Cade.** *In* Regulação e Agências Reguladoras – governança e análise de impacto regulatório. ANVISA/Casa Civil da Presidência. P. 166. Disponível em http://www.anvisa.gov.br/divulga/public/Regulacao.pdf. Acesso em 16/02/2011]. ART. 12

V. nota ao art. 6º, § 1º.
V. nota ao art. 16º, § 1º.
V. nota ao §1º.
V. nota ao §5º.

§ 3º Aplicam-se ao Superintendente-Geral as mesmas normas de impedimentos, perda de mandato, substituição e as vedações do art. 8º desta Lei, incluindo o disposto no § 2º do art. 8º desta Lei, aplicáveis ao Presidente e aos Conselheiros do Tribunal.

V. nota ao §5º.

§ 4º Os cargos de Superintendente-Geral e de Superintendentes-Adjuntos são de dedicação exclusiva, não se admitindo qualquer acumulação, salvo as constitucionalmente permitidas.

V. nota ao art. 6º, §2º.

§ 5º Durante o período de vacância que anteceder à nomeação de novo Superintendente-Geral, assumirá interinamente o cargo um dos superintendentes adjuntos, indicado pelo Presidente do Tribunal, o qual permanecerá no cargo até a posse do novo Superintendente-Geral, escolhido na forma do §1º deste artigo.

A indicação pelo Presidente do Tribunal é absolutamente desnecessária e um retrocesso em relação à autonomia do Superintendente-Geral – ainda que interino. Uma vez afastado o antigo titular, ocupa o seu lugar aquele que, por portaria, tiver sido designado o seu substituto legal. Da mesma forma que, pelo §7º abaixo, o Superintendente-Geral define os seus adjuntos, cabe a ele indicar o seu substituto legal – inclusive, para o caso de vacância. Essa, aliás, é a regra do art. 38 da Lei nº 8.112/90.

V. art. 38 da Lei nº 8.112/90.

ART. 12 **§ 6º Se, no caso da vacância prevista no § 5º deste artigo, não houver nenhum Superintendente Adjunto nomeado na Superintendência do Cade, o Presidente do Tribunal indicará servidor em exercício no Cade, com conhecimento jurídico ou econômico na área de defesa da concorrência e reputação ilibada, para assumir interinamente o cargo, permanecendo neste até a posse do novo Superintendente-Geral, escolhido na forma do § 1º deste artigo.**

Não se trata de faculdade do Presidente da instituição, mas de obrigação, verificada a vacância dos cargos. Ao Superintendente-Geral interino se aplicam, contudo, as regras de impedimento processual, as quais recaem sobre todos aqueles cujo posicionamento processual já esteja expresso nos autos.

O Superior Tribunal de Justiça (STJ) já decidiu que o rol de impedimentos do Código de Processo Civil (CPC) é exaustivo e não comporta analogias:

> "As hipóteses de impedimento do Juiz estão fundadas em critérios objetivos, sendo certo que o rol do art. 134 do CPC é exaustivo, não comportando ampliação analógica."

[REsp 1080859 / AC. Recurso especial 2008/0177079-5. 3ª Turma. Rel. Ministra Nancy Andrighi. J. 18.11.2008, DJe 28.11.2008].

Desse modo, a regra do art. 144 do novo Código de Processo Civil, Lei nº 13.105/2015 – que se aplica, apenas, ao julgador, ao perito e ao Ministério Público, sem admissão do recurso a analogias –, não é de muita serventia para verificar os impedimentos de servidores do Cade que tenham atuado no caso enquanto investigadores ou assessores. Segundo o art. 144, II do novo Código de Processo Civil, sabe-se, apenas, que deve declarar-se impedido o Superintendente-Geral que se torne Conselheiro, desde que tenha já apresentado decisão sobre determinado caso. Por outro lado, aos impedimentos aplicam-se, ainda, a regra do art. 18 da Lei nº 9.784/99 – específica para processos administrativos – e o art. 252 do Código de Processo Penal (CPP), que se aproxima mais da dinâmica investigativa do Cade que a regra do CPC.

Pela leitura exclusiva do dispositivo da lei que rege os processos administrativos no âmbito na Administração Pública Federal, os impedimentos visam resguardar o processado de interferências de ordem privada – e não de possível prejulgamento derivado de atuação anterior no processo. ART. 12
Em se falando de servidor que assessorou o julgador, ou que investigou o caso, não há qualquer norma que restrinja a sua futura atuação, no mesmo caso, como Conselheiro ou Superintendente-Geral.

A leitura do CPP é, entretanto, mais ampla. O código impede a atuação, como julgador, daquele que tiver atuado como membro do Ministério Público, como **investigador**, perito ou o auxiliar da justiça (segundo o art. 149 do novo Código de Processo Civil, o escrivão, o chefe de secretaria, o oficial de justiça, o perito, o depositário, o administrador, o intérprete, o tradutor, o mediador, o conciliador judicial, o partidor, o distribuidor, o contabilista e o regulador de avarias). Embora não se faça menção a qualquer assessor direto do magistrado, parece certo que, se o impedimento atinge servidores que pouco lidam com o mérito processual (como o auxiliar da justiça), mais natural é o impedimento daqueles que confeccionam os votos – por mais que as decisões do julgador possam não representar o posicionamento da sua assessoria. A tônica do CPP também deixa claro que o assessor que investigou o caso está impedido de atuar como julgador.

§ 7º Os Superintendentes-Adjuntos serão indicados pelo Superintendente-Geral.

V. nota ao §2º.

Art. 13 Compete à Superintendência-Geral:

"A capacidade legal de a Superintendência Geral investigar é aprimorada, incluindo, além das competências atuais, que são mantidas, as seguintes:

1) requisitar esclarecimentos orais de quaisquer pessoas, físicas ou jurídicas, órgãos, autoridades e entidades, públicas ou privadas;

2) requisitar vista e cópia de documentos e objetos constantes de processos administrativos instaurados por órgãos ou entidades da administração pública federal;

3) requerer vista e cópia de inquéritos policiais, ações judiciais de quaisquer natureza, bem como de processos administrativos instaurados por outros entes da federação, preservado o sigilo, quando for o caso."

[Exposição de motivos do Substitutivo Ciro Gomes].

I – zelar pelo cumprimento desta Lei, monitorando e acompanhando as práticas de mercado;

ART. 13 **II – acompanhar, permanentemente, as atividades e práticas comerciais de pessoas físicas ou jurídicas que detiverem posição dominante em mercado relevante de bens ou serviços, para prevenir infrações da ordem econômica, podendo, para tanto, requisitar as informações e documentos necessários, mantendo o sigilo legal, quando for o caso;**

Os incisos I e II seguem a tendência que, conforme adiantamos, pauta as ações do novo SBDC: atuar preventivamente. Nisso será extremamente relevante o papel desempenhado pelo DEE, que terá, entre as suas incumbências, elaborar estudos sobre os diferentes mercados.

Em primeiro lugar, esses estudos servirão de base para o aprimoramento dos questionamentos dirigidos à empresas, os quais deverão ser cada vez mais precisos – dado que a questão temporal se torna elemento nevrálgico da análise e, mediatamente, do crescimento econômico do país. Cada setor demanda perguntas específicas que foram objeto do trabalho desenvolvido pela SDE e pela Seae, mas que demandam constante aprimoramento. É importante ter em mente, nesse sentido, que a morosidade contribuirá diretamente para o crescimento do custo Brasil e será institucionalmente alarmante – desgastando a imagem da instituição e dando vazão às indesejáveis interferências/cobranças políticas.

"Caso as operações não sejam analisadas ou aprovadas em tempo considerado razoável – aumento significativo do 'custo Brasil', com consequências relevantes para a economia nacional."
[Belliboni, Flávio Lemos. **Apresentação prévia de atos de concentração.** In Revista Jurídica Consulex, ano XI, nº 263. Edição de 31 de dezembro de 2007 – edição especial: reforma da lei concorrencial brasileira. P. 20].

Em segundo lugar, os estudos do DEE servirão para a elaboração de guias de análise direcionados a cada setor. A progressiva e necessária especialização dos analistas em diferentes setores contribuirá para um mais efetivo estudo da dinâmica de cada indústria e servirá para que o Cade se adiante à consolidação de movimentos nocivos à concorrência, enfrentando, tempestivamente, ou, até mesmo, prevenindo a ocorrência de práticas anticompetitivas.

III – promover, em face de indícios de infração da ordem econômica, procedimento preparatório de inquérito administrativo e inquérito administrativo para apuração de infrações à ordem econômica; ART. 13

Ao substituir a SDE, a Superintendência-Geral assume o ônus de instaurar as antigas averiguações preliminares e procedimentos administrativos preliminares àquelas. A alteração da denominação e a clara previsão do procedimento preparatório vêm a calhar. Não raro, as representadas sustentavam, ainda que informalmente, a ilegalidade de a SDE instaurar, previamente às averiguações preliminares, um procedimento administrativo que não constava expressamente da Lei nº 8.884/94 e que teria a mesma função da averiguação. Esse entendimento com relação à antiga lei parece ter sido abraçado pela própria exposição de motivos do Substitutivo Ciro Gomes:

"O capítulo III do Título VI da proposição trata da tramitação do procedimento preparatório e do inquérito administrativo. Apesar de pouco esclarecida a diferença entre os dois tipos de procedimentos, pode-se inferir que o procedimento preparatório seria como que uma 'pré-averiguação preliminar', anterior ao inquérito administrativo. Ambos substituem a atual averiguação preliminar prevista no capítulo I do Título VI da Lei 8.884/94, estágio anterior ao processo administrativo. Conforme o art. 63 da proposição, o inquérito administrativo seria um procedimento investigatório de natureza inquisitorial. As infrações à ordem econômica seriam, portanto, analisadas em três estágios, em lugar dos dois estágios da Lei atual. O quadro a seguir destaca a alteração proposta:"

Quadro III. Proposta para Alteração dos Estágios de Investigação das Potenciais Infrações

ART. 13

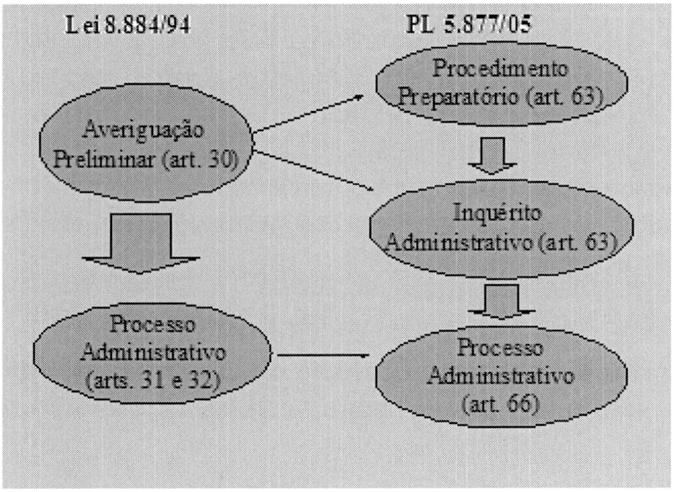

[Exposição de motivos do Substitutivo Ciro Gomes].

Nada mais equivocado. A averiguação preliminar tinha por objetivo apurar ilegalidade, o que ia além da simples juntada de provas e incluía a própria elaboração de opinativo (então, pela SDE). Ao assinalar ao Secretário de Direito Econômico a competência para instaurar averiguação preliminar e processo administrativo, a lei lhe conferia a discricionariedade de definir se as provas colacionadas eram ineptas a ponto de claramente carecerem de racionalidade econômica (até mesmo) para se tornarem objeto de apreciação por averiguação, ou se eram substanciais a ponto de darem (direto) ensejo a processo administrativo. Como, por óbvio, não há interesse social em que casos sem o mínimo lastro probatório sejam pautados e se tornem objeto de deliberação em Plenário – formalizada em voto e acórdão do Conselho –, o Secretário fazia-se valer da sua prerrogativa e arquivava aquele procedimento preparatório, quando eivado de provas ineptas.

Não obstante o exposto, houve quem advogasse a nulidade do processo instrutório convertido em processo administrativo, ou arquivado sem que o procedimento fosse julgado pelo Conselho. A nova lei, ao criar claramente procedimento anterior ao inquérito administrativo, veio a dar ganho de causa ao SBDC. A celeuma veio, ademais, a ser superada, ao se conferir ao Superintendente-Geral, na nova lei, a atribuição de instaurar e arquivar tanto o inquérito administrativo, quanto o procedimento preparatório. Desse modo, ao conferir ao Superintendente-Geral os poderes de abrir e fechar uma investigação, supera-se a arguição de nulidade de toda uma investigação pela ausência da deliberação plenária.

V. nota ao art. 67, § 1º.

IV – decidir pela insubsistência dos indícios, arquivando os autos do inquérito administrativo ou de seu procedimento preparatório;

"A SDE se torna a Superintendência-Geral, integrada agora dentro do Cade, responsável pela investigação e 'filtro' dos casos que serão submetidos perante o Tribunal Administrativo da Concorrência. Este último, também pertencente ao Cade, julga os processos. ART. 13

Dentro do desenho proposto, chegaram a nós críticas acerca do que seriam os 'superpoderes' da Superintendência e conseqüente esvaziamento das funções da instância julgadora, a qual decide de forma colegiada e, por conseguinte, de forma menos autocrática. Após ouvirmos as contribuições das audiências e analisar a redação do Projeto de Lei 5.877/2005, entendemos que esta crítica deve ser relativizada, mas não totalmente descartada.

A questão aqui passa pelas vantagens e desvantagens das decisões colegiadas em relação às individuais. De um lado, decisões colegiadas tendem a oferecer maior segurança quanto às decisões, dado que mais agentes decidindo implica mais pessoas sopesando os prós e contras envolvidos. Dimensões cruciais dos problemas, que sejam menos evidentes, em média, na reflexão isolada e autocrática, se tornam mais fáceis de emergir, quando há um conjunto de sete membros do Tribunal (os seis conselheiros mais o presidente) do que apenas um (o Superintendente-Geral).

De outro lado, decisões colegiadas tendem a ser mais lentas e burocráticas, o que se torna um problema grave no atual estágio de desenvolvimento do país, em que decidir em tempo econômico representa a diferença entre competir no mercado global ou estancar na periferia da economia internacional. Diga-se de passagem, a racionalização burocrática constitui um dos principais objetivos das propostas de reestruturação do SBDC. Como destacado pelos representantes do Sistema nas audiências da Câmara, houve um esforço considerável de simplificação, inclusive com maior integração do trabalho entre as Secretarias e o Cade. Este processo, no entanto, chegou ao seu limite. Mais do que isso, não se pode contar com um sistema cujo bom funcionamento dependa da identidade dos burocratas do momento. Esta é simplesmente a antítese das instituições de um moderno Estado democrático de direito.

Dessa forma, é preciso balancear as competências decisórias dos agentes públicos envolvidos de forma a otimizar a difícil equação entre, de um lado, segurança jurídica, e de outro, celeridade e racionalização processual.

Nessa perspectiva, a linha divisória deve ser naturalmente traçada de acordo com a relevância dos casos particulares para efeito de seus impactos sobre a concorrência. Casos mais simples devem ser 'filtrados' pela Superintendência-Geral, não requerendo dispêndio adicional de tempo e outros recursos do Tribunal. Casos mais complexos em que a maior segurança jurídica da decisão colegiada passe a ser requerida devem ser encaminhados ao Tribunal.

Note-se que cerca de 95% dos atos de concentração julgados pelo Cade são
ART. 13 aprovados sem qualquer restrição. Outro dado importante é que 75% dos atos de concentração são julgados passando pelo rito sumário. Ou seja, pelo menos ¾ dos atos de concentração nunca deveriam demandar uma decisão colegiada mais complexa. Até 20% dos atos de concentração poderão requerer uma investigação mais minuciosa que aqueles ¾. Uma parcela muito pequena desses 20% pode ser remetida ao Tribunal, para depois ser considerada como não passível de intervenção. Por fim, seriam 5% que o Tribunal decidiria por rejeitar ou impor condições para a aprovação. Ora, demandar que o Tribunal trabalhe sobre os 100% é desperdiçar uma grande parte do tempo e recursos que poderiam ser utilizados para efetuar uma análise mais profunda nos 5% de casos que realmente vão interessar para melhorar o bem-estar de milhões de brasileiros.

Contrariamente à idéia algumas vezes propalada que o Tribunal perderia poder com o Projeto de Lei em favor da Superintendência Geral, acreditamos que ele ganhará poder ao se tornar mais capaz de proferir decisões mais eficazes, na medida em que for capaz de focar o seu trabalho naquilo que é realmente importante. Afinal de contas, é sobre essa dimensão do poder que interessa trabalhar nossas leis e não naquele espaço de poder conhecido ironicamente como o de 'criar dificuldades para vender facilidades'.

A primeira questão importante é quem decide o que é simples e o que é complexo? A primeira triagem deve ser naturalmente realizada pela Superintendência-Geral. Toda a vez que tal órgão entender ser necessário qualquer tipo de intervenção, seja em ato de concentração, seja em conduta potencialmente anticompetitiva, o caso deve ser remetido, devidamente instruído e contendo uma recomendação de o que entende deve ser decidido, para decisão final do Tribunal.

No caso de condutas na fase de processo administrativo, qualquer decisão da Superintendência-Geral, seja pela condenação ou não da empresa, o processo deve ser encaminhado para o Tribunal para a decisão final. No caso de ato de concentração que a Superintendência tenha decidido arquivar, aquele pode ser avocado por qualquer conselheiro do Tribunal para julgamento. Nesses dois casos, não há que se falar de 'superpoderes' do Superintendente-Geral, pois sua decisão pode ser revista pelo Tribunal.

De outro lado, quando a Superintendência investiga uma conduta e decide arquivá-la ainda nas fases anteriores dos processos administrativos, quais sejam, de procedimento preparatório ou inquérito administrativo, o Tribunal não pode avocar para si a decisão. Neste ponto é que cabe uma ressalva. Não há porque estabelecer tratamentos diferenciados em relação aos poderes de avocação do Tribunal em atos de concentração e condutas potencialmente anticompetitivas. Dessa forma, harmonizamos a redação, prevendo estender a possibilidade de avocação que o Tribunal detém dos atos de concentração para as condutas com análise ainda no estágio de 'inquérito administrativo'." ART. 13

[Exposição de motivos do Substitutivo Ciro Gomes].

Observe-se que, conforme retrata o trecho acima, houve progressiva redução da prerrogativa de o Superintendente-Geral decidir monocraticamente. A diferença de redação dos incisos IV e V retrata, precisamente, a intenção inicial de conferir àquele o 'superpoder' de irremediavelmente arquivar procedimentos preparatórios e inquéritos administrativos – que substituem os habituais procedimentos administrativos e averiguações preliminares (v. nota ao art. 66, §4º). No caso de arquivamento dos processos administrativos para apuração de conduta e de qualquer procedimento referente a atos de concentração, o ato final da Superintendência, por decorrência do recurso de ofício, caracteriza-se, materialmente, como parecer instrutório (v. inciso V abaixo) – embora, formalmente, trate-se de decisão.

Apesar de a prerrogativa de decidir, em definitivo, a posição do SBDC em procedimentos preparatórios e inquérito ter progressivamente caído – em razão de ter-se incorporado ao texto legal a possibilidade de o Tribunal avocar tais processos discricionariamente (art. 67, §1º[27]) –, o ato final do Superintendente-Geral continua a ser caracterizado como decisão (inciso IV), pois a regra desejada é que esses mesmos processos, como regra, não sejam avocados, garantindo maior celeridade processual. As progressivas alterações visaram, apenas, conferir maior legitimidade às decisões do Cade, garantindo que o Tribunal tenha efetivo poder de supervisionar todas as decisões da Superintendência-Geral.

Desse modo, o poder de decisão do Superintendente-Geral nos estágios inaugurais das investigações de condutas anticompetitivas, aliado à visada restrição da atuação do MPF ao processo administrativo para imposição de sanções administrativas por infrações concorrenciais à ordem econômica, pode ter o efeito de incentivar forte atuação de grupos de interesse sobre a Superintendência-Geral até a fase de inquérito administrativo. O bom funcionamento do sistema desenhado depende, prioritariamente, do efetivo exercício do poder de supervisão da Superintendência-Geral pelo Tribunal e da ativa fiscalização pelo MPF por meio da Lei Complementar 75/93.

ART. 13 V. nota ao art. 20.

V – instaurar e instruir processo administrativo para imposição de sanções administrativas por infrações à ordem econômica, procedimento para apuração de ato de concentração, processo administrativo para análise de ato de concentração econômica e processo administrativo para imposição de sanções processuais incidentais instaurados para prevenção, apuração ou repressão de infrações à ordem econômica;

O *caput* do artigo discrimina alguns dos procedimentos que passam pela Superintendência-Geral: (i) procedimento preparatório, (ii) inquérito administrativo, (iii) processo administrativo para apuração de conduta, (iv) procedimento e processo para apuração e análise de atos de concentração e (v) processos para sanções incidentais, sendo certo que

[27] O art. 66, §4º traz o controle social sobre os atos da Superintendência-Geral. Por 'qualquer interessado' deve-se entender qualquer indivíduo, dado que o interesse tutelado pelo direito da concorrência é difuso.

(i), (ii) e (iii) serão de competência da Superintendência para a análise de condutas, (iv) será de competência da Superintendência para a análise estrutural e de acordos associativos e (v) poderá estar presente em ambos. Cabe assinalar, porém, que a lista não é exaustiva, como retrata o inciso IX abaixo, que versa acerca da celebração dos compromissos de cessação. Mais: a concepção de outros procedimentos torna-se imprescindível para a celeridade processual.

É importante insistir e fazer assimilar na cultura da análise prévia o recurso ao desmembramento, tão utilizado nos meios negociais para favorecer o acordo onde houver consenso e permitir a análise em apartado do desacordo, desobstruindo a pauta. Os analistas da FTC têm-se feito valer da técnica para aprovar operações, deixando em aberto, apenas, restrições ancilares cuja análise demande mais tempo. No Brasil, em casos de cláusulas de não concorrência, ou acordos de exclusividade, por exemplo, o Cade poderá, no interesse das partes, aprovar a operação, com a exclusão dos pontos de divergência, os quais, enquanto ainda estiverem sendo analisados, deverão ser tomados pelos requerentes como se tivessem sido reprovados.

Para cláusulas de não concorrência, v. nota (*in fine*) ao art. 36, *caput*.
V. nota ao inciso IV.
V. art. 48, VI.
V. art. 59, §1º.

VI – no interesse da instrução dos tipos processuais referidos nesta Lei:

a) requisitar informações e documentos de quaisquer pessoas, físicas ou jurídicas, órgãos, autoridades e entidades, públicas ou privadas, mantendo o sigilo legal, quando for o caso, bem como determinar as diligências que se fizerem necessárias ao exercício de suas funções;

b) requisitar esclarecimentos orais de quaisquer pessoas, físicas ou jurídicas, órgãos, autoridades e entidades, públicas ou privadas, na forma desta Lei;

c) realizar inspeção na sede social, estabelecimento, escritório, filial ou sucursal de empresa investigada, de estoques, objetos, papéis de qualquer natureza, assim como livros comerciais, computadores

e arquivos eletrônicos, podendo-se extrair ou requisitar cópias de quaisquer documentos ou dados eletrônicos;

A exclusão da alínea 'c' pelo Senado Federal, não encampada pela Câmara dos Deputados na sessão de 05.11.2011, parecia estar ligada ao interesse do empresariado em frear um alegado exercício abusivo da prerrogativa de inspeção por parte da Administração. Diversamente do investigador, o magistrado teria melhores condições de, imparcialmente, definir os limites do necessário, sem comprometer o elemento surpresa.

[28]Recorde-se que a Confederação Nacional da Indústria (CNI) ajuizara no STF Ação Direta de Inconstitucionalidade (ADI 4474[29]) em face dos arts. 26-A e 35, §§ 2º e 3º da Lei nº 8.884/94, que previam a possibilidade de inspeção para extração de cópias de documentos e obtenção de dados eletrônicos sem prévia autorização judicial. Para a CNI, os artigos contrariavam o art. 5º da Constituição Federal em relação ao direito fundamental da pessoa jurídica à inviolabilidade da sua privacidade; somente o Poder Judiciário deteria mandato constitucional para permitir o ingresso de agente estatal em estabelecimento industrial, quando
ART. 13 não houvesse o consentimento do proprietário. A não observância dessa regra enfraqueceria princípios democráticos.

A CNI destaca que, na maioria das vezes, o ingresso forçado teria o propósito de obter dados e informações indisponíveis ao público e de utilizá-los como prova em procedimentos administrativos sancionadores. No caso, a lei previa pena de multa se a empresa impedisse, obstruísse, ou de qualquer outra forma dificultasse a realização de inspeção autorizada pela SDE, ou pela Seae, no âmbito de averiguação preliminar, procedimento, ou processo administrativo. Essa previsão é repetida no art. 42 c/c art. 13, VI, "c" da lei atual. Ao prever multa para quem impedir o ingresso nas empresas, a lei forçaria a produção de provas contra si, o que seria vedado pela Constituição Federal. Para a CNI, "as multas funcionam

[28] http://www.conjur.com.br/2010-out-19/cni-questiona-lei-permite-inspecao-empresa-ordem-judicial. Acesso em 31.03.2011.

[29] Segundo relatório do andamento processual disponibilizado no sítio eletrônico do STF, o processo não teve movimentação desde 29.11.2012, após a entrada em vigor da Nova lei Antitruste Brasileira. Disponível em http://www.stf.jus.br/portal/processo/verProcessoAndamento.asp?incidente=3969132. Acesso em 15.01.2016.

como meio de coação para que a empresa industrial permita a produção de prova".

Ressalte-se que a redação final aprovada pela Câmara dos Deputados, além de derrubar o veto do Senado, excluiu não só a necessidade de notificação da inspecionada, como a restrição ao horário de visita – ambas anteriormente previstas no art. 35, §2º da Lei nº 8.884/94. Essa alteração redacional, contudo, parece ter pouca força *vis-à-vis* o art. 5º, XI da Constituição Federal:

"Art. 5º XI – A casa é asilo inviolável do indivíduo, ninguém nela podendo penetrar sem consentimento do morador, salvo em caso de flagrante delito ou desastre, ou para prestar socorro, ou, durante o dia, por determinação judicial;"

Nesses termos, não só é defeso inspecionar sem o consentimento do empresário, ou autorização judicial, como, neste último caso, a autorização só vale para o período diurno, costumeiramente definido como o período das 6-18h.

"Prova: alegação de ilicitude da prova obtida mediante apreensão de documentos por agentes fiscais, em escritório de empresa – compreendido no alcance da garantia constitucional da inviolabilidade do domicílio – e de contaminação das provas daquela derivadas: tese substancialmente correta, prejudicada no caso, entretanto, pela ausência de demonstração concreta de que os fiscais não estavam autorizados a entrar ou permanecer no escritório da empresa, o que não se extrai do acórdão recorrido. Conforme o art. 5º, XI, da Constituição – afora as exceções nele taxativamente previstas ('em caso de flagrante delito ou desastre, ou para prestar socorro') só a 'determinação judicial' autoriza, e durante o dia, a entrada de alguém – autoridade ou não – no domicílio de outrem, sem o consentimento do morador." ART. 13

[RE 331.303-AgR, Rel. Min. Sepúlveda Pertence, julgamento em 10- 2-04, DJ de 12-3-04].

"Fiscalização tributária. Apreensão de livros contábeis e documentos fiscais realizada, em escritório de contabilidade, por agentes fazendários e policiais federais, sem mandado judicial. Inadmissibilidade. Espaço privado, Não aberto ao público, Sujeito à proteção constitucional da Inviolabilidade domiciliar (CF, art. 5º, XI). Subsunção ao conceito normativo de 'casa'. Necessidade de ordem judicial. Administração pública e fiscalização tributária. Dever de observância, por parte de seus órgãos e agentes, dos limites jurídicos impostos pela constituição

e pelas leis da República. Impossibilidade de utilização, pelo Ministério Público, de prova obtida com transgressão à garantia de inviolabilidade domiciliar. Prova ilícita. Inidoneidade jurídica (...) Administração tributária. Fiscalização. Poderes. Necessário respeito aos direitos e garantias individuais dos contribuintes e terceiros. Aos direitos e garantias individuais dos contribuintes e de terceiros. Não são absolutos os poderes de que se acham investidos os órgãos e agentes da administração tributária, pois o Estado, em tema de tributação, inclusive em matéria de fiscalização tributária, está sujeito à observância de um complexo de direitos e prerrogativas que assistem, constitucionalmente, aos contribuintes e aos cidadãos em geral. Na realidade, os poderes do Estado encontram, nos direitos e garantias individuais, limites intransponíveis, cujo desrespeito pode caracterizar ilícito constitucional. A administração tributária, por isso mesmo, embora podendo muito, não pode tudo. É que, ao Estado, é somente lícito atuar, ' respeitados os direitos individuais e nos termos da lei' (CF, art. 145, § 1º), consideradas, sobretudo, e para esse específico efeito, as limitações jurídicas decorrentes do próprio sistema instituído pela Lei Fundamental, cuja eficácia – que prepondera sobre todos os órgãos e agentes fazendários – restringe-lhes o alcance do poder de que se acham investidos, especialmente quando exercido em face do contribuinte e dos cidadãos da República, que são titulares de ga-
ART. 13 rantias impregnadas de estatura constitucional e que, por tal razão, não podem ser transgredidas por aqueles que exercem a autoridade em nome do Estado. A garantia da inviolabilidade domiciliar como limitação constitucional ao poder do Estado em tema de fiscalização tributária. Conceito de 'casa' para efeito de proteção constitucional. Amplitude dessa noção conceitual, que também compreendem os espaços privados não abertos ao público, onde alguém exerce atividade profissional: necessidade, em tal hipótese, de mandado judicial (CF, art. 5º, XI). Para os fins da proteção jurídica a que se refere o art. 5º, XI, da constituição da República, o conceito normativo de 'casa' revela-se abrangente e, por estender-se a qualquer compartimento privado não aberto ao público, onde alguém exerce profissão ou atividade (CP, art. 150, § 4º, III), compreende, observada essa específica limitação espacial (área interna não acessível ao público), os escritórios profissionais, inclusive os de contabilidade, 'embora sem conexão com a casa de moradia propriamente dita' (Nelson Hungria). Doutrina. Precedentes. Sem que ocorra qualquer das situações excepcionais taxativamente previstas no texto constitucional (art. 5º, XI), nenhum agente público, ainda que vinculado à administração tributária do Estado, poderá, contra a vontade de quem de direito ('invito domino'), ingressar, durante o dia, sem mandado judicial, em espaço privado não aberto ao público, onde alguém exerce sua atividade profissional, sob pena de a prova resultante da diligência de busca e apreensão assim executada reputar-se inadmissível, porque impregnada de ilicitude material.

Doutrina. Precedentes específicos, em tema de fiscalização tributária, a propósito de escritórios de contabilidade (STF). O atributo da auto-executoriedade dos atos administrativos, que traduz expressão concretizadora do 'privilège du preálable', não prevalece sobre a garantia constitucional da inviolabilidade domiciliar, ainda que se cuide de atividade exercida pelo Poder Público em sede de fiscalização tributária. Doutrina. Precedentes."

[HC 93.050, Rel. Min. Celso de Mello, julgamento em 10-6-08, DJE de 1º-8-08].

"Para os fins da proteção jurídica a que se refere o art. 5º, XI, da Constituição da República, o conceito normativo de 'casa' revela-se abrangente e, por estender-se a qualquer compartimento privado não aberto ao público, onde alguém exerce profissão ou atividade (CP, art. 150, § 4º, III), compreende, observada essa específica limitação espacial (área interna não acessível ao público), os escritórios profissionais, inclusive os de contabilidade, 'embora sem conexão com a casa de moradia propriamente dita' (Nelson Hungria). Doutrina. Precedentes. Sem que ocorra qualquer das situações excepcionais taxativamente previstas no texto constitucional (art. 5º, XI), nenhum agente público, ainda que vinculado à administração tributária do Estado, poderá, contra a vontade de quem de direito (invito domino), ingressar, durante o dia, sem mandado judicial, em espaço privado não aberto ao público, onde alguém exerce sua atividade profissional, sob pena de a prova resultante da diligência de busca e apreensão assim executada reputar-se inadmissível, porque impregnada de ilicitude material. Doutrina. Precedentes específicos, em tema de fiscalização tributária, a propósito de escritórios de contabilidade (STF). O atributo da auto-executoriedade dos atos administrativos, que traduz expressão concretizadora do privilège du preálable, não prevalece sobre a garantia constitucional da inviolabilidade domiciliar, ainda que se cuide de atividade exercida pelo Poder Público em sede de fiscalização tributária. Doutrina. Precedentes." ART. 13

[HC 82.788, Rel. Min. Celso de Mello, julgamento em 12-4-05, DJ de 2-6-06].

"A CNI (Confederação Nacional da Indústria) tenta frear na Justiça o poder de investigação da SDE (Secretaria de Direito Econômico), braço do Ministério da Justiça que apura práticas contra a livre concorrência.

Os empresários dizem, em ação direta de inconstitucionalidade ajuizada no STF (Supremo Tribunal Federal), em outubro, que as regras representam "coação política".

Seriam também uma 'afronta ao desenvolvimento do setor industrial, cuja atuação é cercada por alto grau de incerteza jurídica quanto à privacidade e ao sigilo de suas atividades e dados'. (...)

O curioso é que, dois dias depois da aprovação no Senado, chegou ao STF um parecer da advocacia da própria Casa em defesa da manutenção do poder da SDE. O documento afirma que uma eventual mudança significaria um 'porto seguro para a atuação irregular de empresas [...], permitindo que formadores de cartéis pudessem se beneficiar da exigência de ordem judicial para [...] se livrar do que indevidamente estivesse no estabelecimento antes da execução do mandado'.

A Presidência da República, por meio da AGU (Advocacia-Geral da União), também já apresentou ao STF a defesa em favor da SDE.

Entre as justificativas, afirma que uma eventual decisão favorável à indústria pode disparar um efeito dominó em outros órgãos com poderes de inspeção, como Ibama e Receita Federal.

O gerente-executivo do departamento jurídico da CNI, Cássio Borges, diz que a ação foi movida a partir de uma demanda da Fiesp (Federação das Indústrias do Estado de São Paulo), atendendo a reclamações de associados.

'A SDE vinha fazendo isso largamente, e a Fiesp detectou o aumento de casos nos últimos anos', afirma. (...)"

[Costa, Breno. **Indústria quer frear investigação sobre concorrência**. Fonte: FolhaOnline (10/01/2011). Disponível em http://www1.folha.uol.com.br/mercado/857339-industria-quer-frear-investigacao-sobre-concorrencia.shtml. Acesso em 10.01.11].

ART. 13

Entendimento interessante foi trazido por Thiago Marrara [**Sistema brasileiro de defesa da concorrência: organização, processos e acordos administrativos: de acordo com o código de processo civil de 2015.** São Paulo: Atlas, 2015. P. 124], segundo o qual a inspeção independente de autorização judicial exige que o interessado seja intimado com pelo menos três dias de antecedência (art. 26, §2º c/c art. 28 da Lei nº 9.784/99) – regra que também deveria ser aplicada à alínea 'c'. O autor ainda sugere, contrariamente ao meu entendimento, que a inspeção possa ser realizada fora do horário comercial habitual – das 6 às 18 horas –, em particular em situações em que o estabelecimento funcione em horário noturno.

Com relação ao primeiro ponto, o problema encontra-se na constitucionalidade do argumento e na efetividade de uma notificação com três dias úteis de antecedência para a realização de um *dawn raid*. Além de ser questionável a aplicação do art. 26, §2º c/c art. 28 da Lei nº 9.784/99 fora dos limites definidos pelo art. 5º, XI da Constituição Federal , ele carece de certa aplicabilidade fática. Na prática, o Cade precisará recorrer a juiz, nos casos em que seja necessário realizar uma inspeção surpresa – que, contrariamente ao que sugere o autor, não é excepcional, mas a regra em casos antitrustes.

Segundo Ada Pellegrini Grinover:

"A propósito, é oportuno lembrar que na inspeção judicial regulada pelo Código de Processo Civil, a necessidade de ordem judicial não está prevista na disciplina legal do instituto, porque, nessa situação, a determinação da inspeção é sempre judicial. Aliás, mais do que determinar, o próprio juiz é quem realiza a inspeção. (...)Já a inspeção prevista pelo art. 35, §§ 2º e 3º da Lei nº 8.884/94, acrescido pela Lei nº 10.149/2000, também implica a restrição da inviolabilidade do domicílio, mas sem respeitar a reserva de jurisdição, isto porque, não se trata de uma busca e apreensão, decorrente de ordem judicial, nem de uma inspeção judicial. Em tal instituto, o que se tem é um meio de obtenção de prova consistente em uma inspeção administrativa, realizada sem ordem judicial.

Por todo o exposto, é de se concluir que a inspeção prevista no art. 35, §§ 2º e 3º, da Lei nº 8.884/94, acrescidos pela Lei nº 10.149/2000, é flagrantemente inconstitucional no que diz respeito à reserva de jurisdição quanto à inviolabilidade do domicílio assegurada no art. 5º, inc. XI, da Constituição, por se tratar de uma inspeção administrativa, que implica restrição à inviolabilidade do domi- ART. 13
cílio, determinada independentemente de ordem judicial, fora das exceções constitucionais de flagrante delito, desastre, ou para prestar socorro.

Obviamente, só no limite das exceções previstas no próprio inc. XI do art. 5º da Constituição, a inspeção administrativa prevista no art. 35, §§ 2º e 3º da Lei nº 8.884/94, acrescidos pela Lei nº 10.149/2000, poderia ser aceita. E, como cediço, o referido dispositivo constitucional apresenta quatro hipóteses em que se admite o ingresso em domicílio, sem o consentimento do morador: 'flagrante delito ou desastre, ou para prestar socorro, ou durante o dia, por determinação judicial'."

[Parecer datado de 21.7.2010, anexado à petição inicial da ADI 4474, p. 21/22].

Discordo de forma mais veemente do segundo ponto. Primeiro porque ele pode levar a que as visitas além do horário comercial habitual se tornem a regra, mesmo que seja a parte administrativa – e não a comercial – dos agentes econômicos investigados pelo Cade que estenda o seu horário comercial além das 8 horas diárias, invadindo, assim, a noite. Segundo, porque, novamente, parece-me que o raciocínio tenha baixa aplicabilidade ao dia-a-dia do Cade, uma vez serem raros os mercados de importância para o Cade em que o horário comercial se estenda além das 18h. Terceiro, porque se trata de uma determinação constitucional (art. 5º, XI) estendida pelo Supremo a qualquer compartimento privado não aberto ao público [v. o citado HC 82.788, Rel. Min. Celso de Mello]. Quarto, porque, a *contrario sensu*, essa tese resguardaria o representante de um estabelecimento que abra depois das 6h e/ou feche antes das 18h (ou simplesmente feche as suas portas por conta das investigações) de obedecer a uma ordem de dar acesso a servidores do Cade que batam às suas portas dentro do horário comercial habitual (entre 6h e 18h). Quinto, porque, quanto mais avançado o horário, menor a probabilidade de o estabelecimento, mesmo aquele que opere à noite, tempestivamente encontrar desperto o seu representante legal – o qual, em geral, cumpre uma rotina de trabalho diversa daquela do estabelecimento noturno.

A restrição das inspeções ao horário comercial não serve, apenas, para facilitar encontrar o estabelecimento aberto, mas, também, para assegurar ao investigado mais fácil acesso ao seu advogado, maior proteção à sua vida íntima e maior vigilância pela sociedade dos excessos cometidos pelo Estado. Desse modo, ainda que o estabelecimento funcione à noite,
ART. 13 por não ser o propósito do Cade investigar o seu regular funcionamento, mas, apenas, colher as provas guardadas no estabelecimento, a busca e apreensão deve ocorrer no horário comercial consagrado pelo uso, inclusive a fim de facilitar o próprio acompanhamento da coleta de provas pelo patrono.

O novo RiCade disciplinou o assunto no seu art. 75, determinando que a inspeção deva iniciar-se durante o dia – entre 6h e 20h.

V. ADI 4474, em que é requerente a Confederação Nacional da Indústria.

V. HC 82.788, Rel. Min. Celso de Mello, julgamento em 12-4-05, DJ de 2-6-06.

d) requerer ao Poder Judiciário, por meio da Procuradoria Federal junto ao Cade, mandado de busca e apreensão de objetos, papéis de qualquer natureza, assim como de livros comerciais, computadores e arquivos magnéticos de empresa ou pessoa física, no interesse de inquérito administrativo ou de processo administrativo para impo-

sição de sanções administrativas por infrações à ordem econômica, aplicando-se, no que couber, o disposto no art. 839 e seguintes da Lei nº 5.689, de 11 de janeiro de 1973 – Código de Processo Civil, sendo inexigível a propositura de ação principal;

e) requisitar vista e cópia de documentos e objetos constantes de inquéritos e processos administrativos instaurados por órgãos ou entidades da administração pública federal;

f) requerer vista e cópia de inquéritos policiais, ações judiciais de qualquer natureza, bem como de inquéritos e processos administrativos instaurados por outros entes da federação, devendo o Conselho observar as mesmas restrições de sigilo eventualmente estabelecidas nos procedimentos de origem;

VII – recorrer de ofício ao Tribunal quando decidir pelo arquivamento de processo administrativo para imposição de sanções administrativas por infrações à ordem econômica;

Conforme comentado no inciso IV, a decisão de arquivamento do Superintendente-Geral em processo administrativo tem o valor de um parecer, dado que, no reexame necessário, a decisão do órgão superior é obrigatória. Posição semelhante tem, na prática, o juiz administrativo norte-americano (*Administrative Law Judge*), cujas decisões são quase que integralmente contestadas – seja pelos administrados, seja pela própria FTC, quando a decisão lhes é desfavorável. Nesse caso, de todo modo, o recurso é voluntário, apesar de ser a regra. ART. 13

A diferença de tratamento terminológico entre uma posição absolutória e outra condenatória (**decisão** de arquivamento, com recurso de ofício *v.* **parecer** pela condenação) nos processos administrativos para imposição de sanções administrativas por infrações concorrenciais à ordem econômica pode estar no equivocado, mas persistente, entendimento de que, em sede administrativa, o julgador deva, na dúvida, optar pela condenação – como se o juízo administrativo fosse um juízo admissional prévio à lide judicial. Nesse sentido, o Superintendente-Geral somente absolveria o representado na absoluta ausência de provas, razão pela qual a opinião do Superintendente-Geral pela absolvição teria peso relativamente maior que o parecer pela condenação. Outra possível explicação está em que o investigador teria, naturalmente, maior propensão a condenar que o Tribunal Administrativo, dado assumir, em função da sua condição persecutória, posição prática de acusador. De fato, o acusador tem por hábito presumir, como ponto de partida da investigação, que o investigado cometeu um ilícito. Assim, a opinião da Superintendência-Geral pela absolvição teria peso relativamente maior que o seu parecer pela condenação. Essa situação se equipara, às avessas, à relação no Judiciário entre os juízos criminal e cível e que enseja o aproveitamento da condenação penal no litígio civil (art. 91, I do Código Penal) – respaldado no fato de que, se a decisão criminal, baseada no princípio *in dubio pro reo*, condenou o indivíduo, o juízo cível, menos protetor, não poderia absolvê-lo, criando uma contradição entre decisões judiciais interdependentes.

De qualquer modo, na prática, essa diferença terminológica em nada afeta a análise do Tribunal, dado que, materialmente, a decisão recorrível *ex officio* tem-se equiparado a um parecer aos olhos dos Conselheiros.

> "Ainda sobre a questão, verifica-se que a grande maioria dos processualistas afirma, categoricamente, que o reexame necessário não pode ser taxado de recurso. Isso porque um dos requisitos para se caracterizar como tal é a voluntariedade na sua interposição, o que não acontece na figura em questão.
>
> Assim, para a doutrina mais abalizada, reexame necessário nada mais seria do que uma condição de eficácia da sentença, sem a qual a mesma não tramita em julgado, ou seja, não produz efeitos endoprocessuais (dentro do processo), impedindo, consequentemente, coisa julgada material. Quando a lei prevê que para determinada matéria haja reexame necessário, nada mais faz do que transformar esta decisão em uma decisão subjetivamente complexa, ou seja, que exige manifestação de dois órgãos para que possa produzir os seus efeitos legais." [Voto do Conselheiro-Relator João Batista de Rezende na Consulta Pública nº 41/2011 da Anatel, referente ao Plano Geral de Metas de Competição].

ART. 13

VIII – remeter ao Tribunal, para julgamento, os processos administrativos que instaurar, quando entender configurada infração da ordem econômica;

Se a decisão de arquivamento de processo administrativo para imposição de sanções administrativas por infrações concorrenciais à ordem econômica é, materialmente, um parecer, o ato administrativo que instrumentaliza o opinativo da Superintendência-Geral pela condenação tem, até mesmo formalmente, essa natureza.

V. inciso VII.

IX – propor termo de compromisso de cessação de prática por infração à ordem econômica, submetendo-o à aprovação do Tribunal, e fiscalizar o seu cumprimento;

É relevante observar, nesse diapasão, a Resolução Cade nº 51/2009, que aprovou a Emenda Regimental nº 01/2009, que regulamentava o revogado art. 53 da Lei nº 8.884/94, instituindo comissão de negociação especificamente para estudar mecanismos de negociação de termos de compromisso de cessação de conduta com os administrados e criar modelos específicos para segmentos diferentes da indústria. O mesmo espírito foi incorporado pelos artigos 181 e 182 do novo RiCade.

Parece-me bastante intuitivo criar, no âmbito da nova agência, um setor equivalente ao *Compliance* da *FTC*, constituído por servidores responsáveis por estudar os remédios nos atos de concentração e processos de condutas que suscitam problemas concorrenciais [nesse mesmo sentido: MATTOS, César. **Remédios em Atos de Concentração: A Experiência Internacional e o Brasil**[30] (no prelo)]. Na Superintendência-Geral, esses analistas estariam incumbidos de trabalhar nos acordos em controle de concentrações, nos compromissos de cessação, nos compromissos de desempenho, nos acordos de leniência, nos acordos de reversibilidade da operação e fiscalizar o seu cumprimento. Essa atribuição vai além daquela do homólogo estadunidense, haja vista a rasa atuação da agência no controle de condutas. ART. 13

Haja vista a sua abrangência, é extremamente recomendável a separação dos analistas em, ao menos, duas diferentes divisões, uma voltada para condutas e outra, para estruturas. Apesar de a unificação em uma unidade central ser interessante a fim de gerar ganhos de escopo com o compartilhamento de experiências no gênero negociações, a especi-

[30] "No Cade, foi criada, em 1998, a Comissão de Acompanhamento de Decisões –CAD/Cade, mas não houve um aprimoramento institucional visível. Em 2009, as funções da CAD/Cade foram transferidas para um setor de cumprimento de decisões (SCD), órgão da Procuradoria do Cade. Seria importante que esta função pudesse ser incrementada, incluindo não apenas o acompanhamento administrativo das decisões, mas o próprio desenho dos remédios e avaliação dos efeitos, o que certamente demandará um conjunto de recursos maior para o setor responsável. A mudança legal a partir de 2011 constitui uma excelente oportunidade para ampliar o *status* do desenho e implementação de remédios no Cade, o que tem elevado potencial de melhoria do desempenho desta importante política pública."

ficidade dos desenhos dos remédios para cada caso e o volume de negociações esperadas em leniência e acordos em controle de concentrações recomendam que as duas matérias sejam tratadas por técnicos especializados.

Novamente, o Cade seguiu a recomendação aqui trazida desde a edição anterior e não só alicerçou as negociações de leniência no gabinete da Superintendência-Geral, como atribuiu às coordenações-gerais setoriais as negociações dos TCCs.

"A tutela administrativa dos direitos difusos, em especial 'do direito à higidez da ordem econômica', também padece de enormes dificuldades para sua efetivação. Isso porque as decisões do Cade, como atos administrativos que são, estando sujeitas ao controle judicial, costumam demorar anos para serem efetivamente implementadas, graças a liminares concedidas *initio litis*. (...)

Recente e inédito levantamento realizado pela Procuradoria do Cade revela dados bastante preocupantes acerca da baixa efetividade das decisões do órgão, decorrente da intempestividade do controle jurisdicional.

Das decisões proferidas pelo Cade entre 1994 e 2005, infligindo multa ou obrigações de fazer em casos de infrações contra a ordem econômica, 82% estão

suspensas por força de liminares concedias pela Justiça. Daquelas proferidas no mesmo período, contendo restrições em atos de concentração, 75% encontram-se suspensas."

[Badin, Arthur. **Transação judicial na Lei nº 8.884/94**. *In* Revista Jurídica Consulex, ano XI, nº 263. Edição de 31 de dezembro de 2007 – edição especial: reforma da lei concorrencial brasileira. P. 30-31].

V. nota ao art. 11, IX.

X – sugerir ao Tribunal condições para a celebração de acordo em controle de concentrações e fiscalizar o seu cumprimento;

Na análise prévia, os acordos em controle de concentrações (ACCs) são os substitutos naturais dos termos de compromisso de desempenho (TCDs). Em sendo a análise *ex ante* a regra, o julgador escapa do dilema entre perceber efeitos anticoncorrenciais na operação e não poder recorrer ao desinvestimento, em razão de intervenção *ex post* dessa ordem poder incrementar o ônus social já imposto à sociedade por aquela operação, seja pelo descumprimento de contratos, seja pelo desemprego e pelos desinvestimentos no setor, desencadeados pelos custos envolvidos na separação dos ativos indevidamente adquiridos.

No novo regime, a não apresentação e, por subsequente, a análise *ex post*, pode derivar de três possibilidades. Primeiramente, da não subsunção aos requisitos do art. 88. Nesse caso, nos termos do § 7º daquele artigo, é facultado ao Cade, no prazo de um ano a contar da respectiva data de consumação da operação, requerer a submissão dos atos de concentração que não se enquadrem no disposto nos critérios de subsunção. No segundo caso, as partes cometem uma ilegalidade, desobedecendo à determinação do art. 88 (v. nota ao art. 88, § 3º). O terceiro caso decorre da prerrogativa conferida pelo art. 59, § 1º, por meio do qual o Conselheiro-Relator pode autorizar a realização do ato de concentração econômica, impondo as condições que visem à preservação da reversibilidade da operação, quando assim recomendarem as condições do caso concreto. O Cade, espelhado nesse entendimento trazido desde a edição anterior deste livro, publicou a Resolução nº 13/2015, que disciplina (i) procedimento para os atos de concentração notificados e consumados antes de apreciados pelo Cade, (ii) procedimento para os atos de concentração não notificados e consumados antes de apreciados pelo Cade, ART. 13
(iii) procedimento para os atos de concentração não notificáveis, mas cuja submissão pode ser requerida pelo Cade e (iv) medidas incidentais.

Em ambos os casos – análises prévia e *ex post* – subsistem os acordos, seja sob a nova roupagem de ACCs (análise *ex ante*), seja seguindo o espírito dos antigos TCDs (análise *ex post*), a fim de desenhar remédios, em caso de aprovação condicionada. Cumpre notar, entrementes, que as decisões condicionadas tanto podem ser (ii) negociadas pelos ACCs e TCDs, chegando-se a solução consensual e, portanto, mais efetiva, quanto podem ser (i) arquitetadas unilateralmente, por aprovações condicionadas impostas.

Alfim, importa ressaltar que o §3º do art. 131 do antigo Regimento Interno do Cade previa apenas a faculdade de que os TCDs fossem negociados com requerentes e disponibilizados para consulta pública anteriormente à sua assinatura – algo que o art. 92 (vetado pela Presidência da República) tornava mandatório. Por outro lado, no silêncio da nova lei, deve prevalecer o entendimento do art. 131, §6º do antigo Regimento Interno do Cade de que os ACCs sejam disponibilizados no sítio do Cade após a sua assinatura, a fim de facilitar o acompanhamento social dos compromissos assumidos perante o Cade ao longo da vigência do acordo.

Esse entendimento, trazido desde a edição anterior deste livro, foi seguido pelo Cade, que fez prever no art. 126, §9º do RiCade que, no prazo de cinco dias de sua celebração, versão pública do ACC será disponibilizada no sítio do Cade durante o período de sua vigência. O Cade, porém, infelizmente não encampou a publicidade previamente à assinatura.

> "O Projeto de Lei 5.877/05 substitui o 'compromisso de desempenho' (art. 58 da Lei 8.884/94) para a aprovação de atos de concentração, de caráter impositivo e definido unilateralmente, pelo 'acordo em controle de atos de concentração' de caráter negocial.
>
> Uma das diferenças do acordo em relação ao compromisso de desempenho é que o Cade deverá disponibilizar minuta de seu inteiro teor para consulta pública por prazo não inferior a dez dias, devendo as respectivas manifestações merecer apreciação motivada.
>
> Outra diferença é que os § 1o e 2o do art. 58 da Lei 8.884/94 dispõem que devem constar dos compromissos de desempenho 'metas qualitativas ou quantitativas', levando-se em consideração o grau de exposição do setor à competição internacional e as alterações no nível de emprego, dentre outras circunstâncias
> ART. 13 relevantes. Já no § 2o do art. 95 do Projeto apenas se prevê a inclusão de cláusulas necessárias à eliminação dos efeitos nocivos à ordem econômica.
>
> [Exposição de motivos do Substitutivo Ciro Gomes].

Mesmo em casos de análise *a posteriori*, não é licito ao Cade simplesmente dar preferência ao desinvestimento (*divestiture*) – remédio privilegiado pelos pares norte-americanos. A penalização pura e simples, sem que haja prévia análise dos efeitos sociais do desinvestimento, é metalegalidade e não serve à proteção concorrencial da ordem econômica. Até por conta do caráter estimativo das suas decisões em atos de concentração (habitualmente reportadas como exercícios de 'futurologia'), a tarefa do Cade resume-se a encontrar a alternativa menos intrusiva à livre-inciativa que minore os danos à livre-concorrência, sustentando o bem-estar social. As sanções impostas pela lei (art. 88, § 3º), somadas à inversão do ônus da prova, quando necessário, são medidas suficientes para não premiar o infrator e desincentivar a prática.

> V. caso Sadia-Perdigão: Ato de Concentração nº 08012.004423/2009-18, em que foram requerentes Perdigão S.A. e Sadia S.A., de relatoria de Ricardo Ruiz.

V. caso Nestlé-Garoto: AC nº 08012.001697/2002-89, em que foram requerentes Chocolates Garoto S/A e Nestlé Brazil Ltda, de relatoria de Thompson Andrade.

V. Ato de Concentração nº 08012.001885/2007-11, em que foram requerentes Compagnie de Saint-Gobain e Owens Corning, de relatoria de Fernando Furlan.

V. nota ao art. 13, IX.

XI – adotar medidas preventivas que conduzam à cessação de prática que constitua infração da ordem econômica, fixando prazo para seu cumprimento e o valor da multa diária a ser aplicada, no caso de descumprimento;

Uma questão relevante e pouco comentada está em melhorar o padrão da multa diária no Brasil. Assim como no sistema europeu, a multa-base diária poderia ser um percentual do faturamento médio diário no ano anterior (v. art. 24(1) do Regulamento 1/2003), o que conferiria imediata proporcionalidade à penalidade, que se adequaria à condição econômica do infrator. ART. 13

Ocorre que, pelo menos desde a presidência de Elizabeth Farina, o plenário do Tribunal Administrativo do Cade questiona os incentivos a que a empresa do grupo envolvida na prática anticompetitiva direcione as suas atividades para outras empresas do grupo quando a investigação começar (já que, anteriormente à instauração do processo administrativo sancionador, há, de praxe, pelo menos a instauração de um inquérito administrativo). Nesse sentido, entendo que, a fim de evitar o incentivo perverso de que se fala, seja utilizada, como opção ao modelo europeu, a média dos faturamentos nos anos anteriores à instauração do inquérito administrativo.

V. art. 84.

XII – receber, instruir e aprovar ou impugnar perante o Tribunal os processos administrativos para análise de ato de concentração econômica;

Este breve inciso consiste em um dos mais significativos trechos da nova lei concorrencial. Primeiro, porque atribui à Superintendência-Geral o poder de aprovar operações. Segundo, porque, nos casos em que as negociações com os administrados não resultarem em acordo, ou o caso vier a ser avocado pelo Tribunal, o legislador optou por conferir à Superintendência-Geral papel equivalente ao do Ministério Público, na condição de tutelar o direito difuso concorrencial perante os membros do órgão judicante. Trata-se de função exercida pelo *Bureau of Competition* perante a Comissão, nos Estados Unidos.

Resta observar que essa função não prescinde da ativa participação do Departamento de Estudos Econômicos nos casos complexos. São, também, os pareceres do Departamento de Estudos Econômicos que subsidiarão, de forma não vinculante, seja a Superintendência-Geral, seja o Tribunal Administrativo. Além de poder ser confeccionado discricionariamente, o parecer do DEE goza, em tese, de autonomia intelectual, gerando o salutar embate entre conclusões derivadas de lastros documentais (jurídicas) e previsões consubstanciadas no comportamento do mercado (econômicas).

ART. 13

XIII – orientar os órgãos e entidades da administração pública quanto à adoção de medidas necessárias ao cumprimento desta Lei;

O presente artigo deixa claro que, embora a Seae venha a assumir o papel de disseminar a cultura concorrencial na Administração Pública por excelência, o Cade não pode se esquivar de assumir um relevante papel na advocacia da concorrência, seja naquele mesmo âmbito, seja em relação à população em geral (art. 9º, XIV). Aliás, por assumir funções antes exercidas pela SDE, a Superintendência-Geral herdará um relevante inventário de programas e projetos de educação. Essa mesma preocupação está presente nos dois incisos seguintes.

O papel do Cade em *advocacy* cresce sempre que a autonomia da Seae for ameaçada. No momento em que preparo a 2ª edição do livro, a Seae acaba de passar por uma temporária incorporação gerencial pela Secretaria de Política Econômica – SPE –, também do Ministério da Fazenda, o que provocara uma perda, provavelmente significativa, do relativo grau de autonomia de que desfrutava uma secretaria que não tinha como papel central propor políticas públicas (mas, sim, propor a adequação das políticas públicas a regras de eficiência, competitividade e competição).

V. nota ao art. 9, XIV.
V. nota ao *caput* do art. 19.
V. art. 14, XIII da Lei nº 8.884/94.

XIV – desenvolver estudos e pesquisas objetivando orientar a política de prevenção de infrações da ordem econômica;

V. art. 14, XIV da Lei nº 8.884/94.
V. nota ao art. 13, XII, *in fine*.

XV – instruir o público sobre as diversas formas de infração da ordem econômica e os modos de sua prevenção e repressão;

V. art. 14, XV da Lei nº 8.884/94.
V. nota ao art. 13, XIII.

XVI – exercer outras atribuições previstas em lei;

V. art. 14, XV da Lei nº 8.884/94.

XVII – prestar ao Poder Judiciário, sempre que solicitado, todas as informações sobre andamento das investigações, podendo, inclusive, fornecer cópias dos autos para instruir ações judiciais; e
XVIII – adotar as medidas administrativas necessárias à execução e ao cumprimento das decisões do Plenário.

V. nota ao art. 9º, XI.
V. nota ao art. 9º, XIII.
V. art. 10, XII.

Art. 14 São atribuições do Superintendente-Geral:

"O Superintendente-Geral, em particular, adquire as seguintes competências, conforme o art. 14 da proposta:
I – participar, sem direito a voto, das reuniões do Tribunal, e proferir sustentação oral, na forma do regimento interno;
II – cumprir e fazer cumprir as decisões do Tribunal na forma determinada pelo seu Presidente;

III – requerer à Procuradoria Federal junto ao Cade as providências judiciais relativas ao exercício das competências da Superintendência-Geral;

IV – determinar ao Economista-Chefe a elaboração de estudos e pareceres;

V – ordenar despesas referentes à unidade gestora da Superintendência-Geral; e

VI – exercer outras atribuições previstas em lei."

[Exposição de motivos do Substitutivo Ciro Gomes].

I – participar, quando entender necessário, sem direito a voto, das reuniões do Tribunal e proferir sustentação oral, na forma do regimento interno;

A presença e a manifestação do acusador nos casos mais relevantes tornam o processo decisório ainda mais dialético. Primeiro, porque trazem ao Plenário quem possa, com agilidade, elucidar conclusões que tenham sido consideradas obscuras por parte do Tribunal e dos interessados em geral. Segundo, por conferirem maior publicidade à contestação às ferramentas de análise do Tribunal. Terceiro, por permitirem ressaltar, em Plenário, aqueles elementos que tenham sido objeto de especial preocupação da acusação e que tenham sido negligenciados pelo Relator, ou pelo Plenário como um todo.

ART. 14

V. nota ao art. 13, XII.

II – cumprir e fazer cumprir as decisões do Tribunal na forma determinada pelo seu Presidente;

V. nota ao art. 13, IV.
V. nota ao art. 10, V.
V. nota ao art. 15, parágrafo único.

III – requerer à Procuradoria Federal junto ao Cade as providências judiciais relativas ao exercício das competências da Superintendência-Geral;

IV – determinar ao Economista-Chefe a elaboração de estudos e pareceres;

V – ordenar despesas referentes à unidade gestora da Superintendência-Geral; e

"Em relação ao item V, note-se que a função de ordenar despesas pelo Superintendente-Geral se restringe à Superintendência-Geral, sendo o resto das despesas do Cade ordenadas pelo Presidente do Tribunal."

[Exposição de motivos do Substitutivo Ciro Gomes].

VI – exercer outras atribuições previstas em lei.

Seção IV – Da Procuradoria Federal junto ao Cade

Figura 2. Organograma da ProCade

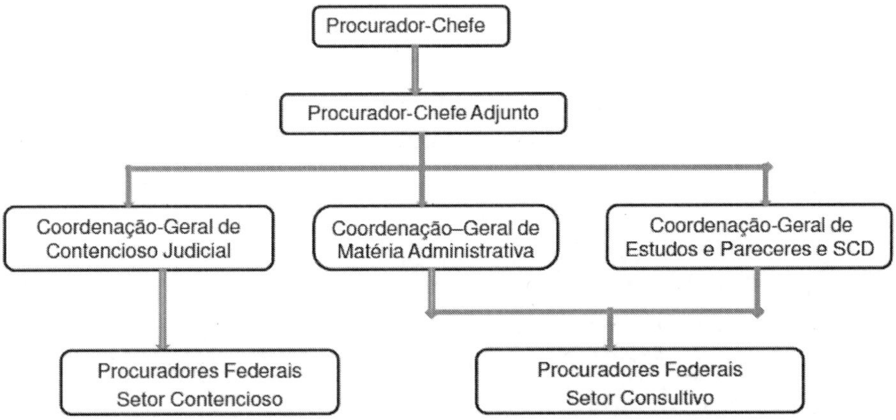

ART. 15

Fonte: Apresentação do Procurador-Chefe Victor Rufino de 17.10.2014. Disponível em http://www.ibrac.org.br/Uploads/Eventos/Caf%C3%A9%20CADE/Victor%20Santos%20Rufino.pdf. Acesso em 29.01.2016.

Art. 15 Funcionará junto ao Cade Procuradoria Federal Especializada, competindo-lhe:

"Art. 10. À Procuradoria-Geral Federal compete a representação judicial e extrajudicial das autarquias e fundações públicas federais, as respectivas atividades de consultoria e assessoramento jurídicos, a apuração da liquidez e certeza dos créditos, de qualquer natureza, inerentes às suas atividades, inscrevendo-os em dívida ativa, para fins de cobrança amigável ou judicial.

§ 3º Serão mantidos, como Procuradorias Federais especializadas, os órgãos jurídicos de autarquias e fundações de âmbito nacional."

[Lei nº 10.480/02].

I – prestar consultoria e assessoramento jurídico ao Cade;

II – representar o Cade judicial e extrajudicialmente;

III – promover a execução judicial das decisões e julgados do Cade;

IV – proceder à apuração da liquidez dos créditos do Cade, inscrevendo-os em dívida ativa para fins de cobrança administrativa ou judicial;

V – tomar as medidas judiciais solicitadas pelo Tribunal ou pela Superintendência-Geral, necessárias à cessação de infrações da ordem econômica ou à obtenção de documentos para a instrução de processos administrativos de qualquer natureza;

VI – promover acordos judiciais nos processos relativos a infrações contra a ordem econômica, mediante autorização do Tribunal;

VII – emitir, sempre que solicitado expressamente por Conselheiro ou pelo Superintendente-Geral, parecer nos processos de competência do Cade, sem que tal determinação implique a suspensão do prazo de análise ou prejuízo à tramitação normal do processo;

V. nota ao art. 11, VI.

VIII – zelar pelo cumprimento desta Lei; e

IX – desincumbir-se das demais tarefas que lhe sejam atribuídas pelo regimento interno.

Parágrafo único. Compete à Procuradoria Federal junto ao Cade, ao dar execução judicial às decisões da Superintendência-Geral e do Tribunal, manter o Presidente do Tribunal, os Conselheiros e o Superintendente-Geral informados sobre o andamento das ações e medidas judiciais.

Cabe, aqui, destacar a singularidade do papel da Procuradoria Federal junto ao Cade, cuja principal atuação está associada à defesa dos julgados da autarquia em juízo. Diferentemente de seus homólogos, que se especializaram como órgãos de consultoria, a ProCade tende a se especializar na atuação judicial, tal qual sucede com o Procurador-Geral (*General Counsel*) da FTC. Todavia, no Brasil, o papel da ProCade é mais substancial, visto que, diversamente do que sucede nos Estados Unidos, os assessores não estão autorizados a litigar em juízo em prol da autarquia.

Figura 3. Êxito judicial da ProCade em 2014 – até 30.09

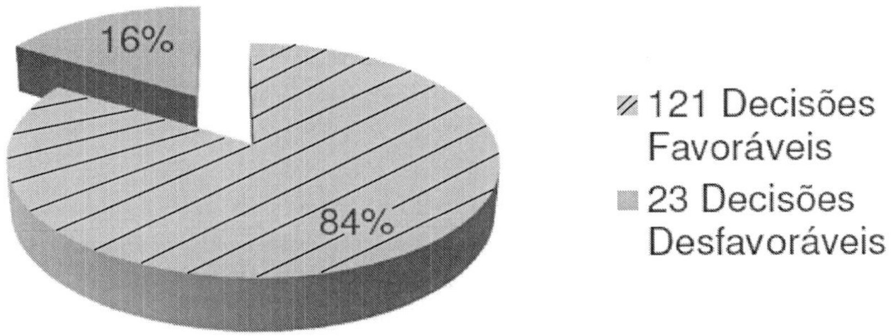

Fonte: Apresentação do Procurador-Chefe Victor Rufino de 17.10.2014. Disponível em http://www.ibrac.org.br/Uploads/Eventos/Caf%C3%A9%20CADE/Victor%20Santos%20Rufino.pdf.. Acesso em 29.01.2016.

Essa opção pela precedência da função litigiosa em lugar da consultiva também se explica pela natureza da análise antitruste, cujo viés econômico proporciona menor relevância aos opinativos da ProCade (v. nota ao art. 11, VI). Mesmo as discussões jurídicas têm como pressupostos princípios de direito econômico, os quais são melhor fundamentados pelos assessores especializados. Nesses termos, bem andou o substitutivo Ciro Gomes e, mormente, a Comissão Especial do Conselho Administrativo de Defesa Econômica e de Defesa da Concorrência da Câmara dos Deputados, ao conferirem ao parecer da ProCade caráter facultativo, apresentado apenas por requerimento de membro do Tribunal, ou da Superintendência-Geral, sem efeito suspensivo. ART. 15

Figura 4. Manifestações da ProCade em consultoria finalística

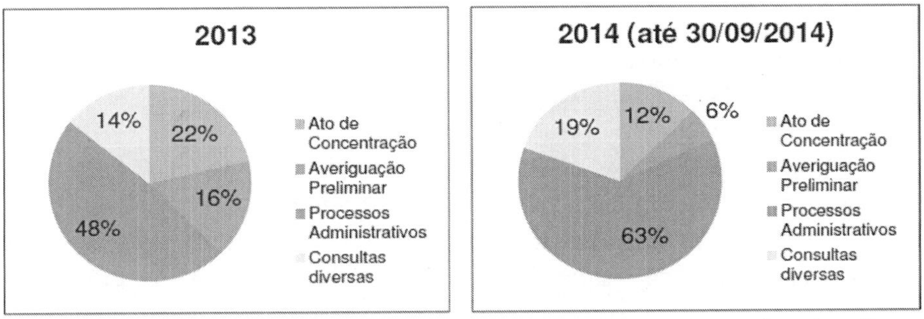

Fonte: Apresentação do Procurador-Chefe Victor Rufino de 17.10.2014. Disponível em http://www.ibrac.org.br/Uploads/Eventos/Caf%C3%A9%20CADE/Victor%20Santos%20Rufino.pdf.. Acesso em 29.01.2016.

Na verdade, o art. 42 da Lei nº 8.884/94 já facultava o parecer da ProCade em atos de concentração – situação essa que foi regulamentada pelo art. 61 do antigo Regimento Interno do Cade (Resolução nº 45/07). Esse entendimento, entrementes, nunca veio a ser consolidado, em detrimento da celeridade processual.

"Essa transformação é sobretudo exigida como condição para que o Cade passe a ter procuradores, também requisitados – salvo o Procurador-Geral – especializados na atuação junto ao Poder Judiciário, podendo valer-se, inclusive, inclusive, da Lei nº 7.347, de 24 de julho de 1985. Com esse instrumento processual, o Cade passa a agir, na Justiça, como um verdadeiro curador do mercado, nos moldes, aliás, da exitosa experiência estrangeira, que soube incorporar, de modo eficiente, o aparelho judicial na defesa da concorrência e na repressão do abuso do poder econômico."

[Exposição de Motivos à Lei nº 8.884/94].

V. nota ao art. 11, VI.

ART. 16 **Art. 16 O Procurador-Chefe será nomeado pelo Presidente da República, depois de aprovado pelo Senado Federal, dentre cidadãos brasileiros com mais de 30 (trinta) anos de idade, de notório conhecimento jurídico e reputação ilibada.**

"São membros da Advocacia-Geral da União: o Advogado-Geral da União, o Procurador-Geral da União, o Procurador-Geral da Fazenda Nacional, o Consultor-Geral da União, o Corregedor-Geral da Advocacia da União, os Secretários-Gerais de Contencioso e de Consultoria, os Procuradores Regionais, os Consultores da União, os Corregedores-Auxiliares, os Procuradores-Chefes, os Consultores Jurídicos, os Procuradores Seccionais, os Advogados da União, os Procuradores da Fazenda Nacional e os Assistentes Jurídicos."

[Art. 2º, §5º da Lei Complementar 73/93].

A redação do Senado Federal é, sem nenhum grau de dúvida, um aprimoramento da transparência e do processo dialético no Cade. Felizmente, não vingou a internalização do processo de nomeação do Procurador-Chefe que provinha da Câmara dos Deputados[31] – o que certa-

[31] "Art. 16. O Procurador-Chefe será nomeado, conjuntamente, pelo Superintendente-Geral e pelo Presidente do Tribunal, dentre brasileiros de ilibada reputação e notório conhecimento jurídico."

mente derivou da determinação de torná-lo independente de qualquer influência, incluindo *interna corporis*. Trata-se, aliás, de reivindicação da própria Advocacia-Geral da União (AGU) para as unidades consultivas e de contencioso de autarquias e fundações.

Embora o seu nome provavelmente continue a ser indicado por integrantes do SBDC – que melhor conhecem o trabalho dos especialistas em antitruste –, o processo aumenta, por conta da maior publicidade, a garantia de que indicações pouco relacionadas ao mérito sejam questionadas por profissionais da área.

Saliente-se que uma das motivações adotadas para retirar o mandato do Procurador-Chefe referia-se à excessiva burocratização e engessamento das nomeações, uma vez que todos os seis membros do Conselho já devem ser sabatinados pelo Senado Federal e aprovados pelo Presidente da República. Ocorre que o argumento é extremamente frágil. Primeiro, porque a redação da Câmara dos Deputados ia além e também retirava o requisito de idade mínima – o que representa, ademais, um elevado risco à maturidade do Procurador-Chefe. Segundo, porque, diversamente dos membros do Conselho, o Procurador-Chefe tem substituto nomeável para os seus impedimentos legais, afastamentos e vacância do cargo, nos ART. 16
termos da Lei nº 8.112/90 – de tal modo que, na sua ausência, assumiria o interino. Por outro lado, seria sempre possível que o Executivo optasse por manter um interino, ou por retardar na nomeação de um novo titular com o propósito de enfraquecer a autonomia da ProCade, ou em função de prescindir da sua nomeação para manter a ProCade em atividade. Nesse caso, contudo, a presença da figura do interino tornaria público o descaso político – seja do Executivo, seja do Legislativo – com a autonomia dos pareceristas dentro do Cade.

§ 1º O Procurador-Chefe terá mandato de dois anos, permitida sua recondução para um único período.

Diferentemente dos membros do Tribunal, o Procurador-Chefe terá mandato de dois anos, renovável por mais dois. Em outras palavras, o mandato é metade daquele dos membros do Tribunal; por outro lado, é permitida a sua recondução, o que não ocorre com aqueles. É também possível que Procurador-Chefe cumpra o(s) seu(s) mandato(s) como tal e venha, posteriormente, a exercer plenamente a função de Conselheiro e/ou Presidente – ressalvados os entraves para cumprir mandatos cheios de Conselheiro e Presidente[32] (v. nota ao art. 6º, § 1º). Deve-se atentar, em particular, para o seu impedimento, caso venha a participar de julgamento de caso em que deu parecer. Esse impedimento, que equivale àquele do art. 144, I do novo Código de Processo Civil, decorre da baixa propensão a que, tendo emitido parecer em um sentido enquanto Procurador-Chefe, venha a reconsiderar o seu entendimento enquanto julgador (risco de desonestidade intelectual). O risco de que a desonestidade intelectual tenha efeitos nefastos sobre a sua participação no julgamento cresce nos casos mais complexos, tendo em vista que o necessário não engajamento do Procurador-Chefe nas questões de natureza econômica do caso não deve refletir no seu desengajamento de questões econômicas na análise que vier a empreender quando se encontrar na condição de julgador. Daí que a simples transposição do seu posicionamento enquanto Procurador-Chefe não atende à complexidade analítica exigida do voto do julgador, que exige ponderações jurídicas e econômicas.

Interessa observar que, além de internalizar a nomeação do Procurador-Chefe, a redação que vinha da Câmara dos Deputados retirava o seu
ART. 16 mandato, tornando mais fracas as garantias à sua imparcialidade. Nesse sentido, andou muito bem o Senado Federal ao resgatar garantias de autonomia ao Procurador-Chefe. Fica, apenas, a discussão acerca do tempo do mandato e do porquê da escolha da recondução em lugar da sua extensão por quatro anos, como sucede com os membros do Tribunal. Aqui parece ter havido recurso a medidas diferentes para alcançar o mesmo propósito (autonomia intelectual e neutralização do custo de aprendizado).

V. nota ao art. 6º, §1º.
V. art. 12, §2º.

§ 2º O Procurador-Chefe poderá participar, sem direito a voto, das reuniões do Tribunal, prestando assistência e esclarecimentos, quando requisitado pelos Conselheiros, na forma do Regimento Interno do Tribunal.

[32] Observem-se, nesse sentido, os precedentes abertos por Fernando Furlan, ao exercer as funções de Procurador-Geral, Conselheiro e Presidente do Cade, e Arthur Badin, ao exercer, sucessivamente, as funções de Procurador-Geral e Presidente do Cade.

V. nota ao art. 11, VI.
V. nota ao art. 51, III.

§ 3º Aplicam-se ao Procurador-Chefe as mesmas normas de impedimento aplicáveis aos Conselheiros do Tribunal, exceto quanto ao comparecimento às sessões.

§ 4º Nos casos de faltas, afastamento temporário ou impedimento do Procurador-Chefe, o Plenário indicará e o Presidente do Tribunal designará o substituto eventual dentre os integrantes da Procuradoria Federal Especializada.

Isso implica dizer que o substituto do Procurador-Chefe designado nos termos do art. 38 da Lei nº 8.112/90 será procedente dos quadros da Procuradoria Federal Especializada, o que gera maior compromisso com a qualidade técnica e a isenção política do trabalho da ProCade. Marrara [**Sistema brasileiro de defesa da concorrência: organização, processos e acordos administrativos: de acordo com o código de processo civil de 2015**. São Paulo: Atlas, 2015. P. 61] vai além e defende que também o Procurador-Chefe deva vir, exclusivamente, dos quadros da Procuradoria Federal Especializada ou da Advocacia-Geral da União. Segundo o autor: ART. 16

"(...) a interpretação do art. 16, caput da LDC/2011 em conformidade à Constituição da República pede que se impeça a nomeação de indivíduo desvinculado da procuradoria federal ou da advocacia geral da União para ocupar o cargo em questão."

O presente dispositivo também representa importante aprimoramento da redação do revogado art. 10, §3º da Lei nº 8.884/94, segundo o qual:

"Nos casos de faltas, afastamento temporário ou impedimento do Procurador-Geral, o Plenário indicará e o Presidente do Cade nomeará o substituto eventual, para atuar por prazo não superior a 90 (noventa) dias, dispensada a aprovação pelo Senado Federal, fazendo ele jus à remuneração do cargo enquanto durar a substituição."

Esse entendimento foi, aliás, objeto de comentário do ex-procurador federal lotado no Cade Fernando Antonio Alves Oliveira Jr.:

"A Lei 12.529/2011 manteve a previsão de mandato para o Procurador-Geral. Trata-se de importante previsão que garante autonomia e independência institucional na atuação do assessoramento jurídico da autarquia. O Cade é a única entidade da Administração Indireta em que o Procurador-Geral detém mandato. (...)

Não existe mais a previsão de nomeação de substituto por prazo temporário de 90 dias. Simplesmente o Plenário indicará e o Presidente do Tribunal indicará o substituto dentre os integrantes da Procuradoria Federal Especializada, sem limitação de prazo."

[**A Nova Lei do Cade e a reestruturação Administrativa do SBDC: pontos positivos e negativos.** *In* Publicações da Escola da AGU: A Nova Lei do CADE – Escola da Advocacia-Geral da União. Ano IV, n. 19 (jul./2012)- Brasília: EAGU. P. 162].

V. nota ao art. 12, §5º.
V. art. 38 da Lei nº 8.112/90.

ART. 17

Seção V – Do Departamento de Estudos Econômicos

Art. 17 O Cade terá um Departamento de Estudos Econômicos, dirigido por um Economista-Chefe, a quem incumbirá elaborar estudos e pareceres econômicos, de ofício ou por solicitação do Plenário, do Presidente, do Conselheiro-Relator ou do Superintendente-Geral, zelando pelo rigor e atualização técnica e científica das decisões do órgão.

Acerca do *Bureau of Economics* (*BE*) da FTC:

[33]"O chefe do BE é o diretor do departamento, que é designado pelo presidente (sujeito a votação da Comissão) e a ele serve. Recentes diretores da

[33] *"The head of BE is the bureau director, who is appointed by the chairman (subject to a Commission vote) and serves at her pleasure. Recent bureau directors have been academic economists on leave from university professorships. The remainder of the BE front office team is comprised of three or more senior career economists who oversee the antitrust and consumer protection groups and handle various special*

diretoria foram acadêmicos da área de economia de licença da universidade. Os demais executivos do BE são três ou mais economistas sênior de carreira que fiscalizam os grupos de antitruste e proteção do consumidor e lidam com vários projetos especiais. Os gerentes diretos de pessoal designam economistas para vários casos e tarefas e trabalham na maior parte dos projetos e análises econômicas. Sujeito à fiscalização do presidente, o BE controla a contratação do seu próprio pessoal, avaliações de desempenho e promoções sujeitas aos orçamentos da FTC e regulamentos governamentais de contratação."

[2006 **Handbook of Competition Economists**, Global Competition Review, abril de 2006, PP. 3/5. Disponível em http://www.ftc.gov/be/recruit /06beover.pdf. Acesso em 16.02.2010].

V. nota ao art. 8º, VI.
V. nota ao art. 11, VI.
V. nota ao art. 11, VII.

Art. 18 O Economista-Chefe será nomeado, conjuntamente, pelo Superintendente-Geral e pelo Presidente do Tribunal, dentre brasileiros de ilibada reputação e notório conhecimento econômico. ART. 18

A redação original, aprimorada no Senado Federal, foi resgata na votação final da Câmara dos Deputados[34]. Da mesma forma que a nomeação do Procurador-Chefe, a do Economista-Chefe chegou ao Senado como processo *interna corporis* e com equiparação ou, até mesmo, certa precedência das suas prerrogativas em relação às daquele: como a ordem do art. 51, III e a expressa faculdade de elaborar estudos e pareceres de ofício nos casos (art. 17). Ademais, nem um, nem outro tinha mandato. A justificativa mais evidente para o tratamento dispensado a ambos na Câmara dos Deputados e mantida para o Economista-Chefe no Senado Federal é a de que se pretendia conferir maior dinâmica ao processo de nomeação e exoneração de um técnico – não um julgador (v. nota ao art. 16, *caput* e § 1º).

projects. The direct staff managers assign economists to various cases and tasks, and manage the work on most economic projects or analyses. Subject to review by the chairman, BE controls its own hiring of staff, performance evaluations, and promotions subject to FTC budgets and government hiring regulations."

[34] "Art. 18. O Economista-Chefe será nomeado pelo Presidente da República, dentre brasileiros de ilibada reputação e notório conhecimento econômico, por indicação do Ministro da Justiça, após aprovação pelo Senado Federal."

No homólogo norte-americano (US FTC), não só o equivalente ao Economista-Chefe (Diretor do *Bureau of Economics*), como os equivalentes ao Procurador-Chefe (*General Counsel*) e ao Superintendente-Geral (Diretor do *Bureau of Competition*[35]) são designados pelo presidente da Comissão (equivalente ao Tribunal Administrativo). Mas não se deve esquecer de que, nos Estados Unidos, existe limitação ao número de vagas ocupadas por alinhados aos partidos de situação – o que, somado à séria institucionalidade bipartidária Democrata/Republicano estadunidense, proporciona a fiscalização das ilegalidades de maneira mais efetiva[36].

No Brasil, ausente esse controle internamente ao Conselho – especialmente em razão de os atrasos nas nomeações eliminarem o interstício entre as nomeações (v. regra do art. 113), provocando a designação de todos os Conselheiros pelo mesmo Presidente da República[37] – a autonomia do Procurador-Chefe e do Economista-Chefe consolida-se como sendo de extrema relevância para conferir maior transparência ao processo decisório e para torná-lo mais dialético, colaborando para a excelência do Cade e facilitando a instrução nos litígios judiciais.

O modelo de nomeação de ambos sofreu reviravoltas ao longo do
ART. 18 processo legislativo – especialmente o do Economista-Chefe, que sofreu perda institucional severa na Câmara dos Deputados. No Senado, a institucionalidade da função de Procurador-Chefe aproximou-se daquela do Superintendente-Geral e dos membros do Tribunal, passando a sua designação a ser feita pelo Presidente da República, após a sabatina no Senado Federal. Passou, ainda, a contar com mandato de dois anos, permitida a recondução.

O processo de escolha do Economista-Chefe, entretanto, continuou a passar ao largo do Legislativo, mantendo-se, apesar da melhora da redação, como processo interno ao Poder Executivo – o que reduz

[35] Por outro lado, o *Assistant Attorney General for the Antitrust Division* do DOJ é designado pelo Presidente da República, após aprovação pelo Senado Federal – tal como se sucede com os Conselheiros da FTC.

[36] *"Independence, on the other hand, is a result of the joint decision of five commissioners, provided that only three of them can be members of the same political party."* [Taufick, Roberto Domingos. **A brief overview of the Federal Trade Commission's organization and operation**. Revista de Direito da Concorrência , v.14, p.69 – 106. IOB/Cade: Brasília, 2007].

[37] Nomeações de todo o Conselho por um único partido também decorrem da sucessiva reeleição dos representantes de um mesmo partido, ou de uma mesma coalisão, para a Presidência da República.

a transparência do processo e, formalmente, a própria certificação dos seus notórios conhecimentos econômicos por meio da sabatina. Não há, ademais, qualquer referência à idade mínima para o exercício da função. Por derradeiro, o Economista-Chefe não tem mandato. Por fim, como antecipado, com o retorno do Projeto de Lei à Câmara dos Deputados, a nomeação do Economista-Chefe pelo Presidente da República foi, enfim, substituída pela nomeação conjunta pelo Superintendente-Geral e pelo Presidente do Tribunal – processo que, no mínimo, cria custos de transação desnecessários. Se, aliás, a ideia da redação era simplificar o processo de nomeação, tal como ficou se corre o risco de que ele se torne truncado, impedindo-se, aí sim, a nomeação célere do dirigente central do *think tank*.

Não há, de qualquer modo, qualquer motivo para essa diferenciação de tratamento entre Procurador-Chefe e Economista-Chefe, de tal sorte que, ao fortalecer apenas o Procurador-Chefe, o legislador entra em forte contradição. Ambos são cargos técnicos e admitem nomeação fora dos quadros do serviço público. A autonomia de ambos é relevante para a transparência e melhoria técnica das decisões do Cade. Não faz sentido argumentar que o Procurador-Chefe prima pela legalidade formal dos ART. 18
atos do Superintendente-Geral e dos membros do Tribunal, pois, aos olhos de quem conhece o quotidiano da autarquia, a isenção e a acuidade técnica dos pareceres do Economista-Chefe são, habitualmente, de maior relevância para a consecução material de um julgamento tecnicamente acertado nos processos de alta complexidade.

V. nota ao art. 16, *caput*.
V. nota ao art. 16, §1º.

§ 1º O Economista-Chefe poderá participar das reuniões do Tribunal, sem direito a voto.

V. nota ao art. 11, VI.
V. nota ao art. 51, III.

§ 2º Aplicam-se ao Economista-Chefe as mesmas normas de impedimento aplicáveis aos Conselheiros do Tribunal, exceto quanto ao comparecimento às sessões.

CAPÍTULO III – Da Secretaria de Acompanhamento Econômico

Art. 19 Compete à Secretaria de Acompanhamento Econômico promover a concorrência em órgãos de governo e perante a sociedade cabendo-lhe, especialmente, o seguinte:

O presente artigo trata da advocacia da concorrência (*advocacy*), atribuição, no setor público, não exclusiva, mas prioritária, da Seae, de acordo com a Nova Lei Antitruste Brasileira. A International Competition Network (ICN) assim define a advocacia da concorrência:

> [38]"A advocacia da concorrência refere-se àquelas atividades conduzidas pela autoridade de defesa da concorrência que estão relacionadas à promoção, por meio de mecanismos não coercitivos, de um ambiente competitivo para as atividades econômicas – em particular por meio das relações da autoridade com outros entes governamentais e levando a que a população conheça os benefícios da competição."
>
> [International Competition Network. **Advocacy and Competition Policy**. Conferência de Nápoles, Itália, 2002. P. i].

ART. 19

A advocacia da concorrência pode ser exercida por pessoa física, ou jurídica; pública, ou privada. No setor público, deve ser obrigatoriamente exercida pela Seae, tanto junto ao setor público, quanto junto ao setor privado, nos termos do art. 19 da Nova Lei Antitruste Brasileira, sempre que determinadas condições (presentes nos incisos desse dispositivo) forem preenchidas. Em todas as demais situações, a Seae tem essa prerrogativa, juntamente com o Cade. O Plenário do Cade (art. 9º, XIV) tem expressa competência para fazer advocacia da concorrência junto ao público em geral, ao passo que a Superintendência-Geral tem competência expressa para fazer advocacia da concorrência junto ao setor público (art. 13, XIII) e ao setor privado (art. 13, XV). Nada obsta, porém – muito pelo contrário, trata-se do seu poder-dever –, que o Tribunal Administrativo do Cade, em decorrência da sua competência mais ampla de promover

[38] *"Competition advocacy refers to those activities conducted by the competition authority related to the promotion of a competitive environment for economic activities by means of non-enforcement mechanisms, mainly through its relationships with other governmental entities and by increasing public awareness of the benefits of competition."*

a concorrência, também faça advocacia da concorrência junto ao setor privado (cujo exemplo mais clássico é o programa de intercâmbio do Cade). Esse mesmo raciocínio se estende para órgãos de controle (como tribunais de contas e Controladoria-Geral da União), Ministério Público, Ordem dos Advogados do Brasil, Procons, universidades públicas e a própria Magistratura, sempre que tal atividade esteja dentro do escopo das atividades finalísticas (de fiscalização de certames públicos, de controle de condutas anticompetitivas, de formação acadêmica) exercidas por esses órgãos.

A advocacia da concorrência também pode vir e tem, efetivamente, vindo fortemente do setor privado – seja por meio de instituições de ensino, como a Fundação Getúlio Vargas (que, desde os tempos de Luís Schuartz, promove a capacitação de magistrados e outros decisores), seja por meio de organizações como o Centro de Estudos de Direito Econômico e Social (Cedes) e, precipuamente, o Instituto Brasileiro de Estudos de Concorrência, Consumo e Comércio Internacional (Ibrac).

Vale notar que, embora a Organização para a Cooperação e Desenvolvimento Econômico (OCDE) e a Rede International de Concorrência (ICN) destaquem a relevância da autonomia do órgão público para a efetividade das suas políticas de *advocacy*, ambas ressalvam ser relevante que o órgão responsável pela *advocacy* tenha trânsito dentro da Administração Pública. O isolamento de uma agência reguladora, tão relevante para a função adjudicante, fica em segundo plano quando o assunto é a advocacia da concorrência no setor público. Não que deixe de ser relevante – pelo contrário, a autonomia é essencial para a efetividade de qualquer atividade de promoção de uma ideia. Contudo, a habilidade para dialogar no setor público é mais relevante que o distanciamento de uma agência regulatória quando a natureza da atividade exige diálogo constante – em oposição ao recurso à coação – para a paulatina construção de uma cultura concorrencial. Arrisco-me a dizer, após anos de experiência fazendo advocacia da concorrência, que o diálogo intragovernamental, quando ancorado na ameaça crível de a Seae emitir pareceres públicos, é arma mais eficiente que a emissão, pura e simples, de pareceres – os quais, isoladamente, costumam ter pouco efeito prático e apenas acirram os ânimos entre órgãos públicos. Em outras palavras, dentro do setor público, a presença de incentivos à colaboração gera resultados mais efetivos que o confronto, puro e simples.

[39]“A advocacia da concorrência refere-se a todas as atividades não coercitivas de promoção da competição realizadas pelas autoridades de defesa da concorrência. Por um lado, ela inclui o convencimento de outras autoridades públicas a se absterem de adotar medidas anticompetitivas desnecessárias e ajuda às agências reguladoras para delinear claramente os limites da regulação econômica, i.e., para determinar quais mercados são caracterizados por monopólios naturais, ou outras falhas de mercado, onde a regulação deve substituir a competição como força disciplinadora e quais mercados são mais suscetíveis ao processo competitivo. Por outro lado, a advocacia da concorrência refere-se a todos os esforços realizados pelas autoridades de defesa da concorrência voltados a fazer com que outros entes governamentais, o Judiciário, agentes econômicos e a população como um todo tenham maior familiaridade com os benefícios da con-

[39] *“Competition advocacy comprises all activities by competition agencies promoting competition, which do not fall in the enforcement category. On one hand, this implies convincing other public authorities to abstain from adopting unnecessarily anticompetitive measures, and helping regulatory agencies to clearly delineate the boundaries of economic regulation, i.e. to determine which markets are characterized by natural monopolies or other market failures, where regulation rather than competition should be the disciplinary force, and which markets are more susceptible to the competitive process. On the other hand,*
ART. 19 *competition advocacy comprises all efforts by competition authorities intended to make other government entities, the judicial system, economic agents and the public at large more familiar with the benefits of competition and with the role competition law and policy can play in promoting and protecting welfare enhancing competition wherever possible. This implies a variety of activities among which seminars for business representatives, lawyers, judges, academics, etc. on specific competition issues, press releases about current enforcement cases, the publication of annual reports and guidelines setting out the criteria followed to resolve competition cases, are just a few examples. It is generally recognized that such activities enhance the transparency of competition policy along with the credibility and the convincing power of the enforcement agencies.*

All those activities contribute to establish, what is often called, a competition culture, which is perhaps best characterized by the awareness of economic agents and the public at large about competition rules. Thus, all efforts on behalf of competition authorities to make these rules known and understood are positive contributions to the competition culture. (...)

Autonomy of the agency is generally considered important by the respondents to shield their decisions from outside interventions. However, this seems to be more significant for enforcement than for advocacy efforts which are usually directed at influencing other processes where the ultimate decisions are taken by other authorities. Therefore, outside interventions in these processes are more likely to be directed at the competent decision maker and not at the advocate of a certain position.

At the other extreme, one finds authorities that have no direct access to Government at all. These are typically, at least in the majority of cases, the authorities that are relatively independent from Government. In some instances, such a position may weaken the advocacy efforts due to the difficulty in conveying the message to the policy makers during the elaboration of new projects. Moreover, such an authority may find itself at a strategic disadvantage in terms of timely and comprehensive information on reform projects.”

corrência e com o papel que o direito e a política da concorrência podem ter na promoção e na proteção do bem-estar. Isso requer uma variedade de atividades, dentre as quais são exemplos: seminários para pessoas de negócios, advogados, juízes, acadêmicos, etc. em matérias concorrenciais específicas; comunicados de imprensa sobre o andamento de casos; a publicação de relatórios anuais e guias que indiquem os critérios adotados para solucionar casos. Acredita-se que tais atividades aumentem a transparência da política de concorrência, ao mesmo tempo em que elevem a credibilidade e o poder de convencimento das autoridades aplicadoras das leis de defesa da concorrência.

Todas essas atividades contribuem para estabelecer o que se costuma chamar de cultura concorrencial, a qual é possivelmente melhor definida pela consciência dos agentes econômicos e da população em geral acerca das regras concorrenciais. Assim, todos os esforços em nome das autoridades de promoção da concorrência para tornar as regras conhecidas e entendidas são contribuições positivas para a cultura concorrencial. (...)

A autonomia da agência é geralmente considerada por elas mesmas como um fator importante para proteger as suas decisões de ingerência externa. Contudo, essa autonomia parece ser mais relevante para a atividade coercitivo-punitiva do que para a advocacia da concorrência, que, em geral, é voltada para influenciar outros processos nos quais a autoridade de defesa da concorrência não é a autoridade decisora. Assim, ingerências externas nesses processos serão possivelmente voltadas mais para o decisor competente e não para o órgão que advoga uma determinada posição perante aquele órgão.

ART. 19

No outro extremo, há autoridades de defesa da conorrência sem qualquer trânsito dentro do governo. Essas são, tipicamente, ao menos na maioria dos casos, as autoridades que gozam de relativa autonomia com relação ao governo. Em alguns casos, essa posição pode enfraquecer a atividade de advocacia em função da dificuldade em fazer chegar a mensagem aos formuladores de políticas públicas durante a elaboração dos novos projetos. Ademais, essa autoridade pode encontrar-se em uma situação de desvantagem estratégica quanto ao recebimento tempestivo e abrangente de informações sobre projetos de reforma."

[International Competition Network. **Op. cit.** PP. iii, vi e vii].

[40] "Há dois aspectos a serem avaliados na autonomia – um estrutual, outro operacional. Uma agência que é criada como entidade separada, não como

[40] *"There are two aspects to independence, structural and operational. An agency that is created as a separate entity, not part of a ministry and responsible directly to the parliament or legislature for its budget, is structurally independent. All else being equal, it will enjoy relative freedom in carrying out its enforcement and advocacy functions. At the same time, however, structural independence can have*

parte de um ministério, e que responde diretamente ao parlamento, ou legislativo pelo seu orçamento é estruturalmente independente. Tudo o mais constante, ela usufruirá de relativa liberdade no desempenho das suas funções punitivas e de advocacia da concorrência. Ao mesmo tempo, contudo, a autonomia estrutural tem efeitos ambíguos sobre a advocacia da concorrência. Uma agência que está completamente separada de outras partes do governo pode carecer de bom acesso aos decisores no Executivo e no Legislativo. Ela pode não ter influência sobre os mesmos círculos do governo que influenciaria caso fosse integrante de um ministério poderoso. Ela pode até mesmo carecer de acesso a informação sobre atividades em outras partes do governo que se beneficiariam das suas contribuições. Em todo caso, porém, há muitos países cujas autoridades de defesa da concorrência não são estruturalmente independentes, mas a experiência nos tem mostrado que uma agência agressiva e competente pode adquirir suficiente grau de autonomia independentemente do lugar que ocupe dentro da estrutura do governo.

A autonomia operacional, no contexto da advocacia da concorrência, refere-se tanto à liberdade que a agência tem para fazer comentários e para participar em assuntos de governo e regulatórios, quanto para, no curso daquelas atividades, tomar posições independentes daquelas adotadas por outros entes públicos, ou privados.
ART. 19 A relevância da autonomia operacional foi destacada em um abrangente relatório em advocacia da concorrência da Rede International de Concorrência, com base e, uma pesquisa realizada com 50 países-membros da ICN. O relatório aponta que a autonomia operacional pode ser elevada por leis que autorizem a agência de defesa da concorrência, ou até mesmo exijam dela fazer comentários a leis, ou regulações sendo propostas. Por outro lado, a

ambiguous effects on competition advocacy. An agency that is entirely separate from other parts of government may lack good access to the decisionmakers in the executive and legislative branches. It might not have the influence in government circles that it would have if it were part of a powerful ministry. It might even suffer from lack of information about activities in other parts of government that would benefit from its input. In any case, however, there are many countries in which the competition agency is not structurally independent, but experience has shown that an aggressive, competent agency can acquire a significant degree of independence regardless of its place within the structure of government.
Operational independence, in the context of competition advocacy, refers both to the freedom that the agency has to make comments and otherwise to participate in government and regulatory matters, and, in the course of those activities, to take positions that are independent of those held by others in the public and private sectors. The importance of operational independence was highlighted in a comprehensive report on competition advocacy by the International Competition Network, which was based on a survey of 50 ICN member countries. The report found that operational independence can be bolstered by laws that specifically authorise the competition agency, even require it, to comment on legislation or regulation that is being proposed. Conversely, the agency is at a disadvantage in situations where it can comment or participate in a matter only if invited or authorised to do so by another government entity."

agência está em desvantagem em situações nas quais ela só pode comentar, ou participar de discussões caso tenha sido convidada, ou autorizada por outro ente governamental."

[Clark, John (2005). **Competition Advocacy: Challenges for developing countries.** OECD Journal: Competition Law and Policy, vol. 6/4. PP. 1 e 2. Disponível em http://www.oecd-ilibrary.org/governance/competition-advocacy_clp-v6-art10-en. Acesso em 05.01.2016].

Apesar da habitual associação da advocacia da concorrência a atividades não coercitivas, há um movimento mundial crescente – do qual fui, provavelmente, um dos primeiros expositores – que vê advocacia da concorrência mesmo quando há coerção. Já na edição anterior desde livro chamei atenção para os compromissos de cessação de conduta, aos quais os agentes econômicos se submetem voluntariamente, mas que, uma vez firmados, podem ser executados como títulos extrajudiciais (art. 85, § 8º). A caracterização desses casos como situações de advocacia da concorrência passou a ser mais recentemente acolhida por um grupo de profissionais ligados ao Ibrac que co-autoram a obra **Advocacia da Concorrência: propostas com base nas experiências brasileira e internacional** ART. 19
[São Paulo: Singular, 2016].

Por fim, como antecipei na edição anterior, parece-me que a atuação da Seae, nesse cenário, devesse ocorrer mais frequente sentada à mesa de negociação que emitindo pareceres técnicos. Primeiro, pelo aspecto qualitativo, dado que a Seae, com a nova lei, perdeu toda a atuação técnica direcionada, exclusivamente, à defesa da concorrência (como era a unidade situada no Rio de Janeiro e que se voltava à análise de atos de concentração). Isso, de fato, ocorreu, vindo a Seae a incrementar a sua atuação enquanto promotora da análise de impacto regulatório, enquanto advogada da concorrência em regulações setoriais e enquanto catalisadora da eficiência econômica em políticas públicas – em particular, em infraestrutura. Segundo, porque a separação entre políticas de estado e de governo é essencial para a neutralidade de posicionamento do órgão julgador: se ao Cade cabe, ainda, exercer a advocacia da concorrência, pelo viés técnico, junto ao consumidor, seria salutar que a Seae assumisse todo o encargo de negociação junto à Administração Pública. Terceiro, porque, conforme prova a experiência norte-americana, muito se ganha pela presença do contraste entre pareceres estritamente técnicos e posicionamentos calcados em preocupações de políticas econômicas.

Esse viés negocial da atuação da Seae pode ser reconhecido, ainda, no inciso V abaixo (ações de governo).

Deve-se notar que o esvaziamento da função de análise de atos de concentração pela Seae acabou levando a que, internamente ao Ministério da Fazenda, a sua existência autônoma – desligada da formulação de qualquer política pública – passasse a ser contestada, até que fosse, por breve lapso, durante a gestão de Nelson Barbosa como Ministro da Fazenda, informalmente reincorporada pela SPE. Note-se que a incorporação, mesmo informal, eliminava, na prática, a isenção da Seae para o exercício da atividade de advocacia da concorrência junto ao setor público, tendo em vista o envolvimento da SPE na atividade de formulação de políticas microeconômicas.

V. diagrama em nota ao art. 5º.

"Como a Seae/MF mantém-se como órgão de governo, ligado ao ministério da Fazenda, nenhuma das regras do quadro acima se modificam pela proposta para aquele órgão."

ART. 19 [Exposição de motivos do Substitutivo Ciro Gomes].

"A Seae/MF também verá ampliada sua capacidade de investigação, podendo, dentre outras competências:

a – requisitar informações, e documentos de quaisquer pessoas, órgãos, autoridades e entidades, públicas ou privadas;

b – requisitar esclarecimentos orais de quaisquer pessoas, físicas ou jurídicas, órgãos, autoridades e entidades, públicas ou privadas;

c – requisitar acesso irrestrito aos bancos de dados e informações relacionadas a processos de defesa da concorrência no âmbito do Cade;

d – requisitar vista e cópia de documentos e objetos constantes de processos administrativos instaurados por órgãos ou entidades da administração pública federal;

e – requerer vista e cópia de inquéritos policiais, ações judiciais, bem como de processos administrativos instaurados por outros entes da federação."

[Exposição de motivos do Substitutivo Ciro Gomes].

I – opinar, nos aspectos referentes à promoção da concorrência, sobre propostas de alterações de atos normativos de interesse geral dos agentes econômicos, de consumidores ou usuários dos serviços

prestados submetidos a consulta pública pelas agências reguladoras e, quando entender pertinente, sobre os pedidos de revisão de tarifas e as minutas;

Note-se que a atribuição de *advocacy* em consultas públicas das agências reguladoras não compele a Seae, ou a sua sucessora a opinar em cada consulta pública, por mais inócua que seja. Primeiro, por que o legislador deixou claro que se trata de *advocacy* para a promoção da concorrência – em outras palavras, que só deve ocorer quando haja questão concorrencial a ser abordada. Segundo, porque a questão concorrencial a ser abordada deve ter o potencial de gerar impacto significativo sobre o mercado: deve-se recordar que o direito da concorrência é direito difuso e que os ilícitos concorrenciais são infrações formais e não de mera conduta.

Esse entendimento, se, infelizmente, não foi adotado pela Seae assim que a lei foi implementada, foi encampado a partir da gestão de Pablo Fonseca e, em particular, de Paulo Correa e de Mansueto Almeida, que solicitaram à Procuradoria da Fazenda Nacional parecer esclarecendo a questão. ART. 19

V. Taufick, Roberto Domingos; Ramos, Marcelo; Costa, Adriano. **A New Horizon for Competition Advocacy in Brazil**. In: Denis Alves Guimaraes, Fabrizio Cugia di Sant'Orsola, Rehman Noormohamed. (Org.). *Communications and Competition Law. Key Issues in the Telecoms, Media and Technology Sectors*. 1ed.: Kluwer Law, 2014, v. 1, PP. 357/372.

V. nota ao inciso II.

V. nota ao inciso VI.

II – opinar, quando considerar pertinente, sobre minutas de atos normativos elaborados por qualquer entidade pública ou privada submetidos à consulta pública, nos aspectos referentes à promoção da concorrência;

"Art. 1º A Secretaria de Acompanhamento Econômico – Seae, órgão específico singular, diretamente subordinado ao Ministro de Estado da Fazenda, tem por finalidade: (...)

VII – promover o funcionamento adequado do mercado, e para tanto: (...)

e) avaliar e manifestar-se acerca dos atos normativos e instrumentos legais que afetem as condições de concorrência e eficiência na prestação de serviços, produção e distribuição de bens;"

[Regimento Interno da Seae (Portaria 386, de 14/07/09)].

V. nota ao art. 3º.
V. nota ao inciso VI.
V. nota ao art. 9º, XIV.

III – opinar, quando considerar pertinente, sobre proposições legislativas em tramitação no Congresso Nacional, nos aspectos referentes à promoção da concorrência;

V. nota ao inciso VI.

IV – elaborar estudos avaliando a situação concorrencial de setores específicos da atividade econômica nacional, de ofício ou quando solicitada pelo Cade, pela Câmara de Comércio Exterior ou pelo
ART. 19 **Departamento de Proteção e Defesa do Consumidor do Ministério da Justiça ou órgão que vier a sucedê-lo;**

A lei, aqui, conferiu legitimidade ao Cade, à Camex e à Secretaria Nacional do Consumidor (Senacon) para solicitar estudos concorrenciais setoriais à Seae. Por outro lado, conferiu à Seae a prerrogativa de avaliar pedidos desses mesmo entes e, motivadamente, deixar de atendê-los. Essa prerrogativa de recusa é necessária, entre outros, para (i) evitar a irregular transferência das atribuições do Cade para a Seae e (ii) permitir que a Seae tenha suficiente discricionariedade para não realizar estudos que, na verdade, não afetem a concorrência, mas, sim, questões atreladas à defesa do consumidor e ao comércio exterior.

Após a entrada em vigor da Nova lei Antitruste Brasileira, o Cade valeu-se deste dispositivo para solicitar pareceres à Seae sobre mercados que vinham sendo investigados pela autarquia. Em outras palavras, os dirigentes do Cade testaram a possibilidade de valer-se deste dispositivo para transferir à Seae a incumbência de instruir os processos administrativos que seriam julgados monocraticamente pela Superintendência-Geral, ou pelo Tribunal Administrativo. A Seae, contudo, não atendeu ao pedido daquela autarquia por entender que a elaboração de estudos sobre condutas em investigação feriria o espírito da nova lei, que preza pela unificação das atribuições de instrução e julgamento em uma única agência.

Mais recentemente, a Seae recebeu solicitação de particulares para a elaboração de estudos que subsidiariam processos movidos por esses mesmos particulares no Cade. Novamente, a Seae negou-se a produzir estudos que servissem à tutela de interesse privado, como se sucede em casos em que o particular tente se valer do disposto no art. 19, IV como gatilho para propor que a Seae produza, *de ofício*, estudo que subsidie a abertura de processo no Cade em face de concorrente. O acionamento do Cade deve ocorrer por meio de denúncias que, caso apresentem indícios suficientemente consistentes, ensejarão a realização de estudos por parte da própria autarquia. A inclusão da Seae, novamente, como parte do processo de denúncia contraria, novamente, o espírito da nova lei, que preza pela unificação das atribuições de instrução e julgamento em uma única agência.

Por fim, é importante ter em mente que a confecção dos estudos de que trata este inciso para Cade, para a Camex, ou para a Senacon não autoriza o repasse, para esses órgãos, das informações sigilosas coletadas pela Seae com base na sua prerrogativa prevista no art. 19, §1º, I. ART. 19

V. nota ao inciso VI.
V. nota ao inciso VII.

V – elaborar estudos setoriais que sirvam de insumo para a participação do Ministério da Fazenda na formulação de políticas públicas setoriais nos fóruns em que este Ministério tem assento;

Como pude expressar-me na edição anterior deste livro, apesar de a lei manter a elaboração de estudos setoriais como atribuição da Seae (inciso IV acima), parece-me que a solução de internalizá-la no próprio Departamento de Estudos Econômicos do Cade reduz custos. Aliás, enquanto é certo que o derradeiro se apropriará das diretrizes do grupo de trabalho em economia do Cade (criado no âmbito da Resolução Cade nº 50/98) –, tornando a elaboração de estudos setoriais consequência lógica do seu trabalho de parecerista nos casos mais complexos –, a Seae tenderá a afastar-se do SBDC, sendo o seu trabalho de advocacia da concorrência voltado, como de praxe, às esferas governamentais (nicho em que a sua *advocacy* tenderá a ser mais efetiva, segundo entendimento da ICN e da OCDE. V. nota ao *caput* do art. 19).

De fato, apesar de, na gestão de Pablo Fonseca, a Seae ter abraçado a função de *advocacy* perante a sociedade surgida timidamente na gestão de Antonio Henrique Silveira por esforços meus e de Marcelo Ramos na formulação do Programa Nacional de Promoção da Concorrência (PNPC – conhecido internamente à Fazenda como Programa Estratégico Corporativo nº 13 do Ministério da Fazenda, ou PEC 13), a Seae nunca priorizou essa função (cujo mandato decorre do disposto no *caput, in fine* do art. 19) – de tal sorte que o lançamento do PNPC, que disponibilizará gratuitamente conteúdos *online* de defesa da concorrência para a população, ainda se arrasta.

Nesse sentido, o cerne do trabalho de *advocacy* da Seae está na análise do impacto concorrencial das políticas públicas formuladas pelas agências reguladoras (inciso I) e pelos ministérios setoriais (em especial os incisos II, V, VI e VII). O presente dispositivo trata, especificamente, das
ART. 19 políticas públicas desenhadas pelos foros em que o Ministério da Fazenda tem assento – muitas vezes por meio da Seae, justamente para cumprir essa função.

V. nota ao *caput* do art. 19.
V. nota ao inciso VI.
V. nota ao inciso VII.

VI – propor a revisão de leis, regulamentos e outros atos normativos da administração pública federal, estadual, municipal e do Distrito Federal que afetem ou possam afetar a concorrência nos diversos setores econômicos do País;

"O inciso VII do art. 19 do Projeto constitui dispositivo similar ao art. 38 e ao §4º do art. 54 da lei atual. Os outros são completamente novos. Os incisos VI a IX, constituem prerrogativas da Seae de participar ativamente em atos de concentração ou processos administrativos analisados pelo Cade, enquanto os restantes se referem exclusivamente à advocacia da concorrência referente a potenciais medidas anticompetitivas tomados no âmbito do próprio setor público."

[Exposição de motivos do Substitutivo Ciro Gomes].

V. TAUFICK, Roberto Domingos; Ramos, Marcelo; Costa, Adriano. **A New Horizon for Competition Advocacy in Brazil**. In: Denis Alves Guimaraes, Fabrizio Cugia di Sant'Orsola, Rehman Noormohamed. (Org.). *Communications and Competition Law. Key Issues in the Telecoms, Media and Technology Sectors*. 1ed.: Kluwer Law, 2014, v. 1, PP. 357/372.

VII – manifestar-se, de ofício ou quando solicitada, a respeito do impacto concorrencial de medidas em discussão no âmbito de fóruns negociadores relativos às atividades de alteração tarifária, ao acesso a mercados e à defesa comercial, ressalvadas as competências dos órgãos envolvidos;

O verbo *solicitar*, no presente dispositivo, refere-se, única e exclusivamente, aos foros negociadores relativos às atividades de alteração tarifária, ao acesso a mercados e à defesa comercial. São eles os legitimados pelo dispositivo a solicitar manifestação da Seae a respeito do impacto concorrencial de medidas em discussão.

Sendo o caso de discussão em matéria de defesa comercial, as manifestações da Seae são realizadas *motu proprio*, ou por solicitação da Camex, ART. 19
ou do Ministro de Estado (art. 19, IV, V e VII). Do mesmo modo, nos demais foros negociadores relativos à alteração tarifária, as manifestações da Seae são realizadas *motu proprio*, ou por solicitação do foro correspondente, ou do Ministro de Estado (art. 19, V e VII). Dentre esses atores com competência (legitimidade ativa) para provocar a Seae, apenas o Ministro de Estado da Fazenda, por força da relação hierárquica, tem o poder de exigir a confecção do parecer (art. 19, V).

V. nota ao inciso IV.
V. nota ao inciso V.
V. nota ao inciso VI.
V. nota ao inciso VII.

VIII – encaminhar ao órgão competente representação para que este, a seu critério, adote as medidas legais cabíveis, sempre que for identificado ato normativo que tenha caráter anticompetitivo.

V. nota ao inciso VI.

§ 1º Para o cumprimento de suas atribuições, a Secretaria de Acompanhamento Econômico poderá:

I – requisitar informações e documentos de quaisquer pessoas, órgãos, autoridades e entidades, públicas ou privadas, mantendo o sigilo legal quando for o caso;

II – celebrar acordos e convênios com órgãos ou entidades públicas ou privadas, federais, estaduais, municipais, do Distrito Federal e dos Territórios para avaliar e/ou sugerir medidas relacionadas à promoção da concorrência.

§ 2º A Secretaria de Acompanhamento Econômico divulgará anualmente relatório de suas ações voltadas para a promoção da concorrência.

O §2º é, sem sombra de dúvida, o maior garantidor de que as atribuições da Seae não são de natureza programática. Mas, para que esse controle seja efetivo, o aludido relatório das atividades de *advocacy* deve integrar o rol de ações da Secretaria a ser encaminhado, anualmente, para avaliação do Tribunal de Contas da União.

ART. 20

TÍTULO III – Do ministério público federal perante o CADE

Art. 20 O Procurador-Geral da República, ouvido o Conselho Superior, designará membro do Ministério Público Federal para, nesta qualidade, emitir parecer, nos processos administrativos para imposição de sanções administrativas por infrações à ordem econômica, de ofício ou a requerimento do Conselheiro-Relator.

"O Projeto de Lei 5.877/2005 do Poder Executivo reformata o papel do Ministério do Público no Cade. O Procurador-Geral da República, ouvido o Conselho Superior, continua designando membro do Ministério Público Federal (MPF) para oficiar junto ao Cade. No entanto, remove-se a previsão da Lei atual de que o Cade poderá requerer ao MPF que promova a execução de seus julgados, do compromisso de cessação e adoção de medidas judiciais."
[Exposição de motivos do Substitutivo Ciro Gomes].

A atuação do Ministério Público Federal junto ao Cade foi pouco aproveitada até a edição da nova lei. Primeiro, em razão de o designado Procurador não gozar de dedicação exclusiva para a atribuição do revogado art. 12 da Lei nº 8.884/94 – segundo o qual a atuação do representante do MPF ocorreria tanto em atos de concentração, quanto na apuração de condutas anticompetitivas –, o que reduzia as condições de se especializar no tema e minorava o rigor técnico dos pareceres. Segundo, porque o Cade não se aproveitava sequer da análise procedimental, de reconhecida excelência do MPF: (i) a ausência de expressa previsão legal quanto à suspensão do prazo de análise enquanto pendesse o parecer do MPF, (ii) o distanciamento físico do representante (que não despacha nas dependências do Cade, mas da Procuradoria-Geral da República) e (iii) a proximidade dos procuradores federais (que levava a que o recurso à Pro-Cade tenha dirimido a dependência do MPF) serviam de barreira a que as dúvidas do Conselho pudessem ser suscitadas e/ou tempestivamente respondidas pelo MPF.

A presente lei pouco contribui, de fato, para o aprimoramento da participação do MPF – antes, serve para reduzi-la. A sua participação se restringe à facultativa atuação em processos administrativos para a imposição de sanções administrativas por infrações concorrenciais à ordem econômica. O espírito da presente lei, porém, não deixa dúvidas quanto ao fato de que a abertura de prazo para parecer do MPF não suspende o prazo de apreciação. ART. 20

É digno de nota que, ao se visar restringir a atuação do MPF aos processos administrativos para a imposição de sanções administrativas por infrações concorrenciais à ordem econômica, o legislador externa maior preocupação com a imposição de limites às punições a serem impingidas pelo Cade do que com a fiscalização da ilegalidade de determinadas absolvições – o que, somado ao poder do Superintendente-Geral de encerrar procedimentos preparatórios e inquéritos monocraticamente, potencializa a interferência política, a captura e a impunidade. Por outro lado, reflete o interesse em só se congestionar processos onde haja provas substantivas em face do administrado.

A questão está em saber se a celeridade pretendida pela lei não poderia ser alcançada de forma menos excludente, como a concomitante estipulação de (i) representante do MPF dedicado exclusivamente ao Cade, (ii) prazos efetivamente preclusivos, (iii) manutenção dos autos originais no Cade (envio de cópias ao representante do MPF) e (iv) decisão à revelia do MPF em caso de resposta intempestiva.

Crítica direta ao novo texto legal foi redigida pelo ex-representante do MPF para o Cade (entre dezembro de 2004 e dezembro de 2008) José Elaeres Marques Teixeira [**Quem tem medo do Ministério Público no Cade?**. Valor Econômico de 06.01.09]:

"Não pretendo tratar aqui das críticas, por exemplo, ao excesso de poderes que o projeto confere ao superintendente-geral. Minha intenção é alertar para o fato de que o texto aprovado promove uma verdadeira mutilação nas atribuições do Ministério Público Federal no Cade.

No modelo atual, o MPF deve oficiar em todos os casos sujeitos à apreciação do Cade. Essa obrigatoriedade não decorre apenas do artigo 12 da Lei 8884/94, mas também do fato de o artigo 127 da Constituição atribuir-lhe a defesa dos interesses sociais e individuais indisponíveis. Seu papel é de zelar pelo respeito aos bens jurídicos protegidos pela lei, como a livre concorrência, que não constitui direito subjetivo dos agentes econômicos como pensam alguns, mas direito da sociedade. Também incumbe-lhe intervir na proteção dos interesses dos consumidores.

Em cumprimento a essa determinação constitucional e legal, o representante do MPF recebe dos Conselheiros do Cade para manifestação: averigua-
ART. 20 ções preliminares, processos administrativos, atos de concentração econômica e consultas formuladas com o objetivo de serem dirimidas dúvidas sobre questões concorrenciais. Além disso, emite parecer em acordos judiciais sugeridos pela Procuradoria Geral, relativos a infrações contra a ordem econômica.

Pela proposta de reforma do Cade, diversamente do que acontece atualmente, será mínima a participação do MPF nos casos a serem apreciados pelas autoridades do antitruste. Se aprovado o projeto no Senado Federal, as atribuições da instituição perante o Cade ficarão praticamente esvaziadas.

De fato, o texto oriundo da Comissão Especial e chancelado pelo Plenário da Câmara dos Deputados estabelece que o MPF emitirá parecer apenas nos processos administrativos para imposição de sanção por infração à ordem econômica. Ou seja, ao contrário do modelo vigente, em que o MPF deve oficiar em todos os processos e procedimentos do SBDC, o projeto a ser agora enviado ao Senado Federal pretende limitar a sua atuação a pouco mais de 5% dos casos analisados pelo Cade. (...)

O projeto de lei aprovado na Câmara dos Deputados foi encaminhado pelo presidente da República ao Legislativo em 2005. O texto original assegurava ao representante do MPF ampla atuação nos casos sujeitos à apreciação pelo Cade. Entretanto, quando o projeto se encontrava na Comissão Especial destinada a dar parecer sobre a sua constitucionalidade, juridicidade, técnica legislativa, compatibilidade e adequação orçamentária e financeira, fui alertado de que a posição do governo mudara em relação ao MPF junto ao Cade. Pretendia-se suprimir a sua atuação ali! As razões para essa mudança radical de posição nunca foram reveladas.

Essa pretensão de afastar o MPF do Sistema Brasileiro de Defesa da Concorrência foi possível de ser confirmada em audiência pública da Comissão Especial destinada a dar parecer sobre o projeto, já agora oriunda de outro setor: a advocacia. Na oportunidade, o então presidente do Ibrac (Instituto Brasileiro de Estudos de Concorrência, Consumo e Comércio Internacional), entidade que representa boa parte dos advogados que atuam no Cade, defendeu que, assim como a Seae, a participação do MPF deveria ser excluída do sistema. Bem, a Seae foi contemplada no projeto aprovado. Já o MPF, embora também ali permaneça, teve suas atribuições aviltadas.

É importante registrar que várias gestões foram feitas junto ao relator deputado Ciro Gomes, no sentido de preservar o papel do MPF no Cade. Foram-lhe entregues sugestões para melhoria do texto original do projeto. Procurou-se esclarecer a importância do trabalho que vem sendo desenvolvido ali e as razões jurídicas que justificam a atuação do MPF no sistema. Mas o relator mostrou-se pouco sensível a todos os apelos feitos. Na Comissão Especial, um dos poucos deputados que compreenderam a importância do trabalho do MPF junto ao ART. 20
Cade foi o deputado Paes Landim, que apresentou voto em separado, com longa justificativa e substitutivo de texto. Mas a maioria da Comissão, entretanto, preferiu ficar com o relator.

A justificativa para esse verdadeiro retrocesso jurídico é que é preciso desburocratizar o andamento dos processos no Cade. O argumento é tanto frágil quanto equivocado, pois não se pode classificar de burocrática a atuação do MPF na defesa de interesses sociais e individuais indisponíveis.

Diante disso, fica a pergunta: quem tem medo do MPF no Cade?"

De todo modo, a intervenção do Ministério Público pode-se dar por via incidental, pela proteção dos direitos difusos, o que não causa, porém, *per se*, o sobrestamento do processo administrativo, em especial aquele para a análise de atos de concentração.

"Art. 25. Além das funções previstas nas Constituições Federal e Estadual, na Lei Orgânica e em outras leis, incumbe, ainda, ao Ministério Público:

IV – promover o inquérito civil e a ação civil pública, na forma da lei:

a) para a proteção, prevenção e reparação dos danos causados ao meio ambiente, ao consumidor, aos bens e direitos de valor artístico, estético, histórico, turístico e paisagístico, e a outros interesses difusos, coletivos e individuais indisponíveis e homogêneos(...)"

[Art. 25 da Lei nº 8.625/93].

"Art. 6º Compete ao Ministério Público da União:

XIV – promover outras ações necessárias ao exercício de suas funções institucionais, em defesa da ordem jurídica, do regime democrático e dos interesses sociais e individuais indisponíveis, especialmente quanto:

b) à ordem econômica e financeira;"

[Art. 6º, XIV, "b" da LC nº 75/93].

V. nota ao art. 13, IV.

TÍTULO IV – Do patrimônio, das receitas e da gestão administrativa, orçamentária e financeira

ART. 21 **Art. 21 Compete ao Presidente do Tribunal orientar, coordenar e supervisionar as atividades administrativas do Cade, respeitadas as atribuições dos dirigentes dos demais órgãos previstos no art. 5º desta Lei.**

§ 1º A Superintendência-Geral constituirá unidade gestora, para fins administrativos e financeiros, competindo ao seu Superintendente-Geral ordenar as despesas pertinentes às respectivas ações orçamentárias.

"Em relação ao item V, note-se que a função de ordenar despesas pelo Superintendente-Geral se restringe à Superintendência-Geral, sendo o resto das despesas do Cade ordenadas pelo Presidente do Tribunal."

[Exposição de motivos do Substitutivo Ciro Gomes].

A autonomia estrutural da Superintendência-Geral, definida neste dispositivo, vem a somar à sua autonomia operacional, definida nos artigos 5º, 12 e 13. Como antecipado nos comentários ao *caput* do art. 19, tanto a autonomia estrutural, quanto a operacional são condições necessárias, embora não suficientes, para que determinada estrutura possa ser blindada de interferência externa dentro do Poder Executivo.

Certamente, é possível que um partido que comande o Executivo e tenha maioria no Legislativo consiga, de qualquer modo, cercear essa liberdade decisória. A própria exiguidade do mandato do dirigente máximo da Superintendência-Geral e a possibilidade de recondução (ambos já extirpados dos mandatos dos membros do Tribunal) exponencializam essa possibilidade. A previsão das duas faces da autonomia, porém, tende a criar obstáculos a essa captura política da agência.

De mais a mais, a autonomia conferida à Superintendência-Geral visa, também, a evitar que a unidade se torne dependente de autorização do Tribunal, criando uma indesejada (porque reduz o contraditório em detrimento do administrado) hierarquia entre os órgãos de investigação/acusação e julgamento.

V. nota ao *caput* do art. 19.

§ 2º Para fins administrativos e financeiros, o Departamento de Estudos Econômicos estará ligado ao Tribunal.

A lei, entretanto, foi omissa com relação à situação da ProCade – passando a falsa impressão de que ela tem autonomia administrativa e financeira.

V. nota ao art. 5º, inclusive para a ProCade.
V. nota ao art. 22.

Art. 22 Anualmente, o Presidente do Tribunal, ouvido o Superintendente-Geral, encaminhará ao Poder Executivo a proposta de orçamento do Cade e a lotação ideal do pessoal que prestará serviço àquela autarquia.

"O Projeto de Lei acrescenta título IV introduzindo regras sobre patrimônio, receitas, gestão administrativa, orçamentária e financeira do Cade. Atribui ao Presidente do Tribunal, as competências de orientar, coordenar e supervisionar as atividades administrativas do Cade.

O Presidente do Tribunal, ouvido o Superintendente-Geral, encaminhará ao Poder Executivo a proposta de orçamento do Cade e a lotação ideal do pessoal da autarquia. Tal proposta, no entanto, será submetida ao Ministério da Justiça, que a encaminhará ao Ministério do Planejamento, Orçamento e Gestão."

[Exposição de motivos do Substitutivo Ciro Gomes].

O mais sensato aqui é que, para efetivamente garantir a autonomia de gestão que se visou introduzir com o art. 14, V c/c art. 21, *caput* e §1º, franqueie-se ao Superintendente-Geral apresentar a proposta para as unidades sob a sua gestão. Por esse mesmo motivo, o eventual contingenciamento de recursos destinados ao Cade pelo Poder Executivo deve prever expressamente o quanto é contingenciado em cada unidade, a fim de evitar elevados custos de transação entre os dirigentes máximos do Tribunal e da Superintendência-Geral.

Deve-se ponderar, ainda, que a autonomia do Cade será tanto maior, quanto maiores forem as receitas próprias da autarquia (v. art. 28), que não podem sofrer cortes no Poder Executivo, ou no Poder Legislativo. O contingenciamento de recursos é uma forma de, indiretamente, retirar a autonomia estrutural que a lei visou atribuir à agência.

Com relação à submissão anual da lotação ideal, a verdade é que, como se tem visto, os esforços do dirigentes do Cade para fazer valer a letra da Nova Lei Antitruste têm sido em vão – o que ensejou o apoio do então Presidente do Cade Vinicius Carvalho ao Projeto de Lei nº 4.252/2015, que propunha a criação da carreira de analista em defesa econômica,
ART. 22 equiparada às carreiras de analistas de regulação, para atuação no Cade.

Note-se, porém, que os termos de criação das novas carreiras do Cade, incluídas no Capítulo X do Projeto de Lei nº 33/2016 (nº 4.252/2015, na Câmara dos Deputados), conferiam discricionariedade para que o Presidente do Cade ditasse os termos do concurso e do curso de formação das novas carreiras, com a possibilidade, inclusive, de sustentação oral. Caso não houvesse veto presidencial (Edição Especial do Diário Oficial da União nº 145-A, de 29 de julho de 2016), o PL teria permitido fazer aquilo que o TCU, com a pressão de uma carreira estruturada (a de Especialista em Políticas Públicas e Gestão Governamental), evitou com relação ao concurso para Especialista em Políticas Públicas e Gestão Governamental de 2013: instrumentalizar o aparelhamento do Cade. Como afirmado alhures, o concurso para Especialista em Políticas Públicas e Gestão Governamental de 2013 (edital ESAF nº 48, de 6 de junho de 2013), que proveria gestores governamentais federais para diversos órgãos federais, inclusive o Cade, foi anulado por decisão do TCU, que considerou excessivo o peso dado para a experiência *vis-à-vis* a nota da prova. Além da constatação do TCU, o concurso teve questões de baixo nível de conhecimento, destoando dos concursos anteriores, e denúncias não investigadas de vazamento selecionado de questões para comissionados da Administração Federal.

Art. 23 Instituem-se taxas processuais sobre os processos de competência do Cade, no valor de R$ 85.000,00 (oitenta e cinco mil reais), para os processos que têm como fato gerador a apresentação dos atos previstos no art. 88 desta Lei, e no valor de R$ 15.000,00 (quinze mil reais), para os processos que têm como fato gerador a apresentação das consultas referidas no § 4º do art. 9º desta Lei. (Redação dada pela Lei nº 13.196, de 2015)

Parágrafo único. (Revogado pela Lei nº 13.196, de 2015)

Os valores fixados na antiga Ufir foram substituídos por reais. Essa alteração, ainda que breve, facilita a liquidação da decisão, cujos valores não mais precisam ser objeto de conversão para a moeda corrente.

O parágrafo único da redação original ("A taxa processual de que trata o caput deste artigo poderá ser atualizada por ato do Poder Executivo, após autorização do Congresso Nacional.") melhor teria caminhado se delegasse diretamente a decreto presidencial a instrumentalização dessa ART. 23 atualização – tal como se sucedia com a taxa do art. 26, § 2º. O legislador poderia, ainda, ter atrelado o valor da taxa ao vulto do negócio adquirido. Embora o valor do negócio adquirido não seja o definidor da complexidade da análise da operação, a ele vincula-se o próprio custo de oportunidade em fechar um negócio.

Em agosto de 2015 a Medida Provisória nº 687 trouxe uma nova redação ao dispositivo. Seguindo o meu entendimento, o parágrafo único passou a delegar ao Poder Executivo o prerrogativa de atualizar monetariamente as taxas processuais.

"Art. 23. Ficam instituídas as taxas processuais sobre os processos de competência do Cade, no valor de R$ 85.000,00 (oitenta e cinco mil reais), que têm como fato gerador a apresentação dos atos previstos no art. 88 desta Lei, e no valor de R$ 15.000,00 (quinze mil reais), para processos que têm como fato gerador a apresentação de consultas de que trata o § 4º do art. 9º desta Lei.

Parágrafo único. As taxas processuais de que trata o caput poderão ser atualizadas monetariamente por ato do Poder Executivo." (NR)

Em dezembro daquele ano, o Congresso aprovou a Lei nº 13.196, fruto da conversão da MP 687 e com entrada em vigor no dia 1º de janeiro de 2016. A redação final da lei, porém, excluiu o parágrafo único do art. 23 da Lei nº 12.529/2015, embora tenha mantido a elevação do valor da taxa processual nas notificações de atos de concentração já prevista no novo *caput* dado pela MP 687/2015. Segundo o texto final da Lei nº 13.196/2015:

"Art. 2º A Lei no 12.529, de 30 de novembro de 2011, passa a vigorar com a seguinte alteração:
'Art. 23. Instituem-se taxas processuais sobre os processos de competência do Cade, no valor de R$ 85.000,00 (oitenta e cinco mil reais), para os processos que têm como fato gerador a apresentação dos atos previstos no art. 88 desta Lei, e no valor de R$ 15.000,00 (quinze mil reais), para os processos que têm como fato gerador a apresentação das consultas referidas no § 4º do art. 9º desta Lei.' (NR)"

ART. 24

Apesar da clara exclusão do texto do parágrafo único do art. 23 da Nova Lei Antitruste Brasileira pela Lei nº 13.196/2015 (dada a ausência de linhas pontilhadas indicando continuidade textual após o texto do *caput* do art. 23, no art. 2º da Lei nº 13.196/2015, e em razão da expressa referência ao novo teor do art. 23 – e não do *caput* do art. 23 – por parte do art. 5º da Lei nº 13.196/2015), consta do sítio eletrônico da Presidência da República, equivocadamente, no momento em que encerro a revisão para esta nova edição do meu livro, que o texto original do parágrafo único teria sido resgatado – ou (absurda e tacitamente) repristinado – com a nova redação.

V. art. 26, § 2º.
V. art. 1º e art. 2º da Lei 9.781/99.

Art. 24 São contribuintes da taxa processual que tem como fato gerador a apresentação dos atos previstos no art. 88 desta Lei qualquer das requerentes.

A antiga redação do art. 3º da Lei 9.781/99 foi alterada, não havendo mais definição legal quanto a quem seja o contribuinte da taxa processual das consultas. A redação ficou a cargo de resolução do Cade, nos termos do art. 9º, §5º.

O procedimento de consulta veio a ser discipinado pela Resolução Cade nº 12/2015 e, embora o normativo não seja tão veemente quanto o presente dispositivo, fica claro que a taxa processual deverá ser recolhida por qualquer um dos consulentes (art. 1º).

"Enquanto o imposto é uma espécie de tributo cujo fato gerador não está vinculado a nenhuma atividade estatal específica relativa ao contribuinte (CTN, art. 16), a taxa, pelo contrário, tem seu fato gerador vinculado a uma atividade estatal específica relativa ao contribuinte. Por isto é que se diz, reproduzindo idéia de A.D. Giannini (*Istituzioni di Diritto Tributario,* Milano, Dott. A. Giuffrè Editore, 1948, p. 39), que a taxa é um tributo vinculado. A primeira característica da taxa, portanto, é ser um tributo cujo fato gerador.é vinculado a uma atividade estatal específica relativa ao contribuinte. Essa característica a distingue do imposto, entretanto não basta para sua identificação especifica, porque também a contribuição de melhoria tem seu fato gerador vinculado a atividade estatal especifica. Acrescente-se, pois, que a taxa é vinculada a serviço publico, ou ao exercício do poder de polícia. (...)

Entendemos até que a instituição e cobrança de uma taxa não têm como pressuposto essencial um proveito, ou vantagem, para o contribuinte, individualmente. O essencial, na taxa, é a referibilidade da atividade ao obrigado. ART. 25 A atuação estatal que constitui fato gerador da taxa há de ser relativa ao sujeito passivo desta, e não à coletividade em geral. Por isto mesmo, o serviço público cuja prestação enseja a cobrança da taxa há de ser específico e divisível, posto que somente assim será possível verificar-se uma relação entre esses serviços e o obrigado ao pagamento da taxa. Não é necessário, porém, que a atividade estatal seja vantajosa, ou resulte em proveito do obrigado. É esta a lição de Giannini (obra e local citados). Preferimos, portanto, excluir do conceito de taxa a idéia de contraprestação, não obstante maior respeito que temos pelas opiniões divergentes."

[Machado, Hugo de Brito. **Curso de Direito Tributário**. Malheiros: São Paulo, 2004. PP. 402/403].

V. art. 145, II CF
V. art. 77 CTN
V. Resolução Cade nº 12, de 11 de março de 2015.

Art. 25 O recolhimento da taxa processual que tem como fato gerador a apresentação dos atos previstos no art. 88 desta Lei deverá ser comprovado no momento da protocolização do ato.

A antiga redação do art. 6º da Lei 9.781/99 também foi alterada, não havendo mais regra clara quanto ao momento de comprovação do recolhimento da taxa processual das consultas. A redação ficará a cargo de resolução do Cade, nos termos do art. 9º, §5º.

Embora a Resolução Cade nº 12/2015 não seja tão veemente quanto o presente dispositivo, fica claro que o recolhimento da taxa processual deverá ser comprovado no momento da protocolização da consulta (art. 3º, III: "Art. 3º. O pedido de Consulta deverá obrigatoriamente conter: III – toda a documentação necessária à análise").

Observe-se, por fim, que a obrigação de apresentação dos atos previstos no art. 88 decorre do exercício de atividade de polícia.

"A rigor, segundo autorizados doutrinadores, poder de polícia não é atividade da Administração. É poder do Estado. Deve ser exercido mediante produção legislativa. A Administração Pública, com fundamento nesse poder, e dentro dos limites impostos pelo ordenamento jurídico, exerce atividade de polícia. O que o CTN define como poder de polícia, no dispositivo supratranscrito, na verdade é atividade de polícia. Prevaleceu, no Código, a terminologia mais difundida."

[MACHADO, Hugo de Brito. **Curso de Direito Tributário**. Malheiros: São
ART. 25 Paulo, 2004. PP. 402/403].

V. art. 78 CTN.

V. Resolução Cade nº 12, de 11 de março de 2015.

§ 1º A taxa processual não recolhida no momento fixado no caput deste artigo será cobrada com os seguintes acréscimos:

I – juros de mora, contados do mês seguinte ao do vencimento, à razão de 1% (um por cento), calculados na forma da legislação aplicável aos tributos federais;

II – multa de mora de 20% (vinte por cento).

§ 2º Os juros de mora não incidem sobre o valor da multa de mora.

"Tem razão a recorrente quando afirma que os juros compostos só são devidos se a obrigação resulta de crime, quedando a cargo do próprio autor do delito, e não do seu preponente.

Sobre a matéria ensina Aguiar Dias:

'A segunda questão apresentada pelo art. 1.544 é a dos juros compostos. A origem da cominação se encontra no artigo 26 do Código Criminal de 1830, que não cogitava de delitos culposos, só definidos no art. 19 da lei nº 2.033, de 1871. Seu caráter é de punição e só deve ser aplicado a criminosos, como tal reconhecidos em sentença criminal. A agravação dos juros só abrange autores e cúmplices, convencidos no juízo criminal. Não pode ferir os preponentes, nem ser invocada em matéria contratual. Nada mais claro. A pena se restringe à pessoa do delinquente e os juros compostos só o são a título de punição pelo crime, não podendo, pois, acrescentar-se sanção penal ao responsável civil que não seja também responsável penal. O critério oposto chega a ser iniquamente aplicado sem que tenha a justificá-lo a prática do crime, por parte de quem satisfaz a indenização, quando essa é a única razão que legitima os juros compostos.

Juros compostos não são devidos em caso de responsabilidade por fato de terceiro' (Da Responsabilidade Civil, Forense, 5ª ed., Vol. II, p. 414)"

[SUPREMO TRIBUNAL FEDERAL. RE nº 112.165-3. Recorrente: CMTC. Recorridos: Idalina Bettioli Despirite e outros. 2ª Turma. Relator Ministro Francisco Rezek. J. 13.12.1987].

"Na conformidade dos julgados que informam a Súmula 121, a proibição do anatocismo constitui *ius cogens*. (...)

A *quaestio juris* está bem examinada no parecer da ilustrada Procuradoria-Geral da República, às fls. 580/583, *verbis*: (...)

'Ao julgar o RE 90.341-PA, a 1ª Turma dessa colenda Corte decidiu, nos termos da ementa do acórdão lavrado: ART. 25

É vedada, a capitalização de juros, ainda que expressamente convencionada (Súmula 121). Dessa proibição não estão excluídas as instituições financeiras, dado que a Súmula 596 não guarda relação com o anatocismo. A capitalização semestral de juros, ao invés da anual, só é permitida nas operações regidas por leis especiais que nela expressamente consentem. Recurso extraordinário conhecido e provido.' (RTJ 92/1341) (...)

É certo que leis específicas – os Decretos-leis nºs 167, de 1967, e 413, de 1969 – permitiram expressamente a capitalização semestral dos juros, excepcionando a regra da prefalada Lei da Usura, que só a permite de ano a ano. Tais leis, todavia, não se aplicam ao caso dos autos, pois o contrato foi celebrado a 01.3.66, quando ainda não vigiam, e se disse regido pela Lei nº 492, de 1937. (...)

Por outro lado, o mesmo entendimento foi esposado pela 2ª Turma desse Pretório Excelso, ao julgar o RE 92.239-RJ (RTJ 99/851), em acórdão assim ementado:

'Comercial. Empréstimo bancário.

Capitalização semestral ou anual de juros. A primeira só é permitida nas operações regidas por leis ou normas especiais, que nela expressamente consentem..'"

[SUPREMO TRIBUNAL FEDERAL. RE nº 100.336-7. Recorrente: IMACO. Recorrida: Tabajara S/A. 1ª Turma. Relator Ministro Néri da Silveira. J. 10.12.1984].

Art. 26 (VETADO).

Texto excluído:

Art. 26º Fica instituída a taxa de serviços, tendo como fato gerador os seguintes serviços prestados pelo Cade:

I – serviço de reprografia de peças processuais, legislação ou jurisprudência por folha reproduzida;

II – distribuição da Revista de Direito Econômico.

"Razões do veto

'Os serviços mencionados no dispositivo não se enquadram na previsão do art. 77 do Código Tributário Nacional, devendo ser remunerados por preço, cuja definição poderá ser feita em sede administrativa.'"

[Mensagem nº 536, de 30 de novembro de 2011].

A dúvida suscitada pela Advocacia-Geral da União, ao sugerir o veto sobre o art. 26, repousa em classificar, ou não, o objeto dos incisos I e II como serviço público.

ART. 26

"Para que o serviço público possa servir como fato gerador de taxa, deve ser (a) específico e divisível; (b) prestado ao contribuinte ou posto à sua disposição; e, finalmente, (c) utilizado, efetiva ou potencialmente, pelo contribuinte. (...)

Quando se trate de atividade provocada pelo contribuinte, individualmente, como acontece, por exemplo, no caso do fornecimento de certidões ou da prestação de atividade jurisdicional, parece induvidoso o caráter específico e divisível do serviço. (...)

Se o serviço não é de utilização compulsória, só a utilização efetiva enseja a cobrança de taxa."

[MACHADO, Hugo de Brito. **Curso de Direito Tributário**. Malheiros: São Paulo, 2004. PP. 405/406].

V. art. 77 CTN.

§ 1º São isentos do pagamento da taxa de serviços os que provarem insuficiência de recursos.

§ 2º Ato do Poder Executivo estabelecerá os valores da taxa de serviços definidos nos incisos I e II do *caput* deste artigo.

Diversamente do art. 7º da Lei 9.781/99, o §2º legava a decreto presidencial a fixação das taxas dos serviços prestados pelo Cade.

Art. 27 **As taxas de que tratam os arts. 23 e 26 desta Lei serão recolhidas ao Tesouro Nacional na forma regulamentada pelo Poder Executivo.**

V. art. 8º da Lei 9.781/99.

Art. 28 **Constituem receitas próprias do Cade:**

I – o produto resultante da arrecadação das taxas previstas nos arts. 23 e 26 desta Lei;

II – a retribuição por serviços de qualquer natureza prestados a terceiros;

É certo que o recebimento dessas receitas depende da prévia existência de atos administrativos fixando a existência desses serviços e os respectivos preços públicos.

V. nota ao art. 26.

III – as dotações consignadas no Orçamento Geral da União, créditos especiais, créditos adicionais, transferências e repasses que lhe forem conferidos;

IV – os recursos provenientes de convênios, acordos ou contratos celebrados com entidades ou organismos nacionais e internacionais;

V – as doações, legados, subvenções e outros recursos que lhe forem destinados;

VI – os valores apurados na venda ou aluguel de bens móveis e imóveis de sua propriedade;

VII – o produto da venda de publicações, material técnico, dados e informações;

VIII – os valores apurados em aplicações no mercado financeiro das receitas previstas neste artigo, na forma definida pelo Poder Executivo; e

Este inciso, além de depender da citada regulamentação pelo Poder Executivo, deve respeitar a vedação ao *insider trading*. Não pode o Cade, por ter acesso a informações privilegiadas de mercado, usar dessas prerrogativas para aplicar no mercado financeiro. Por isso, à primeira vista, parece uma temeridade acreditar que a autarquia possa, isentamente, atender ao proposto neste dispositivo.

V. art. 8º, IV.

IX – quaisquer outras receitas, afetas às suas atividades, não especificadas nos incisos I a VIII do *caput* deste artigo.

§ 1º (VETADO).

Texto excluído:

§ 1º Os recursos previstos nos incisos I, II e IV a IX deste artigo destinados ao Cade serão recolhidos ao Tesouro Nacional, em conta vinculada à autarquia, por intermédio de instituições bancárias ofi-
ART. 28 **ciais.**

"Razões dos vetos [§§1º e 2º]
'A vinculação e a alocação exclusiva do superávit apurado por determinado órgão é ineficiente ao privilegiar a pulverização de recursos em oposição ao planejamento global das prioridades e necessidades da administração pública. Ademais, a proposta contraria o princípio da unidade de tesouraria, que orienta a elaboração e o controle dos orçamentos e balanços da União, nos termos da Lei no 4.320, de 1964.'"
[Mensagem nº 536, de 30 de novembro de 2011].

§ 2º (VETADO).

Texto excluído:

§ 2º Aplica-se ao superávit financeiro apurado no Balanço Patrimonial do Cade o disposto no parágrafo único do art. 8º da Lei Complementar nº 101, de 4 de maio de 2000, podendo ser utilizado no custeio de despesas de manutenção e funcionamento do Cade, desde que devidamente programado no Orçamento Geral da União.

"Razões dos vetos

"A vinculação e a alocação exclusiva do superávit apurado por determinado órgão é ineficiente ao privilegiar a pulverização de recursos em oposição ao planejamento global das prioridades e necessidades da administração pública. Ademais, a proposta contraria o princípio da unidade de tesouraria, que orienta a elaboração e o controle dos orçamentos e balanços da União, nos termos da Lei no 4.320, de 1964.'"

[Mensagem nº 536, de 30 de novembro de 2011].

"Art. 8º Até trinta dias após a publicação dos orçamentos, nos termos em que dispuser a lei de diretrizes orçamentárias e observado o disposto na alínea c do inciso I do art. 4º, o Poder Executivo estabelecerá a programação financeira e o cronograma de execução mensal de desembolso.

Parágrafo único. Os recursos legalmente vinculados a finalidade específica serão utilizados exclusivamente para atender ao objeto de sua vinculação, ainda que em exercício diverso daquele em que ocorrer o ingresso."

[Art. 8º da Lei Complementar nº 101, de 4 de maio de 2000].

§ 3º O produto da arrecadação das multas aplicadas pelo Cade, inscritas ou não em dívida ativa, será destinado ao Fundo de Defesa de Direitos Difusos de que trata o art. 13 da Lei nº 7.347, de 24 de julho de 1985, e Lei nº 9.008, de 21 de março de 1995. ART. 28

Nos termos dos arts. 1º, § 3º e art. 3º, IV a VI da Lei nº 9.008/95, os recursos do Fundo de Defesa de Direitos Difusos (FDD) podem ser utilizados para a advocacia da concorrência. Por outro lado, a desvinculação entre a aplicação dos recursos arrecadados e a atividade julgadora – algo que vivenciei na prática de Conselheiro do CFDD – visa, justamente, levar a que as decisões sejam desinteressadas.

Por óbvio, não é possível dissociar plenamente as duas atividades, dado que a condição superavitária pesa favoravelmente ao Cade na barganha intragovernamental por mais recursos. Mas a ausência de vínculo direto favorece a percepção de que não há relação de imediata causalidade entre os valores das multas e a provisão orçamentária para a autarquia.

§ 4º As multas arrecadadas na forma desta Lei serão recolhidas ao Tesouro Nacional na forma regulamentada pelo Poder Executivo.

"São previstas no Projeto também as receitas próprias do Cade que serão o produto resultante da arrecadação da taxa processual, a retribuição por serviços prestados a terceiros, as dotações no Orçamento Geral da União, os créditos especiais, os créditos adicionais, as transferências e repasses, os recursos provenientes de convênios, acordos ou contratos celebrados com entidades ou organismos nacionais e internacionais, as doações, legados, subvenções e outros recursos que lhe forem destinados, os valores apurados na venda ou aluguel de bens móveis e imóveis de sua propriedade, o produto da venda de publicações, material técnico, dados e informações, os valores apurados em aplicações no mercado financeiro das receitas, dentre outras. Já o produto da arrecadação das multas aplicadas pelo Cade será destinado ao Fundo de Defesa de Direitos Difusos.

O superávit financeiro do Cade poderá ser utilizado no custeio de despesas do Cade, desde que programado no Orçamento Geral da União."

[Exposição de motivos do Substitutivo Ciro Gomes].

Ressalte-se que, com a revogação da Lei nº 9.781/99 pelo art. 128 da nova lei concorrencial e dada a ausência de dispositivo que repita o disposto no art. 9º daquela[41], a aplicação das receitas obtidas pelo Cade não
ART. 29 está mais vinculada à sua modernização, podendo ser aplicada, entre outras coisas, na advocacia da concorrência.

V. art. 8º da Lei 9.781/99.

V. Decreto nº 7.738, de 28 de maio de 2012.

Art. 29 O Cade submeterá anualmente ao Ministério da Justiça a sua proposta de orçamento, que será encaminhada ao Ministério do Planejamento, Orçamento e Gestão para inclusão na lei orçamentária anual, a que se refere o § 5º do art. 165 da Constituição Federal.

"O Presidente do Tribunal, ouvido o Superintendente-Geral, encaminhará ao Poder Executivo a proposta de orçamento do Cade e a lotação ideal do pessoal da autarquia. Tal proposta, no entanto, será submetida ao Ministério da Justiça, que a encaminhará ao Ministério do Planejamento, Orçamento e Gestão."

[Exposição de motivos do Substitutivo Ciro Gomes].

[41] "Art. 9º As receitas obtidas com a Taxa Processual e a Taxa de Serviços serão aplicadas na modernização do Cade, visando o contínuo aumento da produtividade e da qualidade dos serviços prestados à coletividade."

Note-se que a autonomia estrutural da autarquia exige que seja defeso ao Poder Executivo valer-se de contingenciamento dos recursos do Cade como subterfúgio para lhe atar as mãos.

§ 1º O Cade fará acompanhar as propostas orçamentárias de quadro demonstrativo do planejamento plurianual das receitas e despesas, visando ao seu equilíbrio orçamentário e financeiro nos 5 (cinco) exercícios subsequentes.

Nos termos do art. 5º da Lei Complementar 101/00, a proposta orçamentária anual deverá ser elaborada de forma compatível com o planejamento plurianual.

§ 2º A lei orçamentária anual consignará as dotações para as despesas de custeio e capital do Cade, relativas ao exercício a que ela se referir.

Art. 30 Somam-se ao atual patrimônio do Cade os bens e direitos pertencentes ao Ministério da Justiça atualmente afetados às atividades do Departamento de Proteção e Defesa Econômica da Secretaria de Direito Econômico. ART. 30

"Passam a constituir patrimônio do Cade, os bens e direitos pertencentes ao Ministério da Justiça atualmente afetados às atividades do Departamento de Proteção e Defesa Econômica da Secretaria de Direito Econômico." [Exposição de motivos do Substitutivo Ciro Gomes].

O art. 30 trata, explicitamente, de patrimônio e, dessarte, as funções gratificadas e os cargos em comissão não são automaticamente transferidos ao Cade em função deste dispositivo, mas, sim, do parágrafo único do art. 121. Decreto presidencial definiu a estrutura de alocação desses cargos e funções entre as unidades da autarquia (v. art. 125).

V. parágrafo único do art. 121.
V. Decreto nº 7.738, de 28 de maio de 2012.

TÍTULO V – Das infrações da ordem econômica

CAPÍTULO I – Disposições gerais

Art. 31 Esta Lei aplica-se às pessoas físicas ou jurídicas de direito público ou privado, bem como a quaisquer associações de entidades ou pessoas, constituídas de fato ou de direito, ainda que temporariamente, com ou sem personalidade jurídica, mesmo que exerçam atividade sob regime de monopólio legal.

As empresas públicas e as sociedades de economia mista sob o controle da União (EPFs e SEMFs, respectivamente) não têm sido, efetivamente, objeto de controle concorrencial – seja sob o prisma da repressão das condutas, seja pela ótica do controle de estruturas. Antes, os atos emanados tanto por EPFs, quanto por SEMFs têm rotineiramente sido identificados como formas de regulação econômica pelo Estado e, por esse motivo, fugido do escrutínio do Cade.

ART. 31 Essa isenção concorrencial *de facto* representa, em última instância, identidade com os preceitos da doutrina *Parker v. Brown* norte-americana. Ao coibir a manifestação soberana do mandatário do Poder Executivo que venha a instrumentalizar políticas públicas por meio de EPFs e SEMFs, a atuação do Sistema Brasileiro de Defesa da Concorrência (SBDC) leva, em última instância, a um paradoxo, dado que o chefe do poder Executivo – a quem cabe, originariamente, formular e implementar políticas públicas –, estaria sendo tolhido, no exercício desse poder, por quem detém poder derivado.

Diga-se, aliás, que o paradoxo é acentuado em função de a atividade reguladora das agências, meio pelo qual o mandatário do Poder Executivo tradicionalmente externa uma regulação sobre a atividade econômica, não ser objeto de escrutínio pelo Cade – dado não haver hierarquia entre concorrência e regulação e as regulações setoriais serem mais específicas que a tutela concorrencial. Não faria sentido, portanto, que a mesma regulação, apenas porque operada por meio diverso de uma agência reguladora, não usufrua da mesma isenção. Pelo contrário, o exercício da atividade econômica costuma representar exercício mais direto da regulação que aquele operacionalizado por meio de uma agência.

O caráter regulatório das estruturas e condutas derivadas do exercício do controle estatal sobre EPFs e SEMFs é evidente. A escolha pela concentração pode implicar, no limite, a opção pelo monopólio e a estatização do setor (veja-se o caso da PetroBRAS, no processo de reestatização de segmentos petrolíferos a partir do primeiro governo petista). O controle estatal sobre o monopolista representaria a regulação dos preços e outros fatores pelo Estado. Causaria espécie que o SBDC interviesse para reprimir a mão do regulador – antes, seria inconstitucional qualquer revisão do SBDC sobre a política pública implementada pelo regulador.

Mesmo em condutas, a situação não seria diversa. A prática de preços predatórios, por exemplo, pode ser utilizada para coibir o aumento acentuado de preços em setores sensíveis à população, como combustíveis. Por outro lado, a cartelização para reduzir a concorrência pode ser uma manobra chauvinista para afastar a entrada de estrangeiros no setor, uma política populista para proteger uma indústria nacional ineficiente e sucateada, ou um mecanismo para subir preços em setores nos quais se quer incentivar a redução do consumo. Em todo caso, vê-se, claramente, a regulação da economia por um mecanismo alternativo.

E por que a opção pelo uso de EPFs e SEMFs? Primeiramente, o exer- ART. 31
cício direto da atividade econômica pode ocorrer em setores reputados estratégicos para o Estado. Em segundo lugar, o exercício direto da atividade econômica anula a assimetria de informações que pesa em detrimento da agência reguladora. Terceiro, somente pelo exercício direto da atividade econômica o Estado consegue sacrificar ganhos econômicos em prol do consumidor sem incorrer no risco de desgaste político advindo de acusações de beneficiamento de determinados agentes econômicos. EPFs e SEMFs ainda criam a sensação, não raras vezes irrealista, de que a população é mais beneficiada pelo exercício da atividade econômica pelo Estado, seja pela apropriação de riquezas pelo Estado, que poderá auferir lucros em atividade econômica, seja pela sensação de que uma empresa estatal tem como princípio o bem-estar do consumidor, e não o lucro pessoal – desconsiderados fatores como eficiência, incluindo a inovadora, de que costumam carecer pessoas jurídicas mais sujeitas à corrupção.

Outro fator relevante nessa ponderação está na própria dificuldade em encontrar a punição adequada e, efetivamente, punir o Estado por uma infração concorrencial. Primeiramente, em se tratando de uma regulação, o Cade não teria poderes para opor-se. Em segundo lugar, a punição da União não representara, financeiramente, mais que mudar a destinação dos gastos públicos para o Fundo de Direitos Difusos. Em terceiro lugar, a punição depreciaria – incluindo a perda de reputação – um bem do próprio Estado e, portanto, público, fator que precisaria ser considerado pelo aplicador do direito quando for identificar os efeitos líquidos do controle de condutas e estruturas das estatais. Em quarto lugar, a punição do regulador pela regulação anticoncorrencial é uma contradição em si mesma, dado que a regulação tem como característica mais clara o afastamento, ainda que pontual, da concorrência. Quinto, a punição pessoal do regulador alcançaria, em última instância, o presidente da República, chefe do Poder Executivo e fonte do poder delegado ao Cade.

A *state action* parece, desse modo, adequadamente justificar a isenção de que gozam as políticas públicas que afastem a concorrência. Tradicionalmente, os requisitos de aplicação da doutrina são, justamente, a intenção de substituir a concorrência pela regulação e a supervisão ativa dessa regulação – elementos que servem a provar que, efetivamente, existe uma política pública sendo implementada. Segundo a doutrina,
ART. 31 políticas públicas só existem se houver prova inconteste de que o Estado se esmera na sua implementação. Simplificando: só há regulação se o Estado verdadeiramente regular. Se apenas se anuncia uma política pública que, em tese, afastaria a concorrência, mas não há fiscalização/acompanhamento quanto ao andamento daquela política pública, não existe, na prática, regulação, e, portanto, a aplicação da lei concorrencial não deve ser afastada[42].

No caso das EPFs e SEMFs, a intenção de substituir a concorrência pela regulação decorrerá da análise da própria estratégia comercial da controlada pelo poder público. Por sua vez, a supervisão ativa acaba por tornar-se um dado, já que esse requisito visa, quando aplicado a uma agência, a que o regulador não seja capturado pelo regulado, ou a que ele supervisione se a política que concebeu está sendo cumprida pelos demais *players* para alcançar o objetivo a que se propôs em benefício do

[42] Faço uma abordagem mais profunda a respeito da *state action* em um artigo dedicado ao tema: Taufick, Roberto Domingos. **Imunidade *Parker v. Brown*: releitura das doutrinas *state action* e *pervasive power* no ordenamento jurídico brasileiro**. In: Revista da Procuradoria-Geral do Banco Central. / Banco Central do Brasil. Procuradoria-Geral. – Vol. 1, n. 1, dez. 2007 –. Brasília: BCB, 2009. PP. 75/104.

bem público. Se o regulador passa a ser justamente um *player* daquele mercado, será ele o próprio responsável pela direta implementação da política pública no mercado. Não há, portanto, supervisão a ser exercida pelas EPFs e SEMFs: a sua estratégia de mercado é a própria medida reguladora e prescinde de qualquer supervisão sobre os concorrentes, sobre os quais a EPF, ou a SEMF não tem direto poder de disciplina. O controle a ser realizado acaba por ser, essencialmente, prévio, a saber, sobre a própria conveniência e oportunidade daquela política pública.

Não cabe ao SBDC avaliar a eficiência da decisão regulatória. Conforme adiantado, não há primazia da concorrência sobre a regulação. A agência concorrencial não é reguladora do regulador. O mesmo se opera em relação às EPFs e SEMFs. Enquanto reguladoras, o controle da União sobre EPFs e SEMFs externa uma política pública alheia ao controle concorrencial.

O fato de a lei concorrencial elucidar que se aplica às pessoas físicas ou jurídicas de direito público ou privado, mesmo que exerçam atividade sob regime de monopólio legal, não invalida a proposição de isenção concorrencial das regulações operacionalizadas por EPFs e SEMFs. Afinal, se a existência do artigo 15 da Lei nº 8.884/94 tivesse implicado a pri- ART. 31
mazia concorrencial sobre a regulação, nenhum comportamento induzido pelas agências reguladoras teria estado isento do controle antitruste, quando contrariados preceitos concorrenciais.

Seria, por outro lado e apesar das eventuais eficiências, oponível a estratégia, em si, de o Estado escolher o exercício da regulação por meio de pessoas jurídicas de direito privado. A doutrina tradicionalmente identifica nas EPFs e SEMFs uma forma de o Estado exercer, diretamente, a atividade econômica, ignorando a possibilidade de serem utilizadas, concomitantemente, para o propósito de incentivo, ou intervenção nesse setor.

O art. 173 da Constituição Federal prevê que, ressalvados os casos previstos na Constituição Federal, a exploração direta de atividade econômica pelo Estado só ocorreria quando necessária aos imperativos da segurança nacional, ou a relevante interesse coletivo, conforme definidos em lei. Por outro lado, o seu § 1º aponta que o exercício direto da atividade econômica viria por meio de EPFs e SEMFs, devendo os seus estatutos esclarecerem as suas funções sociais e as formas de fiscalização pelo Estado e pela sociedade – deixando claro que esse exercício da atividade econômica não segue, estritamente, o padrão de mercado das pessoas jurídicas de direito privado controladas pelos particulares. Em outras palavras, não é só a necessidade de fazer o uso de procedimento licitatório para aquisições que vincula EPFs e SEMFs aos princípios de administração pública: a sujeição ao regime jurídico próprio das empresas privadas, inclusive quanto aos direitos e obrigações civis, comerciais, trabalhistas e tributários, não exime essas sociedades de ônus que impedem uma perfeita simetria com as condições, inclusive concorrenciais, enfrentadas pelos particulares.

É bem verdade que esse mesmo art. 173 (§ 4º) prevê a repressão pela lei do abuso do poder econômico que vise à dominação dos mercados, à eliminação da concorrência e ao aumento arbitrário dos lucros. Entrementes, o exercício da regulação por meio de EPFs e SEMFs não representa, ao menos no plano abstrato, abuso do poder econômico que vise à própria eliminação da concorrência, mas atividade que visa, por meio da imposição de restrições à livre concorrência, alcançar a sua função social. Afinal, o exercício de atividade econômica pelo Estado em setores estratégicos não deixa de ter como objetivo central disciplinar aquele setor
ART. 31 – em outras palavras, regulá-lo.

A instrumentalização da prerrogativa do art. 174 da Constituição Federal (o Estado como agente normativo e regulador) por meio do instrumento também utilizado para a exploração direta de atividade econômica pelo Estado, além de não ser expressamente defesa, não deixa de ser uma forma de condensar as funções de duas instituições muitas vezes já existentes na realidade brasileira: a agência reguladora federal e o agente econômico regulado controlado pela União. Aliás, essa ambivalência só não é esquizofrênica se as duas faces da atuação da União naquele mercado forem alinhadas. Em outras palavras, EPFs e SEMFs controladas pela União sempre serão instrumentos de regulação; embora a forma de exercício regulatório (exploração direta de atividade econômica pelo Estado) ocorra de forma diferenciada, o resultado não difere, em última instância, daquele visado pela agência reguladora.

A estatização do setor estratégico, por exemplo, (i) seja orquestrada por um ministério, ou uma agência, (ii) seja instrumentalizada pela aquisição dos concorrentes e subsequente monopolização, ocorre, em um estado de direito, pela compra dos ativos privados a preço de mercado. A fixação de preços de revenda ocorre (i) pelo tabelamento, ou (ii) pela disciplina dos preços derivada da concorrência direta exercida por EPFs e SEMFs controladas pela União. A inovação tecnológica, por sua vez, pode ser, por exemplo, (i) incentivada pelo fato-X, ou (ii) induzida por meio de investimentos maciços do Estado na eficiência das EPFs e SEMFs controladas pela União – o que força, em última instância, o aprimoramento tecnológico dos *players* privados, para que consigam fazer frente à concorrência das EPFs e SEMFs.

A regulação indireta, operacionalizada por meio das EPFs e SEMFs, ainda encontra o benefício de dar maior liberdade aos regulados. Esse é o caso, por exemplo, da supracitada opção pela disciplina dos preços derivada da concorrência direta exercida por EPFs e SEMFs em detrimento do tabelamento (imposto pela agência reguladora). Naquele caso, os concorrentes podem optar por seguir o corte de preços das EPFs e SEMFs, ou por investir na diferenciação do produto, criando um mercado *premium* – o que leva maior variedade ao consumidor e confere a ele a discricionariedade para escolher entre o produto mais barato e aquele de maior qualidade.

O mais relevante, nesta exposição, é a própria compreensão de que, na prática, a isenção tem-se operado, anos a fio, no sistema, informalmente. ART. 31
Atos de concentração criadores de monopólios são notificados por mera formalidade, passando incólumes pelo SBDC. E as condutas, incluindo anúncios por ministros de Estado e presidentes da República, em rede nacional, na véspera de queda, ou aumento de preços das EPFs e SEMFs são completamente ignorados pelas autoridades do SBDC. E o que motiva esse comportamento, invariavelmente, é reconhecimento do caráter regulatório da atuação de EPFs e SEMFs nos seus respectivos mercados.

Não há, aqui, qualquer intenção em elogiar, ou defender o uso de mecanismos alternativos para regular. Tampouco há qualquer apologia à regulação. O importante é que, usando de raciocínio lógico, chegue-se à fácil conclusão de que a regulação indireta por EPFs e SEMFs é meio legítimo – e, por vezes, mais eficiente – de intervir na atividade econômica. Mas, acima de tudo, é a transparência no reconhecimento dessa regulação que permitirá que o dinheiro público não seja gasto em análises perfunctórias/incompletas realizadas pelo SBDC – que geram, ainda, a externalidade negativa de criar decisões incompatíveis com a jurisprudência do Conselho Administrativo de Defesa Econômica e com o nível de detalhamento das análises a serem realizadas em casos complexos envolvendo somente atores privados. Esse reconhecimento de que qualquer atividade de cunho regulatório foge ao escopo da atuação concorrencial está na própria essência do antitruste, nos Estados Unidos, conforme se depreende da doutrina *Parker v. Brown* e pode ser depreendido, *in concretu*, das análises das recentes aquisições de reestatização envolvendo a PetroBRAS.

A isenção concorrencial a essa regulação indireta não se opera, entretanto, quando a figura do controlador das empresas públicas, ou das sociedades de economia mista não coincidir com o regulador competente. Assim ocorre quando a regulação setorial é da União e as empresas públicas, ou sociedades de economia mista forem controladas por um dos entes federados. Nesse caso, o comportamento das empresas públicas e sociedades de economia mista não expressa uma regulação setorial e está, nos termos deste dispositivo legal, sujeita ao controle pelo SBDC. A isenção também não há quando a sociedade não for, efetivamente, controlada pelo Estado.

Por derradeiro, existe, em paralelo à substituição da concorrência pela regulação, a possibilidade de o Poder Legislativo delegar a um órgão de
ART. 31 regulação setorial a competência para realizar a análise concorrencial. Essa atuação do regulador na seara concorrencial pode dar-se seja de forma complementar à atuação do órgão vocacionado à defesa da concorrência, seja de forma substitutiva.

O primeiro caso – atuação complementar – consiste no poder que era conferido à Agência Nacional de Telecomunicações pela Lei Geral de Telecomunicações anteriormente à entrada em vigor da Nova Lei Antitruste Brasileira. A Agência Nacional de Telecomunicações (Anatel) instruía e aprovava o ato de concentração, devendo o processo ser encaminhado ao Cade para a sua aprovação. Em outras palavras, havia a necessidade de uma dupla chancela. Apesar de a nova lei ter tacitamente revogado a análise concorrencial realizada pela Anatel, a agência incluiu no seu regimento interno o seguinte dispositivo:

> "Art. 159. A Superintendência de Competição tem como competência:
>
> ....
>
> VI – anuir previamente e aprovar, conforme o caso, alteração que caracterize transferência de controle de empresas exploradoras de serviços de telecomunicações e detentoras de direito de exploração de satélite brasileiro, especialmente as decorrentes de cisão, fusão, incorporação e transformação, referente a

outorgas não decorrentes de procedimentos licitatórios, ou detidas por prestadoras que se enquadrem no conceito de empresas de pequeno porte, nos termos da legislação aplicável;

...."

Apesar de a Anatel – após manifestação de preocupação da Seae externada na consulta pública de alteração regimental da agência – ter justificado o dispositivo como uma legítima atuação regulatória e complementar à análise concorrencial pelo Cade, causa espécie que, não tendo a análise da Anatel natureza antitruste, a atribuição tenha sido assinalada regimentalmente à Superintendência de Competição.

Situação diversa da análise complementar subsiste no caso das fusões bancárias. Nesse particular, existe a tentativa de *substituir* a atuação do Cade pela do Bacen em análises concorrenciais envolvendo o sistema financeiro. A disputa remonta, pelo menos, ao ano de 2001, quando o atual Ministro do Supremo Tribunal Federal Gilmar Mendes, então Advogado-Geral da União, emitiu parecer conferindo competência ao Bacen para analisar atos de concentração envolvendo o setor financeiro.

Os principais argumentos favoráveis à atuação do Banco Central residem na recepção da Lei nº 4.595/64 como lei complementar pela Constituição Federal de 1988 – o que a tornaria hierarquicamente superior à lei antitruste – e na sua natureza de lei especial – fazendo fazer valer o brocardo latino *lex specialis derogat generali*. Ademais, com base no art. 40, §1º da Lei Complementar nº 73/93, por ter sido ratificado pelo então Presidente Fernando Henrique Cardoso e publicado com o seu despacho, o parecer da AGU ganhou o caráter de norma vinculante sobre toda a Administração Pública Federal. Por entender que o caráter vinculante dos pareceres da AGU não se estenderia aos julgamentos do Cade em razão de, por força do art. 50 da Lei nº 8.884/94, as suas decisões não comportarem revisão no âmbito do Poder Executivo, a autarquia nunca seguiu o parecer GM-020, de 05 de abril de 2001. Em 2008 o Superior Tribunal de Justiça julgou a aquisição do Banco BCN pelo Bradesco, suspendendo a multa aplicada pelo Cade por conta da não notificação da operação. O Cade entendeu, porém, que o tribunal não definiu de quem era a competência para a análise de atos de concentração do setor financeiro e recorreu ao Supremo Tribunal Federal. Em 2014, decisão monocrática do Supremo Tribunal Federal no RE 664.189 manteve a decisão recorrida, mas, naquele mesmo ano, o Cade recorreu ao Plenário do STF.

ART. 31

Se, por um lado, o Cade não aceita perder a sua competência legal sobre o sistema financeiro, o Bacen tem tentado mobilizar a Presidência da República a apoiar a o seu entendimento. Primeiro, ao minutar medida provisória que lhe transferiria as competências do Cade no setor financeiro. Depois, ao incluir o mesmo expediente em anteprojeto de lei complementar que regulamenta os regimes de resolução. O principal argumento do Bacen reside no caráter prudencial da regulação do sistema financeiro – o que tornaria a atuação do Cade pouco adequada para lidar com o risco sistêmico. Em ambos os casos, a atuação da Seae foi fundamental para obstar o andamento dos normativos – o que vinha ocorrendo à revelia do conhecimento dos representantes do Cade.

As duas autarquias estiveram muito próximas de um acordo em que o Bacen analisaria atos de concentração quando houvesse risco prudencial – caracterização que caberia apenas ao Bacen –, mantendo-se os demais casos e a análise de condutas sob o guarda-chuva do Cade. A proximidade do acordo começou a arrefecer a partir da publicação da Circular Bacen nº 3.590/2012, a qual divulgava que o órgão passaria a realizar também análise concorrencial. A Circular foi uma resposta do Bacen à críticas da
ART. 31 Presidente Dilma Rousseff à falta de concorrência no setor. O acordo foi deixado definitivamente de lado em 2014, quando saiu a decisão monocrática do Supremo Tribunal Federal no RE 664.189.

Recentes incursões do Cade também no campo das condutas dos agentes financeiros – em particular do *carry trade*, que tem por base a arbitragem de juros internos e externos –, ao arrepio do entendimento que vem sendo externado pelo Bacen de que seria praticamente impossível manipular a Ptax, tornam ainda maior o atrito entre ambas as instituições.

Note-se, por derradeiro, que, tendo atuado ativamente na Seae em todos os casos mais recentes, pude perceber que a rejeição dos órgãos reguladores ao papel do Cade no controle antitruste nos setores regulados deriva, essencialmente, da incapacidade de muitos dos dirigentes das agências reguladoras setoriais reconhecerem que o seu viés prudencial e, portanto, concentrador, é, por natureza, contrário ao papel de defesa da concorrência, que visa, sempre que eficiente, a atomização das participações de mercado. Ademais, do mesmo modo que o Cade deve reconhecer a sua incapacidade de regular as especificidades de cada setor, devem os dirigentes das agências reguladoras reconhecer a sua incapacidade de realizar análises concorrenciais que, tantas vezes, conflitam com o seu interesse regulatório.

Em meio a toda esse celeuma, quem mais perde são as instituições financeiras, cujas fusões ficam sujeitas a análises concorrentes das duas autarquias. Além de adotarem critérios diversos nas suas análises, Bacen e Cade ainda pedem documentações diversas, o que eleva o custo regulatório de investir no Brasil. Ademais, o Bacen, mesmo quando requisitado segundo as prerrogativas do art. 9º, XVIII da Nova Lei Antitruste Brasileira, tem adotado a criticável postura de não enviar ao Cade as informações necessárias ao cumprimento do papel da autoridade antitruste no setor financeiro e nos meios de pagamento.

"O advogado Vicente Bagnoli acredita que será difícil para os bancos atender tanto as exigências do Cade quanto do BC sempre que fizerem uma fusão ou aquisição. 'O acirramento da disputa entre as duas autoridades prejudica o funcionamento do mercado, traz insegurança jurídica e é nocivo ao consumidor', afirmou Bagnoli. Segundo ele, seria mais eficiente racionalizar as análises.

'Com a circular, o BC criou um sistema próprio de notificação de fusões e aquisições', constatou a advogada Ana Paula Martinez do escritório Levy & Salomão. Para ela, como o BC tem critérios diferentes daqueles que são utilizados pelo Cade para a submissão de fusões, os bancos vão ter que avaliar os critérios de ambos sempre que fizerem negócios. ART. 31

A diferença é que o Cade exige que toda a operação feita por empresa que fature mais de R$ 400 milhões ou envolva mais de 20% do mercado deve ser notificada para julgamento. Já o BC passou a exigir a notificação de qualquer operação que leve ao aumento de participação relativa de instituições financeiras, exceto as que ocorrem dentro de um mesmo conglomerado, independentemente de gerarem risco ao sistema financeiro ou não.

Para Ana Paula, essa situação cria um risco de surgirem decisões conflitantes entre o Cade e o BC. Isso pode gerar insegurança jurídica aos bancos e empresas do setor financeiro. 'Até que o conflito seja resolvido via Legislativo ou Judiciário, seria recomendável que Cade e BC se valessem do protocolo de cooperação de 2005', afirmou a advogada."

[BASILE, Juliano. **Por concorrência bancária, BC acirra disputa com Cade.** Valor Econômico de 07.05.2012].

V. CAMPILONGO, Celo Fernandes/ROCHA, Jean Paul Cabral Veiga da/ MATTOS, Paulo Todescan Lessa. **Concorrência e Regulação no Sistema Financeiro**. São Paulo: Max Limonad, 2002.

V. LAZZARINI, S. G.. **Capitalismo de Laços – os donos do Brasil e suas conexões**. São V. Paulo: Campus Elsevier, 2010.

V. LAZZARINI, S. G., MUSACCHIO, A.. **Reinventing state capitalism – Leviathan in Business, Brazil and Beyond**. Boston, Mass.: Harvard University Press, 2014.

V. TAUFICK, Roberto Domingos. **Imunidade Parker v. Brown: releitura das doutrinas state action e pervasive power no ordenamento jurídico brasileiro.** *In*: Revista da Procuradoria-Geral do Banco Central. / Banco Central do Brasil. Procuradoria-Geral. – Vol. 1, n. 1, dez. 2007 –. Brasília: BCB, 2009. PP. 75/104.

V. TAUFICK, Roberto Domingos (2014). **Indirect Regulation and the Disinterested Official – A Study on Sham Litigation in Brazil.** Disponível em SSRN: http://ssrn.com/abstract=2540341 ou http://dx.doi.org/10.2139/ssrn.2540341.

V. TAUFICK, Roberto Domingos (2013). **Indirect Regulation, Antitrust Immunity and Public Undertakings in Brazil.** Disponível em SSRN: http://ssrn.com/abstract=2466203 ou http://dx.doi.org/10.2139/ssrn.2466203.

ART. 32 V. TAUFICK, Roberto Domingos (2015). **The Economics of Indirect Regulation: A Costs Analysis vis-à-vis Traditional Regulation**. Disponível em SSRN: http://ssrn.com/abstract=2660225 ou http://dx.doi.org/10.2139/ssrn.2660225.

V. caso Finasa: Ato de Concentração nº 08012.006762/2000-09, em que foram requerentes Banco Finasa de Investimentos S/A; Brasmetal Indústria S/A e Zurich Participação de Representações.

V. Recurso Extraordinário nº 664.189.

V. Parecer GM-020, de 05 de abril de 2001, da Advocacia-Geral da União.

V. art. 15 da Lei nº 8.884/94.

V. nota ao art. 61, §3º.

Art. 32 As diversas formas de infração da ordem econômica implicam a responsabilidade da empresa e a responsabilidade individual de seus dirigentes ou administradores, solidariamente.

V. art. 16 da Lei nº 8.884/94.

Art. 33 Serão solidariamente responsáveis as empresas ou entidades integrantes de grupo econômico, de fato ou de direito, quando pelo menos uma delas praticar infração à ordem econômica.

"Pretende-se, ainda, disciplinar os critérios de aplicação de multas, redefinindo o espectro dos sujeitos passivos, atribuindo-se responsabilidade solidária às empresas ou entidades que formarem grupo econômico, de fato ou de direito, para a prática de condutas abusivas. Para contornar os obstáculos normalmente erigidos pelos infratores, admite-se que seja notificada apenas a representante do grupo para responder ao processo."
[Exposição de Motivos à Lei nº 8.884/94].

O art. 33 repete, com melhoria na redação, o art. 17 da Lei nº 8.884/94. Diferentemente da lei anterior, a solidariedade, na nova lei, existe não só entre os **infratores** dentro do mesmo grupo – como se um cartel fosse –, mas entre todos os **membros** do grupo econômico, independentemente de terem, ou não, participado da infração.

O ponto nevrálgico do art. 33 está na responsabilidade solidária do grupo em função da infração concorrencial cometida por um dos seus membros. Isto não implica que, nos termos do art. 37, a base de cálculo das multas seja, necessariamente, o faturamento do grupo econômico de que aquela sociedade empresarial faça parte – dado que o objetivo da lei é individualizar a pena de acordo com o faturamento dos infratores e proporcionalmente ao dano por eles causado. A solidariedade significa, aí sim, que o patrimônio do grupo responde, solidariamente, pela multa aplicada exclusivamente sobre o faturamento da sociedade infratora – centro de imputação (sempre a depender da participação de todo o grupo na prática anticompetitiva). ART. 33

Válido lembrar que a solidariedade não comporta benefício de ordem e nasce da vontade das partes, ou decorre de lei, quando há comunhão de interesses entre os agentes. No antitruste, a expressa previsão legal decorre, precipuamente, do habitual extravasamento dos benefícios auferidos pelo infrator ao seu grupo econômico.

"Ora, constituindo o grupo societário uma espécie de 'empresa de segundo grau', coloca-se o problema de saber se destinatário dessas normas constituirão apenas as empresas constituintes (de primeiro grau) ou se também a própria empresa global do grupo, enquanto tal.

A importância desta questão analisa-se em dois plano: no plano das relações externas e das relações internas do grupo.

No primeiro desses planos, a questão fundamental é a de saber se o grupo enquanto tal pode funcionar como unidade de imputação das normas jurídico-concorrenciais no tráfico jurídico externo; máxime se os comportamentos violadores das normas da concorrência levados a cabo por uma sociedade do grupo poderão, ou até deverão, ser imputados à sociedade-mãe ou ao próprio grupo enquanto tal. (...)

No plano das relações internas, a questão é exactamente a inversa. Dado que o grupo constitui uma unidade económico-empresarial composta por sociedades juridicamente independentes mas economicamente dependentes, pergunta-se se não se deverão considerar isentos da aplicação das normas sobre a concorrência aqueles actos ou condutas que, conquanto contrários a essas normas, hajam sido levados pelas sociedades do grupo entre si mesmas. (...)

Muito embora não exista uma resposta unívoca a estas questões (dependentes como estão das circunstâncias dos casos concretos), pode-se afirmar que a tendência geral da legislação e jurisprudência aponta no sentido de reconhecer no grupo uma unidade, não apenas econômica, mas também jurídica – dito doutro modo, como uma verdadeira *empresa* única para efeitos da aplicação das
ART. 33 normas em matéria de concorrência, contrariando assim os cânones clássicos do direito das sociedades e do direito privado, tributários do princípio da independência. Uma primeira comprovação desta tendência consagrou-a expressamente o próprio legislador português no art. 14º, nº 4 do diploma atrás referido, preceito que vem elevar o grupo de sociedades a unidade jurídica de imputação das normas concorrenciais, ao afirmar que 'é equiparado a empresa o grupo de empresas, entendendo-se como tal o conjunto de empresas que, embora juridicamente distintas, se comportam concertadamente no mercado, em virtude de vínculos de interdependência ou subordinação de carácter financeiro, contratual, directivo ou outro'. Por outro lado, cumpre recordar aqui que a jurisprudência comunitária vem afinando por idêntico diapasão sempre que o grupo de sociedades se comporte no mercado como uma verdadeira unidade de acção e decisão econômica (*single economic unit*). Isso significa – no plano das relações externas – que sempre que uma sociedade do grupo pratique um dado comportamento anticoncorrencial em conluio com (prática concertada) ou contra (abuso de posição dominante) uma terceira empresa, na sequência de instruções directas provenientes do núcleo dirigente do grupo, então a realidade material do controlo inter-societário deverá primar sobre o princípio da separação das personalidades jurídicas das sociedades agrupadas: tal comportamento será de imputar à própria sociedade-mãe ou mesmo ao grupo como um todo. Isso significa ainda – agora no plano das relações internas – que sempre que tal com-

portamento se haja verificado dentro do perímetro do próprio grupo, máxime ocorrendo entre a sociedade-mãe e uma das sociedades-filhas, a existência do mesmo poderá funcionar como uma circunstância excludente da natureza anticoncorrencial desse mesmo comportamento, que será interpretado como uma mera operação de reorganização interna de uma única empresa, sem efeitos para o mercado e a concorrência."

[Antunes, José A. Engrácia. **Os Grupos de Sociedades**. Coimbra: Almedina, 1993. PP. 159/163].

[43]"Isto significa que a solução do problema da responsabilidade intragrupo deve-se basear no equilíbrio entre a autonomia e o controle na relação entre controladora e subsidiária. A decisão acerca da responsabilidade da controladora pelo passivo de uma filial do grupo depende, essencialmente, de saber se a decisão relevante foi tomada autonomamente pela subsidiária, ou decorreu do poder exercido pelo controlador."

[Antunes, José A. Engrácia. **Liability of Corporate Groups – autonomy and control in parent-subsidiary relationship in US, German and EU Law: an international and comparative perspective**. Deventer, Boston: Kluwer Law and Taxation Publishers, 1994. P.10].

V. nota ao art. 37, I.

ART. 34

Art. 34 A personalidade jurídica do responsável por infração da ordem econômica poderá ser desconsiderada quando houver da parte deste abuso de direito, excesso de poder, infração da lei, fato ou ato ilícito ou violação dos estatutos ou contrato social.

Parágrafo único. A desconsideração também será efetivada quando houver falência, estado de insolvência, encerramento ou inatividade da pessoa jurídica provocados por má administração.

"A desvinculação da desconsideração da personalidade jurídica em suas diferentes acepções da constatação de atividade fraudulenta, bem como a 'desvulgarização' do instituto, para que não constitua afronta ao economicamente sau-

[43] *"This means that the resolution of intragroup liability issues should be based on, and follow the results of, the enquiry into the concrete balance between autonomy and control in the parent-subsidiary relationship at stake. In deciding whether the parent corporation should be made liable or not for debts of one group affiliate, the decisive question should be whether the decision from which the liabilities in dispute arose was was taken under the autonomous decision-making authority of the subsidiary corporation or was taken under the control exercised by the parent."*

dável instituto da personalidade jurídica, são pressupostos para a aplicação da teoria tendo em pauta o Direito Regulatório. Primeiro, porque a fraude depende da intenção, elemento dispensável no Direito Regulatório, fundamentado sobre a averiguação de determinadas condutas e estruturas. Segundo, porquanto a aplicação da desconsideração da personalidade jurídica não está atrelada tão-somente à constatação de determinada infração, mas à concomitante averiguação da inexistência de outro remédio que possibilite a devida reparação do dano. Inexistente este outro remédio ou sendo ele incapaz de reparar todo o dano, e tão-somente então, a desconsideração da personalidade jurídica pode ser aplicada, seja para solucionar a inexistência de outro remédio, seja para complementar sua aplicação."

[Taufick, Roberto Domingos. **A teoria da desconsideração da personalidade jurídica e o controle das condutas e estruturas no direito regulatório.** Revista Jurídica, v.9, PP.1/19. Presidência da República: Brasília, 2007].

Serick, Rolf. **Forma e realtà della persona giuridica.** Tradução de Marco Vitale. Milano: Dott. A. Giuffrè, 1966.

Sztajn, Rachel. **Desconsideração da personalidade jurídica.** Direito do Consumidor, São Paulo, n. 2.

ARTS. 35-36

V. *Salomon V. Salomon & Co. [1897] AC 22.*

Art. 35 A repressão das infrações da ordem econômica não exclui a punição de outros ilícitos previstos em lei.

V. art. 19 da Lei nº 8.884/94.

CAPÍTULO II – Das infrações

Art. 36 Constituem infração da ordem econômica, independentemente de culpa, os atos sob qualquer forma manifestados, que tenham por objeto ou possam produzir os seguintes efeitos, ainda que não sejam alcançados:

É significativo o fato de o legislador, quando da redação do art. 20 da Lei nº 8.884/94, ter optado pela expressão *tenham por objeto ou possam produzir os seguintes efeitos, ainda que não sejam alcançados.*

Em primeiro lugar, *ter por objeto* não implica relação de causa e efeito, mas de propósito. Em outras palavras, fala-se de efeito desejado ou esperado, mas não, necessariamente, possível de ser alcançado. Em geral, casos em que se 'tenha por objeto' determinada consequência incluem dolo do agente (efeito desejado) – embora seja possível que a consequência seja simplesmente derivada de um ato central a ela concatenado (efeito esperado), apesar de aquele ato praticado não ter sido intencionalmente direcionado ao fim potencialmente alcançado. Nesse último caso não haveria dolo, ou, eventualmente, culpa sequer.

De qualquer modo, o fato de um ato *ter por objeto* determinada consequência não implica que seja sequer possível que tal consequência seja alcançada. Isso tem relevância, particularmente, nos casos de efeito desejado.

Tendo a lei deixado claro que a ilicitude da conduta decorre de atos que tenham por objeto OU possam produzir determinados efeitos, fica claro que, pela interpretação gramatical, mesmo ilícitos que não possam ser cometidos por um agente – em geral, por faltar-lhe poder de mercado – podem ser penalizados pela mera conduta.

Há, entretanto, motivos especiais para se considerar que essa inter- ART. 36
pretação não deva preponderar e para acreditar que as infrações concorrenciais não sejam infrações de mera conduta, mas, sim, infrações formais – nas quais se exige o potencial alcance do resultado visado, ou esperado.

Primeiro, as infrações de mera conduta costumam associar-se a penalizações de caráter moral (omissão de socorro, violação de domicílio, racismo) – o que, efetivamente, não é o cerne do combate às infrações de natureza econômica. Segundo, porque a lei concorrencial dispõe sobre a prevenção e repressão às infrações concorrenciais contra a ordem econômica em prol da coletividade, o que lhe confere efeito difuso – de tal modo que a represália a atores incapazes de ferir, concorrencialmente, a ordem econômica fere o próprio objetivo da lei, agasalhado, expressamente, no preâmbulo e no art. 1º da norma. Terceiro, porque o caráter econômico-criminal dos ilícitos remete a princípios de direito penal, como a inimputabilidade de crimes impossíveis.

Nesse mesmo sentido da aplicação dos princípios do direito penal ao antitruste tem-se posicionado o Cade, historicamente, sendo emblemático o voto de Luís Rigato no PA nº 08012.009088/1999-48 – Cartel dos Genéricos:

"Saliente-se que a aplicação do CPC aos processos previstos na Lei 8.884/94 é subsidiária, devendo – adaptá-lo aos princípios que devem nortear o processo administrativo antitruste, notadamente o processo administrativo sancionador. Inevitável recorrer à analogia entre este e o processo penal – o processo sancionador por excelência – no que diz respeito ao instituto do litisconsórcio. Ressalve-se, naturalmente, o rigor processual no direito penal, em que o elemento subjetivo é essencial à caracterização do tipo, ao contrário do direito da concorrência, que permite a consideração objetiva da responsabilidade para efeito de caracterização das infrações concorrenciais.

Nesse sentido também, o entendimento da ProCade, quando defende a 'inexistência de diferença substancial entre o ilícito penal e o administrativo'. Continua a ProCade, afirmando que: 'a norma, em verdade, é que trata de distingui-los. Sobre o assunto, interessantes são as ponderações feitas pelo jurista Miguel Reale Júnior em Parecer ofertado no Processo Administrativo 08012.003760/2003-01:

'Muito se discute se há uma diferença qualitativa ou apenas quantitativa entre o ilícito penal e o ilícito administrativo. O certo, contudo, é a existência de um jus puniendi geral, ao qual se aplicam um regime jurídico do Estado punitivo consoante com o Estado de Direito, independentemente da adoção da teoria
ART. 36 da diferenciação qualitativa ou quantitativa entre ilícito penal e administrativo.'

Essa proximidade entre as instituições penais e administrativas e os respectivos ilícitos, inegavelmente, tende a ocasionar a aplicação, em certas situações, de princípios e institutos jurídicos do Direito Penal e do Processo Penal no Direito Administrativo, e vice-versa.'"

Embora seja, até certo ponto, questionável o quanto princípios direcionados à proteção dos direitos fundamentais das pessoas físicas possam ser estendidos à proteção de pessoas jurídicas – as quais não são passíveis de processo criminal, ou privação de liberdade –[44], há, conforme exposto, pelo menos dois outros bons motivos para acreditar que a manutenção da expressão 'tenham por objeto' já inclui a possibilidade de produzir os efeitos anticompetitivos.

Apesar da habitual confusão que se faz no Brasil, a inviabilidade de classificar as infrações concorrenciais como infrações de mera conduta

[44] O professor Richard Whish, por exemplo, defendeu **[(Updating) Competition Defense in the EU.** Instituto Brasileiro de Estudos de Concorrência, Consumo e Comércio Internacional. 06-09 de maio de 2013] que princípios como *in dubio pro reo* surgem como defesa à pessoa física (direitos humanos) e que, por isso, não seriam aplicáveis à pessoa jurídica.

não deveria repercutir sobre um assunto correlato, mas diverso: a possibilidade de invocar a regra *per se* nas análises de condutas no Brasil. Uma regra *per se*, como aplicada pelos tribunais norte-americanos, apenas inverte o ônus da prova em face do administrado, de tal forma que, adotando certas presunções que permitem concluir pela potencial produção de efeitos dos seus atos sobre o mercado, exija-se que o investigado as afaste. É o caso, por exemplo, da presunção de que uma associação com mais de 20% dos agentes de mercado a ela vinculados detém poder de mercado (análise quantitativa). Caberia aos representados provar, entre outros, (i) que esses associados não são qualitativamente representativos (20% dos atores representam, apenas, 5% do mercado, *v.g.*), ou (ii) que as suas recomendações não servem de ponto focal aos associados E não associados.

Isso significa que regras *per se* não consistem em presunções absolutas (*iuris et de iure*), mas na simplificação do processo de instrução por meio do deslocamento do ônus da prova a quem seja mais factível invertê-lo (presunção relativa ou *iuris tantum*). Ocorre que, dado o elevado padrão de prova necessário para provar a inexistência de efeitos concorrenciais sobre o mercado em casos de infrações *hardcore*, o efeito esperado da re- ART. 36
gra *per se* é, em geral, a condenação do representado.

[45]"Muitos tribunais usam a terminologia *per se* de maneira confusa. Há casos que discutem profundamente os vários possíveis danos advindos de uma alegada restrição e as várias justificativas disponíveis para o réu e concluem que a conduta é *per se* ilegal caso as justificativas estejam ausentes. Um tribunal usando esses termos traduz a terminologia *per se* para afastar necessidade de

[45] *"Many courts use 'per se' language in a very confusing way. There are cases that discuss at length the various possible harms of an alleged restraint and the various justifications available to the defendant and then conclude that the conduct in the immediate case is per se unlawful if those justifications are absent. A court speaking in those terms uses 'per se' language to preclude proof of power or effect but not to preclude explanation and justification. Of course, it would be clearer to say just that. In any event, such a court invokes one meaning of 'per se' but not another. We need to unpack the constituent parts of 'per se' condemnation.*
The root meaning of 'per se illegality' is that courts refuse to consider one or more factors that would ordinarily bear on the reasonableness of challenged conduct. There are, as we have seen, many such factors: actual adverse effects on competition measured in different ways, the power that makes adverse effects possible, intent, and a variety of possible objectives and alternatives. 'Per se' language is used to express the policy judgment – based on the factors discussed in preceding Paragraphs – that we should ignore one of these factors, or two of them, or sometimes all."

provar poder de mercado ou a produção de efeitos deletérios, mas não para afastar a explicação ou a justificativa. É claro que seria mais fácil simplesmente afirmar isso. De qualquer modo, esse tribunal invoca uma acepção do termo *per se*. Devemos, portanto, mostrar os elementos constitutivos de uma condenação *per se*.

O significado original do termo 'ilegalidade *per se*' está na recusa dos tribunais em analisar um ou mais fatores que poderiam, comumente, levar à razoabilidade da conduta investigada. Há, como vimos, muitos desses fatores: efeitos deletérios sobre a concorrência medidos de formas diferentes, o poder de mercado que torna possível a produção dos efeitos deletérios e uma gama de objetivos e alternativas possíveis. O termo *per se* é usado para expressar a regra De julgamento – baseada nos fatores discutidos nos parágrafos anteriores – que defende que se ignore um desses fatores, ou que se ignorem dois dentre esses fatores, ou, até mesmo, todos eles."

[Areeda, Phillip E./Hovenkamp, Herbert. **Antitrust Law – an analysis of antitrust principles and their application**. Vol. VII. Aspen: New York, 2004. PP. 404/405. Esse trecho foi, também reproduzido na nota 43 à decisão do Conselheiro César Mattos no Processo Administrativo nº 08012.007238/2006-32, em que foram representados Associação das Auto-Escolas e Centro de Forma-
ART. 36 ção de Condutores de Campinas e Região e Sr. Oswaldo Redaelli Filho].

No Brasil, porém, a avaliação de que a regra *per se* representa uma mera inversão do ônus da prova não tem vingado, havendo poucas vozes sóbrias que a têm reconhecido no Cade – entre elas, os Conselheiros Ricardo Cueva e Marcos Paulo Verissimo. O excerto abaixo do voto de Ricardo Cueva, hoje Ministro do STJ, ilustra a discrepância entre o significado original da regra *per se* e a forma com que ela tem sido aplicada no Brasil.

"A despeito da confusão conceitual que normalmente se faz entre ilícitos per se e ilícitos determinados com auxílio da regra da razão, não há diferença substancial entre essas duas maneiras de caracterizar o ilícito antitruste. São, por certo, modalidades distintas de análise do fato, cuja peculiaridade consiste na profundidade que se queira exigir da prova de ilicitude. Não se opõem de maneira frontal, constituindo, antes, um contínuo, como uma escala na qual se determine o quantum probatório necessário a formar o convencimento do julgador. Assim, se é certo que algumas condutas, como, por exemplo, os *hard core cartels*, exigem provas muito simples para a caracterização do ilícito, outras formas de colusão podem demandar graus variados de profundidade na análise da potencialidade dos efeitos, tal como a situação descrita nos autos, que teria recebido exame mais adequado caso houvesse sido estudada a racionalidade eventual da conduta das representadas."

[Voto de Ricardo Cueva no cartel dos genéricos: Processo Administrativo nº 08012.009088/1999-48, em que foram representados Abbott, Schering Plough, Roche e outros, de relatoria de Luís Rigato].

Ao seu lado, adotando o posicionamento expresso na edição anterior deste livro de que a regra *per se* representa uma mera inversão do ônus da prova, o sempre lúcido Marcos Paulo Verissimo, em voto-vista no PA nº 08012.006923/2002-18, em que foi representada a Associação Brasileira de Agências de Viagens do Rio de Janeiro (Abav-RJ), leciona:

"30. Mencionado trecho do Guia europeu deixa claro que a presunção de ilicitude que acompanha as condutas anticompetitivas pelo objeto é baseada na experiência, no conteúdo do acordo e na sua lata probabilidade de prejudicar o bem coletivo protegido pela lei. Contudo, trata-se apenas de uma *presunção iuris tantum*, e não significa que esteja adotando uma ficção absolutamente descolada da realidade, nem uma presunção irrefutável. Ao contrário, os elementos da realidade colaboram, por um lado, para o próprio julgamento de que dado acordo é ilícito pelo *objeto*. Por outro lado, a punição da conduta não independe, completamente, de uma análise concreta dos seus efeitos, ainda que esta seja feita, neste caso, *a posteriori*. O ponto, aqui, é apenas perceber que essa análise de efeitos não é necessária para que se ***presuma, em princípio, a ilicitude***. A presunção dispensa, em outras palavras, que a autoridade administrativa se desencarregue da prova dos efeitos para a determinação da ilicitude, e transfere para o próprio Representado o ônus de provar que a restrição à concorrência é acessória em relação a outro objetivo distinto e lícito, e que os potenciais benefícios advindos da persecução desse objetivo principal superam os riscos detectados à concorrência. Este último ponto remete, no sistema nacional, ao regime do revogado artigo 54 da Lei nº 8.884/94 (atual artigo 88 da Lei nº 12.529/11), relativo 'à defesa baseada em eficiências' (**que é, a meu ver, aplicável também em sede de controle de condutas**) [grifei]."

ART. 36

Indo além do ensinamento do Conselheiro, faço consignar que, no ordenamento europeu, mesmo no caso de infrações por objeto, é possível analisar a existência de culpa ou dolo. Nesse sentido, cito o segundo parágrafo do item 1.2.1(i) das Orientações sobre a aplicação do art. 101 TFEU aos acordos de cooperação horizontal:

"Segundo jurisprudência constante do Tribunal de Justiça da União Europeia, para apreciar se um acordo tem um objecto anticoncorrencial, deve atender-se ao seu conteúdo, aos objectivos que visa atingir, bem como ao contexto económico e jurídico em que se insere. Além disso, ainda que a intenção das partes não constitua um elemento necessário para determinar se um acordo tem um objecto anticoncorrencial, nada impede que a Comissão a tenha em conta (29). Nas Orientações Gerais está desenvolvida a noção de restrições da concorrência por objecto."

Entrementes, mesmo aqueles que partilham da minha opinião com relação ao significado da regra *per se* adotam entendimento diverso com relação à incorporação dessa regra ao nosso ordenamento jurídico. Nesses termos, a minha leitura da Nova Lei Antitruste Brasileira destoa daquela do Conselheiro Verissimo em um ponto nevrálgico: divergimos quanto à sua conclusão de que a regra *per se*, na acepção que defendemos, tenha sido recepcionada pelo antitruste brasileiro com a atual redação da lei. A nossa divergência decorre, precisamente, da discordância com relação à aplicação do art. 88, §6º ao controle de condutas.

ART. 36

Ora, a redação do art. 88, §6º da Nova Lei Antitruste Brasileira é quase uma cópia do art. 101(3) do Tratado sobre o Funcionamento da União Europeia (TFEU). Ocorre, porém, que, enquanto o art. 101 TFEU disciplina condutas no sistema europeu, o art. 88 está inserido no capítulo I do título VII da lei brasileira – o primeiro intitulado *Dos Atos de Concentração* e o segundo, *Do Controle de Concentrações.*

Quisesse o legislador aplicar o art. 88, §6º a condutas, ele o teria feito expressamente. Antes, também a análise histórica da legislação concorrencial permite concluir que o legislador disciplinou apenas os atos de concentração com o art. 88, §6º: se, até a lei anterior, o equivalente ao art. 88, §6º da Nova Lei Antitruste Brasileira – art. 54, §1º, na Lei nº 8.884/94, que se situava em capítulo de *Controle de Atos e Contratos* do título de *Formas de Controle* – era aplicável a condutas, a partir da nova lei passou a haver uma expressa separação entre os dispositivos referentes a processos de apuração de condutas e o dispositivos referentes a processos de análise de atos de concentração.

Com a alteração, diversamente do modelo jurisprudencial americano, ou do modelo legal europeu, a norma brasileira passou a admitir, a partir da Lei nº 12.529/2011, que se aplicasse a apuração de condutas anticompetitivas pelo objeto, sem que houvesse a possibilidade de uma defesa baseada em eficiências (*redeeming virtues*). Por subsequente, a aplicação de uma regra *per se*, no Brasil, diversamente do que ocorre nos Estados Unidos e na Europa, não representaria uma mera inversão da prova, ou presunção relativa (*praesumptio iuris tantum*), mas verdadeira presunção absoluta (*praesumptio iuris et de iure*) de que houve o cometimento da infração. Em outras palavras, estaríamos falando de uma infração de mera conduta – enquadramento que tive a oportunidade de criticar parágrafos acima.

Essa alteração *in pejus*, derivada da nova lei, privaria o Cade de decisões eficientes como a tomada no caso Clube dos Treze[46], em que o mercado não poderia se organizar sem acordos entre concorrentes acerca de preços e quantidades. De igual modo, a autarquia se privaria da possibilidade de identificar, excepcionalmente, cartéis de crise.

Com relação ao uso da expressão 'independentemente de culpa', é particularmente relevante observar que ela era de particular utilidade para a condenação das pessoas físicas no plano administrativo pela Lei nº 8.884/94 – o que deixa de ser o padrão da nova lei. Entrementes, como se verá no art. 37, II c/c III, a redação equivocadamente favoreceu a interpretação de que pessoas físicas que se vejam despidas de uma personalidade jurídica como centro de imputação (como é comum entre profissionais liberais e prepostos com função não gerencial) ainda sejam punidas objetivamente, sem a análise dos elementos subjetivos culpa e dolo. ART. 36

É possível, entretanto, defender que, mesmo sem recorrer à responsabilidade objetiva, os agentes de mercado poderiam ser penalizados por qualquer conduta anticompetitiva. Embora, em princípio, sem a explícita menção de que a responsabilidade é objetiva, não seja possível, no direito brasileiro, aplicá-la – dado que ela é excepcional e, portanto, há o mister de expressa previsão no corpo da lei –, se observarmos que, pela teoria econômica, todos os atores agem, racionalmente, no mercado, haveria, sempre, um mínimo grau de culpabilidade a permitir que determinado agente fosse punido – prescindindo a lei, portanto, do recurso à expressa menção legal à responsabilidade objetiva.

[46] Processo Administrativo nº 08012.006504/1997-11, em que foram representados TV Globo Ltda., Globo Comunicações e Participações Ltda., Rádio Televisão Bandeirantes S.A., TVA Sistema de Televisão S.A., União dos Grandes Clubes do Futebol Brasileiro (Clube dos Treze) e outros, de relatoria de César Mattos.

[47]"Embora excessos no uso do 'dolo' estejam presentes em preços predatórios, a nossa qualificação da utilidade do dolo como determinante de responsabilidade não se limita a essa área. A sociedade concorrencialmente agressiva sempre 'deseja' prejudicar os rivais se o dano ao rival for consequência do incremento da própria participação de mercado. Para termos certeza, esse dolo precisa estar direcionado a uma sociedade específica ao invés dos concorrentes em geral. Mas a manifestação de dolo aparece, seja em mercados competitivos, seja naqueles vulneráveis à monopolização. De fato, somente no modelo de concorrência perfeita as sociedades não têm qualquer intenção de respeitar os concorrentes. Em qualquer mercado oligopolizado – isto é, em quase todo mercado em que o monopólio é plausível – as sociedades necessariamente observam as decisões dos seus concorrentes e respondem em conformidade com elas.

O mais complicado é que a mesma manifestação de dolo pode acompanhar atos competitivos e socialmente benéficos (como a redução de preços – ao mesmo tempo agressiva, mas lucrativa), assim como atos anticompetitivos e socialmente nocivos (como os preços predatórios). Como resultado, a má-fé é facilmente provada, mas dificilmente serve ao propósito de distinguir situações nas quais os representados merecem a condenação daquelas que em que não se
ART. 36 deve intervir."

[Areeda, Phillip E./Hovenkamp, Herbert. **Antitrust Law – an analysis of antitrust principles and their application**. Vol. III, 2a edição. Aspen: New York, 2002. P. 5].

"A proposta não altera as principais regras acerca das infrações à ordem econômica do art. 20 da Lei 8.884/94, que se transforma no art. 31 do Projeto de

[47] *"Although excesses in the use of 'intent' have been most apparent in the law of predatory pricing, our qualification on the usefulness of intent as a determinant of liability is not limited to that area. The competitively aggressive firm always 'intends' to harm rivals if injury to rivals is a consequence of one's own increase in market share. To be sure, sometime this intent seems directed to a specific firm rather than to competitors in general. But the same manifestations of intent show up both in competitive markets and in markets that are vulnerable to monopolization. Indeed, only in the perfectly competitive model do firms have no intent whatsoever respecting competitors. In any oligopolistic market – that is, in virtually every market where monopoly is plausible – firms necessarily observe the decisions of their rivals and respond accordingly.*
More problematically, the same manifestations of intent can accompany competitive, socially beneficial acts (such as aggressive but remunerative price cutting) and anticompetitive, harmful acts (such as property defined predatory pricing). As a result, bad intent is easily proven but seldom serves to distinguish situations where the defendant's conduct deserves condemnation from those in which it should be left alone."

Lei. Este último apenas torna mais claro que os efeitos que caracterizam tais infrações são alternativos.

Os dispositivos do art. 21 da Lei 8.884/94, que exemplificam as infrações caracterizadas no art. 20, também são mantidos, em sua maior parte, inalterados. A única diferença é a remoção do inciso XVII (abandonar, fazer abandonar ou destruir lavouras ou plantações, sem justa causa comprovada)."

[Exposição de motivos do Substitutivo Ciro Gomes].

Para a relação entre restrições puras e ancilares (*naked/ancillary restraints*):

"Sullivan e Harrison (2003)[48] asseveram que a doutrina das restrições ancilares foi estabelecida em *United States v. Addyston Pipe*, quando seis produtores de canos de ferro alocaram entre si territórios de atuação e passaram a fixar conjuntamente os preços nesses territórios. O argumento das partes era que o arranjo tinha o propósito benigno de prevenir a competição acirrada e que a associação seria válida perante a Lei Comum, pois os preços fixados eram razoáveis. O Sexto Circuito rejeitou esse argumento dado que 'mesmo perante a Lei Comum tais acordos são ilegais a não ser que eles sejam ancilares (...). Nenhuma restrição convencional de comércio pode ser imposta a menos que o acordo inerente seja ART. 36
meramente ancilar ao propósito fundamental do contrato legal... [49]'.

A doutrina, estabelecida no julgamento do referido caso, assevera que todas as restrições diretas são *ipso facto* ilegais, mesmo que o resultado seja razoável. As restrições ancilares que não são razoáveis são ilegais; já as restrições ancilares que são razoáveis são consideradas legais.

Entretanto, em *Standard Oil Co. v. United States*, a Suprema Corte reformou a doutrina das restrições ancilares estabelecida em *Addyston Pype,* ao considerar que mesmo uma restrição direta pode ser legal se for razoável. Portanto, a regra da razão pode ser aplicada tanto para as restrições diretas quanto para as ancilares. De acordo com essa regra, examina-se o conteúdo e a natureza de todo o acordo para se decidir sobre a sua razoabilidade. Nesse contexto, avalia-se se a restrição é direta ou ancilar. Para tanto, deve-se averiguar se um acordo entre concorrentes foi estipulado para promover o negócio e a produtividade do mesmo. Apenas quando a restrição tende a sempre, ou quase sempre, restringir

[48] Sullivan, E. Thomas e Harrison, Understanding Antitrust and its Economic Implications, LexisNexis, Fouth Edition, 2003.

[49] *"(...) even under the common law all such agreements were unlawful unless they were ancillary. '[N] o conventional restraint of trade can be enforced unless the covenant embodying it is merely ancillary to the main purpose of a lawful contract..."*

a competição e reduzir o produto mais informações sobre a aludida restrição devem ser obtidas.

De acordo com a referida doutrina, apenas restrições não razoáveis são ilegais. Entretanto, a doutrina também reconhece que certas condutas, pela sua natureza e caráter, são inerentemente anticompetitivas e, dessa forma, são não razoáveis *per se*. Estas não precisam ser avaliadas pela ótica da regra da razão. Porém, como ressaltado por Sullivan e Harrison, a doutrina não esclarece quando a regra da razão e a regra *per se* devem ser utilizadas. Nem todas as condutas restritivas são inerentemente anticompetitivas e nem sempre é possível conciliar a jurisprudência disponível sobre o assunto.

Desse modo, cabe ao julgador, por fim, distinguir as restrições caso a caso. (...)

Bellamy e Child (2001)[50] chamam de restrições ancilares 'os arranjos relacionados a concentrações que incluem acordos restritivos entre as partes que têm por objeto e efeito limitar a liberdade de ação no mercado, e que se fossem estabelecidos em isolado ou em um contexto econômico diferente, seriam enquadrados nos Artigos 81 e 82 Tratado Europeu'.

De acordo com Whish (2001)[51], a Comissão Europeia publicou sua primeira *Notice on ancillary restraints* em 1990, onde fornecia diretivas sobre quais restri-
ART. 36 ções considerava diretamente relacionadas e necessárias a uma concentração. Essa foi substituída pela *Notice on restrictions directly related and necessary to concentrations*, com sua última versão publicada pela Comissão em 2005[52]. Embora atuante na definição das regras gerais concorrenciais europeias, essa versão mais recente trouxe uma importante modificação na interpretação da Comissão

[50] Bellamy and Child, *European Community Law of Competition*, P.M. Roth Qc, Fifth Edition, 2003.

[51] Whish, Richard, Competition Law, Butterworths, Fourth Edition, 2001.

[52] *2. The amendment of the rules governing the assessment of restrictions directly related and necessary to the implementation of the concentration (hereinafter also referred to as 'ancillary restraints') introduces a principle of self-assessment of such restrictions. This reflects the intention of the legislature not to oblige the Commission to assess and individually address ancillary restraints. The treatment of ancillary restraints under the EC Merger Regulation is further explained in recital 21 in the preamble to the EC Merger Regulation, which states that 'Commission decisions declaring concentrations compatible with the common market in application of this Regulation should automatically cover such restrictions, without the Commission having to assess such restrictions in individual cases'. While the Recital envisages that the Commission will exercise a residual function with regard to specific novel or unresolved issues giving rise to genuine uncertainty, it is in all other scenarios the task of the undertakings concerned to assess for themselves whether and to what extent their agreements can be regarded as ancillary to a transaction. Disputes as to whether restrictions are directly related and necessary to the implementation of the concentration, and thus automatically covered by the Commission's clearance decision, may be resolved before national courts.*

Europeia com relação à sua competência para fiscalizar as restrições ancilares. A norma prevê que continuam sujeitas à análise da CE os casos envolvendo discussões novas, isto é, as restrições relevantes à concorrência que não se enquadrem na jurisprudência formada pela Comissão (*novel or unresolved issues giving rise to genuine uncertainty*). Por sua vez, conflitos com interpretações já consolidadas na jurisprudência da CE legam aos contratantes o ônus de provar a plausibilidade da restrição e deverão ser analisados pelos tribunais nacionais.

A Comissão considera que acordos são **necessários** à implementação de uma concentração quando, na sua ausência, a operação não pode ser implementada, ou somente pode ser implementada a um custo substancialmente maior, ou com um período mais longo ou com dificuldades consideravelmente maiores. (...)

Para avaliar se uma restrição preenche as referidas condições, a Comissão deve, além de considerar a natureza da restrição, aplicar a regra de proporcionalidade. Essa regra impõe que 'nem a duração, nem o objeto nem a área geográfica de aplicação da restrição deve exceder o que a implementação da concentração razoavelmente requer'.

Os tipos de restrições ancilares considerados pela Comissão Europeia são: (i) restrições de não competição; (ii) licenças de propriedade intelectual; (iii) obrigações de compra e venda; e (iv) outras formas de restrições que no contexto de uma concentração geralmente serão consideradas como parte integral da concentração. Interessa aqui aprofundar o entendimento sobre o primeiro tipo. ART. 36

Geralmente, cláusulas de não-concorrência são impostas sobre o vendedor[53] e normalmente são classificadas na categoria de restrições ancilares, pois garantem a transferência ao comprador do valor total dos ativos envolvidos no

[*Commission Notice on restrictions directly related and necessary to concentrations.* Disponível em http://eur-lex.europa.eu/LexUriServ/LexUriServ.do?uri=OJ:C:2005:056:0024:0031:EN:PDF. Acesso em 15.12.08]

[53] "A pesquisa da jurisprudência internacional indica que apenas em casos raros a Comissão Europeia aceita cláusulas de não-concorrência em favor do vendedor (ou seja, imputadas ao comprador). Navarro et alli [Navarro, E., Font, A., Folguera, J. e Briones, J., **Merger Control in the EU**, Oxford: Second Edition, 2005] asseveram que a Nota da Comissão Europeia sobre restrições relacionadas e necessárias a concentrações determina que as restrições de um dado acordo podem beneficiar tanto o comprador como o vendedor.

Dois casos onde cláusulas que beneficiam o vendedor estavam presentes são citados pelos autores. No caso GEC/GPTH, a Comissão constatou que uma das cláusulas de não-concorrência (6.4) beneficiava o vendedor, pois impedia o comprador de revender o negócio adquirido para um competidor do vendedor. A decisão da Comissão atestou, nesse caso, que *qualquer proteção ao vendedor é normalmente uma restrição não ancilar e, portanto, dever ser examinada de acordo com os Artigos 85 e 86 do Tratado EEC.*

No caso em questão, a Comissão considerou que as partes não justificaram suficientemente porque a cláusula imposta sobre o comprador (no caso, a GEC) deveria ser considerada

negócio, incluindo ativos não tangíveis. Quando uma transferência envolve apenas ativos físicos ou direitos exclusivos de propriedade industrial ou comercial, cláusulas de não-concorrência não são consideradas pela Comissão como necessárias para a transferência total do valor dos ativos.

A Comissão inclui na definição de cláusulas de não-competição não apenas as provisões de não-competição tradicionais, onde uma parte é impedida de conduzir negócio concorrente, mas também cláusulas que tenham efeitos similares, tais como não-solicitação de antigos empregados e clientes. A Comissão raramente aceita cláusulas de não-concorrência em favor do vendedor do negócio. Normalmente tais cláusulas não são aceitas como restrições ancilares, sendo acolhidas apenas em casos excepcionais.

Para que uma cláusula de não-concorrência seja considerada ancilar à uma concentração ela deve ser limitada ao razoavelmente necessário na sua duração, abrangência geográfica e no objeto a que se refere. Essas cláusulas são justificadas para períodos de até 3 (três) anos quando envolvem a transferência de lealdade dos consumidores na forma de fundo de comércio e *know-how*. Quando apenas o fundo de comércio estiver envolvido, elas são justificáveis por até 2 (dois) anos.

Com relação à abrangência geográfica, essas cláusulas precisam ser limitadas
ART. 36 à área onde o vendedor estabeleceu seus produtos ou serviços antes da transferência. Por fim, as cláusulas devem ser limitadas aos produtos ou serviços que se enquadram na mesma atividade econômica do negócio envolvido na operação."

[Item 5 do voto de Carlos Ragazzo no Ato de Concentração nº 08012.006940 /2007-60, em que foram requerentes Korkula Participações Ltda. e Atacadão Distribuição, Comércio e Indústria Ltda.].

"De forma geral, cláusulas de não concorrência não podem durar mais de cinco anos, por força do receio da Comissão de que elas levem ao fechamento do

necessária para a implementação da concentração. Deste modo, não aceitou a cláusula de não-concorrência que beneficiava o vendedor (no caso, GPTH).
Do mesmo modo, na decisão da fusão entre ALCOA/INESPAL, a Comissão considerou que o arranjo no qual a ALCOA (a compradora) concordava que, por um período de 3 (três) anos, a INESPAL e todas as afiliadas da ALCOA não competiriam na Espanha com duas subsidiárias da INESPAL na linhas de negócios das mesmas não poderia ser considerado uma restrição ancilar. A Comissão asseverou que a restrição protegia o vendedor ao invés do comprador e não era diretamente relacionada nem tampouco necessária para a implementação da concentração. Portanto, a concordância com cláusulas que protegem o vendedor são consideradas pela Comissão Europeia como casos excepcionais, devendo ser plenamente justificadas pelas partes para que sejam aceitas como relacionadas e necessárias à concentração."

mercado. Contratos afetados em 80% ou mais por cláusula de exclusividade são tomados como acordos de não concorrência; a vinculação pode ser longa caso haja bens, ou serviços negociados a partir de estabelecimento de propriedade do fornecedor, ou por ele alugada (...) "

[Whish, Richard. King's College London. **EU Competition Law**. Unit 2. P. 29].

"19. Colaborações entre concorrentes caracterizáveis como 'restrições puras à concorrência' são, logo, investigadas segundo a regra per se: provada a existência da colaboração e, *prima facie*, o poder de mercado conjunto dos agentes nela envolvidos, está configurado o ilícito; colaborações entre concorrentes que impliquem '*restrições ancilares à concorrência*', por sua vez, analisam-se segundo a regra da razão: para que sejam consideradas ilícitas, ter-se-á que provar que as perdas sociais (por exemplo, na forma de preços maiores) superam os ganhos sociais (por exemplo, na forma de custos de produção menores) a elas associados. Em última instância, o que distingue os dois tipos de restrição horizontal é o seguinte: a restrição horizontal pura exige, como condição para a racionalidade da sua adoção, que os agentes que a adotam possuam poder de mercado, ao passo que, na hipótese da restrição ancilar, sua adoção é racional inclusive quando os agentes que a adotam não detêm poder de mercado: a sua justificativa objetiva está na obtenção de ganhos de eficiência que podem traduzir-se em um aumento da quantidade ofertada e/ou um incremento da qualidade de produtos ou serviços." ART. 36

[Voto-Vista de Fernando Schuartz no Processo Administrativo nº 08012.007042/2001-33, em que foram representadas Cooperativa dos Médicos Anestesiologistas da Bahia – COOPANEST-BA, Cooperativa do Grupo Particular de Anestesia S/C Ltda – GPA, de relatoria de relatoria de Roberto Pfeiffer].

"A versão mais contemporânea deste entendimento do juiz Taft foi efetuada por Bork, em 1986:

'[P]ara ser ancilar e, portanto, isento da regra *per se*, um acordo eliminando a competição deve ser subordinado e colateral a uma transação legítima e separada. A restrição ancilar é subordinada e colateral no sentido de que ela serve para tornar a principal transação mais efetiva em atingir tal propósito."

[Voto-Vista do Conselheiro César Mattos no Processo Administrativo nº 08012.006241/97-03, em que foram representadas drogarias e farmácias da Rede da Economia no DF].

V. TAUFICK, Roberto Domingos (2015). **Por que não às cláusulas de não concorrência?**. Disponível em SSRN: http://ssrn.com/abstract=2626840 ou http://dx.doi.org/10.2139/ssrn.2626840

V. *Leegin Creative Leather Products, Inc. v. PSKS, Inc., 551 U.S.877 (2007).*

V. voto de Ricardo Cueva no cartel dos genéricos: Processo Administrativo nº 08012.009088/1999-48, em que foram representados Abbott, Schering Plough, Roche e outros, de relatoria de Luís Rigato.

V. voto-vista de Luiz Schuartz no cartel das vitaminas: Processo Administrativo nº 08012.004599/1999-18, em que foram representadas F. Hoffmann-La Roche Ltd., Aventis Animal Nutrition do Brasil Ltda. e outros.

V. Processo Administrativo nº 08012.001271/2001-44, em que foi representada a SKF do Brasil, de relatoria de Vinicius Carvalho.

V. nota ao art. 1º.

I – limitar, falsear ou de qualquer forma prejudicar a livre concorrência ou a livre iniciativa;

ART. 36 Este inciso, que repete o art. 20, I da Lei nº 8.884/94, é genérico a ponto de abarcar todas as possíveis infrações concorrenciais. Afinal, *de qualquer forma prejudicar a livre concorrência* nada mais é que a tradução de cometer infração concorrencial contra a ordem econômica.

A imprecisão, aliás, é o grande problema dos quatro incisos do caput do art. 36 da nova lei – que repete os incisos do art. 20 da Lei nº 8.884/94. Primeiro, porque o inciso I abarca todos os demais, de tal modo que mais útil seria se ele já estivesse incluído no *caput*: *[c]onstituem infração da ordem econômica, independentemente de culpa, os atos sob qualquer forma manifestados que possam prejudicar a livre concorrência ou a livre iniciativa, ainda que os efeitos não sejam alcançados.*

O legislador, entretanto, optou por criar um tipo genérico no inciso I e apresentar subtipos exemplificativos nos incisos seguintes. Desse modo, caracteriza como infração concorrencial à ordem econômica o domínio de mercado de bens ou serviços (inciso II), para, dois incisos abaixo (inciso IV), limitar a infração ao exercício abusivo desse poder de mercado. Dado que as redações dos incisos II e IV parecem ser auto-excludentes – se, efetivamente, o domínio do mercado fosse ilícito de mera conduta, o inciso IV seria inócuo; por outro lado, se o inciso IV fosse a única possibilidade de o poder de mercado associar-se a alguma infração, o inciso II seria excessivo –, o legislador claramente repetiu a impropriedade técnica que vinha da lei anterior.

A interpretação dos dispositivos, entretanto, tem distinguido o exercício abusivo do poder de mercado já existente (inciso IV) da consolidação da dominação de mercado em si (o alcance da posição dominante por quem não a tenha), quando realizada por meios abusivos (inciso II). Para mim, entretanto, dois pontos devem ser destacados em relação a essa leitura. Primeiro, o inciso II não fala em domínio do mercado por meios abusivo, mas simplesmente, em domínio do mercado, sem qualquer qualificação – o que torna essa interpretação questionável. Segundo, ainda que adotado esse entendimento, o inciso II seria inócuo, pois o domínio abusivo do mercado estaria subsumido ao inciso IV, quando o abuso pressupusesse poder de mercado pelos infratores –, ou ao inciso I, em todos os demais casos.

O inciso III, por derradeiro – que será melhor analisado oportunamente –, especialmente com a exclusão da infração anteriormente descrita no art. 21, XXIV e parágrafo único da Lei nº 8.884/94, deve ser considerado, na esteira da jurisprudência reinante no Cade, como infração ART. 36
conexa (meio para a prática de um ilícito maior), ou resultado da prática de um ilícito concorrencial – não como um ilícito em si.

"Mas, indubitavelmente, é em sua faceta de liberdade de iniciativa empresarial que o princípio da livre iniciativa assume maior relevância jurídica, ao menos sob o ponto de vista prático.

Através desse princípio, garante-se não só 1) a liberdade de acesso ao mercado, mas também 2) a liberdade de permanência no mercado.

Sob o primeiro aspecto, a liberdade de iniciativa econômica é liberdade de indústria e comércio – ou seja, não ingerência do Estado no domínio econômico – e denota uma liberdade pública.

Por outro lado, como um corolário desse primeiro aspecto, a liberdade de iniciativa empresarial também expressa a liberdade de permanência no mercado, ou seja, a livre concorrência, ou ainda, em outras palavras, a liberdade de exercer a luta econômica sem a interferência do Estado, bem como sem outros obstáculos impostos pelos demais agentes econômicos privados. Vê-se, destarte, que a adoção entre nós do princípio da livre iniciativa bastaria para ter-se também por constitucionalmente protegida a livre concorrência, que é o seu corolário. (...)

Livre iniciativa e livre concorrência são, pois, princípios intimamente ligados. Ambos representam liberdades, não de caráter absoluto, mas liberdades regradas, condicionadas, entre outros, pelos imperativos de justiça social, de existência digna e de valorização do trabalho humano. Assim, o que a Constituição privilegia é o valor social da livre iniciativa, ou seja, o quanto ela pode expressar de socialmente valioso. Da mesma forma, a livre concorrência é erigida à condição de princípio da ordem econômica não como uma liberdade anárquica, mas sim em razão de seu valor social. A extensão de tais liberdades dependerá de sua análise conjugada com os demais objetivos e princípios, não só da ordem econômica mas da Constituição como um todo. (...)

Importa registrar que a repressão aos abusos do poder econômico não se inclui entre as modalidades de intervenção estatal que representam restrições às mencionadas liberdades. Com efeito, a atividade antitruste do Estado visa justamente à preservação da livre concorrência e, consequentemente, da livre iniciativa. Não se trata, pois, de restringir a liberdade daquele que abusa de seu poder econômico, já que ninguém tem liberdade para abusar. Em caso de abuso, a atividade do agente econômico terá ido além dos limites de suas liberdades. Vê-se que não há restrição de liberdade, mas sim restauração da liberdade dos demais agentes do mercado, violada pelos atos abusivos."

[Bruna, Sérgio Varella. **O poder econômico e a conceituação do abuso em seu exercício**. São Paulo: Editora Revista dos Tribunais, 1997. PP. 134/137].

ART. 36

"Esses são quatro tipos de conduta anticompetitiva no Direito brasileiro. Qualquer ilícito terá necessariamente de ser enquadrado em um deles. Aqui, como na questão da dicotomia intenção/efeito, há divergências doutrinárias, sendo inclusive questionada a constitucionalidade da adoção de tipos tão genéricos. De qualquer forma, em uma primeira abordagem interpretativa, poder-se-ia afirmar que o inciso II está logicamente inserido no I, enquanto o inciso III está logicamente inserido no IV, e em uma interpretação mais ampla, mesmo este poderia ser enquadrado no inciso I."

[Gico Junior, Ivo Teixeira. **Cartel – Teoria Unificada da Colusão**. PP. 150 e segs. São Paulo: Lex, 2007].

V. nota ao inciso III.
V. nota ao art. 1º.

II – dominar mercado relevante de bens ou serviços;

"A definição de um mercado relevante é o processo de identificação do conjunto de agentes econômicos, consumidores e produtores, que efetivamente limitam as decisões referentes a preços e quantidades da empresa resultante da operação. Dentro dos limites de um mercado, a reação dos consumidores e produtores a mudanças nos preços relativos – o grau de substituição entre os produtos ou fontes de produtores – é maior do que fora destes limites. O teste do 'monopolista hipotético', descrito adiante, é o instrumental analítico utilizado para se aferir o grau de substitutibilidade entre bens ou serviços e, como tal, para a definição do mercado relevante.

Definição. O mercado relevante se determinará em termos dos produtos e/ou serviços (de agora em diante simplesmente produtos) que o compõem (dimensão do produto) e da área geográfica para qual a venda destes produtos é economicamente viável (dimensão geográfica). Segundo o teste do 'monopolista hipotético', o mercado relevante é definido como o menor grupo de produtos e a menor área geográfica necessários para que um suposto monopolista esteja em condições de impor um 'pequeno porém significativo e não transitório' aumento de preços.

Procedimento. O teste do 'monopolista hipotético' consiste em se considerar, para um conjunto de produtos e área específicos, começando com os bens produzidos e vendidos pelas empresas participantes da operação, e com a extensão territorial em que estas empresas atuam, qual seria o resultado final de um 'pequeno porém significativo e não transitório' aumento dos preços para um suposto monopolista destes bens nesta área. Se o resultado for tal que o suposto monopolista não considere o aumento de preços rentável, então a Seae e a SDE ART. 36
acrescentarão à definição original de mercado relevante o produto que for o mais próximo substituto do produto da nova empresa criada e a região de onde provém a produção que for a melhor substituta da produção da empresa em questão. Esse exercício deve ser repetido sucessivamente até que seja identificado um grupo de produtos e um conjunto de localidades para os quais seja economicamente interessante, para um suposto monopolista, impor um 'pequeno porém significativo e não transitório aumento' dos preços. O primeiro grupo de produtos e localidades identificado segundo este procedimento será o menor grupo de produtos e localidades necessário para que um suposto monopolista esteja em condições de impor um 'pequeno porém significativo e não transitório' aumento dos preços, sendo este o mercado relevante delimitado. Em outras palavras, 'o mercado relevante se constituirá do menor espaço econômico no qual seja factível a uma empresa, atuando de forma isolada, ou a um grupo de empresas, agindo de forma coordenada, exercer o poder de mercado.'

Um suposto monopolista está em condições de impor um 'pequeno porém significativo e não transitório' aumento de preço quando os consumidores não puderem desviar uma parcela significativa da demanda para bens substitutos ou bens provenientes de outra região. Os conjuntos de produtos e áreas geográficas que um hipotético monopolista deve controlar para que possa impor um 'pequeno porém significativo e não transitório aumento' dos preços determinam, respectivamente, a dimensão do produto e a dimensão geográfica do mercado relevante.

O efeito de um 'pequeno porém significativo e não transitório aumento' de preços para o monopolista hipotético depende da reação dos consumidores. Esta reação, por sua vez, é dada em função da propensão com que os consumidores estejam dispostos a desviar sua demanda para um produto substituto ou a para produto idêntico oriundo de outra área, como resposta a um 'pequeno porém significativo e não transitório' aumento de preço. Para examinar a possibilidade de os consumidores desviarem sua demanda a produtos substitutos de uma mesma região e para produtos idênticos porém de uma área distinta, a Seae e a SDE considerarão os seguintes fatores:

- características físicas dos produtos;
- características dos processos produtivos;
- propriedades comerciais dos produtos;
- evolução dos preços relativos e das quantidades vendidas;
- tempo e os custos envolvidos na decisão de consumir ou produzir produtos substitutos;
- tempo e os custos envolvidos na decisão de consumir ou produzir produtos idênticos provenientes de outras áreas; e

ART. 36
- evidências de que os consumidores desviarão sua demanda ou levarão em conta a possibilidade de desviá-la em função de mudanças nos preços relativos ou em outras variáveis de competição (comportamento passado dos consumidores).

Em casos específicos poderão ser considerados como participantes do mercado os produtores potenciais de curto prazo, isto é, empresas que não produzem atualmente, mas que podem passar a produzir em resposta a um 'pequeno porém significativo e não transitório aumento' dos preços, em um período não superior a um ano e sem a necessidade de incorrer em custos significativos de entrada ou de saída. Serão considerados significativos os custos de entrada ou de saída que não puderem ser cobertos em um período igual ou inferior a um ano, a contar do início da oferta do produto."

[SEAE/SDE. Anexo à Portaria Conjunta Seae/SDE nº 50, de 1º de agosto de 2001: **Guia para Análise Econômica de Atos de Concentração Horizontal**].

"O conceito de mercado relevante teve sua gênese no Direito norte-americano, no caso United States v. E.I. Du Pont de Nemours & Co. (...)

Eis a gênese do conceito de mercado relevante, termo que constitui um anglicismo, decorrente da tradução literal da palavra "relevant", cujo sentido, ao contrário de relevante, não é o de importante (ou aquele que tem relevo), mas sim o de pertinente ou correspondente. Assim, mais do que o mercado importante, o conceito de mercado relevante denota algo como mercado relativo, ou mercado pertinente, no qual os produtos dele integrantes são, em conjunto, objeto da concentração de ofertas e procuras que caracterizam a própria noção econômica de mercado."

[Bruna, Sérgio Varella. **O poder econômico e a conceituação do abuso em seu exercício**. São Paulo: Editora Revista dos Tribunais, 1997. PP. 77 e 80].

[54] "O Guia define um mercado como 'um produto ou conjunto de produtos e a área geográfica onde ele é produzido ou comerciado, de tal modo que um hipotético agente maximizador de lucros, não sujeito à regulação, o qual era o único produtor ou vendedor atual ou futuro daqueles produtos naquela área

[54] *"The Guidelines define a market as 'a product or group of products and a geographic area in which it is produced or sold such that a hypothetical profit-maximizing firm, not subject to price regulation, that was the only present and future producer or seller of those products in that area likely would impose at least a 'small but significant and nontransitory' increase in price, assuming the terms of sale of all other products are held constant.' Guidelines § 1.0.*

This approach to market definition is referred to as the 'hypothetical monopolist' test. To determine the effects of this 'small but significant and nontransitory' increase in price' (commonly referred to as a 'SSNIP'), the Agencies generally use a price increase of five percent. This test identifies which product(s) in which geographic locations significantly constrain the price of the merging firms' products. ART. 36

The Guidelines' method for implementing the hypothetical monopolist test starts by identifying each product produced or sold by each of the merging firms. Then, for each product, it iteratively broadens the candidate market by adding the next-best substitute. A relevant product market emerges as the smallest group of products that satisfies the hypothetical monopolist test. Product market definition depends critically upon demand-side substitution–i.e., consumers' willingness to switch from one product to another in reaction to price changes. The Guidelines' approach to market definition reflects the separation of demand substitutability from supply substitutability–i.e., the ability and willingness, given existing capacity, of firms to substitute from making one product to producing another in reaction to a price change. Under this approach, demand substitutability is the concern of market delineation, while supply substitutability and entry are concerned with current and future market participants.

Definition of the relevant geographic market is undertaken in much the same way as product market definition–by identifying the narrowest possible market and then broadening it by iteratively adding the next-best substitutes. Thus, for geographic market definition, the Agencies begin with the area(s) in which the merging firms compete respecting each relevant product, and extend the boundaries of those areas until an area is determined within which a hypothetical monopolist would raise prices by at least a small but significant and non-transitory amount. (...)

The process of defining the relevant market is directly linked to competitive effects analysis. In analyzing mergers, the Agencies identify specific risks of potential anticompetitive harm, and delineate the appropriate markets within which to evaluate the likelihood of such potential harm. This process could lead to different conclusions about the relevant markets likely to experience competitive harm for two similar mergers within the same industry. (...)

imporia, *coeteris paribus* (tudo o mais constante), ao menos um 'pequeno, mas significativo, e não transitório' aumento de preço. Guia §1.0.

Esta perspectiva de definição do mercado é conhecida como teste do 'monopolista hipotético'. A fim de determinar os efeitos deste 'pequeno, mas significativo, e não transitório' aumento de preço (comumente chamado por 'SSNIP'), as agências geralmente usam um aumento de 5% sobre os preços. Este teste identifica quais produtos em quais localidades geográficas constrangem significativamente o preço dos produtos dos requerentes do ato de concentração.

O método do Guia para implementar o teste do monopolista hipotético começa pela identificação de cada produto produzido ou comerciado por cada requerente do ato de concentração. Em seguida, para cada produto, o guia expande o mercado candidato adicionando o próximo melhor substituto e assim sucessivamente. Um mercado relevante sob a dimensão produto corresponde ao menor grupo de produtos que satisfaça ao teste do monopolista hipotético. A definição do mercado relevante sob a dimensão produto depende, essencialmente, da substituição pelo lado da demanda. – *i.e.*, da vontade de o consumidor mudar de um produto para outro em reação a aumento de preços. A perspectiva do Guia para a definição de mercado reflete a distinção entre a substituibilidade do lado da demanda da substituibilidade pelo lado da oferta – *i.e.*, a habilidade e
ART. 36 vontade, dada a capacidade existente, de uma sociedade deixar de produzir um produto para produzir outro em reação à mudança de preço. **Sob esse prisma, a substituibilidade pela demanda preocupa-se com a definição do mercado, ao passo que a substituibilidade pela oferta e a entrada de ofertantes preocupam-se com atuais e potenciais participantes no mercado.** [grifei]

A definição de mercado relevante geográfico é feita basicamente do mesmo modo que aquela do mercado relevante produto – por meio da identificação do menor mercado possível e, depois, expandindo-o pela adição dos próximos melhores substitutos e assim sucessivamente. Desse modo, para a definição do mercado geográfico, as agências começam pelas áreas nas quais os requerentes do ato de concentração competem com relação a cada produto relevante, estendendo as fronteiras dessas áreas até que se defina a menor área na qual um monopolista hipotético conseguiria aumentar os seus preços por, pelo menos, uma quantia pequena, mas significativa, e não transitória. (...)

O processo de definição do mercado relevante está diretamente relacionado à análise dos efeitos concorrenciais. Ao analisar atos de concentração, as

A merger is likely to lessen competition substantially through unilateral effects if it creates a likelihood that the merged firm, without any coordination with non-merging rivals, would raise its price or otherwise exercise market power to a greater degree than before the merger."

agências identificam riscos específicos de potenciais danos à concorrência e delineiam os mercados apropriados nos quais a probabilidade de que esse dano ocorra será avaliada. Este processo poderia levar a diferentes conclusões sobre os mercados nos quais os danos poderiam ocorrer, mesmo em dois atos de concentração similares dentro do mesmo setor. (...)

Um ato de concentração pode reduzir a concorrência substancialmente por meio de efeitos unilaterais se ele criar a probabilidade de que a sociedade resultante, sem qualquer coordenação com concorrentes alheios à operação, aumente o seu preço ou, de outro modo, exerça poder de mercado de modo mais agudo do que estaria apta a fazer anteriormente à operação."

[Federal Trade Commission/U.S. Department of Justice. **Commentary on the Horizontal Merger Guidelines**, 2006].

"13. As empresas estão sujeitas a condicionalismos concorrenciais de três ordens: a substituibilidade do lado da procura, a substituibilidade do lado da oferta e a concorrência potencial.

Do ponto de vista económico, para a definição do mercado relevante, a substituição do lado da procura constitui o elemento de disciplina mais imediato e eficaz sobre os fornecedores de um dado produto, em especial no que diz respeito às suas decisões em matéria de preços. Uma empresa ou grupo de empresas não pode influenciar de forma significativa as condições de venda prevalecentes no mercado como, por exemplo, os preços, se os seus clientes puderem facilmente transferir a sua procura para produtos de substituição ou para fornecedores situados noutro local. Basicamente, o exercício da definição de mercado consiste na identificação das verdadeiras fontes alternativas de fornecimento para os clientes da empresa em causa, tanto em termos de produtos/serviços como em termos da localização geográfica dos fornecedores." ART. 36

[Comunicação da Comissão relativa à definição de mercado relevante para efeitos do direito comunitário da concorrência (97/C 372/03].

[55]"A Comunicação da Comissão explica, no parágrafo 13, que as sociedades estão sujeitas a três principais restrições competitivas: substituibilidade pela

[55] "The Commission's Notice goes on to explain at paragrapgh 13 that firms are subject to three main competitive restraints: demand substitutability, supply substitutability and potential competition. It adds that, for the purpose of market definition, it is demand substitutability that is of the greatest significance; supply substitutability may be relevant to market definition in certain special circumstances, but normally this is a matter to be examined when determining whether there is dominance; potential competition in the market is always a matter of dominance."

demanda, substituibilidade pela oferta e concorrência potencial. Acresce que, para fins de definição de mercado relevante, a substituibilidade pela demanda é aquela com maior valor; a substituibilidade pela oferta pode ser relevante para a definição de mercado relevante sob certas condições especiais, mas, em geral, ela é uma questão avaliada quando se determina se há poder dominante; a concorrência potencial no mercado relaciona-se sempre a questões de dominância."

[WHISH, Richard. King's College London. **EU Competition Law**. Unit 3. P. 14].

A teoria do campeão nacional, muitas vezes invocada para justificar a aprovação de uma operação, não tem mérito concorrencial, mas, exclusivamente, político. Não se trata de argumento antitruste, mas da invocação de apelo chauvinista para uma operação que, sob o ponto de vista estritamente concorrencial, gera perda de bem-estar do consumidor.

O elemento-chave da teoria, que é a criação de multinacionais brasileiras, pode representar, em última instância, um *trade-off* entre o bem-estar do consumidor nacional e o do estrangeiro. Se aprovada a operação, o consumidor brasileiro passa a pagar mais pelo produto fabricado pelo
ART. 36 campeão nacional, dada a ausência de concorrentes no Brasil. Por outro lado, esse mesmo campeão nacional aumentará a pressão competitiva no exterior, contribuindo para a queda de preços ali. A criação de empregos, que é outro apelo do argumento, também não deixa de ser fantasiosa: além de as fusões naturalmente provocarem o enxugamento das estruturas para o próprio incremento da eficiência pós-fusão, até o eventual aumento dos empregos (no longo prazo) teria um alcance muito restrito *vis-à-vis* a perda de bem-estar do consumidor, que, no caso de campeões nacionais, atinge toda a sociedade.

[56]"A lei [§ 2º do *Sherman Act*] não fala do 'monopólio' ou daqueles 'que tenham poder de monopólio'. Fala daqueles que monopolizem e o uso do verbo

[56] *"The statute* [§ 2º do *Sherman Act*] *does not speak of 'monopoly' or of those 'who shall possess monopoly power'. It speaks of those who shall monopolize and this use of an active verb has been thought to focus the statute not on monopoly as such but on the behavior that achieves or maintains monopoly. (...) [A]ntitrust policy is appropriately concerned with market power that is unreasonable in magnitude, persistent in duration, and remediable in the equity court. In addition, however, we saw that precedent and principle insist that such power have been acquired, maintained, or strengthened through improper means. (...) The § 2 monopolizing offense requires more than just the existence of monopoly power; the 'something more' is generally referred as an 'exclusionary practice'."*

ativo foi utilizado para que o foco da lei não recaísse sobre o monopólio, mas no comportamento que alcança ou que mantém o monopólio. (...) [A] política antitruste está corretamente preocupada com o poder de mercado que é desarrazoado em dimensão, persistente em duração e remediável. Entretanto, esse mesmo poder precisa ter sido adquirido, mantido, ou fortalecido pelos meios inadequados. (...) A ofensa concorrencial pela monopolização do §2º demanda mais do que a existência do poder de mercado; esse 'algo a mais' é genericamente abordado como 'prática exclusionária/excludente'."

[Areeda, Phillip E./Hovenkamp, Herbert. **Antitrust Law – an analysis of antitrust principles and their application**. Vol. III, 2ª edição. Aspen: New York, 2002. PP. 43, 49 e 139].

"A concorrência efectiva traduz-se em benefícios para os consumidores, tais como preços reduzidos, produtos de elevada qualidade, uma vasta escolha de bens e serviços e inovação. Através do controlo das concentrações, a Comissão impede as concentrações susceptíveis de privar os consumidores destas vantagens por aumentarem significativamente o poder de mercado das empresas. Entende-se por 'aumento de poder de mercado' a capacidade de uma ou mais empresas aumentarem os preços de forma lucrativa, reduzirem a produção, a escolha ou a qualidade dos bens e serviços, diminuírem a inovação ou influenciarem de outra forma os parâmetros da concorrência." ART. 36

[Comissão Europeia. Orientações para a apreciação das concentrações horizontais nos termos do regulamento do Conselho relativo ao controle das concentrações de empresas (2004/C 31/03)].

"Assim se deduz dos termos do seguinte trecho da 'Relevant Market Notice'[57], adotada pela Comissão Europeia desde 1997:

'O critério para definição do mercado relevante é geralmente aplicado à análise de certos tipos de comportamento no mercado e à análise de certos tipos de mudanças estruturais na oferta de produtos. **Essa metodologia, no entanto, pode levar a diferentes resultados, dependendo da natureza da questão concorrencial que está sendo examinada**. Por exemplo, o escopo do mer-

[57] "A 'Relevant Market Notice' da Comissão Europeia, que se aplica tanto a fusões, como a infrações cominadas nos artigos 81 e 82 do Tratado de Roma, tem importância extrema em casos de conduta, sobretudo em casos de abuso de posição dominante. Nesse sentido, vide Bellamy & Child. **'European Community Law of Competition'**. Fifth edition. P.M.Roth QC. pág. 6-094: 'The Notice applies not only to mergers but also to Articles 81 and 82 and market definition is necessarily of particular importance for the determination of a dominant position in the application of Article 82'".

cado geográfico pode ser diferente caso esteja-se analisando uma concentração, onde a análise é essencialmente prospectiva, ao invés de uma análise do comportamento passado. **O diferente horizonte de tempo considerado em cada caso pode levar ao resultado de que diferentes mercados geográficos são definidos para um mesmo produto, dependendo se a Comissão está analisando uma mudança na estrutura de oferta, tal como uma concentração ou uma joint venture, ou se está examinando questões relacionadas a um certo comportamento passado'**[58]".

[Caso Microsoft/TBA: Processo Administrativo nº 08012.008024/1998-49, em que foram representadas TBA Informática Ltda. e Microsoft Informática Ltda., de relatoria de Roberto Pfeiffer].

O recurso ao conceito de submercados não difere, substancialmente, daquele de mercado relevante. Em última instância, trata-se de distinção intuitiva – dado que, se, economicamente, os submercados também se diferenciam entre si pela baixa elasticidade cruzada (há um pequeno, mas significativo grupo de pessoas que não trocaria esse produto por outro, enxergando-o de forma qualitativamente diversa daquela que os demais consumidores percebem), por outro lado, os produtos são, funcionalmente, substitutos. Trata-se, sem dúvida, de recurso facilitador da compreensão da paradoxal relação entre baixa elasticidade cruzada e substituição funcional.

ART. 36

"A noção do submercado reconhece que os produtos oferecidos nesse nicho são **funcionalmente fungíveis** com aqueles adquiríveis em outro segmento, mas retrata a especial preocupação com a **baixa elasticidade-cruzada entre**

[58] "Todas as traduções neste voto são versões livres, motivo pelo qual destaco o original: 'The criteria for defining the relevant market are applied generally for the analysis of certain types of behaviour in the market and for the analysis of certain types of structural changes in the supply of products. This methodology, though, might lead to different results depending on the nature of the competition issue being examined. For instance, the scope of the geographic market might be different when analyzing a concentration, where the analysis is essentially prospective from an analysis of past behaviour. The different time horizon considered in each case might lead to the result that different geographic markets are defined for the same products depending on whether the Commission is examining a change in the structure of supply, such as a concentration or a joint-venture, or examining issues relating to certain past behaviour'".

ambos[59]. O resultado dessa observação é o **encorajamento da aceitação dos submercados como uma importante medida de poder de mercado.**

[59] "Aceita-se que a idéia de submercado foi difundida a partir da sua relevância no desfecho do *leading case Staples (FTC v. Staples, Inc., 970 F. Supp. 1066 (D.C. 1997))* seu mais relevante precedente. Como bem apontam Sullivan e Harrison: (tradução livre):
'Em certas circunstâncias, o poder de mercado não é tratado de maneira adequada analisando apenas os produtos. Esse entendimento fez-se claro em FTC v. Staples, onde o Conselho rejeitou a fusão entre Staples e Office Depot, dois varejistas de material para escritório. O problema é que varejistas de material para escritório vendem uma multiplicidade de produtos, quase todos com substitutos ou, se não, fontes múltiplas. As requerentes, portanto, tentaram definir o mercado relevante como produtos para escritório. Se assim definido, as requerentes alcançariam um market share de 5,5%. O Conselho definiu o mercado relevante como a venda de materiais de escritório por meio de grandes lojas de departamento' (superstores). O Conselho sustentou que, embora materiais para escritório adquiridos de grandes lojas de departamento fossem funcionalmente fungíveis com aqueles adquiridos de outros varejistas, tratava-se de verificar se havia elevada elasticidade-cruzada. O tribunal observou que, dentro dos mercados, submercados poderiam existir. Nessa instância, deparou com provas de que havia baixa elasticidade-cruzada entre materiais para escritório vendidos por grandes lojas de departamento e os mesmos itens oferecidos por outros varejistas. Em particular, a FTC pôde demonstrar que em mercados nos quais as três grandes lojas materiais para escritório – Staples, OfficeMax e Office Depot – competiam, os preços da Staples eram 13% mais baixos do que em mercados nos quais não sofria competição de qualquer outra grande loja de departamento. ART. 36
Com efeito, essa e outras informações sustentaram o entendimento de que a elasticidade-cruzada entre um item vendido por uma grande loja de departamento e o mesmo produto vendido em outro lugar era baixa. Desse modo, o tribunal manteve a definição de mercado com base no tipo de varejo. O resultado foi o encorajamento da aceitação de submercados como uma importante medida de poder de mercado.'
Texto original:
'In some instances, market power is not addressed adequately by focusing on products alone. This was made clear in FTC v. Staples in which the Commission challenged the merger of Staples and Office Depot, two retailers of office supplies. The problem is that office supply retailers sell a multitude of products almost all of which have substitutes and, if not substitutes then multiples sources. The defendants, therefore, sought to have the market defined as 'office products'. If so defined, the merging firms would have a 5.5% market share. The Commission defined the relevant market as 'the sale of consumable office supplies through office superstores.' The Commission argued that, although office supplies purchased from a superstore were functionally interchangeable with those purchased from other retailers, this was a different matter than whether there was high cross elasticity. The Court noted that within markets, submarkets could exist. In this instance, it was faced with evidence that there was a low cross elasticity between consumable office supplies sold by superstores and those same items when offered by other retailers. In particular, the FTC was able to demonstrate that in the market in which the three office supply superstores – Staples, OfficeMax and Office Depot – competed, Staples's prices were 13% lower than in markets in which it faced no superstore competition. In effect, this and other data tended to support the position that the cross elasticity between an item sold by a superstore and the very same item sold elsewhere was low. Thus, the court upheld the market definition based on the type of retailer. The result was to encourage acceptance

A distinção de um submercado decorre da identificação de um público-alvo específico de **consumidores de núcleo**(a) distintos, (b) dedicados ou (c) pagadores de preços diferenciados(i) em função de precisarem de um pacote de produtos, (ii) porque peculiaridades tornam aquele pacote de produtos a única escolha possível, dadas as circunstâncias, (iii) ou em razão de aquele produto se tornar singularmente atrativo. Como deve sempre acontecer na definição do mercado relevante, cumpre levar em consideração as realidades concorrenciais – de tal sorte que a escolha do consumidor possa decorrer das (i) características e usos peculiaridades do produto, (ii) infraestrutura de produção singular (em geral, quando o bem servirá de insumo de produção), (iii) necessidades diferenciadas, (iv) sensibilidade à variação de preços e (v) especialidade dos vendedores."

[Caso *Carrefour/Atacadão*: AC nº 08012.006940/2007-60, em que foram requerentes Atacadão Distribuição, Comércio e Indústria Ltda e Korcula Participações Ltda, de relatoria de Carlos Ragazzo].

V. falácia do celofane: *United States v. E.I. Du Pont de Nemours & Co., 351 U.S. 377, 76 S.Ct. 994, 100 L.Ed. 1264 (1956).*

V. *United Brands Company and United Brands Continental BV v Commis-*
 sion of the European Communities, [1978] ECR 207.

V. caso Antarctica-Brahma: Ato de Concentração nº 08012.005846/1999-12, em que foram requerentes Companhia Cervejaria Brahma, Companhia Antarctica Paulista e outros, de relatoria de Hebe Romano da Silva.

V. caso Sky-Directv: Ato de Concentração nº 53500.029160/2004, em que foram requerentes Globo Comunicações e Participações S/A, The Directv Group, Inc. e The News Corporation Ltd., de relatoria de Luiz Carlos Prado.

V. caso Sadia-Perdigão: Ato de Concentração nº 08012.004423/2009-18, em que foram requerentes Perdigão S/A e Sadia S.A., de relatoria de Ricardo Ruiz.

V. nota ao inciso I.

V. nota ao art. 1º.

of submarkets as an appropriate measure of market power.' (Sullivan, E. Thomas/Harrison, Jeffrey L.. **Understanding Antitrust and Its Economic Implications**. Fourth Edition. LexisNexis, 2003. P. 40)'"

III – aumentar arbitrariamente os lucros; e

Se, por um lado, o legislador excluiu os preços excessivos, ou o aumento injustificado de preços (art. 21, XXIV da Lei nº 8.884/94) do rol não exaustivo (expressão 'além de outras' do §3º) das práticas anticoncorrenciais do §3º abaixo (art. 21 da Lei nº 8.884/94), por outro lado, preserva-os por meio da manutenção do presente inciso. Essa identidade entre preços excessivos e aumento arbitrário de lucros já foi visitada pelo Cade:

"Já o preço excessivo, na forma autônoma em que é normalmente considerado, recai nos incisos III e IV do art. 20. Primeiro, preços excessivos são usualmente tomados como abuso de posição dominante, considerado como um fim em si próprio, ou seja, objetivando extrair rendas do consumidor. Este parece ser o propósito do conselheiro Vinicius quando indaga que 'trata-se de avaliar se a política de preços pode ou não explorar, de forma indevida os consumidores'.

Isto é equivalente a definir um preço tão próximo quanto possível do monopólio. Daí que este enquadramento no inciso IV também pode equivaler a um enquadramento dos preços excessivos na conduta de aumento arbitrário de lucros do inciso III. Na medida em que os preços próximos de monopólio geram lucros próximos ao monopólio e, portanto, máximos, podemos concluir que fixar preços excessivos deve ser equivalente a gerar lucros excessivos ou arbitrários[60]. Em ambos os enquadramentos de preços excessivos do art. 20, incisos III e IV, preços excessivos não constituem um meio, mas um fim em si próprio, o que representa a antítese do objetivo da autoridade de concorrência que se deseja evitar. ART. 36

O ponto relevante é que, tanto na linha Prado, como na linha Furquim, os preços excessivos que fazem sentido do ponto de vista antitruste são meramente instrumentais e sempre associados com outra conduta, seja como efeito (cartel), seja como causa (*price squeeze*). Tais enquadramentos de 'preços excessivos' não se constituem em condutas autônomas por não descreverem satisfatoriamente, de forma isolada, o problema antitruste com o qual se depara a autoridade. Assim, mesmo como 'causa', o preço excessivo não vem sozinho.

[60] "Aqui estamos tomando algumas liberdades metodológicas. Para ser mais preciso, preços excessivos geram lucros excessivos ou arbitrários. Já o aumento arbitrário de lucros ocorre no momento em que o 'preço não excessivo' passou a ser 'excessivo'."

> As críticas ao controle de preços excessivos não significam que a autoridade de concorrência deva simplesmente negar a existência de preços acima do valor socialmente desejável. Reforçando o ponto principal do voto do Conselheiro Ragazzo, a questão é que o controle direto do preço excessivo, sem a avaliação concomitante da conduta principal que melhor caracteriza a conduta dentro da doutrina antitruste, simplesmente não é eficaz, podendo inclusive ser prejudicial ao objetivo primário da política de concorrência."
>
> [Voto-Vista do Conselheiro César Mattos em Averiguação Preliminar nº 08012.003648/1998-05 e Averiguação Preliminar nº 08012.000295/1998-92, em que foram representadas White Martins S.A. e Agra S.A.].

Observe-se, contudo, que a opção do legislador por excluir, em definitivo, os próprios elementos caracterizadores dos preços excessivos, ou do aumento injustificado de preços (art. 21, parágrafo único da Lei nº 8.884/94) poderia representar a intenção de afastar a caracterização do aumento arbitrário de lucros/preço excessivo/aumento injustificado de preços como um fim em si próprio. Ora, sem os incisos I a IV do parágrafo único do art. 21 da Lei nº 8.884/94 ("I – o preço do produto ou ART. 36 serviço, ou sua elevação, não justificados pelo comportamento do custo dos respectivos insumos, ou pela introdução de melhorias de qualidade; II – o preço de produto anteriormente produzido, quando se tratar de sucedâneo resultante de alterações não substanciais; III – o preço de produtos e serviços similares, ou sua evolução, em mercados competitivos comparáveis; IV – a existência de ajuste ou acordo, sob qualquer forma, que resulte em majoração do preço de bem ou serviço ou dos respectivos custos"), o aludido ilícito desatrela-se da análise comparativa de preços que tanto era criticada pelo Cade.

Por outro lado, a preservação do aumento arbitrário dos lucros como inciso independente do art. 36 – ao lado do domínio de mercado, do exercício abusivo de posição dominante e de impor prejuízos à livre concorrência/livre iniciativa – poderia tornar questionável por que tipificar ilícito que só possa existir se conexo a outro ao qual ele sirva de substrato, não fosse a falta de rigor técnico já criticada no inciso I acima.

Como já tive a oportunidade de me manifestar [Taufick, Roberto Domingos. **Introdução ao Direito da Concorrência**. Escola Superior de Administração Fazendária, 2014], apesar dos esforços que alguns membros do Cade já fizeram para não enterrar em definitivo a sua aplicabilidade a quem não seja regulador setorial[61], o comportamento dos preços e do lucro não é, em si, uma conduta anticompetitiva no ordenamento brasileiro.

O comportamento dos preços pode, sim, ser o meio, ou o resultado – e, como tal, até elemento de prova – de uma conduta anticompetitiva. Essa diferença de tratamento decorre da diferenciação entre preços exploratórios e preços exclusionários. Preços exclusionários são aqueles que são instrumentos ilícitos da redução da concorrência do mercado. Ocorrem no caso da **compressão de margens (*margin squeeze*)**, por exemplo. A compressão de margens, como veremos mais adiante, pode ocorrer quando um fornecedor A verticalmente integrado (que atua no atacado e no varejo) oferece preços seletivamente mais altos para um ou mais clientes B e C, vendendo o produto no varejo a um preço tal que B e C não conseguirão competir. Desse modo, o objetivo dos preços exclusionários é provocar a exclusão das demais empresas (neste caso, clientes e concorrentes) do mercado a fim de auferir lucros extraordinários de monopolista. Outro exemplo de preço exclusionário está na recusa velada em contratar, que pode ocorrer pela elevação do preço a patamar tal que não se torne interessante contratar o serviço (por exemplo, pela impossibilidade de repassar esses custos para o consumidor final). ART. 36

Diversamente, no caso dos preços exploratórios falamos dos preços praticados por *player* que detenha poder de mercado, sem que esses preços tenham por escopo, ou por efeito reduzir a concorrência. Nesse caso, a prática do preço não instrumentaliza qualquer ilícito, mas pode ser (embora não necessariamente seja) o resultado do ilícito, ou o meio para alcançá-lo. No caso de um cartel, um grupo de empresas ineficientes pode unir-se com o objetivo de excluir um concorrente eficiente e aumentar preços. É possível, ainda, que uma prática agregue tanto preços exploratórios, quanto exclusionários. No caso dos preços predatórios, por exemplo, uma empresa pode usar preços abaixo dos seus custos para excluir a concorrência (preços exclusionários) e, ao tornar-se monopolista, elevar os preços a fim de auferir lucros extraordinários (preços exploratórios).

[61] Destaca-se, em particular, a discussão em sede da Averiguação Preliminar nº 08012.003648 /1998-05 – na qual, apesar das amplas discussões, restou pacífico que o Cade nunca condenou qualquer agente por prática de preços exploratórios.

Tanto no caso dos preços exclusionários, quanto no caso dos preços exploratórios, não é o comportamento do preço (elevação, ou redução), ou a lucratividade isoladamente que devem ser punidos. O que deve ser punido é o efeito que o comportamento do preço gera sobre a concorrência no mercado – como o fechamento do mercado aos concorrentes (*foreclosure*), que podem ficar sem fornecedor, ou sem comprador. É completamente lícito a um inovador auferir lucros extraordinários porque gerou uma inovação – sendo os lucros extraordinários um prêmio pela capacidade inovadora. A própria Nova lei Antitruste Brasileira define, no art. 36, §1º, que a conquista de mercado resultante de processo natural fundado na maior eficiência de uma empresas em relação aos seus competidores não caracteriza o ilícito concorrencial.

Abaixo, trecho do criticado voto da Comissão Europeia em *United Brands*, favorável à existência do ilícito independente de preços excessivos, assim como manifestação de Richard Whish e voto de Paulo Furquim – ambos favoráveis à existência dos preços excessivos tão somente enquanto ilícito conexo ou resultado (*outcome*) em um ilícito concorrencial.

Vale observar que, no caso europeu, a condenação da prática de pre-
ART. 36 ços excessivos – que habitualmente incorpora a comparação entre os preços praticados nos diferentes países-membros – visa, precipuamente, promover a integração em um mercado comum europeu. Seu objetivo central, portanto, não é alcançar um ambiente concorrencialmente mais salutar, mas, sim, evitar que preços diferentes limitem a livre circulação de mercadorias a poucos países, prejudicando o processo de integração regional.

[62]"A cobrança de um preço que é excessivo porque não encontra relação razoável com o valor econômico do produto fornecido pode ser um abuso de posição dominante, no sentido do subparágrafo (a) do art. 86; esse excesso poderia, entre outros, ser objetivamente determinado se fosse possível calculá-lo por meio de uma comparação entre o preço de venda do produto em questão e o seu custo de produção, o que demonstraria o valor da margem de lucro."

[62] *"Charging a price which is excessive because it has no reasonable relation to the economic value of the product supplied may be an abuse of a dominant position within the meaning of subparagraph (a) of article 86; this excess could, inter alia, be determined objectively if it were possible for it to be calculated by making a comparison between the selling price of the product in question and its cost of production , which would disclose the amount of the profit margin."*

[United Brands Company and United Brands Continental BV v Commission of the European Communities, [1978] ECR 207].

"[V]ale ressaltar que o aumento desproporcional de preços e a existência de posição dominante não são condições suficientes para se concluir pelo ilícito de preços excessivos ou aumento injustificado de preços.

Sobre essa questão, há de se reconhecer que, em condições de concorrência e na ausência de outras falhas de mercado, a precificação que faz uma empresa, orientada para obter o máximo lucro, é socialmente desejável.

Já no caso de uma empresa que detém poder de mercado, sua relevância no mercado é tal que uma variação de sua produção é capaz de afetar os preços. Como consequência, há incentivos para que tal firma produza menos do que o socialmente desejável, auferindo preços mais altos do que aqueles que seriam observados em condições de concorrência. O preço de escolha da empresa poderia, portanto, ser considerado 'excessivo', no sentido de que haveria, em uma análise estática, ganhos derivados de um constrangimento à estratégia de precificação da firma.

Entretanto, o poder de mercado detido por uma empresa é, frequentemente, legítimo. Muitas vezes é protegido pela política pública, ou seja, por uma escolha da sociedade; em outras vezes, a posição dominante decorre da maior ART. 36
eficiência, melhor qualidade dos produtos e inovação, esta que muitas vezes é protegida diretamente por patentes.

A realização do lucro decorrente de posições alcançadas pelo exercício legítimo das regras de mercado é a base do incentivo para que firmas concorram em redução de custos, aumento de qualidade e inovação. Impedir, por meio da política de defesa da concorrência, a realização de tais ganhos – e.g. condenando, por si só, a prática de preços elevados – seria contradizer o fundamento da mesma política. Esta proposição é convergente com aquela constante em um dos principais compêndios de Organização Industrial, conforme citação a seguir.

'Certamente o governo não pode condenar uma firma por aumentar a demanda por seu produto fornecendo informação aos consumidores, por reduzir seus próprios custos investindo em P&D e em capital físico, ou por acumular experiência. O problema é que a maioria das decisões que tornam a firma saudável também melhoram sua posição de mercado em relação aos ingressantes potenciais e efetivos. (Tirole, 1988:323)'

Não por outro motivo, o legislador foi cuidadoso ao adicionar o parágrafo 3º do art. 20 da Lei 8.884/94, que afirma que 'a conquista de mercado resultante de processo natural fundado na maior eficiência de agente econômico em relação a seus competidores não caracteriza o ilícito previsto no inciso II' (referente à dominação de mercados). O mesmo legislador, entretanto, inclui, entre as condutas anticompetitivas, no Art. 21, inciso XXIV, da mesma lei, a prática de 'impor preços excessivos, ou aumentar sem justa causa o preço de bem ou serviço.'

Da argumentação anterior, decorre que 'preços excessivos', desde que fruto da realização de lucro de posições dominantes legitimamente alcançadas, não caracterizariam uma infração à defesa da concorrência. A aplicação do inciso XXIV do Art. 21 da Lei 8.884/94 deve ter seu alcance restrito ao uso de poder de mercado ilegítimo (e.g. fruto de conduta concertada de preços) ou à precificação que diretamente cause prejuízos à concorrência. No primeiro caso, 'o preço excessivo' é sintoma de alguma conduta anticompetitiva que possibilite, de modo ilegítimo, a elevação de preços, e não diretamente a conduta que deve ser coibida. Deve-se, portanto, observar se há no caso investigado elementos que revelem a existência de uma prática que, por inibir a concorrência, possibilite a realização de preços mais elevados. É nesse mesmo sentido que afirmou o Prof. Rubens Nunes, em artigo simples e lúcido sobre o tema, conforme citação a seguir:

'Preços excessivos são aqueles que resultam de infrações à ordem econômica, como a cartelização, ou da obtenção de monopólio por meios espúrios, como a influência junto ao legislador, ou ao ente regulador em setores regulados. No primeiro caso, a infração caracterizada no artigo 21, XXIV sempre viria acompanhada de condutas que dessem condições materiais para a imposição de 'preços excessivos'. O segundo caso está fora do escopo da defesa da concorrência.'

ART. 36

Assim, o aumento de preços em nível acima de qualquer índice, não constitui uma infração per se. Seria, sim, se o 'preço excessivo' constituísse parte de uma estratégia de exclusão de concorrentes em etapas verticalmente relacionadas, em uma variação no contínuo de uma estratégia de recusa de venda."

[Processo Administrativo nº 08012.008340/2002-21, em que foi representada a Companhia Siderúrgica Nacional, de relatoria de Paulo Furquim].

"A literatura europeia trata preços abusivos como preços injustamente elevados, que são os preços destinados a alcançar, para a empresa dominante, lucros maiores do que alcançariam em um ambiente mais competitivo. Mas considera que a definição de abusividade na conduta de preços é difícil e vai depender de cada caso. Os elementos que vão pesar na avaliação são: (i) o nível de competição nos mercado; (ii) a natureza do mercado; (iii) se a conduta tinha como objetivo enfraquecer os concorrentes ou fortalecer a posição da firma; (iv) se afetou, direta ou indiretamente, a conduta final dos consumidores; (v) se a conduta é usual ou não no setor; (vi) se a conduta decorre de uma situação transitória de mercado ou não; (vii) se a conduta objetiva excluir competidores ou é uma resposta a estes; (viii) se a empresa busca aumentar seu poder frente aos concorrentes; (ix) se o impacto negativo da conduta tem alguma proporcionalidade com alguma política pública ou interesse comercial legítimo; (x) a conexão entre a conduta e os princípios gerais do Tratado (*Treaty*). Cf BELLAMY & CHILD. **European Community Law of Competition**. Oxford, 2008. 6º Edição."

[Averiguação Preliminar nº 08012.003648/1998-05, em que foi representada a White Martins S/A, de relatoria de Carlos Ragazzo].

[63]"A lei norte-americana e a europeia diferem no que toca aos preços excessivos; enquanto os tribunais norte-americanos entendem que a simples cobrança de preços de monopólio maximizadores de lucros não é violação concorrencial, os tribunais europeus entendem que uma sociedade com posição dominante tem a obrigação legal de não cobrar preços excessivos."

[ELHAUGE, Einer/GERADIN, Damien. **Global Competition Law and Economics**. Oxford and Portland, Oregon: Hart Publishing, 2007. P. 360].

[64]"Práticas nocivas ao consumidor podem ser abusivas, embora não sejam nocivas à estrutura concorrencial no mercado relevante; ademais, não é ne-

[63] *"US and EC law differs on excessive pricing, with the US courts taking the position that merely charging profit-maximizing monopoly prices is not an antitrust violation, and the EC courts taking the position that a firm with a dominant position has a legal obligation not to charge excessive prices."* ART. 36

[64] *"A practice which is harmful to consumers can be abusive, notwithstanding that it is not harmful to the structure of competition on the relevant market; furthermore it is not necessary to show that the firm that is guilty of the abuse derives a commercial advantage from it. (...)*

However the ECJ [the European Court of Justice] did not say that excessive pricing could not be caught by Article 82. Rather it said that:

'charging a price which is excessive because it has no reasonable relation to the economic value of the product supplied is...an abuse'.

Clearly therefore excessive pricing can amount to an abuse of a dominant position. The difficulty is to know at what point a price is so high that it is abusive: the prohibitory nature of the EC [EC Treaty] system means that a legal test of excessiveness is necessary. The Commission in United Brands inferred that the price of bananas in Germany was too high looking at the price charged in Ireland: it concluded that, since UBC could charge a low price in Ireland and still make profit, it must follow that the higher price charged in Germany was excessive. The ECJ annulled the decision on the ground that it was improperly reasoned. In order to establish that a price was excessive the ECJ said, at paragraph 251, that the Commission had at least to 'require UBC to produce particulars of all the constituent elements of its production costs'. The burden was on the Commission to prove that UBC was charging unfair prices. Having undertaken a cost analysis, the ECJ said that the question to be asked is:

'whether the difference between the cost actually incurred and the price actually charged is excessive, and, if the answer to this question is in the affirmative, to consider whether a price has been charged which is either unfair in itself or when compared to other competing products'. (...)

This technique can be described as 'yardstick competition': comparing the performance of one undertaking with that of other ones. (...)

cessário provar que a sociedade responsável pelo abuso usufruiu de vantagens comerciais derivadas da prática. (...)

Contudo, a ECJ [*the European Court of Justice*] não afirmou que preços excessivos não poderiam ser tipificados pelo art. 82 [*EC Treaty*]. Antes, afirmou que: 'cobrar preço que é excessivo porque não guarda relação com o valor econômico do produto fornecido é...um abuso'.

Claramente, portanto, preços excessivos podem equiparar-se a abusos de posição dominante. A dificuldade está em saber em que ponto um preço está tão elevado que pode ser considerado abusivo: a natureza proibitiva do sistema europeu implica que um teste de excesso faz-se necessário. A Comissão, em *United Brands*, concluiu que o preço das bananas na Alemanha era excessivamente elevado em comparação ao preço cobrado na Irlanda: concluiu que, dado que a UBC poderia cobrar um preço mais baixo na Irlanda e, ainda assim, ter lucros, seguiria daí que o preço mais elevado cobrado na Alemanha era excessivo. A ECJ anulou a decisão com base em que a sua fundamentação estava errada. A fim de estabelecer que um preço é excessivo a ECJ afirmou, no parágrafo 251, que a Comissão tinha, pelo menos, que 'exigir que a UBC apresentasse dados

ART. 36 *(...)Yardstick competition is only possible however where a suitable comparator can be found: it would be inappropriate to compare the prices charged in a high-price Member-State against those in a low-price one. (...)*
In Ministère Public v. Tournier, another case concerning the level of royalties charged to discotheques by a French performing rights society, the ECJ said that excessive or disproportionate costs should not be taken into account in determining the reasonableness of prices. The society in question had a de facto monopoly and the ECJ suggested that it was the very lack of competition which had led to high administrative costs: the society had no incentive to keep them down. (...)
(...) The Commission's decision in Deutsche Post AG – Interception of cross-border mail contains an example of this kind of abuse [excessive pricing that impedes parallel imports and exports]: by charging an excessive amount for the onward transmission of cross-border mail, Deutsche Post was preventing users of the mail system from taking advantage of the developing single market for postal services.
Quite apart from excessive prices being exploitative and/or detrimental to the single market, they may also be anti-competitive. The most obvious example would be the situation in which the owner of an essential facility charges an excessive (or discriminatory) price for granting access to it: this could be regarded as a constructive refusal to supply, and therefore as an abuse of a dominant position. (...)
The ECJ has held that car manufacturer may refuse to grant licenses to third parties to produce spare parts for its cars; however if it charges excessive prices for the spares which it produces itself, this may amount to an abuse of its dominant position [Case 53/87 CICRA v. Renault [1998] ECR 6039, [1990] 4 CMLR 265; Case 238/87 AB Volvo v Erik Veng [1998] ECR6211, [1989] 4CMLR 122]. It may be that the market will solve this problem itself. Although such customers appear to be 'locked in' to the manufacturer's spare parts, the original car will eventually need to be replaced; excessive prices for spare parts will deter buyers of new cars from buying from their existing manufacturer: this in turn may deter the manufacturer from an excessive pricing policy for parts in the first place."

de todos os componentes que integrassem os seus custos de produção'. O ônus da prova recaía sobre a Comissão em provar que a UBC estava cobrando preços abusivos. Tendo realizado uma análise de custos, a ECJ afirmou que a questão a ser indagada era:

'se a diferença entre o custo efetivamente incorrido e o preço efetivamente cobrado é excessivo e, se a resposta for afirmativa, considerar se o preço cobrado é abusivo por si próprio ou quando comparado a outros produtos concorrentes'. (...)

Esta técnica pode ser descrita como 'concorrência comparativa/por parâmetro': comparando-se a atuação de um empreendimento com aquela de outros. (...)

(...) A concorrência comparativa somente é possível quando um comparativo apropriado puder ser encontrado: não seria apropriado comparar os preços cobrados em um Estado-Membro mais caro com os preços de um mais barato. (...)

Em *Ministère Public v. Tournier*, outro caso referente ao valor dos royalties cobrados das discotecas por uma sociedade francesa de direitos artísticos, a ECJ afirmou que custos excessivos ou desproporcionais não deveriam ser analisados para que se determinasse a razoabilidade dos preços. A sociedade em questão tinha um monopólio de fato e a ECJ sugeriu que fosse justamente a ausência de competidores que levara aos elevados custos administrativos: a sociedade não ART. 36
tinha incentivos para manter os preços baixos. (...)

(...) A decisão da Comissão em *Deutsche Post AG – interceptação de correspondência entre fronteiras* representa um exemplo desse tipo de abuso [preços excessivos que impeçam importações e exportações paralelas]: por meio da cobrança de um valor excessivo pela transmissão de correspondência entre fronteiras, a *Deutsche Post* evitava que os usuários do serviço de correio tirassem proveito do mercado único postal em desenvolvimento.

Além de os preços excessivos poderem ser nocivos ao mercado único, eles poderiam ser, também, anticompetitivos. O mais claro exemplo seria a situação na qual o proprietário de uma infraestrutura essencial cobrasse um preço excessivo (ou discriminatório) para franquear acesso: isso poderia ser interpretado como uma forma velada de recusa de fornecer e, portanto, como um abuso de posição dominante. (...)

A ECJ decidiu que um fabricante de automóveis pode recusar-se a conceder licenças para que terceiros produzam peças para os seus carros; contudo, se cobrar preços excessivos pelas peças que ele próprio produzir, a conduta pode ser considerada abuso de posição dominante [Caso *53/87 CICRA v. Renault [1998] ECR 6039, [1990] 4 CMLR 265;* Caso *238/87 AB Volvo v Erik Veng [1998] ECR6211, [1989] 4CMLR 122*]. Pode ser que a participação de mercado sozinha resolva esse problema. Embora esses clientes pareçam estar em uma situação de '*lock in*' em relação às peças do fabricante, o carro precisará ser substituído algum dia; preços excessivos para peças evitarão que os adquirentes dos novos carros comprem dos seus atuais fabricantes: isso, por outro lado, pode evitar que o fabricante cobre preços excessivos pelas peças."

[Whish, Richard. **Competition Law**. 5ª edição. LexisNexis: Grã-Bretanha, 2003 PP. 690/695].

V. *General Motors, OJ [1975] L 29/14, [1975] 1 CMLR D20.*

V. *United Brands Company and United Brands Continental BV v Commission of the European Communities, [1978] ECR 207.*

V. *Deutsche Post AG – Interception of cross-border mail, OJ [2001] L 331/40, [2002] 4 CMLR 598.*

V. *Corinne Bodson v. Pompes Funèbres, 30/87 [1988] ECR 2479, [1989] 4 CMLR 984.*

V. *Lucazeau v. SACEM, 110/88 ECR 2811, [1991] 4 CMLR 248.*

V. *Ministère Public v. Tournier, 395/87 [1989] ECR 2521, [1991] 4 CMLR 248.*

ART. 36 V. nota ao art. 1º.

IV – exercer de forma abusiva posição dominante.

"Exercício do Poder de Mercado. O exercício do poder de mercado consiste no ato de uma empresa unilateralmente, ou de um grupo de empresas coordenadamente, aumentar os preços (ou reduzir quantidades), diminuir a qualidade ou a variedade dos produtos ou serviços, ou ainda, reduzir o ritmo de inovações com relação aos níveis que vigorariam sob condições de concorrência irrestrita, por um período razoável de tempo, com a finalidade de aumentar seus lucros. (...)

A Decisão de Exercer o Poder de Mercado. O controle de uma parcela substancial de mercado é uma condição necessária, mas não suficiente, para que a nova empresa formada exerça o poder de mercado de que desfruta. Adicionalmente, é necessário que existam, no mercado, elementos que tornem lucrativa a restrição das quantidades ofertadas. Se não for verificada essa condição, a adoção de tais condutas não será economicamente atrativa e a empresa, ainda que possa desviar suas condutas de seus níveis competitivos, decidirá não fazê-lo.

Variáveis que Afetam a Probabilidade de Exercício de Poder de Mercado. Para determinar se existem condições suficientes para que o poder de mercado seja exercido unilateralmente pela empresa, ou coordenadamente por um grupo de empresas, a Seae e a SDE procederão à análise de quatro variáveis principais:

(a) Importações;
(b) Entrada;
(c) Efetividade da rivalidade; e
(d) Outros fatores que favorecem a coordenação de decisões. (...)

Condições Negativas. A Seae e a SDE deduzirão que não existe a probabilidade do exercício unilateral do poder de mercado, quando pelo menos uma das seguintes condições estiver presente:

(a) as importações forem um remédio efetivo contra o exercício do poder de mercado;
(b) a entrada for "provável, tempestiva e suficiente"; ou
(c) a rivalidade entre as empresas existentes no mercado for efetiva."

[SEAE/SDE. Anexo à Portaria Conjunta Seae/SDE nº 50, de 1º de agosto de 2001: **Guia para Análise Econômica de Atos de Concentração Horizontal**].

"Ao apreciar os efeitos de uma concentração sobre a concorrência, a Comissão compara as condições de concorrência resultantes da concentração notificada com as condições que se verificariam se a concentração não fosse realizada. Na maior parte dos casos, as condições de concorrência existentes na altura da concentração constituem o elemento de comparação relevante para a apreciação dos efeitos de uma concentração. Todavia, nalgumas circunstâncias, a Comissão ART. 36 poderá tomar em consideração futuras alterações do mercado que possam ser previstas de forma razoável. Em especial, ao determinar aquilo que constitui a comparação relevante, pode tomar em consideração a probabilidade de entrada ou saída de empresas caso a concentração não fosse realizada. (...)

Por forma a apreciar o impacto previsível de uma concentração nos mercados relevantes, a Comissão analisa os seus possíveis efeitos anticoncorrenciais e os factores de compensação relevantes, como o poder dos compradores, a dimensão das barreiras à entrada e os possíveis ganhos de eficiência apresentados pelas partes. Em circunstâncias excepcionais, a Comissão considera se estão preenchidas as condições de aplicação do argumento da empresa insolvente[65]."

[65] "A Comissão pode decidir que uma concentração, que de outra forma seria problemática, é compatível com o mercado comum se uma das empresas objecto da concentração for uma empresa insolvente. O requisito de base consiste em não se poder considerar que a deterioração da estrutura concorrencial após a concentração é causada pela concentração. É o que acontece quando a estrutura concorrencial do mercado se deteriora, pelo menos na mesma extensão, na ausência da concentração.
A Comissão considera que os três critérios que se seguem são relevantes para a aplicação do argumento da empresa insolvente. Em primeiro lugar, a empresa alegadamente insolvente seria num futuro próximo excluída do mercado devido a dificuldades financeiras, se não fosse adquirida por outra empresa. Em segundo lugar, não existe qualquer aquisição alternativa que

[Comissão Europeia. **Orientações para a apreciação das concentrações horizontais nos termos do regulamento do Conselho relativo ao controle das concentrações de empresas (2004/C 31/03)**].

[66] "O conceito de abuso é um conceito objetivo relacionado ao comportamento de um empreendimento com posição dominante, a qual é capaz de influenciar a estrutura de um mercado no qual, como resultado da presença daquele empreendimento, o grau de concorrência é enfraquecido e a qual, por recurso a métodos diversos daqueles existentes onde a concorrência normal em produtos e serviços baseia-se nas transações de operadores comerciais, tem o efeito de obstar a manutenção do grau de concorrência ainda existente no mercado ou o seu crescimento.

O art. 86 proíbe que um empreendimento com posição dominante elimine um concorrente para aumentar a sua posição dominante recorrendo a métodos alheios ao escopo da competição baseada na qualidade. Por esse ponto de vista, contudo, nem toda concorrência por preço pode ser considerada legítima."

[*AKZO Chemie BV v Commission of the European Communities, ECR [1991] I-3359*].

ART. 36 [67]"O poder econômico de um empreendimento não é medido pela sua rentabilidade; apertadas margens de lucro ou mesmo perdas temporárias são

provoque menos distorções da concorrência do que a concentração notificada. Em terceiro lugar, na ausência da concentração, os activos da empresa insolvente sairiam inevitavelmente do mercado."

[Comissão Europeia. Orientações para a apreciação das concentrações horizontais nos termos do regulamento do Conselho relativo ao controlo das concentrações de empresas (2004/C 31/03)]

[66] *"The concept of abuse is an objective concept relating to the behaviour of an undertaking in a dominant position which is such as to influence the structure of a market where, as a result of the very presence of the undertaking in question, the degree of competition is weakened and which, by recourse to methods different from those which condition normal competition in products or services on the basis of the transactions of commercial operators, has the effect of hindering the maintenance of the degree of competition still existing in the market or the growth of that competition.*

Article 86 prohibits a dominant undertaking from eliminating a competitor and thereby strengthening its position by using methods other than those which come within the scope of competition on the basis of quality. From that point of view, however, not all competition by means of price can be regarded as legitimate."

[67] *"An undertaking's economic strength is not measured by its profitability; a reduced profit margin or even losses for a time are not incompatible with a dominant position, just as large profits may be compatible with a situation where there is effective competition. The fact that an undertaking's profitability is for a time moderate or non-existent must be considered in the light of the whole of that undertaking's operations."*

compatíveis com a posição dominante, assim como elevados lucros podem ser compatíveis com a concorrência efetiva. O fato de a lucratividade de um empreendimento ser temporariamente moderada ou inexistente deve ser considerado à luz de todas as operações daquele empreendimento."

[*United Brands Company and United Brands Continental BV v Commission of the European Communities, [1978] ECR 207*].

Note-se que, diversamente do revogado art. 20 da Lei nº 8.8884/94, a adição do conectivo *e* ao inciso III do *caput* do art. 36 da Nova Lei Antitruste Brasileira passa a impressão de que todas essas condições (incisos I a IV do *caput*) devam ocorrer de forma concomitante. Essa interpretação deve, entrementes, ser de plano rejeitada. Se essa alteração da redação, como antecipamos, não gera efeito prático para a interpretação conjunta dos incisos II e IV, ela, por outro lado, cria problemas para a aplicação combinada do inciso III e para a generalização dos incisos II e IV.

Em primeiro lugar, isso ocorre porque o inciso III exige a *elevação* (arbitrária) dos lucros para que ocorra o ilícito concorrencial – ao passo que diversas condutas exclusionárias contidas nos demais incisos, entre elas aquelas que imponham barreiras artificiais à entrada de produtos inovadores por meio de litigância de má fé (*sham litigation*), não almejam mais que a mera *sustentação* dos lucros, ou comportam, até mesmo, perdas menos expressivas da lucratividade, a depender da situação econômica que o infrator enfrentaria após a entrada dos concorrentes[68]. Em segundo lugar, nem toda infração concorrencial demanda a presença de *poder de mercado* (v. nota ao art. 1º) – elemento que integra o tipo dos incisos II e IV. ART. 36

V. *Standard Oil Co. v. United States, 221 U.S. 1 (1911).*

[68] Esse parece ser o caso dos táxis em relação à entrada do Über. A litigância de me fé decorreria do elevado comprometimento da classe política com os taxistas e, portanto, da imposibilidade de blindar o *lobby* como atividade política. Para mais sobre o assunto, v. TAUFICK, Roberto Domingos. *Indirect Regulation and the Disinterested Official – A Study on Sham Litigation in Brazil* (2014). Disponível em SSRN: http://ssrn.com/abstract=2540341, ou http://dx.doi.org/10.2139/ssrn.2540341. Acesso em 20.01.2016; ELHAUGE, Einer (1992). *Making Sense of Antitrust Petitioning Immunity*. 80 Cal. L. Rev. 1177 e Elhauge, Einer (1991). *The Scope of Antitrust Process*. 104 Harvard Law Review, No. 3. 667.

V. caso Suzano-Ripasa: AC nº 08012.010195/2004-19, em que foram requerentes Ripasa S/A Celulose e Papel e Suzano Bahia Sul Papel e Celulose S/A, de relatoria de Luis Fernando Schuartz.

V. nota ao inciso I.

V. nota ao art. 1º.

§ 1º A conquista de mercado resultante de processo natural fundado na maior eficiência de agente econômico em relação a seus competidores não caracteriza o ilícito previsto no inciso II do caput deste artigo.

A conquista de mercado resultante de processo natural fundado na maior eficiência de agente econômico em relação aos seus competidores tampouco caracteriza o ilícito previsto no inciso IV do *caput* deste artigo. A aquisição de poder e participação de mercado pelo chamado crescimento orgânico, ou interno não se sujeita ao escrutínio do Cade. Entretanto, o abuso do poder de mercado, ainda quando adquirido pelo processo natural fundado na maior eficiência de agente econômico em
ART. 36 relação aos seus competidores, consiste em ilícito antitruste.

A medição da participação de mercado tampouco é instrumento hábil para caracterizar o poder de mercado. Mercados altamente concentrados, se contestáveis, não permitem concluir pela presença de poder de mercado. Há, aliás, segmentos em que economias crescentes de escala, economias de escopo, economias de densidade e externalidades de rede tornam o mercado, naturalmente, mais concentrado.

Sob pena de simplificar demais o tema, economias crescentes de escala ocorrem quando o custo marginal (o custo de produzir uma unidade adicional) cai em proporção direta ao aumento da quantidade produzida. Em outras palavras, quanto mais se produz, mais barato é fabricar uma unidade, de tal modo que a presença de grandes produtores se torna essencial para proporcionar preços mais baixos. Por sua natureza, economias crescentes de escala geram incentivos para que os *players* busquem ser cada vez maiores e criam, assim, uma elevada barreira à entrada de novos concorrentes, que precisam investir em uma enorme capacidade produtiva (a escala mínima viável: "EMV") – ou em inovação schumpeteriana – para serem competitivos.

Há economias de escopo quando se torna mais barato, *v.g.*, usar de uma mesma linha de produção para produtos diversos. Diversamente da economia crescente de escala, na qual a redução dos custos decorre do aumento da produção do mesmo produto, na economia de escopo a redução dos custos decorre do aumento da variedade de produtos fabricados com o mesmo equipamento. Assim como as economias de escala, as economias de escopo elevam as barreiras à entrada, exigindo que novos *players* invistam em mais de um produto (muitas vezes, verticalizando-se na cadeia produtiva) para poderem ser competitivos em, ao menos, uma delas.

Verifica-se a existência de economias de densidade quando os custos unitários de transporte declinam com a adição de uma nova unidade transportada, ou quando há custos decrescentes proporcionais à proximidade entre consumidores de um serviço provido por uma indústria de rede. Como define Alexandre Siciliano [**Regulação Incentivada: simplificação ou complicação na supervisão das concessionárias de eletricidade?** *In* Revista do BNDES, Rio de Janeiro, v. 12, n. 23, P. 247, jun. 2005]: ART. 36

"Quanto mais afastados estiverem os consumidores uns dos outros, maiores serão os custos de incorporação e de provisão de serviços para cada um deles e, inversamente, quanto mais próximos estiverem, menores serão os custos."

Por sua vez, as externalidades de rede decorrem da associação da utilidade de um bem à presença de um número maior de consumidores daquele mesmo bem. Diversamente da economia crescente de escala, na qual o relevante é o aumento da produção (os clientes precisam ser representativos, embora não necessariamente muitos), para a externalidade de rede o importante é o aumento da clientela (o relevante é a quantidade de clientes, como no caso da inclusão digital). Assim como as economias de escala e escopo, as externalidades de rede elevam as barreiras à entrada, dada a inviabilidade de entrar no mercado sem contar com número suficiente de clientes.

O exemplo clássico da externalidade de rede advinha do segmento de telefonia: uma operadora era escolhida, até recentemente, em função da quantidade de pessoas a que somos conectados e que se associam àquela operadora. No princípio, com a ausência da obrigação de interconexão, isso era essencial, já que, ao escolher uma operadora diferente, não se conseguia falar com os clientes da operadora concorrente[69]. Mesmo após a obrigatoriedade de interconexão, a presença de preços e pacotes de serviços mais vantajosos para quem ligasse para clientes da própria operadora (ligações *on net*) tornava pouco atraente para o grosso da população escolher uma operadora livremente, ou seja, sem levar em consideração se as pessoas a que são conectadas são clientes. Apenas recentemente, por conta da intensa competição de tecnologias *over-the-top* (OTTs) que oferecem ligações de voz (VoIP) e mensagens sobre a internet gratuitamente, a distinção entre ligações e pacotes de serviços *on net* e *off net* tem sido abandonada para reduzir o elevado *churn*[70] nos serviços oferecidos pelas operadoras.

As externalidades de rede costumam ser bastante comuns em mercados de duas pontas (ou de plataforma). O mercado de duas pontas, ou plataforma é aquele que interage os interesses de, pelo menos, dois grupos distintos, como se intermediário fosse. Em outras palavras, os *players* desse mercado ganham em utilidade na medida em que conseguem acomodar interesses complementares. É o caso dos *video games*, em que a pla-
ART. 36 taforma (como a Playstation) precisa convencer os fabricantes de jogos (como EA e UbiSoft) a criar jogos exclusivos, ou, ao menos, reproduzíveis para os seus clientes. Como o mercado em questão serve de plataforma para a utilização dos produtos fornecidos por terceiros (no caso dos *video games*, os jogos eletrônicos), a sua utilidade para o consumidor dependerá, justamente, da capacidade de assegurar, no longo prazo, a interação com aqueles produtos do mercado a jusante. Para o fornecedor, a utilidade depende, precisamente, da capacidade de atração que a plataforma exerce sobre os consumidores.

Segmentos onde haja significativas externalidades de rede são, pela necessidade de angariar clientes para entrar no mercado, exemplos de duas importantes justificativas em casos de preços predatórios: (i) preço

[69] "Para o usuário de uma rede, por exemplo, a rede da operadora A, poder falar com o usuário de outra rede, por exemplo, a rede da operadora B, é necessário que estas duas redes estejam interconectadas. Sem a interconexão entre as redes, os usuários de uma rede ficam limitados a se comunicar com os outros usuários da sua própria rede." (Teleco. Disponível em http://www.teleco.com.br/tutoriais/tutorialinterc/pagina_1.asp. Acesso em 20.01.2016).

[70] *Churn rate*, ou *attrition rate* são denominações comuns dadas à razão entre o número de clientes que deixa a operadora num dado intervalo de tempo.

promocional, ou necessário para persuadir o consumidor a mudar de preferência e (i) redução do preço necessária para que se entre no mercado, para que se lance um novo produto, ou para que se alcance a economia de escala necessária para tornar-se economicamente viável. No caso dos *video games*, a plataforma pode vir a ser vendida abaixo do custo do produto, a fim de que os clientes sejam captados. Após o *lock-in* do cliente, que estará preso àquela plataforma (que, apesar de vendida abaixo do custo, ainda representa um investimento elevado para a maioria dos consumidores), a plataforma visa recuperar o investimento pela receita dos jogos – o que cria, ademais, um comprometimento maior com os fabricantes de jogos parceiros. Note-se que o modelo *video game*/jogos eletrônicos replica o modelo de *video casette* dos anos 1970 a 1990.

[71]"O monopólio atribuível (apenas?) a economias de escala, vantagens naturais, licença legal, maior qualidade, ou acidentalmente é, aparentemente, legal. Mas sem ter havido qualquer pondo a questão em xeque, não está claro se a palavra 'apenas' deve ser compreendida em seu sentido literal: o grau de exigido de causalidade entre práticas 'excludentes/exclusionárias' e o contestado poder de monopólio pode ser pequeno, mas pode-se questionar se a insuficiência causal seria ou deveria ser suficiente. Antes, mesmo o monopolista cuja posição de mercado decorra de maior qualidade, vantagens naturais, economias de escala e afins pode engajar-se em práticas excludentes ilegais. Isso equivale a dizer que a qualidade, a vantagem natural, ou as economias de escala são uma defesa ao *status* de monopolista, mas não necessariamente às suas ações. Ou o monopólio pode ter sido erigido a partir de qualidades, mas, posteriormente, mantido às custas de práticas excludentes; nesse caso, o §2º [*Sherman Act*] claramente se aplica à manutenção do poder de monopólio." ART. 36

[Areeda, Phillip E./Hovenkamp, Herbert. **Antitrust Law – an analysis of antitrust principles and their application**. Vol. III, 2ª edição. Aspen: New York, 2002. PP. 43 e 44].

[71] *"The monopoly atributable (solely?) to economies of scale, natural advantages, legal license, superior skill, or accident is apparently lawful in and of itself. But no case having decided the point, it is not clear whether the word 'solely' should be taken literally: the required degree of causative relationship between 'exclusionary' practices and challenged monopoly power may be small, but one may doubt that insignificant causality would or should suffice. Further, even the monopolist whose market position results from superior skill, natural advantages, scale economies, and the like may engage in unlawful exclusionary practices. That is to say, the skill, the advantage, or economies are a defense to the monopolist's status, but not necessarily to its acts. Or the monopoly may have been created by skill but later maintained by exclusionary practices; in that case, § 2º clearly applies to the maintenance of monopoly power."*

V. casos Microsoft perante o Department of Justice norte-americano (US DOJ).

V. Ato de Concentração nº 08012.002467/2008-22, em que foi requerente a Polimix Concreto S.A., de relatoria de Fernando Furlan.

V. Unilateral Conduct Working Group. **Report on Predatory Pricing**. 7th Annual Conference of the ICN. Kyoto, Abril de 2008. Disponível em http://www.icn-kyoto.org/documents/materials/Unilateral_WG_3.pdf. Acesso em 29.12.2008.

V. nota ao art. 1º.

§ 2º Presume-se posição dominante sempre que uma empresa ou grupo de empresas for capaz de alterar unilateral ou coordenadamente as condições de mercado ou quando controlar 20% (vinte por cento) ou mais do mercado relevante, podendo este percentual ser alterado pelo Cade para setores específicos da economia.

A nova lei traz dois critérios para a aferição do poder de mercado: um concreto, outro abstrato. O dispositivo, entretanto, trata ambos, erroneamente, com presunções.

O critério abstrato está no controle de 20%, ou mais do mercado relevante. Trata-se de critério ajustável – em geral, para cima –, em razão de o Cade verificar se 20% de participação seriam suficientes, em tese, para dominar um mercado. É absolutamente possível que determinada sociedade tenha posição dominante com *share* de 20%, ou menos – em geral, em mercados pouco concentrados ou atomizados/pulverizados. Contudo, é essa mesma pulverização que torna possível questionar se a participação relativamente baixa de mercado não é resultado da elevada elasticidade-preço da demanda e, portanto, da baixa fidelidade do consumidor a determinado *player* – o que afastaria a existência de poder de mercado.

O critério concreto representa a verificação empírica de que um agente é capaz de alterar unilateral, ou coordenadamente as condições de mercado ("sempre que uma empresa ou grupo de empresas for capaz de alterar unilateral ou coordenadamente as condições de mercado"). Ora, trata-se da efetiva aplicação da definição de poder de mercado, que nada mais é que a capacidade de influenciar o comportamento do mercado. Não há, portanto, presunção de poder de mercado, mas a sua aferição. Nesse caso, o trabalho do Cade estará em verificar se houve abuso da comprovada posição dominante.

É claro que a análise concreta tem primazia sobre a abstrata: caso determinado agente tenha baixa participação de mercado, mas consiga influir no comportamento do mercado pelo exercício da sua atividade econômica, constata-se que ele detém, sim, poder de mercado.

"Normalmente, a Comissão utiliza as quotas de Mercado correntes na sua análise em termos de concorrência. Contudo, as quotas de mercado correntes podem ser ajustadas por forma a reflectir, de forma razoável, certas alterações futuras, por exemplo à luz da saída, entrada ou expansão no mercado (14). As quotas de mercado após a concentração são calculadas partindo do princípio de que, após a concentração, a quota de mercado combinada das partes na concentração corresponde à soma das suas quotas de mercado anteriores à concentração (15). Podem ser utilizados dados históricos caso se verifique uma volatilidade das quotas de mercado, por exemplo quando o mercado se caracteriza por encomendas de grandes dimensões e irregulares. As alterações nas quotas de mercado tradicionais podem fornecer informações úteis acerca do processo concorrencial e da provável importância futura dos diversos concorrentes, por exemplo, indicando se as empresas têm vindo a conquistar ou a perder quotas ART. 36
de mercado. De qualquer forma, a Comissão interpreta as quotas de mercado à luz das condições de mercado prováveis, por exemplo, se o mercado se caracteriza pelo seu elevado dinamismo e se a estrutura de mercado é instável devido à inovação ou crescimento. (...)

Segundo a jurisprudência constante, uma quota de mercado especialmente elevada – 50 % ou mais – pode, em si mesma, constituir um elemento de prova da existência de uma posição dominante. Todavia, os concorrentes de menores dimensões podem funcionar como uma força de pressão suficiente se, por exemplo, tiverem capacidade e incentivo para aumentar os seus fornecimentos. Uma concentração em que participe uma empresa cuja quota de mercado se situe a um nível inferior a 50 % após a concentração pode também dar origem a preocupações em termos de concorrência relativamente a outros factores, como o poder e o número dos concorrentes, a existência de limitações de capacidade ou o grau de substituibilidade entre os produtos das partes na concentração. Desta forma, a Comissão concluiu em diversos processos que as concentrações que levam a quotas de mercado situadas entre 40 % e 50 % e, nalguns casos, inferiores a 40 %, conduzem à criação ou reforço de uma posição dominante.

Pode presumir-se que as concentrações que, devido à quota de mercado limitada das empresas em causa, não são susceptíveis de entravar a manutenção de uma concorrência efectiva, são compatíveis com o mercado comum. Sem prejuízo dos artigos 81º e 82º do Tratado, existe essa presunção, nomeadamente, quando a quota de mercado das empresas em causa não ultrapassa 25 % no mercado comum, nem numa parte substancial deste."

[Comissão Europeia. **Orientações para a apreciação das concentrações horizontais nos termos do regulamento do Conselho relativo ao controle das concentrações de empresas (2004/C 31/03)**].

V. nota ao art. 1º.

§ 3º As seguintes condutas, além de outras, na medida em que configurem hipótese prevista no *caput* deste artigo e seus incisos, caracterizam infração da ordem econômica:

Conforme já apontado em análise ao inciso I do *caput* do art. 36, toda e qualquer infração concorrencial deve subsumir-se àquele dispositivo legal. Embora haja infrações concorrenciais que prescindam de poder de mercado (v. nota ao art. 1º), todas são identificadas pelo dano concor-
ART. 36 rencial cometido/potencial à ordem econômica (dano/potencial de dano difuso).

Interessa notar, de antemão, que o art. 36, §3º exclui três incisos do art. 21 da Lei nº 8.884/94:

- o inciso XIX ("importar quaisquer bens abaixo do custo no país exportador, que não seja signatário dos códigos Antidumping e de subsídios do Gatt"), que reflete a prática do *dumping* – a qual, segundo o art. 119 (art. 91 da Lei nº 8.884/94), não é de competência do SBDC. Trata-se da correção de uma imprecisão que advinha da antiga lei;
- o inciso XVII ("abandonar, fazer abandonar ou destruir lavouras ou plantações, sem justa causa comprovada"), cujos efeitos anticompetitivos já se encontram previstos em outros incisos (VII, VIII, IX, XIII); e
- o inciso XXIV ("impor preços excessivos, ou aumentar sem justa causa o preço de bem ou serviço") c/c com parágrafo único do art. 21 ("na caracterização da imposição de preços excessivos ou do aumento injustificado de preços, além de outras circunstâncias econômicas e mercadológicas relevantes, considerar-se-á: I – o preço do

produto ou serviço, ou sua elevação, não justificados pelo comportamento do custo dos respectivos insumos, ou pela introdução de melhorias de qualidade; II – o preço de produto anteriormente produzido, quando se tratar de sucedâneo resultante de alterações não substanciais; III – o preço de produtos e serviços similares, ou sua evolução, em mercados competitivos comparáveis; IV – a existência de ajuste ou acordo, sob qualquer forma, que resulte em majoração do preço de bem ou serviço ou dos respectivos custos"), cuja análise consta da nota ao inciso III do *caput*.

I – acordar, combinar, manipular ou ajustar com concorrente, sob qualquer forma:

O inciso I traz condutas que, por serem ajustes de variáveis comerciais sensíveis com concorrente, são enquadradas como cartel. O leque não é exaustivo, mas deixa claro que o cartel é acordo entre agentes do mercado sobre as suas variáveis econômicas. Entretanto, retomando o que antecipamos em nota ao art. 1º, os exemplos trazidos pela lei são exclusivamente de acordos entre concorrentes.

Os cartéis vêm sendo comumente classificados dentro da dicotomia clássicos/difusos, ou como tipo I/tipo II. Os cartéis tipo I visam ajustar preços/quantidades, ao passo que os tipo II englobariam qualquer outro ajuste para reduzir a concorrência entre os agentes econômicos. A dicotomia entre clássicos e difusos, por suas vez, relaciona-se ao caráter excepcional dos difusos, que visam, extraordinariamente, reagir a um evento externo que afetou os concorrentes de forma conjunta. O denominado cartel de crise, acordo que visa garantir a própria sobrevivência dos agentes econômicos em momentos de debilidade do setor e, por esse motivo, pode não constituir ilícito em função da inexigibilidade de conduta diversa, enquadra-se nesse gênero[72].

A União Europeia, aliás, já se manifestou, em algumas oportunidades[73], favoravelmente à aplicação do art. 101(3) TFEU – que, aplicando a

[72] Para mais sobre a taxonomia dos cartéis, v. FLORES, Gustavo Abrahão. **Cartel: teoria econômica e prática antitruste no Brasil**. Dissertação de mestrado em Economia junto à UFF (2006).

[73] Whish [op. cit.] cita os seguintes casos: Re Synthetic Fibres OJ [1984] L 217/17, [1985] 1 CMLR 787; Case 26/76 Metro SB-Grossmärkte v Commission [1977] ECR 1875, [1978] 2

regra da razão, excepciona a punição das condutas *hardcore* listadas no art. 101(1) do mesmo tratado – aos cartéis de crise, embora, a partir do Regulamento 1/2003 do Conselho da União Europeia, que admite a aplicação do art. 101(3) TFEU pelos tribunais e autoridades de defesa da concorrência nacionais, essa abertura aos cartéis de crise tenha de ser interpretada de forma ainda mais restritiva, a fim de evitar que seja utilizada para proteger os mercados nacionais.

[74] "Ao longo dos anos algumas dessas políticas mais abrangentes parecem ter influenciado as decisões da Comissão com relação à aplicação do artigo 101(3). Por exemplo, a Comissão tem, às vezes, demonstrado simpatia pelos 'carteis de crise' – nos quais empresas de setores passando por recessão, ou depressão tentam se proteger, por um lapso de tempo, dos rigores do sistema concorrencial –, tendo o desemprego sido algumas vezes citado nos seus relatórios anuais."

[WHISH, Richard. King's College London. **EU Competition Law**. Unit 2. P. 11].

ART. 36 Em situação de excepcional aceitação de acordos entre concorrentes também se encontram os acordos que visam neutralizar o poder de barganha de um agente econômico em outro elo da cadeia produtiva por meio da constituição de um "poder compensatório".

"Galbraith, em 1952, identificou pela primeira vez as possibilidades de benefícios associados à ação coletiva que vislumbrasse coordenação horizontal ou mesmo concentração de mercado com o intuito de contrabalançar assimetrias de poder na negociação entre dois elos de determinada cadeia produtiva. Tal reconhecimento ocorreu no contexto de elevação da concentração das indústrias no mercado norte-americano, o que acabava por eliminar o que, até então,

CMLR 1; Case 42/84 Remia and Nutricia v Commission [1985], ECR 25/45, [1987] 1 CMLR 1 para 42; Case 136/86 BNIC v Yves Aubert [1987] ECR 4789, [1988] 4 CMLR 331 paras 20-21; Ford/Volkswagen OJ [1993] L 20/14, [1993] 5 CMLR 617; Case T-17/93 Matra Hachette v Commission [1994] ECR II-595; CECED OJ [2000] L 187/47, [2000] 5 CMLR 635; UEFA. Champions League OJ [2003] L 291/25.

[74] "Over the years, some of these broader policies seems to have had an influence on the Commission's decision-making under Article 101(3). For example, it has at times shown sympathy towards 'crisis cartels' whereby firms in industries suffering from recession or depression attempt to shield themselves for a period of time from the full rigours of the competitive system and unemployment is an issue which it has sometimes referred to in its Annual Reports."

era considerado o único mecanismo 'autorregulador' de preços e salários – a concorrência. Até aquele momento, esse mecanismo estava associado exclusivamente às condições de oferta, tais como o número de firmas presentes no mercado e possibilidade de entrada de novos competidores. A ideia central é a de equilíbrio de forças entre agentes que interagem entre si. De acordo com Galbraith (1952), conforme o mercado se concentrava, a resposta natural foi o fortalecimento de vendedores e de compradores que interagiam com o monopolista 'original', reunindo condições para contrabalançar a negociação. (...)

Nem todo tipo de coordenação entre concorrentes e aumento de poder de mercado pode ser considerado compensatório. Para que o resultado seja positivo em termos de bem-estar, algumas considerações são necessárias, devendo, em linhas gerais, dois elementos estar presentes: i) existência de poder de mercado 'original'; e ii) existência de interdependência entre os agentes."

[Almeida, Sílvia Sá de. **Poder Compensatório e Política de Defesa da Concorrência: referência geral e aplicação ao mercado de saúde suplementar brasileiro.** *In* IV Prêmio Seae 2009: concurso de monografias sobre os temas: defesa da concorrência e regulação econômica. Ministério da Fazenda, Secretaria de Acompanhamento Econômico. Brasília: Seae, 2010. P. 23].

O efeito para o consumidor do denominado **poder compensatório** ART. 36
é, porém, variável. Como o recurso ao poder compensatório pressupõe a existência de um único, ou de poucos compradores, ou vendedores no elo mais forte da cadeia (oligopólio, oligopsônio, monopólio, ou monopsônio), a criação de poder compensatório no elo mais fraco da cadeia pode levar à chamada dupla marginalização. A dupla marginalização implica que o produto está sendo vendido em ambos os elos acima do custo marginal, levando a uma compressão do consumo. A fim de evitar a dupla marginalização, é necessário garantir que o acordo entre concorrentes no elo mais fraco da cadeia produtiva não gere concentração no mercado equivalente. Em outras palavras, se, por um lado, o acordo entre concorrentes deve alavancar a capacidade de negociar com o elo mais forte da cadeia produtiva, por outro lado os termos dos contratos fechados com o elo mais forte devem ser individualizados e diferenciados de acordo com as qualidades dos contratantes. Ou seja, se, em um primeiro momento, os concorrentes se unem para conseguir termos mínimos de negociação, em um segundo momento a individualização dos contratos com base nas qualidades de cada produtor/comprador eleva a rivalidade entre aqueles mesmos concorrentes que haviam se unido para buscar o poder com-

pensatório. Por fim, o acordo entre os concorrentes buscando alcançar o poder compensatório não se estende para as relações que esses agentes econômicos tenham com outros elos da cadeia produtiva. Em outras palavras, salvo exceções (geralmente voltadas para garantir a qualidade do produto, ou definir um padrão para o mercado), se o acordo visava garantir melhores condições de compra de insumos, ele não pode ser mantido para uniformizar as condições de venda do produto ao próximo elo da cadeia, ou ao consumidor final.

Alinho-me, ainda, a Ivo Gico [**Cartel – Teoria Unificada da Colusão.** P. 167. São Paulo: Lex, 2007], no sentido de que não há definição jurídica e entendimentos universais sobre a definição de cartel, quando deva ser punido e qual o grau de punição. Como bem esclarece, o conceito de condutas anticompetitivas especialmente perniciosas continua a usufruir de surpreendente grau de flexibilidade nos Estados Unidos. Mesmo na Europa não há definição para o termo cartel, cujo conceito não corresponde a qualquer forma jurídica específica.

Entrementes, parte da doutrina, comumente, comete três relevantes equívocos: (i) define como cartel, apenas, acordos entre concorrentes, ART. 36 (ii) esses acordos devem referir-se a preços, apenas e (iii) o acordo deve ser sustentável no longo prazo. Ocorre que o cartel (i) envolve não só concorrentes – como, também, associações (que costumam não estar sequer a montante, ou a jusante dos seus associados), fornecedores e/ou revendedores – e (ii) relaciona-se a qualquer ajuste anticompetitivo sobre variáveis de mercado (preço, qualidade, quantidade) que se cometa de forma associativa. O cartel é uma *joint venture* de objetivo anticoncorrencial, com escopo muito mais amplo que uma associação entre concorrentes para ajustar preços.

A imensa maioria dos casos de cartel julgados pelo Cade não envolve apenas concorrentes, havendo ativa participação das associações de classe ou patronais. Embora se identifiquem, em geral, com a uniformização dos preços por tabelas, não são raros aqueles em que haja compressão de margens de revendedores (*price squeeze*), redução da produção/*output*, ou exclusão de concorrentes como práticas.

O entendimento de que os cartéis não são, apenas, acordos horizontais é bastante marcante no direito comunitário europeu desde o caso *Consten & Grundig v Commission* em 1966 (*Consten SaRL and Grundig GmbH v Commission (1966) Case 54/64*). Por outro lado, nos Estados Unidos – como bem ilustra o caso *Apple ebooks* (*United States of America v. Apple Inc., et al., 12 Civ. 2862 (DLC)*) –, a jurisprudência tem enquadrado como cartéis apenas os acordos verticiais acessórios aos acertos horizontais. Esse posicionamento decorre da relação mais complacente dos americanos com os acordos verticais, que acreditam sempre apresentar eficiências – razão pela qual não se enquadrariam na regra *per se* dos cartéis horizontais.

De fato, os acordos verticais possuem, por sua natureza, pelo menos uma eficiência: a redução de custos de transação. Não é à toa que, por influência americana, uma parte dos acordos verticais que a prática comprovou costumeiramente levar a eficiências já é disciplinada em separado dos cartéis (mesmo sendo acordos entre agentes econômicos), como é o caso da fixação dos preços de revenda (*resale price maintenance* (RPM), que nada mais é que a fixação vertical de preços – cujo equivalente horizontal, a fixação de preços entre concorrentes, é o exemplo por excelência de cartel *hardcore* punido segundo a regra *per se*).Note-se, porém, que, quando, como no caso *Apple ebooks,* o acordo vertical é acessório a um acordo horizontal entre concorrentes, os tribunais americanos têm reconhecido a existência de um cartel *hardcore* e aplicado a regra *per se* (mesmo ao acordo vertical). No Brasil, situação equivalente ocorreu quando do julgamento ART. 36 caso SKF (Processo Administrativo nº 08012.001271/2001-44, em que foi representada a SKF do Brasil). Nesse caso, a representada foi condenada sob a regra *per se* (sem comprovação do poder de mercado) por força de o seu acordo com os distribuidores ser o resultado de um acordo horizontal prévio entre os distribuidores. O caso SKF serviu como ponto de inflexão rumo à regra *per se* em casos de cartéis *hardcore* no Brasil.

Ivo Gico (**op. cit**. PP. 179 e segs.) considera que, embora existentes colusões horizontais e verticais, as "restrições verticais são mais facilmente justificadas pela obtenção de eficiências do que pela restrição à concorrência, enquanto o inverso é verdadeiro para as horizontais. Essa diferença material pode e deve resultar em uma diferença de tratamento jurídico, conquanto meramente do ponto de vista analítico" – com o que concordo. De fato, acordos verticais podem eliminar custos de transação, ou o *free riding*.

Discordo, contudo, da sua conclusão (op. cit., PP. 185/186), por apegar-se ao conceito de cartel enquanto uniformização de preços e quantidades (cartel tipo I) e ignorar cartéis com objetivos predatórios (cartel tipo II). Embora tendam (mas nem sempre venham) a ter como fim último a uniformização das variáveis comerciais essenciais nos diferentes mercados, não são operacionalizados apenas horizontal, ou verticalmente, mas, muitas vezes, em conglomerações (seja em mercados de bens complementares, seja com relação a bens sem qualquer relação de afinidade, mas cujos mercados são objeto, *v.g.*, de retaliações cruzadas). A percepção de cartel, parece-me, não deve estreitar-se, fugindo do amplo conceito de 'acordo ilegal entre agentes independentes para regular privadamente o mercado' que marcou a origem do termo *kartell* (v. Ivo Gico, op. cit., P. 166); é, justamente, esse 'arranjo entre atores independentes e que distorce a livre concorrência' (*kartell*) que a lei visa punir. Por isso, além de acreditar que os vocábulos 'cartel' e 'colusão' sejam, dado o exposto, sinônimos, limitá-los à horizontalidade e à verticalidade, excluindo os arranjos conglomerados, seria estreitar, demasiadamente, o seu horizonte.

Com relação à longevidade do acordo, embora sempre se possa argumentar que os riscos de detecção do cartel elevam a remuneração desejável (em outras palavras, a propensão à cartelização é diretamente proporcional aos lucros potenciais e inversamente proporcional ao risco
ART. 36 de punição), a depender das características do mercado, da situação econômica dos agentes (crise, *v.g.*) e da própria (in)eficiência da Administração em identificar e punir cartéis, é absolutamente plausível que agentes de mercado se aventurem em acordos de difícil sustentação continuada, mas que possam operar de forma intermitente. O equívoco do raciocínio tradicional é bem elucidado em voto do Conselheiro César Mattos [V. Processo Administrativo nº 08012.009922/2006-59, em que foi representado o Sindicato dos Centros de Formação de Condutores do Estado de Mato Grosso]:

> "A possivelmente 'breve' conduta de cartel representaria uma 'bicada no excedente do consumidor', conforme costumava confessar-me o saudoso professor Luis Schuartz. Por menor que seja o lapso de duração do cartel ou daquele momento do cartel – dado que a oscilação de comportamentos (alinhamento/retaliação) está na base da literatura da colusão –, há excedente do consumidor apropriado pelo infrator e que não será punido ou devolvido caso olhemos, pura e simplesmente, para ininterruptos danos de longo prazo. Antes, existe uma perda de peso morto (deadweight loss) que não será apropriada por qualquer dos agentes econômicos.

Aliás, a natural instabilidade dos cartéis tornaria inócuo o uso do antitruste para a detecção e punição, caso a condenação da colusão dependesse, sempre, de um dano, ininterruptamente, impingido ao consumidor pelo lapso de um a dois anos (longo prazo).

A constatação de baixas barreiras à entrada não impediu que fossem punidos cartéis de vigilantes, drogarias, profissionais liberais,– dado que, em todos esses casos, há sempre alguma redução de curto prazo do excedente do consumidor. Portanto, caso a tabela publicada pelo sindicato tenha tido o condão de servir de **ponto focal**, verificando-se um alinhamento para cima, ainda que razoavelmente curto, nos preços cobrados pelos associados detentores de poder de mercado, não há dúvidas de ter havido ilícito concorrencial. Os dados apresentados pela SDE demonstram, de modo inconteste, ter havido alinhamento, ainda que provisório, imediatamente após a divulgação de tabela – ainda que de caráter meramente sugestivo, mas que serviu de ponto focal. Desse modo, alinho-me à doutrina majoritária trazida à colação, para fundamentar que, independentemente de coerção, a tabela serviu de incontestável mecanismo de alinhamento de preços para cima, distorcendo a livre formação dos preços e provocando a apropriação do excedente do consumidor sem qualquer ganho de eficiência. Houve, nos termos citados por Posner, explícito seguimento da tabela." [grifei]

ART. 36

Note-se, ainda, que, se, nos Estados Unidos, a constituição de JVs não costuma ser escrutinada como ato de concentração, na União Europeia somente as JVs plenas são reputadas como tais. Nos demais casos, as relações de cooperação entre concorrentes são analisadas como condutas. Nesse sentido, o segundo parágrafo do item 1.2 das Orientações sobre a aplicação do art. 101 TFEU aos acordos de cooperação horizontal (2011/C 11/01) esclarece:

"21. A análise dos acordos de cooperação horizontal apresenta certos elementos comuns com a análise das concentrações horizontais no que se refere aos efeitos restritivos potenciais, em especial no que diz respeito às empresas comuns. Muitas vezes, existe apenas uma diferença muito ténue entre as empresas comuns de pleno exercício que se enquadram no âmbito do Regulamento das concentrações e as empresas comuns que não são de pleno exercício e que são apreciadas nos termos do artigo 101º. Por conseguinte, os seus efeitos podem ser muito semelhantes."

Por derradeiro, vale ressaltar que a persecução de cartéis vem sendo aprimorada pelo uso da tecnologia da informação. Especialistas têm recorrido à mineração (*data mining*) de grandes volumes de dados (*big data*) com o objetivo de identificar comportamentos recorrentes em casos de cartéis – em particular em cartéis em licitações e compras públicas (*bid rigging*). Seguindo essa tendência, em abril de 2015 o Cade lançou o sistema CÉREBRO – assim alcunhado pelo seu criador, o gestor governamental Thiago Marzagão. Importante notar que o Cade deve dar publicidade ao código-fonte do programa, a fim de franquear ao representado a mais ampla defesa e permitir que os interessados se manifestem acerca de possíveis equívocos quanto ao peso atribuído a determinados comportamentos pelo algoritmo.

Flores, Gustavo Abrahão. **Cartel: teoria econômica e prática antitruste no Brasil**. Dissertação de mestrado em Economia junto à UFF (2006).

V. artigo 101 TFEU.

V. *Case 54/64.*

Consten SaRL and Grundig GmbH v Commission (1966).

V. *Re Synthetic Fibres OJ [1984] L 217/17, [1985] 1 CMLR 787.*

ART. 36 V. *Case 26/76 Metro SB-Grossmärkte v Commission [1977] ECR 1875, [1978] 2 CMLR 1.*

V. *Case 42/84 Remia and Nutricia v Commission [1985], ECR 25/45, [1987] 1 CMLR 1 para 42.*

V. *Case 136/86 BNIC v Yves Aubert [1987] ECR 4789, [1988] 4 CMLR 331 paras 20-21.*

V. *Ford/Volkswagen OJ [1993] L 20/14, [1993] 5 CMLR 617.*

V. *Case T-17/93 Matra Hachette v Commission [1994] ECR II-595.*

V. *CECED OJ [2000] L 187/47, [2000] 5 CMLR 635.*

V. *UEFA.Champions League OJ [2003] L 291/25.*

V. *Broadcast Music, Inc. v. Columbia Broadcasting System, Inc., 441 U.S. 1, 99 S.Ct. 1551, 60 L.Ed.2d 1 (1979).*

V. *United States of America v. Apple Inc., et al., 12 Civ. 2862 (DLC).*

V. cartel do GLP no Triângulo Mineiro: Processo Administrativo nº 08012.006019/2002-11, em que foram representados Agip, Copagaz, Ultragaz e outros, de relatoria de Luiz Carlos Prado.

V. caso Clube dos Treze: Processo Administrativo nº 08012.006504/1997-11, em que foram representados TV Globo Ltda., Globo Comunicações e Participações Ltda., Rádio Televisão Bandeirantes S.A., TVA

Sistema de Televisão S.A., União dos Grandes Clubes do Futebol Brasileiro (Clube dos Treze) e outros, de relatoria de César Mattos.

V. Processo Administrativo nº 08012.006241/97-03, em que foram representadas drogarias e farmácias da Rede da Economia no DF, de relatoria dc Paulo Furquim.

Processo Administrativo nº 08012.009922/2006-59, em que foi representado o Sindicato dos Centros de Formação de Condutores do Estado de Mato Grosso, de relatoria de César Mattos.

V. Processo Administrativo nº 08012.001271/2001-44, em que foi representada a SKF do Brasil, de relatoria de Vinicius Carvalho.

V. Ato de Concentração nº 08700.006723/2015-2, em que foram requerentes SBT, Record e RedeTV!, de relatoria de Cristiane Schmidt.

a) os preços de bens ou serviços ofertados individualmente;

Os acordos sobre preços podem acontecer das mais variadas formas, inclusive sob formas que, aparentemente, beneficiam o consumidor. Um exemplo são anúncios entre concorrentes de que cobrem os preços mais baixos do concorrente. Esses acordos, além de permitirem que a ART. 36
empresa, muitas vezes um supermercado, use do consumidor para fazer controle difuso – mais eficiente e mais barato – do cumprimento do acordo sobre preços pelos concorrentes, podem levar a que os concorrentes, ao ver o comportamento agressivo daquele *player*, sintam-se convidados, ou até mesmo compelidos a seguir os seus preços. O que, em princípio, poderia ser uma estratégia comercial para beneficiar o consumidor com preços mais baixos (cobrindo a oferta do concorrente) pode mostrar-se, na verdade, como um mecanismo de elevação e sustentação artificial de preços em detrimento do consumidor.

Essa situação está prevista no parágrafo 9º do item 2.1 das Orientações sobre a aplicação do art. 101 TFEU aos acordos de cooperação horizontal (2011/C 11/01):

"63. Quando uma empresa profere um anúncio unilateral genuinamente público, por exemplo através de um jornal, este comportamento não constitui normalmente uma prática concertada na acepção do artigo 101º, nº 1 (52). No entanto, em função dos factos subjacentes ao processo em apreço, não pode ser excluída a existência de uma prática concertada, por exemplo, no caso de tal anúncio ser seguido de anúncios públicos de outros concorrentes, sobretudo devido ao facto de as respostas estratégicas dos concorrentes aos anúncios púbicos de outros concorrentes (por exemplo, que impliquem reajustamentos dos seus anúncios anteriores aos anúncios dos concorrentes) poderem revelar-se uma estratégia para chegar a um entendimento comum relativamente às condições da coordenação."

Note-se, porém, que, assim como as alegações de preços predatórios (v. nota ao inciso XV) e de descontos (v. nota ao inciso III), neste caso a prática comercial pode e deve ser presumida como benéfica ao consumidor. Essa presunção decorre do fato de que existe um benefício muito claro em todas essas condutas: a redução do preço. O efeito anticompetitivo – a elevação do preço como um reflexo de um acordo tácito, ou a elevação do preço, no longo prazo, como consequência da predação – é contingente e a sua aferição depende de investigações do órgão de defesa da concorrência.

"Conforme já me expressei anteriormente[75], o mais grave delito previsto na legislação de defesa da concorrência e que é penalizado de forma mais severa
ART. 36 na totalidade dos países que possuem esse instrumento legal é o Cartel Clássico ou Integral[76]. Este é definido como acordos secretos entre competidores, com alguma forma de institucionalidade, com o objetivo de fixar preços e condições de venda, dividir consumidores, definir nível de produção ou impedir a entrada de novas empresas no mercado. Este tipo de cartel opera através de mecanismo de coordenação institucionalizado, seja por reuniões periódicas, manuais de operação, princípios de comportamento ou outros meios factíveis. Isto é, sua ação não decorre de situação de eventual coordenação, mas da construção de mecanismos permanentes para alcançar seus objetivos.

[75] Processo Administrativo nº 08012.002127/02-14.

[76] "Este conceito é normalmente chamado na literatura de língua inglesa como Hard Core cartel. Adapto este conceito à realidade brasileira, distinguindo-o do que chamo de Cartel difuso, que será definido em seguida. A importância desse tipo de comportamento anticompetitivo pode ser observada em toda legislação antitruste desde os primeiros instrumentos legais nos EUA e no Canadá na ultima década do século XIX. Cartéis foram considerados o pior delito antitruste quando os países europeus introduziram a legislação de defesa da concorrência na década 1950 e, também, foram tratados de forma similar nas legislações antitruste latino-americanas e asiáticas que surgiram a partir da década de 1980. Ver, sobre a evolução da legislação antitruste e da importância dada a alguns de seus delitos, o artigo de Joan-Ramon Boreel, **Choosing Among American, European, or no antitrust at all**, Universitat de Barcelona, Fevereiro 2005."

Nas economias de mercado – entre as quais se enquadra a brasileira, por sua história e por determinação constitucional[77] –, as decisões de alocação de fatores de produção são essencialmente tomadas na esfera privada, a partir de sinalização de preços que resultam das relações de mercado. Para caracterizar esse tipo de organização da produção não é necessária que haja concorrência perfeita. A ideia de mercado autorregulado que caracterizou o século XIX foi abandonada por parte substancial dos economistas acadêmicos, a partir da crítica de Keynes aos modelos tradicionais de equilíbrio. Isto é, mesmo na ausência de mercado de concorrência perfeita, as decisões econômicas continuam a ser pautadas pelos mecanismos de preço e pelas relações de mercado. Essas decisões, no entanto, são realizadas em um contexto de incerteza, onde expectativas determinam as ações empresariais. Nesse mundo, oligopólios são a regra, não a exceção. Mesmo assim, a rivalidade entre empresas e as várias formas em que essa rivalidade se expressa em uma economia de mercado mantêm a concorrência como uma característica essencial desse modelo. Nas palavras de um dos pioneiros e mais importantes especialistas em oligopólio Josef Steindl, em sua obra clássica de 1952, [E]m contraste com a velha doutrina da competição perfeita, a teoria moderna de preço é repleta de indeterminações. Os problemas mais elementares – as consequências do crescimento da demanda, o aparecimento de novas fontes de suprimentos, ou novos produtos – não admitem uma resposta ART. 36
sem ambiguidade, a menos que premissas muito específicas sejam introduzidas. Mas estas não são, intrinsecamente, razões para culpá-la; ocorre que os fatos é que são complicados.[78]

A essência do argumento em defesa da competição é que esta gera benefícios sociais que são perdidos através do aumento do poder de mercado das empresas. Mas o crescimento das empresas e a concentração e centralização empresarial são características da dinâmica econômica das sociedades de mercado. Uma legislação de defesa da concorrência se justifica porque esse instrumento legal pode reduzir os efeitos anti-concorrenciais da dinâmica da concorrência. Isto é, como a competição gera empresas vencedoras e perdedoras, a própria dinâmica da concorrência pode produzir menos competição. Entretanto, os efeitos

[77] "A CF/88 tem como um dos princípios da ordem econômica, estabelecido no artigo 170, a livre concorrência."

[78] *"In contrast to the old doctrine of perfect competition, modern price theory is full of indeterminacy. The most elementary problems – the consequences of an increase in demand, of the appearance of new sources of supply, or new products – do not admit of an unambiguous answer, unless very specific assumptions arte introduced. In itself this would be no cause for blame; the facts just happen to be complicated."* [Steindl, Josepf. **Maturity and Stagnation in American Capitalism**, Cambridge University Press, 1952, reprint 1976, P. 1].

deletérios do aumento do poder de mercado podem ser controlados ou mesmo eliminados por mecanismo legais.

Mesmo se abandonando a premissa de concorrência perfeita, os efeitos negativos para o bem estar dos consumidores de cartéis são determinados de forma conclusiva por economistas das várias correntes de pensamento econômico. Quando bem sucedidos, os cartéis elevam preços acima do que seria possível na ausência de coordenação das decisões alocativas. Os consumidores, inclusive empresas ou governo, são compelidos a pagar preços mais elevados ou não consumir esses produtos. Em muitos casos, portanto, os cartéis reduzem o nível de produção para viabilizar seus níveis de preços: esses se apropriam dos excedentes econômicos e da renda dos setores que consomem seus produtos. Finalmente, ao ficarem protegidas da competição e da rivalidade, as empresas cartelizadas são desestimuladas a controlar seus custos ou inovar. Dessa forma, pode-se afirmar que cartéis são sempre (e sem qualquer exceção) nocivos à eficiência de uma economia de mercado.

A experiência internacional, inclusive em países em desenvolvimento, mostra que cartéis são encontrados em todos os setores da economia, mas, especialmente, em alguns setores. Segundo a OCDE:

ART. 36 'Cartéis domésticos ocorrem em todos os setores da economia, mas eles são relativamente mais freqüentes em alguns setores, inclusive construção e materiais de construção (cimento, concreto, asfalto), vendas para instituições governamentais, produtos alimentares a granel, equipamentos elétricos, vendas a varejo de gasolina e setores de serviços, incluindo, em particular, serviços de transportes locais, profissionais e de saúde[79].'

[OECD. **Hard Core Cartels.** Op. cit.. P. 10].

A configuração do cartel, entrementes, é extremamente difícil, pois a interação estratégica oligopolista não cooperativa, em que cada empresa implementou sua estratégia ótima, dadas as ações adotadas pelas rivais, não implica infração à ordem econômica, pois a conduta revelada seria decorrente da própria estrutura do mercado e do jogo não cooperativo entre as empresas.

Como bem delineado pelo i. Conselheiro Pfeiffer, em voto-vista no Processo Administrativo (PA) nº 08012.000677/1999-70, [É] certo que configurar a existência de um Cartel no direito antitruste Brasileiro não é tarefa fácil a nenhum

[79] *"Domestic cartels occurred in all economic sectors, but they were relatively more common in some sectors, including construction and construction materials (cement, concrete, asphalt), sales to government institutions, bulk food products, electrical equipment, retail Sales of petrol and the services sector, including in particular local transportation, services, the professions and health care."*

julgador. Desde a configuração da prova da colusão, até a aplicação da devida multa, o aplicador do direito deve passar por um esforço enorme para conseguir confeccionar uma decisão adequada. (...) Por isto, é necessário uma verificação na instrução probatória, para se averiguar a existência de provas diretas e indiretas (no caso, entendidos como indícios) que demonstrem a conduta uniforme das Representadas.

Na doutrina do paralelismo *plus*, o convencimento do julgador faz-se por meio de provas indiciárias, que afastam as possibilidades lógicas de a prática ter ocorrido em razão de outros fatores que a justificariam do ponto de vista legal, ou seja, sem o recurso de qualquer acordo ou colusão entre concorrentes. Ainda segundo Pfeiffer, por essa teoria, o paralelismo consciente, per se, não implica colusão, devendo-se constatar a existência dos plus factors, traduzidos principalmente em evidências circunstanciais da ausência de racionalidade econômica na adoção de conduta que não a da prática ilícita. Nesse sentido, cita a Resolução Cade nº 20/99:

A adequada instrução do processo supõe que os autos reúnam evidências suficientes da prática em questão, que não precisam restringir-se à prova documental, inclusive evidências circunstanciais como a ausência de racionalidade econômica para a adoção de conduta que não a da prática ilícita.

Entre os plus factors, aquele de maior relevância consiste na prova de que a conduta apenas reverterá em benefício do agente se a ação for praticada conjuntamente, em conluio, o que implica dizer que a ação é irracional se praticada isoladamente pelo ator. **Portanto, as reuniões entre as empresas, embora devam ser consideradas como indícios suplementares à configuração do paralelismo, são incapazes de, isoladamente, caracterizarem o ilícito.** Kovacic enumera elementos constantes na análise da conduta paralela com *plus factors*[80]: ART. 36

a) A existência de um motivo racional para o comportamento coletivo das representadas.
b) Atitudes contrárias aos próprios interesses das representadas, em função de uma ação coletiva.
c) Fenômeno de Mercado que não pode ser racionalmente explicado a não ser como fruto de ação concertada.
d) Registros de colusões passadas da Representada em violação ao sistema antitruste.
e) Evidências de encontros entre as empresas ou outras formas de comunicação direta entre os alegados conspiradores.

[80] Kovacic, William. **The identification and proof of horizontal agreements under the antitrust laws**. Antitrust Bulletin 5, 1993.

f) A utilização de práticas facilitadoras de colusão por parte das Representadas.
g) Características estruturais da indústria que complicam ou facilitam o afastamento da concorrência.
h) Fatores de performance da indústria que sugerem a dedução de colaboração horizontal."

[Averiguação Preliminar nº 08012.006844/2000-45, em que foram representados postos de Combustíveis de Bragança Paulista/SP, de relatoria de Luiz Carlos Prado].

"Nos acordos de *price leadership* os agentes econômicos seguem o preço praticado pela empresa que detém posição dominante no mercado. A questão do *price leadership* é, dentre aquelas referentes aos acordos destinados à uniformização dos preços, a que mais tem preocupado os teóricos, porque nem sempre a prática do *price leadership* configura um ato colusivo e implica a responsabilização de todos os agentes econômicos que praticam preço (ou aumento de preço) uniforme. (...)

Como precisou a Suprema Corte americana, existe a possibilidade de agentes econômicos, com reduzido poder, serem obrigados, mediante a utilização de instrumentos coercitivos, a respeitar a 'liderança' de agente econômico com

ART. 36 posição dominante no mercado, donde se conclui que onde quer que haja *price leadership* pode presumir-se que o comportamento dos 'seguidores' foi determinado pela convicção de que seriam punidos caso se rebelassem contra o líder. Essa crença seria o próprio elemento de coerção.

Entretanto, muitas vezes, a identificação do efeito anticoncorrencial do ato é tarefa difícil, ou seja, o intérprete deve lidar com a possibilidade de a uniformização dos preços decorrer das chamadas 'forças normais de mercado'. A *price leadership*, portanto, pode não implicar qualquer conluio, ou qualquer abuso de posição dominante por parte dos agentes econômicos, mas decorrer de um processo normal de concorrência."

[Forgioni, Paula A.. **Os fundamentos do antitruste**. São Paulo: Editora Revista dos Tribunais, 1998. PP. 337/341].

[81]"Turner indaga se a interdependência monopolística deveria ser vista como uma forma de acordo para fixar preços em violação ao item 1 do *Sherman Act*.

[81] *"Turner asks whether oligopolistic interdependence should be viewed as a form of agreement to fix prices that violates section 1 of the Sherman Act. Turner is prepared to allow that, '[c]onsidered purely as a problem in linguistic definition,' interdependent pricing could be deemed a type of collusion. But to him a more important consideration is that 'the rational oligopolist is behaving in exactly the same way as is the rational seller in a competitively structured industry; he is simply taking another factor into account'*

Turner está preparado para admitir que, '[c]considerada puramente como um problema de linguística,' a precificação interdependente pode ser considerada uma forma de colusão. Mas, para ele, uma consideração mais importante é que 'o oligopolista racional comporta-se exatamente da mesma forma que o vendedor racional em um mercado competitivo; ele está, simplesmente, levando outro fator em consideração' (as reações dos seus rivais a qualquer corte de preço), 'o qual ele deve levar em consideração em função da própria condição em que ele se encontra'.

O argumento decisivo de Turner é que não há solução efetiva (sob a perspectiva de fixação de preços) em face da interdependência oligopolística. Uma decisão que meramente 'proibisse cada representado de levar em consideração as

(the reactions of his rivals to any price cut) 'which he has to take into account because the situation in which he finds himself puts it there.'

Turner's decisive argument is that there is no effective remedy (based on a price-fixing approach) against oligopolistic interdependence. An injunction that merely 'prohibited each defendant from taking into account the probable price decisions of his competitors in determining his own price or output' would 'demand such irrational behavior that full compliance would be virtually impossible.' (...)

Oligopolistic interdependence, in short, is inherent in the structure of certain markets. How, then, to deal with the phenomenon? Turner's proposal is to break up oligopolistic firms into smaller units, either through special legislation or in proceedings under section 2 of the Sherman Act charging oligopolists with jointly monopolizing their market. (..) ART. 36

If tacit collusion begins at all, the firms face the prospect of cheating. A formal cartel might set up reporting mechanisms, impose fines for unauthorized sales, and so on. Without a formal structure cheating is harder to control. If there is no formally agreed-on price, any sale at a lower price might be explained as a misunderstanding. If the lack of formal structure makes the cartel appear fragile, then the incentive to cheat increases. If cheating by someone seems inevitable, everyone will want to be the first cheater. There is no reason to forego short-term sales in exchange for long-run profits if it seems likely that the cartel will break down before the long run is reached. Any devices to control the cheating slimly increase the chance that the cartel will be detected.

There are substantial problems. Nonetheless, the obstacles to tacit collusion are less in some markets than in others. We now consider which conditions are most conductive to collusion.

1. *Market concentrated on the selling side;*
2. *No fringe of small sellers;*
3. *Inelastic demand at the competitive price;*
4. *Entry takes a long time;*
5. *Market atomized on the buying side;*
6. *Standard product;*
7. *The principal firms are confined to the same level in the chain of distribution;*
8. *Price competition predominates;*
9. *High ratio of fixed to variable costs;*
10. *Demand static or declining;*
11. *Sealed bidding;*
12. *The industry's antitrust record."*

possíveis decisões sobre preço dos seus concorrentes ao tomar as suas decisões acerca do seu próprio preço ou produção' iria 'demandar um comportamento tão irracional que a obediência seria praticamente impossível'. (...)

A interdependência oligopolística, em resumo, é inerente à estrutura de certos mercados. Como, então, lidar com esse fenômeno? A proposta de Turner é quebrar as sociedades oligopolistas em pequenas unidades, seja por legislação especial, seja, segundo o item 2 do *Sherman Act*, processando os oligopolistas por monopolizarem, em conjunto, os seus mercados. (...)

Se tiver início alguma colusão tácita, as sociedades enfrentam a perspectiva de traição. Um cartel formal pode estabelecer mecanismos de detecção, impor penas para vendas desautorizadas e assim por diante. Sem uma estrutura formal, é mais complicado ter controle sobre a traição. Se não há acordos formais sobre o preço, qualquer venda por preço mais baixo pode ser explicada como mal entendido. Se a carência de uma estrutura formal torna o cartel mais frágil, o incentivo à traição aumenta. Se a traição parece inevitável, cada um tentará ser o primeiro a trair. Não há motivo para trocar vendas de curto prazo por lucros de longo prazo se for provável que o cartel vá ser desmantelado antes que o longo prazo seja alcançado. Por sua vez, quaisquer dispositivos de controle da traição aumentam minimamente a chance de detectar aquele cartel.

Há problemas substanciais à colusão tácita. De qualquer modo, os obstá-
ART. 36 culos a ela são menores em determinados mercados. Consideraremos, doravante, quais condições são mais adequadas à verificação de colusão.

1. Concentração de mercado pelo lado do vendedor;
2. Ausência de uma franja de pequenos vendedores;
3. Demanda inelástica a preços competitivos;
4. Entrada intempestiva;
5. Mercado atomizado pelo lado do consumidor;
6. Produto padronizado;
7. Principais concorrentes localizados na mesma etapa da cadeia produtiva/de distribuição;
8. Predomina a concorrência por preços;
9. Elevada proporção de custos fixos em relação aos custos variáveis;
10. Demanda estática ou em declínio;
11. Ausência, ou não, de licitação a envelope fechado/lance selado;
12. O histórico concorrencial do setor."

[Posner, Richard A./Easterbrook, Frank H.. **Antitrust cases, economic notes, and other materials**. Estados Unidos: West, 1981 (7ª reimpressão, 1999). PP. 331/338].

Para um aprofundado estudo acerca dos facilitadores da colusão, v. Tirole, Jean et alli. **The Economics of Tacit Collusion – Final Report**

for DG Competition, European Commission. IDEI, Toulouse. Março de 2003.

NUNES, Clemens/ GOMES, Cleomar. **Aspectos Concorrenciais do Varejo de Combustíveis no Brasil.** Disponível em http://www.anpec.org.br/encontro2005/artigos/A05A108.pdf. Acesso em 21.02.2011.

GICO JUNIOR, Ivo Teixeira. **Cartel – Teoria Unificada da Colusão.** PP. 305 e segs. São Paulo: Lex, 2007.

SLADE, M. E.. **Interfirm Rivalry in a Repeated Game: An Empirical Test of Tacit Collusion.** *In* Journal of Indus-trial Economics 35 (1987), PP. 499/516.

GILO, David/ MOSHE, Yossi /SPIEGEL, Yossi. **Partial cross ownership and tacit collusion (2005).** Disponível em http://www.tau.ac.il/~spiegel/papers/collusion24-final.pdf. Aceso em 21.02.2011.

KNITTEL, Christopher R./ STANGO, Victor. **Price Ceilings as Focal Points for Tacit Collusion: Evidence from Credit Cards.** PP. 1703/1729. *In* The American Economic Review (2003).

ECKERT, Andrew /WEST Douglas S.. **Price uniformity and competition in a retail gasoline market.** *In* Journal of Economic Behavior & Organization. Vol. 56 (2005). PP. 219/237. ART. 36

LU, Yuanzhu /WRIGHT, Julian. **Tacit collusion with price-matching punishments** (2009). Disponível em http://profile.nus.edu.sg/fass/ecsjkdw/pricematching_Lu_Wright_170909.pdf. Acesso em 21.02.2011.

CLARK, Robert/ HOUDE, Jean-François. **Explicit and tacit collusion in retail markets** (2009). Disponível em http://www.cirpee.org/fileadmin/documents/Papiers_des_conferences/JourneeCIRPEE_2-3_octobre_09/robert_clark_11_09_09.pdf. Acesso em 21.02.2011.

V. caso ATPCO: Processo Administrativo nº 08012.000677/99-70, em que foram representados representados Viação Aérea Rio-Grandense – VARIG S/A, Transportes Aéreos Regionais S/A – TAM, TRANSBRASIL S/A Linhas Aéreas e Viação Aérea São Paulo S/A – VASP, e seus respectivos administradores, Fernando da Cruz Pinto (VARIG), Rolim Adolfo Amaro (TAM), Wagner Canhedo Azevedo (VASP) e Celso Cipriani (TRANSBRASIL), de relatoria de Luiz Alberto Scaloppe.

V. cartel de britas: Processo Administrativo nº 08012.002127/02-14, em que foram representados SINDIPEDRAS e outros, de relatoria de Luiz Carlos Prado.

V. cartel do aço: Processo Adminstrativo nº 08000.015337/1997-48, em que foram representadas USIMINAS, COSIPA e CSN, de relatoria de Ruy Santacruz.

V. Ato de Concentração nº 08012.000836/2009-23, em que foram requerentes Polimix Concreto Ltda. e Camargo Corrêa Cimentos S.A., de relatoria de César Mattos.

V. *Addyson Pipe & Steel Co, 85 F. 271 (6th Cir. 1898, aff'd 175 U.S. 211 (1899)*

V. *Evanston Northwestern Healthcare Corporation and ENH Medical Group, Inc., File No. 011 0234, Docket No. 9315.*

V. nota ao art. 36, III.

b) a produção ou a comercialização de uma quantidade restrita ou limitada de bens ou a prestação de um número, volume ou frequência restrita ou limitada de serviços;

O compartilhamento de informações sobre a produção (*output*) é, ao lado do compartilhamento do preço – ambos, variáveis comerciais essenciais –, a mais danosa das colusões, porque o conhecimento de tais
ART. 36 variáveis permite que os concorrentes monitorem, com muito mais efetividade, as políticas comerciais recíprocas, mesmo após um momento de ruptura com a prática do cartel.

Aliás, é sempre importante ter em mente que os cartéis são, por natureza, instáveis, dado que, ausente a *affectio societatis*, um ator terá sempre grandes incentivos para romper o acordo quando lhe estiver sendo relativamente desvantajoso. Falo em 'relativamente desvantajoso' porque, ainda lucrando, não há conforto em perceber que o enriquecimento do concorrente é desproporcionalmente maior. A assimetria de informações provoca a eterna mútua desconfiança em uma relação na qual o ganho alcançado não é incorporado a uma sociedade comum, mas apropriado individualmente (bem rival e excludente).

V. caso Clube dos Treze: Processo Administrativo nº 08012.006504/1997-11, em que foram representados TV Globo Ltda., Globo Comunicações e Participações Ltda., Rádio Televisão Bandeirantes S.A., TVA Sistema de Televisão S.A., União dos Grandes Clubes do Futebol Brasileiro (Clube dos Treze) e outros, de relatoria de César Mattos.

V. *National Collegiate Athletic Association v. Board of Regents of University of Oklahoma, 468 U.S. 85, 104 S.Ct. 2948, 82 L. Ed.2d 70 (1984).*

V. *American Needle, Inc. v. National Football League et al., 560 U.S. ___ (2010).*

c) a divisão de partes ou segmentos de um mercado atual ou potencial de bens ou serviços, mediante, dentre outros, a distribuição de clientes, fornecedores, regiões ou períodos;

A alocação espacial tem como condão criar monopolistas em cada região, mas é justificável em alguns casos – em geral, por conta do efeito carona (*free riding*). Isso ocorre quando os gastos de um agente podem ser apropriados pelo concorrente – o que gera o desinteresse em investir (se um recebe gratuitamente, o outro tem o seu investimento particular apropriado sem compensação). A alocação espacial resolve esse problema, impedindo que haja a apropriação do investimento por concorrente. Se o benefício líquido da alocação espacial for superior às desvantagens do monopólio, ela deve ser chancelada pela autoridade concorrencial.

Um exemplo dessa situação ocorre nos caso das concessionárias de automóveis. Sem a alocação territorial, um comerciante pode abrir a sua loja B em frente à do concorrente A. A loja mais antiga A tem melhor ART. 36
mostruário e melhores vendedores, mas os preços são mais baixos na nova loja B – justamente porque não investe na melhoria do mostruário e na contratação de bons vendedores. O consumidor racional tenderá a ir à loja A para ver os produtos e receber informações sobre o seu funcionamento. Mas, após escolher o automóvel que deseja, irá até B fechar o negócio. Pode-se dizer que B, claramente, é um carona dos investimentos de A.

É complicado definir, *in abstracto*, se a alocação espacial representa ilícito concorrencial. Afinal, há muito se defende que o fabricante já aufere o seu lucro de monopólio a montante e que a monopolização a jusante por outro ator criaria o problema da marginalização dupla – o que tornaria pouco plausível que um fabricante criasse zonas de monopólio para os seus revendedores se não fosse estritamente necessário. Ademais, exceção feita à maior facilidade de capilarizar pela terceirização da revenda, nada obsta que esse fabricante ofereça diretamente os seus produtos ao consumidor final, integrando a jusante (com os benefícios da redução de custos de transação e da eliminação da dupla marginalização), de tal sorte que a monopolização, em si, não deveria ser um problema.

Por outro lado, se o fabricante efetivamente entender que a capilarização por um revendedor é o meio mais eficiente para levar os seus produtos ao consumidor final, tendo ele já alcançado lucros de monopólio a montante e neutralizado o efeito carona (centralizando os gastos em *marketing*, por exemplo), a concorrência intramarcas por meio da quebra do monopólio na revenda (e não a mera substituição de um monopolista por outro) evitaria a marginalização dupla e proporcionaria, em tese, maior qualidade, menores preços e maiores opções de atendimento ao consumidor final. Justamente por existir essa possibilidade, analistas antitrustes apostam na existência de meios concorrencialmente mais neutros e economicamente mais eficientes que a alocação espacial para evitar o efeito carona.

Embora restrições concorrenciais relacionadas com a distribuição costumem ser associadas, apenas, com a concorrência dentro da mesma marca (intramarca), é também possível que elas afetem a comercialização de produtos concorrentes (efeito intermarcas): Como nos lembram Luis Gomez e Sunny Mann [King's College London. **EU Competition Law**. Unit 9. P. 10], acordos de distribuição também afetam a competição
ART. 36 entre marcas e entre fornecedores, em particular quando um fornecedor com poder de mercado fecha o mercado por meio de acordos de exclusividade.

Embora pouco mencionada na doutrina brasileira, a distinção entre **alienações ativas (*active sales*)** e **alienações passivas (*passive sales*)** é corrente no antitruste comunitário europeu. Denominam-se alienações ativas as vendas que decorrem da promoção do produto, ou serviço pelo alienante no território em que se encontra o adquirente. Por sua vez, denominam-se alienações passivas aquelas que decorrem da prospecção pelo próprio usuário, que busca o produto, ou serviço em outro território por conta própria. Outra forma de defini-las está em colocar em evidência que, em casos de divisão territorial entre distribuidores, a alienação ativa corresponde às ofertas realizadas pelo competidor no território destinado ao distribuidor concorrente, ao passo que, na alienação passiva, fala-se das vendas para consumidores situados fora da área de influência daquele distribuidor, mas que procuram e contratam os produtos, ou serviços daquele distribuidor fora da área em que ele os oferta, ou faz campanha publicitária. Em outras palavras, as alienações ativas representam a deliberada oferta dos produtos do distribuidor na área de influência do distribuidor concorrente; inversamente, as alienações passivas decorrem da busca do consumidor pelo produto que o distribuidor não oferta na área em que ele reside, ou trabalha.

Ante esse quadro, como, então, enquadrar as operações realizadas *online*? Dada a sua natureza eminentemente passiva (pois quem faz a busca é, como regra, o consumidor) o Regulamento 330/2010 da Comissão Europeia (*Verticals Regulation*) convencionou que todas as vendas via internet são, em princípio, alienações passivas (v. parágrafo 52 do guia sobre restrições verticais – Guidelines on Vertical Restraints). A *Verticals Regulation* é a norma europeia que, atendidos certos critérios *de minimis* que indiquem o baixo impacto da operação sobre o mercado, concede isenção antitruste em bloco para restrições verticais.

Embora tanto restrições a alienações ativas, quanto restrições a alienações passivas reduzam a concorrência entre produtos, ou serviços, restrições que afetem as alienações passivas são normalmente mais invasivas, pois afetam imediatamente a capacidade de escolha do consumidor. Em outras palavras, opostamente às alienações ativas, em que o consumo se dá a partir do direcionamento da oferta do produto, ou do serviço àquele grupo de consumidores, nas alienações passivas o consumo se dá ART. 36
apesar de não haver oferta direcionada àquele grupo de consumidores. Daí ser o tratamento conferido às restrições às alienações passivas mais enérgico que aquele dado às restrições às alienações ativas. Note-se, no entanto, que o revendedor pode estruturar situações que facilitem o acesso da oferta fora da sua área de atuação e, mesmo assim, a oferta, apesar de direcionada pelo distribuidor, ser enquadrada como passiva, tornando ilegal qualquer restrição territorial imposta pelo fornecedor.

Acordos que restrinjam as alienações passivas são reputadas como violações concorrenciais *hardcore*. Desse modo, acordos que envolvam restrições dessa natureza não se enquadram nos critérios da Comunicação da Comissão Europeia sobre Acordos de Menor Relevância (*Commission Notice on Agreements of Minor Importance*, ou *De Minimis Notice*), tampouco nas isenções em bloco da *Verticals Regulation*. Nesse sentido, o guia de aplicação do artigo 101 TFEU a acordos horizontais não cooperativos (2011/C 11/01) esclarece que acordos de distribuição podem reduzir a competição caso contenham restrições verticais, como alienações passivas e a fixação de preços de revenda (RPM). Na mesma linha, o Regulamento 1217/2010, que disciplina a aplicação do art. 101(3) TFEU a acordos horizontais não cooperativos (2011/C 11/01), classifica as alienações passivas, no item 15 dos *consideranda*, como restrições severas à concorrência, independentemente da participação de mercado das partes envolvidas. Por fim, o mesmo Regulamento 1217/2010, no seu art. 5(d), classifica como *hardcore* as restrições aos territórios nos quais, ou aos consumidores aos quais as partes possam vender, de forma passiva, os produtos contratados, ou licenciar as tecnologias contratadas, Exceção é feita, apenas, aos acordos que envolvam exclusividade de licenciamento de tecnologia.

ART. 36

Se, por um lado, restrições a alienações passivas são ilícitos *hardcore* segundo o art. 4(b) da *Verticals Regulation*, o Regulamento 330/2010 da Comissão Europeia também impõe limites às restrições que as partes podem impor às alienações ativas. Nesse último caso, a *Verticals Regulation* limita a proteção aos clientes exclusivos do fornecedor, ou aos clientes alocados com exclusividade a outro revendedor (art. 4(b)). Essas duas exceções valem, também, para os territórios de venda exclusiva do fornecedor, ou de outro revendedor – exceção que, do mesmo modo, não abarca as alienações passivas, que continuam admitidas. Em outras palavras, salvo raras exceções aplicadas para alienações ativas pela *Verticals Regulation*, restrições pessoais e territoriais à alienação de produtos, ou serviços são consideradas infrações concorrenciais *hardcore* no direito comunitário europeu. De qualquer modo, a proteção dos clientes exclusivos do fornecedor, ou do revendedor não se estendem para as alienações ativas, ou passivas feitas no varejo ao consumidor final.

Por fim, em se tratando de **distribuição seletiva**, os membros da rede credenciada estão livres para vender para qualquer outro *player* que também pertença à rede de distribuição seletiva (a restrição é considerada ilícito *hardcore* pelo art. 4(d) da *Verticals Regulation*). Por distribuição seletiva, entenda-se o modelo no qual o fornecedor só vende o produto para distribuidores autorizados/credenciados, os quais são selecionados com base em critério objetivo previamente especificado, e que não podem revender para agentes revendedores não autorizados (fora da rede credenciada).

Esse rigor acerca das alienações passivas sofre certa flexibilização quando o assunto é o **licenciamento de tecnologia**, desde que atendidos certos critérios *de minimis* que indiquem o baixo impacto da operação sobre o mercado. Ou seja, restrições a alienações passivas são admitidas sob circunstâncias bastante específicas[82] nos acordos de licenciamento de tecnologia – situação em que a norma relevante são as isenções da Comissão Europeia para acordos de transferência de tecnologia (TTBER), mais permissivo que a *Verticals Regulation*. O TTBER é também bastante permissivo quando os acordos não envolvem concorrentes. Nessa situação, exceto para distribuições seletivas, é sempre possível impor restrições territoriais. Mas mesmo as distribuições seletivas encontram tratamento mais ameno no TTBER, com a possibilidade de que sejam impostas restrições às alienações ativas entre distribuidores credenciados. No caso das alienações passivas, essa restrição só pode ser imposta a distribuidores credenciados contratados com exclusividade pelo fornecedor (art. 4(2)(b)(i) TTBER). O art. art. 4(2)(b)(iii) TTBER, diversamente da *Verticals Regulation* (que classifica essa restrição como *hardcore* no art. 4(b)), admite, ainda, que o fornecedor restrinja o uso do produto pelo licenciado ao consumo cativo (como é o caso do tradicional licenciamento de *software* direto ao consumidor final).

[83]"Mas pode ser questionado por que, em sendo os serviços tão valorizados pelos consumidores, as concessionárias não os oferecem sem a necessária intervenção do fabricante. A resposta está no problema do 'efeito carona', análogo àquele presente no caso da Junta Comercial de Chicago. Caso, por exemplo, uma concessionária disponha de muitos produtos em mostruário para facilitar a escolha do modelo pelo consumidor, outra concessionária que não disponha de mostruário tão amplo poderá encorajar a que os seus clientes conheçam o mostruário da primeira concessionária e, depois, voltem para comprar dela. E essa concessionária poderá oferecer preços mais baixos em função de não incorrer nos custos de manutenção de um amplo mostruário. A possibilidade de que haja ART. 36

[82] No caso de alienações passivas no território do fornecedor, dependem da existência de exclusividade territorial em obrigações não recíprocas – art. 4(2)(b)(i) TTBER – e, no caso de alienações passivas ao território de outros distribuidores, ainda encontram limitação temporal de dois anos (art. 4(2)(b)(ii)).

[83] *"But, it may be asked, if services are valued by consumers, why won't the dealers provide them without prompting from the manufacturer? The answer is that there is a "free riding" problem analogous to the one we discussed in connection with the Chicago Board of Trade case. If, for example, one dealer carries a large inventory on display to help the consumers choose the model he wants, another dealer, who does not carry a large inventory, may encourage his costumers to go to the first dealer to pick out the model they want and then come back to him to buy it. He can offer lower prices since he does not incur the costs of maintaining a large inventory. The possibility of such free riding will deter dealers from maintaining large inventories."*

esse efeito carona evitará que as concessionárias mantenham mostruários mais amplos."

[Posner, Richard A./Easterbrook, Frank H.. **Antitrust cases, economic notes, and other materials.** West Group: USA, 1981. P. 214].

[84]"Podemos supor que o fabricante venha a adquirir todos os revendedores, convertendo o retalho em um segundo monopólio detido por ele. Isso não alterará as suas decisões de preço e quantidade. Embora, agora, ele detenha tanto a produção quanto a revenda, o monopolista ainda enfrentará a mesma demanda do consumidor e os mesmos custos em ambos os níveis. O preço de equilíbrio para os consumidores continua, portanto, o mesmo. O revendedor não poderá atuar de forma independente e reduzir a venda além da redução já realizada na produção, dado que o nível de produção ficaria abaixo do nível de equilíbrio e a um preço superior."

[Bork, Robert H.. **The Antitrust Paradox – a policy at war with itself.** The Free Press: United States, 1993. P. 229].

V. cartel das vitaminas: Processo Administrativo nº 08012.004599/ 1999-18, em foram representadas Aventis Animal Nutrition do Brasil
ART. 36 Ltda., Basf Aktiengesellshaft e F. Hoffman La Roche Ltd., de relatoria de Ricardo Cueva.

V. cartel de britas: Processo Administrativo nº 08012.002127/02-14, em que foram reresentados SINDIPEDRAS e outros, de relatoria de Luiz Carlos Prado.

V. cartel dos vigilantes: Processo Administrativo nº 08012.001826/ 2003-10, em que foram representados ASSEVIRGS, EPAVI e outros, de relatoria de Abraham Benzaquem Sicsú.

V. *Polk Bros., Inc. v. Forest City Enterprises, Inc., 776 F.2d 185 (7th Cir. 1985).*

V. *Addyson Pipe & Steel Co, 85 F. 271 (6th Cir898, aff'd 175 U.S. 211 (1899).*

d) preços, condições, vantagens ou abstenção em licitação pública;

[84] *"We may suppose that the manufacturer purchases all of the retailers, converting that level of the industry to a second monopoly held by him. This will not change his price and output decision at all. Though he now holds both manufacturing and retailing, the monopolist is still facing the same consumer demand and the same costs at both levels. The maximizing price to consumers, therefore, remains the same. The new retail subsidiary will not be permitted to act independently and restrict output further than the manufacturing level had already restricted it, since that would result in an output lower and a price higher that the maximizing level."*

Trata-se do chamado *bid rigging*. A sua única diferença para as demais formas de cartel está em que este tipo se realiza em licitações públicas por meio de mecanismos próprios de compensação entre os seus membros – que vão desde a alocação espacial e o revezamento nos certames até a irregular subcontratação, fusão ou incorporação pós-adjudicação. Essa distinção já é suficiente para qualificar o tipo: se os cartéis são considerados a mais grave ofensa à concorrência, os cartéis em licitações são a sua agravante, pois afetam diretamente as compras públicas e, portanto, a prestação dos serviços público e meritórios.

Há, nessa seara, outra discussão de grande relevância e na qual me parece que o Cade tenha entendimento equivocado, tendo em mente o posicionamento externado, inauguralmente, no cartel do lixo de São Paulo (Averiguação Preliminar nº 08012.007704/2004-18): qual o limite de atuação da autarquia em casos de cartéis em licitações públicas que também envolvam a corrupção de funcionário público.

Diversamente o Cade, parece-me que sempre que uma conduta enseje, ao mesmo tempo, um ato de corrupção e um cartel, a concertação deva ser punida pela autarquia. Trata-se de consideração semelhante à que o *US Department of Justice* fez com relação aos acordos verticais e horizontais no caso americano *Apple ebooks* (*United States of America v. Apple Inc., et al., 12 Civ. 2862 (DLC)*). Naquela oportunidade, em razão de o acordo vertical ter sido acessório para instrumentalizar um acordo horizontal entre concorrentes, o caso foi tratado como um cartel horizontal a ser julgado segundo a regra *per se* (v. nota ao art. 36, §3º, IX) – entendimento endossado pelo Judiciário. Aqui, igualmente, em razão de o ato de corrupção ser instrumental para o cartel horizontal, não pode o Cade deixar de julgar o caso em função de a Controladoria-Geral da União ter competência para atuar na investigação acessória de corrupção. O ilícito central, neste caso, é o cartel, não a corrupção. ART. 36

De qualquer modo, segundo o direito brasileiro, há, claramente, dois ilícitos a serem apurados por duas autoridades distintas. Ao deixar de julgar casos como o cartel do lixo, o Cade está sendo omisso com relação à sua competência legal.

V. **Guidelines for Fighting Bid Rigging in Public Procurement**. Paris: OCDE, 2009. Disponível em www.oecd.org/competition.

V. caso Microsoft/TBA: Processo Administrativo nº 08012.008024/1998-49, em que foram representadas TBA Informática Ltda. e Microsoft Informática Ltda., de relatoria de Roberto Pfeiffer.

V. cartel dos vigilantes: Processo Administrativo nº 08012.001826/2003-10, em que foram representados ASSEVIRGS, EPAVI e outros, de relatoria de Abraham Benzaquem Sicsú.

V. cartel do lixo de São Paulo: Averiguação Preliminar nº 08012.007704/2004-18, em que foram representados Qualix, Queiroz Galvão, LOT, Heleno & Fonseca, Vega, Cavo, SPL, Delta, Limpebras, Cliba, OAS, CBPO, H. Guedes, Construrban, Leão Leão, Gomes Lourenço, Consita, Villanova Engenharia, MB Engenharia, Stemag e outros, de relatoria de César Mattos.

V. nota ao art. 36, §3º, IX.

II – promover, obter ou influenciar a adoção de conduta comercial uniforme ou concertada entre concorrentes;

Trata-se da típica conduta das associações, as quais servem de facili-
ART. 36 tadoras, nos cartéis. As associações são um importante meio para monitorar as atividades dos seus associados e, até mesmo, concorrentes não associados; fixar regras de coexistência e convivência (*modus vivendi*); eliminar assimetrias informacionais; colher e repassar dados comerciais sensíveis; além de instrumentalizar a imposição de punições: como se sabe, as associações profissionais comumente têm poder disciplar sobre os seus associados. Mario Monti, então Conselheiro da Concorrência na União Europeia, abordou a relevância das associações em arranjos colusivos em conferência sobre o cartéis em Estocolmo[85]:

[86]"Como sabemos, os cartéis não acontecem com a mesma frequência em todos os setores. De fato, alguns setores têm sido mais propensos à cartelização.

[85] Fighting cartels why and how? Why should we be concerned with cartels and collusive behaviour? 3rd Competition Policy Conference. Estocolmo, 11-12 de setembro de 2000.

[86] "As we all know, cartels do not occur with the same frequency in all sectors. Indeed, some sectors have been particularly prone to cartelisation. These sectors are generally characterised by a relatively high degree of concentration, significant barriers to entry, homogeneous products, similar cost structures and mature technologies. In such stable sectors it is easier to reach consensus on the collusive outcome and to maintain it. The steel, cement and chemical

Esses setores são, em geral, caracterizados por um relativamente elevado grau de concentração, significativas barreiras à entrada, produtos homogêneos, estruturas de custos similares e tecnologia madura. Em setores com essa estabilidade é mais fácil alcançar consenso sobre o resultado da colusão e mantê-la. As indústrias química, de aço e de cimento podem ser mencionadas como exemplos de setores que se encaixam nessa descrição e nos quais a Comissão já encontrou cartéis no passado.

Contudo, a nossa experiência mostra que o comportamento colusivo não se limita a esses setores tradicionais. Investigações recentes no setor bancário e nas profissões liberais comprovam que esses setores não devem ser ignorados. No caso das profissões liberais, a colusão em geral envolve a fixação de tarifas. Nesses setores, é, em geral, complicado aferir a qualidade do serviço. A concorrência por preços é, portanto, um importante aspecto da chamada concorrência. É também importante notar que, nesses casos, quase todos os cartéis foram operados por associações. O envolvimento de uma associação é necessário em razão do elevado número de operadores. Um estudo provou que associações empresarias estiveram envolvidas na maioria dos casos que envolveram mais de 10 empresas. Mais do que isso, no caso das profissões liberais, as regras da associação podem ser um meio bastante efetivo de manter a disciplina."

ART. 36

Essa amplitude de poderes ocorre porque é da natureza das associações lidar com dados dos seus associados e buscar soluções que acomodem os interesses da maior parte possível dos associados. Daí a ser comum que as associações busquem soluções concertadas, inclusive com relação ao comportamento no mercado, a fim de evitar uma acirrada concorrência que acabe por excluir a grande maioria dos associados, costumeiramente pouco eficiente. Como decorrência dessa abordagem,

industries can be mentioned as examples of sectors that fit this description and in which the Commission has in the past uncovered cartels.
However, our experience shows that cartel behaviour is not limited to such traditional industries. Recent investigations concerning the banking sector and the liberal professions demonstrate that we should certainly not lose sight of other sectors. In the case of the liberal professions collusion has generally involved the fixing of tariffs. In these sectors it is often quite difficult to assess with precision the level of quality. Price competition is therefore quite an important aspect of competition. It is also interesting to note that in these cases the cartels have virtually always been operated by a trade association. The involvement of an association is necessary due to the large number of operators. One study has found that trade associations were involved in most of the cases that involved more than 10 undertakings. Moreover, in the case of the liberal professions the rules of the association can be a very effective weapon in maintaining discipline."

surgem, dentro das associações, chavões que se perpetuam até hoje, como *concorrência predatória*. As associações também herdam de um passado próximo uma relação espúria com o Estado, por meio da qual os preços eram tabelados com base em negociações com representantes dos setores – o que incluída não só as associações, como importantes *players* do setor. O costume da elaboração de tabelas de preços perpetua-se até os nossos dias, seja com caráter vinculante, seja com a função meramente indicativa (mas, de qualquer modo, servindo como ponto focal).

O efeito uniformizador das tabelas de preços foi trazido, de forma extensiva, pelo Conselheiro César Mattos:

> "As teorias de preços fixados e sugeridos vêm sendo desenvolvidas de forma imbricada, no exterior, e repousam, essencialmente[87], sobre casos de práticas verticais – sendo analisadas pela ótica da imposição de preços pelo produtor ao revendedor (*resale price maintenance* – "RPM").
>
> Uma oposição, no entanto, ao uso dessa teoria para casos de sugestão de preços por associação profissional (e não por um produtor a montante) estaria na possibilidade de integração a jusante, viável apenas na relação produtor-revendedor, e nos incentivos econômicos diferenciados que esses *players* (produtores a montante e associações) naturalmente possuem para definir o seu conjunto ótimo de estratégias. Digo isso porque a punição ao RPM e o subsequente desincentivo à uniformização de preços praticados pelos revendedores poderiam gerar dois tipos de ineficiência: (i) um incentivo artificial à integração vertical da atividade a jusante para contornar a restrição e (ii) um óbice à atenuação do problema de *free-riding*[88]. Como em associações não cabe falar do incentivo arti-

ART. 36

[87] Conforme citam Areeda e Hovenkamp (op. cit), em nota de rodapé nº 8 ao volume VIII: *The discussion here refers to both minimum and maximum* [suggested retail] *prices, although the general issue of maximum RPM is reserved for Chapter 16C (2d)*. Ressalva feita, certamente, a Bellamy & Child (**European Community Law of Competition**. 6ª edição. Oxford: 2008), conforme citamos mais abaixo no voto.

[88] "Esta análise é, contudo, incompleta. Ela ignora o fato de que, se as concessionárias não podem competir em preço, elas competirão fora do preço (por exemplo, em serviços). (...) O ponto a ser levantado frente ao fabricante é se lhe será menos custoso estimular a demanda pelo seu produto encorajando a competição em preço entre as suas concessionárias, o que levará a preços de retalho mais baixos, embora menos serviços sejam oferecidos ao consumidor; ao oferecer serviços diretamente ao consumidor; pagando diretamente o varejista para que ofereça esses serviços; ou, finalmente, limitando a concorrência em preço no varejo com o objetivo de promover maior concorrência em preço. Caso o fabricante aja em seu próprio interesse, ele só selecionará a última opção quando seja a mais eficiente. Isso se torna ainda mais evidente se o setor é competitivo.

ficial à integração vertical e nem dos fatores de eficiência usuais da literatura de RPM, como o desincentivo ao *free-riding*, é importante que se analise a sugestão de preços por aquelas associações de forma diferenciada e menos flexível.

No entanto, conforme se observa do estudo jurisprudencial, os julgados da Suprema Corte que tratam da dicotomia preços sugeridos/preços impostos, nos Estados Unidos, não costumam se ater a particularidades exclusivas das relações verticais (em oposição àquelas dos preços sugeridos por associações) – o que nos levou a admitir a sua aplicação ao segundo caso, sempre autorizados por entendimento convergente da UE, como se verá mais adiante.

Na verdade, a jurisprudência norte-americana nem ao menos provia maior flexibilidade de análise aos casos de fixação de preços de revenda máximos, que podem corrigir as ineficiências geradas por problemas de marginalização dupla. A desvinculação dos preços máximos da regra criada em *Albrecht*, que estendia à fixação de preços máximos a ilegalidade *per se* da fixação de preços mínimos em

Mas pode ser questionado por que, em sendo os serviços tão valorizados pelos consumidores, as concessionárias não os oferecem sem a necessária intervenção do fabricante. A resposta está no problema do 'efeito carona', análogo àquele presente no caso da Junta Comercial de Chicago. Caso, por exemplo, uma concessionária disponha de muitos produtos em mostruário para facilitar a escolha do modelo pelo consumidor, outra concessionária que não disponha de mostruário tão amplo poderá encorajar a que os seus clientes conheçam o mostruário da primeira concessionária e, depois, voltem para comprar dela. E essa concessionária poderá oferecer preços mais baixos em função de não incorrer nos custos de manutenção de um amplo mostruário. A possibilidade de que haja esse efeito carona evitará que as concessionárias mantenham mostruários mais amplos." (tradução nossa) ART. 36

This analysis is incomplete, however. It ignores the fact that if dealers are not permitted to compete in price they will step up their nonprice (i.e., service) competition. (...) The question for the manufacturer is whether it will cost him less to stimulate demand for his product by encouraging price competition among his dealers, which will result in a lower retail price for his product albeit fewer services will be provided to the consumer; by providing services directly to the consumer; by paying the retailer directly for providing such services (as is sometimes done, for example, with point-of-scale advertising and displays); or, finally, by limiting retail price competition in order to evoke more service competition. If the manufacturer is acting in his own interest and not as a cat's paw of the dealers, he will choose the last option only where it is the most efficient. This is especially clear if the manufacturer is in a competitive industry.

But, it may be asked, if services are valued by consumers, why won't the dealers provide them without prompting from the manufacturer? The answer is that there is a "free riding" problem analogous to the one we discussed in connection with the Chicago Board of Trade case. If, for example, one dealer carries a large inventory on display to help the consumers choose the model he wants, another dealer, who does not carry a large inventory, may encourage his costumers to go to the first dealer to pick out the model they want and then come back to him to buy it. He can offer lower prices since he does not incur the costs of maintaining a large inventory. The possibility of such free riding will deter dealers from maintaining large inventories. [Posner, Richard A./Easterbrook, Frank H.. **Antitrust cases, economic notes, and other materials.** West Group: USA, 1981. Pg. 212/214].

casos RPM, só veio na década de 1990, com o caso *Khan* [*State Oil v. Khan, 522 U.S. 3 (1997)*].

De qualquer forma, o foco principal da teoria/jurisprudência do RPM tradicionalmente se concentrou na fixação/sugestão de preços mínimos desde o seu surgimento, de que é exemplo o caso *Parke Davis* [*United States v. Parke Davis & Co., (362 U.S. 29 (1960)*][89], que abarca uma relação de integração vertical. Nessa mesma linha, a jurisprudência conhece casos da imposição de preços mínimos por parte do produtor, de que é exemplo recente o caso Volkswagen[90], julgado, por sua vez, pela Comissão Europeia.

Exemplos específicos para casos de associações profissionais são mais raros, mormente nos Estados Unidos. Entrementes, entre eles se encontra o clássico *Goldfarb* [*Goldfarb v. Virginia State Bar (421 U.S. 773 (1975)*], no qual a Suprema Corte fez uso da noção de preços sugeridos e fixados utilizada nas doutrinas *suggested retail price* e *resale price maintenance* para concluir pela existência de preços fixados travestidos de preços sugeridos[91]. Vale recordar que, nas suas conclusões, a Suprema Corte fez questão de assinalar "tratar-se de um caso clássico de fixação de preços [*price-fixing*]".

Nesse sentido, a meu ver, a teoria de preços fixados/sugeridos, na forma pela qual foi construída ao longo do tempo, tem aplicabilidade a relações tanto horizontais como verticais, com uma desejável maior flexibilização para o caso da
ART. 36 relação produtor/revendedor em relação ao caso de associações.

[89] Um produtor de produtos farmacêuticos tentou controlar os preços dos revendedores pela imposição de preços mínimos aos atacadistas que lhes forneciam os medicamentos.

[90] *A Volkswagen AG circular dated 17 April 1997 was brought to the Commission's attention in the form of an annex to a complaint from a car buyer. In it, Volkswagen's Marketing Director for Germany called on Volkswagen dealers and garages to sell the new VW Passat Variant model, introduced in Germany on 6 June 1997, for not less than the recommended retail price and to observe 'strict price discipline'.* [COMP/F-2/36.693, notificado como C(2001) 1698). Julgado pela Comissão Europeia em 29 de junho de 2001].

[91] *The County Bar makes much of the fact that it is a voluntary organization; however, the ethical opinions issued by the State Bar provide that any lawyer, whether or not a member of his county bar association, Page 421 U. S. 783 may be disciplined for "habitually charg[ing] less than the suggested minimum fee schedule adopted by his local bar Association. . . ." See supra at 421 U. S. 777–778, and n. These factors coalesced to create a pricing system that consumers could not realistically escape. On this record, respondents' activities constitute a classic illustration of price-fixing.*
Aliás, nesse sentido, discordo da leitura do ex-Conselheiro João Bosco Leopoldino da Fonseca em seu voto no PA nº 0800.012252/94-38, citada pelo ex-Conselheiro Pfeiffer em seu voto-vista ao PA nº 08012.004054/2003-78. Em *Goldfarb*, preços sugeridos não são equiparados à combinação de preços. Antes, a justiça norte-americana apenas verificou que os preços sugeridos eram, na prática, preços impostos.

Aliás, conforme adiantado, esse entendimento está na mesma linha do conceito de *collective resale price maintenance*, que, na doutrina de Bellamy & Child[92], define-se como **um acordo horizontal** pelo qual fornecedores coletivamente concordam em operacionalizar um sistema RPM, ainda que cada membro possa definir, individualmente, o preço que imporá sobre os seus próprios revendedores. Observe-se, mormente, que os autores tratam do tema de preços sugeridos (*price recommendations*) de maneira independente, fora do universo restrito das RPM.

Nessa linha, estendida a aplicação da doutrina dos preços sugeridos à relação entre associações e associados, note-se que os denominados preços sugeridos, quando não disfarçam prática de preços fixados, vêm sendo aceitos, na jurisprudência e na doutrina norte-americanas, quando a associação não vá além de técnicas de exposição, persuasão e convencimento do associado[93], o que denota um claro uso da regra da razão:

'Um produtor pode sugerir preços aos comerciantes e nenhuma violação resultará se os comerciantes 'decidirem por conta própria seguir os preços sugeridos'. Tribunais têm admitido que produtores entreguem tabelas de preços para comerciantes, apresentem-nas aos consumidores desses mesmos comerciantes e imprimam preços sugeridos no produto ou em etiqueta própria (*preticketing*). (...) ART. 36

[92] Op. cit., pg. 320.

[93] *A manufacturer may suggest prices to dealers and no violation will result if the dealers "independently decide to observe specified resale prices." Courts have permitted manufacturers to provide suggested price lists to dealers, to advertise* ***suggested resale prices*** *to dealers' customers, and to print suggested resale prices on the product or a price tag (preticketing). (...)*
As a general principle, a manufacturer does not violate Section 1 if it engages only in "exposition, persuasion and argument" to influence dealers to charge the suggested prices. Liability ordinarily will not result if a dealer's adoption of the manufacturer's suggested prices does not stem from coercive tactics by which the manufacturer secures the dealer's agreement to follow its recommendation. (...)
Conduct that goes beyond "exposition, persuasion and argument" and compels dealer adherence to the manufacturer's prices may violate Section I. What amounts to coercion is essentially a question of fact. In a number of cases, many of them predating Monsanto, threats of sanctions for noncompliance with suggested prices, cause of sanctions, and tactics such as policing, requiring "approval" of dealer deviations from list prices, making retaliatory wholesale price increases, placing dealers on probation, using short-term leases and contracts, and publicizing coercitive actions (i.e., terminations) to other distributors have been held to be coercitive actions supporting findings of vertical price fixing. Such tactics generally will not support a finding of concerted action, however, unless they succeed in securing some indication of the dealer's assent. A number of post-Monsanto cases have given manufacturers greater latitude to bring pressure on dealers to adopt the manufacturer's favored pricing approach. In the post-Monsanto period, strong exhortations generally have been held not to constitute coercion.

De forma geral, o produtor não viola o Sherman Act se ele apenas empregar técnicas de exposição, persuasão e convencimento do comerciante para que ele adote a tabela. A responsabilidade habitualmente não surgirá se a adoção da tabela pelo comerciante não resultar de táticas coercitivas do produtor. (...)

Condutas que vão além da exposição, persuasão e convencimento e compelem o comerciante a aderir à tabela de preços podem violar o Sherman Act. Aquilo que se equipara a coerção é uma questão de fato. Em inúmeros casos, muitos deles antecedendo o caso Monsanto, ameaças de sanções pelo descumprimento da tabela, táticas como o policiamento (demandando que desvios do tabelamento sejam aprovados pelo produtor), retaliações e punições foram consideradas práticas coercitivas adotadas para lograr a fixação vertical de preços. Tais táticas, isoladamente, porém, não serão suficientes para provar uma ação concertada, a não ser que se logre obter prova do consentimento do comerciante.

Um grande número de casos pós-Monsanto deram maior amplitude de ação aos produtores para pressionar os comerciantes a adotar os preços sugeridos pelos produtores. No período pós-Monsanto, fortes pressões não foram, como regra, consideradas coerções.' [**Antitrust Law Developments**. Vol. 1. ABA: USA, 2002. Pg. 130-141]. (grifei) (tradução nossa)

Citando expressamente o caso Monsanto (*Monsanto Co. v. Spray-Rite Svc.*
ART. 36 *Corp., 465 U.S. 752 (1984)*)[94]:

'Assim, precisa-se de algo além de simples denúncias. Deve haver prova que exclua a possibilidade de o produtor e distribuidores atuarem de maneira independente. Como o magistrado Aldisert escreveu, o reclamante antitruste deve apresentar prova circunstancial ou direta que prove razoavelmente que o produtor e outros 'tinham um engajamento consciente em um esquema voltado a alcançar um objetivo ilegal.' *Edward J. Sweeney & Sons, supra, at 111; accord, H. L. Moore Drug Exchange v. Eli Lilly & Co.,* 662 F.2d 935, *941 (CA2 1981), cert. denied,*

[94] *Thus, something more than evidence of complaints is needed. There must be evidence that tends to exclude the possibility that the manufacturer and nonterminated distributors were acting independently. As Judge Aldisert has written, the antitrust plaintiff should present direct or circumstantial evidence that reasonably tends to prove that the manufacturer and others "had a conscious commitment to a common scheme designed to achieve an unlawful objective."* Edward J. Sweeney & Sons, supra, *at 111;* accord, H. L. Moore Drug Exchange v. Eli Lilly & Co., *662 F.2d 935, 941 (CA2 1981),* cert. denied, *459 U.S. 880 (1982);* cf. American Tobacco Co. v. United States, *328 U. S. 781, 328 U. S. 810 (1946) (Circumstances must reveal "a unity of purpose or a common design and understanding, or a meeting of minds in an unlawful arrangement"). (...)*
The concept of "a meeting of the minds" or "a common scheme" in a distributor-termination case includes more than a showing that the distributor conformed to the suggested price. It means as well that evidence must be presented both that the distributor communicated its acquiescence or agreement, and that this was sought by the manufacturer. (nota de rodapé nº 9)

459 U.S. 880 (1982); cf. American Tobacco Co. v. United States, 328 U. S. 781, 328 U. S. 810 (1946) (as circunstâncias devem revelar 'uma unidade de propósito ou objetivo comum, ou um consenso em um acordo ilegal'). (...)

O conceito de consenso ou objetivo comum em casos que envolvam a rescisão de relações de distribuição inclui mais que a demonstração de que o distribuidor cobrou o preço sugerido pelo produtor. Significa, também, que devem ser apresentadas provas de que o distribuidor aquiesceu com a prática e de que a prática foi proposta pelo produtor. (nota de rodapé nº 9)' (tradução nossa)

Nesse mesmo sentido, no caso nº 971-0070, envolvendo *Time Warner Inc.; Sony Music Entertainment Inc.; Capitol Records, Inc., d.b.a. "EMI Music Distribution"; Universal Music & Video Distribution Corp.; UMG Recordings, Inc.;* e *BMG Music, d.b.a. "BMG Entertainment"*[95]:

'De fato, a prática de publicar preços sugeridos também tende a influenciar, de algum modo, os preços praticados, mas reconhece-se não se tratar de um ilícito per se. *Vide, e.g., Monsanto Co. v. Spray-Rite Serv. Corp., 465 U.S. 752, 761 (1984).*' (tradução nossa)

Nesse mesmo diapasão, em 17 de setembro de 1993 a Canstar Sports USA, Inc. ("Canstar"), acusada de fixar preço de revenda para a sua linha *premium* de patins de hóquei, foi objeto de um *consent decree* (espécie TCC sob homologação judicial) que proibiu a empresa de, direta ou indiretamente, conspirar com revendedores. O acordo, porém, permite à Canstar sugerir preços, comunicá-los a seus revendedores e até mesmo resilir contratos celebrados com revendedores que fujam do preço sugerido[96]. ART. 36

Aliás, essa linha já vinha anunciada uma década antes, no já citado *Goldfarb* (1975), no qual a Suprema Corte entendeu que consistia violação ao Sherman Act a fixação de preços mínimos (e não a sua mera sugestão), cuja desobediência

[95] *Indeed, the pervasive practice of publishing suggested retail prices is also likely to have some influence on actual prices, but it is well established that this practice is not* per se *illegal.* See, e.g., Monsanto Co. v. Spray-Rite Serv. Corp., *465 U.S. 752, 761 (1984).* Disponível em http://www.ftc.gov/os/2000/05/cdstatement.htm. Acesso em 06.08.09.

[96] *In March 1993, the Division filed a civil complaint in U.S. v. Canstar Sports USA, Inc., No. 2-93CV77 (D. Vt.), its first resale price maintenance case since the Cuisinart case in 1980. Defendant Canstar Sports USA, the U.S. subsidiary of a foreign parent, was charged with conspiring with its dealers to fix the retail price of its premium line of hockey skates. The case was settled on September 17, 1993 by entry of a consent decree, prohibiting Canstar from directly or indirectly conspiring with retail dealers. Canstar is permitted however, to adopt suggested prices, to communicate such prices to its dealers, and to unilaterally terminate dealers that depart from the suggested price. The text of the consent decree can be found at 1993-2 Trade Cas. (CCH) ¶ 70,372.* [**Annual report on developments in competition in the United States**, 1993]. Disponível em http://www.ftc.gov/bc/international/docs/compcomm/1994-Annual%20Report%20on%20Developments.pdf. Acesso em 22.04.09.

era severamente sancionada. Vale observar que, em se tratando da prestação de serviços de advocacia[97], o tribunal entendeu, ainda, que profissionais liberais prestam serviço, cuja contraprestação é o pagamento em dinheiro – o que representa atividade empresária (empresa). Fazendo remissão ao histórico do Sherman Act, concluiu que o Congresso Nacional não teria garantido qualquer isenção concorrencial aos profissionais liberais, o que mantinha a aplicação da norma concorrencial estadunidense[98].

Observa-se, portanto, frente ao exposto, que a jurisprudência norte-americana faz uma importante distinção entre preços de fato sugeridos e preços fixados ou impostos – posicionamento esse reprisado pela sua melhor doutrina. É nesse sentido que Areeda e Hovenkamp[99] esclarecem que:

'A sugestão de preços de varejo pura e simples não cria um acordo, ainda quando todos ou quase todos os varejistas o seguem. (...) Pelo lado negativo, preços sugeridos podem trazer maior uniformidade de preços e, portanto, facilitar a colusão tácita entre produtores, ou podem tornar-se ponto focal para o preço a ser praticado pelos varejistas, facilitando, assim, a coordenação de preços entre eles. Contudo, a probabilidade de que preços sugeridos gerem efeitos

[97] Em *Goldfarb*, um casal interessado em adquirir uma casa no condado de Faifax – e cujo financiador demandou a contratação de um seguro – entrou com ação em face das ordens de advogados de Fairfax e Virginia ao se deparar com a necessidade de que a apólice de seguro fosse analisada por um advogado e ao perceber que nenhum advogado aceitava trabalhar por menos que os honorários mínimos fixados pela ordem dos advogados de Fairfax e executada pela ordem dos advogados da Virginia (*price-fixing*).

ART. 36

[98] O assunto foi objeto de *paper* apresentado pelo CADE à OCDE, Paris, em meados de 2007, na *Roundtable on competitive restrictions in legal professions*. Para maiores detalhes, Prado, Luiz Carlos Thadeu Delorme/Taufick, Roberto Domingos. **Competition Restrictions in Legal Professions**. OECD Papers, 2007. Disponível em http://www.seae.fazenda.gov.br/destaque_ingles/bb-competition-restrictions-in-legal-professions-2013-brazil-cade-2007-1. Acesso em 29.04.09.

[99] *The mere suggestion of resale prices creates no agreement, even when all or most dealers follow them. (...) on the negative side, a suggested resale price may bring about greater retail price uniformity and thereby facilitate tacit collusion among manufacturers, or may become a focal point for the price of dealers and thereby facilitate price coordination among them. Still, the likelihood that a suggested resale price produces such horizontal side effects is very much less than that associated with a system of enforced minimum resale prices; unenforced price suggestions are unlikely to prevent lower prices by dealers who expect to increase their profits by departing from the suggested level.*

Legality for suggested prices has forced courts to distinguish 'suggestion' and 'persuasion' from 'threats' and 'coercion'. Although threats, coercion, or announced conditions do not necessarily create an 'agreement,' their absence ends the search for indirect or implied agreements. (...)

Nor is sending suggested retail price lists to dealers enough to establish any agreement, for a price list standing alone is nothing more than a suggestion. [AREEDA & HOVENKAMP, op. cit., vol. VIII, PP. 233/234].

colaterais horizontais é menor do que aquela associada a um sistema de imposição de preços mínimos de revenda: sugestões que não sejam acompanhadas de mecanismos de coerção têm baixa probabilidade de evitar a prática de preços mais baixos por varejistas que desejem aumentar os seus lucros desrespeitando os preços sugeridos.

A legalidade dos preços sugeridos levou a que os tribunais distinguissem 'sugestão' e persuasão de 'ameaças' e 'coerção'. Embora ameaças, coerção ou condições anunciadas não criem, necessariamente, um acordo, a sua ausência encerra de vez a procura por acordos indiretos ou implícitos. (...)

Tampouco o envio de listas de preços para os varejistas é, por si só, suficiente para estabelecer qualquer acordo, dado que uma lista de preços, isoladamente, não é mais que uma sugestão. (...)' (tradução nossa)

Na Austrália, a *Australian Competition and Consumer Commission* ('ACCC') faz observar, em seu manual para o setor de serviços de saúde, que tabelas de preços invariavelmente seguidas pelos membros da associação devem ser consideradas fixação de preços contrária às normas concorrenciais, ao passo que uma tarifa verdadeiramente recomendada e que não seja seguida de forma sistemática pelos membros pode não violar as regras concorrenciais[100]. Entendimento semelhante é seguido no Japão[101]. Mais uma vez se caracteriza a utilização da regra da razão, ainda que menos flexível que a aplicação instrumentalizada pelos pares ART. 36
norte-americanos.

No direito europeu, por sua vez, Richard Whish[102] observa que, além do elemento sugestivo, deve-se analisar se a prática recomendada foi utilizada como ponto focal pela maioria ou todos os *players*, facilitando a colusão. Ou seja, mesmo

[100] *Guide to the Trade Practices Act for the health sector.* Pg. 26. Disponível em http://www.accc.gov.au/content/item.phtml?itemId=310588&nodeId=8d8164f8a4595577a784521d74248eb5&fn=Guide%20to%20the%20TPA%20for%20the%20health%20sector.pdf. Acesso em 22.04.09.

[101] *In cases where a manufacturer's suggested retail price or quotation is indicated to distributors as a reference price, such conduct itself is not a problem (Note 2). In cases where the price, such conduct itself is not merely given as a reference price, however, and the manufacturer seeks to restrict resale price of the distributors by causing them to keep the reference price, such conduct falls under the conduct described (1) above, and is in principle illegal.*
Note 2: In cases where a manufacturer sets a suggested retail price, it is as "True Price" (Seika), "Set Price" (Teika), or the number of the price alone, but non-binding expressions such as "Reference Price" (Sanko Kakaku) or "manufacturer's suggested retail price" and that in case of announcing the suggested price to distributors and consumers, the manufacturers clearly states that the suggested retail price is given solely for reference and that each distributor should determine its resale price independently. **Guidelines Concerning Distribution Systems and Business Practices under the Antimonopoly Act.** Fair Trade Commission. Disponível em [http://www.jftc.go.jp/e-page/legislation/ama/distribution.pdf. Acesso em 22.04.09]

[102] WHISH, Richard. Competition Law. 5ª edição. LexisNexis: Grã-Bretanha, 2003. Pg. 613.

tendo o propósito de sugestão, cabe avaliar se tal sugestão gera efeito igual ou próximo a uma fixação de preços. Nessa linha, analisam-se o poder de mercado dos agentes, assim como a estrutura de mercado – dado que, onde a entrada for fácil, não há racionalidade econômica no cartel[103].

'Os parágrafos 225 a 228 das Diretrizes consideram a medida na qual é legal recomendar preços de revenda para distribuidor ou varejista ou impor preços máximos em lugar de preços mínimos. O artigo 4(a) das regras de isenção ressalta que tais práticas não constituem restrições nucleares (*hard core*), na medida em que não se equivalham à fixação de preço ou preços mínimos em função de pressão ou incentivos oferecidos por qualquer das partes. (...) Onde não couberem as regras de isenção, a Comissão declara, no parágrafo 226 das Diretrizes, que considerará se preços recomendados ou máximos podem funcionar como 'pontos focais para revendedores e podem ser seguidos pela maioria ou todos'; a Comissão também analisará se tais práticas podem facilitar a colusão entre fornecedores. O poder de mercado do fornecedor constitui o fator mais importante a ser levado em consideração; a próxima questão mais relevante será a estrutura do mercado: em particular a Comissão considera que, em oligopólios, a probabilidade de colusão é maior.' (tradução nossa)

Bellamy & Child[104] apontam julgados em que houve condenação pela Comissão Europeia. Tratando de preços recomendados, os autores observam que a prática pode infringir a lei comunitária (artigo 81(1)) ao se relacionar a um preço-alvo, preço-base ou aumento de preço. Segundo eles, um acordo horizontal para publicar preços recomendados poderia ser capaz de restringir a concorrência, ainda que os preços viessem a ser fixados de forma independente. Entre os casos citados, destacam-se três ligados a associações de profissionais:

ART. 36

(i) Em *SCK and FNK, OJ 1995 L312/79, [1996] 4 CMLR 565*, uma associação holandesa de gruas foi condenada por publicar cálculos de custos e tarifas recomendadas baseadas nesses estudos. Os autores observam que

[103] *Paragraphs 225 to 228 of the Guidelines consider the extent to which it is lawful to recommend a resale price to a distributor or retailer or to impose a maximum rather than a minimum price. Article 4(a) of the block exemption provides that these practices are not 'hard-core' restrictions, 'provided that they do not amount to a fixed or minimum sale price as a result of pressure from, or incentives offered by, any of the parties'. (...) Where the block exemption is not applicable, the Commission states at paragraph 226 of the Guidelines that it will wish to consider whether recommended or maximum prices might work 'as a focal point for the resellers and might be followed by most or all of them'; it will also examine whether these practices could facilitate collusion between suppliers. The market power of the supplier is the most important factor to be taken into consideration; the next most important issue will be the structure of the market: in particular the Commission considers that, if it is oligopolistic, there is a greater likelihood of collusion.*

[104] Op. cit.. PP. 315/316.

havia uma obrigação (e não recomendação) paralela de que os membros cobrassem 'tarifas razoáveis';

(ii) Em *Fenex, OJ 1996 L181/28, [1996] 5 CMLR 332*, uma associação holandesa de fretadores foi condenada por circular a sua sugestão para aumentos de tarifas. Segundo os autores, a multa imposta foi bastante baixa em função das particularidades do caso;

(iii) Em *Belgium Architects, OJ 2005 L4/10, [2005] 4 CMLR 677*, a Comissão considerou o impacto negativo da sugestão de preços. Foi considerado que ela poderia facilitar a coordenação de preços entre prestadores de serviços e ludibriar o consumidor quanto ao preço justo. Entendeu-se, ainda, que, naquele caso, haveria métodos alternativos para fornecer ao consumidor a média dos custos incorridos pelos prestadores de serviços, como a publicação de dados históricos ou públicos (decorrentes de pesquisas de preços).

Citando o caso *Fenex* discriminado por Bellamy & Child, a Autoridade Concorrencial Sueca (*Konkurrensverket*), na mesma linha de Whish, observa que a sugestão de preços por associações pode configurar prática anticoncorrencial mesmo quando o seguimento pelos associados não for obrigatório – o que pode acontecer quando, cumulativamente, (i) a sugestão, naquele setor, tem historicamente sido acompanhada e (i) esse comportamento afeta de forma significativa o comportamento daquele mercado.[105] ART. 36

Importa observar que, embora aderente da regra da razão cunhada nos Estados Unidos, a experiência europeia demonstra uma linha mais rígida de análise, intolerante a preços sugeridos que sirvam de ponto focal à uniformização de preços. Contrariamente à leitura observada na doutrina e na jurisprudência estadunidenses, que tendem a não punir tabelas de preços sugeridos sem

[105] *It has been held that the constitution of a trade association is itself a decision41, as well as regulations governing the operation of an association. An agreement entered into by the association might also be a decision. A recommendation made by an association has been held to amount to a decision, and it has been clearly established that the fact that the recommendation is not binding upon its members does not prevent the application of Article 81(1) In such cases it is necessary to consider whether members in the past have tended to comply with recommendations that have been made, and whether compliance with the recommendation would have a significant influence on competition within the relevant market. In IAZ International Belgium NV v Commission an association of water supply undertakings recommended its members not to connect dishwashing machines to the mains system which did not have a conformity label supplied by a Belgian association of producers of such equipment. The ECJ confirmed the Commission's view that this recommendation, though not binding, could restrict competition since its effect to discriminate against appliances produced elsewhere in the EC. Regulations made by a trade association may amount to a decision within the meaning of Article 81(1).* **[Fighting Cartels – why and how?** Disponível em http://www.kkv.se/upload/Filer/ENG/Publications/3rdnordic010412.pdf. Pg. 106. Acesso em 23.04.09].

mecanismos de coerção, os europeus seguem tendência mais finalística, avaliando se o tabelamento, mesmo sem mecanismos de coerção, alcançou o fim de uniformizar os preços – o que, ausentes justificativas pró-eficiência[106], gera óbvios prejuízos à livre formação de preços no mercado em detrimento de uma ordem econômica hígida.

Esse posicionamento adotado pela UE e pelos seus países-membros, como se verá abaixo, tem estado mais próximo do entendimento encampado pelo CADE, em razão dos preceitos estampados nos arts. 20, I (limitar, falsear, ou, de qualquer forma, prejudicar a livre concorrência e a livre iniciativa) e 21, II da Lei nº 8.884/94 (obter ou influenciar a adoção de conduta comercial uniforme ou concertada entre concorrentes) – preceitos esses a que se subsume preço tabelado que sirva, ao menos, de ponto focal à uniformização de preços entre concorrentes."

[Decisão no Processo Administrativo nº 08012.007238/2006-32, em que foram representados Associação das Auto-Escolas e Centro de Formação de Condutores de Campinas e Região e Sr. Oswaldo Redaelli Filho, de relatoria de César Mattos].

Em que pese ao exposto, as associações cumprem relevantes papéis
ART. 36 na economia. Como bem expressa Mattos no mesmo caso trazido a lume acima:

"O estudo das associações empresariais representa um campo estimulante para o pesquisador do direito e da economia concorrencial. De um lado, exercem importante função no eficiente funcionamento de determinado segmento empresarial, especialmente pela provisão de importantes bens coletivos para os seus associados, com potenciais impactos positivos sobre o bem-estar, como o estabelecimento de padrões de qualidade e segurança para determinados bens, esforço conjunto de propaganda ou a coleta de informações relevantes.

As associações também podem se constituir em agentes relevantes na formulação de planos econômicos e propostas de normatização a serem levadas ao conhecimento do Legislativo e órgãos reguladores; no levantamento de infra-

[106] "Associações comerciais ou profissionais agem ilicitamente quando as suas funções essenciais, incidentes necessários ou *spill-overs* inerentes à atividade que gerem efeitos sobre a conduta dos associados nos seus mercados de atuação são indevidamente anticoncorrenciais e carecem de justificativas." (tradução nossa)
Trade or professional association acts unlawfully when its essential functions, necessary incidents, or inherent spillovers on its members' behavior in their markets are unduly anticompetitive and without adequate redeeming virtues. [AREEDA & HOVENKAMP, op. cit., vol. VII. P. 312].

ções concorrenciais e no próprio fornecimento de dados técnicos e informações essenciais ao deslinde da apuração de determinada prática anticoncorrencial; na promoção de eventos voltados à defesa da concorrência, os quais contribuem para a disseminação da cultura concorrencial e incrementam a sujeição voluntária aos seus preceitos (enforcement). Adicionalmente, como qualquer entidade pluralista, as associações empresariais reduzem os custos de transação com o governo."

A boa prática internacional indica, contudo, que o compartilhamento de informações pelas associações, quando necessária, pode dar-se de forma a gerar menores preocupações concorrenciais. Ademais, há formas de tornar a gerência da associação mais profissional e menos sujeita à influência de alguns dos associados. Acerca disso, Ritter e Braun [**Twenty-Fourth Report on Competition Policy**, Annex IV. P. 642] esclareceram:

"1. Deve haver isenções no compartilhamento de informações individualizadas em mercados como o de bancos e de seguros, onde a justificativa está em problemas de seleção adversa ou risco moral. Esses acordos não devem incluir convenções sobre preço. ART. 36

2. O uso de uma associação por uma coalizão de sociedades em determinado setor pode servir de base para que a autoridade concorrencial investigue se existe um acordo colusivo.

3. As Associações deveriam estar autorizadas a juntar informações públicas ou proceder a auditoria em sociedades para compilar os seus dados estatísticos.

4. Programas de associações mercantis sobre pesquisa conjunta sobre demanda ou custos não devem, em geral, provocar preocupação.

5. Associações mercantis não devem ser administradas por gerentes dos concorrentes."

Quanto ao primeiro ponto, as Orientações sobre a aplicação do art. 101 TFEU aos acordos de cooperação horizontal (2011/C 11/01) servem como importante referência para o compartilhamento de informações com menor impacto sobre a concorrência:

"*Informações estratégicas*

86. O intercâmbio de informações estratégicas entre concorrentes, ou seja, de dados que reduzem a incerteza estratégica no mercado, é mais susceptível de se enquadrar no âmbito do artigo 101.o do que o intercâmbio de outros tipos de

informações. A partilha de dados estratégicos pode originar efeitos restritivos da concorrência porque reduz a independência das partes a nível da tomada de decisões, ao enfraquecer os incentivos para concorrerem entre si. As informações estratégicas podem estar relacionadas com os preços (por exemplo, preços efectivos, descontos, aumentos, reduções ou abatimentos), carteiras de clientes, custos de produção, quantidades, volumes de negócios, vendas, capacidades, qualidades, planos de marketing, riscos, investimentos, tecnologias, programas de I&D e respectivos resultados. Em geral, as informações relacionadas com os preços e as quantidades são as que têm maior valor estratégico, seguindo-se as informações sobre os custos e a procura. Contudo, se as empresas estão em concorrência no domínio da I&D, são os dados relativos à tecnologia que poderão ser os mais estratégicos em termos de concorrência. A relevância estratégica dos dados depende igualmente da sua agregação e antiguidade, bem como do contexto do mercado e da frequência do intercâmbio.

Cobertura do mercado

87. Para que seja provável que um intercâmbio de informações tenha efeitos restritivos apreciáveis sobre a concorrência, as empresas participantes devem representar uma parte suficientemente importante do mercado relevante. De outra forma, os concorrentes que não participam no intercâmbio de infor-
ART. 36 mações poderão refrear um eventual comportamento anticoncorrencial das empresas participantes. Por exemplo, ao fixar preços abaixo do nível coordenado, as empresas que não participam no sistema de intercâmbio de informações poderão ameaçar a estabilidade externa de uma colusão.

88. Aquilo que constitui 'uma parte suficientemente importante do mercado relevante' não pode ser definido de forma abstracta e dependerá dos factores específicos de cada caso e do tipo de intercâmbio de informações em causa. Contudo, nos casos em que o intercâmbio de informações ocorre no contexto de outro tipo de acordo de cooperação horizontal e não excede o que é necessário para a sua aplicação, uma cobertura do mercado inferior aos limiares de quota de mercado estabelecidos no capítulo relevante das presentes orientações, no Regulamento de isenção por categoria (66) ou na Comunicação de minimis relativamente ao tipo de acordo em questão não é normalmente suficiente para que o intercâmbio de informações dê origem a efeitos restritivos da concorrência.

Dados agregados/individualizados

89. Os intercâmbios de dados verdadeiramente agregados, ou seja, dados em que seja suficientemente difícil reconhecer as informações de cada empresa, têm muito menos probabilidades de originar efeitos restritivos da concorrência do que os intercâmbios de dados ao nível das empresas. A recolha e publicação de dados de mercado agregados (por exemplo dados de vendas, dados sobre

capacidades ou dados sobre custos de matérias primas e componentes) por organizações de comércio ou empresas de estudo de mercado podem beneficiar tanto fornecedores como clientes permitindo-lhes ter uma visão mais clara da situação económica do sector. Uma tal recolha e publicação de dados pode permitir aos participantes no mercado fazer escolhas individuais mais informadas a fim de adaptar com eficiência a sua estratégia às condições de mercado em geral, a não ser que ocorra num oligopólio fechado, o intercâmbio de dados agregados não é susceptível de originar efeitos restritivos de concorrência. Ao contrário, o intercâmbio de dados individualizados facilita um entendimento comum sobre o mercado e sobre as estratégias de sanção, permitindo que as empresas participantes na coordenação identifiquem uma empresa que se desvia ou uma empresa que pretende entrar no mercado. Contudo, não se pode excluir que o intercâmbio de dados agregados possa facilitar a adopção de um comportamento colusivo em mercados com características específicas. Por exemplo, os membros de um oligopólio muito fechado e estável, que trocam dados agregados, podem automaticamente inferir que uma empresa se desviou do comportamento colusivo, ao detectarem um preço de mercado inferior a um determinado nível, e desencadear medidas retaliatórias a nível de todo o mercado. Por outras palavras, a fim de manter a estabilidade da colusão, nem sempre é necessário que as empresas conheçam quais os concorrentes que se desviaram, podendo ART. 36
ser suficiente saber que 'alguém' se desviou.

Antiguidade dos dados

90. É pouco provável que o intercâmbio de dados históricos permita a adopção de um comportamento colusivo, visto que tais dados não são susceptíveis de fornecer uma indicação sobre o comportamento futuro dos concorrentes ou de promover um entendimento comum sobre o mercado (67). Além disso, é pouco provável que o intercâmbio de dados históricos facilite o controlo dos desvios, uma vez que quanto mais antigos forem os dados, menos úteis serão para detectar atempadamente os desvios e, por conseguinte, para que exista uma ameaça credível de rápida retaliação (68). Não existe um limiar pré-definido a partir do qual os dados passam a ser históricos, ou seja, suficientemente antigos para não suscitarem riscos de concorrência. O facto de os dados serem verdadeiramente históricos depende das características específicas do mercado relevante e, em especial, da frequência das renegociações de preços no sector. Pode, por exemplo, considerar-se que os dados são históricos quando a sua antiguidade é diversas vezes superior à duração média dos contratos no sector, se estes forem indicativos de renegociações de preços. Além disso, o limiar a partir do qual os dados passam a ser históricos depende igualmente do tipo dos dados, do seu grau de agregação, da frequência do intercâmbio e das características do mercado relevante (ou seja, da sua estabilidade e transparência).

Frequência do intercâmbio de informações

91. Os intercâmbios de informações frequentes, que facilitam um melhor entendimento comum sobre o mercado e o controlo dos desvios, aumentam os riscos de adopção de um comportamento colusivo. Em mercados mais instáveis, para que o comportamento colusivo seja facilitado podem ser necessários intercâmbios de informações mais frequentes do que em mercados estáveis. Em mercados com contratos de longo prazo (que são indicativos de renegociações de preços pouco frequentes), um intercâmbio de informações menos frequente poderia ser suficiente para propiciar um comportamento colusivo, o que não acontece em mercados com contratos de curto prazo indicativos de renegociações de preços frequentes (69). Todavia, a frequência necessária de intercâmbio de dados para que o resultado colusivo seja facilitado, depende igualmente da natureza, antiguidade e agregação dos dados (70).

Dados públicos/não públicos Informação

92. Normalmente, é pouco provável que os intercâmbios de informações verdadeiramente públicas constituam um infracção ao artigo 101.o (71). Entende-se por informações verdadeiramente públicas, as informações a que qualquer concorrente ou cliente pode ter acesso com a mesma facilidade (em termos do custo do acesso). Para que as informações sejam verdadeiramente públicas, a
ART. 36 sua obtenção não deve ser mais onerosa para os compradores e empresas não participantes no sistema de intercâmbio do que para as empresas que nele participam. Por esta razão, os concorrentes não optariam normalmente por trocar dados que podem obter no mercado com a mesma facilidade e, assim, o intercâmbio de informações verdadeiramente públicas é na prática improvável. Em contrapartida, mesmo que os dados objecto do intercâmbio façam parte do que é frequentemente referido como 'domínio público', não se trata de informações verdadeiramente públicas quando os custos inerentes à obtenção dos dados são de tal ordem que as outras empresas e os compradores desistem de os obter (72). A possibilidade de recolher informações no mercado, por exemplo, junto de clientes, não significa necessariamente que tais informações constituam dados de mercado facilmente acessíveis para os concorrentes (73).

93. Mesmo que se trate de dados disponíveis publicamente (por exemplo, informações publicadas pelas entidades reguladoras), a existência de um intercâmbio de informações adicional entre concorrentes pode restringir a concorrência se provocar uma redução adicional da incerteza no mercado. Neste caso, são as informações adicionais que são determinantes para que o equilíbrio do mercado evolua no sentido de um comportamento colusivo.

Intercâmbios de informações públicos/não públicos

94. Um intercâmbio de informações é verdadeiramente público se os dados trocados forem acessíveis de forma idêntica (em termos do custo do acesso) a

todos os concorrentes e clientes (74). O facto de as informações serem trocadas publicamente pode diminuir a probabilidade de um comportamento colusivo no mercado, na medida em que as empresas não participantes no intercâmbio de informações, os concorrentes potenciais e os compradores podem limitar o efeito restritivo da concorrência potencial (75). No entanto, não se pode excluir totalmente que mesmo os intercâmbios de informações verdadeiramente públicos possam facilitar um comportamento colusivo no mercado."

Embora o Cade viesse definindo o poder de mercado das associações a partir do número de associados, recentes decisões do Conselho apontaram no sentido de que o poder de mercado decorre da representatividade qualitativa dos seus seguidores – associados, ou não. Em outras palavras, o que importa para a aferição do poder de mercado é a qualidade de ponto focal das políticas da associação para o mercado – sendo factível não só que associados não sigam as suas posições, quanto que não associados sejam influenciados pelas suas recomendações.

Com relação à distinção entre práticas fixadas e práticas sugeridas pela associação, é importante sublinhar que o caráter sugerido não isenta a associação de penalidade se a sugestão for, efetivamente, seguida por agentes que detenham, conjuntamente, poder de mercado. O que importa é que, ainda que de forma não coercitiva, a associação tenha conseguido alinhar artificialmente as políticas comerciais de concorrentes, prejudicando a concorrência (diz-se que serviu de ponto focal). ART. 36

"No direito europeu, por sua vez, Richard Whish [Whish, Richard. **Competition Law**. 5ª edição. LexisNexis: Grã-Bretanha, 2003. P. 613] observa que, além do elemento sugestivo, deve-se analisar se a prática recomendada foi utilizada como ponto focal pela maioria ou todos os *players*, facilitando a colusão. Ou seja, mesmo tendo o propósito de sugestão, cabe avaliar se tal sugestão gera efeito igual ou próximo a uma fixação de preços. Nessa linha, analisam-se o poder de mercado dos agentes, assim como a estrutura de mercado – dado que, onde a entrada for fácil, não há racionalidade econômica no cartel."

[Decisão no Processo Administrativo nº 08012.007238/2006-32, em que foram representados Associação das Auto-Escolas e Centro de Formação de Condutores de Campinas e Região e Sr. Oswaldo Redaelli Filho, de relatoria de César Mattos].

Cabe, por oportuno, esclarecer que, apesar do papel dominante das associações como influenciadoras e operacionalizadoras de cartéis, não é inédito o uso de outros entes facilitadores da colusão, como consultorias. Esse foi o caso da suíça AC-Treuhand, no *Case T-99/04 AC-Treuhand AG v Commission [2008] ECR II-1501.*

V. *Case T-99/04 AC-Treuhand AG v Commission [2008] ECR II-1501.*

V. voto-vista do Conselheiro César Mattos no Processo Administrativo nº 08012.006241/97-03, em que foram representadas drogarias e farmácias da Rede da Economia no DF.

V. Processo Administrativo nº 08012.009922/2006-59, em que foi representado o Sindicato dos Centros de Formação de Condutores do Estado de Mato Grosso, de relatoria de César Mattos.

V. Processo Administrativo nº 08012.001239/2004-10, em que foi representada a Associação dos Diretores e Proprietários dos Centros de Formação de Condutores de São José dos Campos, de relatoria de César Mattos.

Encaixam-se aqui, ainda, todos os numerosos casos de tabelas (inclusive médicas) já julgados pelo Cade (incluindo os Processos Administrativos 62/1992, 143/1992, 61/1992, 60/1992, 65/1992, 155/1994, ART. 36 148/1992 e 149/1994, 145/1993, 54/1992, 08000.008994/1994-96, 08000.011521/1994-11, 08000.011520/1994-40, 08000.003233/1995-83, 08000.010318/1994-73, 08000.027395/1995-80, 08000.011518/1994-06, 08012.005769/1998-92, 08000.002322/1996-57, 08000.011517/1994-35, 08000.022630/1997-52, 08000.012252/1994-38, 08000.007464/1997-18, 08012.002371/1998-40, 08000.007201/1997-09, 08000.015515/1997-02, 08000.020425/1996-71, 08000.011823/1997-14, 08012.006492/1997-25, 08000.008365/1995-00, 08012.004372/2000-70, 08012.004373/2000-32, 08012.021738/1996-92, 08000.020786/1996-08, 08012.005206/1999-21, 08012.001098/2001-84, 08012.009987/1998-13, 08012.009443/1998-15, 08012.007005/1998-69, 08000.026330/1996-80, 08012.004054/2003-78, 08012.002153/2000-72, 08000.005351/1997, 08012.003664/2001-92, 08000.020294/1996-03, 08012.006491/1997-62, 08012.007042/2001-33, 08012.005194/2001-00, 08012.008060/2004-85).

III – limitar ou impedir o acesso de novas empresas ao mercado;

Os incisos III, IV, V, VII, X, XI, XIII, XIV, XV e XVIII são exemplos típicos de predação. A prática predatória tem como lógica comercial a exclusão do concorrente – embora possa vir travestida de preços baixos, inovação tecnológica, brindes. Em outras palavras, práticas predatórias podem trazer benefícios de curto prazo ao consumidor, até que o concorrente seja alijado do mercado. Uma vez logrado êxito na sua investida contra o concorrente, os preços sobem a patamares superiores aos praticados antes da sua redução, investimentos em tecnologia são abandonados e a qualidade dos produtos cai.

A racionalidade da predação está no longo prazo – mas ela não depende, necessariamente, de que o agente incorra em prejuízos. Em alguns casos, basta que esse agente abra mão de receita adicional – derivada da remuneração de vantagens que tem em relação aos competidores (caso da recusa de contratar) – em prol do usufruto de receitas maiores que somente serão possíveis se os concorrentes forem alijados do mercado (*recoupment* ou recomposição/recuperação das perdas).

É possível, ainda, identificar atividade predatória na elevação dos custos dos rivais. Nesse caso, o infrator pode não incorrer em quaisquer perdas no período anterior à exclusão do concorrente – durante o qual ART. 36
cobra preços mais elevados do rival. Trata-se de caso bastante comum em situações de infraestrutura essencial em mercados regulados. Entre as práticas predatórias que não geram benefícios sequer de curto prazo ao consumidor está o fechamento de mercado (*foreclosure*):

"Esta ideia razoavelmente intuitiva foi severamente criticada pela Escola de Chicago, especialmente através das contribuições de Bork (1978)[107] e Posner (1976)[108], que defenderam o que seria a falta de racionalidade econômica das sociedades em contar com uma estratégia de integração vertical para aumentar seus lucros em virtude do fechamento do mercado. Um corolário deste raciocínio é que a única explicação aceitável para o movimento de integração vertical seria a geração de eficiências. O núcleo da crítica de Chicago seria, conforme Rey e Tirole (2005)[109], que 'há apenas um único mercado de produto final e,

[107] Bork, R.: **The Antitrust Paradox** (*New York Basic Books*), 1978.

[108] Posner, R.: **Antitrust Law: An Economic Perspective**. Chicago. *University of Chicago Press*. 1976. Ver ainda: Comanor (**Vertical Mergers, Market Powers and the Antitrust Laws**. *American Economic Review*. Maio de 1967) para uma primeira versão desta crítica.

[109] Rey, P. and Tirole, J: **A Primer on Foreclosure**. *Handbook of Industrial Organization*. 2005. Orgs.: Armstrong, M. e Porter, R. New Holland.

portanto, um único poder de monopólio a ser explorado, não sendo óbvio como um monopolista poderia estender o seu poder de monopólio'. Ademais, Ordover, Saloner e Salop (1990) destacam ser muito pouco claro porque os 'lucros perdidos no segmento upstream' devido a uma eventual estratégia de fechamento vertical contra o rival no segmento downstream 'deveriam exceder os lucros downstream incrementados'?[110]

A questão fundamental é que o máximo lucro possível ao longo de uma cadeia produtiva pode ser obtido simplesmente pela fixação de um preço de monopólio no segmento *upstream*. O fato de haver ou não integração vertical não altera este lucro de monopólio, colocando em dúvida a necessidade de alavancar poder de mercado do *upstream* para o *downstream* e, por conseguinte, o incentivo para fechar o acesso de outros concorrentes ao insumo *upstream*.

A força desta crítica resultou em mudança da política antitruste para integrações verticais nos EUA, com uma abordagem menos intervencionista.

A partir da década de oitenta, no entanto, vários autores passaram a propor, a partir de uma análise econômica mais rigorosa, uma possível racionalidade anticompetitiva para as integrações verticais, a qual fugiria da chamada "ingênua teoria de fechamento vertical" utilizada pelos tribunais americanos até a década de setenta[111].

[110] "Há outras críticas relevantes apontadas pelos autores contra a teoria de fechamento vertical padrão. Conforme Ordover, Saloner e Salop (1990) 'i) 'o fornecimento de matérias-primas a rivais não é, necessariamente, reduzido...porque a sociedade integrada também reduz a sua demanda por matéria-prima produzida por fornecedores independentes...será necessário, apenas, um rearranjo, nas relações de fornecimento'; ii) ' os fornecedores restantes podem não ter incentivos para aumentar o preço da matéria-prima' e, então, uma recusa de fornecimento por um fornecedor não aumentará o custo dos rivais; iii) existe a probabilidade de que os competidores objeto do fechamento integrem com os fornecedores restantes; iv) mesmo que o preço da matéria-prima suba, o fornecedor integrado teria de ser compensado pela perda de lucros dos seus rivais. A necessidade dessa compensação pode reduzir a probabilidade da fusão; v) já que o concorrente que sofreu o fechamento se coloca numa situação desvantajosa, ele passa a disputar o recurso escasso a montante"" [*"i) 'The supply of inputs available to rivals is not necessarily reduced.... because the integrated firm also reduces its demand for inputs produced by unintegrated suppliers.... it merely will necessitate a rearrangement in supply relationships' ; ii) '... remaining suppliers may not have the incentive to raise their input prices' ,and , then, the denial of supply by one supplier will not raise rival costs; iii) the likelihood of foreclosed competitors integrate vertically with remaining suppliers; iv) even if input prices increases, the supplier that integrated would have to be compensated by the forgone potential extra profits obtained by their rivals. This compensation can decrease the profitability of the merger 'possibly to the point that no merger occur' ; v) 'since the firm that is foreclosed is placed at a disadvantage, it ought itself to participate in the bidding for the scarce upstream resource' "*].

[111] "De acordo com Rey e Tirole (2005), 'a perspectiva da Escola de Chicago gerou o efeito benéfico de forçar que economistas voltados para a organização industrial reavaliassem

Salinger (1988)[112], Ordover, Saloner Salop (1990)[113] e Hart e Tirole (1990)[114] estruturaram modelos econômicos mais sofisticados a partir dos quais uma estratégia de fechamento vertical se tornava racional após um movimento de integração vertical. No caso de Ordover, Saloner e Salop (1990), desenvolveu-se um jogo de quatro estágios em que se responde a todas as críticas essenciais contra a ideia de fechamento vertical.

Hart e Tirole (1990), por sua vez, constroem um conjunto rico de hipóteses a partir das quais a integração vertical pode gerar redução do bem-estar social. Há três variantes do modelo:

a) ***a variante de monopolização ex post***, que seria a mais relacionada com a ideia original de 'fechamento vertical', foi posteriormente aperfeiçoada no artigo de Rey e Tirole (2005). Esta variante relaciona fechamento vertical com o famoso teorema de Coase para o monopolista de bens duráveis[115]. É mostrado que o monopolista *upstream* pode ter dificuldades em se comprometer de forma crível com as sociedades no segmento *downstream* e que ele assinará, com cada uma, contratos consistentes com a sua maximização de lucro. O problema é que o monopolista *upstream*, após ter assinado contratos com as primeiras sociedades, sempre tem um incentivo *ex post* de, agindo oportunisticamente em relação aos contratados anteriores, oferecer contratos aos contratantes posteriores no

o argumento do fechamento de mercado e tornassem-no, acreditamos, mais consistente' ['*The Chicago school view has had the beneficial effect of forcing industrial economists to reconsider the foreclosure argument and to put it, we believe, on firmer ground*']."

[112] SALINGER, M.: **Vertical Mergers and Market Foreclosure.** *Quarterly Journal of Economics*, Maio de 1988.

[113] ORDOVER, J., SALONER, G e SALOP, S.: **Equilibrium Vertical Foreclosure.** *American Economic Review*. Março de 1990.

[114] HART, O. and TIROLE, J.: **Vertical Integration and Market Foreclosure.** *Brookings Papers on Economic Activity: Microeconomics*. 1990.

[115] "Coase mostrou que, quando o monopolista do bem durável não pode garantir preços futuros, os compradores atrasam as compras a fim de beneficiar-se da expectativa de preços mais baixos no futuro. Isso ocorre porque o próprio monopolista será tentado a reduzir preços após certo patamar de vendas, comportando-se oportunisticamente em relação aos compradores anteriores. Nesse sentido, o monopolista encontra concorrência intertemporal de si próprio. Assim, o monopolista de bem durável não consegue usufruir plenamente de todo o poder de monopólio que lograria caso conseguisse comprometer-se, ex ante, a não baixar preços." [*"Coase (1972) showed that when the durable good monopolist cannot commit to future prices, the buyers delay purchases in order to benefit from expected lower future prices. This happens because the monopolist himself will be tempted to reduce prices after some level of sales have been achieved, behaving opportunistically with the former buyers. In this regard, the monopolist faces intertemporal competition from himself. Thus, the durable good monopolist is not able to enjoy all his monopoly power that he/she would achieve when he can commit ex ante to not lowering future prices."*]

segmento *downstream* a preços menores que antes, de forma a conquistar um mercado mais amplo. Os contratantes iniciais no *downstream* podem acabar saindo no prejuízo. Antecipando este resultado, os contratantes iniciais receiam contratar com o monopolista *upstream* a preços maiores, em função da possibilidade de este último implementar um comportamento oportunista. A falta de contratantes, dentro das bases iniciais com preços maiores, compromete a obtenção dos lucros de monopólio.

Haveria duas formas de o monopolista *upstream* corrigir este problema, gerando um compromisso crível de que não se comportará de forma oportunista. Primeiro, assinar um contrato de exclusividade com uma sociedade no segmento *downstream*, o que evitaria, por construção, o oportunismo, pois não haveria novos contratos com outras sociedades. Segundo, o monopolista *upstream* verticalizar-se-ia para frente e não negocia com mais ninguém, passando a não fazer sentido à sociedade ter um comportamento oportunista contra ela própria. A diferença em relação à teoria original do fechamento vertical é sutil. Dentro deste novo entendimento, que se configura atualmente como a teoria econômica do fechamento vertical mais aceita, não se caracteriza uma extensão do poder de mercado de um nível (*upstream*) para outro (*downstream*), mas sim o 'restabelecimento' ou 'recuperação' do poder de mercado em um contexto em
ART. 36 que as sociedades *downstream* temem um comportamento oportunista *ex post* por parte do monopolista *upstream*.

b) ***a variante de necessidades escassas*** na qual as sociedades no segmento *downstream* se deparam com restrições de capacidade, sendo que a principal motivação para se integrar verticalmente é a necessidade de a sociedade *upstream* assegurar que haverá demanda para o insumo que produz, com a sociedade *downstream* canalizando a sua demanda para consumir, prioritariamente, os insumos da associada *upstream*;

c) ***a variante de ofertas escassas*** na qual as sociedades no segmento *upstream* se deparam com restrições de capacidade, sendo que a principal motivação para se integrar é a necessidade de a sociedade *downstream* assegurar que haverá oferta de insumo para sua produção, com a sociedade *upstream* canalizando toda a sua oferta, prioritariamente, como insumos para a sua associada *downstream*.

Nos últimos dois casos, o fechamento vertical também pode acontecer, mas como um subproduto, e não como a motivação principal da fusão, que seria lidar com alguma restrição de capacidade, seja *downstream* (variante de necessidades escassas), seja *upstream* (variante de ofertas escassas). Os efeitos sobre o bem-estar são ambíguos. Indaga-se, de qualquer forma, até onde deve ir a intervenção antitruste quando os agentes se integram justamente para mitigar o risco de não disporem de insumos para sua demanda ou de demanda para seus insumos. Em geral, tal tipo de motivação é considerada legítima na análise antitruste."

[Voto do Conselheiro César Mattos no Ato de Concentração nº 08012.000836/2009-23, em que foram requerentes Polimix Concreto Ltda. e Camargo Corrêa Cimentos S.A.].

[116]"A preocupação concorrencial com a integração vertical é equivocada. Integrações verticais são meios de criar eficiência, e não de obstá-la. Há uma teoria ainda pouco clara, quase não sendo digna de menção, de que integrações verticais podem ser usadas por grandes agentes de mercado para fins predatórios em circunstâncias bastante específicas, mas é pouco plausível que essa rara possibilidade tenha alguma aplicação à realidade. De qualquer modo, as integrações verticais disciplinadas pela lei não se aproximam sequer da possibilidade. As integrações verticais tidas como ilegais não geram outro efeito senão gerar eficiências. (...)

Aquilo que a lei concorrencial entende como sendo integração vertical e, portanto, como suspeito e traumático, consiste, meramente, em uma forma de substituir uma transação de mercado pela direção administrativa porque a derradeira é tida como forma mais eficiente de coordenação. Integrações verticais podem reduzir custos de vendas e distribuição, facilitar o fluxo de informação entre etapas de produção (por exemplo, questões mercadológicas podem ser melhor transmitidas do atacado para o varejo, novas formas de produção podem ART. 36
fluir na direção inversa, melhor controle sobre o patrimônio e melhor planejamento do processo produtivo podem ser alcançados), criar economias de escala na administração e assim por diante. (...)"

[Bork, Robert H.. **The Antitrust Paradox – a policy at war with itself.** The Free Press: United States, 1993. PP. 226 e 227].

[116] *"Antitrust's concern with vertical merger is mistaken. Vertical mergers are means of creating efficiency, not of injuring competition. There is a faint theoretical case, hardly worth mentioning, that vertical mergers can be used by very large firms for purposes of predation under exceptional circumstances, but it is highly doubtful that narrow possibility has any application to reality. In any event, the vertical mergers attacked by the law do not contain even the possibility. The vertical mergers the law currently outlaws have no effect other than the creation of efficiency.*
(...)
What antitrust law perceives as vertical merger, and therefore as a suspect and probably traumatic event, is merely an instance of replacing a market transaction with administrative direction because the latter is believed to be a more efficient method of coordination. Vertical mergers may cut sales and distribution costs, facilitate the flow of information between levels of the industry (for example, marketing possibilities may be transmitted more efficiently from the retail to the manufacturing level, new product possibilities may be transmitted in the other direction, better inventory control may be attained, and better planning of production runs may be achieved), creates economies of scale in management, and so on. (...)"

A respeito das práticas que geram benefício de curto prazo para o consumidor:

[117]"Embora descontos de fidelidade possam criar eficiências e beneficiar os consumidores, há consenso de que tal conduta, quando exercida por agentes dominantes/com poder de mercado substancial, pode ter o potencial de causar danos à concorrência, em certas circunstâncias. A resposta do Canadá explica a sua política de atuação nesta área: 'descontos de lealdade não deveriam desencorajados, exceto quando baixam os preços a patamares predatórios ou alcancem efeito excludente ou disciplinar, a sociedade ofertante fosse dominante (sendo a dominância resultante do ato anticompetitivo) e a concorrência fosse substancialmente reduzida ou afastada como resultado da política de desconto."

[ICN. Unilateral Conduct Working Group. **ICN Report on Loyalty Discounts and Rebates.** 2008].

[118]"Há, basicamente, dois modos pelos quais os consumidores como um todo poderiam estar melhor, no curto prazo, por conta dos descontos de fidelidade, mas pior no longo prazo. O primeiro equivale ao argumento do preço predatório. Por essa estratégia, uma vez que os preços tenham já induzido suficien-

[117] *"While loyalty discounts and rebates can create efficiencies and benefit consumers, there is also general agreement from the responses that such conduct, when exercised by dominant firms or firms with substantial market power, can have the potential for anticompetitive harm in certain circumstances. The Canadian response explains its enforcement approach in this area: "Loyalty discounts and rebates should not be discouraged, but for when they lower prices to predatory levels or have an exclusionary or disciplinary effect, the firm offering the rebates was dominant (where dominance might result from the anticompetitive act) and competition was substantially lessened or prevented as a result of the offering of the loyalty rebate scheme."*

[118] *"There are basically two ways that consumers as a group could be better off in the short run because of fidelity discounts but lose in the long run. The first amounts to straightforward predatory pricing. Under this strategy, once the low prices associated with a discount have induced enough existing competitors to leave the market, the discounter raises prices above prediscount levels in order to recoup the losses made during the low price stage of the strategy. In such a situation, what consumers initially gain through lower prices, could be more than lost over the long haul. This will not happen of course, unless re-entry or new entry is somehow blocked once prices are raised in the recoupment phase.*

A second predatory strategy is more particular to fidelity discounting and is appropriately labelled "predatory foreclosure". In order to preserve existing supra-competitive price levels, fidelity discounts could be employed in both the short and long run to keep potential entrants out of the market. The result would be that although prices in the short run are below what they would be without the discounts, prices in the future will be higher than they otherwise would be. This is not simply another form of limit pricing since the average price is significantly above rather than marginally below what the excluded firms would charge were they able to enter the market."

tes concorrentes a deixar o mercado, o concedente dos descontos sobe o preço acima do valor anterior à concessão dos descontos a fim de recuperar as perdas incorridas na fase de redução de preços. Nessa situação, aquilo que os consumidores ganham inicialmente pela redução dos preços poderia ser mais do que compensado durante a longa subida dos preços. A recuperação das perdas não ocorrerá se não houver uma forma de bloqueio das reentradas e novas entradas após a elevação dos preços na fase de recomposição das perdas.

O segundo modo é mais peculiar aos descontos de fidelidade e está apropriadamente rotulado como 'fechamento predatório de mercado'. A fim de preservar os preços supracompetitivos, os descontos de fidelidade poderiam ser empregados no curto e no longo prazos para manter entrantes em potencial fora do mercado. O resultado seria que, embora os preços estejam abaixo do que seriam sem os descontos, os preços, no futuro, estarão mais elevados do que de outro modo estariam. Não se trata, simplesmente, de outra forma de preço-limite, dado que o preço médio está significativamente acima ao invés de marginalmente abaixo daquilo que os *players* excluídos cobrariam se estivessem aptos a adentrar o mercado."

[OECD Policy Roundtables. **Loyalty and Fidelity Discounts and Rebates**. 2002. P. 10].

ART. 36

ORDOVER, Janusz/WILLIG, Robert D.. **An Economic Definition of Product Innovation**. In *SALOP, ed.: Strategy, Predation, and Antitrust Analysis*. Federal Trade Commission Report. Washington, DC: US Government Printing Office, 1981.

V. Processo Administrativo nº 08012.009991/98-82, em que foram representados Condomínio Shopping Center Iguatemi e Shopping Center Reunidos do Brasil Ltda., de relatoria de Roberto Pfeiffer.

V. Processo Administrativo nº 08012.006636/1997-43, em que foi representado o Condomínio Shopping Center Iguatemi, de relatoria de Luís Fernando Rigato Vasconcellos.

V. Processo Administrativo nº 08012.012740/2007-46, em que foram representados shopping centers de Porto Alegre, de relatoria de Márcio de Oliveira Júnior.

V. Processo Administrativo nº 0812.001182/98-31, em que foi representada a Microsoft Informática Ltda., de relatoria de Thompson Andrade.

V. Processo Administrativo nº 08000.022579/97-05, em que foi representada a S.A. White Martins, de relatoria de Celso Campilongo.

IV – criar dificuldades à constituição, ao funcionamento ou ao desenvolvimento de empresa concorrente ou de fornecedor, adquirente ou financiador de bens ou serviços;

V. caso Ambev 'Tô Contigo': Processo Administrativo nº 08012.003805/2004-10, em que foi representada a Companhia de Bebidas das Américas – AMBEV, de relatoria de Fernando Furlan.

V. *United Brands Company and United Brands Continental BV v Commission of the European Communities, [1978] ECR 207.*

V. Processo Administrativo nº 0812.001182/98-31, em que foi representada a Microsoft Informática Ltda., de relatoria de Thompson Andrade.

V. Processo Administrativo nº 08012.006636/1997-43, em que foi representado o Condomínio Shopping Center Iguatemi, de relatoria de Luís Fernando Rigato Vasconcellos.

V. Processo Administrativo nº 08012.012740/2007-46, em que foram representados shopping centers de Porto Alegre, de relatoria de Márcio de Oliveira Júnior.

ART. 36 Para inovação predatória, v., ainda, caso AMBEV 'Garrafas': Processo Administrativo 08012.002474/2008-24, em que foi representada a Companhia de Bebidas das Américas – AMBEV, de relatoria de Carlos Ragazzo.

V. ORDOVER, Janusz/WILLIG, Robert D.. **An Economic Definition of Product Innovation**. In *SALOP, ed.: Strategy, Predation, and Antitrust Analysis.* Federal Trade Commission Report. Washington, DC: US Government Printing Office, 1981.

V. nota ao inciso III.

V. nota ao inciso V.

Para direcionamento específico em recusa de contratar, v. inciso XI abaixo.

V – impedir o acesso de concorrente às fontes de insumo, matérias-primas, equipamentos ou tecnologia, bem como aos canais de distribuição;

[119]"A Suprema Corte trouxe, ela primeira vez, esta doutrina [infraestrutura essencial] em *United States v. Terminal Railroad Ass'n, 224 U.S. 383 (1912)*. Em *Terminal Railroad*, um grupo empresas de estradas de ferro com controle sobre pontes e pátios ferroviários com destino a St. Louis e saindo de lá evitaram que serviços ferroviários concorrentes oferecessem transporte que tivessem St. Louis como destino ou passagem. Segundo o tribunal, isso constituía tanto uma restrição irregular ao comércio, quanto uma tentativa de monopolização. V. *id. at 409-10.*

Desde o caso *Terminal Railroad*, a Suprema Corte tem chegado a decisões similares em diversos casos:

- Em *Associated Press v. United States, 326 U.S. 1 (1945)*, a Suprema Corte decidiu que o estatuto da *Associated Press* violava o *Sherman Act* ao limitar a

[119] *"The Supreme Court first articulated this doctrine* [essential facilities] *in United States v. Terminal Railroad Ass'n, 224 U.S. 383 (1912). In Terminal Railroad, a group of railroads controlling all railway bridges and switching yards into and out of St. Louis prevented competing railroad services from offering transportation to and through that destination. This, the court held, constituted both an illegal restraint of trade and an attempt to monopolize. See id. at 409-10.*
Since Terminal Railroad, the Supreme Court has reached similar decisions in a series of cases:
- *In Associated Press v. United States, 326 U.S. 1 (1945), the Supreme Court found that the Associated Press bylaws violated the Sherman Act by limiting membership in the organization and thereby access to its copyrighted news services.* ART. 36
- *In Lorain Journal Co. v. United States, 342 U.S. 143, 146-49 (1951), the Supreme Court considered whether the defendant newspaper, the only local business circulating news and advertisements in the town, violated the Sherman Act by refusing to accept advertising from businesses that placed advertisements with a small radio station. The Court approved an order requiring the newspaper to accept advertisements. See id. at 156.*
- *In Otter Tail Power Co. v. United States, 410 U.S. 366, 377-79 (1973), the Supreme Court found that the defendant, an electrical utility which sold electricity at both the retail level (directly to consumers) and the wholesale level (to municipalities who sought to resell electricity at retail), had monopolized in violation of the Sherman Act by refusing to supply electricity at wholesale and instead to service customers directly itself.*

(...)
A widely-cited decision by the Tenth Circuit Court of Appeals in Aspen Highlands Skiing Corp. v. Aspen Skiing Co., 738 F.2d 1509, 1520-21 (10th Cir. 1984), applied the essential facilities doctrine to a ski resort's decision to terminate its longstanding participation, with a competitor ski resort, in selling a "multiarea" ski ticket that gave customers flexibility to patronize any of the area's ski resorts at a discounted price. The court described the "multiarea" ticket as an "essential facility" as to which defendant was denying access, with the intent to monopolize by putting the competitor ski resort out of business, and therefore found sufficient evidence to find antitrust liability for refusal to deal. See id. Notably, the Supreme Court upheld the finding of antitrust liability, but characterized its determination under the more general rubric of Sherman Act monopolization. See Aspen Skiing Co. v. Aspen Highlands Skiing Corp., 472 U.S. 585, 611 (1985)."

condição de membro na organização e, assim, o acesso aos seus serviços de noticiário.

- Em *Lorain Journal Co. v. United States, 342 U.S. 143, 146-49 (1951)*, a Suprema Corte analisou se o jornal representado, único negócio de notícias e anúncios em circulação no município, violava o *Sherman Act* ao recusar aceitar anúncios de negócios que tinham anunciado em certa pequena estação de rádio. O tribunal aprovou uma ordem exigindo que o jornal aceitasse os anúncios. *See id. at 156.*
- Em *Otter Tail Power Co. v. United States, 410 U.S. 366, 377-79 (1973)*, a Suprema Corte decidiu que o representado, uma central elétrica que comerciava eletricidade tanto no varejo (direto ao consumidor) quanto no atacado (para municípios que vendiam no varejo), havia monopolizado, em violação ao *Sherman Act*, ao recusar o fornecimento de eletricidade no atacado e passar a vender o serviço diretamente ao consumidor.

(...)

Uma decisão muito citada da *Tenth Circuit Court of Appeals*, em *Aspen Highlands Skiing Corp. v. Aspen Skiing Co., 738 F.2d 1509, 1520-21 (10th Cir. 1984)*, aplicou a doutrina da infraestrutura essencial a uma decisão de resilição por um *resort* de esqui, em relação a uma parceria longeva com um *resort* de esqui con-
ART. 36 corrente – parceria essa que promovia a venda de bilhetes 'multi-área' que franqueavam acesso flexível a qualquer área de ambos os *resorts* com um desconto sobre o preço. O tribunal descreveu os bilhetes 'multi-área' como 'infraestruturas essenciais' às quais o representado estava cerceando acesso, com o objetivo de monopolizar por meio da exclusão do *resort* concorrente, encontrando, assim, provas suficientes de responsabilidade concorrencial pela recusa de negociar. V. *id.* Antes, a Suprema Corte sustentou a existência de responsabilidade concorrencial, embora tenha pautado a sua decisão pela mais genérica rubrica de monopolização. V. *Aspen Skiing Co. v. Aspen Highlands Skiing Corp., 472 U.S. 585, 611 (1985).*"

[Pitofsky, Robert. **The Essential Facilities Doctrine Under United States Antitrust Law**. *Paper submitted to the European Commission in support of National Data Corporation in its essential facilities case against IMS*. Disponível em http://www.ftc.gov/os/comments/intelpropertycomments/pitofskyrobert.pdf. Acesso em 25.01.2011].

[120]"Em dezembro de 1999, o *Bundeskartellamt* proibiu a *Scandlines Deutschland GmbH* de recusar acesso das companhias de barcos concorrentes ao terminal de Puttgarden em contrapartida ao pagamento de uma taxa adequada.

De acordo com a decisão do *Bundeskartellamt*, a *Scandlines* dominava mercado, tanto em relação à estrutura do terminal na rota Puttgarden-Rödby, quanto no mercado a jusante para serviços de transporte marítimo entre Puttgarden e Rödby. A concorrência na franja por rotas alternativas e pela ponte no Grande Cinturão não era forte o suficiente para evitar esse domínio de mercado na rota Puttgarden-Rödby. Obstáculos legais e físicos obstavam a construção de um novo terminal em Puttgarden, enquanto o uso compartilhado da estrutura do terminal existente por um operador de barcos adicional era possível, se houvesse as adequadas obras e modificações organizacionais. No necessário processo de sopesar o interesse da *Scandlines* em ter o uso ilimitado do seu próprio terminal e o interesse de entrada de novos competidores, o fator decisivo foi o interesse público em abrir o mercado à concorrência."

[**Roundtable on Refusals to Deal – Note by Germany**. OCDE: Paris, outubro de 2007. Disponível em http://www.bundeskartellamt.de/wDeutsch/download/pdf/OECD/Refusal_to_deal.pdf. Acesso em 25.01.2011].

[121]"A ECJ [*European Court of Justice*] acrescentou [em *Volvo v. Erik Veng*. V. também *Consorzio Italiano della Componentistica di Ricambio per Autovericoli and Maxi-* ART. 36

[120] *"In December 1999, the Bundeskartellamt prohibited Scandlines Deutschland GmbH from refusing competing ferry companies access to the Puttgarden terminal on payment of an adequate fee.*
According to the Bundeskartellamt's decision, Scandlines dominated the market, both as regards its terminal facilities on the Puttgarden-Rödby route and the downstream market for ferry services between Puttgarden and Rödby. The existing fringe competition from alternative ferry routes and the bridge across the Great Belt was not strong enough to prevent this market dominance on the Puttgarden-Rödby route. Legal and physical obstacles stood in the way of the construction of a new terminal in Puttgarden, whereas the shared use of existing terminal facilities by an additional ferry operator was possible following appropriate construction and organisational modifications. In the necessary process of weighing Scandlines' interest in having the unlimited use of its own terminal against the applicants' interest in starting up competing ferry operations, the decisive factor was the public interest in opening up the market to competition."

[121] *"The ECJ added* [em *Volvo v. Erik Veng*. V. também *Consorzio Italiano della Componentistica di Ricambio per Autovericoli and Maxicar v. Regie National des Usines Renault*], *however, that a car manufacturer might be guilty of abusing its dominant position where it refused to supply spare parts to independent repairers in an arbitrary manner, charged unfair prices for spare parts, or decided no longer to produce spare parts for models still in circulation. (...)*
The ECJ states that [em *Magill TV Guide/ITP, BBC and RTE*] *the abuse consisted of the refusal to provide basic information by relying on national copyright provisions, thereby preventing the appearance of a new product, a comprehensive guide to television programmes, which the television companies did*

car v. Regie National des Usines Renault], entretanto, que um fabricante de carros pode ser responsável por abusar da sua posição dominante quando se recusar a fornecer peças para oficinas independentes de maneira arbitrária, cobrar preços excessivos pelas peças, ou decidir não mais produzir peças para modelos ainda em circulação. (...)

A ECJ afima [em *Magill TV Guide/ITP, BBC and RTE*] que o abuso consiste na recusa de fornecer informações básicas em função de contar com a proteção de direitos autorais, desse modo atrapalhando o surgimento de um novo produto, um guia mais abrangente para programas televisivos, o qual as companhias de televisão não ofereciam e pelo qual havia potencial demanda pelo consumidor; o tribunal também observou que não havia justificativa objetiva para a recusa e que o resultado era a reserva do mercado a jusante de guias televisivos para as companhias de televisão.

O caso foi muito controverso e levou a diversos comentários e artigos, muitos contrários à decisão. Parecia não se adequar aos julgamentos anteriores da ECJ em *Renault and Volvo v. erik Venk*; significava que a possibilidade de licenciamento compulsório havia sido introduzida pelo art. 82; e poderia ser vista como uma aplicação da 'doutrina da infraestrutura essencial' à propriedade intelectual. Um temor específico advinha de que o precedente poderia ser aplicado à
ART. 36 propriedade intelectual que fosse consequência de substancial empreendedorismo e investimento – por exemplo, patentes e *software* para computador –, em

not offer and for which there was a potential consumer demand; the Court also noted that there was no objective justification for the refusal and that the result of the refusal was to reserve to the television companies the downstream market for television guides.
The case was immensely controversial and led to numerous comments and articles, mainly adverse. It appeared to sit oddly with the earlier judgements of the ECJ in Renault and Volvo v. erik Venk; it meant that the possibility of compulsory licensing had been introduced under Article 82; and it could be seen to be an application of the so-called "essential facilities doctrine" to intellectual property rights. A particular anxiety was that the precedent might be applied to intellectual property rights that were the consequence of substantial risk-taking and investment – for example patents and computer software – as opposed to a mere list of television programmes, though this did not happen in practice.(...)
It is now clear that the Magill case was an exceptional one; as a precedent it has a narrow application. Although it is certainly not defunct; the Commission applied it the IMS case in 2001 (...). To put the Magill case in perspective, it is necessary to recall the later judgements of the ECJ in the Oscar Bronner v. Mediaprint and of the CFI in Tiercé Ladbroke v. Commission, and in European Night Services v. Commission (...). These judgements adopted a restrictive approach to the so-called "essential facilities doctrine", and in doing so gave a narrow interpretation to the Magill precedent. In particular the ECJ in Oscar Bronner stressed the exceptional circumstances in Magill; it referred to four factors in particular: the information sought by Magill was indispensable to the publication of a comprehensive listings guide; there were no objective justifications for the refusal to supply; and the refusal would eliminate all competition in the secondary market for TV guides."

oposição a uma simples lista de programas televisivos, embora isso não tivesse acontecido, na prática. (...)

Hoje está claro que o caso *Magill* foi excepcional; como precedente, tem aplicabilidade limitada – embora não esteja enterrado. A Comissão aplicou-o no caso IMS em 2001 (...). Para analisar o caso *Magill*, é necessário lembrar os julgamentos pela ECJ dos posteriores *Oscar Bronner v. Mediaprint, Tiercé Ladbroke v. Commission* e *European Night Services v. Commission* (...). Tais julgados adotaram um viés restritivo da denominada 'doutrina da infraestrutura essencial' e, ao assim proceder, deram uma interpretação restritiva ao precedente *Magill*. Em particular em *Oscar Bronner*, a ECJ afirmou as circunstâncias excepcionais de *Magill*, referindo-se a quatro fatores em particular: a informação buscada por *Magill* era indispensável à publicação de um guia amplo; não havia justificativa objetiva à recusa de fornecimento; e a recusa eliminaria toda a concorrência no mercado secundário de guias para TV."

[Whish, Richard. **Competition Law**. 5ª edição. LexisNexis: Grã-Bretanha, 2003 PP. 758/760].

V. Ato de Concentração nº 08012.004341/2009-73, em que foram requerentes Cosanpar Participações S.A. e Shell Brasil Ltda., de relatoria de César Mattos. ART. 36

V. caso Ambev 'Tô Contigo': Processo Administrativo nº 08012.003805/2004-10, em que foi representada a Companhia de Bebidas das Américas – AMBEV, de relatoria de Fernando Furlan.

V. Processo Administrativo nº 0812.001182/98-31, em que foi representada a Microsoft Informática Ltda., de relatoria de Thompson Andrade.

V. Processo Administrativo nº 08000.022579/97-05, em que foi representada a S.A. White Martins, de relatoria de Celso Campilongo.

V. *Aspen Skiing Co. v. Aspen Highlands Skiing Corp., 472 U.S. 585, 611 (1985).*

V. *In Otter Tail Power Co. v. United States, 410 U.S. 366, 377-79 (1973).*

V. *In Associated Press v. United States, 326 U.S. 1 (1945).*

V. *United States v. Terminal Railroad Ass'n, 224 U.S. 383 (1912).*

V. *AB Volvo v Erik Veng (UK) Ltd [1988] ECR 6211.*

V. *Magill TV Guide/ITP, BBC and RTE 89205 [1989] OJ L78/43.*

V. *RTE v Commission case T-69/89 [1991] 4 CMLR 586.*

V. *T–76/89 ITP Ltd v Commission [1991] 4 CMLR 745.*

V. *Oscar Bronner GmbH & Co KG v Mediaprint Zeitungs- und Zeitschriftenverlag GmbH & Co KG, [1998] ECR I-7791.*

V. *Tiercé Ladbroke v. Commission [1997] ECR II-923.*

V. *European Night Services v. Commission [1998] ECR II-3141.*

V. nota ao inciso III.

Para direcionamento específico em recusa de contratar, v. inciso XI abaixo.

VI – exigir ou conceder exclusividade para divulgação de publicidade nos meios de comunicação de massa;

A prática da exclusividade, se atentatória aos princípios concorrenciais, tem sido punida pelo Cade a partir dos seus efeitos, sendo dispensável a existência de inciso específico voltado para a publicidade. A presença deste dispositivo, herança do art. 21, VII da Lei nº 8.884/94, tem o malefício de levar a que se questione se, *a contrario sensu*, outras manifestações de exclusividade, uma vez não previstas expressamente, seriam lícitas *per se*.

A leitura, entretanto, deve ser diametralmente oposta. A presença de um dispositivo abordando a exclusividade em um artigo de lei de lista-
ART. 36 gem meramente exemplificativa apenas deixa mais claro que exclusividades de teor anticoncorrencial, como a ilustrada no presente inciso, são infrações concorrenciais à ordem econômica.

Por fim, o dispositivo aborda uma questão bastante cara ao antitruste: o direito de ser informado. Quanto melhor informado o consumidor, menor a assimetria de informação entre ele e o vendedor. Uma compra bem informada maximiza o bem-estar do consumidor, pois ele poderá tomar a melhor decisão possível, levando em consideração as suas opções. O objetivo da publicidade não deve ser outro: informar o consumidor, a fim de que ele possa comparar os produtos substitutos, sem que para isso precise comprá-los (caso dos bens de experiência).

[122]"Em *Lorain Journal Co. v. United States, 342 U.S. 143, 146-49 (1951)*, a Suprema Corte analisou se o jornal representado, único negócio de notícias e anúncios em circulação no município, violava o *Sherman Act* ao recusar aceitar anúncios de negócios que tinham anunciado em certa pequena estação de

[122] *"In Lorain Journal Co. v. United States, 342 U.S. 143, 146-49 (1951), the Supreme Court considered whether the defendant newspaper, the only local business circulating news and advertisements in the town, violated the Sherman Act by refusing to accept advertising from businesses that placed advertisements with a small radio station. The Court approved an order requiring the newspaper to accept advertisements. See id. at 156."*

rádio. O tribunal aprovou uma ordem exigindo que o jornal aceitasse os anúncios. *See id. at 156.*"

[Pitofsky, Robert. **The Essential Facilities Doctrine Under United States Antitrust Law**. *Paper submitted to the European Commission in support of National Data Corporation in its essential facilities case against IMS.* Disponível em http://www.ftc.gov/os/comments/intelpropertycomments/pitofskyrobert.pdf].

[123]"Em *Lorain Journal*, o dono daquele jornal que era o maior veículo de anúncios local respondeu à entrada de uma estação de rádio local recusando-se a negociar com qualquer cliente que anunciasse na rádio. A maior parte dos comentaristas trata o jornal e a rádio como substitutos (...). Mas, inicialmente, é melhor ver o rádio e o jornal como complementares para alguns anunciantes – formas de alcançar diferentes grupos demográficos. De outro modo, uma sociedade perderia pouco se pudesse anunciar só na rádio. Mas, ao longo do tempo, a rádio cresce como substituto do anúncio pelo jornal. (...) O comportamento – que, até onde me é dado saber, não foi baseado em qualquer defesa de eficiência – foi endereçado a limitar o tamanho da estação de rádio que não sobreviveria como um concorrente vigoroso no futuro. O que não está claro para mim é o quão importante é o efeito inicial da escala na determinação da velocidade com que a rádio cresceria ao longo do tempo (à medida que as pessoas passassem a ter ART. 36
mais rádios), mas, presumindo que seja relevante, o caso parece razoavelmente decidido contra Lorain."

[Carlton, Dennis. **A General Analysis of exclusionary conduct and refusal to deal – why Aspen and Kodak are misguided**. Cambridge, MA: *National Bureau of Economic Research*, fevereiro de 2001. Disponível em www.nber.org.papers/w8105].

V. *California Dental Association v. Federal Trade Commission, 526 U.S. 756, 119 S.Ct. 1604, 143 L.Ed.2d 935 (1999).*

V. nota ao inciso XIX.

[123] *"In Lorain Journal, the owner of that newspaper, which was the major local advertising vehicle, responded to the entry of a local radio station by refusing to deal with any customer advertising on the radio. Most commentators treat the newspaper and radio as substitutes (...). But initially, it is better to view the radio and newspaper as complements for some advertisers – ways of reaching different demographic groups. Otherwise, a firm would lose little by being able to advertise on only the radio. But, over time, the radio does grow into a substitute for newspaper advertising. (...) The behavior – which as far as I can tell was not based on any efficiency defense – was designed to so limit the size of the radio station that it would not survive as a vigorous competitor later on. What is unclear to me is how important are the initial scale effects in determining how fast the radio station could grow over time (as more people owned radios), but assuming they are important, the case seems reasonably decided against Lorain."*

VII – utilizar meios enganosos para provocar a oscilação de preços de terceiros;

Trata-se de uma daquelas infrações que não raras vezes prescindem do poder de mercado (v. nota ao art. 1º). Como o poder de mercado do infrator não é elemento necessariamente integrante dos ilícitos concorrenciais – mas, sim, o dano à competição em dado mercado relevante –, parece-me claro que a matéria tenha alcance difuso antitruste se, ao menos, os destinatários imediatos da ofensa (concorrentes) detiverem, conjuntamente, pode de influenciar a concorrência, mesmo que como uma franja competitiva.

VIII – regular mercados de bens ou serviços, estabelecendo acordos para limitar ou controlar a pesquisa e o desenvolvimento tecnológico, a produção de bens ou prestação de serviços, ou para dificultar investimentos destinados à produção de bens ou serviços ou à sua distribuição;

A regulação de mercados pode ser definida como o afastamento da concorrência pela definição das variáveis comerciais essenciais – preço, quantidade e qualidade. O inciso VIII pode tratar de auto-regulação (restrição horizontal), ou de regulação de terceiros (caso de um fabricante regulando o mercado de distribuição a jusante, *v.g.* – quando se tem uma restrição vertical).

De todo modo, esses acordos de regulação de mercados não necessariamente são anticompetitivos, como sói acontecer, especialmente, no trato de produtos agropecuários. Nesses casos, a auto-organização da atividade entre concorrentes costuma ser condição para a elevação da produtividade, qualidade e competitividade nos mercados interno e internacional – e, como tal, respeitados certos limites (v. poder compensatório em nota ao art. 36, §3º, I), tem eficiências líquidas. A regulação concertada de mercados, enquanto acordo entre concorrentes, pode ser enquadrada como cartel e, quando líquida e concorrencialmente nociva à ordem econômica, deve ser punida.

FARINA, Elizabeth Maria Mercier Querido/AZEVEDO, Paulo Furquim de/SAES, Maria Sylvia Macchione. **Competitividade: mercado, estado e organizações**. São Paulo: Singular, 1997

V. *California Dental Association v. Federal Trade Commission, 526 U.S. 756, 119 S.Ct. 1604, 143 L.Ed.2d 935 (1999)*

V. *Volvo Trucks North America, Inc. v. Reeder-SIMCO GMC, Inc., 546 U.S. (2006)*

V. Processo Administrativo nº 08012.004599/1999-18, em foram representadas Aventis, Basf e Hoffman La Roche, de relatoria de Ricardo Cueva.

V. Consulta nº 08700.002870/2007-12 e Consulta nº 08700.002938/2007-63, em que foram consulentes Universal Leaf Tabacos Ltda. e Alliance One Brasil Exportadora de Tabacos Ltda., respectivamente, de relatoria de Olavo Chinaglia.

V. Averiguação Preliminar nº 08012.010986/2006-01, em que foi representada a Cooperativa Central dos Produtores Rurais de MG – CCPR, de relatoria de Fernando de Magalhães Furlan.

V. nota ao inciso I.

V. nota ao inciso III.

V. nota ao inciso IX.

IX – impor, no comércio de bens ou serviços, a distribuidores, varejistas e representantes preços de revenda, descontos, condições de pagamento, quantidades mínimas ou máximas, margem de lucro ou quaisquer outras condições de comercialização relativos a negócios destes com terceiros;

Assim como o inciso anterior, trata-se de conduta que, frequentemente, enquadra-se no escopo do cartel: a fixação de regras relativas a preços, quantidades ou outras condições de comercialização não deixa de ser uma regulação de mercados, nos termos do inciso VIII. A diferença basilar entre os dois incisos, porém, está em que, aqui, a regulação restringe-se à atividade de terceiros – em geral, pela fixação de preços de revenda (RPM), mas também pela fixação de margens (bastante comum em cartéis) e compressão de margens (*price squeeze*) (comum na predação). Até por não haver expressa referência a acordos (como havia no inciso anterior) e em razão de tratar-se de "imposição", o dispositivo também se destaca do anterior por abarcar a possibilidade de punição de atos unilaterais.

Embora ambos os incisos possam abarcar relações horizontais e verticais, as restrições do inciso VIII são essencialmente horizontais, realizadas concertadamente por concorrentes. Já no inciso IX, o cerne da preocupação do legislador está com a imposição de restrições verticais pelo fabricante aos seus distribuidores/revendedores.

Diversamente dos acordos horizontais entre concorrentes, disciplinados pelos ordenamentos jurídicos mais avançados no antitruste sob a regra *per se* (na acepção de inversão do ônus da prova que temos defendido neste livro – v. nota ao *caput* do art. 36), os acordos verticais são por eles tratados segundo a regra da razão, em função de possuírem, por natureza, pelo menos uma eficiência: a redução dos custos de transação. Esse posicionamento, influenciado pela jurisprudência americana, levou a que uma parte dos acordos verticais que a prática comprovou costumeiramente levar a eficiências já seja disciplinada em separado dos cartéis (mesmo sendo acordos entre agentes econômicos), como é o caso
ART. 36 da fixação dos preços de revenda (que nada mais é que a fixação vertical de preços – cujo equivalente horizontal, a fixação de preços entre concorrentes, é o exemplo por excelência de cartel *hardcore* punido segundo a regra *per se*). Em outras palavras, apesar de tanto acordos horizontais, quanto verticais sobre preços poderem ser enquadrados como cartéis, há, apenas no caso dos acordos horizontais, uma presunção de que tais acordos são anticompetitivos.

Situação diversa surge nos casos em que os acordos verticais derivam de acordos horizontais entre concorrentes. Tal ocorreu tanto no caso americano *Apple ebooks* (*United States of America v. Apple Inc., et al., 12 Civ. 2862 (DLC)*), quanto no caso SKF no Brasil (Processo Administrativo nº 08012.001271/2001-44, em que foi representada a SKF do Brasil). Nesses casos, em razão de o acordo vertical ser acessório a um acordo horizontal entre concorrentes, tanto o caso *Apple ebooks* levou a condenações nos EUA, como o caso SKF serviu como ponto de inflexão rumo à regra *per se* em casos de cartéis *hardcore* no Brasil.

[124]"A fixação de preços de revenda, ou fixação vertical de preços, refere-se a acordos entre pessoas em diferentes níveis da estrutura de mercado, para

[124] *"Resale price maintenance, or vertical price fixing, refers to agreements between persons at different levels of the market structure establishing the resale price of products or services. Resale price maintenance can take the form of setting a specific price; often it involves setting either a price floor below which (minimum resale price maintenance) or a price ceiling above which (maximum resale price maintenance) sales cannot occur. (...)*
Minimum resale price maintenance has been per se unlawful since 1911. (...)
The Court [the Supreme Court] *repeatedly has reaffirmed that minimum price maintenance is per se illegal under Section 1. In Business Electronics Corp. v. Sharp Electronics Corp., however, the Court made it clear that for vertical price restraints to be per se unlawful they must do more that merely affect resale prices; there must be an agreement requiring the distributor to adhere to specific prices or price levels. Because resale price maintenance is a per se offense, the cases have focused not on the restraint's reasonableness but on (1) whether the restraint is imposed unilaterally or is the product of concerted action, and (2) whether the conduct at issue should be characterized as resale price maintenance and therefore summarily condemned. (...)*
Until the precedent-changing decision of State Oil Co. v. Khan in 1997, the courts, mirroring their treatment of minimum resale prices, held that vertical agreements to fix maximum resale prices were per se unlawful. (...)
Reconsidering State Oil, the Court ruled that "there is insufficient economic justification for per se invalidation of vertical maximum price fixing".
In so doing, the Court noted first that maximum price fixing may lead to low prices and that low prices, however set, benefit consumers, as long as they are above predatory levels. Second, incorporating post-Albrecht economic learning, the Court questioned the soundness of the Albrecht holding. It concluded that potential harm to competition from maximum price fixing could be used to disguise minimum resale price maintenance. ART. 36
Third, the Court pointed to Albrecht's potential deleterious effect on competition. Among other things, the Albrecht holding had encouraged suppliers to integrate forward in the distribution chain, thus eliminating the very independent trader that Albrecht sought to protect. In addition, the Court found that the Albrecht rule "could in fact exacerbate problems related to the unrestrained exercise of market power by monopolist dealers," thereby harming both consumers and manufacturers. (...)
A manufacturer may suggest prices to dealers and no violation will result if the dealers "independently decide to observe specified resale prices." Courts have permitted manufacturers to provide suggested price lists to dealers, to advertise suggested resale prices to dealers' customers, and to print suggested resale prices on the product or a price tag (preticketing). (...)
As a general principle, a manufacturer does not violate Section 1 if it engages only in "exposition, persuasion and argument" to influence dealers to charge the suggested prices. Liability ordinarily will not result if a dealer's adoption of the manufacturer's suggested prices does not stem from coercive tactics by which the manufacturer secures the dealer's agreement to follow its recommendation. (...)
Conduct that goes beyond "exposition, persuasion and argument" and compels dealer adherence to the manufacturer's prices may violate Section I. What amounts to coercion is essentially a question of fact. In a number of cases, many of them predating Monsanto, threats of sanctions for noncompliance with suggested prices, cause of sanctions, and tactics such as policing, requiring "approval" of dealer deviations from list prices, making retaliatory wholesale price increases, placing dealers on probation, using short-term leases

estabelecer o preço de revenda de produtos ou serviços. A fixação de preços de revenda pode tomar a forma de determinação de um preço específico; mas, muitas vezes, envolve a fixação de um mínimo abaixo qual (fixação do preço mínimo de revenda), ou um teto acima do qual (fixação do preço máximo de revenda) as vendas não devem ocorrer. (...)

A fixação do preço mínimo de revenda é ilegal desde 1911. (...)

A Suprema Corte tem repetidamente afirmado que a fixação do preço mínimo de revenda é ilegal *per se* segundo o item 1 [do *Sherman Act*]. Em *Business Electronics Corp. v. Sharp Electronics Corp.*, entretanto, o tribunal deixou claro que para que restrições verticais sobre os preços fossem consideradas ilegais *per se*, deveriam fazer mais do que afetar os preços de revenda; deveria haver um acordo exigindo que o distribuidor aderisse a preços específicos ou patamares de preço.

Em razão de a fixação do preço de revenda ser uma ofensa *per se*, os casos têm-se centrado não na razoabilidade da restrição, mas (1) em se a restrição é imposta unilateralmente ou se é o produto de ação concertada, e se (2) a conduta em questão deveria ser caracterizada como fixação do preço de revenda e, portanto, sumariamente condenada. (...)

Até a paradigmática decisão em *State Oil Co. v. Khan in 1997*, os tribunais, espelhando-se nos preços mínimos de revenda, sustentaram que acordos verticais fixando preços máximos de revenda eram ilegais *per se*. (...)

ART. 36

Revendo *State Oil*, o tribunal consagrou que 'não há suficientes justificativas econômicas para a invalidação *per se* da fixação vertical de preços máximos'.

Ao proceder assim, o tribunal fez observar, primeiro, que a fixação de preços máximos pode levar a preços mais baixos e esses, desde que acima dos patamares predatórios, sempre beneficiam os consumidores. Em segundo lugar, incorporando conhecimento pós-*Albrecht*, o tribunal questionou a higidez do argumento do caso *Albrecht* – concluindo que danos potenciais à concorrência por meio da fixação de preços máximos decorreriam se camuflassem a fixação de preços mínimos.

Em terceiro lugar, o tribunal apontou os potenciais efeitos deletérios de *Albrecht* sobre a concorrência. Entre outras coisas, a decisão de *Albrecht* encorajou fornecedores a integrar verticalmente na cadeia de distribuição, eliminando o comerciante independente que a própria decisão em *Albrecht*

and contracts, and publicizing coercitive actions (i.e., terminations) to other distributors have been held to be coercitive actions supporting findings of vertical price fixing. Such tactics generally will not support a finding of concerted action, however, unless they succeed in securing some indication of the dealer's assent. A number of post-Monsanto cases have given manufacturers greater latitude to bring pressure on dealers to adopt the manufacturer's favored pricing approach. In the post-Monsanto period, strong exhortations generally have been held not to constitute coercion."
[**Antitrust Law Developments**. Vol. 1. ABA: USA, 2002. PP. 130/141].

tentou proteger. Ademais, o tribunal entendeu que a regra de *Albrecht* 'poderia, de fato, exacerbar os problemas relacionados ao exercício imoderado do poder de mercado pelos monopolistas', impondo danos tanto a consumidores quanto a fabricantes. (...)

Um produtor pode sugerir preços aos comerciantes e nenhuma violação resultará se os comerciantes 'decidirem por conta própria seguir os preços sugeridos'. Tribunais têm admitido que produtores entreguem tabelas de preços para comerciantes, apresentem-nas aos consumidores desses mesmos comerciantes e fixem preços sugeridos no produto ou em etiqueta (*preticketing*). (...)

De forma geral, o produtor não viola o *Sherman Act* se ele apenas empregar técnicas de exposição, persuasão e convencimento do comerciante para que ele adote a tabela. A responsabilidade habitualmente não surgirá se a adoção da tabela pelo comerciante não resultar de táticas coercitivas do produtor. (...)

Condutas que vão além da exposição, persuasão e convencimento e que compelem o comerciante a aderir à tabela de preços podem violar o *Sherman Act*. Aquilo que se equipara à coerção é uma questão de fato. Em inúmeros casos, muitos deles antecedendo o caso Monsanto, ameaças de sanções pelo descumprimento da tabela, táticas como o policiamento (demandando que desvios do tabelamento sejam aprovados pelo produtor), retaliações e punições foram consideradas práticas coercitivas adotadas para lograr a fixação vertical de preços. ART. 36
Tais táticas, isoladamente, porém, não serão suficientes para provar uma ação concertada, a não ser que se logre obter prova do consentimento do comerciante.

Um grande número de casos pós-Monsanto deu maior amplitude de ação aos produtores para pressionar os comerciantes a adotar os preços sugeridos pelos produtores. No período pós-Monsanto, fortes pressões não foram, como regra, consideradas coerções."

[**Antitrust Law Developments**. Vol. 1. ABA: USA, 2002. PP. 130/141].

[125]"Um acordo por meio do qual fornecedores concordam coletivamente em operar um sistema de fixação de preços de revenda infringe o art. 81(1) se tal acordo se estender a produtos importados, mesmo que as partes sejam livres para estabelecer os seus preços mínimos de revenda."

[Bellamy & Child. **European Community Law of Competition**. 6ª edição. Oxford: 2008. P. 320].

[125] *"A horizontal agreement whereby suppliers collectively agree to operate a system of resale price maintenance infringes Article 81(1) if the agreement extends to imported goods, even if the parties are each free to set their own minimum resale prices."*

"Contudo, observam que os preços mínimos de revenda podem ser alcançados por meios indiretos, como a fixação de margens de revenda, descontos máximos para um preço dado, o próprio condicionamento de descontos à observância de um preço dado, a associação dos preços de revenda ao preço praticado na concorrência, ameaças, intimidação, notificações, penalidades, atrasos ou suspensão de entregas, bem como resilições contratuais pela desobediência dos níveis de preço fixados. Essas formas de RPM são mais efetivas quando acompanhadas de formas de monitoramento de agentes que desviem da conduta imposta e que reduzam os incentivos que levem a que o revendedor baixe o preço de revenda. Nesse segundo grupo estariam a emissão de tabelas de preços sugeridos diretamente no produto ou obrigação imposta pelo fornecedor ao comprador para que esse aplique cláusula de cliente-mais-favorecido. A mesma técnica pode ser usada para converter preços máximos ou recomendados em RPM. Contudo, não se considera que o fornecimento de lista de preços sugeridos ou máximos por parte do fornecedor ao revendedor leve, *per se*, a preços fixos ou mínimos de revenda."

[V. Processo Administrativo nº 08012.001271/2001-44, em que foram representadas SKF e SKF do Brasil Ltda., de relatoria de César Mattos].

ART. 36

V. *Dr. Miles Medical Co. v. John D. Park & Sons Co., 220 U.S. 373 (1911).*

V. *Business Electronics Corp. v. Sharp Electronics Corp., 485 U.S. 717, 735-36 (1988)*

V. *State Oil Co. v. Khan, 522 U.S. 3 (1997).*

V. *Albrecht v. Herald Co., 390 U.S. 145 (1968).*

V. *Broadcast Music, Inc. v. Columbia Broadcasting System, Inc., 441 U.S. 1, 99 S.Ct. 1551, 60 L.Ed.2d 1 (1979).*

V. *Monsanto Co. v. Spray-Rite Serv. Corp., 465 U.S. 752, 768 (1984).*

V. *Jeanery, Inc. v. James Jeans, Inc.,849 F.2d 1148, 1158-59 (9th Cir. 1988).*

V. *Isaksen, 825 F.2d at 1163.*

V. *Empire Volkswagen, Inc. v. World-Wide Volkswagen Corp., 627 F. Supp. 1202, 1207-08 (S.D.N.Y. 1986).*

V. *COMP/F-2/36.693 – Volkswagen [2001/711/EC].*

V. *United Brands Company and United Brands Continental BV v Commission of the European Communities, [1978] ECR 207.*

V. *Leegin Creative Leather Products, Inc. v. PSKS, Inc., 551 U.S.877(2007).*

V. *United States of America v. Apple Inc., et al., 12 Civ. 2862 (DLC).*

V. Processo Administrativo nº 148/94, em que foram representadas as Indústrias Alimentícias Gerais S.A. – IAG (KIBON), de relatoria de Leônidas R. Xausa.

V. Consulta nº 0067/00, em que foi consulente Robert Bosch Limitada – Divisão Bosch de Freios, de relatoria de Celso Fernandes Campilongo.

V. cartel do GLP no Triângulo Mineiro: Processo Administrativo nº 08012.006019/2002-11, em que foram representados Agip, Copagaz, Ultragaz e outros, de relatoria de Luiz Carlos Prado.

V. Processo Administrativo nº 08012.001271/2001-44, em que foi representada a SKF do Brasil, de relatoria de Vinicius Carvalho.

X – discriminar adquirentes ou fornecedores de bens ou serviços por meio da fixação diferenciada de preços, ou de condições operacionais de venda ou prestação de serviços;

[126]"No exame do caso, o *Bundeskartellamt* concluiu que a prática adotada pelo *Deutsche Post AG* violou a lei concorrencial alemã e europeia. Como dominante, o representado não deve tratar os provedores de serviços postais alimentando as cartas de um grande cliente diferentemente, sem justificativas, daqueles que alimentam as cartas de diversos clientes."

[**Roundtable on Refusals to Deal – Note by Germany.** OECD: Paris, outubro de 2007. Disponível em http://www.bundeskartellamt.de/wDeutsch/download/pdf/OECD/Refusal_to_deal.pdf. Acesso em 25.01.2011]. ART. 36

Aqui aquilo que se veda é a discriminação não isonômica das condições de venda, ou compra. A discriminação, desde que trate de forma diferente quem seja diferente e de forma igual quem seja igual, não deve ser punida como forma de predação, ou seja, como prática que – ao exigir que ele se sujeite a condições comerciais que lhe deixem em desvantagem competitiva – visa alijar outro agente econômico do mercado. É importante ter em mente que a discriminação não isonômica de preços pode, em última instância, representar uma *recusa de contratar interpretativa* (v. nota ao inciso XI).

A discriminação isonômica, por sua vez, leva a eficiências econômicas. Isso ocorre porque, ao cobrar dos agentes econômicos levando em consideração a sua propensão a pagar por aquele produto – algo que leva em

[126] *"In its examination of the case the Bundeskartellamt came to the conclusion that the practice of Deutsche Post AG violated German and European competition law. As a dominant company it may not treat providers of mail services feeding in letters from only one large customer and mail consolidators feeding in letters from various customers differently without justification."*

consideração não apenas a restrição orçamentária, mas também a curva de indiferença do consumidor[127] –, o agente econômico consegue, diferenciando as versões dos produtos, ou dos serviços, atender a um universo maior de clientes.

Como explicam Sapiro e Varian [**Information Rules**. Harvard Business School Press (1999)], a primeira versão do fabricante, em particular no caso de produtos de tecnologia, costuma ser a mais completa possível. A partir dessa versão é que ele introduz as versões mais simples. Muitas vezes, o fabricante precisa incorrer em gastos significativos para fazer uma versão menos incrementada do produto. É essa habilidade de fazer uma versão mais modesta que permite ao fabricante atender à demanda daquele que não precisa de uma versão mais incrementada, ou que não teria condições de pagar por ela.

A versão mais simples pode não decorrer de um processo produtivo de simplificação, mas, sim, do diferimento no tempo do lançamento do produto. É o caso, por exemplo, da venda de ingressos de espetáculos. É também possível que, ao invés de se tratar de uma estratégia do fabricante, implicando diferentes versões do produto, a discriminação de-
ART. 36 corra de estratégia do fornecedor, o que implica a diferenciação no modo de alienação.

Segundo Shapiro e Varian, pode-se definir quem paga menos por um produto, ou serviço pela imposição de um inconveniente ao consumidor: paga mais quem, ao não se sujeitar ao inconveniente, estiver disposto a pagar pelo conforto; por sua vez, paga menos quem, ao se sujeitar a um inconveniente para adquirir o produto, ou serviço, dá sinais da sua alta elasticidade ao preço do produto, ou serviço. Um exemplo encontra-se na alienação de bilhetes de avião: as companhias aéreas vendem mais barato a quem se sujeita ao desconforto de passar madrugadas procurando por ofertas disponibilizadas a partir desse horário. Nas palavras dos autores:

[128]"Preços promocionais são comumente usados como estratégia de mercado. As promoções podem ocorrer de diversas formas: as firmas podem usar

[127] A **curva de indiferença** é a representação gráfica das escolhas que dão ao consumidor a mesma utilidade.

[128] *"Promotional pricing is a commonly used market strategy. Promotions take many forms: firms can use sales (limited-time reductions in price), coupons (which require the consumer to bring in pieces of paper that then allow them discounts), rebates (in which consumers must mail in a piece of paper to get some*

das vendas (reduções temporárias de preços), cupons (que exigem que o consumidor traga pedaços de papel que dão acesso ao desconto), reembolsos (quando o consumidor deve postar pedaços de papel para conseguir o dinheiro de volta) e assim por diante. Todas essas técnicas têm um elemento em comum: elas impõem algum inconveniente ao consumidor."

[Op. cit.. P. 78].

V. Shapiro, Carl/Varian, Hal. R.. **Information Rules**. Harvard Business School Press (1999).

V. *Volvo Trucks North America, Inc. v. Reeder-SIMCO GMC, Inc., 546 U.S. (2006).*

V. *AKZO Chemie BV v Commission of the European Communities, ECR [1991] I-3359.*

V. *United Brands Company and United Brands Continental BV v Commission of the European Communities, [1978] ECR 207.*

V. nota ao inciso III.

V. nota ao inciso XI.

XI – recusar a venda de bens ou a prestação de serviços, dentro das condições de pagamento normais aos usos e costumes comerciais; ART. 36

Trata-se da predação pela recusa de contratar – tantas vezes identificada com a doutrina da infraestrutura essencial (*essential facilities doctrine*). Difere do inciso XII em razão de, aqui, haver a recusa em iniciar uma relação comercial, ao passo que aquele prestigia o rompimento de uma relação preexistente.

A doutrina tem dispensado tratamento mais enérgico em casos de rompimento de relações preexistentes. Isso ocorre, essencialmente, porque, em função de as partes terem operacionalizado essa relação, anteriormente, com sucesso, pesa contra o representado a presunção de que o negócio era economicamente viável e de que, portanto, não haveria razões objetivas para romper a relação bem sucedida. Ademais, ao incorrer em custos afundados, uma das partes pode passar a sujeitar-se ao *hold up* de outro agente econômico – que pode descontratar com o objetivo de elevar os custos, ou inviabilizar os negócios de rival atual, ou potencial.

money back), and so on. All of these marketing techniques have one feature in common: they impose some inconvenience on the consumer."

"O elemento coercitivo consiste exatamente na recusa, isto é, na decisão de não concluir negócio jurídico. É necessário enfrentar aqui uma dificuldade, pois a faculdade de contratar ou não é talvez a maior expressão da liberdade de iniciativa no campo privado. A regra concorrencial parece estar, portanto, limitando ou excepcionando uma liberdade econômica fundamental. Como tal, deveria ao menos ter interpretação restritiva.

Todavia, esse raciocínio não é verdadeiro em todos os casos. Nem sempre uma regra concorrencial que sancione a recusa de contratar estará excepcionando o princípio da liberdade de iniciativa. (...)

O que ocorre é que, como se notará, toda vez que é possível determinar a existência dessa obrigação, há um outro princípio constitucional, de igual valor, igualmente conformador da ordem econômica (art. 170 da CF), que está sendo ferido pelo exercício ilimitado da liberdade de iniciativa. Trata-se do princípio da livre concorrência.

Existem hipóteses em que o ordenamento jurídico considera necessária uma resposta comportamental a esse risco, ou seja, obrigações impositivas de contratar. Geralmente, essas hipóteses coincidem com os casos de monopólio natural ou com outros casos em que a situação de dominação tem razões estruturais (e não comportamentais), e não há razão para se presumir que os agentes econômicos consigam, por si, dar solução a essas falhas. Assim, a concorrência é
ART. 36 introduzida coercitivamente por via regulatória ou tenderá a desaparecer. (...)

Isso não significa, no entanto, que não seja necessário aplicar os requisitos tradicionais da tutela dos comportamentos e em especial da negociação compulsória para determinação da existência de ilícito. Como em todos os casos, é necessária a demonstração da coerção, através da existência de dependência e da intenção de dominar o mercado, demonstrada através dos requisitos estruturais e da inexistência de justificativas. (...)

Situação típica desse gênero ocorria, até recentemente, no setor de saúde no Brasil. Durante anos a Unimed, virtual monopolista no interior do Brasil, recusou-se a aceitar em seus quadros, e até excluiu deles, médicos filiados ou credenciados por empresas de plano de saúde ou seguro-saúde concorrentes. Dessa forma, na prática, impossibilitou durante longo período o estabelecimento de concorrentes no interior do Brasil, permanecendo monopolista."

[Salomão Filho, Calixto **Direito Concorrencial: as condutas**. 1ª edição, 2ª tiragem. São Paulo: Malheiros, 2007. PP. 233/245].

"O elevado valor que demos ao direito de recusar contratar com outras sociedades não significa que esse direito seja absoluto."[129]

[129] *"The high value that we have placed on the right to refuse to deal with other firms does not mean that the right is unqualified."*

[*Aspen Skiing Co. v. Aspen Highlands Skiing Corp., 472 U.S. 585, 601 (1985)*].

[130]"Na ausência de qualquer razão para criar ou manter um monopólio, a lei [*Sherman Act*] não restringe (o desde sempre reconhecido) direito de o comerciante ou fabricante engajado em atividade inteiramente privada exercer livremente a faculdade de decidir com quem contratar."

[*United States v. Colgate & Co., 250 U.S. 300, 307, 39 S. Ct 465 (1919)*].

[131]"Os requisitos a serem preenchidos para que uma recusa de contratar seja reputada anticompetitiva incluem:

- Dominância ou, pelo menos, 'elevado poder de mercado' (exceto para casos de boicote);
- Fechamento de mercado;
- Ausência de uma justificativa objetiva;

(...)

Na recusa de contratar, os seguintes aspectos geralmente desempenham um papel importante na análise dos interesses:

- grau de poder de mercado do fornecedor,
- grau ou probabilidade de fechamento de mercado,
- se o caso é de rompimento de uma relação preexistente, e
- outros aspectos peculiares a cada caso."

ART. 36

[**Roundtable on Refusals to Deal – Note by Germany**. OECD: Paris, outubro de 2007. Disponível em http://www.bundeskartellamt.de/wDeutsch/download/pdf/OECD/Refusal_to_deal.pdf].

[130] *"In the absence of any purpose to create or maintain a monopoly, the [Sherman] act does not restrict the long recognized right of trader or manufacturer engaged in an entirely private business, freely to exercise his independent discretion as to parties with whom he will deal."*

[131] *"The elements that have to be established in order to find a refusal to deal anti-competitive include:*

- *Dominance, or at least "superior market power" (except for boycott cases);*
- *Hindrance/foreclosure;*
- *Absence of an objective justification.*

(...)

In refusal to deal cases, the following aspects typically play an important role in the weighing up of interests:

- *degree of market power of the supplier,*
- *degree of (likely) hindrance/foreclose effect,*
- *whether there has previously been a supply relationship, and*
- *all other aspects of the individual case."*

[132]"Em Kodak [*Eastman Kodak Co. v. Image Technical Service Inc. 504 U.S. 451 (1992)*], o tribunal recusou julgamento sumário para o representado quando a Kodak adotou medidas para tornar mais difícil às organizações independentes (ISOS) atender à demanda relativa às fotocopiadoras da Kodak, em parte privando as ISOS de acesso a peças de reposição que previamente podiam comprar da Kodak ou do seu fabricante autorizado."

[CARLTON, Dennis. **A General Analysis of exclusionary conduct and refusal to deal – why Aspen and Kodak are misguided**. Cambridge, MA: *National Bureau of Economic Research*, fevereiro de 2001. Disponível em www.nber.org. papers/w8105].

[133]"Não surpreende que o dolo anticompetitivo seja relevante para a aplicação da doutrina da infraestrutura essencial. Muitos tribunais norte-americanos decidiram que a recusa de contratar em conjunto com o dolo anticompetitivo podem comprovar a responsabilidade concorrencial, mesmo quando ausente prova de que o bem constitua uma 'infraestrutura essencial'. V. *Intergraph, 195 F.3d* em *1356, 1358* ('a 'recusa de contratar' pode suscitar preocupações concorrenciais quando for direcionada contra a concorrência e o propósito for criar, manter ou aumentar um monopólio'). A Suprema Corte chegou à mesma conclusão. V. *Eastman Kodak Co. v. Image Technical Servs., Inc., 504 U.S. 451, 483 n.32 (1992)* (o direito de recusar um acordo 'só existe se há legítimos motivos concorrenciais para a recusa')".

ART. 36

[PITOFSKY, Robert. **The Essential Facilities Doctrine Under United States Antitrust Law**. *Paper submitted to the European Commission in support of National Data Corporation in its essential facilities case against IMS*. Disponível em http://www.ftc.gov/os/comments/intelpropertycomments/pitofskyrobert.pdf. Acesso em 25.01.2011].

[132] *"In Kodak [Eastman Kodak Co. v. Image Technical Service Inc. 504 U.S. 451 (1992)], the Court denied summary judgment for the defendant when Kodak took steps to make it more difficult for independent service organizations (ISOS) to service Kodak photocopiers, in part by denying the ISOS access to replacement parts they had previously been able to purchase from Kodak or its authorizes parts manufacturer."*

[133] *"It is unsurprising that anticompetitive animus is relevant to application of the essential facilities doctrine. Numerous United States courts have held that a refusal to deal coupled with an anticompetitive intent may support a finding of antitrust liability even absent proof that the withheld input constitutes an 'essential facility.' See Intergraph, 195 F.3d at 1356, 1358 ('A 'refusal to deal' may raise antitrust concerns when the refusal is directed against competition and the purpose is to create, maintain, or enlarge a monopoly.'). The Supreme Court has reached the same conclusion. See Eastman Kodak Co. v. Image Technical Servs., Inc., 504 U.S. 451, 483 n.32 (1992) (right to refuse to deal 'exists only if there are legitimate competitive reasons for the refusal')".*

[134]"Próximo à doutrina da infraestrutura essencial está a noção da 'recusa de contratar'. O cenário típico envolve um fabricante, também operando no varejo/retalho, e que se recusa a vender para varejistas independentes que com ele concorrem. Em razão de uma recusa de contratar poder ser predatória por natureza, os tribunais tendem a buscar justificativas valias para tais recusas. *Otter Tail V. United States* é um caso de recusa de contratar que também envolve infraestrutura essencial.

A Suprema Corte sustentou que a recusa de *Otter Tail* em contratar violava o item 2 do *Sherman Act* porque o caso envolvia o uso do poder de monopólio em um mercado para alavancar o outro. A condição de *Otter Tail* enquanto agente regulado possivelmente influenciou a decisão do tribunal. O caso indica, contudo, que, em algumas situações, um fornecedor monopolista não pode recusar-se a vender quando o efeito da recusa é a destruição dos concorrentes. Uma interpretação é que, embora não seja ilegal para um monopolista integrar a jusante, a integração pode não ser forçada pelo uso do seu poder de mercado.

Paschall v. Kansas City Star é exemplificativo da visão atual da verticalização pelo monopolista. O caso envolveu uma gráfica de jornal monopolista que inte-

[134] *"Closely related to the essential facilities doctrine is the notion of a 'refusal to deal'. The typical scenario involves a manufacturer, also operating at the retail level, which refuses to sell to independently owned retail competitors. Because a refusal alone could be predatory in nature, courts tend to look for valid justifications for these refusals. Otter Tail V. United States is a case of a refusal to deal that can also be seen as involving as essential facility.* ART. 36

The Supreme Court held that Otter Tail's refusal to deal violated §2 because it involved the use of monopoly power in one market as leverage to gain power in another market. Otter Tail's status as regulated firm possibly influenced the Court's decision. The case indicates, however, that in some instances a monopolist supplier may not refuse to sell when the effect is to destroy competitors. One interpretation is that, while it is not unlawful for a monopolist to integrate forward, the integration must not be fostered through the use of the firm's market power.

Paschall v. Kansas City Star, is a representative of the modern view of vertical integration by a monopolist. The case involved a monopoly newspaper publisher that integrated forward by replacing all of its independent carriers with its own delivery agent-employees. Plaintiffs alleged that the newspaper had used its power in the newspaper publishing and wholesale market to displace them in the retail market. The Eighth Circuit Court of Appeals, sitting en banc, determined that the legitimate business purposes put forth by the Star negated a showing of specific intent. It then turned to the question of whether the plaintiff had carried the burden of showing that the integration had an anticompetitive effect. (...)According to the appellate court, the possibility of a dramatic decline in competition in the retail market was off-set by the unlikelihood that a monopolist at one level in the chain of production and distribution can increase its monopoly profit by raising prices and restricting output at a point further down the chain. Moreover, under the facts of the case, each independent carrier served an exclusive territory and, therefore, possessed monopoly power within that territory. Thus, a group of monopolists was replaced by another monopolist. Finally, since the newspaper's advertising revenues were tied to circulation, higher retail prices seemed an unlikely goal of the newspaper publisher. (...)"

grou a jusante por meio da troca de todos os seus distribuidores independentes pelos seus próprios funcionários. Os representantes alegaram que o jornal teria usado do seu poder nos mercados de publicação e atacado de jornais para alijar os distribuidores independentes do segmento de varejo.

A *Eighth Circuit Court of Appeals*, em decisão plenária, determinou que os legítimos propósitos do negócio da Star não demonstravam qualquer dolo específico. O tribunal, então, avaliou se o representante tinha afastado o ônus de provar que a integração tinha efeitos anticompetitivos. (...) de acordo com o tribunal de apelação, a possibilidade de que houvesse uma dramática queda na concorrência no varejo foi afastada pela improbabilidade de que um monopolista em um nível da cadeia produtiva e distribuição pudesse aumentar o seu lucro aumentando preços e restringindo o produto a jusante. Antes, os dados do caso demonstravam que cada distribuidor independente servia a um único território e, assim, tinha poder de monopólio dentro daquele território. Assim, um grupo de monopolistas foi substituído por outro monopolista. finalmente, uma vez que as receitas do jornal estavam atreladas à sua circulação, preços mais elevados pareciam uma meta improvável da gráfica."

[Sullivan, E. Thomas/Harrison, Jeffrey L.. **Understanding Antitrust and its Economic Implications**. Estados Unidos: LexisNexis, 2003. PP. 293/295].

ART. 36

A **recusa de contratar pode ser simples, ou interpretativa** (*construed*). No primeiro caso, o agente econômico claramente mostra desinteresse – seja por omissão, ou por comissão – em negociar com terceiros. No segundo caso, o agente econômico adota estratégias comerciais que têm como efeito prático uma recusa em contratar. É o caso, por exemplo, da oferta de determinado produto a preços que limitem, ou impeçam a capacidade de outro agente econômico competir. Essa prática pode ser viabilizada por meio da denominada **compressão de margens** (*margin squeeze*), segundo a qual um fornecedor venda o insumo para o seu concorrente por um preço tal que o impeça de competir em preço em um mercado de produtos homogêneos.

[135] "O tribunal de *Trinko* também reconheceu que a imposição de uma obrigação de contratar a um monopolista não beneficiava os consumidores, a não ser que o Judiciário estivesse disposto a regular os preços a partir dos quais esse

[135] *"The Trinko Court also recognized that imposing a duty to deal on a monopolist does not benefit consumers unless the judiciary is willing to regulate the prices at which this sharing occurs. It understood that markets are complex, and that regulatory agencies must be the entities that monitor a given industry.*

compartilhamento deveria ocorrer. O tribunal entendeu que os mercados são complexos e que as agências reguladoras devem ser as entidades a monitorar um dado setor. Se um tribunal infere que um agente econômico está engajado em alguma conduta ilícita exclusionária quando, na verdade, ele não está, aquele tribunal acaba por afastar precisamente o bem que as leis concorrenciais deveriam proteger.

Em *Brooke Group*, o tribunal também reconheceu que a imposição de que os agentes econômicos mantenham alto preços de varejo pode causar danos. O tribunal afirmou que, ainda que os preços de varejo de um dado agente econômico

If a court infers that a firm has engaged in unlawful exclusionary conduct when, in fact, it has not, it will counteract the exact harm that antitrust law was meant to protect.
In Brooke Group, the Court also recognized that harm may occur by forcing firms to maintain high retail prices. The Court stated that even when a firm's retail prices are below-cost, there must be the further inquiry into whether the competitive process was harmed. More specifically, the plaintiff must demonstrate that the defendant is able to recoup its lost profits by raising its prices above a competitive level. The Court's position was premised on the fact that low prices do not harm consumers. To impose liability on a firm which sets below-cost prices would be antithetical to antitrust principles because unsuccessful predatory pricing enhances consumer welfare by producing lower aggregate prices.
Although the Pacific Bell Court did not expand on the reasoning behind Trinko or Brooke Group, the imposition of its ruling signifies that it continued a cautionary stance toward price-squeeze liability. ART. 36
Instead of applying Judge Learned Hand's price-squeeze test, which would have required the Court to determine a fair price at the wholesale level, and to conclude whether AT & T's retail prices were high enough so that Linkline could make a living profit, the Court properly applied Trinko and Brooke Group to resolve Linkline's price-squeeze claim.
Because the DSL industry was regulated by the FCC, Trinko applied at the wholesale level. Although the Court did not decide whether AT & T had an antitrust duty to deal with Linkline, the Court noted that it was very unlikely that any such duty existed. The Court made this determination because: (1) the DSL market was regulated, and (2) the parties had not engaged in a prior voluntary course of dealing as the parties had done in Aspen. Therefore, the Court readily resolved the issue without any investigatory work that would be characteristic of a regulatory agency.
At the retail level, the two established Brooke Group requirements applied. Although Linkline eventually agreed that the Brooke Group requirements must be met for its price-squeeze claim to proceed, and asked the court to vacate its holding so that they could amend their complaint, it is unlikely that AT & T's low retail prices violated antitrust law because they resulted in more affordable prices for consumers. When consumer welfare is unharmed, it must be presumed that low prices do not violate antitrust law. It may, under certain circumstances, harm competitors, but the purpose of antitrust law is to promote the competitive process and protect consumer welfare, not to promote competitor welfare. Therefore, unless it is definitively clear that alleged lower retail prices constitute predatory pricing according to the Brooke Group requirements, a court must refrain from imposing liability on a firm that sets low retail prices.
By resolving the price-squeeze claim in this fashion, the Court circumvented the difficult task of determining what constituted a fair price at the wholesale level, and whether AT & T's retail prices were high enough so that Linkline could make a living profit. By disregarding the price-squeeze claim, the Court upheld traditional antitrust principles."

estejam abaixo dos seus custos, deve-se proceder a uma análise mais profunda a fim de verificar se o processo competitivo foi afetado. Mais especificamente, o autor da ação deve demonstrar que o réu será capaz de recompor os lucros perdidos por meio da elevação dos preços acima do patamar competitivo. O posicionamento do tribunal foi fundamentado no fato de que preços baixos não prejudicam consumidores. A punição de um agente econômico que precifique abaixo dos seus custos seria contrária aos princípios concorrenciais porque práticas de preços predatórios mal sucedidas elevam o bem-estar do consumidor, ao levar a preços agregados mais baixos.

Embora o tribunal de *Pacific Bell* não tenha se estendido na fundamentação por trás de *Trinko* e de *Brooke Group*, a imposição das regras definidas naqueles julgados implica que elas ainda se sustentam enquanto métodos de análise para a definição da responsabilidade em casos de compressão de margens. Ao invés de aplicar o teste de compressão de margens do juiz Learned Hand – o qual teria demandado que o tribunal determinasse um preço justo no atacado e concluído se os preços de varejo da AT&T eram altos o suficiente para que a Linkline tivesse lucros –, o tribunal adequadamente aplicou *Trinko* e *Brooke Group* para resolver o pleito de compressão de margens da Linkline.

Como o mercado de DSL era regulado pela FCC, *Trinko* foi aplicado no seg-
ART. 36 mento de atacado. Embora o tribunal não tenha decidido se a AT&T tinha uma obrigação concorrencial de negociar com a Linkline, ele sugeriu ser bastante improvável que tal obrigação existisse, tendo chegado a essa conclusão porque: (1) o mercado de DSL era regulado e (2) as partes não tinham um contrato em vigor, como era o caso de *Aspen*. Desse modo, o tribunal prontamente decidiu o caso, sem precisar recorrer ao tipo de instrução que seria característica do trabalho de uma agência reguladora.

No varejo, os dois requisitos definidos em *Brooke Group* foram aplicados. Embora Linkline tenha finalmente concordado que os requisitos de *Brooke Group* deveriam ser preenchidos para que o seu caso de compressão de margens fosse adiante e pedisse ao tribunal para que pudesse aditar o seu pedido, é improvável que os preços baixos de varejo da AT&T violassem as normas concorrenciais, uma vez que resultavam em preços mais baixos para os consumidores. Quando o bem-estar do consumidor não é afetado, deve-se presumir que preços baixos não violam as leis de defesa da concorrência. Preços baixos podem, a depender das circunstâncias, afetar os concorrentes, mas o propósito do direito da concorrência está em promover o processo competitivo e proteger o bem-estar do consumidor, não em promover o bem-estar do concorrente. Assim, a não ser que esteja definitivamente claro que os preços mais baixos constituam preços predatórios de acordo com os requisitos de *Brooke Group*, os tribunais não devem punir agentes econômicos que pratiquem preços baixos.

Ao resolver o pleito de compressão de margens desse modo, o tribunal evitou passar pelo difícil trabalho de definir o que constituiria preço justo no atacado e se os preços de varejo da AT&T eram altos o suficiente para que a Linkline pudesse ter lucros. Ao arquivar o pleito de compressão de margens o tribunal reafirmou os tradicionais princípios concorrenciais."

[Evans, Christian. **Price-squeeze claims are no longer cognizable pursuant to § 2 of the Sherman Act absent an antitrust duty to deal at the wholesale level or predatory pricing at the retail level: Pacific Bell Telephone Co. V. Linkline Communications, Inc..** *In* Duquesne Business Law Journal, Vol. 12:291. Duquesne University School of Law, 2011. PP. 309/310. Disponível em http://www.duquesneblj.com/volume12-2/05_Evans.pdf.].

V. Ato de Concentração nº 08012.004341/2009-73, em que foram requerenetes Cosanpar Participações S.A. e Shell Brasil Ltda., de relatoria de César Mattos.

V. *Eastman Kodak Co. v. Image Technical Servs., Inc., 504 U.S. 451, 483 n.32 (1992).*

V. *Paschall v. Kansas City Star Co., 441 F.Supp. 349 (W.D.Mo.1977).*

V. *United States v. Colgate & Co., 250 U.S. 300, 307, 39 S. Ct 465 (1919).* ART. 36

V. *Aspen Skiing Co. v. Aspen Highlands Skiing Corp., 472 U.S. 585, 611 (1985).*

V. *In Otter Tail Power Co. v. United States, 410 U.S. 366, 377-79 (1973).*

V. *In Associated Press v. United States, 326 U.S. 1 (1945).*

V. *United States v. Terminal Railroad Ass'n, 224 U.S. 383 (1912).*

V. *Magill TV Guide/ITP, BBC and RTE 89205 [1989] OJ L78/43.*

V. *RTE v Commission case T-69/89 [1991] 4 CMLR 586.*

V. *T–76/89 ITP Ltd v Commission [1991] 4 CMLR 745.*

V. *Oscar Bronner GmbH & Co KG v Mediaprint Zeitungs- und Zeitschriftenverlag GmbH & Co KG, [1998] ECR I-7791.*

V. *United States v. Aluminum Co. of America, 148 F.2d 416, 437–38 (2d Cir. 1945).*

V. *City of Anaheim v. S. Cal. Edison, 955 F.2d 1373 (9th Cir. 1992).*

V. *Brooke Group Ltd. v. Brown & Williamson Tobacco Corp., 509 U.S. 209 (1993).*

V. *Verizon Commc'ns, Inc. v. Law Offices of Curtis V. Trinko, LLP, 540 U.S. 398 (2004).*

V. *LinkLine Comm'ns, Inc. v. SBC Cal., Inc., 503 F.3d 876 (9th Cir. 2007).*

V. *Pacific Bell Telephone Co. (AT&T) v. Linkline Communications, Inc., 129 S. Ct. 1109 (2009)*

V. *Case 37.451 Deutsche Telekom, O.J. [2003] L263/9.*

V. *Wanadoo España vs. Telefónica v. Commission/Commission Decision of 4 July 2007, Case 38.784 (banda larga residencial).*

V. nota ao inciso III.

V. nota ao inciso V.

V. nota ao inciso XII.

XII – dificultar ou romper a continuidade ou desenvolvimento de relações comerciais de prazo indeterminado em razão de recusa da outra parte em submeter-se a cláusulas e condições comerciais injustificáveis ou anticoncorrenciais;

Trata-se de outra face da predação pela recusa de contratar, abordada no inciso anterior. A diferença mais clara em relação ao inciso anterior está em que o inciso XII aborda o rompimento de uma relação, ao passo que o inciso XI trata da recusa em iniciar uma relação (v. nota ao inciso XI).

"O efeito prático dessa distinção [entre recusa de continuar uma relação e recusa em iniciar uma relação] é fundamental. Enquanto na primeira hipótese, inexistindo indício de intenção, caberá ao agente econômico prejudicado demonstrar a inexistência de justificativa possível para o ato que permita concluir que há o intuito anticoncorrencial, na segunda caberá ao sujeito ativo da conduta demonstrar qual a razão econômica (justificativa) que levou a esse abrupto rompimento do contrato (pressupondo-se, em qualquer dos casos, a demonstração da dependência econômica). A justificativa de direito positivo para essa conclusão é óbvia. Sem ela não é possível encaixar a recusa de contratar entre as hipóteses do art. 20 e, portanto, configurar a ilicitude.

A continuidade ou não da relação contratual não pode, no plano constitucional, pelas razões vistas, dar subsídio a um raciocínio de regra de exceção. Constitui, portanto, ao lado das justificativas, elemento importante para a avaliação das intenções da conduta."

[SALOMÃO FILHO, Calixto **Direito Concorrencial: as condutas**. 1ª edição, 2ª tiragem. São Paulo: Malheiros, 2007. PP. 233/245].

[136]"Contudo, é importante observar que a doutrina *Commercial Solvents* também pode ser aplicada à recusa de fornecer a um novo cliente: isso se observa, por exemplo, no caso *Magill*. A essência dos casos sob consideração nesta seção não é a proteção do consumidor que dependa do fornecimento pelo fornecedor dominante, mas a manutenção da concorrência no mercado a jusante: por essa razão, não há distinção entre o fornecimento para clientes preexistentes e fornecimento para novos clientes."

[Whish, Richard. **Competition Law**. 5ª edição. LexisNexis: Grã-Bretanha, 2003 P. 667].

V. *London European-Sabena [1988] OJ L40/1, 234.*
V. *Commercial Solvents v. Commission [1974] ECR 223.*
V. *Magill TV Guide/ITP, BBC and RTE 89205 [1989] OJ L78/43.*
V. *RTE v Commission case T-69/89 [1991] 4 CMLR 586.*
V. *T–76/89 ITP Ltd v Commission [1991] 4 CMLR 745.*
V. nota ao inciso III.
V. nota ao inciso V.
V. nota ao inciso XI.

XIII – destruir, inutilizar ou açambarcar matérias-primas, produtos intermediários ou acabados, assim como destruir, inutilizar ou dificultar a operação de equipamentos destinados a produzi-los, distribuí-los ou transportá-los; ART. 36

Uma vez mais, trata-se de uma daquelas infrações que não raras vezes prescindem de poder de mercado (v. nota ao art. 1º). Como o poder de mercado do infrator não é necessariamente integrante dos ilícitos concorrenciais – mas, sim, o dano à competição em dado mercado relevante –, parece-me claro que a matéria tenha alcance difuso antitruste se, ao menos, os destinatários imediatos da ofensa (concorrentes) detiverem, conjuntamente, poder de influenciar a concorrência, mesmo que como uma franja competitiva.

[136] *"However, it is important to appreciate that the Commercial Solvents doctrine can also apply to a refusal to supply a new customer: this is demonstrated, for example, by the Magill case. The essence of the cases under consideration in this section is not the protection of a customer who is dependent on supplies from a dominant supplier, but the maintenance of competition in the downstream market: for this reason, no distinction needs to be drawn between supply to existing customers and supply to new ones."*

Açambarcar nada mais é que "chamar (algo) exclusivamente a si, privando os outros da respectiva vantagem; monopolizar"[137]. Se a destruição e a inutilização de matérias-primas ou produtos intermediários priva os concorrentes pela carência material do produto, o açambarcamento priva o mercado desses produtos pela carência comercial, a partir da sua apropriação por um monopolista/monopsonista. Para constituir ilícito concorrencial, essa prática costuma ser predatória, tendo por escopo eliminar a concorrência pela desnecessária formação de estoque, pela aquisição (a preços aviltantes) para a revenda predatória aos concorrentes (elevação dos custos de rival), ou por qualquer outro meio que somente seja vantajoso se houver o alijamento da concorrência do mercado. É ainda possível que o açambarcamento ocorra pela indireta eliminação do atacarejo (compra pelo consumidor direto no atacado) quando o infrator assume a posição monopsonista dos produtos no atacarejo com o objetivo de cercear o acesso do consumidor a essa fonte de pressão competitiva sobre os super e hipermercados tradicionais.

ART. 36 V. Processo Administrativo nº 08000.022579/97-05, em que foi representada a S.A. White Martins, de relatoria de Celso Campilongo.

V. nota ao inciso III.

XIV – açambarcar ou impedir a exploração de direitos de propriedade industrial ou intelectual ou de tecnologia;

Uma vez mais, trata-se de uma daquelas infrações que não raras vezes prescindem de poder de mercado (v. nota ao art. 1º). Como o poder de mercado do infrator não é necessariamente integrante dos ilícitos concorrenciais – mas, sim, o dano à competição em dado mercado relevante –, parece-me claro que a matéria tenha alcance difuso antitruste se, ao menos, os destinatários imediatos da ofensa (concorrentes) detiverem, conjuntamente, poder de influenciar a concorrência, mesmo que como uma franja competitiva.

Trata-se da face oposta à prática prevista no inciso XIX abaixo, na qual um agente priva terceiro do uso do seu monopólio legal. A tutela

[137] Novo Dicionário Aurélio.

concorrencial, aqui, tanto quanto no inciso XIII, ambas de natureza difusa, convive com aquela de natureza privada do Código Civil e da Lei de Propriedade Intelectual e dirige-se a proteger o mercado contra medidas que tenham o potencial de levar à escassez de determinados produtos em função do açambarcamento de determinados direitos de propriedade intelectual (PI).

A conduta ilícita aqui, portanto, não está no legítimo acúmulo de direitos de PI por entidade praticante, mas em práticas de contestação do uso, por terceiros, de direito de PI não utilizado, ou subutilizado com o potencial de elevar os custos daquele terceiro, em particular se for um rival (em geral, concorrentes de menor porte e *start ups*), ou de concentração de direitos de PI sem qualquer propósito de uso – o que, em última instância, priva o mercado não apenas da concorrência, mas, também, da presença do próprio produto.

Exemplo bastante corrente do primeiro caso são os chamados *patent trolls*. Mas, para tratar do assunto, é importante abordar, brevemente, a proteção conferida às patentes e como ela cria os incentivos para a prática do ilícito definido no inciso XIV.

Um objeto é patenteável se ele incorporar três elementos: novidade, utilidade e não obviedade (*novelty, usefullness and non-obviousness*). A proteção legal dos direitos de PI visa promover um *trade-off* entre o monopólio temporário do uso daquele direito de PI em troca da divulgação para o mercado de como fazer aquele produto. Essa divulgação visa permitir que, ao fim da proteção, os concorrentes possam, efetivamente, competir sem precisar incorrer nos vultosos custos da engenharia reversa. ART. 36

Essa, aliás, é uma diferença básica entre patentes e segredos industriais: diversamente das patentes, um segredo industrial não usufrui de monopólio legal condicionado à divulgação do processo de produção, da composição da matéria, ou da estrutura da manufatura, ou de um código. E por não haver divulgação desses dados, um segredo industrial dura até que alguém descubra a fórmula por engenharia reversa, ou até que o segredo seja roubado, ou divulgado. Em outras palavras, um segredo industrial, por não ter um termo final pré-definido, pode ser eterno. Como tanto objetos patenteáveis (como a fórmula da Coca-Coca), quanto não patenteáveis (por não incorporarem os três elementos novidade, utilidade e não obviedade) podem ser objeto de segredos industriais é possível que, estrategicamente, opte-se por não registrar o invento levando em consideração a baixa probabilidade de que haja engenharia reversa, o número menor de atores que seriam capazes de entrar no mercado com a engenharia reversa *vis-à-vis* a publicidade de uma patente, entre outros fatores.

Os *patent trolls* ocorrem porque, ao registrar as patentes, as descrições dos processo de produção, da composição da matéria, ou da estrutura da manufatura são suficientemente vagas para poder abarcar variações daquele processo sem precisar incorrer no custoso e moroso processo de registro, assim como para dificultar um dos propósitos da proteção legal dos direitos de PI: promover o *trade-off* entre o monopólio temporário do uso daquele direito de PI em troca da divulgação para o mercado de como fazer aquele produto. Essa vagueza na descrição dos processos, somada à impossibilidade de escrutinar todas as patentes existentes previamente ao registro da própria, por outro lado, eleva exponencialmente a possibilidade de que o detentor de uma patente acuse terceiro de infringir a sua. E essa patente nem precisa ser anterior: basta que a patente, mesmo mais recente, descreva de forma mais pormenorizada um elemento que a patente contestada havia estrategicamente (pelos motivos expostos acima)
ART. 36 descrito com menores detalhes.

Esse processo deixa de ser legítimo quando o seu autor, ao deter patentes não operacionais, especializa-se em processar outros *players* com o objetivo de extrair renda sem agregar valor (*rent seeking*), ou de eliminar potenciais concorrentes. Esse é o caso específico dos *patent trolls*. Originalmente, os chamados *patent trolls*, também conhecidos como empresas não praticantes, visavam oferecer aos seus clientes proteção contra os riscos de ações judiciais decorrentes de processos de patentes. Os *trolls* viabilizavam esses serviços ao agregar e licenciar com exclusividade patentes de diferentes *players* em contrapartida a acordos para que não fossem processados pelos detentores das patentes. Os *patent trolls* também assumiram a importante função de conciliar acordos de não agressão entre os seus membros por conta de infrações às suas patentes.

Ocorre que, justamente por se especializarem em litígios judiciais sobre patentes e por dependerem do licenciamento de patentes de terceiros para fazer caixa, os *trolls* acabaram por alavancar o seu negócio ameaçando terceiros de entrar com ações judiciais por infração patentária caso não licenciem patente, ou patentes que estivessem infringindo dentro do seu portfólio. Esse modelo é muito mais comum nos Estados Unidos, país no qual – diversamente do modelo brasileiro, em que o perdedor paga as custas judiciais e honorários de advogado do vencedor – cada parte arca com seus custos em juízo.

O exemplo mais claro do segundo caso, presente em julgados do Cade (caso SEVA-Siemens: Processo Administrativo nº 08012.004484/2005-51, em que foi representada a Continental do Brasil Indústria Automotiva Ltda. e Averiguação Preliminar nº 08012.005727/2006-50, em que foi representada a Alcoa Alumínio S.A.), é o recurso fraudulento a registros de PI (modelos de utilidade, patentes de invenção) como forma de privar o concorrente dos meios de competir.

[V. *Broadcast Music, Inc. v. Columbia Broadcasting System, Inc., 441 U.S. 1, 99 S.Ct. 1551, 60 L.Ed.2d 1 (1979)*].

V. caso SEVA-Siemens: Processo Administrativo nº 08012.004484/2005-51, em que foi representada a Continental do Brasil Indústria Automotiva Ltda. (Siemens VDO Automotive Ltda), de relatoria de Fernando Furlan.

V. Averiguação Preliminar nº 08012.005727/2006-50, em que foi representada a Alcoa Alumínio S.A., de relatoria de César Mattos. ART. 36

V. Recurso Voluntário no Processo Administrativo nº 08012.004572/2007-15, em que foi recorrida a Saint-Gobain Canalização Ltda., de relatoria de César Mattos.

V. nota ao inciso III.

XV – vender mercadoria ou prestar serviços injustificadamente abaixo do preço de custo;

Modalidade predatória por excelência, os preços predatórios representam a incursão em perdas de curto prazo com o objetivo de recuperar-se pela imposição de preços significativamente mais altos após o alijamento dos concorrentes do mercado. Embora a recuperação do investimento (*recoupment*) na predação seja amplamente reconhecida como necessária à configuração dos preços predatórios – inclusive porque, sem isso, preços mais baixos teriam beneficiado o consumidor –, a União Europeia não reconhece a sua necessidade – bastando o propósito predatório.

O mérito desse posicionamento pode estar em que, embora o infrator não recupere os custos incorridos para predar – em especial por motivos alheios ao mercado, como fechamento por má administração –, a prática pode ter desorganizado o mercado de tal forma que agentes extremamente eficientes sejam substituídos por outros de questionável idoneidade/higidez. Talvez a melhor solução esteja no meio termo, sendo necessário avaliar, caso a caso, se a conduta teve o condão de gerar alguma forma de prejuízo concorrencial à ordem econômica.

Como já tive a oportunidade de descrever [Taufick, Roberto Domingos. **Introdução ao Direito da Concorrência**. Escola Superior de Administração Fazendária, 2014], a cobrança de preços abaixo dos custos não representa, necessariamente, preços predatórios. As defesas mais comuns aceitas pela autoridades de defesa da concorrência foram listadas pela ICN em 2008 [Unilateral Conduct Working Group. **Report on Predatory Pricing**. 7th Annual Conference of the ICN. Kyoto, Abril de 2008. Disponível em http://www.icn-kyoto.org/documents/materials/Unilateral_WG_3.pdf. Acesso em 29.12.2008]:

- preço promocional;
- ART. 36 a redução do preço é necessária para que se alcance a economia de escala necessária para tornar-se economicamente viável;
- a perda é revertida para aumentar a demanda e os lucros em um produto ou serviço complementar;
- o preço está, simplesmente, ajustando-se a uma situação de preços baixos em situação de guerra;
- há a necessidade de adaptação a uma situação de repentina mudança das condições de mercado, como uma significativa mudança na demanda que demande precificação abaixo dos custos para estimular a demanda/manter a presença no mercado;
- uma estratégia de preços baixos permite que a sociedade reduza os custos de produção em uma estratégia *learn-by-doing;*
- os produtos estão sendo liquidados em função de estarem estragados, incompletos ou danificados.

Ademais, a evolução da discussão tem caminhado no sentido de tornar a análise cada vez mais detalhista e a diferenciar o custo a ser utilizado como parâmetro de acordo com as características do mercado analisado.

O parâmetro consensual na análise dos preços predatórios são os custos do concorrente mais eficiente. Na ausência de melhor indicador, costumam-se adotar os custos da líder do mercado. Os teóricos da defesa da concorrência dividem-se entre três principais medidas de custo:

- custo variável médio ("CVMe", ou *average variable cost* – "AVC"): trata-se da *parcela do custo que varia quando a produção varia*, dividida pela quantidade produzida[138]. A escolha do custo variável em lugar do custo total decorre de o custo total incluir o custo fixo – custo que é incorrido ainda que aquele empreendimento não esteja em funcionamento. Desse modo, caso o *player* opere abaixo dos custos variáveis, mais vale deixar de operar e arcar somente com os custos fixos. Como operar abaixo dos custos variáveis seria uma decisão irracional e a teoria econômica presume que o agente econômico é racional, ele só escolheria atuar abaixo dos seus custos variáveis caso tenha por objetivo eliminar a concorrência, de olho nas chances de poder auferir lucros monopolistas no longo prazo. Parte da doutrina considera que pode haver abuso caso se esteja vendendo o produto, ou o serviço acima do CVMe, mas abaixo do custo total médio (CTMe).
- custo evitável médio: a Comissão Europeia sugere, no parágrafo 26 do seu Guia de Prioridades na Aplicação do Artigo 102 do TFEU a Condutas Exclusionárias por Parte da Empresa Dominante, que o custo evitável médio (CEMe, ou *average avoidable cost* – "AAV") seria uma alternativa superior ao uso da CVMe. Essa opção pelo CEMe decorreria de, no decurso do tempo, um *player* incorrer não só em custos variáveis, mas também em custos fixos adicionais. Ou seja, CVMe e CEMe podem, em diversas situações, ser equivalentes. Contudo, a depender da duração da conduta que está sendo investigada, o CEMe pode ser superior ao CVMe, em função da inclusão de alguns custos fixos. Richard Whish[139] explica que o termo *custos evitáveis* expressa a quantidade de dinheiro que o *player* dominante teria economizado caso não se envolvesse na produção da mercadoria, ou na prestação do serviço ao longo do período analisado. ART. 36
- custo incremental médio de longo prazo: a Comissão Europeia também sugere que, em alguns casos, a medida mais acertada seria o custo incremental médio de longo prazo ("CIMLP", ou *long run*

[138] MONTORO FILHO, A. F. *et alli*. Manual de Economia. 3ª edição. São Paulo: Saraiva, 1998.
[139] **Competition Law**. 7ª edição. Oxford: Oxford University Press, 2012.

average incremental cost – "LRAIC"). O CIMLP inclui não só os custos fixos em que se pode incorrer ao longo do período da prática anticompetitiva, como também qualquer custo incorrido antes do início daquele período com o objetivo de instrumentalizar a produção da mercadoria, ou a prestação do serviço objeto da investigação. No caso *Post Danmark* o Tribunal de Justiça Europeu entendeu que era adequado aplicar o CIMLP ao setor postal dinamarquês – ou seja, em uma indústria de rede.

[140]"Embora a lei concorrencial não esteja, geralmente, preocupada em estabelecer um limite na concorrência por preços, em certas circunstâncias preços baixos podem ter efeitos anticompetitivos. Uma sociedade que alija, exclui, ou disciplina os rivais pela venda a preços não remunerativos não está efetivamente concorrendo, mas engajando-se em comportamentos que podem ser adequadamente chamados predatórios. O antitruste inclui, portanto, uma 'ofensa de preço predatório' na condenação à monopolização do §2 do *Sherman Act*, assim como nos mais técnicos e idiossincráticos dispositivos do *Robinson-Patman Act*.

ART. 36 Na sua forma tradicional, preços predatórios envolvem um sacrifício imediato dos lucros por meio de preços ilogicamente baixos. Esses preços baixos eliminam rivais ou os intimidam a não vender a preços ainda mais baixos. Segue-se, então, um período de 'recuperação', no qual se desfruta de preços ou lucros de monopólio. A fim de que os preços predatórios sejam uma estratégia racional, os ganhos de recuperação, atualizados a valor presente, devem exceder as perdas imediatas da prática predatória."

[140] *"Although antitrust law is not usually concerned with setting a limit on price competition, under certain conditions low prices may have anticompetitive effects. A firm that drives out, excludes, or disciplines rivals by selling at nonremunerative prices is not competing on the merits, but engaging in behavior that may properly be called predatory. Antitrust therefore includes a "predatory pricing offense" within the proscription of monopolization in § 2 of the Sherman Act, as well as the more technical and idiosyncratic provisions of the Robinson-Patman Act.*
In its classical form predatory pricing involves an immediate sacrifice of profits through unreasonable low prices. These low prices destroy rivals or intimidate them from selling at a lower price than the defendant charges. Then follows a "recoupment" period, during which the defendant enjoys monopoly prices or profits. In order for predatory pricing of this variety to be a rational strategy, recoupment gains, discounted to present value, must exceed the immediate loss from the predatory practice."

[Areeda, Phillip E./Hovenkamp, Herbert. **Antitrust Law – an analysis of antitrust principles and their application**. Vol. III, 2ª edição. Aspen: New York, 2002. P. 272].

[141]"Preços predatórios costumam envolver uma prática por meio da qual um agente, temporariamente, cobra preços abaixo de uma adequada medida dos

[141] *"Predatory pricing usually involves a practice by which a firm temporarily charges prices below an appropriate measure of its costs in order to limit or eliminate competition, and subsequently raise prices. (...) When analyzing predatory pricing cases, virtually all responding agencies indicated that prices must be below cost for a violation to occur. Agencies also take into account some or all of the following factors: recoupment of losses, competitive effects, predatory intent, and justifications and defenses. (...)*
The most commonly cited measure is average variable cost, although there appears to be a growing trend toward the use of average avoidable cost. Marginal cost is almost never used as a benchmark for a number of reasons, including the complexity of its calculation. (...)
In many jurisdictions, it is accepted that a pro-competitive rationale for the conduct under investigation (such as adaptations to sudden changes in market conditions, introductory pricing of new products, or the sale of products because they are damaged), efficiencies, and/or meeting competition, may operate as a justification or defense in a predatory pricing case or preclude an initial finding of predation. In most jurisdictions, justifications and defenses and their likelihood and sufficient probability have to be proven by the dominant firm. (...) ART. 36
The evidence necessary to rebut a presumption of predation varies among jurisdictions. Some agencies focus on lack of anticompetitive effects of the predatory conduct. Others also list specific commercial reasons as justifications or defenses that can rebut a presumption of predation. For example, in Denmark, a presumption based on prices below cost can be rebutted if the company can show, for instance, that the pricing is limited in time and connected to entry with a new product in the relevant market, the result of destocking of products close to expiry, or a result of significant changes in demand. (...)
The European Commission and German Bundeskartellamt responses state that depending on whether the predation strategy is applied by lowering the price for all units sold or only selectively, for example, for units sold to certain customers, the relevant price is the average price over all units or the price for these selected deals. In its most recent case on point, the U.S. Department of Justice compared price with costs on the incremental sales made by the dominant firm. (...)
In the United States, recoupment is deemed the ultimate object of an unlawful predatory pricing scheme. "[I]t is the means by which a predator profits from predation. Without it, predatory pricing produces lower aggregate prices in the market, and consumer welfare is enhanced." Indeed, some U.S. courts have used the recoupment requirement as an efficient method to dispose of predatory pricing claims without considering whether price was below an appropriate measure of cost. Canada also uses recoupment as a screen (along with price-cost screens) to avoid over-deterrence and chilling legitimate price competition. (...)
The following are examples of justifications which jurisdictions indicate may be relied upon to justify or defend a predatory pricing claim:
• the price is a promotional one or is necessary to persuade consumers to switch (e.g., Singapore);
• the price reduction is necessary to penetrate a new market (e.g., France), launch a new product (e.g., South Africa), or build up the necessary economies of scale to become profitable (e.g., United Kingdom);

seus custos a fim de limitar ou eliminar a concorrência e, subsequentemente, aumentar preços.

(...)

Ao se analisar os casos que envolvam preços predatórios, praticamente todas as agências indicaram que os preços devem estar abaixo dos custos para que a violação ocorra. As agências também levam em consideração alguns ou todos os seguintes fatores: recuperação das perdas, efeitos concorrenciais, dolo predatório, assim como justificativas e defesas. (...)

A medida mais citada é o custo variável médio, embora haja uma tendência crescente de adotar o custo evitável médio. O custo marginal quase nunca é usado como medida por conta de diversas razões, incluindo a complexidade de cálculo. (...)

Em muitos sistemas jurídicos, aceita-se que uma lógica pró-competitiva para a conduta sob investigação (como adaptações a mudanças repentinas nas condições de mercado, precificação inicial de novos produtos, ou a venda de produtos estragados/danificados), eficiências e/ou incremento da concorrência podem operar como justificativas ou defesas em preços predatórios ou afastar uma conclusão inicial de predação. Na maior parte dos sistemas jurídicos, justificativas e defesas e a sua probabilidade devem ser provadas pela empresa dominante. (...)

ART. 36 As provas necessárias para afastar uma presunção de predação variam de um sistema jurídico para outro. Algumas agências dão enfoque aos efeitos anticompetitivos da conduta predatória. Outras, também listam razões ou justificativas comerciais específicas que podem afastar uma presunção de predação. Na Dinamarca, por exemplo, uma presunção baseada em preços abaixo do custo pode ser afastada se a sociedade puder demonstrar, por exemplo, que o preço está limitado em duração e relacionado à entrada de um novo produto no mercado relevante, é resultado da redução de estoque de produtos cuja validade está próxima a expirar, ou resulta de uma significativa mudança na demanda. (...)

As respostas da Comissão Europeia e da *Bundeskartellamt* alemã dizem que, a depender de se a estratégia de predar é aplicada pela redução dos preços de todas as unidades vendidas, ou, apenas, seletivamente – por exemplo, em

• *the firm is loss leading for complementary products or services (i.e., to boost demand and profits in a complementary product or service) (e.g., New Zealand);*
• *the price is simply lining up on a low price level in a price war situation (e.g., France and Switzerland);*
• *there is a need to adapt to a sudden change of market conditions, for example: the firm is liquidating excess, obsolete or perishable products (e.g., Canada); there has been a significant change in demand and pricing below cost may be necessary to stimulate demand/maintain presence in the market (e.g., Singapore);*
• *a low price strategy allows the firm to reduce cost production by a 'learning by doing' effect (e.g., France);*
• *the products are being sold off because they are damaged, part of an incomplete set or impaired (e.g., Japan).*"

unidades vendidas para determinado cliente –, o preço relevante é o preço médio de todas as unidades, ou o preço para esses negócios selecionados. No seu caso mais recente, o *U.S. Department of Justice* comparou os preços com os custos em vendas incrementais feitas pelo agente dominante. (...)

Nos Estados Unidos, a recuperação é considerada o propósito ultimo dos proibidos preços predatórios. '[É] o meio pelo qual um predador se beneficia da predação. Sem ela, os preços predatórios provocam preços menores no mercado e o bem-estar do consumidor é majorado'. De fato, alguns tribunais dos Estados Unidos têm usado a recuperação como método eficiente de tratar de disputas sobre preços predatórios sem considerar se o preço estava abaixo de uma adequada medida de custos. O Canadá também usa a recuperação como avaliação (conjuntamente com a relação preço-custo) para evitar excessiva interferência e o arrefecimento de legítima concorrência em preços. (...)

Os itens abaixo são exemplos de justificativas as quais os diferentes sistemas legais indicam que podem ser usadas para justificar, ou defender preços predatórios:

• o preço é promocional, ou é necessário para persuadir o consumidor a mudar de preferência (*e.g.*, Cingapura);

• a redução do preço é necessária para que se entre em um mercado (*e.g.*, França), para que se lance um novo produto (*e.g.*, África do Sul), ou para que se alcance a economia de escala necessária para tornar-se economicamente viável (*e.g.*, Reino Unido); ART. 36

• a perda é revertida para produtos ou serviços complementares (*i.e.*, para aumentar a demanda e os lucros em um produto ou serviço complementar) (*e.g.*, Nova Zelândia);

• o preço está, simplesmente, ajustando-se a uma situação de preços baixos em situação de guerra (*e.g.*, França e Suíça);

• há a necessidade de adaptação a uma situação de repentina mudança das condições de mercado, por exemplo: a sociedade está liquidando os produtos em excesso, obsoletos, ou perecíveis (*e.g.*, Canadá); houve significativa mudança na demanda e a precificação abaixo dos custos pode ser necessária para estimular a demanda/manter a presença no mercado (*e.g.*, Cingapura);

• uma estratégia de preços baixos permite que a sociedade reduza os custos de produção em uma estratégia de 'aprender fazendo' (*e.g.*, França);

• os produtos estão sendo liquidados em função de estarem estragados, incompletos ou danificados (*e.g.*, Japão)."

[Unilateral Conduct Working Group. **Report on Predatory Pricing**. 7th Annual Conference of the ICN. Kyoto, Abril de 2008. Disponível em http://www.icn-kyoto.org/documents/materials/Unilateral_WG_3.pdf. Acesso em 29.12.2008].

[142]"Um empreendimento que detenha posição dominante não pode justificar vendas a preços abaixo dos custos de produção invocando a necessidade de alinhar os seus preços com aqueles de outro fornecedor, quando estiver claro que ele manteve contato próximo com aquele fornecedor com relação à política a ser perseguida em matéria de preço."

[*Akzo Chemie BV v Commission of the European Communities, ECR [1991] I-3359*].

"Em voto-vogal à AP 08012.007897/2005-98, tive oportunidade de manifestar-me detidamente acerca dos preços predatórios:

'Preço predatório é um conceito paradoxal para a teoria antitruste. Uma política de defesa da concorrência tem entre suas principais funções levar a que as empresas promovam preços tão baixos como possível, o que tem como corolário manter a oferta de seus produtos tão alta como possível. É verdade que esse não é o único objetivo a ser perseguido, uma vez que depois de Schumpeter os economistas concordam que concorrência produz também inovação, variedade, qualidade, sendo por isso um elemento indutor do investimento e do crescimento econômico. Política de defesa da concorrência é, portanto, uma política de promoção do bem estar do consumidor, ou como diz o legislador: a coletividade é o bem jurídico protegido pela lei.

Sendo assim, porque deveria uma agência de defesa da concorrência reprimir preço baixo, se afinal este beneficiaria os consumidores? A única resposta a essa questão é a seguinte. Tal prática só é caracterizada, se for possível demonstrar que o objetivo dos preços baixos praticados por uma empresa é expulsar ou disciplinar um rival para posteriormente aumentar os preços e recuperar os custos incorridos. Ou seja, o que é reprimido é o aumento de preço a longo prazo permitido pela redução da concorrência no curto prazo, que leva a uma maximização do retorno econômico do infrator considerado como um fluxo de receita trazida a valor presente, a uma determinada taxa de desconto.

ART. 36

Pode-se, portanto, definir preço predatório como uma prática comercial realizada por uma empresa, com poder de mercado, que sacrifica lucros de curto prazo, com objetivo de reduzir a concorrência, e que possa produzir simultaneamente os seguintes efeitos: reduzir o bem-estar do consumidor e maximizar os lucros do infrator no longo prazo.

Portanto, o primeiro exercício para definir preços predatórios é diferenciar a estratégia de predação da estratégia de competição através de preços sustentáveis pelo aumento da eficiência. Nos dois casos, abandonando-se a premissa de equilíbrio estático, e considerando efeitos dinâmicos da concorrência, o

[142] *"An undertaking in a dominant position cannot justify sales at a price below its production costs by invoking the need to align its prices on those of another supplier, where it is shown that it has maintained close contacts with that supplier regarding the policy to be pursued in the matter of prices."*

resultado da competição pode ser menos concorrência. No entanto, em uma competição por preços como resultado de estratégias de aumento da eficiência os preços são sustentáveis, permanecendo baixos e/ou declinantes, resultando no longo prazo no aumento do bem-estar do consumidor. No outro caso, os preços mais baixos não são sustentáveis e o resultado no longo prazo é a redução do bem-estar do consumidor.'

Não é objeto da lei coibir o repasse dos incrementos de produtividade aos consumidores – o que colidiria diametralmente com o propósito da lei concorrencial. Supor que a existência de um conceito metafísico como preço justo, ou mesmo calcular um preço de equilíbrio estático, que seria aquele que o empresário racional deveria perseguir, não é nem bom uso da teoria econômica nem dos princípios do direito antitruste.

A prova do preço predatório depende da comprovação (i) do poder de mercado do agente, (ii) de que a estratégia de preços abaixo do custo variável médio (Areeda-Turner) ou do custo médio evitável (Baumol) não se sustenta no longo prazo, (iii) de que se tem por objetivo excluir uma empresa do mercado ou discipliná-la, (iv) de que a estratégia de preços é lucrativa no longo prazo, ou seja, que os custos assumidos podem ser recuperados pelo aumento a ser realizado quando o concorrente for excluído ou disciplinado e (v) de que o resultado leve a uma redução do bem-estar do consumidor. Somado a isso, é necessário que não haja justificativas empresariais para a política de preço inferior ao nível de ART. 36
custo definido no item (ii). Tais condições fazem com que a caracterização de preços predatórios seja extremamente rara: a não ser em um período em que se usava pouca teoria econômica, condenações por preços predatório são raras nos EUA e ainda mais raras na Europa. No Brasil, em cerca de vinte casos pesquisados na jurisprudência do Cade envolvendo preços predatórios, não houve uma única condenação."

[Voto condutor do Conselheiro Luiz Carlos Prado na Averiguação Preliminar nº 08012.008333/2007-34, em que foi representada a Drogaria São Paulo].

"Uma conduta anticoncorrencial baseada na prática de preços predatórios é aquela na qual uma empresa passa a cobrar preços injustificavelmente baixos pelos seus produtos e/ou serviços por um período suficiente para forçar a saída dos competidores do mercado e, mais tarde, auferir lucros extraordinários decorrentes do aumento de preços.

A prática de preços predatórios, desta forma, verifica-se quando um concorrente, por um período temporal considerável, reduz o preço de venda de seu produto abaixo do seu custo, incorrendo em perdas no curto prazo, objetivando eliminar rivais do mercado, ou possíveis entrantes, para, posteriormente, quando os rivais saírem do mercado, elevar os preços novamente, obtendo ganhos no longo prazo.

No curto prazo, a prática de preços predatórios aumenta o bem-estar do consumidor, porque este se beneficia dos preços mais baixos. No entanto, a longo prazo, como a predação reduz o número de concorrentes no mercado, e, consequentemente, a concorrência, o bem-estar do consumidor é reduzido. (...).

No Brasil, por lei, a venda de mercadoria abaixo do preço de custo não constitui, per se, necessariamente, uma infração. (...) Algumas situações podem induzir a empresa a operar por um período de tempo com preços abaixo de seus custos, como na promoção de uma política de minimização de perdas, devido a uma contração da demanda ou a um excesso de capacidade na indústria. Pode também estar introduzindo um novo produto no mercado ou ainda ser uma nova entrante, dentre outras possibilidades.

Assim, para a caracterização de preço predatório, seriam necessários dois requisitos, quais sejam: a) preço abaixo do custo, medido em alguma unidade que expresse os custos unitários do produto; e b) fato apto a produzir quaisquer efeitos ilícitos previstos no artigo 20 da Lei 8.884/94. (...)

Para Baumol (1999), um preço pode ser legitimamente classificado como predatório se, e somente se, atender três condições, quais sejam: (a) não existir um propósito legítimo para sua escolha; (b) ameaçar a existência ou a entrada de firmas que são no mínimo tão eficientes quanto a firma que o adotou; e (c)
ART. 36 haver uma previsão razoável de recuperar, no mínimo, qualquer custo inicial incorrido com a predação. Por este motivo, caso um determinado preço ainda que abaixo, gere uma perspectiva de garantir uma adição líquida aos lucros da firma no longo prazo que não dependa da saída de qualquer rival tão eficiente quanto tal firma ou da prevenção de entrada de firmas eficientes, o preço estabelecido pela empresa deverá ser caracterizado como legítimo.

Aplicando-se critérios para a verificação dessa práticas, estabelecidos pela doutrina e jurisprudência, tem-se como pressupostos da existência da infração, sucessiva e encadeadamente: (i) a venda continuada por preço abaixo do custo; (ii) a expulsão ou imobilização de concorrente; e (iii) a elevação do preço de venda do produto acima do índice verificado antes do início da suposta predação, barrando a entrada de novos concorrentes no mercado em questão. (...)

Outro ponto que merece destaque nesse voto foram os sub-tópicos da análise do preço predatório, os quais decorrem dos conceitos acima.

a) prática deliberada de preços abaixo do custo

b) visando eliminação de concorrente

c) prática posterior de preços e lucros mais próximos do nível monopolista"

[Voto do Conselheiro Luís Fernando Rigato Vasconcellos no Processo Administrativo nº 08000.018277/1995-62, em que foi representada a Novo Nordisk Farmacêutica do Brasil Ltda.].

V. cartel dos vigilantes: Processo Administrativo nº 08012.001826/2003-10, em que foram representados ASSEVIRGS, EPAVI e outros, de relatoria de Abraham Benzaquem Sicsú.

V. *Matsushita Electric Industrial Co. v. Zenith Radio Corp., 475 U.S. 574, 106 S.Ct. 1348, 89 L.Ed.2d 538.*

V. nota ao §1º.

V. nota ao inciso III.

XVI – reter bens de produção ou de consumo, exceto para garantir a cobertura dos custos de produção;

Ignorando a dimensão não concorrencial de desabastecimento do mercado, a conduta do inciso XVI casa-se com o próprio tipo do açambarcamento. Assim não fosse, em última instância, a condenação de uma sociedade que retenha o seu produto – seja ele bem de produção, ou de consumo – representa ditar o próprio ritmo da sua produção, a sua política comercial, o nível dos estoques e o regular exercício do monopólio (aumentar preços e reduzir o produto).

Assim como a lei anterior, a lei antitruste em vigor ainda "dispõe sobre a prevenção e repressão às infrações contra a ordem econômica" (v. preâmbulo), mandato que vai muito além da política concorrencial de Estado, dado que o direito concorrencial é apenas um tópico do direito econômico. ART. 36

É um equívoco acreditar que, dado o teor da lei concorrencial, tenha o SBDC competência para atuar como órgão de planejamento e regulação da produção, ou de controle inflacionário. Desde a Lei nº 8.884/94, as funções do SBDC são de natureza meramente concorrencial, apesar dos indesejados resquícios regulatórios derivados da falta de técnica – não só do legislador, mas dos próprios juristas, em geral. É imprescindível que, para o amadurecimento normativo, firme-se, de vez, a compreensão de que regulação e concorrência são matérias diversas, com episódicos pontos de intersecção: enquanto a regulação dita as variáveis econômicas essenciais, como preço, qualidade e quantidade, a concorrência visa, sempre que possível, garantir a liberdade de fixação dessas variáveis. Em outras palavras, a regra em uma economia de mercado é a concorrência, devendo a regulação surgir, excepcionalmente, onde houver falhas de mercado – e, sempre que possível, para criar um ambiente no qual um mínimo de concorrência seja possível.

XVII – cessar parcial ou totalmente as atividades da empresa sem justa causa comprovada;

Como antecipado no inciso anterior, a lei antitruste em vigor ainda "dispõe sobre a prevenção e repressão às infrações contra a ordem econômica" (v. preâmbulo), mandato que vai muito além da política concorrencial de Estado.

V. nota ao inciso XVI.

XVIII – subordinar a venda de um bem à aquisição de outro ou à utilização de um serviço, ou subordinar a prestação de um serviço à utilização de outro ou à aquisição de um bem; e

A venda casada é infração ao Código de Defesa do Consumidor (Lei nº 8.078/90 ou "CDC") e à lei concorrencial. Para se incorrer em infração ao direito do consumidor (art. 39, I do CDC), basta que se atrele a venda de um bem ou a prestação de um serviço à venda de outro bem, ou ao
ART. 36 fornecimento de outro serviço. Isso ocorre porque, nos termos do art. 81 do CDC, a ação de reparação de danos pode referir-se tanto a dano individual, quanto coletivo.

Situação diversa configura-se na relação concorrencial, em que o direito tutelado é exclusivamente coletivo (difuso). Nesse caso, é necessário que se verifique dano concorrencial à ordem econômica, o que exige mais que a verificação do dano impingido a número pouco representativo de consumidores. A definição do art. 36, §3º, XVIII da nova lei, embora condizente com aquela do CDC, encampa a noção de dano necessário à coletividade (art. 1º, parágrafo único da lei).

Desse modo, se um agente sem poder de mercado resolve casar a venda de um produto dele à venda de outro produto também com baixa representatividade, não haverá infração à concorrência (embora a prática seja acionável pelo CDC), já que o consumidor teria a opção de adquirir produtos substitutos. Por sua vez, se um agente com poder de mercado em um mercado relevante usa a força do seu produto nesse mercado para alavancar a venda de um produto em outro mercado no qual, em geral, não tem poder de mercado ('em geral', porque o objetivo pode não ser criar poder de mercado, mas aumentá-lo/consolidá-lo), configura-se uma infração concorrencial, porque esse agente estará restringindo, ao seu produto, as opções no mercado em esse mesmo produto não tem força (e, portanto, há outras opções viáveis), pela exclusão artificial dos seus concorrentes (ou seja, não porque seja mais eficiente nesse mercado, de tal modo que a imposição do seu produto menos eficiente gerará uma perda de bem-estar para o consumidor pela redução das suas opções de compra e pela perda de qualidade).

A venda casada, entretanto, para ser uma infração, não pode conceder ao consumidor o benefício de escolher entre comprar o produto sozinho ou de forma casada. Deve haver, ainda, o cuidado de verificar se a venda casada não camufla alguma forma de preço predatório, ou se, mesmo vendidos separadamente, os termos de compra dos produtos de forma casada (*bundle*) é superior às condições de aquisição isolada de cada um dos componentes (ou seja, se o preço casado de A+B for inferior, igual, ou muito próximo ao preço de A, isoladamente, ou ao preço de B, isoladamente) – o que representa, em última instância, a ausência de opção pela aquisição separada dos produtos.

[143]"O chamado *bundling* consiste em uma versão especial na qual dois, ou mais produtos distintos são ofertados como um pacote por um único preço. Um exemplo gritante na indústria de *software* é o Microsoft Office, o qual inclui um processador de palavras, uma folha de cálculo, um banco de dados e uma ferramenta de apresentação. Cada um desses produtos é, também, ofertado em separado. Isso, aliás, é o que distingue *bundling* de *tying*: na venda casada (*tying*) os produtos são ofertados, apenas, em conjunto." ART. 36

[SHAPIRO, Carl/VARIAN, Hal. R.. **Information Rules**. Harvard Business School Press (1999). P. 74].

[144]"O Tribunal distinguiu três tipos de venda casada: pura (quando as compras são casadas por obrigações meramente comerciais de comprar dois ou mais

[143] "Bundling is a special form of versioning in which two or more distinct products are offered as a package at a single price. A prominent example in the software industry is Microsoft Office, a product that bundles together a word processor, a spreadsheet, a database, and a presentation tool. Each of these products is also offered separately. This is what distinguishes bundling from tying, in which the individual products are offered only in the package."

[144] *"The Court distinguished between three types of practice: pure bundling (where sales are tied by means of a purely commercial obligation to purchase two or more products together); technical bundling (where sales are tied by means of the technical integration of the products); and mixed bundling (where a number of products are sold as a package on more favourable terms than if the products are purchased separately)."*

produtos juntos), técnica (quando as vendas são casadas pela integração técnica dos produtos); e mista (quando a venda casada é feita em termos mais favoráveis que a venda de cada produto, separadamente)."

[Bellamy and Child, **European Community Law of Competition**, P.M. Roth Qc, Fifth Edition, 2003. PP. 999/1000].

[145]"Acordos de venda casada ocorrem quando um vendedor condiciona a compra de um produto ou serviço à aquisição pelo consumidor de outro bem ou serviço. (O produto que o comprador quer comprar é chamado de 'casador'. O produto que o adquirente é forçado a comprar a fim de adquirir o produto casador é denominado produto 'casado'). Esses acordos diferem de outras restrições verticais em razão de, em geral, envolverem o vendedor e o consumidor final (...). Contudo, a venda casada é aqui analisada porque pode ameaçar a concorrência pelo fechamento vertical – evitando que um fabricante consiga a adequada distribuição para o seu produto ou que um varejista adquira os produtos adequados para vender. A venda casada também aumenta as preocupações relacionadas ao consumidor: preocupações não econômicas ao negar ao consumidor a liberdade de escolha e preocupações econômicas ao permitir que os vendedores camuflem o verdadeiro custo de um produto e discriminem preços."

ART. 36 [Ross, Stephen F.. **Principles of antitrust law**. Westbury: New York, 1993. P. 273].

[146]"Preços promocionais são comumente usados como estratégia de mercado. As promoções podem ocorrer de diversas formas: as firmas podem usar das vendas (reduções temporárias de preços), cupons (que exigem que o consumidor traga pedaços de papel que dão acesso ao desconto), reembolsos (quando

[145] *"Tying arrangements (or "tied sales") occur when a seller conditions the purchase of one good or service on the buyer's purchase of another good or service. (The product the buyer wants to buy is called the "tying product". The product the purchaser is forced to buy in order to acquire the tying product is the "tied" product.) These arrangements differ from other vertical restraints in that they often involve the seller and the ultimate consumer (...). Nevertheless, tying arrangements are considered here because they can threaten competition by foreclosing vertical relationships – by preventing a manufacturer from finding adequate distribution outlets for its product or by preventing a retailer from acquiring adequate supplies to sell. They raise additional consumer-oriented concerns as well: non-economic concerns about denying consumers the freedom to choose, and economic concerns about enabling sellers to hide the true cost of a product and to engage in price discrimination."*

[146] "Promotional pricing is a commonly used market strategy. Promotions take many forms: firms can use sales (limited-time reductions in price), coupons (which require the consumer to bring in pieces of paper that then allow them discounts), rebates (in which consumers must mail in a piece of paper to get some money back), and so on. All of these marketing techniques have one feature in common: they impose some inconvenience on the consumer."

o consumidor deve postar pedaços de papel para conseguir o dinheiro de volta) e assim por diante. Todas essas técnicas têm um elemento em comum: elas impõem algum inconveniente ao consumidor."

[Shapiro, Carl/Varian, Hal. R.. **Information Rules**. Harvard Business School Press (1999). P. 78].

[147] "O art. 82 pode aplicar-se a práticas de precificação que tenham o mesmo efeito de acordos de exclusividade e venda casada. Como veremos, houve muitos

[147] *"Article 82 may also apply to pricing practices that have the same effect as exclusive or tie-in agreements. As we shall see, there have been many cases in which 'loyalty rebates', 'across-the-board rebates', 'bundling' and analogous discounting practices have been found to be abusive. (...)*
In Hoffmann-La Roche v. Commission [1979] *the ECJ held that Hoffman-La Roche had abused its dominant position both by entering into exclusive purchasing agreements with some of its customers and also by offering loyalty rebates. In relation to the latter it said that it was unlawful for a firm to tie a customer by an exclusive purchasing commitment and that:*
'The same applies if the said undertaking, without tying the purchasers by a formal obligation, applies, either under the terms of the agreements concluded with these purchasers or unilaterally, a system of fidelity rebates, that is to say discounts conditional on the customer's obtaining all or most of its requirements – whether the quantity of its purchases be large or small – from the undertaking in a dominant position'. (...) ART. 36
Rebates and similar pricing practices are a normal part of business life and are an important competitive tool, making them particularly unsuitable for per se prohibition. The ECJ has specifically stated in AKZO v. Commission that not all price competition is legitimate; however, the law on pricing practices must ensure that all firms – including dominant ones – are able to compete on prices (...)
In the first Michelin case rebates were paid to dealers that achieved targets [target rebates] *set by Michelin, individually and selectively for each dealer, in excess of their purchases in the preceding year. (...) The Commission objected to the duration of the referenced period and to the lack of transparency, which intensified the tying effect of the rebates. For the future it required that:*
'with the exception of short term measures, no discount should be granted unless linked to a genuine cost reduction in the manufacturer's costs. The compensation paid to Michelin dealers must be commensurate with the tasks they perform and the services they actually provide, which reduce the manufacturer's burden. In addition the system of discounts and bonuses agreed upon must be clearly confirmed to each dealer when the sales contract is presented and concluded'. (...)
As already noted, rebates and similar practices are a normal part of commercial life. Rebates should be condemned only where they could have a detrimental effect on competition, for example because they operate as a surrogate for an exclusive purchasing agreement. Where rebates can be objectively justified there will be no abuse. (...)
In Napier Brown-British Sugar [1988] *the Commission held that British Sugar's* ***delivered pricing*** *system constituted an abuse of dominant position (...). Until 1986 British Sugar had refused to allow customers to collect sugar at an ex-factory price. The Commission, relying on the ECJ's judgment in Centre Belge d'Etudes de Marche Télémarketing v. CLT* [1985], *held that British Sugar had reserved to itself an ancillary market (the delivery of sugar) as part of its activity on a neighbouring but separate market (the sale of sugar). (...)"*

casos nos quais 'descontos de fidelidade', 'descontos de variedade', 'venda casada' e práticas de desconto análogas foram consideradas abusivas. (...)

Em *Hoffmann-La Roche v. Commission* [1979][148], a ECJ entendeu que a *Hoffmann-La Roche* tinha abusado da sua posição dominante, seja por realizar contratos de exclusividade de compra com alguns dos seus clientes, seja pela oferta de descontos de fidelidade. Em relação a esses, afirmou que era ilícito que uma empresa prendesse um cliente por meio de um comprometimento de exclusividade de compra e que:

'O mesmo se aplica se o empreendimento, sem vincular os compradores por obrigações formais, impõe, por meio dos acordos firmados com os compradores ou de forma unilateral, um sistema de acordos de fidelidade, ou seja, descontos condicionados a que os clientes obtenham tudo ou quase tudo aquilo de que necessitam – seja grande ou pequena a quantidade adquirida – do empreendimento com posição dominante'. (...)

Descontos e práticas similares de precificação são parte normal da rotina dos negócios e são importante ferramenta competitiva, tornando particularmente questionável a sua qualificação como ilícito *per se*. A ECJ afirmou, especificamente, em *AKZO v. Commission*, que nem toda concorrência sobre preços é legítima; entretanto, a lei que trata de práticas de precificação deve garantir que
ART. 36 todas as sociedades – incluindo as dominantes – sejam capazes de competir em preços. (...)

No primeiro caso *Michelin* os descontos eram pagos aos negociadores que alcançavam metas [descontos de metas] estabelecidas pela Michelin, individualmente e seletivamente para cada negociador, acima das compras realizadas no ano anterior. (...) A Comissão objetou-se à duração do período de referência e à falta de transparência, a qual intensificava os efeitos de aprisionamento dos descontos. Para o futuro, determinou que:

'à exceção de medidas de curto prazo, nenhum desconto deve ser concedido se não estiver vinculado a uma genuína redução nos custos do fabricante. A compensação paga aos negociadores da Michelin deve ser proporcional ao seu

[148] "Em *Hoffmann-La Roche v. Commission* [1979], a ECJ condenou os descontos de variedade da *Hoffmann-La Roche,* os quais eram oferecidos aos clientes que adquirissem todas as suas vitaminas; tais descontos implicavam dissuadidos os clientes da compra de qualquer vitamina de outros fornecedores. A ECJ observou que tais descontos equivaliam a um aprisionamento contrário ao art. 82(2)(d). (...)" [WHISH, Richard. **Competition Law**. 5ª edição. LexisNexis: Grã-Bretanha, 2003 PP. 694/702]. No original: *In Hoffmann-La Roche v. Commission [1979], the ECJ condemned Hoffmann-La Roche's "across-the-board" rebates, which were offered to customers which acquired the whole range of its vitamins; these rebates meant that customers were dissuaded from acquiring any particular vitamin from other suppliers. The ECJ noted specifically that such rebates amounted to an unlawful tie-in, contrary to Article 82(2)(d). (...)*

trabalho e aos serviços providos, os quais reduzem o ônus do fabricante. Adicionalmente, o sistema de descontos e bônus deve ser claramente confirmado com cada negociador quando o contrato de vendas é apresentado e fechado'. (...)

Como já relatado, descontos e práticas similares são partes normais da rotina comercial. Descontos somente devem ser condenados se existirem em detrimento à concorrência, por exemplo, em razão de operarem como substitutos de acordos de exclusividade de compra. Onde os descontos puderem ser objetivamente justificados, não haverá abuso. (...)

Em *Napier Brown-British Sugar* [1988], a Comissão decidiu que o sistema de preços de entrega da *British Sugar* representava um abuso de posição dominante (...). Até 1986, a *British Sugar* recusou-se a permitir que os seus clientes conseguissem açúcar por um valor de compra direto na fábrica. A Comissão, confiando no julgamento da ECJ em *Centre Belge d'Etudes de Marche Télémarketing v. CLT* [1985], considerou que a *British Sugar* tinha reservado para si um mercado ancilar (entrega de açúcar) ao abordá-lo como integrante da sua atividade em outro mercado (venda de açúcar). (...)"

[Whish, Richard. **Competition Law**. 5ª edição. LexisNexis: Grã-Bretanha, 2003. PP. 694/702].

[149]"O *Competition Bureau* do Canadá afirma que, 'em geral, práticas que reduzam preços ao consumidor são pró-competitivos. As sociedades são encorajadas ART. 36

[149] *"The Canadian Competition Bureau's response states that, 'in general, practices that lower prices to consumers are pro-competitive. Firms are encouraged to compete on price, in addition to quality, choice, etc. . . . Low prices are generally a hallmark of competition and a benefit to consumers.' According to the U.S. ABA response, loyalty discounts and rebates are very common in the United States and can benefit consumers by reducing prices and increasing output, leading to more efficient resource allocation even when offered by a dominant firm. (...) The European Commission's response explains that discounts and rebates are often used instruments of healthy and legitimate price competition. (...)*
While loyalty discounts and rebates can create efficiencies and benefit consumers, there is also general agreement from the responses that such conduct, when exercised by dominant firms or firms with substantial market power, can have the potential for anticompetitive harm in certain circumstances. The Canadian response explains its enforcement approach in this area: 'Loyalty discounts and rebates should not be discouraged, but for when they lower prices to predatory levels or have an exclusionary or disciplinary effect, the firm offering the rebates was dominant (where dominance might result from the anticompetitive act) and competition was substantially lessened or prevented as a result of the offering of the loyalty rebate scheme.' (...)
Many agencies share the view that tying and bundled discounting may raise serious competition concerns in certain circumstances. Several agencies stress that tying and bundling practices only raise competition concerns where all elements of the respective unilateral conduct laws and policies are met. This means that, in most jurisdictions, the firm that employs tying or bundled discounting practices needs to have a dominant position to be subject to unilateral conduct laws. Respondents underline that the mere fact that

a concorrer em preço, qualidade, escolha, etc....preços baixos são, em geral, sinal de concorrência e benéficos ao consumidor'. De acordo com a ordem dos advogados norte-americana, descontos de fidelidade são comuns nos EUA e podem beneficiar os consumidores pela redução dos preços e aumento da produção, levando à alocação mais eficiente de recursos, mesmo quando oferecidos pelo agente dominante. (...) A Comissão Europeia explica que descontos são habitualmente instrumentos de concorrência saudável e legítima sobre preços. (...)

Enquanto descontos de fidelidade podem criar eficiências e beneficiar consumidores, há também consenso quanto a que tal conduta, quando exercida por agente dominante ou com substancial poder de mercado, pode causar danos concorrenciais em determinadas circunstâncias. Segundo a resposta canadense, 'descontos de fidelidade não devem ser desencorajados, exceto quando baixarem os preços a patamares predatórios ou tiverem efeitos excludentes ou disciplinares, a sociedade que oferece os descontos for dominante (sendo a dominância resultado do ato anticompetitivo) e a concorrência tiver sido substancialmente reduzida ou afastada com resultado da oferta de descontos de fidelidade'. (...)

Muitas agências compartilham o entendimento de que a venda casada pode suscitar sérias preocupações concorrenciais em determinadas circunstâncias. Diversas agências afirmam que práticas de venda casada somente suscitam pre-
ART. 36 ocupação concorrencial quando todas as condições legais referentes a atos unilaterais estiverem presentes. Isso significa que, na maioria dos ordenamentos jurídicos, a sociedade que pratica a venda casada precisa ter posição dominante. O simples fato de estar em posição dominante não implica que a venda casada será ilegal *per se*. Pelo contrário, todas as sociedades incluindo as dominantes, são encorajadas a competir e são, em princípio, livres para conduzir os seus negócios como quiserem, desde que a sua atuação não afete, negativamente, a concorrência. (...)

a firm holds a dominant position does not imply that tying and bundling practiced by that firm would be per se illegal. To the contrary, all firms, including dominant ones, are encouraged to compete on the merits and are in principle free to conduct their business as they wish as long as this does not negatively affect competition. (...)
The United Kingdom's Office of Fair Trading indicates that it considers very carefully where the balance of consumer harm in tying and bundling cases lies. The OFT says that there may be considerable consumer benefits arising from tying and bundling. Consumers my benefit particularly where packaged products are sold or where tying can avoid the need for expensive metering or can allow the supplier to achieve economies of scale or scope. The U.S. DOJ indicates that the practices have the potential to lower cost and maximize consumer welfare. (...) The U.S. FTC also states that even if a firm has market or monopoly power and consequently there is potential antitrust exposure, there is increasing recognition that tying and bundled discounting may be procompetitive in many instances."

O *Office of Fair Trading* britânico indica que analisa muito cautelosamente onde se localiza o ponto de equilíbrio do dano causado ao consumidor em casos de venda casada. O OFT diz que pode haver consideráveis benefícios ao consumidor a partir da venda casada. Os consumidores podem-se beneficiar quando são vendidos produtos de consumo diário, ou quando a venda casada pode evitar a necessidade de cara medição, ou permite que o fornecedor alcance economias de escala e escopo. (...) A US FTC relata que, mesmo que uma sociedade poder de mercado ou de monopólio e, consequentemente, há potencial risco concorrencial, há crescente reconhecimento de que a venda casada pode ser pró-competitiva em vários sentidos."

[Unilateral Conduct Working Group. **ICN Report on Tying and Bundled Discounting.** Draft December 15, 2008]

[150] "Se um empreendimento com posição dominante no mercado aprisiona os seus compradores – ainda que a seu pedido – por meio de uma obrigação ou promessa pela parte deles de obter todo ou quase todo o seu suprimento daquele empreendimento, fala-se em um abuso de posição dominante, no sentido do art. 86 do Tratado."

[*Akzo Chemie BV v Commission of the European Communities, ECR [1991] I-3359*].

V. Shapiro, Carl/Varian, Hal. R.. **Information Rules**. Harvard Business School Press (1999). ART. 36

V. AMBEV 'Tô Contigo': Processo Administrativo nº 08012.003805/2004-10, em que foi representada a Companhia de Bebidas das Américas – AMBEV,de relatoria de Fernando Furlan.

V. Processo Administrativo nº 0812.001182/98-31, em que foi representada a Microsoft Informática Ltda., de relatoria de Thompson Andrade.

V. Processo Administrativo nº 23/91, em que foi representada Xerox do Brasil S/A, de relatoria de Marcelo Soares.

V. *Microsoft (case COMP/37.792 Microsoft, 24 March 2004 [2005] 4 CMLR 965).*

V. *International Salt Co. v. United States, 332 U.S. 392, 396 (1947).*

[150] *"If an undertaking having a dominant position on the market ties buyers – even if it does so at their request – by an obligation or promise on their part to obtain all or most of their requirements from that undertaking, this constitutes an abuse of a dominant position within the meaning of Article 86 of the Treaty."*

V. *Broadcast Music, Inc. v. Columbia Broadcasting System, Inc., 441 U.S. 1, 99 S.Ct. 1551, 60 L.Ed.2d 1 (1979).*

V. *Jefferson Parish Hospital District n.2 v. Hyde, 466 U.S. 2, 27 n. 46 (1984).*

V. *Hoffmann-La Roche v. Commission (1979).*

V. *NV Netherlandsche Banden Industrie Michelin v. Commission (1983).*

V. *BPB Industries (1989).*

V. *Soda-ash/Solvay (1991)* e *Soda-ash/ICI (1991).*

V. *Compagnie Maritime Belge v. Commission (2000).*

V. *Virgin/British Airways (2000)* e *British Airways v. Commission.*

V. *Irish Sugar (1997) e Irish Sugar v. Commission (1999).*

V. *Deutsche Post (2001).*

V. *Duales System Deutschland AG (2001).*

V. nota ao inciso III.

Texto excluído:

XIX – exigir ou conceder exclusividade, inclusive territorial, de distribuição de bens ou de prestação de serviços; e

ART. 36 "(...)A emenda caiu como uma bomba nos escritórios de advocacia que trabalham na defesa antitruste. O entendimento dos advogados é que a medida é absolutamente contrária ao espírito da própria lei ao propor uma espécie de anistia às práticas que valorizam a exclusividade em confronto com a saudável concorrência comercial. 'Essa emenda subverte toda a lógica da lei antitruste', analisa José Del Chiaro, renomado advogado da área concorrencial e conselheiro do Instituto Brasileiro de Estudos de Concorrência, Consumo e Comércio Internacional (Ibrac). 'A emenda do Agripino é perversa e tem por intenção acabar com a concorrência.'

Em princípio, a mudança feita na lei beneficiaria empresas que trabalham no varejo, tendo como negócio a oferta de produtos ao consumidor. No passado, grandes grupos foram condenados no Cade por usar a prática da exclusividade de forma anticompetitiva. Os casos mais famosos são os do grupo cervejeiro Ambev e da comerciante de tabaco Souza Cruz. Ambas são até hoje monitoradas por meio de Termos de Ajustamento de Conduta (TACs) pelo Cade na tentativa de impedir a retomada das políticas de venda exclusiva de produtos nos contratos com os varejistas. (...)

Outros setores também podem, em tese, ser afetados pela mudança na lei, caso ela seja mantida na Câmara. Recentemente, os contratos de exclusividade firmados entre as Organizações Globo e o Clube dos Treze, organização que congrega as maiores agremiações de futebol do país, foram questionados no sistema antitruste. Ao fim, o Cade entendeu que não havia abuso na prática em si, mas apenas em alguns artigos dos contratos, como o que dava direito de preferência à Globo nas concorrências pela transmissão dos jogos. O caso é simbólico para exemplificar que nem todos os contratos de exclusividade são necessariamente anticoncorrenciais. Antes disso, a exclusividade dos canais SporTV também foi questionada no Cade e gerou um Termo de Compromisso de Cessação (TCC), em que a Globosat deixou de praticar a exclusividade dos canais mas acertou com o Cade um contrato padrão a ser oferecido ao mercado."

[**Mudança na Lei do Cade pode facilitar práticas de fidelização**. Revista Teletime de 02.12.10, disponível em http://www.teletime.com.br/02/12/2010/mudanca-na-lei-do-cade-pode-facilitar-praticas-de-fidelizacao/tt/206396/news.aspx. Acesso em 11.01.11].

Segundo sugerido por militantes da área antitruste, além da natural preocupação com a exclusividade de distribuição para os casos ainda não julgados, a superveniente atipicidade poderia despertar preocupação por ser caracterizável como *reformatio in mellius*. Em outras palavras, a atipicidade teria efeito retroativo, de tal modo que importantes penalidades impostas pelo Cade poderiam cair no Judiciário, a depender, apenas, da provocação das partes. Entre esses casos está o AMBEV 'Tô Contigo'. ART. 36

Ademais, a previsão em TCCs de que o administrado abre mão de recorrer ao Judiciário sofreria novo revés. Além de o direito de acesso ao Judiciário ser notoriamente indisponível (art. 5º, XXXV CF), o art. 53, §8º da Lei nº 8.884/94 e o art. 85, §12 da presente lei ensejariam a revisão do acordo pelo próprio Cade em função da sua excessiva onerosidade, tendo em vista que as condições nas quais o TCC foi pactuado não mais existiriam.

Ocorre, entretanto, que a Lei nº 8.884/94 já não trazia dispositivo específico à exclusividade de distribuição quando da análise daqueles casos – tendo sido transportados para a presente lei todos os dispositivos que permitiam deduzir que aquela prática era passível de escrutínio pelo Cade. Aliás, não há qualquer dispositivo que passe a autorizar a prática, que continua vedada pelos seus efeitos (art. 36, §3º, IV e V da nova lei, equivalente ao revogado art. 21, V e VI da Lei nº 8.884/94). Desse modo, a preocupação com a exclusão pelo Senado Federal é desnecessária, pois a prática da exclusividade continua punível pelos efeitos previstos em outros incisos herdados da Lei nº 8.884/94.

[151]"Contratos de exclusividade demandam que um agente adquira todos os seus produtos de uma única fonte. Tipicamente envolvem promessas de um revendedor de que estocará, exclusivamente, uma marca de um fabricante. Por exemplo, uma loja de bebidas pode concordar em vender apenas refrigerantes da Coca-Cola, ou um fabricante de *donuts* pode concordar em comprar todo o seu açúcar de um único fabricante. Como observou o comitê antitruste da Procuradoria-Geral em 1955, a questão concorrencial chave nesses casos está em saber se os contratos efetivamente 'fechavam' o acesso aos mercados de retalho/varejo para efetivos ou potenciais fabricantes, ou fechavam o acesso às fontes de suprimento para efetivos ou potenciais varejistas rivais. Ao mesmo tempo, contratos de exclusividade podem levar a óbvias eficiências. Uma fonte garantida de fornecimento ou patrocínio habitualmente induz a que as sociedades façam os investimentos esperados. Assim como a exclusividade territorial, acordos de exclusividade também podem encorajar atividades locais promocionais para o investimento de um distante fabricante no treinamento de varejistas.

Acordos de exclusividade foram o objeto central do §3 do *Clayton Act*."

[Ross, Stephen F.. **Principles of antitrust law**. Westbury: New York, 1993. PP. 303 e 304].

ART. 36 [152]"Alternativa menos restritiva: acordos não exclusivos de venda conjunta que exigem que os participantes vendam, apenas, pela agência em comum

[151] *"Exclusive dealing contracts require a firm to buy all its supplies from a single source. They typically involve promises by a retailer that it will exclusively stock one manufacturer's brand of a particular product. For example, a malt shop might agree to sell only Coca-Cola soft drinks, or a donut manufacturer might agree to buy all its sugar form one manufacturer. As the Attorney General's antitrust committee observed in 1955, the key antitrust issue in such cases is whether the contracts effectively `foreclose` access to retail markets for actual or potential rival manufacturers, or foreclose access to sources of supply for actual or potential rival retailers. At the same time, exclusive dealing contracts can permit obvious efficiencies. A guaranteed source of supply or patronage often induces firms to make desirable investments. Like exclusive territories, exclusive dealing arrangements can also encourage local promotional activities for a distant manufacturer's investment in training retailers. (...)*
Exclusive dealing contracts were the principal object of § 3 of the Clayton Act."

[152] *"Less restrictive alternative: nonexclusivity joint sales arrangements that require participants to sell exclusively through the joint agency must be viewed with greater suspicion than nonexclusive arrangements. In cases of exclusivity, the joint sales agent can become an effective cartel manager, and police the sales of each participant and ensure that output is restrained to the monopoly level. By contrast, if participants are able without effective restriction to make unlimited non-agency sales in the same market, then achieving the desired output restriction will be much more difficult or even impossible.*
Thus, in Ohio-Sealy the Seventh Circuit cited as one factor in approving a joint sales agreement under the rule of reason that 'no licensee is foreclosed from competing for the business independently... .'By contrast, Asarco cited exclusivity as one factor justifying condemnation of an arrangement by which one

devem ser vistos com maior suspeição que acordos não exclusivos. Em casos de exclusividade, o agente das vendas conjuntas pode tornar-se verdadeiro administrador de um cartel e policiar as vendas de cada participante, assegurando que o produto seja produzido em patamares de monopólio. Por outro lado, se os participantes puderem fazer vendas fora da agência no mesmo mercado, será muito mais difícil ou, até mesmo, impossível alcançar a restrição na produção.

Assim, em *Ohio-Sealy*, o *Seventh Circuit* citou como fator para aprovar as vendas conjuntas pela regrada razão que 'nenhuma licença é impedida de concorrer com o seu negócio de forma independente...'. contrastando, *Asarco* cita a exclusividade como fator que justifique a condenação do acordo pelo qual uma sociedade vendia conjuntamente os produtos de ambos. Segundo o acordo, a sociedade que designava a outra de agente 'não podia vender' o chumbo separadamente."

[Areeda, Phillip E./ Hovenkamp, Herbert. **Antitrust Law: An Analysis of Antitrust Principles and Their Application, 2nd and 3rd Editions (1998-2007 and supplemented 9/07).** ¶2137c3].

[153]"Uma distribuição exclusiva tipicamente confere a um distribuidor o direito de ser a única via de escoamento dos produtos ou serviços de determinado fabricante em certo mercado geográfico. Trata-se de uma restrição vertical no fabricante, proibindo-o de estabelecer a sua própria via de escoamento na área, ou de vender para outros distribuidores localizados na área. (...) ART. 36

Ao analisar o efeito concorrencial da exclusividade de distribuição, os tribunais têm considerado fatores como o vigor da concorrência intermarcas, a duração da exclusividade e a abrangência geográfica da distribuição. (...)

firm jointly marketed the output of both. Under the arrangement the firm designating the other as agent was 'precluded from marketing' any of its lead through separate channels."

[153] *"An exclusive distributorship tipically provides a distributor with the right to be the sole outlet for a manufacturer's products or services in a given geographic market. It is a vertical restriction on the manufacturer, prohibiting the manufacturer from establishing its own sales outlet in the area or selling to other distributors located in the area. (...)*

In analyzing the competitive effect of the exclusive distributorships, courts have considered such factors as the strength of interbrand competition, the duration of the exclusive distributorship, and the geographic scope of the distributorship. (...)

Most post-Sylvania decisions have upheld such restrictions under the rule of reason, even if imposed by a manufacturer with a dominant market position. In a small number of cases, however, territorial and customer restrictions have been found unreasonable. In addition, where a manufacturer imposes territorial or customer restraints at the behest of its distributors, some courts have indicated that the restraints may be considered horizontal and therefore per se unlawful under Section I."

A grande maioria das decisões pós-*Sylvania* sustentou a análise de tais restrições sob a regra da razão, ainda que tenha sido imposta por um fabricante com posição dominante. Em um número pequeno de casos, contudo, restrições territoriais e à clientela foram consideradas desarrazoadas. Adicionalmente, onde o fabricante impuser restrições por solicitação dos seus distribuidores, alguns tribunais têm indicado que as restrições podem ser consideradas horizontais e, portanto, ilegais *per se*, consoante a parte I [do *Sherman Act*]."

[**Antitrust Law Developments**. Vol. 1. ABA: USA, 2002. PP. 150/158].

V. *United States v. Arnold, Schwinn & Co., 388 U.S. 365 (1967).*

V. *Continental T.V. Inc. v. GTE Sylvania Inc., 433 U.S. 36 (1977).*

V. *White Motor Co. v. United States, 372 U.S. 253 (1963).*

V. *Toys 'R' Us, Inc. v. FTC, 221 F.3d 928 (7th Cir. 2000).*

V. *Volvo Trucks North America, Inc. v. Reeder-SIMCO GMC, Inc., 546 U.S. (2006).*

V. Processo Administrativo nº 08012.009991/98-82, em que foram representados Condomínio Shopping Center Iguatemi e Shopping Center Reunidos do Brasil Ltda., de relatoria de Roberto Pfeiffer.

ART. 36 V. Processo Administrativo nº 08012.008024/1998-49, em que foram representadas TBA Informática Ltda. e Microsoft Informática Ltda., de relatoria de Roberto Pfeiffer.

V. AMBEV 'Tô Contigo': Processo Administrativo nº 08012.003805/2004-10, em que foi representada a Companhia de Bebidas das Américas – AMBEV, de relatoria de Fernando Furlan.

V. caso Clube dos Treze: Processo Administrativo nº 08012.006504/1997-11, em que foram representados TV Globo Ltda., Globo Comunicações e Participações Ltda., Rádio Televisão Bandeirantes S.A., TVA Sistema de Televisão S.A., União dos Grandes Clubes do Futebol Brasileiro (Clube dos Treze) e outros, de relatoria de César Mattos.

V. Averiguação Preliminar nº 08012.003009/2006-49, em que foi representada a Oracle do Brasil Sistemas Ltda., de relatoria de César Mattos.

V. Averiguação Preliminar Nº 08012.001626/2008 -71, em que é representada a Companhia de Bebidas das Américas – AMBEV, de relatoria de Ricardo Ruiz.

V. nota ao inciso VI.

XIX – exercer ou explorar abusivamente direitos de propriedade industrial, intelectual, tecnologia ou marca.

Como antecipado em nota ao inciso XIV, o inciso XIX aborda a relação entre monopólio e concorrência, entre o incentivo à propriedade e o abuso do direito de propriedade, entre o incentivo à inovação e a excessiva proteção legal para alcançar esse fim.

É sempre importante lembrar que os direitos de PI representam a criação artificial de escassez pelo legislador para atender a um propósito social relevante. Paradoxalmente, esse propósito representa a própria criação de incentivos para que esse produto seja disponibilizado no mercado. Em outras palavras: sem os direitos de PI, o criador, com receio do comportamento carona de concorrentes, não colocaria o produto no mercado, levando à sua escassez. Por outro lado, uma vez lançado esse produto no mercado, a proteção confere uma escassez artificial ao produto por dois motivos: (i) afasta-se o comportamentos dos caronas e (ii) impede-se que até mesmo aquele que chegou ao mesmo resultado sem copiar seja privado de competir até o fim do período de proteção legal. De qualquer modo, o argumento é cíclico: para evitar a escassez o legislador cria escassez. ART. 36

Alguns autores aos quais me filio, dentre os quais se destaca Mark A. Lemley, criticam a aproximação da tutela dos direitos de PI da tutela do direito real de propriedade. A diferença gritante entre os institutos reside em que, se, no direito de propriedade, visa-se afastar a externalidade negativa provocada pelo uso comum de um bem (a tragédia dos comuns), no caso da PI a externalidade seria positiva, pois o comportamento de carona, em geral, proporcionaria o aparecimento de produtos inovadores – em particular, nos mercados de tecnologia. Mais do que isso, a progressiva redução dos custos em inovar (os exemplos mais contundentes são a internet e a impressão 3D) e o curto ciclo de vida dos produtos tecnológicos eliminam o principal argumento levantado pelos defensores do monopólio conferido aos detentores do direitos de PI: aquele de que é necessário conferir um prazo suficientemente longo para que o inovador amortize o seu investimento.

Haveria raras exceções a esse argumento, em particular o setor de medicamentos, em razão do prazo para pesquisas (tantas vezes realizadas como projeto de vida dos pesquisadores), dos vultosos investimentos (inclusive nos experimentos fase I e fase II) e da natureza molecular da concorrência. A relevância molecular da concorrência decorre, primordialmente, de três fatores: primeiro, uma vez descoberta a aplicação do princípio ativo para a cura de uma doença, não há outro salto a ser realizado no tratamento que dependa diretamente da possibilidade de usar o objeto patenteado; segundo, raramente há competição entre diversos princípios ativos: descoberta a cura para uma doença, em geral vale mais a pena direcionar os vultosos investimentos para a descoberta da cura para outra doença, pois a probabilidade de que se realize um avanço mínimo que propicie o retorno do investimento é maior nesse caso. Terceiro, a utilidade de investimentos na área em que já se descobriu a aplicação de um dado princípio ativo é socialmente decrescente: uma vez descoberta a aplicação do princípio ativo, a diferença entre os medicamentos ficará restrita à aplicação dos excipientes, sendo, em geral, pequeno o ganho social advindo desse investimento.

É certo que a descoberta de aplicação de outro princípio ativo pode gerar ganhos significativos para o tratamento de doenças. Nesse caso, ao se garantir o monopólio no uso do princípio ativo ao inovador, a lei cria
ART. 36 incentivos para que os concorrentes invistam no desenvolvimento de novos princípios ativos, ao invés de investir, apenas incrementalmente, na descoberta da melhor aplicação dos excipientes. Em outras palavras, um monopólio, nesse caso, teria baixos efeitos sociais negativos, mas elevados efeitos positivos na promoção de incentivos a investimentos vultosos e de longo prazo.

[154]"*Prima facie*, o conflito parece ser muito simples. De um lado, o padrão de livre concorrência ameaça a segurança e a certeza que o direito de propriedade pretende promover. Por outro lado, direitos de propriedade intelectual (PI)

[154] *"Prima facie, the conflict seems a rather simple one. On the one hand, the free competition standard directly threatens the security and certainty that property rights seek to promote. On the other hand, IPRs confer exclusive rights and benefits upon their owners, which may provide them with significant advantages over their competitors. (...)*
However, it is important to note that there are two reasons that seem to render the IP-antitrust conflict a more complex one than the dichotomy of property versus freedom standard (...). IP scholars have long been aware that the property rights conferred by IPRs must be balanced against the degree of harm they may inflict upon competition, and similarly it has been suggested that antitrust doctrine itself faces a conflict between its commitments to fostering competition and its commitments to protecting property rights. Therefore, it should be borne in mind that the intertwining doctrines that create the IP-antitrust cusp are multidimensional in their own way, in the sense that they already independently reflect a first-

conferem benefícios e direitos exclusivos aos seus detentores, o que pode repercutir em significativas vantagens sobre os concorrentes. (...)

Contudo, é importante observar que há duas razões que parecem tornar o conflito PI -antitruste mais complexo que a dicotomia de propriedade v. o padrão de liberdade (...). Estudiosos de PI há muito estão cientes de que os direitos de propriedade conferidos pelos direitos de propriedade intelectual devem ser balanceados contra o grau de danos que pode ser impingido à concorrência e, similarmente, foi sugerido que a própria doutrina antitruste enfrentasse um dilema entre os seus objetivos de aumentar a concorrência e proteger a direitos de propriedade. Assim, deve-se ter em mente que as doutrinas interligadas que formulam o limite entre PI e antitruste são multidimensionais, no sentido de que já refletem, de forma independente, um equilíbrio de primeiro-grau do paradoxo propriedade-concorrência. Isto torna o conflito PI-antitruste uma derivada de segundo-grau do conflito"

[Kallay. Dina. **The Law and Economics of Antitrust and Intellectual Property – an Austrian approach**. Edward Elgar: Cheltenham (GRB), Massachusetts (EUA), 2004. PP. 5/6].

[155]"Especificamente, a fim de estabelecer a responsabilidade segundo a doutrina da infraestrutura essencial a parte precisa provar quatro fatores: (1) ART. 36

degree balance of the property-competition paradox. This makes the IP-antitrust conflict a second-degree derivative case of the conflict."

155 *"Specifically, to establish antitrust liability under the essential facilities doctrine, a party must prove four factors: (1) control of the essential facility by a monopolist; (2) a competitor's inability practically or reasonably to duplicate the essential facility; (3) the denial of the use of the facility to a competitor; and (4) the feasibility of providing the facility to competitors.*

MCI Communications, 708 F.2d at 1132-33. This test for antitrust liability has been adopted by virtually every court to consider an "essential facilities" claim.

When essential facilities claims have been raised in the context of assets protected by intellectual property laws – such as copyrighted databases or software – United States courts have applied the essential facilities doctrine just as they have when the undisputed natural monopolies involved utilities, transportation facilities or other physical assets. For example, one district court considered a claim applying the essential facilities doctrine to telephone directory listings in which defendant (the local telephone company and a publisher of telephone directories) claimed copyright protection. See BellSouth Adver. & Publ'g Corp. v. Donnelley Info. Publ'g, Inc., 719 F. Supp. 1551, 1566 (S.D. Fla. 1988), rev'd on other grounds, 999 F.2d 1436 (11th Cir. 1993), cert. denied, 520 U.S. 401 (1994). (...)

[Nota de rodapé nº 11]*United States courts are sensitive to concerns that limiting intellectual property protections may dampen incentive for innovation. However, the courts have recognized that permitting antitrust liability in proper circumstances appropriately promotes competition, and, ultimately, innovation as well. See, e.g., Data General, 36 F.3d at 1184-86. In Data General the court considered defendant's argument that "allowing copyright owners to exclude others from the use of their work creates*

controle da infraestrutura essencial por um monopolista; (2) inabilidade prática ou racional de o concorrente duplicar a infraestrutura essencial; (3) a recusa de conceder o uso da infraestrutura essencial por um concorrente; e (4) a viabilidade de conceder o uso da infraestrutura essencial para concorrentes.

MCI Communications, 708 F.2d em *1132-33.* Este teste para responsabilidade concorrencial foi adotado por quase todo tribunal na análise de casos envolvendo a alegação de 'infraestrutura essencial'.

Quando a alegação de infraestrutura essencial tiver sido levantada no contexto de bens protegidos por leis de propriedade intelectual – como informações ou *software* protegidos –, os tribunais norte-americanos vêm aplicando a doutrina da infraestrutura essencial em casos de monopólios naturais envolvendo serviços públicos, infraestrutura de transporte ou outros bens tangíveis. Por exemplo, um tribunal distrital concordou com uma alegação de infraestrutura essencial para listas de diretórios telefônicos para as quais o representado (a empresa de telefonia local e editora de diretórios de telefones) invocava proteção autoral. *See BellSouth Adver. & Publ'g Corp. v. Donnelley Info. Publ'g, Inc., 719 F. Supp. 1551, 1566 (S.D. Fla. 1988),* revertida por outros argumentos, *999 F.2d 1436 (11th Cir. 1993), certiorari* recusado, *520 U.S. 401 (1994).* (...)

[Nota de rodapé nº 11] Os tribunais norte-americanos são sensíveis a preo-
ART. 36 cupações de que a limitação da proteção à propriedade intelectual possa reduzir os incentivos à inovação. Contudo, os tribunais têm considerado que a admissão de responsabilidade concorrencial em circunstâncias adequadas promove a concorrência e, em última análise, a inovação. *See, e.g., Data General, 36 F.3d* em *1184-86.* Em *Data General*, o tribunal concordou com o argumento do representado de que 'ao se permitir que detentores de direitos autorais excluam outros

incentive which ultimately work to the benefit of consumers in the [alleged] service aftermarket" but concluded that "it may be inappropriate to adopt an empirical assumption that simply ignores harm to the competitive process caused by a monopolist's unilateral refusal to license a copyright." Id. at 1185. The court in Image Technical Servs., Inc. v. Eastman Kodak Co., 125 F.3d 1195 (9th Cir. 1997) expressed similar concerns. Notwithstanding its recognition that liability for unilateral refusal to deal might reduce the incentives to innovate that normally flow from intellectual property protection, the Kodak court recognized that appropriate situations merit antitrust intervention. See id. at 1218-20.(...)

In those rare and exceptional circumstances where a facility is truly essential to competition, the anticompetitive effects of denial of access are severe, and there is no business justification (and evidence of a specific intent to injure a rival), United States courts will find antitrust liability for a monopolist's refusal to license access to an essential facility. In such rare circumstances, where intellectual property (as with any other kind of property, tangible or intangible) is shown to constitute an essential facility – i.e., where it meets the four factors set forth in MCI Communications, 708 F.2d at 1132- 33 – the same result obtains: United States antitrust law permits a court to order compulsory licensing of such intellectual property. (...)"

do uso do seu trabalho, cria-se um incentivo que, em última instância, trabalha a benefício do consumidor no [alegado] mercado secundário de serviços', mas concluiu que 'pode ser inadequado adotar a presunção empírica que simplesmente ignore os danos ao processo competitivo causados pela recusa unilateral do monopolista em licenciar um direito de autor'. *Id.* em *1185*. O tribunal, em *Image Technical Servs., Inc. v. Eastman Kodak Co., 125 F.3d 1195 (9th Cir. 1997)*, expressou preocupação similar. Apesar de reconhecer que a responsabilidade pela recusa unilateral em contratar possa reduzir os incentivos à inovação que normalmente fluem da proteção à propriedade intelectual, o tribunal em *Kodak* reconheceu que situações apropriadas demandam a intervenção antitruste. V. *id.* em *1218-20.(...)*

Naquelas raras e excepcionais circunstâncias em que uma infraestrutura é realmente essencial à concorrência, os efeitos anticompetitivos da recusa de acesso são severos e não há justificativa comercial (e prova de dolo específico de prejudicar o rival), os tribunais norte-americanos encontrarão responsabilidade concorrencial para a recusa de um monopolista em licenciar o acesso à infraestrutura essencial. Nessas raras circunstâncias, quando a propriedade intelectual (assim como outras formas de propriedade, tangíveis ou intangíveis) prova-se uma infraestrutura essencial – *i.e.*, quando são preenchidos os quatro requisitos de *MCI Communications, 708 F.2d at 1132- 33* – chega-se ao mesmo resultado: a lei concorrencial norte-americana permite que o tribunal ordene o licenciamento compulsório de tal propriedade intelectual. (...)" ART. 36

[Pitofsky, Robert. **The Essential Facilities Doctrine Under United States Antitrust Law**. *Paper submitted to the European Commission in support of National Data Corporation in its essential facilities case against IMS.* Disponível em http://www.ftc.gov/os/comments/intelpropertycomments/pitofskyrobert.pdf. Acesso em 25.01.2011].

[156]"Os tribunais têm anunciado diferentes interpretações à doutrina da infraestrutura essencial. Por exemplo, em *MCI Communications Corp. v. American Telephone and Telegraph*, a Seventh Circuit Court of Appeals indicou que a doutrina seria aplicável quando (1) há controle da infraestrutura essencial por um monopolista, (2) há impossibilidade de o concorrente devidamente duplicar a infra-

[156] *"Courts have announced various formulations of the essential facilities doctrine. For examples. In MCI Communications Corp. v. American Telephone and Telegraph, the Seventh Circuit Court of Appeals indicated that the doctrine would apply when (1) the essential facility is controlled by a monopolist, (2) a competitor cannot reasonably duplicate the facility, (3) the monopolist denies access to the facility and (4) it would be feasible for access to be provided. This later requirement would seem to preclude requiring a firm to provide access that would lower the quality of its own offering in the market."*

estrutura essencial, (3) há recusa de conceder o uso da infraestrutura essencial pelo monopolista e (4) é viável conceder o uso da infraestrutura essencial para concorrentes. Este ultimo requisito excluiria qualquer concessão de acesso que reduzisse a qualidade da sua própria oferta no mercado.

[Sullivan, E. Thomas/Harrison, Jeffrey L., **Understanding Antitrust and its Economic Implications.** LexisNexis, Fouth Edition, 2003. PP. 292/293]

[157]"A ECJ [*European Court of Justice*] acrescentou [em *Volvo v. Erik Veng*. V. também *Consorzio Italiano della Componentistica di Ricambio per Autovericoli and Maxicar v. Regie National des Usines Renault*], entretanto, que um fabricante de carros pode ser responsável por abusar da sua posição dominante quando se recusar a fornecer peças para oficinas independentes de maneira arbitrária, cobrar preços excessivos pelas peças, ou decidir não mais produzir peças para modelos ainda em circulação. (...)

[157] *"The ECJ added* [em *Volvo v. Erik Veng*. V. também *Consorzio Italiano della Componentistica di Ricambio per Autovericoli and Maxicar v. Regie National des Usines Renault*], *however, that a car manufacturer might be guilty of abusing its dominant position where it refused to supply spare parts to independent repairers in an arbitrary manner, charged unfair prices for spare parts, or decided no longer to produce spare parts for models still in circulation. (...)*

ART. 36

The ECJ states that [em *Magill TV Guide/ITP, BBC and RTE*] *the abuse consisted of the refusal to provide basic information by relying on national copyright provisions, thereby preventing the appearance of a new product, a comprehensive guide to television programmes, which the television companies did not offer and for which there was a potential consumer demand; the Court also noted that there was no objective justification for the refusal and that the result of the refusal was to reserve to the television companies the downstream market for television guides.*

The case was immensely controversial and led to numerous comments and articles, mainly adverse. It appeared to sit oddly with the earlier judgments of the ECJ in Renault and Volvo v. Erik Venk; it meant that the possibility of compulsory licensing had been introduced under Article 82; and it could be seen to be an application of the so-called 'essential facilities doctrine' to intellectual property rights. A particular anxiety was that the precedent might be applied to intellectual property rights that were the consequence of substantial risk-taking and investment – for example patents and computer software – as opposed to a mere list of television programmes, though this did not happen in practice.(...)

It is now clear that the Magill case was an exceptional one; as a precedent it has a narrow application. Although it is certainly not defunct; the Commission applied it the IMS case in 2001 (...). To put the Magill case in perspective, it is necessary to recall the later judgments of the ECJ in the Oscar Bronner v. Mediaprint and of the CFI in Tiercé Ladbroke v. Commission, and in European Night Services v. Commission (...). These judgments adopted a restrictive approach to the so-called 'essential facilities doctrine', and in doing so gave a narrow interpretation to the Magill precedent. In particular the ECJ in Oscar Bronner stressed the exceptional circumstances in Magill; it referred to four factors in particular: the information sought by Magill was indispensable to the publication of a comprehensive listings guide; there were no objective justifications for the refusal to supply; and the refusal would eliminate all competition in the secondary market for TV guides."

A ECJ afirma [em *Magill TV Guide/ITP, BBC and RTE*] que o abuso consiste na recusa de fornecer informações básicas em função de contar com a proteção de direitos autorais, desse modo atrapalhando o surgimento de um novo produto, um guia mais abrangente para programas televisivos, o qual as companhias de televisão não ofereciam e pelo qual havia potencial demanda pelo consumidor; o tribunal também observou que não havia justificativa objetiva para a recusa e que o resultado era a reserva do mercado a jusante de guias televisivos para as companhias de televisão.

O caso foi muito controverso e levou a diversos comentários e artigos, muitos contrários à decisão. Parecia não se adequar aos julgamentos anteriores da ECJ em *Renault and Volvo v. erik Venk*; significava que a possibilidade de licenciamento compulsório havia sido introduzida pelo art. 82; e poderia ser vista como uma aplicação da 'doutrina da infraestrutura essencial' à propriedade intelectual. Um temor específico advinha de que o precedente poderia ser aplicado à propriedade intelectual que fosse consequência de substancial empreendedorismo e investimento – por exemplo, patentes e *software* para computador –, em oposição a uma simples lista de programas televisivos, embora isso não tivesse acontecido, na prática. (...)

Hoje está claro que o caso *Magill* foi excepcional; como precedente, tem aplicabilidade limitada – embora não esteja enterrado. A Comissão aplicou-o no caso IMS em 2001 (...). Para analisar o caso *Magill*, é necessário lembrar os ART. 36
julgamentos pela ECJ dos posteriores *Oscar Bronner v. Mediaprint, Tiercé Ladbroke v. Commission* e *European Night Services v. Commission* (...). Tais julgados adotaram uma um viés restritivo da denominada 'doutrina da infraestrutura essencial' e, ao assim proceder, deram uma interpretação restritiva ao precedente *Magill*. Em particular em *Oscar Bronner* a ECJ afirmou as circunstâncias excepcionais de *Magill*, referindo-se a quatro fatores em particular: a informação buscada por *Magill* era indispensável à publicação de um guia amplo; não havia justificativa objetiva à recusa de fornecimento; e a recusa eliminaria toda a concorrência no mercado secundário de guias para TV."

[Whish, Richard. **Competition Law**. 5ª edição. LexisNexis: Grã-Bretanha, 2003 PP. 758/760].

[158]"A ECJ decidiu que um fabricante de automóveis pode recusar-se a conceder licenças para que terceiros produzam peças para os seus carros; contudo, se

[158] *"The ECJ has held that car manufacturer may refuse to grant licenses to third parties to produce spare parts for its cars; however if it charges excessive prices for the spares which it produces itself, this may amount to an abuse of its dominant position. It may be that the market will solve this problem itself. Although such customers appear to be 'locked in' to the manufacturer's spare parts, the original car will eventually need to be replaced; excessive prices for spare parts will deter buyers of new cars from buying*

cobrar preços excessivos pelas peças que ele próprio produzir, a conduta pode ser considerada abuso de posição dominante. Pode ser que a participação de mercado sozinha resolva esse problema. Embora esses clientes pareçam estar em uma situação de '*lock in*' em relação às peças do fabricante, o carro precisará ser substituído algum dia; preços excessivos para peças evitarão que os adquirentes dos novos carros comprem dos seus atuais fabricantes: isso, por outro lado, pode evitar que o fabricante cobre preços excessivos pelas peças."

[Whish, Richard. **Competition Law**. 6ª edição. LexisNexis: Grã-Bretanha, 2009. P. 715].

V. Lemley, Mark A.. **Property, Intellectual Property, and Free Riding**. Texas Law Review, Vol. 83, p. 1031, 2005.

V. Lemley, Mark A.. **IP in a World Without Scarcity**. 90 (2) NYU Law Review 460, 2015.

V. Processo Administrativo nº 08012.008024/1998-49, em que foram representadas TBA Informática Ltda. e Microsoft Informática Ltda., de relatoria de Roberto Pfeiffer.

V. caso SEVA-Siemens: Processo Administrativo nº 08012.004484/ 2005-51, em que foi representada a Continental do Brasil Indústria Automotiva Ltda. (Siemens VDO Automotive Ltda), de relatoria de Fernando Furlan.

ART. 36

V. Averiguação Preliminar nº 08012.005727/2006-50, em que foi representada a Alcoa Alumínio S.A., de relatoria de César Mattos.

V. Recurso Voluntário no Processo Administrativo nº 08012.004572/ 2007-15, em que foi recorrida a Saint-Gobain Canalização Ltda., de relatoria de César Mattos.

V. Ato de Concentração nº 08012.004341/2009-73, em que foram requerenetes Cosanpar Participações S.A. e Shell Brasil Ltda., de relatoria de César Mattos.

V. Averiguação Preliminar nº 08012.002673/2007-51, em que foram representadas Volkswagen do Brasil Indústria de Veículos Automotivos, Fiat Automóveis S.A. e Ford Motor Company Brasil Ltda., de relatoria de Carlos Ragazzo.

V. *Broadcast Music, Inc. v. Columbia Broadcasting System, Inc., 441 U.S. 1, 99 S.Ct. 1551, 60 L.Ed.2d 1 (1979).*

from their existing manufacturer: this in turn may deter the manufacturer from an excessive pricing policy for parts in the first place."

V. §1064 (3) (5) do 15 U.S.C. §§ 1051-1127 (*Lanham Trade-Mark Act*).
V. inciso XIV.

CAPÍTULO III – Das penas

Art. 37 A prática de infração da ordem econômica sujeita os responsáveis às seguintes penas:

I – no caso de empresa, multa de 0,1% (zero vírgula um por cento) a 20% (vinte por cento) do valor do faturamento bruto da empresa, grupo ou conglomerado obtido, no último exercício anterior à instauração do processo administrativo, no ramo de atividade empresarial em que ocorreu a infração, a qual nunca será inferior à vantagem auferida, quando for possível sua estimação;

Nos termos do art. 11 da Lei nº 9.021/95, que continua em vigor naquilo que não contraria o disposto no presente inciso, a base de cálculo para a apuração da multa advinha do faturamento da empresa no exercício anterior à instauração do processo administrativo, corrigido segundo os critérios de atualização dos tributos federais pagos em atraso, até a data de recolhimento da respectiva multa. ART. 37

Havia, porém, dissenso no Plenário do Cade quanto à possibilidade legal de restringir a base de cálculo para o cômputo da multa ao faturamento no mercado relevante atingido pela operação. O posicionamento que preponderou, justamente por atender ao princípio da estrita legalidade, afastando o uso da equidade, foi expresso por Luiz Carlos Prado:

"314- Importa salientar que, em juízo administrativo, os limites de 1% a 30%, 10 a 50% e 6.000 (seis mil) e 6.000.000 (seis milhões) de UFIR não podem ser alterados pelo juízo de equidade. O administrador está adstrito às cifras impostas por dispositivo legal, cabendo-lhe, apenas, observados os critérios de conveniência e oportunidade, fazer a dosimetria dentro daqueles parâmetros. A majoração ou redução casuística da penalidade imposta legalmente a partir de entendimento consubstanciado na equidade compete, tão-somente, ao Poder Judiciário[159]."

[159] "Nos termos do art. 127 do Código de Processo Civil, '[O] juiz só decidirá por equidade nos casos previstos em lei.' Segundo Antônio Cláudio da Costa Machado (**Código de processo**

[Processo Administrativo nº 08012.006019/2002-11 (cartel do GLP no Triângulo Mineiro), em que foram representados Agip, Copagaz, Ultragaz e outros, de relatoria de Luiz Carlos Prado].

O presente inciso, em conjunção com o § 2º abaixo, tenta resolver esse *imbroglio*, ao determinar, como regra, a adequação da multa ao 'ramo de atividade empresarial' em que ocorreu a infração – embora peque ao prestigiar o recurso a essa expressão em detrimento do consagrado 'mercado relevante da operação'.

Essa distinção é tecnicamente relevante, dado que o mercado relevante para a configuração de uma infração concorrencial à ordem econômica inclui tanto a sua vertente produto – englobada pela expressão 'ramo de atividade empresarial em que ocorreu a infração' –, quando a sua vertente geográfica, que fica excluída com essa redação. Antes, a expressão 'ramo de atividade empresarial em que ocorreu a infração' é bastante inadequada, pois pode ser tanto mais ampla que a definição de mercado relevante, como por demasiado imprecisa, nos casos em que há mais de um setor envolvido.

ART. 37 Ocorre que a recurso à expressão *ramo de atividade empresarial* não é aleatório. Se a redação inaugural da Câmara dos Deputados primava pelo recurso ao termo 'mercado relevante', a redação do Senado Federal, ao reduzir o percentual máximo da multa do inciso I de 30% para 20%, alterou a expressão para 'ramo de atividade empresarial'. Embora a Câmara dos Deputados pudesse derrubar a redação do Senado para prestigiar a redação inicial, um aparente erro de votação com relação acordado entre as lideranças manteve a redação do Senado para o inciso I. A solução adotada para que não houvesse a redução da multa decorrente da redação dada pelo Senado levou a que se alterasse, no momento da redação final

civil interpretado: artigo por artigo, parágrafo por parágrafo, 5ª edição. Barueri, SP: Manole, 2006. P. 173):
'[O] juízo por equidade se contrapõe ao juízo fundado na legalidade estrita que está disciplinado pelo art. 126. O julgamento por equidade, autorizado unicamente nas hipóteses expressas em lei, permite ao magistrado valer-se do valor do justo e do equânime como critério de julgamento para alcançar a solução do litígio. A equidade é permissão dada ao juiz para fazer justiça sem sujeitar-se de forma absoluta à vontade contida na regra legal; é liberdade para dar a cada um o que é seu sem subordinar-se rigorosamente ao direito escrito (v. arts. 2º, da Lei nº 9.307/96, e 25 da Lei nº 9.099/95). Observe-se que o julgamento por equidade não se confunde com discricionariedade, autorizada pelo art. 1.109.'"

da Câmara, a expressão 'mercado relevante' do §2º para *ramo de atividade empresarial*, uniformizando a redação com aquela do inciso I.

O ardil pode ser explicado por declarações do Conselheiro Olavo Chinaglia à imprensa, no exercício da presidência interina do Cade, no sentido de que, no fim, o *imbroglio* na votação na Câmara dos Deputados poderia ser contornado pela interpretação da expressão *ramo de atividade empresarial* como algo mais amplo que *mercado relevante*. Segundo a reportagem **Erro em votação do Cade não deve ser corrigido**, veiculada em O Estado de S. Paulo em 11.10.2011, de autoria de Lu Aiko Otta e Célia Froufe:

> "Tende a fracassar a tentativa do deputado Pedro Eugênio (PT-PE), relator da lei que criou o Super Conselho Administrativo de Defesa Econômica (Cade), de corrigir por ato administrativo da Câmara um erro cometido durante a votação do texto, que resultou na mudança da multa aplicada às empresas que formam cartel ou cometem outros atos lesivos à concorrência. Em vez de aprovar uma multa de 1% a 30% do faturamento da empresa no mercado relevante, como pretendiam o governo e o relator, os deputados acabaram aprovando uma multa de 0,1% a 20% do faturamento no ramo de atividade empresarial. (...) ART. 37
> O pedido será amparado nas notas taquigráficas das falas no momento da votação. Porém, especialistas da Câmara acham difícil reverter o erro 'no tapetão'. Eles não colocam em dúvida que havia acordo sobre os 30%, mas argumentam que não se deve abrir um precedente de modificar a redação aprovada formalmente, para não criar insegurança jurídica. 'Vale o que está escrito, porque se não amanhã alguém pode querer mudar matéria votada dizendo que o acordo não era bem aquele', explicou um técnico. Se esse entendimento for confirmado, restarão duas alternativas: enviar um novo projeto de lei ou medida provisória estabelecendo a multa de 30% ou simplesmente deixá-lo como está, ou seja, os 20%. Cresce no governo o entendimento que o estrago não é tão grande quanto parece. Isso porque, embora a alíquota tenha ficado menor, a base sobre a qual ela é calculada (ramo de atividade) é mais ampla do que a proposta do governo (mercado relevante). Noves fora, o valor das multas pode ficar até maior. Tanto que o presidente em exercício do Cade, Olavo Chinaglia, avaliou ontem que a "sensação de vitória" acabou prevalecendo sobre a frustração com o erro na votação."

Para lograr esse objetivo e contornar o erro de votação, a Câmara dos Deputados optou, no momento da redação final, por alterar a redação do §2º, que preservava a expressão *mercado relevante*. Embora o inciso I já carregasse a expressão *ramo de atividade empresarial*, o confronto das duas expressões de significados diferentes no mesmo artigo poderia levar a que se invocasse o §2º para equiparar *ramo de atividade empresarial* a *mercado relevante* no inciso I. É nesse sentido que a uniformização da redação em torno da expressão 'ramo de atividade empresarial' após a votação plenária na Câmara dos Deputados não teve outro objetivo que legar ao Cade o papel de interpretar o alcance dessa expressão, ainda que contrariando o procedimento bicameral adotado no processo legislativo brasileiro.

O problema no recurso ao subterfúgio na Câmara dos Deputados está no flagrante desrespeito às regras do processo legislativo, haja vista que a nova redação do §2º altera a substância do art. 37 sem que tal redação tenha passado por escrutínio do Plenário. Mais do que isso, a Câmara introduziu uma nova redação em um momento no qual só lhe caberia aprovar, ou rejeitar as emendas do Senado. A novidade da redação exigiria, em última instância, que o projeto de lei retornasse ao Senado para nova votação.

ART. 37

Não é por outro motivo que nos parece inconstitucional o expediente adotado pela Câmara dos Deputados, de tal sorte que, independentemente da redação final adotada, deva-se interpretar a expressão *ramo de atividade empresarial* como *mercado relevante*, por se tratar da interpretação sistêmica mais lógica derivada da redação dada ao §2º pelo Senado Federal, inconstitucionalmente alterada na Câmara dos Deputados. Causa-nos espécie, aliás, que a Câmara dos Deputados, que primou por não alterar a redação do inciso I com base em compromissos por engano não cumpridos justamente para evitar o confronto com as regras formais da Casa venha, de forma quase velada, providenciar a alteração da redação.

Partindo para outra seara, a nova redação inova, também, ao definir que a base de cálculo será o faturamento da empresa, do grupo, ou do conglomerado. Isso, porém, não implica dizer que, embora a ilicitude possa ter decorrido das atividades de apenas uma das sociedades, o faturamento de duas sociedades pertencentes ao mesmo grupo e atuantes no mesmo mercado relevante produto e geográfico se somem para os fins do inciso I.

Além de a redação falar em 'faturamento bruto da empresa, grupo ou conglomerado', deixando a entender que a base de cálculo dependa do grau de envolvimento de todo o grupo econômico em determinada prática, parece-me que a inclusão do faturamento de todo o grupo em razão de prática perpetrada por, apenas, uma das sociedades que lhe integram seria andar em sentido oposto à proporcionalidade visada ao se reduzir aquela mesma base de cálculo ao mercado relevante produto e geográfico da operação. Aliás, a Constituição Federal traz expressa menção ao princípio da intranscendência no seu art. 5º, XLV:

> "XLV – nenhuma pena passará da pessoa do condenado, podendo a obrigação de reparar o dano e a decretação do perdimento de bens ser, nos termos da lei, estendidas aos sucessores e contra eles executadas, até o limite do valor do patrimônio transferido;"

Nesse sentido, também a redução do percentual máximo a incidir sobre o faturamento demonstra clara preocupação do legislador com a natureza confiscatória de multas que poderiam ser, desproporcionalmente, impostas pelo Cade. Entrementes, o efeito da alteração pode ser indesejado. Segundo estudos da OCDE[160], cartéis provocam sobrepreço médio entre 20-30%, de tal sorte que a punição, especialmente nos cartéis internacionais, pode ser insuficiente para compensar a vantagem ART. 37 auferida e, ainda, punir os infratores. Por sua vez, a redução do patamar mínimo da multa atende, justamente, à preocupação do Cade estampada no excerto do voto trazido acima – a desproporcionalidade em se impor ao administrador uma multa com a qual ele não terá condições de arcar. Ante o exposto, parece-me que o ideal teria sido aumentar o grau de dicricionariedade do julgador, mantendo o patamar máximo da multa e reduzindo o mínimo legal.

É, ainda, importante esclarecer que essa alteração da base de cálculo das multas não afeta, necessariamente, as decisões passadas (*reformatio in mellius*). Tendo em mente que o julgador sempre leva em conta o princípio da proporcionalidade, o valor a que se chegaria pelo recurso ao faturamento local, ou regional de determinada sociedade pela nova lei

[160] *"Recent research on overcharges in cartel cases, based on a review of a large number of cartels, estimated that the average overcharge is somewhere in the 20 percent – 30 percent range, with higher overcharges for international cartels than for domestic cartels."*
[***Hard Core Cartels: Third report on the implementation of the 1998 Council Recommendation*** (2005). Disponível em http://www.oecd.org/dataoecd/58/1/35863307.pdf. Acesso em 1º.04.2011].

– ou, em outras palavras, a uma base de cálculo menor – foi satisfatoriamente alcançado pela incidência de um percentual mais baixo sobre uma base de cálculo maior (faturamento nacional da sociedade).

Contudo, situação diversa existirá se o valor da multa aplicada pela lei anterior não puder ser alcançado sequer com o recurso ao novo percentual máximo (que foi reduzido) sobre a base de cálculo reduzida – caso em que a *reformatio in mellius* deve ser aplicada.

"Ora, constituindo o grupo societário uma espécie de 'empresa de segundo grau', coloca-se o problema de saber se destinatário dessas normas constituirão apenas as empresas constituintes (de primeiro grau) ou se também a própria empresa global do grupo, enquanto tal.

A importância desta questão analisa-se em dois plano: no plano das relações externas e das relações internas do grupo.

No primeiro desses planos, a questão fundamental é a de saber se o grupo enquanto tal pode funcionar como unidade de imputação das normas jurídico-concorrenciais no tráfico jurídico externo; máxime se os comportamentos violadores das normas da concorrência levados a cabo por uma sociedade do grupo
ART. 37 poderão, ou até deverão, ser imputados à sociedade-mãe ou ao próprio grupo enquanto tal. (...)

No plano das relações internas, a questão é exactamente a inversa. Dado que o grupo constitui uma unidade económico-empresarial composta por sociedades juridicamente independentes mas economicamente dependentes, pergunta-se se não se deverão considerar isentos da aplicação das normas sobre a concorrência aqueles actos ou condutas que, conquanto contrários a essas normas, hajam sido levados pelas sociedades do grupo entre si mesmas. (...)

Muito embora não exista uma resposta unívoca a estas questões (dependentes como estão das circunstâncias dos casos concretos), pode-se afirmar que a tendência geral da legislação e jurisprudência aponta no sentido de reconhecer no grupo uma unidade, não apenas econômica, mas também jurídica – dito doutro modo, como uma verdadeira *empresa* única para efeitos da aplicação das normas em matéria de concorrência, contrariando assim os cânones clássicos do direito das sociedades e do direito privado, tributários do princípio da independência. Uma primeira comprovação desta tendência consagrou-a expressamente o próprio legislador português no art. 14º, nº 4 do diploma atrás referido, preceito que vem elevar o grupo de sociedades a unidade jurídica de imputação das normas concorrenciais, ao afirmar que 'é equiparado a empresa o grupo de empresas, entendendo-se como tal o conjunto de empresas que, embora juridicamente distintas, se comportam concertadamente no mercado, em virtude de vínculos de interdependência ou subordinação de carácter financeiro, contratual, directivo ou outro'. Por outro lado, cumpre recordar aqui que a jurisprudência comunitária vem afinando por idêntico diapasão sempre que o grupo de sociedades se comporte no mercado como uma verdadeira unidade de acção e decisão econômica (*single economic unit*). Isso significa – no plano das relações externas – que sempre que uma sociedade do grupo pratique um dado comportamento anticoncorrencial em conluio com (prática concertada) ou contra (abuso de posição dominante) uma terceira empresa, na sequência de instruções directas provenientes do núcleo dirigente do grupo, então a realidade material do controlo inter-societário deverá primar sobre o princípio da separação das personalidades jurídicas das sociedades agrupadas: tal comportamento será de imputar à própria sociedade-mãe ou mesmo ao grupo como um todo. Isso significa ainda – agora no plano das relações internas – que sempre que tal comportamento se haja verificado dentro do perímetro do próprio grupo, máxime ocorrendo entre a sociedade-mãe e uma das sociedades-filhas, a existência do mesmo poderá funcionar como uma circunstância excludente da natureza anticoncorrencial desse mesmo comportamento, que será interpretado como uma mera operação de reorganização interna de uma única empresa, sem efeitos para o mercado e a concorrência."

[ANTUNES, José A. Engrácia. **Os Grupos de Sociedades**. Coimbra: Almedina, 1993. PP. 159/163]. ART. 37

[161]"Isto significa que a solução do problema da responsabilidade intragrupo deve-se basear no equilíbrio entre a autonomia e o controle na relação entre controladora e subsidiária. A decisão acerca da responsabilidade da controladora pelo passivo de uma filial do grupo depende, essencialmente, de saber se a decisão relevante foi tomada autonomamente pela subsidiária, ou decorreu do poder exercido pelo controlador."

[ANTUNES, José A. Engrácia. **Liability of Corporate Groups – autonomy and control in parent-subsidiary relationship in US, German and EU Law: an international and comparative perspective**. Deventer, Boston: Kluwer Law and Taxation Publishers, 1994. P.10].

[161] "*This means that the resolution of intragroup liability issues should be based on, and follow the results of, the enquiry into the concrete balance between autonomy and control in the parent-subsidiary relationship at stake. In deciding whether the parent corporation should be made liable or not for debts of one group affiliate, the decisive question should be whether the decision from which the liabilities in dispute arose was was taken under the autonomous decision-making authority of the subsidiary corporation or was taken under the control exercised by the parent.*"

Por fim, importa comentar que, mesmo respeitando a proporcionalidade da multa com relação ao mercado relevante geográfico e na dimensão produto, a legislação europeia admite penalidade significativamente mais severa. Nos termos das Orientações para o cálculo das coimas aplicadas por força do nº 2, alínea 'a', do artigo 23º do Regulamento (CE) nº 1/2003 (2006/C 210/02), a pena básica é de até 30% do faturamento no mercado relevante dentro da Área Econômica Europeia, multiplicado pelos anos de duração da prática. A isso se acresce um valor de 15-25% do faturamento, no caso de cartéis *hardcore*. Caso haja reincidência, o valor da multa costuma dobrar.

O §31 desse mesmo documento ainda deixa bastante claro, de forma similar à lei brasileira, que a Comissão não deve fixar pena abaixo da vantagem auferida, caso esse valor possa ser tornado líquido:

"A Comissão terá igualmente em conta a necessidade de aumentar a coima a fim de exceder o montante dos lucros ilícitos realizados graças à infracção, sempre que seja possível calcular este montante."

ART. 37 Previsão equivalente (no sentido de a pena não ficar abaixo da vantagem auferida) decorre, no direito norte-americano, do que está previsto no *Sherman Act* (§1) c/c *Alternative Fines Act (18 U.S. Code § 3571(b)(c)(d))*.

V. Taufick, Roberto Domingos (2015). **Going Global: Higher Detection, Lower Fines**. Disponível em SSRN: http://ssrn.com/abstract=2554650 ou http://dx.doi.org/10.2139/ssrn.2554650.

II – no caso das demais pessoas físicas ou jurídicas de direito público ou privado, bem como quaisquer associações de entidades ou pessoas constituídas de fato ou de direito, ainda que temporariamente, com ou sem personalidade jurídica, que não exerçam atividade empresarial, não sendo possível utilizar-se o critério do valor do faturamento bruto, a multa será entre R$ 50.000,00 (cinquenta mil reais) e R$ 2.000.000.000,00 (dois bilhões de reais);

A multa aqui se estende não apenas a entidades com personalidade jurídica para as quais o faturamento não é representativo da atividade que exercem, como associações, mas também a pessoas físicas, como autônomos e profissionais liberais que exercem a atividade econômica infratora e, portanto, não podem ser caracterizados como administradores. Prepostos que não exerciam a função de administrador também são encaixados neste dispositivo.

Note-se que, no caso das pessoas jurídicas de fato ou pessoas físicas à frente do negócio despersonalizado, a multa não necessariamente é mais elevada que aquela imputada ao administrador (inciso III), dado que a forma de cálculo é diversa. Antes, embora o capital da atividade se confunda com o capital pessoal nas sociedades de fato, a proporção do dano provocado pelo administrador de uma grande corporação tende a ser maior que aquela do dano provocado por uma sociedade de fato.

É importante antecipar que, pela interpretação meramente gramatical, a responsabilidade que pauta os atos das pessoas jurídicas endereçadas pelo presente inciso é objetiva. Por sua vez, interpretação sistêmica do inciso III torna razoável que a responsabilidade das pessoas físicas seja subjetiva. Afinal, não faria sentido conferir peso menor a quem, comparativamente, poderia infligir maior dano: o administrador do inciso III é o responsável pelo dano provocado pela sociedade empresarial do inciso I. Ademais, não faria sentido não estender a responsabilidade subjetiva que beneficiará o administrador ao preposto que sequer exerce função ART. 37
gerencial.

A redação dos incisos I a III tem, entretanto, outra incongruência: a punição da sociedade empresarial, por imposição legal (inciso I, *in fine*), nunca será inferior à vantagem auferida, quando for possível sua estimação. Isso significa que, se todos forem punidos, os danos seriam, ao menos, compensados pela punição da pessoa jurídica do inciso I, sendo seguro concluir que a punição do seu administrador, trazida pelo inciso III, e a do preposto do inciso II teria efeito meramente punitivo.

A redação dos incisos II e III em momento nenhum faz menção ao caráter compensatório da punição dirigida a esses agentes. A ausência de caráter compensatório na punição dos agentes do inciso II implica que os danos causados à comunidade por esses agentes não serão, necessariamente, compensados – mormente no caso das pessoas físicas à frente do negócio despersonalizado, onde a análise de culpabilidade deve ser feita. Esse dado é particularmente preocupante nos casos em que a infração for cometida, exclusivamente, por agentes enquadrados fora do inciso I.

Parece-me, sim, que haja desarrazoada distinção de tratamento para a mesma sorte de dano imposto por sociedades empresariais (inciso I), de um lado, e pessoas físicas à frente do negócio despersonalizado e jurídicas sem faturamento (inciso II), de outro. E até mesmo em relação a gerentes (inciso III) e prepostos (inciso II), que devem ser responsabilizados pessoalmente pelos danos a que deram causa. Embora os danos provocados pelas sociedades empresárias do inciso I tendam a ser maiores, essa distinção deveria estar refletida na proporcionalidade do valor da multa, que visa cobrir o valor do dano (valor compensatório) e punir financeiramente o agente (valor punitivo). Ou, grosso modo, estaremos punindo a sociedade civil, como um todo, cujos danos que lhe foram infligidos não serão reparados.

$$Mt_A = Vc_A + Vp_A, \text{ sendo que } Mt_A \geq Va_A \text{ e } \sum Va_{(a...n)} = \sum Vc_{(a...n)} = Dtc$$

Onde:

Mt = multa total, que soma o valor compensatório (devolução da vantagem auferida) ao valor punitivo (que visa punir o infrator, deixando-o com saldo financeiro líquido negativo após a operação);

Va = vantagem auferida, que é o valor auferido com ilícito e que deve ser cominado na variável compensatória da multa;

ART. 37 Vp = valor punitivo, que é o valor a ser cominado na multa total para que essa supere o valor meramente compensatório e o saldo líquido do infrator com a operação seja negativo;

Vc = valor compensatório, que é o correspondente da vantagem auferida cominado em multa;

Dtc = dano total causado.

A previsão de que sociedades empresariais, associações empresariais e profissionais liberais autônomos, entre outros, que cometeram, em conluio, o mesmo ilícito tenham tratamento diverso quanto ao dano a ser reparado é, no mínimo, paradoxal, para não dizer injusta. Até mesmo porque, se o inciso I visava a que o dano social fosse reparado pela cominação junto a cada infrator de multa que refletisse a vantagem por cada um auferida, a exclusiva punição das sociedades empresariais no valor da vantagem por elas auferida (inciso I) seria insuficiente para repor o dano total causado à sociedade, pois viria a faltar parte da multa compensatória a ser recolhida com base nos incisos II e III. Nesse caso:

$$\sum Vc_{(a...n)} < (\sum Va_{(a...n)} = Dtc)$$

Isso leva, em última análise, a duas situações alternativas condenáveis: ou o dano impingido à sociedade não será reparado *in totum* por conta da insuficiência da multa compensatória, ou esse *saldo devedor* será irregularmente inserido no caráter punitivo a ser imposto à multa das pessoas jurídicas do inciso I, de tal modo que elas sejam desproporcionalmente punidas.

Essa consideração acerca da relação paradoxal entre os incisos do art. 37, presente desde a edição anterior deste livro, foi realçada pela Conselheira do Cade Cristiane Alkmin, que propôs ao Plenário refletir sobre a necessidade de que as multas aplicadas a associações médicas sejam superiores à vantagem auferida com a prática [DANTAS, Iuri. **Multa do Cade deve ser maior que prejuízo causado por cartel, diz conselheira**. Jota de 15.10.2015. Disponível em http://jota.info/multa-do-cade-devem-ser-maiores-que-prejuizo-causado-por-cartel%29. Acesso em 25.01.2016].

Alfim, o legislador acertadamente subiu o valor máximo da multa do inciso II (equivalente ao art. 23, III da antiga lei), evitando, em tese, subpunições e ampliando a margem de discricionariedade do Cade na determinação do valor a ser pago pelos infratores cuja integralidade, ou representativa parte da receita advenha de transferências unilaterais, ou seja, que independa da prestação de serviço pela entidade. Por outro lado, se o aumento da penalidade mínima não tem, por si só, o condão de afastar subpunições, ela certamente reduz a discricionariedade do julgador, que pode se deparar com o cenário de ter de aplicar multas desproporcionais à prática. Afinal, são destinatários do inciso II pessoas físicas, associações e pessoas jurídicas de fato. ART. 37

V. nota ao inciso I.

III – no caso de administrador, direta ou indiretamente responsável pela infração cometida, quando comprovada a sua culpa ou dolo, multa de 1% (um por cento) a 20% (vinte por cento) daquela aplicada à empresa, no caso previsto no inciso I do *caput* deste artigo, ou às pessoas jurídicas ou entidades, nos casos previstos no inciso II do *caput* deste artigo.

[162]"Por um lado, dado o papel passivo do acionista individual na gerência, a imposição de responsabilidade ilimitada pelos débitos do negócio corporativo o exporia a elevados riscos com relação a negócios de cuja contratação ele não foi parte ativa, uma vez que cada ação detida colocaria todos os seus bens pessoais em risco. A responsabilidade limitada evita, assim, essa injusta exposição dos investidores a riscos advindos de decisões as quais eles não poderiam diretamente controlar e os encoraja a fazer investimentos que não seriam de outro modo realizados. (...)

Ao limitar a potencial perda do acionista ao montante do seu investimento, a responsabilidade limitada reduz a necessidade de monitoramento do gerente por aquele mesmo acionista e, assim, reduz os custos de agência. A elevada eficiência econômica dessa regra também é perceptível em relação aos administradores da sociedade. Sob a regra da responsabilidade ilimitada, as ações não seriam livremente transferíveis, haja vista que o seu valor seria uma função não só do valor da sociedade, mas também da riqueza dos acionistas, de tal modo que deixariam de ser bens fungíveis e a sua transferência se tornaria extremamente difícil e custosa. A dificuldade em se transferir as ações dificultaria a reunião de blocos de controle e a sua alienação, perpetuando os gerentes na sua posição, a despeito da qualidade da sua gestão."

ART. 37 [ANTUNES, José A. Engrácia. **Liability of Corporate Groups – autonomy and control in parent-subsidiary relationship in US, German and EU Law: an international and comparative perspective**. Deventer, Boston: Kluwer Law and Taxation Publishers, 1994. PP.128/129].

É digno de nota que, historicamente, no Brasil, predomina o entrincheiramento (*entrenchment*) pelo acionista controlador (em geral, contro-

[162] *"On the one hand, given the passive role of individual shareholders in corporate management, the imposition of unlimited liability on them for the debts of the corporate business would expose them to high business risks in the assumption of which they had not any active voice, since every share held would place all their personal assets at risk. Limited liability thus avoid this unfair exposure of investors to risks coming from decisions that they could not directly control and encourages them to make investments that they would not make otherwise. (...)*
By limiting their potential loss to the amount of their investment, limited liability decreases the need for monitoring and thus reduces agency costs. The high economic efficiency of this rule is also visible with regard to managers of the corporation. Under a rule of unlimited liability, shares would not be freely transferable since their value would be a function not only of the value of the firm but also of the wealth of the shareholders, thus entailing that they would not be fungible commodities and making their transfer very difficult and costly. The lack of transferability of shares would make difficult the assemblage and transaction of control voting blocks, perpetuating managers in their position irrespective of their performances."

lador totalitário), e não a dissociação entre propriedade/gerência, que enseja a teoria dos custos de agência.

Especificamente em relação ao valor da multa, o legislador acertadamente reduziu o valor mínimo da multa previsto no art. 23, III da antiga lei: 10% do faturamento da empresa representavam valor excessivamente alto para ser piso nas punições das pessoas físicas, especialmente ao se individualizar a pena de acordo com o papel desempenhado por cada gerente. A incongruência da penalidade com a prática não raro levara a que o Cade deixasse de punir o administrado, ou o punisse no mínimo com o claro desejo de que a decisão viesse a ser revisada, nesse particular, no Judiciário – a quem é lícito usar da equidade.

Por outro lado, se a redução do valor máximo condiz com a realidade, segundo a qual não há punições de administradores por 50% do faturamento da empresa na história do Cade, a redução da discricionariedade do Conselho, nesse particular, parece-me desnecessária – embora, aparentemente, não traga prejuízo prático.

Resta-nos, mencionar, alfim, a natural preocupação com a subpunição do administrador por uma autarquia que tem por tradição ser indulgente com pessoas físicas – o que repercute, de forma muito negativa, no poder ART. 37 dissuasório das penalidades aplicadas pelo Cade. Nesse mesmo sentido, tem-se manifestado o *US DOJ* acerca da necessidade de impor severas penalidades a pessoas físicas com o intuito de que a obediência à norma concorrencial (*compliance*) seja uma realidade.

"Entretanto, é digno de nota que a punição à pessoa física se torna essencial como forma de tornar efetiva à persecução da pessoa jurídica. Assim já se posicionou o DOJ diversas vezes, entre elas em discurso de 2000, em Estocolmo:

[163]'Claro, os Estados Unidos estão na minoria, embora crescente, que trata cartéis clássicos como crime e processa companhias e indivíduos ofensores

[163] "'*Of course, the United States is in the minority, albeit a growing one, in treating hardcore cartel activity as a crime and prosecuting offending corporations and individuals as criminals. I will not take this opportunity to explore all of the arguments in favor of prosecuting cartel activity criminally except to make the following point relevant to the discussion on deterrence. Based on our experience, there is no greater deterrent to the commission of cartel activity than the risk of imprisonment for corporate officials. Corporate fines alone are simply not sufficient to deter many would-be offenders. For example, in some cartels, such as the graphite electrode cartel, individuals personally pocketed millions of dollars as a direct result of their criminal activity. A corporate fine alone, no matter how punitive, is unlikely to deter such individuals.*'"

criminalmente. Não tomarei esta oportunidade para explorar todos os argumentos favoráveis à persecução criminal do cartel, exceto para levar o tema para a discussão sobre prevenção. Na nossa experiência, não há maior desestimulante à formação do cartel que o risco de prisão dos altos dirigentes das companhias. Isoladamente, multas à pessoa jurídica são insuficientes para conter potenciais ofensores. Por exemplo, em alguns cartéis, como o do eletrodo de grafite, pessoas físicas embolsaram, individualmente, milhões e dólares como resultado direto da sua atividade criminosa. Isoladamente, multas à pessoa jurídica, independentemente do seu montante, são incapazes de conter tais indivíduos.' [*III Nordic Competition Policy Conference: Fighting Cartels – Why and How?*].

[Voto-Vista do Conselheiro César Mattos no Processo Administrativo nº 08012.006241/97-03, em que foram representadas drogarias e farmácias da Rede da Economia no DF].

Cabe recordar que, em sede do Processo Administrativo nº 08012.006241/97-03, em que foram representadas drogarias e farmácias da Rede da Economia no DF, o Conselheiro César Mattos defendeu a aplicação às pessoas físicas da regra prevista no art. 158, §1º da Lei nº 6.404/64 (LSA), tendo a sua posição sido vencida por estreita margem. Segundo a
ART. 37 regra ali prevista:

"Art. 158. O administrador não é pessoalmente responsável pelas obrigações que contrair em nome da sociedade e em virtude de ato regular de gestão; responde, porém, civilmente, pelos prejuízos que causar, quando proceder:

I – dentro de suas atribuições ou poderes, com culpa ou dolo;

II – com violação da lei ou do estatuto.

§ 1º O administrador não é responsável por atos ilícitos de outros administradores, salvo se com eles for conivente, se negligenciar em descobri-los ou se, deles tendo conhecimento, deixar de agir para impedir a sua prática. Exime-se de responsabilidade o administrador dissidente que faça consignar sua divergência em ata de reunião do órgão de administração ou, não sendo possível, dela dê ciência imediata e por escrito ao órgão da administração, no conselho fiscal, se em funcionamento, ou à assembleia-geral."

Essa mesma regra, além de já presente no ordenamento brasileiro, faz parte da cultura concorrencial nos ordenamentos mais avançados no mundo – não só com relação à participação da pessoa física, como, também, com relação à atuação da pessoa jurídica. Nos termos dos parágrafos 8º e 9º do item 2.1 das Orientações sobre a aplicação do art. 101 TFEU aos acordos de cooperação horizontal (2011/C 11/01):

"62. Uma situação em que apenas uma empresa divulga informações estratégicas aos seus concorrentes e estes as aceitam pode igualmente constituir uma prática concertada (47). Estas divulgações de informações podem revestir a forma de contactos através de correio, correio electrónico, chamadas telefónicas, reuniões, etc. É irrelevante saber se é apenas uma empresa, unilateralmente, que informa as suas concorrentes sobre o comportamento no mercado que tenciona adoptar ou se todas as empresas participantes trocam informações recíprocas sobre as suas considerações e intenções. A partir do momento em que uma empresa divulga informações confidenciais sobre a sua política comercial futura aos seus concorrentes, diminui para todos os participantes a insegurança estratégica sobre o comportamento futuro no mercado e aumenta o risco de se verificar uma diminuição da concorrência e de ser adoptado um comportamento colusivo (48). Por exemplo, a simples participação numa reunião (49), em que uma empresa revela aos seus concorrentes as suas intenções em matéria de preços será provavelmente abrangida pelo artigo 101.o, mesmo que não exista um acordo expresso de aumento de preços (50). Quando uma empresa recebe informações estratégicas de um concorrente (quer seja numa reunião, por correio ou por via electrónica) presume-se que aceitou essas informações e adaptou o seu comportamento de mercado em conformidade, a não ser que responda com uma declaração inequívoca de que não deseja receber tais informações (51).

63. Quando uma empresa profere um anúncio unilateral genuinamente público, por exemplo através de um jornal, este comportamento não constitui normalmente uma prática concertada na acepção do artigo 101º, nº 1 (52). No entanto, em função dos factos subjacentes ao processo em apreço, não pode ser excluída a existência de uma prática concertada, por exemplo, no caso de tal anúncio ser seguido de anúncios públicos de outros concorrentes, sobretudo devido ao facto de as respostas estratégicas dos concorrentes aos anúncios púbicos de outros concorrentes (por exemplo, que impliquem reajustamentos dos seus anúncios anteriores aos anúncios dos concorrentes) poderem revelar-se uma estratégia para chegar a um entendimento comum relativamente às condições da coordenação."

V. nota ao inciso I.

V. nota ao inciso II.

V. parágrafos 8º e 9º do item 2.1 das Orientações sobre a aplicação do art. 101 TFEU aos acordos de cooperação horizontal (2011/C 11/01).

V. art. 158, §1º da Lei nº 6.404/64.

V. voto-vista do Conselheiro César Mattos no Processo Administrativo nº 08012.006241/97-03, em que foram representadas drogarias e farmácias da Rede da Economia no DF.

§ 1º Em caso de reincidência, as multas cominadas serão aplicadas em dobro.

Para a distinção entre reincidência do grupo e da sociedade, v. princípio da intranscendência: nota ao art. 37, I; art. 5º, XLV da CF e voto de Luiz Carlos Prado no Ato de Concentração nº 08012.012246/2007-81, em que foram requerentes Companhia Paranaense de Energia (COPEL) e Centrais Eólicas do Paraná Ltda. (CEOLPAR).

V. art. 23, parágrafo único da Lei nº 8.884/94.

§ 2º No cálculo do valor da multa de que trata o inciso I do caput deste artigo, o Cade poderá considerar o faturamento total da empresa ou grupo de empresas, quando não dispuser do valor do faturamento no ramo de atividade empresarial em que ocorreu a infração, definido pelo Cade, ou quando este for apresentado de forma incompleta e/ou não demonstrado de forma inequívoca e idônea.

ART. 37

É certo que o julgador não pode decidir pelo percentual a ser cominado na multa sem que, primeiro, atente-se para a base de cálculo sobre a qual recairá. Desse modo, a decisão do Conselho será realizada considerando o recurso ao faturamento no mercado relevante específico, ou total daquela sociedade – respeitado, sempre, o princípio da proporcionalidade.

O recurso ao §2º não representa uma penalidade ao administrado, mas uma solução alternativa para se chegar à mesma multa. Em lugar de aceitar aproximações, o Cade deverá recorrer ao uso do faturamento nacional, nos termos da Súmula 1 do Cade. Por outro lado, em razão de, agora, contar com uma base de cálculo maior, o valor percentual da multa a incidir sobre essa base mais ampla deverá ser menor do que aquele que seria aplicado para um mercado relevante mais retrito – partindo dos pressupostos de que o §2º não é punitivo e de que se pretende chegar a uma aproximação de qual seria a multa se fosse factível recorrer ao faturamento no mercado relevante.

Apesar da imprecisão técnica do §2º (v. nota ao inciso I), a alternativa vale seja para o mercado relevante produto, seja para o mercado relevante geográfico.

"Súmula nº 1: Na aplicação do critério estabelecido no art. 54, §3º, da Lei nº 8.884/94, é relevante o faturamento bruto anual registrado exclusivamente no território brasileiro pelas empresas ou grupo de empresas participantes do ato de concentração."

[Publicada no Diário Oficial da União de 18/10/2005 nº 200, Seção 1. P. 49].

V. nota ao inciso I.

Art. 38 Sem prejuízo das penas cominadas no art. 37 desta Lei, quando assim exigir a gravidade dos fatos ou o interesse público geral, poderão ser impostas as seguintes penas, isolada ou cumulativamente:

V. art. 24 da Lei nº 8.884/94.

I – a publicação, em meia página e a expensas do infrator, em jornal indicado na decisão, de extrato da decisão condenatória, por 2 (dois) dias seguidos, de 1 (uma) a 3 (três) semanas consecutivas;

V. AMBEV 'Tô Contigo': Processo Administrativo nº 08012.003805/ 2004-10 (item IX, "D"), em que foi representada a Companhia de Bebidas das Américas – AMBEV, de relatoria de Fernando Furlan. ART. 38

V. art. 24, I da Lei nº 8.884/94.

II – a proibição de contratar com instituições financeiras oficiais e participar de licitação tendo por objeto aquisições, alienações, realização de obras e serviços, concessão de serviços públicos, na administração pública federal, estadual, municipal e do Distrito Federal, bem como em entidades da administração indireta, por prazo não inferior a 5 (cinco) anos;

Note-se que a adoção de alguns dos remédios do art. 38 pelo Cade passa por forte resistência política. Esse fato ficou bastante claro quando a Medida Provisória nº 703/2015 – que teve a sua vigência encerrada por decurso de prazo – foi adotada para alterar as regras da Lei nº 12.846, de 1º de agosto de 2013 (Lei Anticorrupção) com o fito de retirar do acordo de leniência o seu poder de *deterrence*. Provisoriamente, a MP 703/2015 (i) permitiu que todas as pessoas jurídicas envolvidas pudessem firmar acordo de leniência (seguindo, desse modo, o modelo europeu de leniência múltipla, que não se restringe ao primeiro delator), (ii) excluiu a exigência de admissão de participação no ilícito por parte dos envolvidos, que estava prevista na redação inicial da Lei nº 12.846/2013, (iii) limitou a possibilidade de punir integrantes de *bid rigging* com a declaração de inidoneidade para participar de futuras compras públicas e licitações, (iv) retirou a competência do Cade para fazer acordo de leniência nos casos de *bid rigging*.

Entre outros argumentos, os defensores da MP advogavam que não é a pessoa jurídica, mas somente a pessoa física que deve ser punida pelo ilícito. A punição da pessoa jurídica, argumentam, afeta pessoas inocentes e empregos e desestrutura negócios, contratos e mercados em funcionamento regular. Os efeitos de punição da pessoa jurídica seriam liquidamente negativos, sob o viés econômico. Sob a minha perspectiva, porém, essa análise contraria a boa análise econômica do direito, pelos seguintes motivos:

a) provoca-se a persistência das empresas menos competitivas e com maior risco moral no mercado;

ART. 38 b) ao serem mantidos os contratos conseguidos de forma irregular por aquela pessoa jurídica não punida (ainda que sob outra administração), punem-se os concorrentes que perderam aqueles contratos porque agiram nos estritos limites da lei. Dessa forma, promove-se o risco moral e a seleção adversa;

c) incentiva-se o comportamento carona por parte dos sócios, pois é o absenteísmo dos sócios que permite que nenhuma responsabilidade lhes seja imputada e somente o agente seja punido, sem consequências mais graves sobre o patrimônio da sociedade. Em outras palavras, premia-se o absenteísmo daquele que se enriquece com a atividade ilícita e desincentivam-se as melhores práticas de responsabilidade social da empresa;

d) nas empresas familiares, o *entrenchment* facilita manter aquela pessoa jurídica, ainda que indiretamente, sob o controle da mesma pessoa, ou da sua família, perpetuando a impunidade;

e) a subpunição reduz o risco de agir fora da lei, elevando os *payoffs* do comportamento ilícito;

f) dada a impossibilidade de determinar todos aqueles que, dolosamente, beneficiaram-se com o ilícito, a não punição da pessoa jurídica leva a que a maior parte dos beneficiários da ação ilícita saia impune;

g) incentivam-se comportamentos socialmente reprováveis e para os quais não faz sentido pensar exclusivamente sob a ótica dos benefícios econômicos imediatos.

A maior preocupação do governo, por ocasião da edição da MP, era garantir a sobrevivência dos grandes doadores das campanhas presidenciais envolvidos em corrupção e fraudes em licitações públicas (*bid* rigging), os quais historicamente ganham – por conta de acertos espúrios entre si, ou com participação do próprio Estado (que direciona o edital de licitação para dificultar a participação de concorrentes estrangeiros) – os maiores certames públicos. Ao afastar o Cade, o governo alcançava dois objetivos centrais ao seu objetivo: evitava a punição concomitante do *bid rigging* enquanto ilícito de corrupção e enquanto ilícito antitruste, assim como afastava a possibilidade de o Cade privar as grandes empreiteiras nacionais de participar de licitações e compras públicas.

A perpetuação do capitalismo de laços – que nada mais é que uma troca de favores entre governo e campeões nacionais –, se visa, por parte do Estado, preservar empregos e levar a investimentos estratégicos para o governo, praticamente colocando entes privados dentro do Estado, por outro lado cria uma bolha ao redor desses *players* que impede o nascimento de *mavericks* (inclusive por restringir o acesso de novos *players* a certames públicos, que são um reconhecido nicho de entrada no mercado) e os blinda da concorrência internacional. Esse nicho aconcorrencial acaba, no longo prazo, por manter uma política de subsídios a agentes econômicos ineficientes que, por conta do risco moral, não têm incentivos a inovar e sentem-se livres para conspirar contra o erário na certeza de receber o perdão – no nosso caso, instrumentalizado pela MP 703/2015.

V. LAZZARINI, S. G.. **Capitalismo de Laços – os donos do Brasil e suas conexões**. São Paulo: Campus Elsevier, 2010.

V. LAZZARINI, S. G., MUSACCHIO, A.. **Reinventing state capitalism – Leviathan in Business, Brazil and Beyond**. Boston, Mass.: Harvard University Press, 2014.

PARGENDLER, Mariana/SALAMA, Bruno Meyerhof. **Direito e consequência no Brasil: em busca de um discurso sobre o método.** In: Revista de Direito Administrativo, Rio de Janeiro, v. 262, PP. 95/144, jan./abr. 2013.

V. Taufick, Roberto Domingos (2014). **Indirect Regulation and the Disinterested Official – A Study on Sham Litigation in Brazil.** Disponível em SSRN: http://ssrn.com/abstract=2540341 ou http://dx.doi.org/10.2139/ssrn.2540341.

V. Taufick, Roberto Domingos (2013). **Indirect Regulation, Antitrust Immunity and Public Undertakings in Brazil.** Disponível em SSRN: http://ssrn.com/abstract=2466203 ou http://dx.doi.org/10.2139/ssrn.2466203.

V. Taufick, Roberto Domingos (2015). **The Economics of Indirect Regulation: A Costs Analysis vis-à-vis Traditional Regulation.** Disponível em SSRN: http://ssrn.com/abstract=2660225 ou http://dx.doi.org/10.2139/ssrn.2660225.

V. art. 24, II da Lei nº 8.884/94.

III – a inscrição do infrator no Cadastro Nacional de Defesa do Consumidor;

V. AMBEV 'Tô Contigo': Processo Administrativo nº 08012.003805/
ART. 38 2004-10 (item IX, "E"), em que foi representada a Companhia de Bebidas das Américas – AMBEV, de relatoria de Fernando Furlan.

V. art. 24, III da Lei nº 8.884/94.

IV – a recomendação aos órgãos públicos competentes para que:

a) seja concedida licença compulsória de direito de propriedade intelectual de titularidade do infrator, quando a infração estiver relacionada ao uso desse direito;

Bastante pertinente a alteração do art. 24, IV, "a" da Lei nº 8.884/94, que amplia a abrangência do licenciamento compulsório para qualquer direito de propriedade intelectual, mas limita-o aos casos nos quais haja abuso no uso do monopólio legal. É importante ressaltar, ainda, que o termo *quebra de patentes* não se utiliza para casos em que a exploração de patente, ou propriedade intelectual sem a anuência do autor resulte da aplicação do artigo 31 do Acordo sobre os Aspectos dos Direitos de Propriedade Intelectual Relacionadas ao Comércio (*Trade-Related Aspects of Intellectual Property Rights*, TRIPS), caso em que o termo adequado é *licenciamento compulsório*. O recurso já é utilizado por países tanto desenvolvidos (como o Canadá[164]), quanto em desenvolvimento, podendo, preenchidos os requisitos do acordo TRIPS, ser implementado a partir de circunstâncias previstas na Lei de Propriedade Industrial Brasileira (Lei nº 9.279/96), tais como o exercício abusivo dos direitos, o abuso do poder econômico, a não exploração local, a comercialização insatisfatória, a emergência nacional, o interesse público[165] (arts. 68 a 74).

É de rigor observar, porém, que o legislador continua a pecar ao empregar terminologia excessivamente ampla para disciplinar assuntos caros ao investidor – como é o caso do recurso ao termo *interesse público* pelo art. 71 na Lei de Propriedade Industrial Brasileira. Segundo o dispositivo, casos de *interesse público* declarados em ato do Poder Executivo federal poderão ensejar o licenciamento compulsório – não havendo, porém, sequer uma lista exemplificativa do que se enquadre como tal.

"Acordo Sobre Aspectos dos Direitos de Propriedade Intelectual Relacionados ao Comércio (Acordo TRIPS ou Acordo ADPIC) (1994)

Artigo 31

Outro Uso sem Autorização do Titular ART. 38

Quando a legislação de um Membro permite outro uso do objeto da patente sem a autorização de seu titular, inclusive o uso pelo Governo ou por terceiros autorizados pelo governo, as seguintes disposições serão respeitadas:

(a) a autorização desse uso será considerada com base no seu mérito individual;

(b) esse uso só poderá ser permitido se o usuário proposto tiver previamente buscado obter autorização do titular, em termos e condições comerciais razoáveis, e que esses esforços não tenham sido bem sucedidos num prazo razoável. Essa condição pode ser dispensada por um Membro em caso de emergência nacional ou outras circunstâncias de extrema urgência ou em casos de uso público não-comercial. No caso de uso público não-comercial, quando o Governo ou o contratante sabe ou tem base demonstrável para saber, sem proceder a uma

[164] AMARAL JUNIOR, Alberto do. **Licença Compulsória e Acesso a Medicamentos nos Países em Desenvolvimento**. Disponível em http://islandia.law.yale.edu/sela/SELA%20 2005/Alberto%20Amaral%20(Final%20Portuguese%20Version)%20v%201.0.pdf. Acesso em 22.12.2008.

[165] 1. http://portal.saude.gov.br/portal/aplicacoes/noticias/noticias_detalhe.cfm?co_seq_noticia=29719. Acesso em 22.12.2008.

2. www.abiaids.org.br/_img/media/EFAVIRENZ.pdf. Acesso em 22.12.2008.

busca, que uma patente vigente é ou será usada pelo ou para o Governo, o titular será prontamente informado;

(c) o alcance e a duração desse uso será restrito ao objetivo para o qual foi autorizado e, no caso de tecnologia de semicondutores, será apenas para uso público não-comercial ou para remediar um procedimento determinado como sendo anticompetitivo ou desleal após um processo administrativo ou judicial;

(d) esse uso será não-exclusivo;

(e) esse uso não será transferível, exceto conjuntamente com a empresa ou parte da empresa que dele usufruir;

(f) esse uso será autorizado predominantemente para suprir o mercado interno do Membro que autorizou;

(g) sem prejuízo da proteção adequada dos legítimos interesses das pessoas autorizadas, a autorização desse uso poderá ser terminada se e quando as circunstâncias que o propiciaram deixarem de existir e se for improvável que venham a existir novamente. A autoridade competente terá o poder de rever, mediante pedido fundamentado, se essas circunstâncias persistem;

(h) o titular será adequadamente remunerado nas circunstâncias de cada uso, levando-se em conta o valor econômico da autorização;

(i) a validade legal de qualquer decisão relativa à autorização desse uso
ART. 38 estará sujeita a recurso judicial ou outro recurso independente junto a uma autoridade claramente superior naquele Membro;

(j) qualquer decisão sobre a remuneração concedida com relação a esse uso estará sujeita a recurso judicial ou outro recurso independente junto a uma autoridade claramente superior naquele Membro;

(k) os Membros não estão obrigados a aplicar as condições estabelecidas nos subparágrafos (b) e (f) quando esse uso for permitido para remediar um procedimento determinado como sendo anticompetitivo ou desleal após um processo administrativo ou judicial. A necessidade de corrigir práticas anti-competitivas ou desleais pode ser levada em conta na determinação da remuneração em tais casos. As autoridades competentes terão o poder de recusar a terminação da autorização se e quando as condições que a propiciam forem tendentes a ocorrer novamente;

(l) quando esse uso é autorizado para permitir a exploração de uma patente ("a segunda patente") que não pode ser explorada sem violar outra patente ("a primeira patente"), as seguintes condições adicionais serão aplicadas:

(i) a invenção identificada na segunda patente envolverá um avanço técnico importante de considerável significado econômico em relação à invenção identificada na primeira patente;

(ii) o titular da primeira patente estará habilitado a receber uma licença cruzada, em termos razoáveis, para usar a invenção identificada na segunda patente; e

(iii) o uso autorizado com relação à primeira patente será não transferível, exceto com a transferência da segunda patente."

b) não seja concedido ao infrator parcelamento de tributos federais por ele devidos ou para que sejam cancelados, no todo ou em parte, incentivos fiscais ou subsídios públicos;

V. cartel dos gases medicinais: Processo Administrativo nº 08012. 009888/2003-70 (item 6.5), em que foram representadas Air Liquide, White Martins e outros, de relatoria de Fernando Furlan.

V – a cisão de sociedade, transferência de controle societário, venda de ativos ou cessação parcial de atividade;

Trata-se de medidas estruturais como solução de práticas anticoncorrenciais. Como no revogado art. 24, V da Lei nº 8.884/94, são cabíveis sempre que formas menos drásticas não forem suficientes para evitar **danos futuros ou emergentes**. Medidas estruturais não se justificam para penalizar danos já provocados, para os quais já há penas pecuniárias. ART. 38
Danos passados representam, porém, relevante sinalização quanto a prováveis danos futuros.

O desinvestimento é considerado o remédio por excelência pela FTC, avaliando-se que, no longo prazo, os custos de monitoramento de remédios comportamentais ultrapassam os custos impostos pelo desinvestimento.

[166]"Remédios estruturais são preferidos para violações ao item 7. V. *United States v. E.I. du Pont de Nemours & Co., 366 U.S. 316, 329 (1961)* (chamando o desinvestimento de 'solução natural' quando uma fusão contraria as leis antitrustes).

[166] *"Structural remedies are preferred for Section 7 violations. See United States v. E.I. du Pont de Nemours & Co., 366 U.S. 316, 329 (1961) (calling divestiture 'a natural remedy' when a merger violates the antitrust laws). As we recently said, '[m]uch of the case law has . . . found divestiture the most appropriate means for restoring competition lost as a consequence of a merger or acquisition.' In re Chicago Bridge & Iron Co., No. 9300, 2005 WL 120878, at 93 (FTC Jan. 6, 2005). Divestiture is desirable because, in general, a remedy is more likely to restore competition if the firms that engaged in pre-merger competition are not under common ownership. There are also usually greater long-term costs associated with monitoring the efficacy of a conduct remedy than with imposing a structural solution. (...) Divestiture is the preferred*

Como dissemos recentemente, '[m]uita jurisprudência... vê o desinvestimento como o meio mas adequado de restaurar a concorrência perdida por força de uma fusão ou aquisição'. *In Chicago Bridge & Iron Co., No. 9300, 2005 WL 120878,* em *93 (FTC Jan. 6, 2005).* O desinvestimento é desejável porque, em geral, um remédio tem maior probabilidade de restaurar a concorrência se as sociedades envolvidas na concorrência previamente à operação não estiverem sob o mesmo comando. Há, também, no longo prazo, maiores custos associados ao monitoramento da eficácia de um remédio comportamental. (...) O desinvestimento é a principal solução para contestações a soluções ilegais, independentemente de a contestação ocorrer antes ou depois de consumada a operação.' (voto da presidente Majoras' no caso Evanston)"

[Taufick, Roberto Domingos. **A brief overview of the Federal Trade Commission's organization and operation.** Revista de Direito da Concorrência, v.14, p.69 – 106. IOB/Cade: Brasília, 2007].

Seguindo o entendimento que sempre externei enquanto técnico do Cade, palestrante, ou mesmo desde a edição anterior deste livro, o Conselho passou a adotar remédios estruturais para casos de condutas. Em sintonia com o Tribunal, essa minha preocupação era mais acen-
ART. 38 tuada com relação aos mercados integrados de cimento e concreto – justamente o nicho em que o Cade, por meio do Processo Administrativo nº 08012.011142/2006-79, veio a inaugurar a aplicação do remédio.

V. cartel do cimento: Processo Administrativo nº 08012.011142/2006-79, em que foram representados Associação Brasileira das Empresas de Serviços de Concretagem, Associação Brasileira de Cimento Portland, InterCement, Cimpor Cimentos, Cimento Itambé, Cimentos Liz, Holcim, Itabira, Sindicato Nacional da Indústria do Cimento, Votorantim Cimentos e outros, de relatoria de Alessandro Octaviani.

VI – a proibição de exercer o comércio em nome próprio ou como representante de pessoa jurídica, pelo prazo de até 5 (cinco) anos; e

"A proposição inclui, como penalidade possível, a proibição de exercer o comércio em nome próprio ou como representante de pessoa jurídica, pelo prazo

remedy for challenges to unlawful mergers, regardless of whether the challenge occurs before or after consummation.' (Chairwoman Majoras' opinion in the Evanston matter)"

de até dez anos. As outras penalidades previstas na Lei 8.884/94 continuam as mesmas."

[Exposição de motivos do Substitutivo Ciro Gomes].

[167]V. art. 102 da Lei nº 11.101/05.

VII – qualquer outro ato ou providência necessários para a eliminação dos efeitos nocivos à ordem econômica.

A lista de medidas do art. 38, diferentemente daquela do art. 24 da Lei nº 8.884/94, é meramente exemplificativa. Com o devido apelo ao princípio da proporcionalidade, o acréscimo trazido pelo inciso VII confere grau de discricionariedade bastante amplo ao julgador – muito embora seja recomendável, quando igualmente eficiente e eficaz, conferir primazia ao uso das soluções já arroladas pelo legislador, para as quais a juridicidade foi, previamente, atestada pelo Congresso.

V. nota ao art. 61, §2, VI.

ART. 39

Art. 39 Pela continuidade de atos ou situações que configurem infração da ordem econômica, após decisão do Tribunal determinando sua cessação, bem como pelo não cumprimento de obrigações de fazer ou não fazer impostas, ou pelo descumprimento de medida preventiva ou termo de compromisso de cessação previstos nesta Lei, o responsável fica sujeito a multa diária fixada em valor de R$ 5.000,00 (cinco mil reais), podendo ser aumentada em até 50 (cinquenta) vezes, se assim recomendar a situação econômica do infrator e a gravidade da infração.

Em primeiro lugar, entendo que, assim como ocorre no sistema europeu, a multa-base diária poderia ser um percentual do faturamento médio diário no ano anterior (v. art. 24(1) do Regulamento 1/2003), o que

[167] "Art. 102. O falido fica inabilitado para exercer qualquer atividade empresarial a partir da decretação da falência e até a sentença que extingue suas obrigações, respeitado o disposto no § 1º do art. 181 desta Lei.
Parágrafo único. Findo o período de inabilitação, o falido poderá requerer ao juiz da falência que proceda à respectiva anotação em seu registro."

conferiria imediata proporcionalidade à penalidade, que se adequaria à condição econômica do infrator.

Ocorre que, pelo menos desde a presidência de Elizabeth Farina, o plenário do Tribunal Administrativo do Cade questiona os incentivos a que a empresa do grupo envolvida na prática anticompetitiva direcione as suas atividades para outras empresas do grupo quando a investigação começar (já que, anteriormente à instauração do processo administrativo sancionador, há, de praxe, pelo menos a instauração de um inquérito administrativo). Nesse sentido, entendo que, a fim de evitar o incentivo perverso de que se fala, seja utilizada, como opção ao modelo europeu, a média dos faturamentos nos anos anteriores à instauração do inquérito administrativo.

Em segundo lugar, vale notar que a alteração na redação do art. 25 da Lei nº 8.884/94 foi importante para que a nova lei se ajustasse a uma antiga impropriedade cometida nos julgados do Cade: utilizar aquele dispositivo para cominar multa a obrigações de fazer determinadas em atos de concentração, ou em processos administrativos de condutas.

Ora, apenas se subsumiam ao art. 25 da Lei nº 8.884/94 aqueles fatos
ART. 39 que representassem infração concorrencial à ordem econômica já assim caracterizados por julgamento do Cade e que não fossem cessados mesmo depois da aludida decisão do Conselho. O desrespeito à obrigação de publicar extrato de decisão em jornal não poderia ser aqui encaixado, dado não configurar continuidade de infração concorrencial à ordem econômica, mas o descumprimento de obrigação acessória. Não havendo tipificação dessa conduta, não poderia o Cade fazer interpretação extensiva para punir o administrado, dado que *nulla poena sine lege*.

O art. 39 vem a corrigir essa anomia, admitindo, agora sim, que tais obrigações acessórias, ou processuais tenham efetivo mecanismo de coerção.

Há, entretanto, uma infinidade de julgados do Cade com a leitura equivocada do art. 25 da Lei nº 8.884/94 – entre eles, o voto do relator original do Processo Administrativo nº 08012.006241/1997-03, em que foram representadas drogarias e farmácias da Rede da Economia no DF. Posição contrária encontra-se na manifestação oral do Conselheiro Olavo Chinaglia nos Embargos de Declaração referentes ao Ato de Concentração nº 08012.002531/2007-94, em que foi embargante Petróleo Brasileiro S.A. – PetroBRAS. Naquela oportunidade, o Conselheiro César Mattos – que provocou a manifestação oral do Conselheiro Chinaglia

– havia preparado voto-vogal, o qual não foi juntado em função de a retificação já ter sido proferida, oralmente, por aquele. Infelizmente, a manifestação oral do Conselheiro Chinaglia não veio a ser reduzida a termo. Parece-me, nesse diapasão, relevante trazer excerto da aludida minuta que preparei para o Conselheiro Mattos:

> "Por outro lado, e em segundo lugar, o Conselheiro-Relator, no último parágrafo do seu voto, comina a multa do art. 25 da Lei nº 8.884/94 –, *in verbis*:
>
> 'Art. 25. Pela continuidade de atos ou situações que **configurem infração da ordem econômica**, após decisão do Plenário do Cade determinando sua cessação, ou pelo descumprimento de medida preventiva ou compromisso de cessação previstos nesta lei, o responsável fica sujeito a multa diária de valor não inferior a 5.000 (cinco mil) Unidades Fiscais de Referência (Ufir), ou padrão superveniente, podendo ser aumentada em até vinte vezes se assim o recomendar sua situação econômica e a gravidade da infração. (grifei)'
>
> Como se depreende da leitura do dispositivo legal, o art. 25 se aplica, tão-somente, a atos ou situações que configurem infração da ordem econômica ou descumprimento de medida preventiva ou compromisso de cessação – situações em que não se subsume a hipótese de intempestividade, conforme atesta o próprio relator às fls. 6-7 da decisão embargada: ART. 40
>
> 'Quanto ao argumento de que o faturamento a ser considerado no cálculo da multa é o obtido no mercado relevante (ver nota de rodapé n. 4), observo que essa decisão foi adotada pelo Cade apenas para multas por infrações contra a ordem econômica (...)
>
> **Neste caso, não se trata de pena por infração à ordem econômica** (...) (grifei)'
>
> Nesses termos, por constituir inequívoca contradição com os argumentos tecidos acima e que sustentam as teses que negam provimento aos pedidos da embargante, valho-me do direito de autotutela da Administração para votar pela exclusão da cominação de multa diária fundamentada pelo art. 25 da Lei nº 8.884/94."

V. nota ao *caput* do art. 40.
V. nota ao art. 79, IV.
V. nota ao art. 79, V.

Art. 40 A recusa, omissão ou retardamento injustificado de informação ou documentos solicitados pelo Cade ou pela Secretaria de Acompanhamento Econômico constitui infração punível com

multa diária de R$ 5.000,00 (cinco mil reais), podendo ser aumentada em até 20 (vinte) vezes, se necessário para garantir sua eficácia, em razão da situação econômica do infrator.

Em primeiro lugar, entendo que, assim como ocorre no sistema europeu, a multa-base diária poderia ser um percentual do faturamento médio diário no ano anterior (v. art. 24(1) do Regulamento 1/2003), o que conferiria imediata proporcionalidade à penalidade, que se adequaria à condição econômica do infrator.

Ocorre que, pelo menos desde a presidência de Elizabeth Farina, o plenário do Tribunal Administrativo do Cade questiona os incentivos a que a empresa do grupo envolvida na prática anticompetitiva direcione as suas atividades para outras empresas do grupo quando a investigação começar (já que, anteriormente à instauração do processo administrativo sancionador, há, de praxe, pelo menos a instauração de um inquérito administrativo). Nesse sentido, entendo que, a fim de evitar o incentivo perverso de que se fala, seja utilizada, como opção ao modelo europeu, a média dos faturamentos nos anos anteriores à instauração do inquérito administrativo.

ART. 40 Em segundo lugar, note-se que, além de passar a ser dedicado artigo específico para a enganosidade (art. 43), o novo RiCade deixou de fixar o limite de 90 dias para a multa diária (prevista no art. 110, I, "b" da Resolução 45/07[168] – Regimento Interno do Cade a regulamentar a Lei nº 8.884/94). Essa alteração, proposta desde a edição anterior deste livro, aumentou a força coercitiva do dispositivo, dado que, ausente um teto para o valor total da multa, em algum momento o requisitado sentirá o seu ônus financeiro, independentemente do valor da cominação diária. Desse modo, a decisão passou, em última instância, a ser entre pagar agora (e menos), ou em algum momento futuro (e mais).

Seguindo, novamente, aquilo que foi proposto desde a edição anterior deste livro, o direito de retratação, previsto no art. 110, I, "c" do antigo Regimento Interno do Cade[169] foi mantido pelo art. 165, I, *c*, c/c art. 169,

[168] "Art. 110 – Do Auto de Infração deverão constar, ainda, expressamente:
I – no caso da infração prevista no art. 26, caput, da Lei nº 8.884/94:
b) advertência de que a multa diária incidirá até o dia do efetivo cumprimento da requisição, inclusive, ou até o limite de 90 (noventa) dias;"

[169] "Art. 110 – Do Auto de Infração deverão constar, ainda, expressamente:
c) informação de que o autuado pode, em 05 (cinco) dias, cumprir a requisição, isentando-se da pena, ou opor Impugnação ao Auto de Infração, com efeito suspensivo;"

II do novo RiCade[170] e representa forte incentivo a que o infrator atenda prontamente à requisição. Como antecipei na edição anterior, parece-me um importante instrumento que veio a ser preservado regimentalmente pelo Cade.

O novo RiCade veio, ainda, a prever, no seu art. 129, que, sem prejuízo das demais sanções cabíveis, a enganosidade pode levar a que o pedido de aprovação do ato de concentração seja rejeitado por falta de provas, caso em que o requerente somente poderá realizar o ato mediante apresentação de novo pedido.

Alfim, cabe destacar que, por não se tratar de infração concorrencial à ordem econômica, a responsabilidade objetiva do art. 36 não atinge os arts. 40-44 e as obrigações acessórias do art. 39.

V. *Section 7A(g) of the Clayton Act (Hart-Scott-Rodino Act, HSR)*
V. art. 43 para enganosidade.

§ 1º O montante fixado para a multa diária de que trata o *caput* deste artigo constará do documento que contiver a requisição da autoridade competente. ART. 40

Apesar de haver cominação de multa diária em face da recusa em prestar informações, é defeso à autoridade antitruste de outro modo constranger o requisitado. Desse modo, o que o dispositivo traz é um incentivo financeiro a que o requisitado traga, com a presteza possível, essas informações. Contudo, o interesse do requisitado depende do próprio valor da cominação, para cuja fixação o Conselho tem certo grau de discricionariedade. Na prática, esse valor tem sido habitual e eficazmente fixado no mínimo legal.

Assim como o revogado art. 26, §1º da Lei nº 8.884/94, a aplicação do dispositivo acima reclama que o ofício de requisição de informações contenha expressa menção ao valor da multa diária – até mesmo em função de ela poder variar entre 5-100 mil reais. Somente desse modo o requi-

[170] "Art. 165. Do auto de infração, deverão constar, ainda, expressamente:
I – no caso de infração prevista no art. 40, *caput*, da Lei nº 12.529, de 2011:
....
c) informação de que o autuado poderá, em 5 (cinco) dias, cumprir a requisição, isentando-se da pena, ou opor impugnação ao auto de infração."

sitado poderá avaliar se e quando vale a pena fornecer à autoridade as informações solicitadas.

V. art. 455, §5º do novo Código de Processo Civil.
V. art. 206 do Código de Processo Penal.
V. nota ao art. 79, V.

§ 2º Compete à autoridade requisitante a aplicação da multa prevista no *caput* deste artigo.

A má redação leva a que se erroneamente considere que o juízo é monocrático. Entrementes, a praxe já havia deixado assentada que a decisão era um ato complexo, devendo ser homologada pelo Plenário para ganhar vigor.

Esse entendimento foi recepcionado pelo novo RiCade, cujos artigos 167 e 168 disciplinam a inclusão em pauta (do processo administrativo para imposição de sanções processuais incidentais) para julgamento pelo Tribunal e o pagamento da multa, no caso de decisão condenatória,

ART. 41

V. art. 26, §3º da Lei nº 8.884/94.

§ 3º Tratando-se de empresa estrangeira, responde solidariamente pelo pagamento da multa de que trata o *caput* sua filial, sucursal, escritório ou estabelecimento situado no País.

V. art. 26, §4º da Lei nº 8.884/94.

Art. 41 A falta injustificada do representado ou de terceiros, quando intimados para prestar esclarecimentos, no curso de inquérito ou processo administrativo, sujeitará o faltante à multa de R$ 500,00 (quinhentos reais) a R$ 15.000,00 (quinze mil reais) para cada falta, aplicada conforme sua situação econômica.

Parágrafo único. A multa a que se refere o *caput* deste artigo será aplicada mediante auto de infração pela autoridade competente.

A menção a 'falta' faz entender que a diferença entre este dispositivo e o art. 40 está no necessário comparecimento físico do intimado para que preste as informações requeridas pela autoridade – Plenário do Tribunal, Conselheiro-Relator ou Superintendência-Geral, na esteira do art. 42 –, entendimento que foi recepcionado pelo art. 73, II do novo RiCade. Entretanto, reparem que, apesar de a situação ser similar à do art. 40, §1º, não há, aqui, determinação de que o valor da multa conste da intimação. É ainda digno de nota que o parágrafo único faça menção à aplicação da multa por meio de auto de infração – situação que, embora seja praxe para a cobrança a que faz alusão o art. 40, não foi lá repetida.

Dado que a diferença entre os dispositivos legais não justifica a diferença de tratamento dispensado pela mesma lei, parece-me recomendável que aqui se repita a necessidade de constar do ofício a multa a ser cominada. Esse trabalho é facilitado pelo fato de que a multa levará em conta, apenas, a situação econômica do agente – dado que o dolo é presumido em uma situação na qual a ausência não seja justificada (v. *caput*). O RiCade veio, por meio do art. 73, II c/c art. 74 II c/c art. 165, II, *a* seguir esse posicionado externado já na edição anterior deste livro. De igual modo, nos termos do que foi observado no parágrafo anterior, deixou claro no art. 163 c/c art. 165, I do novo RiCade que também se lavram autos de infração para os casos previstos nos artigos 40, 42, 43 e 44 da Nova Lei Antitruste Brasileira. ART. 41

É sempre válido observar que, diferentemente dos juízos criminal e cível, a autoridade administrativa não tem a prerrogativa de *conduzir* a testemunha que se recusar a comparecer. Essa situação também difere dos poderes de que é investida a autoridade antitruste nos Estados Unidos, onde o procedimento compulsório (que pode vir com a instrução complementar – *Second Sequest*) admite a própria privação de liberdade[171].

Por fim, a autoridade só poderá cominar multa pelo não comparecimento em inquéritos ou processos administrativos – fases nas quais há contraditório. Isso não implica a impossibilidade de haver oitiva em pro-

[171] *"**Compulsory process.** Process to compel the attendance in court of a person wanted there as a witness or otherwise; including not only the ordinary subpoena, but also a warrant of arrest or attachment if needed. A defendant's right, guaranteed by the federal Constitution, to compel the attendance of witnesses at trial and elicit testimony on behalf of the defense. State v. Fort, 197 NJSuper. 113, 484 A2d 323 324. See e.g. Fed.R. Civil P. 45.*
The 6th Amend., U.S.Const., provides that the accused shall have the right to 'have compulsory process for obtaining witnesses in his favor'."
[**Black's Law Dictionary – with pronunciations.** Centennial edition. 6ª edição. USA: West, 1990. P. 288].

cedimento preparatório; entrementes, a autoridade prescindirá do poder de coerção financeira.

V. nota ao *caput* do art. 40.
V. nota ao art. 42.
V. art. 26, §5º da Lei nº 8.884/94.
V. art. 455, §5º do novo Código de Processo Civil.
V. art. 206 do Código de Processo Penal.

Art. 42 Impedir, obstruir ou de qualquer outra forma dificultar a realização de inspeção autorizada pelo Plenário do Tribunal, pelo Conselheiro-Relator ou pela Superintendência-Geral no curso de procedimento preparatório, inquérito administrativo, processo administrativo ou qualquer outro procedimento sujeitará o inspecionado ao pagamento de multa de R$ 20.000,00 (vinte mil reais) a R$ 400.000,00 (quatrocentos mil reais), conforme a situação econômica do infrator, mediante a lavratura de auto de infração pelo órgão competente.

É interessante observar que o legislador parece ter entendido que o dolo seja de rigor para a infração do art. 42, de tal modo que o julgador deverá levar em consideração, para a dosimetria da pena, apenas a situação econômica do infrator.

Aqui, novamente, entendo, desde a edição anterior, que o valor da multa deva constar, previamente, do documento que notifica o agente da inspeção, nos termos do art. 13, VI, "c". O Cade introduziu essa recomendação no art. 165, II, *a* do novo RiCade.

V. nota ao *caput* do art. 40.
V. nota ao art. 41.
V. art. 26-A da Lei nº 8.884/94.

Art. 43 A enganosidade ou a falsidade de informações, de documentos ou de declarações prestadas por qualquer pessoa ao Cade ou à Secretaria de Acompanhamento Econômico será punível com multa pecuniária no valor de R$ 5.000,00 (cinco mil reais) a R$ 5.000.000,00 (cinco milhões de reais), de acordo com a gravi-

dade dos fatos e a situação econômica do infrator, sem prejuízo das demais cominações legais cabíveis.

A previsão da enganosidade enquanto ilícito independente visou não só tornar evidente tratar-se de infração mais grave que as demais trazidas no bojo dos artigos anteriores (40-42), quanto garantir que o direito de retratação previsto no art. 110, "c" da Resolução 45/07[172] (Regimento Interno do Cade a regulamentar a Lei nº 8.884/94) não lhe seja estendido. Afinal, sendo a sua consumação instantânea, é extremamente provável que o reconhecimento da enganosidade pela Administração advenha do prévio conhecimento da verdade dos fatos[173], o que tornaria inócua a retratação.

Diferentemente dos casos anteriores, defendo que, aqui, não caiba constar do ofício que requisita informações, adicionalmente ao valor da multa do art. 40, o valor da multa pelo art. 43. Isso ocorre porque tanto o art. 41 quanto o art. 42 são claros quanto ao fato de que a multa será aplicada levando em consideração, apenas, a situação financeira do infrator. Aqui, diferentemente, há expressa menção à gravidade dos fatos, de tal modo que a penalidade variará de acordo com o próprio grau de culpabilidade – o que não pode ser de antemão apurado. ART. 43

Por outro lado, recomenda-se que do ofício constem os valores máximo e mínimo a serem cominados em caso de infração de enganosidade – dado que essa publicidade, prevista no art. 40 e reprisada no art. 62, é do espírito da presente lei.

Como já antecipei, seguindo recomendação desta obra, o novo RiCade veio a prever, no seu art. 165, II, *a*, que a autoridade competente deverá especificar já no auto de infração o valor da multa. Isso, entendo, não retira a viabilidade e a superioridade da decisão de o Cade, como recomendado aqui especificamente para o caso de enganosidade, fazer constar, apenas, os valores mínimo e máximo a serem cominados.

[172] "Art. 110 – Do Auto de Infração deverão constar, ainda, expressamente:
c) informação de que o autuado pode, em 05 (cinco) dias, cumprir a requisição, isentando-se da pena, ou opor Impugnação ao Auto de Infração, com efeito suspensivo;"

[173] "A retratação só valeria a pena para a Administração no caso de tomar conhecimento de que os relatos são enganosos, mas não chegarem ao seu conhecimento os fatos verídicos. Nessa situação, há incentivos para que a Administração faça o *trade off* entre o perdão da multa e a apresentação da versão correta dos fatos."

"O parecer do i. Procurador Federal Diogo Thompson de Andrade, subscrito pelo Procurador-Geral Gilvandro Vasconcelos Coelho de Araújo, datado de 02 de fevereiro de 2010, afirma que a enganosidade é a mais grave das condutas descritas no art. 26 da Lei nº 8.884/94, na medida em que implica comportamento acintoso com o intuito de obter vantagem particular ao induzir a autoridade em erro ou limitá-la no seu amplo exercício de poder de polícia. Cito:

'No presente caso, em tese, a Polimix teria incluído concorrente na divisão de mercado o qual ela sabia que não mais atuava no mesmo mercado relevante que a mesma, tão somente com o intuito de distorcer a divisão de participações do mercado na região analisada.

Diante disso, a Procuradoria entende que a divergência de informações constatada no presente feito é suficiente para configurar, em tese, a conduta de enganosidade prevista no art. 26, *caput* da Lei 8.884/94, recomendando seja a mesma apurada por meio de auto de infração a ser lavrado pelo Conselheiro (autoridade requisitante), intimando-se a parte para a apresentação de impugnação, nos termos do art. 109, IV e V c.c o art. 111 e ss. do Regimento Interno do Cade.'

(...)

Com o recebimento de cópia deste documento, a autuada fica intimada a, no prazo de 05 (cinco) dias, pagar a multa ou impugnar o Auto de Infração, ART. 44 de acordo com o disposto no art. 109 do Regimento Interno do Cade (Anexo à Resolução nº 45/07). Informo que, nos termos do art. 111, § 1º, do Regimento Interno do Cade, o oferecimento de impugnação suspende a exigibilidade da multa. A multa devida é de R$ 106.410,00, equivalente a 100.000 UFIR, dada a consumação instantânea da enganosidade (o que retira o cômputo diário da multa aplicável)."

[Auto de Infração lavrado pelo Conselheiro César Mattos no Ato de Concentração nº 08012.000836/2009-23, em face de Polimix Concreto Ltda.].

V. nota ao *caput* do art. 40.

V. Processo Administrativo para Imposição de Sanções Processuais Incidentais nº 08700.006554/2016-19, em que foram partes Presidência do Conselho Administrativo de Defesa Econômica x JBS S.A., Rodopa Indústria e Comércio de Alimentos Ltda., Forte Empreendimentos e Participações Ltda., de relatoria de Gilvandro Vasconcelos Coelho de Araújo.

Art. 44 Aquele que prestar serviços ao Cade ou a Seae, a qualquer título, e que der causa, mesmo que por mera culpa, à disseminação indevida de informação acerca de empresa, coberta por sigilo,

será punível com multa pecuniária de R$ 1.000,00 (mil reais) a R$ 20.000,00 (vinte mil reais), sem prejuízo de abertura de outros procedimentos cabíveis.

O art. 44 responde à necessidade de tornar os atos administrativos do Cade menos suscetíveis a falhas que afetem a confidencialidade de dados. Por esse motivo, desde os servidores do protocolo até o Presidente, todos são destinatários do dispositivo – resguardada a proporcionalidade da multa com relação ao grau de dano causado, à culpabilidade e à capacidade econômica do infrator.

Cabe relembrar que, por não se tratar de infração concorrencial à ordem econômica, a responsabilidade objetiva do art. 36 não atinge os arts. 40-44 e as obrigações acessórias do art. 39.

Os artigos 163 e seguintes do novo RiCade meritoriamente estenderam ao art. 44 da Nova lei Antitruste Brasileira as regras gerais relativas aos autos de infração que regem os artigos 40 a 43 da lei.

V. *Section 7A(h) of the Clayton Act (Hart-Scott-Rodino Act, HSR).*

ART. 44

§ 1º Se o autor da disseminação indevida estiver servindo o Cade em virtude de mandato, ou na qualidade de Procurador Federal ou Economista-Chefe, a multa será em dobro.

Devido aos seus conhecimentos jurídicos e à função de aconselhamento legal dos mandatários, o procurador federal está sujeito à mesma qualificação da pena que aqueles – inexistindo, inclusive, desnivelamento com relação ao Procurador-Chefe.

"A diluição ou a transposição da fronteira entre política e burocracia cria um novo desafio para a ordem democrática: como controlar os burocratas que também participam da tomada de decisões e das escolhas entre diferentes objetivos para as políticas públicas? Ou seja, como responsabilizá-los em termos políticos, já que também atuam politicamente e não apenas burocraticamente? Em suma, como controlá-los para além da lógica da legalidade e probidade de seus atos ou omissões?"

[Arantes, R.B./Loureiro, M.R./Couto, C./Teixeira, M.A.C.. **Controles Democráticos Sobre a Administração Pública no Brasil: Legislativo, Tribunais de Contas, Judiciário e Ministério Público.** *In* Loureiro, M.R./

Abrucio, F.L./Pacheco, R.S.. Burocracia e Política no Brasil – desafios para a ordem democrática no século XXI. FGV Editora: Rio de Janeiro, 2010. P. 112].

V. nota ao *caput* do art. 44.

§ 2º O Regulamento definirá o procedimento para que uma informação seja tida como sigilosa, no âmbito do Cade e da Seae.

V. Lei de Acesso à Informação: Lei nº 12.527, de 18 de novembro de 2011.
V. Decreto nº 7.724, de 16 de maio de 2012.
V. artigos 50 e seguintes do novo RiCade.

Art. 45 Na aplicação das penas estabelecidas nesta Lei, levar-se-á em consideração:

V. *caput* do art. 27 da Lei nº 8.884/94.

ART. 45 **I – a gravidade da infração;**

V. art. 27, I da Lei nº 8.884/94.

II – a boa-fé do infrator;

V. art. 27, II da Lei nº 8.884/94.

III – a vantagem auferida ou pretendida pelo infrator;

V. art. 27, III da Lei nº 8.884/94.

IV – a consumação ou não da infração;

V. art. 27, IV da Lei nº 8.884/94.

V – o grau de lesão, ou perigo de lesão, à livre concorrência, à economia nacional, aos consumidores, ou a terceiros;

V. art. 27, V da Lei nº 8.884/94.

VI – os efeitos econômicos negativos produzidos no mercado;

V. art. 27, VI da Lei nº 8.884/94.

VII – a situação econômica do infrator; e

V. art. 27, VII da Lei nº 8.884/94.

VIII – a reincidência.

V. art. 27, VIII da Lei nº 8.884/94.
Sobre reincidência, v. nota ao art. 37, §1º.

CAPÍTULO IV – Da prescrição

Art. 46 Prescrevem em 5 (cinco) anos as ações punitivas da administração pública federal, direta e indireta, objetivando apurar infrações da ordem econômica, contados da data da prática do ilícito ou, no caso de infração permanente ou continuada, do dia em que tiver cessada a prática do ilícito. ART. 46

V. *caput* do art. 1º da Lei nº 9.873/99.

§ 1º Interrompe a prescrição qualquer ato administrativo ou judicial que tenha por objeto a apuração da infração contra a ordem econômica mencionada no caput deste artigo, bem como a notificação ou a intimação da investigada.

Observe-se que a redação não difere do teor do mandamento do art. 1º, §1º da Lei nº 9.873/99. A exclusão da decisão do rol das causas de interrupção é compensada pela notificação oral (causa de interrupção) no dia da sessão de julgamento, que é pública.

§ 2º Suspende-se a prescrição durante a vigência do compromisso de cessação ou do acordo em controle de concentrações.

No sentido inverso, a celebração de APROs não tem esse efeito, devendo o ato de concentração ser analisado dentro do prazo estipulado normativamente.

V. art. 3º da Lei nº 9.873/99.

§ 3º Incide a prescrição no procedimento administrativo paralisado por mais de 3 (três) anos, pendente de julgamento ou despacho, cujos autos serão arquivados de ofício ou mediante requerimento da parte interessada, sem prejuízo da apuração da responsabilidade funcional decorrente da paralisação, se for o caso.

Por *procedimento administrativo* entenda-se o gênero que engloba todos os tipos do art. 48.

Com relação à apuração de responsabilidade, sempre me pareceu que o instituto da prescrição mais premia o infrator do que beneficia a sociedade com a alegada segurança jurídica. Com relação ao objetivo de punir a Administração, isso só ocorreria, efetivamente, com a punição
ART. 46 funcional dos responsáveis, o que não condiz com a realidade. Não se trata sequer de subpunição, mas de absoluta impunidade.

V. art. 1º, §1º da Lei nº 9.873/99.

§ 4º Quando o fato objeto da ação punitiva da administração também constituir crime, a prescrição reger-se-á pelo prazo previsto na lei penal.

É necessário adaptar o presente dispositivo à necessidade do § 3º (prescrição intercorrente). A prescrição intercorrente pela lei penal (art. 110 do Código Penal e Súmula 146 do Supremo Tribunal Federal) regula-se pela pena aplicada, retroativamente, alcançando a pretensão punitiva do Estado.

Nos termos do art. 109, VI do Código Penal, penas inferiores a 1 ano prescrevem em três anos. Sendo as punições administrativas do Cade de natureza monetária (multas) – o que as qualifica como mais amenas que qualquer pena restritiva de liberdade –, três anos torna-se o limite do prazo prescricional intercorrente também quando aplicado o §4º.

Ocorre que a regra do Código Penal diz que só incide a prescrição intercorrente "depois da sentença condenatória com trânsito em julgado para a acusação ou depois de improvido seu recurso". Em outras palavras, não seria possível, à primeira vista, declarar a prescrição intercorrente antes do julgamento, ou mesmo antes do trânsito em julgado administrativo.

Esse entendimento é, entretanto, equivocado. Conforme apurado, as punições administrativas do Cade sempre se enquadrarão na regra do art. 109, VI do Código Penal, de tal sorte que a prescrição intercorrente será sempre regida pelo lapso de três anos. Por esse motivo, é possível, até mesmo antes do julgamento, definir se a pretensão da ação punitiva da Administração se encontra intercorrentemente prescrita. Na prática, portanto, a regra do § 3º é extensível ao §4º.

Em parecer ao Processo Administrativo nº 08012.012676/1999-12 (em que são representadas Gasol e outros, de relatoria de Elvino Mendonça), a ProCade, recorrendo ao argumento de técnica legislativa, entendeu não ser extensível à prescrição intercorrente a regência pela lei penal em caso de o fato objeto da ação punitiva da Administração também constituir crime. Segundo o parecer, parágrafos de leis não podem referir-se a outros parágrafos, mas, tão-somente, ao *caput*. ART. 46

Ocorre que o argumento da ProCade comete uma breve falha. Mesmo seguindo o raciocínio da Procuradoria, é possível concluir que o art. 1º, §1º da Lei nº 9.873/99 (equivalente ao§ 3º em comento) excepciona o *caput* do art. 1º da Lei nº 9.873/99 (equivalente ao *caput* do art. 46 em comento), do mesmo modo que o §2º da Lei nº 9.873/99 (equivalente ao § 4º em comento) é mais abrangente que o *caput* do art. 1º da Lei nº 9.873/99 (equivalente ao *caput* do art. 46 em comento). Isso ocorre porque, apesar de relacionados, diretamente, ao *caput* do art. 1º da Lei nº 9.873/99 (equivalente ao *caput* do art. 46 em comento), esse mesmo *caput* serve como vaso comunicante entre ambos os parágrafos. Desse modo, se o *caput* traz a regra geral, que é acrescida pela exceção de um parágrafo, o significado do *caput* para o parágrafo seguinte não deve ignorar o disposto no parágrafo precedente. Fugir a essa lógica seria ignorar que há toda uma racionalidade embutida na própria sequência em que são dispostos os parágrafos – aí, sim, um sério equívoco de interpretação legislativa.

Por esse motivo, a definição de prescrição da ação punitiva da Administração Pública Federal é mais ampla no segundo parágrafo (porque abarca a noção da exceção trazida pelo parágrafo precedente) – o que faz bastante sentido, haja vista ser contraditório excluir da definição de prescrição da ação punitiva da Administração Pública Federal a prescrição intercorrente, como decorre do raciocínio da ProCade, que lê, isoladamente, o *caput*. Mais que uma exceção, o art. 1º, §1º da Lei nº 9.873/99 (equivalente ao§ 3º em comento) é um complemento ao *caput* e, nesse diapasão, a compreensão do §2º da Lei nº 9.873/99 (equivalente ao § 4º em comento) deve alcançar ambos os dispositivos.

Entretanto, apesar de discordar do argumento da ProCade, a conclusão é sempre a mesma – é possível, já no julgamento de determinado procedimento administrativo, configurar a hipótese de prescrição intercorrente, dado que ela estará sempre limitada a três anos.

V. art. 1º, §2º da Lei nº 9.873/99.

CAPÍTULO V – Do direito de ação

ART. 47 **Art. 47 Os prejudicados, por si ou pelos legitimados referidos no art. 82 da Lei nº 8.078, de 11 de setembro de 1990, poderão ingressar em juízo para, em defesa de seus interesses individuais ou individuais homogêneos, obter a cessação de práticas que constituam infração da ordem econômica, bem como o recebimento de indenização por perdas e danos sofridos, independentemente do inquérito ou processo administrativo, que não será suspenso em virtude do ajuizamento de ação.**

Destoando do restante da lei, o art. 47 trata de competência judicial em ações coletivas para a defesa de interesses do consumidor e ações civis públicas, assim como da desnecessidade de juízo prévio administrativo para a tutela judicial – ambos já tutelados pelo art. 5º, XXXV da CF, Lei nº 7.347/85 e Lei nº 8.078/90.

Aparentemente, houve preocupação em esclarecer que a tutela administrativa pelo Estado não esgota as ações em face dos infratores, especialmente para o ressarcimento de cada indivíduo lesado. O artigo é relevante sob o prisma de despertar o surgimento dessas ações paralelas em função de danos à concorrência, as quais hoje inexistem, na prática, e somente decorrerão da paulatina educação dos cidadãos pela advocacia da concorrência – a qual é importantíssimo instrumental de desincentivo ao cometimento de ilícitos concorrenciais (*deterrence*).

O dispositivo falhou, apenas, ao olvidar a Lei nº 7.347/85, que tem primazia no tratamento dispensado aos danos impingidos à coletividade[174]. A falha, porém, não elimina a possibilidade de fazer uso daquela lei, que permanece em vigor.

"Como argumentado anteriormente neste voto, a sanção imposta pelo Cade dedica-se essencialmente a abordar o dano causado à concorrência como instru-

[174] A respeito da abrangência a lei sobre os direitos difusos, é digna de nota a Mensagem nº 359, de 24 de julho de 1985, referente à Lei nº 7.347, de 24 de julho de 1985:
"EXCELENTÍSSIMO SENHORES MEMBROS DO CONGRESSO NACIONAL:
Tenho a honra de comunicar a Vossas Excelências que, nos termos dos artigos 59, § 1º, e 81, item IV, da Constituição Federal, resolvi vetar, parcialmente, o Projeto de Lei da Câmara nº 20, de 1985 (nº 4.984, de 1985, na Casa de origem), que 'Disciplina a ação civil pública de responsabilidade por danos causados ao meio-ambiente, ao consumidor, a bens e direitos de valor artístico, estético, histórico, turístico e paisagístico, assim como a qualquer outro interesse difuso, e dá outras providências'.
O veto incide sobre as expressões constantes dos dispositivos abaixo indicados:
– Ementa:
'como a qualquer outro interesse difuso';
– Art. 1º, inciso IV:
'a qualquer outro interesse difuso';
– Art. 4º:
'ou a qualquer outro interesse difuso'; e
– Art. 5º, inciso II:
'ou a qualquer outro interesse difuso'.
As razões de interesse público dizem respeito precipuamente a insegurança jurídica, em detrimento do bem comum, que decorre da amplíssima e imprecisa abrangência da expressão 'qualquer outro interesse difuso'.
A amplitude de que se revestem as expressões ora vetadas do Projeto mostra-se, no presente momento de nossa experiência jurídica, inconveniente.
É preciso que a questão dos interesses difusos, de inegável relevância social, mereça, ainda, maior reflexão e análise. Trata-se de instituto cujos pressupostos conceituais derivam de um processo de elaboração doutrinária, a recomendar, com a publicação desta Lei, discussão abrangente em todas as esferas de nossa vida social.
É importante, neste momento, que, em relação à defesa e preservação dos direitos dos consumidores, assim como do patrimônio ecológico, natural e cultural do País, a tutela jurisdicional dos interesses difusos deixe de ser uma questão meramente acadêmica para converter-se em realidade jurídico-positiva, de verdadeiro alcance e conteúdo sociais.
Eventuais hipóteses rebeldes à previsão do legislador, mas ditadas pela complexidade da vida social, merecerão a oportuna disciplinação legislativa.
Estas as razões de interesse público que me Ievaram ao veto parcial e que ora tenho a honra de submeter à elevada apreciação dos Senhores Membros do Congresso Nacional.
Brasília, em 24 de julho de 1985."

mento orientador da atividade econômica no Brasil. A multa imposta pelo Conselho não repara os danos patrimoniais e morais causados a pessoas específicas. A indenização por tais danos deve ser engendrada pelas vias judiciais cabíveis.

A via de maior destaque é a ação civil pública. Nos termos do art. 1º, inciso V, da Lei nº 7.347/85, cabe ação civil pública em face de 'infração da ordem econômica e da economia popular'. Esta ação constitui um elemento essencial para a política geral de defesa da concorrência. Por este motivo, voto pelo encaminhamento desta decisão ao ilustre representante do MPF junto ao Cade para, julgando pertinente, estruturar a ação do Ministério Público nesta seara.

Merece destaque ainda a ação privada, ajuizada pela vítima do cartel em busca de reparação pelos danos causados. A utilidade de ações privadas para a promoção da concorrência já foi comprovada em jurisdições estrangeiras. Nos Estados Unidos, onde a lei estabelece que os prejudicados por um cartel tem direito a um valor equivalente a três vezes a indenização ordinariamente cabível[175], a litigância privada já se transformou em peça chave da política de defesa da concorrência no país. Trata-se de mais um desestímulo à infração da lei.

No Brasil, porém, quase não se tem notícia de ações privadas em razão de danos causados por cartéis. Perde-se, assim, um importante fator a desestimular a prática de conluio. E os prejudicados também deixam de ser ressarcidos pelos
ART. 47 danos causados.

Tendo em vista a necessidade de estimular e promover o ajuizamento de ações privadas pelas vítimas do cartel, entendo necessário divulgar essa possibilidade junto aos potenciais interessados. Por este motivo, determino o envio desta decisão às seguintes organizações: 1) Conselho Federal de Medicina; 2) Confederação Nacional da Indústria; 3) Associação Nacional de Hospitais Privados; 4) Federação Brasileira de Hospitais; 5) Ministério da Saúde; 6) Ministério das Cidades; 7) Companhia de Saneamento Básico do Estado de São Paulo – SABESP. Espera-se que esses agentes possuam maior capacidade de identificar e comunicar possíveis interessados.

Um último ponto de destaque nesta seção refere-se à disponibilização de elementos probatórios para ações de indenização. Este voto contém apenas a interpretação do Cade acerca das provas. Os documentos em si, assim como as degravações eletrônicas, não podem ser fornecidas ao público pelo Cade, que se comprometeu a preservar o sigilo desses elementos. A ausência de acesso aos documentos e às degravações evidentemente prejudica a capacidade das vítimas de demandar indenização cabível.

Por este motivo, recomenda-se ao Poder Judiciário a publicação dos documentos e degravações obtidas no início da instrução penal. Passaram-se mais

[175] "15 U.S.C.A. § 15" [*treble damages*].

de seis anos da obtenção inicial desses elementos. Eles não possuem mais valor empresarial de relevo, não havendo prejuízo em sua divulgação. Nota-se também que esses materiais já foram visualizados pelos principais concorrentes de cada empresa, o que reforça a perspectiva de que eles não possuem mais valor para as representadas.

Além disso, não se notou qualquer caráter pessoal nos documentos obtidos. Não haveria, assim, qualquer dano à intimidade na divulgação de tais documentos. Finalmente, nota-se que, caso haja objeção à divulgação integral dos documentos, pode-se, alternativamente, disponibilizar apenas os elementos indicados neste voto, cujo foco e conteúdo é ligado essencialmente à prática ilícita. Não há qualquer nota de intimidade nesses elementos."

[Voto do Conselheiro Fernando Furlan no cartel dos gases medicinais: Processo Administrativo nº 08012.009888/2003-70 (item 7.3), em que foram representadas Air Liquide, White Martins e outros].

Para o problema da imunidade, v. art. 85.
V. Lei nº 7.347/85.
V. Lei nº 8.078/90.

TÍTULO VI – Das diversas espécies de processo administrativo

CAPÍTULO I – Disposições gerais

Art. 48 Esta Lei regula os seguintes procedimentos administrativos instaurados para prevenção, apuração e repressão de infrações à ordem econômica:

O substitutivo Ciro Gomes foi alterado a fim de trocar o *processo administrativo para aprovação de ato de concentração econômica* por *processo administrativo para análise de ato de concentração econômica* e *procedimento administrativo para apuração de ato de concentração econômica.*

A alteração veio a calhar. A primeira melhoria é terminológica e indica que o processo administrativo não é enviesado, servindo para a análise do ato de concentração, independentemente de seu desfecho: aprovação, reprovação, ou aprovação com restrições. A segunda é material e diz respeito à previsão de procedimento para apuração de atos de concentração não submetidos ao Cade. Optou o legislador pelo termo procedimento em lugar de processo para indicar que:

1. nos termos do art. 88, §§ 3º e 7º, será aberto processo administrativo para análise de ato de concentração econômica se o aludido procedimento apurar a existência de ato de concentração não notificado, a fim de apurar se há efeitos negativos à concorrência decorrentes de atos de concentração (a) que se subsumem aos requisitos do art. 88 e não foram apresentados, ou (b) que não se subsumem aos requisitos do art. 88, mas o Cade, dentro das prerrogativas do art. 88, § 7º, requer a sua submissão (análise de ato de concentração do art. 48, IV);
2. nos termos do art. 88, § 3º, será aberto processo administrativo para imposição de sanções processuais incidentais se o aludido procedimento apurar a existência de ato de concentração de notificação obrigatória, mas não notificado (punição pela intempestividade); e
3. nos termos do art. 88, §§ 3º c/c art. 69, será aberto processo administrativo para apurar a existência de danos concorrenciais à ordem econômica decorrentes dos danos infringidos à sociedade ART. 48 em função da não submissão prévia do ato de concentração (art. 48, III).

A terminologia, contudo, não é pacífica, dado que, tradicionalmente, *procedimento* é conceituado como o conjunto de formalidades que devem ser observadas para a prática de certos atos administrativos, equivalendo ao rito, à forma de proceder, desenvolvendo-se dentro de um processo administrativo. [Di Pietro, Maria Sylvia Zanella. **Direito Administrativo.** 15ª edição. São Paulo: Atlas, 2003. P. 506]. Contudo, como bem pontuou o saudoso Hely Lopes Meirelles [**Direito administrativo brasileiro.** 23ª edição. São Paulo: Malheiros, 1998. P. 559]:

> "Entretanto, como na prática administrativa toda autuação interna recebe a denominação de 'processo', tenha ou não natureza jurisdicional, impõe-se distinguir os processos administrativos propriamente ditos, ou seja, aqueles que encerram um litígio entre a Administração e o administrado ou o servidor, dos impropriamente ditos, isto é, dos simples expedientes que tramitam pelos órgãos administrativos, sem qualquer controvérsia entre os interessados. Com esta ressalva, continuaremos a chamar de processo administrativo o que, no rigor da doutrina, seria procedimento administrativo."

É como processo administrativo propriamente dito que a terminologia *procedimento* é, na lei, empregada.

I – procedimento preparatório de inquérito administrativo para apuração de infrações à ordem econômica;

O procedimento preparatório substitui o procedimento administrativo utilizado pela extinta SDE para a triagem de quais condutas fazia sentido investigar *primus ictus oculi*, sendo instrumental para processar denúncias que não traziam quaisquer indícios de infração concorrencial à ordem econômica. Ocorre que não foram raras as alegações de que, pela lei, tais procedimentos deveriam correr como averiguações preliminares.

Entretanto, nenhum prejuízo poderia redundar para as partes. Primeiro, porque, nos termos do art. 30, §3º da Lei nº 8.884/94, as averiguações preliminares também poderiam correr sob sigilo, no interesse das investigações. Segundo, por conta do princípio da economicidade: o procedimento administrativo, de caráter ainda mais informal, prescindia de formalidades de tramitação processual. Terceiro, porque o *caput* do art. 30 da Lei nº 8.884/94 demanda que haja indícios para a instauração ART. 48
de averiguação preliminar, no que destoava do procedimento administrativo, em fase ainda incipiente de coleta de provas. Quarto, porque havia, pelo menos, dois dispositivos legais originais (art. 26, §5º e art. 35, §2º) e dois derivados (art. 26-A e art. 35-A) na Lei nº 8.884/94 com expressa menção à existência de procedimento administrativo.

"Como destacamos no Relatório, não é claro no Projeto de Lei do Poder Executivo a diferença entre o procedimento preparatório e o inquérito administrativo, estando ambos substituindo a averiguação preliminar. Enquanto que à primeira vista, tal segmentação possa ser erroneamente interpretada como uma burocratização a mais na análise de condutas, o que vai contra nosso objetivo de simplificação, a realidade é que a fase de procedimento preparatório objetiva promover uma triagem simplificada de processos no que diz respeito à sua real relação com a concorrência. De fato, são inúmeras as entradas de processos com acusações das mais variadas e que não possuem qualquer relação com a defesa da concorrência. Afinal, como a cultura da concorrência do país ainda é precária, os cidadãos ainda têm alguma dificuldade em avaliar a pertinência de um determinado caso à esfera do Cade. Para estes processos, que podem ser numerosos em determinados momentos, é fundamental que haja um procedimento ainda mais ágil que as atuais averiguações preliminares da Lei 8.884/94 e os inquéritos administrativos da proposta do Poder Executivo."

[Exposição de motivos do Substitutivo Ciro Gomes].

V. nota ao art. 66, §4º.

II – inquérito administrativo para apuração de infrações à ordem econômica;

O inquérito administrativo exerce a mesma função da antiga averiguação preliminar do Cade, com o benefício de uniformizar a nomenclatura utilizada pelos tribunais.

V. análise da proposta de súmula vinculante 1-6 Distrito Federal, de 02.02.2009, que deu vazão à edição da Súmula Vinculante nº 14 do Supremo Tribunal Federal. Disponível em http://www.stf.jus.br/arquivo/cms/jurisprudenciaSumulaVinculante/anexo/PSV_1.pdf. Acesso em 28.01.2011.

ART. 48

III – processo administrativo para imposição de sanções administrativas por infrações à ordem econômica;

Trata-se da nomenclatura aplicada aos processos administrativos *stricto sensu* da Lei nº 8.884/94.

IV – processo administrativo para análise de ato de concentração econômica;

"Note-se que atos de concentração também passam a ser considerados processos administrativos, tal como as infrações à ordem econômica."

[Exposição de motivos do Substitutivo Ciro Gomes].

Segundo definição da Seae (anexo à Portaria Conjunta Seae/SDE nº 50, de 1º de agosto de 2001), concentrações horizontais são "concentrações que envolvam provedores de bens ou serviços que sejam competidores entre si". Já no seu glossário[176], a Secretaria define concentrações,

[176] http://www.seae.fazenda.gov.br/central_documentos/glossarios. Acesso em 31.01.2011.

ou integrações verticais como aquelas que envolvem agentes econômicos distintos, que ofertam produtos, ou serviços distintos e que fazem parte da mesma cadeia produtiva. Define, ainda, as denominadas conglomerações (*conglomerate mergers*) como concentrações envolvendo agentes econômicos distintos, que ofertam produtos, ou serviços distintos que podem, ou não, ser complementares entre si, mas que não fazem parte da mesma cadeia produtiva.

"Genericamente, uma conglomeração é saudável à competição, pois significa a 'entrada' de uma empresa em um determinado mercado de produto ou serviço. No entanto, uma conglomeração pode ter efeitos nocivos à concorrência quando houver complementaridade entre os produtos ou serviços envolvidos."

As conglomerações ainda podem suscitar significativa elevação das barreiras à entrada, especialmente com relação à atratividade dos produtos para os canais de distribuição. Quanto mais completo o portfólio de um agente de mercado, menos prescindível ele é aos distribuidores e maiores as possibilidades de fechar os canais de distribuição aos concorrentes (estratégia conhecida, no setor farmacêutico, como *paredão*, por ART. 48
meio da qual o distribuidor e as drogarias suprem as suas necessidades com os produtos de um único fornecedor).

"Outra possível consequência anticompetitiva do poder de portfólio resultante da operação, segundo a Tendências, seria a imposição de estratégias como a de '**paredão**': colocar, no PDV, todo seu portfólio de genéricos, garantindo que os seus produtos estejam acessíveis aos consumidores e dificultando o acesso dos concorrentes. A estratégia de paredão é conhecida desta forma por conta da similaridade entre as caixas de genéricos de um mesmo laboratório. Em geral, cada laboratório embala seus genéricos em caixas da mesma cor e os PDVs costumam dispor estes produtos nas prateleiras de uma mesma parede do estabelecimento, criando-se uma parede com diversas caixas da mesma cor de um laboratório específico. A dificuldade de penetração de outros fornecedores dar-se-ia em razão do limite imposto pelo estoque ótimo para a operação do varejista e também pelo fato de que o farmacêutico não precisa disponibilizar aos seus clientes muitos genéricos diferentes para o mesmo medicamento de referência, além de haver espaço limitado nas prateleiras do estabelecimento."

[Voto do Conselheiro César Mattos no caso Sanofi-Medley: Ato de Concentração nº 08012.003189/2009-10, em que foram requerentes Sanofi-Aventis

Farmacêutica Ltda., Sanofi-Aventis Comercial e Participações Ltda., Sanofi-Aventis Industrial e Participações Ltda. e Lotpar IV Participações Ltda.].

"A grande questão é a maior atratividade que o portfólio de produtos de uma grande empresa tem sobre ofertas individuais de empresas menores. Ao oferecer um portfólio de diversos produtos, a presente operação gera a possibilidade de aumento dos custos dos rivais, pois as Requerentes possuem um pacote de produtos que não pode ser oferecido pelos mesmos. Os compradores terão incentivos para lidar apenas com os produtos do conglomerado, pois podem comprar vários produtos de um único fornecedor.

Essa situação é ainda mais preocupante se os canais de distribuição estiverem fechados, com espaço apenas para algumas poucas marcas, principalmente marcas do conglomerado. Nesse caso, maior será a probabilidade de que ocorra um aumento de preços após a fusão. Os concorrentes não serão capazes de entrar ou reentrar no mercado com facilidade, dado que o espaço no canal de distribuição é restrito e ocupado com as marcas do conglomerado, possibilitando que esse tenha espaço para aumentar o preço dos seus produtos. Além disso, a quantidade de opções oferecidas ao consumidor é reduzida, pois ele só consegue ter acesso a poucas marcas."

ART. 48 [Voto-Vogal do Conselheiro Carlos Ragazzo no caso Mate Leão: Ato de Concentração nº 08012.001383/2007-91, em que foram requerentes Recofarma Indústria do Amazonas Ltda. e Leão Júnior S.A.].

Para efeito portfolio, v. caso INBEV: Ato de Concentração nº 08012.002172/2004-22, em que foram requerentes Interbrew N.V./S.A, AMBEV e Braco S.A., de relatoria de Luiz Carlos Prado.

V – procedimento administrativo para apuração de ato de concentração econômica; e

O inciso V c/c art. 69 c/c art. 88 torna mais claras as providências que o art. 54, §5º c/c art. 32 da Lei nº 8.884/94 parecia admitir. Em caso de não apresentação de ato de concentração de submissão obrigatória pela subsunção aos critérios legais, a ser verificada nos termos de procedimento administrativo aberto com base neste inciso V, serão abertos processo administrativo para analisar o ato de concentração (IV), processo administrativo para apurar os danos causados pela conduta (III) e processo administrativo para punir a intempestividade (inciso VI) – nos termos já apontados em nota ao *caput* do art. 48.

V. Conselho Administrativo de Defesa Econômica. **Guia para Análise da Consumação Prévia de Atos de Concentração Econômica**, 2015.

V. Resolução Cade nº 13, de 23 de junho de 2015.

V. nota ao *caput* do art. 48.

VI – processo administrativo para imposição de sanções processuais incidentais.

Talvez o aspecto mais relevante do inciso VI esteja na possibilidade de desmembrar processos para impor sanções incidentais. Trata-se de instrumental essencial para que a análise, em especial dos atos de concentração, seja célere.

Trata-se de medida já utilizada na *US FTC* e que permite que multas por intempestividade, *v.g.*, sejam impostas após avaliação mais pormenorizada sem causar prejuízo aos prazos preclusivos da análise das fusões. Aliás, o art. 88, §3º, se não vier a ser enrijecido por regulamentação do Cade, permite que a aplicação dessa penalidade seja feita de forma mais discricionária. E, em não se tratando de infração concorrencial à ordem econômica, nos termos do art. 36, a responsabilidade é subjetiva, o que permite que o Tribunal valore o grau de culpabilidade e opte, nas zonas cinzentas – especialmente quando se tratar da primeira falha em notificar daquele requerente –, por mera advertência.

ART. 48

"Pagotto (2002, p. 177) observa que o Cade despende seu tempo mais em discutir a tempestividade da apresentação do que em análise das estruturas, transformando, dessa forma, o acessório em principal. Não contendo a Lei nº 8.884/94 elementos para garantir a segurança jurídica dos administrados, deveria o Conselho esforçar-se por conseguir tal segurança por meio de suas decisões levando em conta o inciso IV, do art. 2º da Lei nº 9.784/99, que determina como critério para a atuação administrativa a 'adequação entre os meios e fins, vedada a imposição de obrigações, restrições e sanções em medida superior àquelas estritamente necessárias ao atendimento do interesse público'. Na falta de propiciar a Lei nº 8.884/94 critérios seguros, a proporcionalidade entre a ação e suas consequências seria bom parâmetro."

[Rodas, João Grandino/Oliveira, Gesner. **Direito e Economia da Concorrência**. Rio de Janeiro: Renovar, 2004. P. 191].

V. TAUFICK, Roberto Domingos. **A brief overview of the Federal Trade Commission's organization and operation**. Revista de Direito da Concorrência , v.14, p.69 – 106. IOB/Cade: Brasília, 2007.

Art. 49 O Tribunal e a Superintendência-Geral assegurarão nos procedimentos previstos nos incisos II, III, IV e VI do *caput* do art. 48 desta Lei o tratamento sigiloso de documentos, informações e atos processuais necessários à elucidação dos fatos ou exigidos pelo interesse da sociedade.

Parágrafo único. As partes poderão requerer tratamento sigiloso de documentos ou informações, no tempo e modo definidos no regimento interno.

O art. 49 garante ao Tribunal e ao Superintendente-Geral, nos termos a serem definidos no RiCade, a prerrogativa de garantir o sigilo de documentos e informações – sem definir o limite de tal sigilo – em inquérito administrativo para apuração de infrações concorrenciais à ordem econômica; em processo administrativo para imposição de sanções adminis-
ART. 49 trativas por infrações concorrenciais à ordem econômica; em processo administrativo para análise de ato de concentração econômica; e em processo administrativo para imposição de sanções processuais incidentais. Não o garante para o procedimento preparatório de inquérito administrativo para apuração de infrações concorrenciais à ordem econômica e para o procedimento administrativo para apuração de ato de concentração econômica – a meu ver, de forma equivocada.

Em primeiro lugar, o procedimento preparatório serve para colher provas de fontes sigilosas, que podem servir a representação *ex officio* pela Administração Pública. Se a informação se referir a cartel, por exemplo, a divulgação retira o elemento surpresa da investigação e torna a operação natimorta, comprometendo o bem sucedido programa brasileiro de combate a cartéis. Aliás, o comprometimento da confidencialidade na fase de inquérito interfere na confidencialidade do subsequente inquérito a ser instaurado.

Em segundo lugar, a apuração da existência de ato de concentração pode, entre outras coisas, verificar que determinada operação, realmente, não foi consumada e que, portanto, as partes ainda tinham o direito de manter o sigilo quanto às negociações preliminares. Destarte, erro da Administração pode comprometer operações valiosas para a economia brasileira.

Mesmo com relação ao sigilo nos atos de concentração, há intensa divergência quanto à extensão a todo o processo, que poderia correr em total sigilo. Embora a expressa previsão do sigilo *in totum* tenha sido derrubada na votação plenária da Câmara dos Deputados por força da atuação dos membros do próprio SBDC, parece-me errado privar os contratantes do poder de decidir quando anunciar à sociedade a realização da operação, caso essa faculdade não implique o comprometimento da análise da operação – o que me parece plenamente possível.

Nos Estados Unidos, a *FTC* privilegia o sigilo das informações e realiza a instrução processual sem precisar recorrer à divulgação da operação. Os entrevistados pela agência tomam conhecimento de que há operação em determinado segmento (mercado relevante produto), mas muita vez sequer sabem em que lugar, precisamente, ela se dá (mercado relevante geográfico). Na Europa, o sistema de entrevistas está previsto no art. 11(7) da EUMR:

> "7. No cumprimento das funções que lhe são atribuídas pelo presente regulamento, a Comissão pode entrevistar qualquer pessoa singular ou colectiva que nisso consinta, a fim de recolher informações relativas ao objecto de uma investigação. No início da entrevista, que pode ser efectuada por telefone ou qualquer outro meio electrónico, a Comissão deve indicar o seu fundamento jurídico e finalidade. ART. 49
>
> Quando uma entrevista não se realizar nas instalações da Comissão ou por telefone ou qualquer outro meio electrónico, a Comissão avisará previamente a autoridade competente do Estado-Membro em cujo território a mesma se efectuar. Caso a autoridade competente desse Estado-Membro faça um pedido nesse sentido, os agentes dessa autoridade podem prestar assistência aos agentes e outras pessoas mandatadas pela Comissão para procederem à entrevista."

É certo que a publicidade da informação confere maior blindagem ao sistema, que pode receber informações voluntárias de qualquer pessoa física ou jurídica. O questionamento seletivo a ser adotado em casos sigilosos, por outro lado, cobre os agentes mais relevantes de determinado setor e que tendem a deter maior poder informacional. É bastante improvável que o conhecimento técnico dos analistas do Cade, somado às informações prestadas pelos agentes de mercado, seja insuficiente para subsidiar uma decisão responsável da Administração – em especial, quando o sigilo protege a viabilidade de uma operação que deve ser concluída sem o conhecimento do mercado para ser bem sucedida e conferir àquelas empresas a vantagem concorrencial que lhes é devida.

Uma política restritiva contra o sigilo retira das empresas o ganho legítimo derivado do melhor planejamento estratégico. Antes, permite que os concorrentes reduzam a defasagem negocial e, eventualmente, até consigam a sua aprovação junto ao Cade antes dos agentes que deram o primeiro passo (*first movers*), mas cuja operação era mais complexa. De certo modo, falar-se-ia de uma seleção adversa pelo sistema, que remuneraria melhor o carona no planejamento estratégico da empresa mais eficiente. Certo, porém, que, como medida excepcional, o sigilo processual deverá perdurar apenas até o momento em que a operação, ou parte dela se torne pública.

É nesse sentido que o parágrafo único deve ser lido como prerrogativa de a Administração estender o sigilo também para o procedimento preparatório de inquérito administrativo para apuração de infrações concor-
ART. 49 renciais à ordem econômica e para o procedimento administrativo para apuração de ato de concentração econômica – a pedido dos interessados, ou *ex officio*. Esse entendimento está em conformidade com o disposto no art. 66, § 10º, abaixo, segundo o qual "ao procedimento preparatório, assim como ao inquérito administrativo, poderá ser dado tratamento sigiloso, no interesse das investigações, a critério da Superintendência-Geral". E não poderia ser diferente, pois o sigilo no procedimento administrativo é tão relevante quanto no inquérito, por falarmos, em última instância, da sua fase preliminar.

Esse entendimento esposado neste livro veio a ser endossado pelo art. 5º, §2º do Decreto nº 7.724/2012, que regulamenta a Lei nº 12.527/2011, ou Lei de Acesso a Informações (LAI). Ali se lê:

> "Não se sujeitam ao disposto neste Decreto as informações relativas à atividade empresarial de pessoas físicas ou jurídicas de direito privado obtidas pelo Banco Central do Brasil, pelas agências reguladoras ou por outros órgãos ou entidades no exercício de atividade de controle, regulação e supervisão da atividade econômica cuja divulgação possa representar vantagem competitiva a outros agentes econômicos."

Nesse sentido, discordamos do quadro sinóptico apresentado em artigo de Mariana Tavares de Araújo para a revista Consulex [ARAÚJO, Mariana Tavares de. **Informações sigilosas e o SBDC.** *In* Revista Jurídica Consulex, ano XI, nº 263. Edição de 31 de dezembro de 2007 – edição especial: reforma da lei concorrencial brasileira. P. 22].

V. art. 51, II.
V. art. 66, §10º.
V. art. 67, §3º.

Art. 50 A Superintendência-Geral ou o Conselheiro-Relator poderá admitir a intervenção no processo administrativo de:

I – terceiros titulares de direitos ou interesses que possam ser afetados pela decisão a ser adotada; ou

II – legitimados à propositura de ação civil pública pelos incisos III e IV do art. 82 da Lei nº 8.078, de 11 de setembro de 1990.

“Torna-se explicitamente prevista no art. 45 da Lei proposta, a possibilidade de intervenção de terceiros titulares de direitos ou interesses que possam ser afetados pela decisão a ser adotada e de legitimados à propositura de ação civil pública. Os terceiros interessados podem também impetrar recursos contra decisão de aprovação incondicional de atos de concentração pela Superintendência, tal como a Seae, o representante do Ministério Público, ou, no caso de mercado regulado, da respectiva agência reguladora, previsão constante do art. 62 do Projeto. No § 3º desse mesmo art. 62, se introduz penalidade ao litigante da má fé, que pode chegar a uma multa de R$ 5 milhões, considerando-se sua condição econômica, atuação no processo e o retardamento injustificado causado à aprovação do ato.” ARTS. 50-51

[Exposição de motivos do Substitutivo Ciro Gomes].

V. nota ao art. 47.

Art. 51 Na tramitação dos processos no Cade, serão observadas as seguintes disposições, além daquelas previstas no regimento interno:

I – os atos de concentração terão prioridade sobre o julgamento de outras matérias;

A prioridade, por óbvio, é dada em função da celeridade processual trazida pela nova lei e será ainda mais arrazoada se as sessões plenárias continuarem a ocorrer tão espaçadamente. Aliás, a respeito desse largo interstício entre as sessões, parece-me demasiado ante a crescente demanda quantitativa (número de processos) e temporal (por respostas mais céleres) pelo SBDC. Apesar da expectativa de que, com os filtros da nova lei, sejam reduzidos os processos que chegarão ao Tribunal, aqueles que lá chegarão não podem mais ficar parados semanas a fio nos gabinetes após a definição do voto pelo Conselheiro-Relator, somente à espera de uma sessão de julgamento quinzenal.

Vale observar que, mesmo após a entrada em vigor da nova lei, o Cade manteve a programação de duas sessões por mês, como demonstra o calendário da autarquia para o primeiro semestre de 2016.

II – a sessão de julgamento do Tribunal é pública, salvo nos casos em que for determinado tratamento sigiloso ao processo, ocasião em que as sessões serão reservadas;

ART. 51 O Cade é, sem dúvida, a agência de decisões mais transparentes. Instituições de grande reputação, como o Banco Central do Brasil, não têm como praxe sequer dar publicidade aos administrados da sua análise em atos de concentração envolvendo instituições financeiras. Nesse sentido, v. Ato de Concentração nº 08012.011736/2008- 41, em que foram requerentes Banco do Brasil S.A. (BB) e Banco Nossa Caixa S.A. (BNC), de relatoria de César Mattos.

V. nota ao inciso I.

III – nas sessões de julgamento do Tribunal, poderão o Superintendente-Geral, o Economista-Chefe, o Procurador-Chefe e as partes do processo requerer a palavra, que lhes será concedida, nessa ordem, nas condições e no prazo definido pelo regimento interno, a fim de sustentarem oralmente suas razões perante o Tribunal;

Em prol da dialética processual, o rol do art. 45 da Lei nº 8.884/94 é aumentado para incluir o Superintendente-Geral e o Economista-Chefe entre aqueles que têm a prerrogativa de fazer sustentação oral. Note-se que a ordem de precedência concede primazia ao parecer do Economista-Chefe, em relação ao parecer do Procurador-Chefe, em que pese ao maior grau de autonomia que a lei confere ao processo de nomeação do Procurador-Chefe.

Vale, por fim, observar que, no julgamento da Adin 1127, o Supremo Tribunal Federal decidiu que os advogados não têm a prerrogativa de fazer sustentação oral em qualquer processo – sendo ela cabível, apenas, quando expressamente prevista.

V. Adin 1127, com relação ao disposto no art. 7º, IX da Lei nº 8.906/1994.

IV – a pauta das sessões de julgamento será definida pelo Presidente, que determinará sua publicação, com pelo menos 120 (cento e vinte) horas de antecedência; e

Em se tratando de horas, e não dias, conta-se o momento da publicidade, inclusive pelo sítio eletrônico, entre as 8h e as 18h (horário de funcionamento do Cade) – período durante o qual as partes e interessados ART. 51
têm a obrigação de verificar se foi dada publicidade à pauta.

O art. 61 do novo RiCade previu que cópia da pauta de julgamento será afixada em lugar acessível do lado externo da unidade de protocolo do Cade, assim como disponibilizada no seu sítio eletrônico.

V – os atos e termos a serem praticados nos autos dos procedimentos enumerados no art. 48 desta Lei poderão ser encaminhados de forma eletrônica ou apresentados em meio magnético ou equivalente, nos termos das normas do Cade.

Embora seja louvável o esforço do legislador em tornar o procedimento eletrônico, como já se tenta fazer nos tribunais, a experiência da *US FTC* aponta para a resistência dos administrados, que acham a documentação digital mais suscetível de ser desviada para concorrentes sem lastro de prova. Ademais, casos mais complexos exigiriam que diversos documentos fossem escaneados, o que não só aumentaria os custos dos administrados, como tornaria o manuseio de arquivos pesados mais lento pelo analista do Cade. No momento em que escrevo a 2ª edição, o art. 110,

§4º do novo RiCade determina o envio da documentação tanto na forma eletrônica, quanto na forma impressa.

Os meritórios esforços da autarquia –instrumentalizados por meio do projeto *Cade sem Papel* –, porém, têm sido premiados na Administração Pública e contribuído nos esforços do governo federal em tornar eletrônico todo o andamento processual no Executivo.

V. TAUFICK, Roberto Domingos. **A brief overview of the Federal Trade Commission's organization and operation**. Revista de Direito da Concorrência , v.14, p.69 – 106. IOB/Cade: Brasília, 2007.

Art. 52 O cumprimento das decisões do Tribunal e de compromissos e acordos firmados nos termos desta Lei poderá, a critério do Tribunal, ser fiscalizado pela Superintendência-Geral, com o respectivo encaminhamento dos autos, após a decisão final do Tribunal.

ART. 52 A redação que saiu da Câmara dos Deputados dava essa atribuição automaticamente à Superintendência-Geral. Revisando a orientação trazida aqui na edição anterior, parece-me que a alteração seja inócua e não permita que o Cade, de forma infralegal, determine outra unidade como responsável – como era a ProCade, imediatamente antes da aprovação da nova lei, depois de, por muito tempo, ter sido a própria presidência do Cade. Essa interpretação decorre de o art. 9º, V e XI da Nova Lei Antitruste Brasileira determinar, expressamente, ser dever do Plenário do Tribunal Administrativo determinar que a Superintendência-Geral fiscalize o cumprimento das suas decisões, TCCs e ACCs. Nesse mesmo sentido, o art. 13, IX e X da Nova Lei Antitruste Brasileira.

Apesar de ser silente quanto ao acordo de leniência, o novo RiCade andou bem ao, preservando o espírito da lei, determinar, de forma esparsa, que compete à Superintendência-Geral fiscalizar o cumprimento dos acordos de leniência (art. 210). A Figura 5 abaixo indica como funciona o procedimento de análise de cumprimento de decisões e acordos do Cade:

Figura 5. Fluxograma procedimento de análise de cumprimento de decisões e acordos do Cade

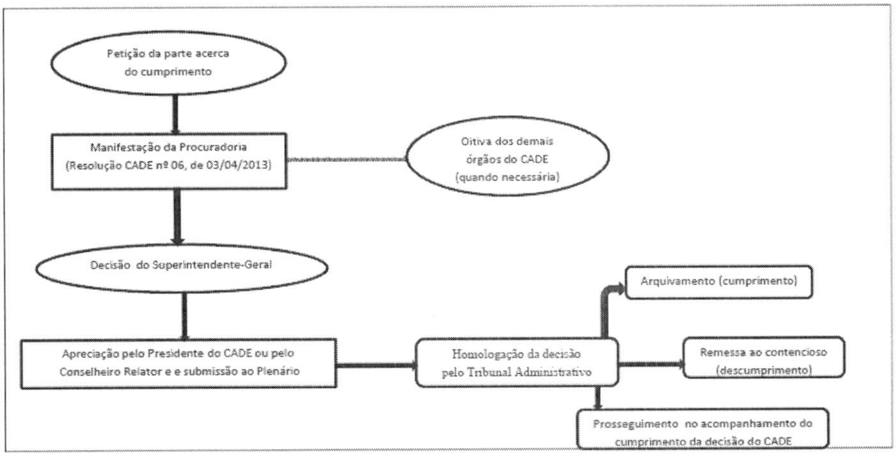

Fonte: Apresentação do Procurador-Chefe Victor Rufino de 05.06.2014. Disponível em http://www.fiesp.com.br/arquivo-download/?id=155733. Acesso em 29.01.2016.

Apesar da má redação, a Resolução Cade nº 06/2013, como bem de-
cifra a Figura 5 acima, consolidou a posição da Superintendência-Geral
enquanto unidade responsável pelo acompanhamento do cumprimento ART. 52
das decisões do Tribunal e acordos por ele celebrados – competindo à
ProCade o papel de certificar se a decisão, ou acordo foi, à letra lei, cum-
prido, ou se, apesar do acompanhamento pela Superintendência-Geral, a
decisão, ou acordo foi descumprido.

V. nota ao art. 9º, XI.
V. nota ao art. 10, V.
V. nota ao art. 11, V.
V. art. 9º, V e XI.
V. art. 13, IX e X.
V. art. 210 do novo RiCade.
V. Resolução Cade nº 06, de 03 de abril de 2013.

Texto excluído:

§ 1º A Superintendência-Geral deverá apresentar ao Tribunal e ao Procurador-Chefe, em periodicidade definida em resolução do Cade, relatório a respeito dos processos referidos no *caput* deste artigo, assegurado a estas autoridades requerer, a qualquer tempo, informações.

A supressão não é bem-vinda, pois reduz importante elemento de controle da atividade da Superintendência-Geral, ou outro órgão incumbido da fiscalização das decisões do Tribunal e de compromissos e acordos firmados nos termos da Nova lei Antitruste Brasileira: a apresentação de relatórios periódicos é importante ferramenta de *accountability*. Por outro lado, a fiscalização das decisões e dos acordos firmados não deve se tornar letra morta ou mera formalidade – daí ser imperativo que se crie, no Cade, área especializada em acordos e na implementação de decisões, ao espelho da *Compliance* da *US FTC*.

Seguindo o nosso apelo, o Cade esmerou-se em criar uma área voltada especificamente ao programa de leniência no gabinete da Superintendência-Geral e *expertise* nas coordenações-gerais dessa mesma Superintendência-Geral para a celebração de compromissos de cessação de conduta.

V. nota ao art. 13, X.

V. MATTOS, César. **Remédios em Atos de Concentração: A Experiência Internacional e o Brasil** (no prelo).

ART. 52

§ 1º Na fase de fiscalização da execução das decisões do Tribunal, bem como do cumprimento de compromissos e acordos firmados nos termos desta Lei, poderá a Superintendência-Geral valer-se de todos os poderes instrutórios que lhe são assegurados nesta Lei.

§ 2º Cumprida integralmente a decisão do Tribunal ou os acordos em controle de concentrações e compromissos de cessação, a Superintendência-Geral, de ofício ou por provocação do interessado, manifestar-se-á sobre seu cumprimento.

Na verdade, a leitura que deve ser feita do dispositivo acima é:

'A Superintendência-Geral, de ofício ou por provocação do interessado, manifestar-se-á sobre o cumprimento integral de decisão do Tribunal, ou dos acordos em controle de concentrações e compromissos de cessação, enviando o seu parecer para homologação pelo Tribunal, nos termos disciplinados por resolução do Cade.'

Conforme nota ao art. 52, *caput*, é de rigor observar que, apesar de a lei não fazer expressa menção, compete à Superintendência-Geral zelar pelo cumprimento dos acordos de leniência. Essa interpretação foi, aliás, adotada pelo art. 210 do novo RiCade.

V. nota ao art. 52, caput.
V. art. 210 do novo RiCade.

CAPÍTULO II – Do processo administrativo no controle de atos de concentração econômica

Figura 6.1. Fluxograma dos Atos e Concentração

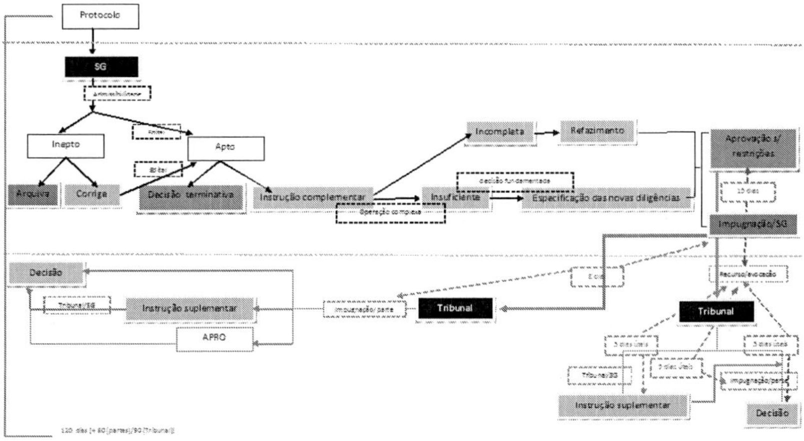

ART. 52

Figura 6.2. Análise dos Atos de Concentração na Lei 12.529/11

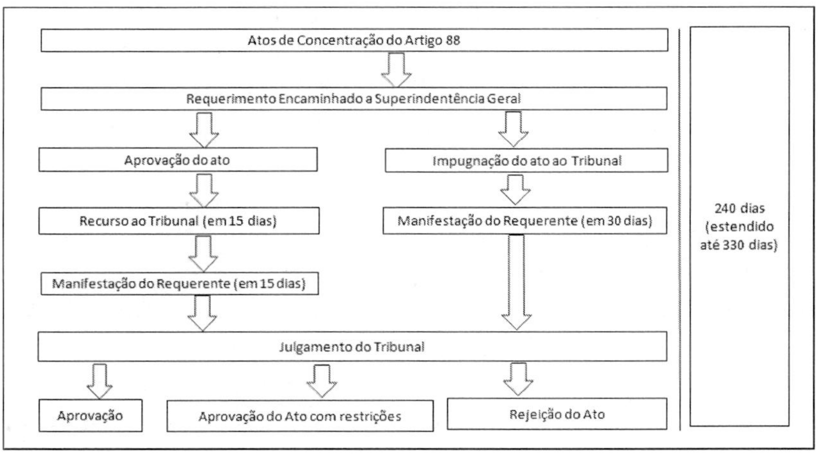

Fonte: Bacchi, Fabiana Mesquita. **A Análise dos Atos de Concentração sob a Ótica da Lei nº 12.529/12: a trajetória da análise de estrutura e a aproximação do Sistema Brasileiro de Defesa da Concorrência aos principais sistemas antitruste.** Trabalho de Conclusão de Curso apresentado à Escola de Direito de São Paulo da Fundação Getúlio Vagas, como exigência parcial a obtenção do titulo de bacharel em Direito. São Paulo: Fundação Getúlio Vargas, 2012.

Seção I – Do Processo Administrativo na Superintendência-Geral

Art. 53 O pedido de aprovação dos atos de concentração econômica a que se refere o art. 88 desta Lei deverá ser endereçado ao Cade e instruído com as informações e documentos indispensáveis à instauração do processo administrativo, definidos em resolução do Cade, além do comprovante de recolhimento da taxa respectiva.

Um dos destaques deste Capítulo II é, justamente, a discricionariedade deixada ao Tribunal. Tanto os prazos de análise, quanto documentos necessários para a submissão são deixados a critério do Cade – repetindo, nesse segundo quesito, a Lei nº 8.884/94.

Com relação aos prazos, embora haja o limite geral do art. 88, é interessante que haja a regulamentação do prazo a ser adotado em cada fase da instrução e no processo decisório. Acima de tudo, a ausência de prazos pré-fixados gera o empecilho de não haver a devida distribuição de prazos entre a Superintendência-Geral e o Tribunal, ou internamente a cada um desses órgãos do Cade. Em outras palavras, uma unidade tenderá a ART. 53 despender tempo demasiado em determinada fase, sem cogitar do tempo necessário para o trabalho daquelas unidades de atuação subsequente (situação que se costuma denominar como tragédia dos comuns). Essa apropriação do prazo pode ser evitada pelo estabelecimento de regras claras por regulamento do próprio Cade. Atendendo ao apelo trazido na edição anterior deste livro, o Cade trouxe, nos artigos 115, §3º; 118, *caput* e §4º; 120, §1º; 122, *caput* e §§2º e 4º, 124; 125, *caput* e §9º; 126; 130, *caput* e §1º; 132 e 133 do novo RiCade a disciplina infralegal aos prazos. Perceba-se que esse tratamento é muito mais transparente que aquele da FTC, em que os procedimentos estão previstos em um manual do *Bureau of Competition* ao qual não é dado publicidade.

Nos comentários trazidos na edição anterior desde livro, adiantamos que, apesar de a documentação de notificação já ter sido objeto de deliberação pelo Cade por meio dos anexos à Resolução 15/98 e em muito espelhar os requisitos da *US FTC*, era necessário que perguntas do anexo II também fossem respondidas juntamente com o já obrigatório anexo I. Os denominados *4C documents*, que se relacionam à motivação de realização da operação (estudos, correspondências, entre outros) e estão entre os mais relevantes documentos analisados pela *FTC*, raramente eram apresentados no Brasil, apesar de constarem do anexo II (item III.1, *v.g.*). O Cade precisaria usar da experiência já adquirida para selecionar melhor as informações que devem ser apresentadas – o que não implicaria, necessariamente, mais perguntas, mas perguntas que forneçam já na notificação informações mais completas sobre a operação.

Em 31 de maio de 2012, porém, foi publicada no Diário Oficial da União a Resolução Cade nº 2, de 29 de maio de 2012, que revoga tacitamente os anexos à Resolução Cade nº 15/98. A norma (i) traz a definição de grupo econômico para fins de notificação da operação; (ii) apresenta uma lista exemplificativa das hipóteses enquadráveis como procedimento sumário; (iii) qualifica as aquisições que são de notificação obrigatória; (iv) elenca **de forma exaustiva (v. comentário no parágrafo abaixo)** (iv.1) os documentos necessários para a análise sumária (anexo II à resolução) e (iv.2) os documentos necessários para a análise de casos mais complexos (anexo I à resolução). Felizmente, entre os documentos de notificação obrigatória das operações de maior complexidade encontram-se os denominados *4C documents.*

Embora o parágrafo único do art. 2º da resolução preveja que a determinação da emenda da notificação poderá abranger informações além ART. 53
das constantes dos formulários dos anexos I e II, entendemos que esse entendimento contraria a Lei nº 12.529/2011. Primeiro, porque, contrariamente ao disposto no parágrafo único do art. 2º da resolução, o art. 53 §1º da Lei 12.529/11 não autoriza que se exijam mais documentos do que os originalmente demandados das partes. Segundo, porque alterações *ad hoc* podem servir a fins espúrios e visar protelar a análise pelos técnicos. Terceiro, porque frustra o preparo de minuciosa documentação já exigida pelos anexos à Resolução Cade nº 2, de 29 de maio de 2012, o que pode levar a que, por falta do Cade na elaboração da norma, as partes de uma operação não consigam entregar a documentação dentro do prazo solicitado pela autarquia.

Para mais sobre os *4C documents*, v. TAUFICK, Roberto Domingos. **A brief overview of the Federal Trade Commission's organization and operation**. Revista de Direito da Concorrência , v.14, p.69-106. IOB/ Cade: Brasília, 2007.

V. Resolução Cade nº 2, de 29 de maio de 2012.

V. Regulamento (CE) nº 139/2004 sobre o controle de concentrações de empesas (EUMR).

V. art. 24.

§ 1º Ao verificar que a petição não preenche os requisitos exigidos no *caput* deste artigo ou apresenta defeitos e irregularidades capazes de dificultar o julgamento de mérito, a Superintendência-Geral determinará, uma única vez, que os requerentes a emendem, sob pena de arquivamento.

A Câmara dos Deputados definia 5 dias úteis para Superintendente-Geral e 10 dias úteis para administrado corrigir.

A limitação a uma única emenda gera incentivos a que os administrados forneçam a informação mais completa possível em prazo exíguo. Por sua vez, a apresentação de informações não condizentes com a praxe do mercado, que habitualmente suscita suspeitas pelo analista do Cade, tende a tornar-se menos frequente.

Uma pergunta não esclarecida está em saber se há algum prazo durante o qual as partes podem reapresentar o ato, com informações completas, ART. 53 sem que, para isso, precisem pagar nova taxa – algo que a FTC faz em um procedimento chamado *pull and re-file*, desde que haja autorização do PNO e do BC para renotificação dentro do prazo de 48h (para a possibilidade de reapresentação, v. nota ao art. 62). Em procedimentos perante a FTC, as partes podem, também, optar por dar prosseguimento ao caso e possivelmente ter de apresentar as informações que estavam faltando em sede de *Second Request* (v. nota ao art. 56). Nesse caso, o processo fica suspenso até que as partes apresentem as informações necessárias que se dê andamento à análise.

A eficaz alteração a que a Nova Lei Antitruste Brasileira se propõe, entrementes, depende da própria rigidez com que os agentes públicos atuarão onde ela seja necessária, bem como do menor rigor com falhas de baixa repercussão. Nos Estados Unidos da América, a análise prévia tem sido vista como uma ferramenta favorável à obtenção junto ao administrado de informações precisas e completas em prazo relativamente curto, dado que, se a autoridade não receber os esclarecimentos tempestivamente, a operação será reprovada por não ter sido elidida a presunção de que uma concentração, ao reduzir a concorrência, reduz o bem-estar social. Lá, a ausência de informação é considerada falta grave do administrado.

A tradição brasileira, entrementes, pode caminhar em outra direção. Aqui, a ausência de informação pode ser considerada como incapacidade de a autoridade lidar com os dados que lhe foram fornecidos, de tal modo que o tempo, ao invés de caminhar favoravelmente à autoridade e, presumidamente, à sociedade, passa a servir à impertinência do particular contumaz.

Por fim, tendo em mente que, em função do previsto no §2º, a lei já cria os incentivos necessários a que o administrado traga informações completas para a análise do caso, parece, à primeira vista, demasiada a limitação a uma única emenda trazida pelo presente dispositivo. Entretanto, uma análise mais aprofundada revela que o legislador meritoriamente tentou evitar que a celeridade processual se tornasse letra morta por artifícios do agente público (como soía acontecer com os intermináveis ofícios protelatórios a que recorriam os Conselheiros do Cade para prorrogar indefinidamente o prazo preclusivo de 60 dias da Lei nº 8.884/94).

V. Taufick, Roberto Domingos. **A brief overview of the Federal Trade Commission's organization and operation**. Revista de Direito da Concorrência , v.14, p.69 – 106. IOB/Cade: Brasília, 2007. ART. 53

V. nota ao *caput* do art. 53.

V. nota ao art. 53, §2º.

V. nota ao art. 54, I.V. nota ao art. 55.

V. nota ao art. 56.

V. nota ao art. 57, II.

Para a possibilidade de reapresentação, v. nota ao art. 62.

§ 2º Após o protocolo da apresentação do ato de concentração, ou de sua emenda, a Superintendência-Geral fará publicar edital, indicando o nome dos requerentes, a natureza da operação e os setores econômicos envolvidos.

A Câmara dos Deputados definia 5 dias úteis.

O prazo só corre a contar da apresentação do ato de concentração nos termos do *caput*. A inépcia da inicial impede o decurso do prazo preclusivo de análise pelo Cade. Esse entendimento segue a melhor prática internacional, inclusive aquela expressa no art. 10 da EUMR:

"Sem prejuízo do disposto no nº 4 do artigo 6º, as decisões referidas no nº 1 do artigo 6º devem ser tomadas no prazo máximo de 25 dias úteis. Esse prazo começa a correr no dia útil seguinte ao da recepção da notificação ou, caso as informações a facultar na notificação estejam incompletas, no dia útil seguinte ao da recepção das informações completas."

Tendo em mente que, em função do previsto neste dispositivo, a lei já cria os incentivos necessários a que o administrado traga informações completas para a análise do caso, parece, à primeira vista, demasiada a limitação a uma única emenda trazida pelo §1º. Entretanto, uma análise mais aprofundada revela que o legislador meritoriamente tentou evitar que a celeridade processual se tornasse letra morta por artifícios do agente público (como soía acontecer com os intermináveis ofícios protelatórios a que recorriam os Conselheiros do Cade para prorrogar indefinidamente o prazo preclusivo de 60 dias da Lei nº 8.884/94).

Sobre o sigilo, v. art. 49.
V. nota ao art. 53, §1º.
ART. 54 V. nota ao art. 54, I.
V. nota ao art. 55.
V. *Section 7A(b)(1)(A) of the Clayton Act (Hart-Scott-Rodino Act, HSR).*

Art. 54 Após cumpridas as providências indicadas no art. 53, a Superintendência-Geral:

A Câmara dos Deputados definia 20 dias úteis.

I – conhecerá diretamente do pedido, proferindo decisão terminativa, quando o processo dispensar novas diligências ou nos casos de menor potencial ofensivo à concorrência, assim definidos em resolução do Cade; ou

"A submissão prévia provocará uma pressão nas partes para que informações relevantes à análise do ato sejam apresentadas desde logo. (...)

Vale observa que, no ano de 2006, 75% dos atos de concentração aprovados foram analisados por meio do rito sumário e até o presente momento, no ano de 2007, 81%. Hoje todos os ACs são julgados pelo Cade, em decisão colegiada."

[BELLIBONI, Flávio Lemos. **Apresentação prévia de atos de concentração**. In Revista Jurídica Consulex, ano XI, nº 263. Edição de 31 de dezembro de 2007 – edição especial: reforma da lei concorrencial brasileira. PP. 20/21].

A fim de tornar mais efetivos os dados apresentados ao Conselho e, por subsequente, mais célere a análise da operação, é relevante que as partes se adiantem e prestem da forma mais completa possível todas as informações previstas nos anexos I, ou II da Resolução Cade nº 2, de 29 de maio de 2012, a depender da complexidade da operação. Como já previsto no art. 2º da resolução, "[a] Superintendência-Geral poderá determinar a emenda da notificação, nos termos do art. 53 §1º da Lei 12.529/11, em caso de não atendimento de quaisquer dos itens dos Anexos I ou II desta Resolução, conforme o caso."

Importa notar que, diversamente da prática no homólogo norte-americano (FTC), a lei, tampouco o novo RioCade, previu a possibilidade de devolução da taxa processual caso as partes de uma operação submetam à análise do Cade uma operação não notificável. O entendimento histórico do Cade tem sido que a taxa não pode ser devolvida em função de o o fato gerador do seu recolhimento – o acionamento do poder de polícia da máquina pública – ser *fait accompli*. ART. 54

V. TAUFICK, Roberto Domingos. **A brief overview of the Federal Trade Commission's organization and operation**. Revista de Direito da Concorrência , v.14, p.69 – 106. IOB/Cade: Brasília, 2007.

V. caso *Carrefour/Atacadão*: Ato de Concentração nº 08012.006940 /2007-60, em que foram requerentes Atacadão Distribuição, Comércio e Indústria Ltda e Korcula Participações Ltda, de relatoria de Carlos Ragazzo.

V. nota ao *caput* do art. 53.

V. nota ao art. 53, §1º.

V. nota ao art. 53, §2º.

V. nota ao art. 55.

V. Portaria Conjunta Seae/SDE nº 1/2003.

V. *Section 7A(b)(1)(B) of the Clayton Act (Hart-Scott-Rodino Act, HSR).*

V. *Section 7A(b)(2) of the Clayton Act (Hart-Scott-Rodino Act, HSR).*

V. *Section 7A(d)(1) of the Clayton Act (Hart-Scott-Rodino Act, HSR).*

II – determinará a realização da instrução complementar, especificando as diligências a serem produzidas.

Especial atenção deve ser dirigida ao princípio exposto na *Section 7A(e)(1)(B)(i)(ii)* do *Clayton Act (Hart-Scott-Rodino Act, HSR)*, que trata dos cuidados que deve ter a Administração Pública para evitar que sejam impostos ônus desnecessários ao administrado.

[177]"(B) (i) O Subprocurador-Geral para assuntos concorrenciais e a *Federal Trade Commission* devem, cada um, designar um servidor sênior que não seja diretamente responsável pela análise de qualquer ação coercitiva atinente à transação em questão, para estudar cada uma das petições notificada pelo requerente, a fim de determinar:

(I) se a requisição de informações adicionais ou documentação é desarrazoadamente cumulativa, indevidamente onerosa, ou duplicada; ou

(II) se a requisição de informações adicionais ou documentação foi substancialmente atendida pelo peticionário."

ART. 54 Mais: a *Section 7A(e)(1)(B)(iii)(iv)(v)* do *Clayton Act (Hart-Scott-Rodino Act, HSR)* previu, ainda, prazo de seis meses para que a *US FTC* e o *US DoJ* apresentassem ao Congresso Nacional a lista das alterações que devem ser tomadas para dirimir o ônus causado às partes pela extensão do prazo, ou por instrução processual desnecessária. Medida equivalente deveria ser contemplada pela lei brasileira, ou, efetivamente, aplicada pelo Cade, a partir de regramento interno – o que conferiria maior credibilidade à própria instituição e ao novo sistema:

[178]"iii) Até 90 dias depois de 21 de dezembro de 2000, o Subprocurador-Geral para assuntos concorrenciais e a *Federal Trade Commission* deverão con-

[177] *"(B) (i) The Assistant Attorney General and the Federal Trade Commission shall each designate a senior official who does not have direct responsibility for the review of any enforcement recommendation under this section concerning the transaction at issue, to hear any petition filed by such person to determine–*
(I) whether the request for additional information or documentary material is unreasonably cumulative, unduly burdensome, or duplicative; or
(II) whether the request for additional information or documentary material has been substantially complied with by the petitioning person."

[178] *"iii) Not later than 90 days after December 21, 2000, the Assistant Attorney General and the Federal Trade Commission shall conduct an internal review and implement reforms of the merger review process*

cluir uma análise interna e implementar reformas do processo de análise de atos de concentração, a fim de eliminar ônus desnecessários, remover a duplicação de custos e eliminar atrasos indevidos, no intuito de alcançar um processo de análise de atos de concentração mais efetivo e eficiente.

iv) até 120 dias depois de 21 de dezembro de 2000, o Subprocurador-Geral para assuntos concorrenciais e a *Federal Trade Commission* deverão emitir ou emendar os seus guias de análise setorial, regulamentos, manuais operacionais e importantes documentos de política concorrencial, na medida adequada para implementar cada reforma prevista neste subparágrafo.

v) até 180 dias depois de 21 de dezembro de 2000, o Subprocurador-Geral para assuntos concorrenciais e a *Federal Trade Commission* deverão informar ao Congresso:

(I) quais reformas cada agência adotou de acordo com este subparágrafo;

(II) quais passos cada uma tomou para implementar tais reformas internas; e

(III) os efeitos de tais reformas."

V. nota ao art. 55.

Art. 55 Concluída a instrução complementar determinada na forma do inciso II do caput do art. 54 desta Lei, a Superintendência-Geral deverá manifestar-se sobre seu satisfatório cumprimento, recebendo-a como adequada ao exame de mérito ou determinando seja refeita, por incompleta. ART. 55

A Câmara dos Deputados definia 5 dias úteis.

Diferentemente do que sucede com a *Second Request* norte-americana, a instrução complementar do art. 54, II não suspende o prazo de análise até o seu satisfatório cumprimento pelos requerentes. Apesar de a solução

in order to eliminate unnecessary burden, remove costly duplication, and eliminate undue delay, in order to achieve a more effective and more efficient merger review process.
iv) Not later than 120 days after December 21, 2000, the Assistant Attorney General and the Federal Trade Commission shall issue or amend their respective industry guidance, regulations, operating manuals and relevant policy documents, to the extent appropriate, to implement each reform in this subparagraph.
v) Not later than 180 days after December 21, 2000, the Assistant Attorney General and the Federal Trade Commission shall each report to Congress–
(I) which reforms each agency has adopted under this subparagraph;
(II) which steps each has taken to implement such internal reforms; and
(III) the effects of such reforms."

adotada ter levado o legislador a limitar, categoricamente, o prazo de que as próprias partes, primeiras interessadas na celeridade processual, necessitem para concluir a instrução – sem que, por ser prévia a análise, houvesse danos concorrenciais à ordem econômica nesse interregno –, tentou-se evitar que a celeridade processual se tornasse letra morta ante a adoção de subterfúgios pelo agente público (como sói acontecer com os intermináveis ofícios protelatórios a que recorriam os Conselheiros do Cade para prorrogar indefinidamente o prazo preclusivo de 60 dias da Lei nº 8.884/94).

Desse modo, até em razão de o prazo de instrução, no Brasil, tornar-se mais exíguo, para os casos mais complexos, que aquele do homólogo estadunidense, é de interesse da Administração que o Cade, tal qual procede a *FTC*, formule rol de quesitos que abranja todas as dúvidas possíveis e que os estudos a serem providenciados pelas requerentes sejam requeridos em sede da instrução complementar do art. 54, II ou do art. 56. Esse objetivo foi cumprido ante a edição da Resolução Cade nº 2, de 29 de maio de 2012.

Outra diferença para o antitruste norte-americano está em que, dada
ART. 55 a relevância atribuída, nos Estados Unidos, aos possíveis efeitos obstrutivos da *Second Request* sobre a operação, apenas o presidente do órgão pode autorizá-la – seja para, em tese, restringi-la ao materialmente relevante, seja para evitar que a *Second Request* se torne, deliberadamente, instrumento para, indiretamente, desautorizar uma operação. No Brasil, optou-se por legar ao Superintendente-Geral essa prerrogativa (v. art. 56) – a qual, a meu ver, dados os ônus que podem ser impingidos à concretização da operação pelas partes, não deve ser delegada. Agir diferentemente seria transferir a outrem o poder de, eventualmente, barrar uma operação – prerrogativa que a lei, aliás, defere, apenas, ao Conselho.

[179]"(2) A *Federal Trade Commission* ou o Subprocurador-Geral para assuntos concorrenciais, discricionariamente, poderá estender o período de 30 dias de

[179] *"(2) The Federal Trade Commission or the Assistant Attorney General, in its or his discretion, may extend the 30-day waiting period (or in the case of a cash tender offer, the 15-day waiting period) specified in subsection (b)(1) of this section for an additional period of not more than 30 days (or in the case of a cash tender offer, 10 days) after the date on which the Federal Trade Commission or the Assistant Attorney General, as the case may be, receives from any person to whom a request is made under paragraph (1), or in the case of tender offers, the acquiring person,*

análise de atos de concentração (no caso de oferta hostil paga à vista, 15 dias) por não mais que 30 dias (no caso de oferta hostil paga à vista, 10 dias), após os quais a *Federal Trade Commission* ou o Subprocurador-Geral para assuntos concorrenciais, conforme o caso [se FTC ou DOJ], receberá dos requerentes (ou do adquirente, no caso de oferta hostil):

(A) toda a informação e documentação requisitadas, ou

(B) se a requisição não for integralmente cumprida, a informação e documentação tal como submetidas e a declaração que atesta o motivo do descumprimento. Esse período adicional só poderá sofrer nova extensão pelo tribunal distrital dos Estados Unidos, mediante requerimento da *Federal Trade Commission* ou do Subprocurador-Geral para assuntos concorrenciais, nos termos do item (g)(2) desta seção."

[*Section 7A(e)(2) of the Clayton Act (Hart-Scott-Rodino Act, HSR)*].

V. nota ao art. 53, §1º.
V. nota ao art. 53, §2º.
V. nota ao art. 54, I.
V. nota ao art. 56.

Art. 56 A Superintendência-Geral poderá, por meio de decisão fundamentada, declarar a operação como complexa e determinar a realização de nova instrução complementar, especificando as diligências a serem produzidas. ART. 56

Parágrafo único. Declarada a operação como complexa, poderá a Superintendência-Geral requerer ao Tribunal a prorrogação do prazo de que trata o § 2º do art. 88 desta Lei.

A Câmara dos Deputados definia 50 dias úteis da apresentação do ato de concentração ou da sua emenda para decisão da Superintendência-Geral, 90 dias úteis (do mesmo dies a quo) para concluir instrução complementar ou 60 dias úteis (do mesmo dies a quo) para decidir sem instrução complementar.

(A) all the information and documentary material required to be submitted pursuant to such a request, or (B) if such request is not fully complied with, the information and documentary material submitted and a statement of the reasons for such noncompliance. Such additional period may be further extended only by the United States district court, upon an application by the Federal Trade Commission or the Assistant Attorney General pursuant to subsection (g)(2) of this section."

Inicialmente, é necessário distinguir a instrução complementar dos arts. 54, II e 55 daquela do art. 56, que lhe é suplementar. Em segundo lugar, deve-se atentar à dúvida de como fica a situação dos requerentes quando eles próprios tiverem interesse em produzir mais provas e não tiverem tempo hábil para tanto (o que não se confunde com a sua inépcia em produzir os documentos, que recai no art. 62).

Nessa situação, pode-se recorrer ao mecanismo do *pull and re-file* adotado pela *US FTC*, ou seja, o administrado (e somente ele, não cabendo à Administração sugerir o procedimento, sob pena de incorrer em coação e fraude à lei) pode solicitar a retirada do seu caso e a sua ressubmissão – isenta, porém, do pagamento de nova taxa processual (e nisso difere do art. 62 da Nova Lei Antitruste Brasileira).

Vale atentar que, se adotarmos as regras seguidas nos Estados Unidos, o mecanismo *pull and re-file*, para que não repercuta em recolhimento de nova taxa de submissão, deve contar com a prévia anuência do próprio Superintendente-Geral e realizar-se em prazo de, no máximo, uma semana. Ademais, o uso do mecanismo por lá é tolerado uma única vez.

Embora não haja, no art. 53, §1º c/c art. 62, nada que impeça nova sub-
ART. 56 missão do ato, seria interessante se o Cade determinasse o recolhimento de nova taxa para submissões ineptas e isentasse de recolhimento os casos de *pull and re-file*[180]. Ademais, seria importante analisar se (i) a ausência de uma restrição quantitativa ao número de submissões agregada à (ii) celeridade processual e (iii) ao baixo custo de uma nova taxa de notificação em casos representativos não implicaria incentivo ao risco moral, dado que, ocorrendo o previsto no art. 62, o ato poderia ser submetido a nova análise sem qualquer reprimenda.

Com relação ao condicionamento da nova submissão ao limite de uma semana (tal como adotado no *pull and re-file* estadunidense), embora esse prazo, somado aos das instruções complementar e suplementar, pareça suficiente para a adoção das providências das quais se careceu na primeira notificação, deve-se analisar se a limitação à quantidade de notificações já não é suficiente para afastar o risco moral – o que tornaria a restrição temporal desproporcional. Superada essa dúvida, porém, o uso

[180] Não se trata da devolução da taxa processual que abordei em nota ao art. 54, I. Aqui, apenas de concederia uma licença para que a análise do ato de concentração fosse diferida no tempo.

dos limites temporal e quantitativo (número máximo de notificações do mesmo ato) soa legítimo.

Por fim, é importante que haja mecanismos que garantam o *pull and re-file* como um benefício ao administrado de boa fé – evitando que a Administração possa dele valer-se como instrumento para fraudar a lei, aumentando abusivamente prazos de análise que o legislador optou por restringir. Daí ser necessário impedir que o mecanismo vá além da ciência do administrado, tornando-se uma coerção. Em outras palavras, o administrado deve saber que tem essa opção ao seu dispor, mas não deve sentir-se coagido a aderir. O ideal é que ele seja sempre alertado quando da notificação pelo protocolo, e nunca ao final da instrução pelo técnico que, por falha do sistema, desejaria ter mais tempo para instruir o processo.

V. nota ao art. 55.
V. nota ao art. 88, §§2º e 9º.

Art. 57 Concluídas as instruções complementares de que tratam o inciso II do art. 54 e o art. 56 desta Lei, a Superintendência-Geral: ART. 57

A Câmara dos Deputados definia 10 dias úteis.

I – proferirá decisão aprovando o ato sem restrições;

II – oferecerá impugnação perante o Tribunal, caso entenda que o ato deva ser rejeitado, aprovado com restrições ou que não existam elementos conclusivos quanto aos seus efeitos no mercado.

***Parágrafo único.* Na impugnação do ato perante o Tribunal, deverão ser demonstrados, de forma circunstanciada, o potencial lesivo do ato à concorrência e as razões pelas quais não deve ser aprovado integralmente ou rejeitado.**

[181]"Uma fusão pode aumentar o poder de mercado simplesmente eliminando a concorrência entre os agentes que se fundem. Este efeito pode ocorrer mesmo

[181] *"A merger can enhance market power simply by eliminating competition between the merging parties. This effect can arise even if the merger causes no changes in the way other firms behave. Adverse competitive*

que a fusão não altere o comportamento de outros concorrentes. Essa modalidade de efeitos concorrenciais adversos é conhecida por 'efeitos unilaterais'. Uma fusão também pode aumentar o poder de mercado ao aumentar o risco de comportamentos coordenados, acomodados ou interdependentes entre rivais. Essa modalidade de efeitos concorrenciais adversos é conhecida por 'efeitos coordenados'. Em qualquer caso, um ou ambos os tipos de efeitos podem estar presentes e a distinção entre eles pode não ser clara."

[Federal Trade Commission/U.S. Department of Justice. **Horizontal Merger Guidelines**, 2010. P. 2].

"Essa preocupação moderna do direito concorrencial está absolutamente em linha com os desenvolvimentos da teoria microeconômica, que, com base no estudo da racionalidade econômica, afirma ser possível presumir que uma posição de excessiva concentração de poder tenderá a ser utilizada de forma abusiva."

[SALOMÃO FILHO, Calixto. **Direito Concorrencial: as estruturas**. São Paulo: Malheiros, 2007. P. 17].

V. nota ao *caput* do art. 53.
ART. 58 V. nota ao art. 53, §1º.
V. nota ao art. 62.

Seção II – Do Processo Administrativo no Tribunal

Art. 58 O requerente poderá oferecer, no prazo de 30 (trinta) dias da data da impugnação da Superintendência-Geral, em petição escrita, dirigida ao Presidente do Tribunal, manifestação expondo as razões de fato e de direito com que se opõe à impugnação do ato de concentração da Superintendência-Geral, juntando todas as provas, estudos e pareceres que corroboram seu pedido.

Senado conferia 8 dias.

effects arising in this manner are referred to as 'unilateral effects.' A merger also can enhance market power by increasing the risk of coordinated, accommodating, or interdependent behavior among rivals. Adverse competitive effects arising in this manner are referred to as 'coordinated effects.' In any given case, either or both types of effects may be present, and the distinction between them may be blurred."

Diferentemente dos prazos assinalados para a análise do Cade, o prazo para o administrado não tinha como ser retirado sem que a norma perdesse auto-aplicabilidade – dado que a fixação do prazo-limite para o encerramento da análise pelo art. 88, §2º não prevê o sobrestamento do curso temporal durante a juntada das provas pelos requerentes.

Dada a aludida ausência de sobrestamento do curso temporal durante a juntada das provas pelos requerentes, a exiguidade do prazo prevista na redação do Senado tornava-se plausível, embora pudesse afastar a possibilidade de juntada de pareceres mais complexos acerca de matéria superveniente nesse interregno – o que certamente implicaria cerceamento de defesa se tais peças (frise-se, acerca de fatos supervenientes) não pudessem ser juntadas ao longo do processo no Tribunal. Por outro lado, se, justamente com o objetivo de evitar o cerceamento de defesa, fosse admitida essa juntada de pareceres em meio ao prazo que a lei reservara à análise técnica do Cade, a juntada tardia poderia, ao limitar o período de estudo das provas pelo Relator, comprometer a própria capacidade de o julgador lidar apropriadamente com as informações.

V. nota ao art. 56. ART. 58

Parágrafo único. Em até 48 (quarenta e oito) horas da decisão de que trata a impugnação pela Superintendência-Geral, disposta no inciso II do caput do art. 57 desta Lei e na hipótese do inciso I do art. 65 desta Lei, o processo será distribuído, por sorteio, a um Conselheiro-Relator.

Contrariamente ao que sucede nos Estados Unidos, em que a operação fica suspensa por decorrência da lei somente até a decisão do Diretor do *BC* – de tal sorte que as decisões do juiz administrativo (ALJ) e do Conselho, na FTC, dependem da concessão judicial de uma medida liminar, baseada na decisão do Diretor do *BC*, mantendo a separação das partes para que a análise não se torne *a posteriori* –, optou-se, no Brasil, por conceder, automaticamente, ao Conselho, por dispositivo legal, a prerrogativa de analisar o caso com a operação não consumada. Na prática, porém, a diferença é não é substancial, dado que os tribunais costumam acreditar que as dúvidas suscitadas pelos órgãos concorrenciais norte-americanos são suficientes, ao menos em sede de liminar, para comprovar o temor de dano social – que se sobressai aos interesses particulares.

[182]"Se, após toda a análise, os técnicos considerarem a operação ofensiva à concorrência, recomendarão à Comissão conseguir uma liminar junto ao tribunal distrital, a fim de sustar a sua consumação. Se concedida, a liminar permite que a FTC leve o caso para um juiz administrativo dentro de 20 dias. Nesse sentido, a Comissão faz uma acusação formal e aguarda a contestação. Se houver consenso, assina-se um acordo em atos de concentração, o qual deverá ser submetido a consulta pública. No acordo, os signatários abrem mão do direito de levar o caso para análise em juízo, mas não admitem qualquer responsabilidade ou ilicitude. Os acordos são preparados pelos técnicos que trabalham com a implementação das decisões, os quais são responsáveis por rascunhar e negociar cada decisão da Comissão, monitorando a conduta do signatário e recorrendo ao Judiciário para fazer valer o acordado.

Se os requerentes contestarem, o caso é julgado pelo juiz administrativo – daí decorrendo a denominada decisão inicial. Se houver recurso, cabe à Comissão o julgamento final em sede administrativa, que pode ser revertido no Judiciário. Caso a liminar não seja concedida, a Comissão pode apelar ao Tribunal de Apelação e, então, à Suprema Corte, solicitando uma liminar na pendência de julgamento, que tem por objetivo suspender a aprovação da operação até que o tribunal de apelação decida pelo provimento, ou não, do recurso."

ART. 58 [Taufick, Roberto Domingos. **A brief overview of the Federal Trade Commission's organization and operation**. Revista de Direito da Concorrência, v.14. PP. 69/106. IOB/Cade: Brasília, 2007].

[183]"(...) Mas o principal da liminar é evitar a necessidade de um remédio ulterior, dado que, mesmo com a considerável flexibilidade de soluções justas, a

[182] *"If after the whole analysis the staff regard the operation to be anticompetitive, it recommends the Commission to seek PI before the District Court so as to enjoin the operation from happening. If granted, the PI would allow the FTC to bring the case upon an administrative judge within 20 days of the granting. In this sense, the Commission issues a complaint setting forth its charges and awaits the parties' response. Should they settle the charges, a consent agreement is signed and is placed on the public record for comments. In the consent agreement the parties waive all rights to judicial review, but do not admit liability at all for any unlawful practice. Consent agreements are prepared by the Compliance staff, who is in charge of drafting and negotiating every Commission order, monitoring company conduct required by said order and going to court to seek enforcement.*
If the respondents contest the charges, the complaint is adjudicated before an ALJ. The ALJ renders an initial decision. If the opinion is appealed, the Commission renders what is called final decision, which can be overruled only by the judiciary. If the PI is not granted, the Commission may appeal to the Appellate Court and then to the Supreme Court, pleading jointly for an injunction pending appeal, which would hold in abeyance the approval of the operation until the appealing court renders its judgment."

[183] *"(...) But the whole point of a preliminary injunction is to avoid the need for intrusive relief later, since even with the considerable flexibility of equitable relief, the difficulty of 'unscrambl[ing] merged assets'*

dificuldade de desmisturar ativos juntados costuma afastar a efetividade de decisões pelo desinvestimento, *FTC v. Dean Foods Co., 384 U.S. 597, 607 n.5 (1966)*. No mínimo, os tribunais têm o poder de preservar o estado atual (*status*

often precludes 'an effective order of divestiture,' FTC v. Dean Foods Co., 384 U.S. 597, 607 n.5 (1966). (...) At a minimum, the courts retain the power to preserve the status quo nunc, for example by means of a hold separate order, id., and perhaps also to restore the status quo ante. (...)
Despite some ambiguity, the district court applied the correct legal standard to the FTC's request for a preliminary injunction. The FTC sought relief under 15 U.S.C. § 53(b), which allows a district court to grant preliminary relief '[u]pon a proper showing that, weighing the equities and considering the Commission's likelihood of ultimate success, such action would be in the public interest.' The relief is temporary and must dissolve if more than twenty days pass without an FTC complaint. Id. Congress recognized the traditional four-part equity standard for obtaining an injunction was "not appropriate for the implementation of a Federal statute by an independent regulatory agency.' Heinz, 246 F.3d at 714. Therefore, to obtain a § 53(b) preliminary injunction, the FTC need not show any irreparable harm, and the 'private equities' alone cannot override the FTC's showing of likelihood of success. Weyerhaeuser, 665 F.2d at 1082–83.
In deciding the FTC's request for a preliminary injunction blocking a merger under § 53(b), a district court must balance the likelihood of the FTC's success against the equities, under a sliding scale. See Heinz, 246 F.3d at 727; FTC v. Elders Grain, Inc., 868 F.2d 901, 903 (7th Cir. 1989). The equities will often weigh in favor of the FTC, since "the public interest in effective enforcement of the antitrust laws" was Congress's specific 'public equity consideration' in enacting the provision. Heinz, 246 F.3d at 726. Therefore, the FTC will usually be able to obtain a preliminary injunction blocking a merger by 'rais[ing] questions going to the merits so serious, substantial, difficult[,] and doubtful as to make them fair ground for thorough investigation.' Heinz, 246 F.3d at 714–15. By meeting this standard, the FTC 'creates a presumption in favor of preliminary injunctive relief,' id. at 726; but the merging parties may rebut that presumption, requiring the FTC to demonstrate a greater likelihood of success, by showing equities weighing in favor of the merger, Weyerhaeuser, 665 F.2d at 1087. Conversely, a greater likelihood of the FTC's success will militate for a preliminary injunction unless particularly strong equities favor the merging parties. See Heinz, 246 F.3d at 727; Elders Grain, 868 F.2d at 903. ART. 58
In any case, a district court must not require the FTC to prove the merits, because, in a § 53(b) preliminary injunction proceeding, a court 'is not authorized to determine whether the antitrust laws . . . are about to be violated.' FTC v. Food Town Stores, Inc., 539 F.2d 1339, 1342 (4th Cir. 1976). That responsibility lies with the FTC. Id. Not that the court may simply rubber-stamp an injunction whenever the FTC provides some threshold evidence; it must 'exercise independent judgment' about the questions § 53(b) commits to it. Weyerhaeuser, 665 F.2d at 1082. Thus, the district court must evaluate the FTC's chance of success on the basis of all the evidence before it, from the defendants as well as from the FTC. See FTC v. Beatrice Foods Co., 587 F.2d 1225, 1229–30 (D.C. Cir. 1978) (App'x to Stmt. Of MacKinnon & Robb, JJ.) ('[W]e are also required to consider the inroads that the appellees' extensive showing has made . . . [S] everal basic contentions of the FTC are called into serious question.'). The district court should bear in mind the FTC will be entitled to a presumption against the merger on the merits, see Elders Grain, 868 F.2d at 906, and therefore does not need detailed evidence of anticompetitive effect at this preliminary phase. Nevertheless, the merging parties are entitled to oppose a § 53(b) preliminary injunction with their own evidence, and that evidence may force the FTC to respond with a more substantial showing."

quo nunc), por exemplo, por meio de uma ordem de separação dos ativos, [*FTC v. Weyerhaeuser Co., 665 F.2d 1072, 1082 (D.C. Cir. 1981*)], e talvez de restaurar o estado anterior (*status quo ante*). (...)

Apesar de alguma ambiguidade, o tribunal distrital aplicou o padrão legal correto ao pedido de liminar pela FTC. A FTC buscou justificativa no *15 U.S.C. § 53(b)*, que permite que o tribunal conceda liminar 'ante provas de que, sopesando o que foi apresentado e considerando a probabilidade de sucesso final da Comissão, a liminar seria no interesse público'. A liminar é temporária e expira se se passam mais de vinte dias sem que a FTC apresente a sua petição. (...) O Congresso reconheceu que o tradicional padrão quádruplo para obtenção da liminar não era apropriado para a implementação de uma lei federal por uma agência regulatória independente. *Heinz, 246 F.3d* em *714*. Portanto, para a concessão de uma liminar pelo *§ 53(b)*, a FTC não precisa provar qualquer dano irreparável e os interesses privados, isoladamente, não podem superar a probabilidade de sucesso da FTC. *Weyerhaeuser, 665 F.2d at 1082–83.*

Ao decidir acerca de um pedido da FTC para uma liminar concedendo o bloqueio a um ato de concentração, nos termos do §53(b), o tribunal distrital deve sopesar a probabilidade de sucesso da FTC na sua contestação à operação, segundo uma escala móvel. V. *Heinz, 246 F.3d* em *727; FTC v. Elders Grain, Inc.,*
ART. 58 *868 F.2d 901, 903 (7th Cir. 1989).* A balança tenderá a pender favoravelmente à FTC, dado que 'o interesse público na aplicação das leis concorrenciais' foi a medida de equidade imposta pelo Congresso ao aprovar o referido artigo da lei. *Heinz, 246 F.3d* em *726.* Portanto, a FTC geralmente obterá uma liminar bloqueando a operação quando 'levantar questões importantes, substanciais, complicadas e incertas sobre o mérito, de tal modo a torná-las importantes subsídios para uma investigação mais profunda'. *Heinz, 246 F.3d* em *714–15.* Ao alcançar esse padrão, a FTC 'cria uma presunção favorável à concessão da liminar', *id.* em *726*; mas os requerentes podem contestar a presunção ao levar provas favoráveis à concentração – o que torna necessário que a FTC apresente mais dados demonstrando probabilidade de sucesso, *Weyerhaeuser, 665 F.2d* em *1087.* Por outro lado, maiores probabilidades de sucesso da FTC corroborarão os argumentos favoráveis à concessão da liminar, a não ser que provas particularmente fortes sejam apresentadas pelos requerentes. V. *Heinz, 246 F.3d* em *727; Elders Grain, 868 F.2d* em *903.*

Em todo caso, o tribunal distrital não deve exigir que a FTC entre no mérito, dado que, em uma liminar com base no *§ 53(b)*, um tribunal 'não está autorizado a determinar se as leis concorrenciais...estão prestes a ser violadas'. *FTC v. Food Town Stores, Inc., 539 F.2d 1339, 1342 (4th Cir. 1976).* Essa responsabilidade é da FTC. Não que o tribunal deva simplesmente carimbar uma liminar sempre que a FTC apresente provas mínimas; o tribunal deve 'exercitar julgamento independente' sobre as questões suscitadas no *§ 53(b). Weyerhaeuser, 665 F.2d at 1082.* Assim, o tribunal deve avaliar a chance de sucesso da FTC com base em todas as provas à sua disposição, sejam do particular, sejam da FTC. V. *FTC v. Beatrice Foods Co., 587 F.2d 1225, 1229–30 (D.C. Cir. 1978) (App'x to Stmt. Of MacKinnon & Robb, JJ.)* ('[S]omos também chamados a considerar o efeito dos argumentos dos apelados...[V]ários argumentos básicos da FTC são seriamente questionados.'). O tribunal distrital deve ter em mente que a FTC terá a seu favor uma presunção contra o mérito da fusão, v. *Elders Grain, 868 F.2d* em *906*, e, portanto, não precisa apresentar prova detalhada dos efeitos anticompetitivos nessa fase preliminar. Contudo, os requerentes podem contestar uma liminar com base no *§ 53(b)* com as suas próprias provas e tais provas podem levar a que a FTC tenha de responder com provas mais substanciais."

[*Federal Trade Commission v. Whole Foods Market, Inc., et al., United States Court of Appeals for the District of Columbia Circuit 07-5276, Appeal from the United States District Court for the District of Columbia 07cv01021 (2008)*].

Art. 59 Após a manifestação do requerente, o Conselheiro--Relator:

ART. 59

A Câmara dos Deputados definia 20 dias úteis.

I – proferirá decisão determinando a inclusão do processo em pauta para julgamento, caso entenda que se encontre suficientemente instruído;
II – determinará a realização de instrução complementar, se necessário, podendo, a seu critério, solicitar que a Superintendência--Geral a realize, declarando os pontos controversos e especificando as diligências a serem produzidas.

Pela praxe, a instrução complementar no gabinete do Conselheiro--Relator só não é a melhor solução se não servir de complemento, mas como verdadeira reinstrução. Nesse caso, o aparato investigador da SDE, herdado pela Superintendência-Geral, tende a ser mais eficiente.

V. nota ao art. 11, V.

§ 1º O Conselheiro-Relator poderá autorizar, conforme o caso, precária e liminarmente, a realização do ato de concentração econômica, impondo as condições que visem à preservação da reversibilidade da operação, quando assim recomendarem as condições do caso concreto.

Na verdade, embora o dispositivo aborde acordos que sejam extensíveis a toda a operação, tamanha abrangência não faz sentido após a implantação da análise prévia – a não ser em casos extremamente específicos, para os quais não há alternativa à consumação imediata. O recurso a este artigo pode ser extremamente relevante durante o período de transição, porém, ao admitir que o Tribunal opte por aprovar precariamente os casos mais simples e faça uso da prerrogativa de análise prévia nos casos mais complexos.

De forma geral, o §1º instrumentaliza aprovações parciais da operação, sob a condição de que a sua parte problemática seja mantida intacta. Trata-se de adotar solução proporcional ao dano que pode ser causado pela operação. É importante insistir e fazer assimilar na cultura da análise ART. 59 prévia o recurso do desmembramento, tão utilizado nos meios negociais para favorecer o acordo onde houver consenso e permitir a análise em apartado do desacordo, desobstruindo a pauta. Os analistas da *US FTC* têm-se feito valer da técnica para aprovar operações, deixando em aberto, apenas, restrições ancilares cuja análise demande mais tempo. No Brasil, em casos de cláusulas de não concorrência, ou acordos de exclusividade, por exemplo, o Cade poderá, no interesse das partes, aprovar a operação, com exclusão dos pontos de divergência, os quais deverão ser tomados pelos requerentes, até a conclusão da análise, como se tivessem sido reprovados.

O instrumento adequado para a consecução desse objetivo são os conhecidos APROs, que já vinham sendo utilizados no sistema de análise *a posteriori* com base no poder cautelar que os artigos 52, 55 e 83 da Lei nº 8.884/94 c/c artigos 4º, 5º e 6º da Lei nº 7.347/1985 conferiam ao Secretário da SDE e ao Conselheiro-Relator em processos administrativos de qualquer natureza. Na sistemática do art. 84 da Nova Lei Antitruste Brasileira, porém, os atos de concentração não estão mais sob o guarda-chuva da medida preventiva e da ordem de cessação (previstas no art. 52 da antiga lei), razão pela qual a presença de um dispositivo específico para atos de concentração fez-se necessária. O dispositivo em comento também afasta a discussão acerca do caráter voluntário, ou obrigatório dos APROs sob a roupagem da antiga lei, vez que a redação do art. 13, XI da Lei nº 8.884/94 levou a que muitos acreditassem que medidas preventivas não pudessem ser estendidas para atos de concentração na antiga lei. Segundo esse entendimento, os APROs seriam uma concessão das partes para a Administração.

"Um dos meios para assegurar a reversibilidade é a imposição de medidas cautelares com base no poder cautelar que o Cade detém, conforme acima mencionado. Gesner OILIVEIRA e Grandino RODAS ressaltam que 'em alguns casos não há a necessidade de adoção de tal medida, em virtude das circunstâncias e da disposição das partes envolvidas no ato de concentração em se obrigar, voluntariamente, com todos os benefícios daí decorrentes.'

Neste contexto, o Cade utiliza o Acordo de Preservação de Reversibilidade da Operação – APRO, instrumento consensual, não previsto na [antiga] Lei de Defesa da Concorrência, sendo negociado entre os agentes econômicos e a autoridade antitruste, como um dos meios para assegurar a reversibilidade da operação. ART. 59

(...)

Gesner OILIVEIRA e Grandino RODAS atestam que foi no caso NH Holdings do Brasil Ltda. e Biopart Ltda., em março de 2002, que o instituto do Acordo de Preservação de Reversibilidade da Operação passou a ser adotado. Bo Guia Prático do Cade, consta que o APRO adotado no Caso Nestlé/Garoto foi o primeiro da história do Cade. Entretanto, de fato, foi no caso Ambev, em 2000, que a medida cautelar imposta pelo Cade à empresa foi transformada num APRO, quando da negociação de obrigações com a empresa."

[VILLARES, Andréa Lúcia Nazário. **Instrumentos jurídicos consensuais para proteção à concorrência**. Dissertação apresentada à banca examinadora como exigência parcial para a obtenção de título de mestre em direito Pela Pontifícia Universidade Católica de São Paulo. São Paulo: PUC/SP, 2009. PP. 94 e 95].

V. caso Sanofi-Medley: Ato de Concentração nº 08012.003189/2009-10, em que foram requerentes Sanofi-Aventis Farmacêutica Ltda., Sanofi-Aventis Comercial e Participações Ltda., Sanofi-Aventis Industrial e Participações Ltda. e Lotpar IV Participações Ltda., de relatoria de César Mattos.

V. caso Sadia-Perdigão: Ato de Concentração nº 08012.004423/2009-18, em que foram requerentes Perdigão S/A e Sadia S.A., de relatoria de Ricardo Ruiz.

V. caso Mate Leão: Ato de Concentração nº 08012.001383/2007-91, em que foram requerentes Leão Júnior S/A Recofarma Indústria do Amazonas Ltda., de relatoria de Paulo Furquim.

V. caso Varig-Gol: Ato de Concentração nº 08012.003267/2007-14, em que foram requerentes VRG Linhas Aéreas S/A GTI S/A, de relatoria de Carlos Ragazzo.

V. nota ao art. 48, VI.

V. nota ao art. 114.

§ 2º O Conselheiro-Relator poderá acompanhar a realização das diligências referidas no inciso II do *caput* deste artigo.

Trata-se não só de prerrogativa certa de quem delega, materializada no princípio *a fortiori*, mas de poder-dever.

ARTS. 60-61 V. nota ao art. 65, §6º.

Art. 60 Após a conclusão da instrução, o Conselheiro-Relator determinará a inclusão do processo em pauta para julgamento.

CD fixava 30 dias úteis.

Art. 61 No julgamento do pedido de aprovação do ato de concentração econômica, o Tribunal poderá aprová-lo integralmente, rejeitá-lo ou aprová-lo parcialmente, caso em que determinará as restrições que deverão ser observadas como condição para a validade e eficácia do ato.

A reprovação parcial pode decorrer da celebração negociada de ACC, nos termos dos artigos 125 e seguintes do novo RiCade, ou de determinação unilateral por parte do Tribunal. Vale notar que, nos termos do art. 125 do novo RiCade, o Cade poderá receber propostas de ACC desde a notificação do ato de concentração até trinta dias após a sua impugnação pela Superintendência-Geral.

§ 1º O Tribunal determinará as restrições cabíveis no sentido de mitigar os eventuais efeitos nocivos do ato de concentração sobre os mercados relevantes afetados.

[184]"As agências geralmente avaliam a concorrência em cada mercado relevante afetado por uma fusão de maneira independente e contestarão essa fusão se for provável que seja anticompetitiva em qualquer mercado relevante. Em alguns casos, porém, as agências discricionariamente analisarão as eficiências não somente no mercado relevante, mas de forma tão inarredavelmente vinculada a ele que desinvestimentos parciais ou outras soluções não poderiam plausivelmente eliminar os efeitos anticompetitivos no mercado relevante sem sacrificar as eficiências no outro mercado. Eficiências inarredáveis têm maior probabilidade de fazer a diferença quando forem grandes em comparação aos pequenos efeitos anticompetitivos esperados no mercado relevante, de tal modo que a fusão provavelmente beneficiará os consumidores, de forma geral."

[Federal Trade Commission/U.S. Department of Justice. **Horizontal Merger Guidelines**, 2010. Nota de rodapé 14. P. 30].

V. nota ao art. 13, X.

§ 2º As restrições mencionadas no § 1º deste artigo incluem:

É digna de nota a retirada da previsão de 'cessação parcial das atividades' do art. 54, §9º da Lei nº 8.884/94 do rol das medidas cabíveis. A cessação das atividades tem como possíveis efeitos o aumento dos preços (ante a redução da produção no mercado, *coeteris paribus*) e a redução da variedade, além de afetar, diretamente, o conjunto de consumidores da marca que se desativa. A desativação de uma marca representativa pode implicar, ainda, como reflexo da redução da concorrência no mercado, a perda da qualidade dos produtos, ou serviços disponíveis no mercado.

[184] *"The Agencies normally assess competition in each relevant market affected by a merger independently and normally will challenge the merger if it is likely to be anticompetitive in any relevant market. In some cases, however, the Agencies in their prosecutorial discretion will consider efficiencies not strictly in the relevant market, but so inextricably linked with it that a partial divestiture or other remedy could not feasibly eliminate the anticompetitive effect in the relevant market without sacrificing the efficiencies in the other market(s). Inextricably linked efficiencies are most likely to make a difference when they are great and the likely anticompetitive effect in the relevant market(s) is small so the merger is likely to benefit customers overall."*

Embora o inciso VI mantenha aberta a possibilidade do recurso a esse remédio, a sua exclusão da lista expressamente prevista em lei sugere a preferência, em geral, por outros mecanismos.

V. caso Sadia-Perdigão: Ato de Concentração nº 08012.004423/2009-18, em que foram requerentes Perdigão S.A. e Sadia S.A., de relatoria de Ricardo Ruiz.

V. caso Kolynos-Colgate: Ato de Concentração nº 0027/1995, em que foram requerentes Colgate-Palmolive Company, K&S Aquisições Ltda. e Kolynos do Brasil S.A., de relatoria de Lucia Helena Salgado e Silva.

I – a venda de ativos ou de um conjunto de ativos que constitua uma atividade empresarial;

II – a cisão de sociedade;

III – a alienação de controle societário;

IV – a separação contábil ou jurídica de atividades;

V – o licenciamento compulsório de direitos de propriedade intelectual; e

ART. 61

Aqui, por analogia, vale a mesma regra do art. 38, IV, "a", em que a licença compulsória de direito de propriedade intelectual deve ser concedida quando a infração estiver relacionada ao uso desse direito.

Claro que o licenciamento não precisa ocorrer diretamente no objeto da operação, mas ter relação com ela. Em outras palavras, o licenciamento pode ocorrer em outro produto, se os efeitos forem proporcionais à operação e com ela tiverem relação. O efeito será proporcional à operação se a intervenção instrumentalizar a preservação do *statu quo ante* do mercado negativamente afetado pela operação; por sua vez, terá relação com ela se a utilidade do licenciamento for medida pelos efeitos gerados sobre os mercados relevantes afetados pela operação.

[185]"Adicionalmente, em alguns casos a habilidade do comprador e os incentivos a que desenvolva o produto relevante podem ser afetados pela possibilidade de desenvolver outros produtos ou realizar vendas para fora do mercado rele-

[185] *"In addition, in some cases the buyer's ability and incentive to develop the relevant product may be affected by whether it also has the right to develop other products or sell outside the relevant geographic markets. The staff may thus require that the divestiture include the right to use the intellectual property to*

vante geográfico. Os técnicos devem, assim, exigir que o desinvestimento inclua o direito de usar a propriedade intelectual para desenvolver produtos alheios ao mercado relevante produto, ou o direito e usar a propriedade intelectual fora do mercado relevante geográfico."

[**Statement of the Federal Trade Commission's Bureau of Competition on Negotiating Merger Remedies.** Disponível em http://www.ftc.gov/bc/bestpractices/bestpractices030401.shtm#If%20the%20Commissions%20order%20imposes. Acesso em 31.01.2010].

VI – qualquer outro ato ou providência necessários para a eliminação dos efeitos nocivos à ordem econômica.

Como, em razão do disposto no inciso VI, a listagem é exemplificativa, os acréscimos da lei não representam ganhos à discricionariedade do Cade, já prevista no revogado art. 54, § 9º da Lei nº 8.884/94 ("qualquer outro ato ou providência que elimine os efeitos nocivos à ordem econômica"). Nesse sentido, é ilusório o ganho de competência de que trata o relatório preliminar ao substitutivo Ciro Gomes, ao abordar este artigo. Por outro lado, há inegável ganho material no acréscimo. Isto é, ART. 61
embora o Cade já tivesse competência para adotar os remédios acrescidos na lista exemplificativa da presente lei, aos olhos do Judiciário e do próprio administrado a expressa previsão legal torna os remédios menos contestáveis e afasta eventual alegação de que se trata de mera idiossincrasia ou *invencionismo* do julgador não acatado pelo espírito da lei.

[186]"Somente em situações raras acreditamos que uma transação é, realmente, irreversível, pois os tribunais são 'investidos com ampla discricionariedade' para criar soluções 'efetivas para remediar violações [concorrenciais] e devolver a

develop products outside the relevant product market, or the right to use the intellectual property outside the relevant geographic market."

[186] *"Only in a rare case would we agree a transaction is truly irreversible, for the courts are 'clothed with large discretion' to create remedies 'effective to redress [antitrust] violations and to restore competition.' Ford Motor Co. v. United States, 405 U.S. 562, 573 (1972). Indeed, 'divestiture is a common form of relief' from unlawful mergers. United States v. Microsoft Corp., 253 F.3d 34, 105 (D.C. Cir. 2001) (en banc). Further, an antitrust violator 'may . . . be required to do more than return the market to the status quo ante.' Ford Motor, 405 U.S. at 573 n.8. Courts may not only order divestiture but may also order relief 'designed to give the divested [firm] an opportunity to establish its competitive position.' Id. At 575. Even remedies which 'entail harsh consequences' would be appropriate to ameliorate the harm to competition from an antitrust violation. United States v. E.I. du Pont de Nemours & Co., 366 U.S. 316, 327 (1961)."*

concorrência'. *Ford Motor Co. v. United States, 405 U.S. 562, 573 (1972)*. De fato, 'o desinvestimento é uma forma comum de remediar' fusões ilegais. *United States v. Microsoft Corp., 253 F.3d 34, 105 (D.C. Cir. 2001) (en banc)*. Mais, um infrator concorrencial 'pode...ser chamado a fazer mais que devolver ao mercado o *status quo ante*'. *Ford Motor, 405 U.S. at 573 n.8.* Os tribunais podem não só ordenar o desinvestimento, mas também demandar que se desenhe um remédio 'para dar à [sociedade] desinvestida uma oportunidade de voltar à sua situação competitiva'. *Id.* Em 575. Mesmo soluções que 'incorporam sérias consequências' seriam adequadas para melhorar o dano à concorrência derivada de uma violação concorrencial. *United States v. E.I. du Pont de Nemours & Co., 366 U.S. 316, 327 (1961).*"

[*Federal Trade Commission v. Whole Foods Market, Inc., et al., United States Court of Appeals for the District of Columbia Circuit 07-5276, Appeal from the United States District Court for the District of Columbia 07cv01021 (2008)*].

V. nota ao art. 38, §7º.

§ 3º Julgado o processo no mérito, o ato não poderá ser novamente apresentado nem revisto no âmbito do Poder Executivo.

ART. 61 Não se trata de tolher o poder de autotutela pelo próprio Cade, mas de revisão da decisão do Cade por outro órgão do Executivo. Apesar da piora da redação do art. 50 da Lei nº 8.884/94[187], a exposição de motivos do Substitutivo Ciro Gomes esclarece a *mens legis*:

"Também entendemos mais adequado transferir o parágrafo único do art. 59 do Projeto de Lei para o § 3º deste artigo com a seguinte redação: '§ 3º Julgado o processo no mérito, o ato não poderá ser novamente apresentado nem revisto no âmbito do Poder Executivo'. Isto deixa claro que não existe a figura da reapresentação e não cabe revisão em qualquer nível do Poder Executivo."

Esse entendimento é reforçado pela própria previsão de revisão pelo Cade que consta do art. 91.

Observe-se que este artigo vai de encontro ao poder de avocar do chefe do Poder Executivo – sendo o recurso hierárquico o seu mais tradicional instrumento –, contrariando a regra *a fortiori*. Em última instância, o

[187] "Art. 50. As decisões do Cade não comportam revisão no âmbito do Poder Executivo, promovendo-se, de imediato, sua execução e comunicando-se, em seguida, ao Ministério Público, para as demais medidas legais cabíveis no âmbito de suas atribuições."

chefe do Poder Executivo, eleito pelo povo e, portanto, soberano para tomar decisões de cunho executivo, vê-se tolhido de poder exercer as suas prerrogativas por força daquilo a que alguns classificaram, equivocadamente, dentro da teoria dos freios e contrapesos (exercidos em face do Executivo pelo Poder Legislativo – que aprovou a lei concorrencial).

O Cade, segundo a regra *a fortiori*, tomaria a decisão técnica, a qual deveria, ainda, passar pelo crivo político. Caberia ao chefe do Poder Executivo definir, como já o faz nos setores regulados, se a política concorrencial está acima de outros valores, como a política industrial ou questões de defesa nacional. A anulação desse poder do chefe do Executivo não se enquadra na teoria dos freios e contrapesos, que implica somente supervisão de um poder sobre outro. O poder que a lei delegou ao Cade inverte a lógica mandante-mandatário e o próprio mandato constitucional, elegendo em definitivo a concorrência um valor superior a qualquer outro; ou, no mínimo, conferindo ao Tribunal técnico a discricionariedade para tomar a decisão política de eleger, caso a caso, se a concorrência é o bem maior a ser defendido – competência política que não deve irregularmente passar do chefe do Executivo para um técnico em antitruste. ART. 61

Em alguns países de forte tradição concorrencial, como França e Estados Unidos, a decisão final é, observados os diferentes níveis de transparência, do chefe do Poder Executivo. Diversamente da França, nos EUA essa avocação ocorre *ex ante* e de forma discreta (e pouco transparente): os casos politicamente sensíveis deixam de ser julgados pela US FTC (autarquia) para entrar na competência do US DOJ (Ministério da Justiça). De qualquer modo, mesmo nos EUA prepondera a tese de que a vontade do presidente da República é suprema na esfera do Poder Executivo.

No Brasil, apesar do mandamento legal, é, em última instância, o chefe do Poder Executivo quem, por vias oblíquas, faz valer a política sobre a decisão técnica – seja recorrendo a uma regulação tradicional, seja editando decretos que criem políticas públicas contrariando decisões do Tribunal e em face dos quais o Cade não tem poder de embargo; seja, em última instância, pressionando os membros do Conselho a cooperar, sob pena de serem enquadrados nos *secos e molhados*. Seria muito mais transparente e, portanto, democrático, se o afastamento da concorrência pela política pública fosse, nos termos da doutrina *Parker v. Brown*, expressamente justificado pelo chefe do Poder Executivo em função de uma política pública prioritária – mas que, por outro lado, a implementação dessa política pública fosse efetivamente supervisionada, sob pena de a exceção concorrencial tornar-se uma liberalidade.

V. nota ao art. 31.

Art. 62 Em caso de recusa, omissão, enganosidade, falsidade ou retardamento injustificado, por parte dos requerentes, de informações ou documentos cuja apresentação for determinada pelo Cade, sem prejuízo das demais sanções cabíveis, poderá o pedido de aprovação do ato de concentração ser rejeitado por falta de provas, caso em que o requerente somente poderá realizar o ato mediante apresentação de novo pedido, nos termos do art. 53 desta Lei.

Como antecipado em notas aos artigos 53, §1º e 56, o art. 62 difere do mecanismo de *pull and re-file* norte-americano por não prever a possibilidade de isenção de pagamento da taxa de submissão quando da reapresentação do ato de concentração, caso ele volte a ser notificado dentro do prazo pré-determinado.

V. art. 43.
V. nota ao *caput* do art. 53.
V. nota ao art. 53, §1º.
V. nota ao art. 56.
V. nota ao art. 57, II.

Art. 63 Os prazos previstos neste Capítulo não se suspendem ou interrompem por qualquer motivo, ressalvado o disposto no § 5º do art. 6º desta Lei, quando for o caso.

V. art. 6º, §5º.
V. nota ao art. 55.
V. nota ao art. 56.
V. nota ao art. 66, §9º.
V. nota ao art. 88, §2º.

Art. 64 (VETADO).

Texto excluído:

Art. 64 O descumprimento dos prazos previstos nesta Lei implica a aprovação tácita do ato de concentração econômica.

Parágrafo único. Comprovada nos autos a aprovação tácita a que se refere o *caput* deste artigo, deverá ser providenciada a imediata apuração das responsabilidades penal, cível e administrativa de quem lhe deu causa.

Com o objetivo de fomentar a celeridade analítica, o legislador fazia prever que não só o descumprimento do prazo geral do art. 88, como o esgotamento de qualquer prazo intermediário da análise de um ato de concentração repercutiria na aprovação tácita da operação, ressalvada a apuração de responsabilidades. Fazia, assim, maior sentido que a distribuição dos prazos entre as diferentes fases de análise não tivesse sido estabelecida na lei, mas deixada para definição pelo Cade – que, efetivamente, deve conhecer as particularidades do processo antitruste.

Ressalte-se, por outro lado, que, contrariamente à opção do revogado art. 54, §7º, da Lei nº 8.884/94, cuja aprovação tácita poderia ser utilizada como forma de tornar mais célere o procedimento de análise de sumários no Cade – tal qual objeto da Resolução Cade nº 17/98, revogada expressamente pela Resolução Cade nº 42/06 –, o art. 64 retirava essa faculdade da Administração. A aprovação tácita passaria a ser encarada, necessariamente, como falta do administrador.

> "Razões do veto
>
> 'Da forma como redigido, o artigo estabelece a aprovação tácita de atos de concentração como consequência automática do descumprimento de quaisquer dos prazos estabelecidos pela lei, resultando em medida desproporcional e com o potencial de acarretar graves prejuízos à sociedade. Note-se que a legislação já oferece mecanismos menos gravosos e aptos a apurar as responsabilidades pelo eventual desrespeito aos prazos estabelecidos em lei.'"
>
> [Mensagem nº 536, de 30 de novembro de 2011].

O veto presidencial provocou verdadeira anomia em caso de descumprimento dos prazos previstos na lei. A primeira interpretação que se poderia aventar levaria a que os prazos da lei fossem reputados impróprios – o que, entrementes, afastaria um dos maiores propósitos da lei atual, que é a imposição de uma análise célere à Administração. Rejeitada essa possibilidade, seria possível acreditar na prevalência do disposto no art. 54, §7º, da Lei nº 8.884/94, que determinava que os atos de concentração seriam automaticamente aprovados se o Cade não os apreciasse no prazo geral de análise do processo pelo Tribunal. Ocorre que a invocação de tal dispositivo não faz sentido ante a sua expressa revogação pelo art. 127 da nova lei. E vale observar, ainda, que qualquer forma de repristinação deve ser expressa.

A interpretação subsistente e que nos parece mais plausível é que o prazo da nova lei preclui a análise administrativa e prévia, mas não obsta a avaliação da operação nos tribunais *ex post*, mesmo que provocada por impugnação da ProCade. Vale observar que a expressa previsão de que a aprovação era tácita impedia, como na lei anterior, que o Cade, uma vez inerte, viesse tentar impugnar a operação no Judiciário. Ante a nova redação, porém, o recurso ao Judiciário pelo Cade em caso de preclusão do prazo de julgamento administrativo não mais é defeso. Assim, passado o
ART. 64 prazo geral de 240 dias (extensível por mais 90), o Cade não mais poderá impugnar *administrativa e previamente* o ato de concentração. Isso não só implica dizer que precluso o prazo administrativo o Cade só poderá sustar a operação judicialmente, como que a mora em julgar deporá contra o Cade na arguição de liminar judicial para *congelar* a operação, de tal sorte que a análise da operação deverá ser, necessariamente, *ex post*.

Ressalto, porém, que, se vencidos apenas alguns dos prazos intermediários (interlocutórios) para a análise do ato de concentração, a prática dos atos regidos pelos prazos preclusos não fica necessariamente prejudicada, desde que o atraso não obste a realização de toda a análise pelo Cade dentro do prazo geral do art. 88. Essa era, aliás, a interpretação adequada do vetado art. 64, uma vez que do dispositivo decorreria a aprovação tácita apenas no caso do "descumprimento dos prazos previstos nesta Lei", não havendo qualquer menção ao descumprimento dos prazos regimentais. Sublinho, porém, que o cumprimento do prazo do art. 88 não exime de responsabilidade o agente público que culposamente tenha provocado desrespeito a prazo intermediário.

Em 16 de dezembro de 2011, com o intuito de mostrar para o mercado o compromisso do Cade com a celeridade processual, a ProCade emitiu o

Parecer nº 17/2012, subscrito por nove procuradores federais, incluído aí o seu Procurador-Geral, sustentando interpretação histórica, teleológica e sistemática pela existência de aprovação tácita. Do mesmo modo, o art. 133 do novo RiCade passou a prever que "[o] descumprimento dos prazos previstos nos §§ 2º e 9º do art. 88 da Lei nº 12.529, de 2011, implica a aprovação tácita do ato de concentração econômica".

Ainda que o parecer e o novo RiCade tenham tido o objetivo meritório de acalmar o mercado, é certo que fogem do aspecto central ao problema: não se trata, simplesmente, de interpretar uma lei silente. No caso em apreço, o dispositivo que trazia a aprovação tácita foi sumariamente excluído por veto presidencial mantido pelo Congresso Nacional – veto esse que trazia como justificativa a desproporcionalidade da aprovação tácita enquanto "consequência automática do descumprimento de quaisquer dos prazos estabelecidos pela lei". Esse é o texto claro da Mensagem Presidencial nº 536/2011. Se o objetivo do legislador – e digo legislador porque o veto presidencial não foi derrubado pelo Congresso Nacional – foi afastar a aprovação tácita, não é o parecer da ProCade, ou norma infralegal do Cade que modificará a *mens legis*. Ambos identificam, apenas, um compromisso dos dirigentes atuais do Cade que ART. 64
pode, a qualquer momento, ser rompido unilateralmente.

Note-se que o veto presidencial pelo Poder Executivo, como sói acontecer, é remédio solicitado pelo órgão da Administração encarregado daquele mister: no caso em apreço, o próprio Cade. O veto ao art. 64 foi solicitado pelo então Secretário de Direito Econômico do Ministério da Justiça Vinicius Carvalho, que veio a tornar-se o primeiro Presidente do Cade sob o regime de análise prévia, sabendo que, desfalcado de pessoal, precisaria aliviar a pressão sobre os servidores da autarquia a fim de que dirigentes e técnicos escapassem da previsão de "imediata apuração das responsabilidades penal, cível e administrativa" pela aprovação tácita prevista no parágrafo único do art. 64. O alívio de pressão permitiria, como de fato permitiu, que não houvesse uma fuga do sistema por parte dos capacitados técnicos do Cade e da extinta SDE, os quais se juntavam à autarquia, inclusive, na condição de coordenadores-gerais da Superintendência-Geral.

O artifício utilizado, portanto, não implicou falta de comprometimento com a celeridade processual. Pelo contrário, a história prova que o processo de transição do Cade para o modelo de análise prévia tem sido muito bem sucedido. O pedido de veto sinalizou, por outro lado, que os dirigentes do Cade não estavam seguros quanto à capacidade do órgão em fazer uma transição segura e sem sobressaltos. Com a carência quantitativa de pessoal e a falta de apoio por parte do Ministério do Planejamento, os dirigentes do Cade não só tiveram o trabalho hercúleo de realizar uma transição tecnicamente complicada, como precisaram desdobrar-se para aparentar para o mercado e para os seus técnicos uma segurança que não tinham – e de que o pedido de veto do art. 64 é prova cabal.

Como se sabe, o processo de transição foi realizado com quantitativo de pessoal bastante aquém do necessário para que ele fluísse com tranquilidade. Se, por um lado, dentro da autarquia existia um alívio pelo fato de a transição ter sido tocada com os pulsos fortes dos seus dirigentes, por outro lado, o mercado olhava com olhos críticos para a maior superficialidade das análises dos técnicos. Esse era, porém, um *trade-off* necessário e até heroico por parte dos servidores que não receberam os reforços que a nova lei exigia que fossem enviados para o Cade e para a Seae – mas que o Ministério do Planejamento não enviou naquele momento e continua
ART. 65 a não enviar sob o argumento de que as competências do Cade fogem às atribuições da carreira de Especialista em Políticas Públicas e Gestão Governamental.

O grande absurdo no argumento do Ministério do Planejamento está em persistentemente fechar os seus olhos para o fato de que a determinação legal de envio de gestores governamentais para o SBDC encerra a discussão acerca da pertinência das competências do Cade e da Seae com as atribuições da carreira. Com o art. 121 da Nova Lei Antitruste Brasileira, a atribuição do Especialista em Políticas Públicas e Gestão Governamental consolida-se de forma desvinculada das funções de planejamento e gestão – desvinculação essa que, há dez anos, já havia ensejado a seleção e a capacitação da 10ª turma de gestores para atuar na área de regulação.

Seção III – Do Recurso contra Decisão de Aprovação do Ato pela Superintendência-Geral

Art. 65 **No prazo de 15 (quinze) dias contado a partir da publicação da decisão da Superintendência-Geral que aprovar o ato de**

concentração, na forma do inciso I do *caput* do art. 54 e do inciso I do *caput* do art. 57 desta Lei:

I – caberá recurso da decisão ao Tribunal, que poderá ser interposto por terceiros interessados ou, em se tratando de mercado regulado, pela respectiva agência reguladora;

"Torna-se explicitamente prevista no art. 45 da Lei proposta, a possibilidade de intervenção de terceiros titulares de direitos ou interesses que possam ser afetados pela decisão a ser adotada e de legitimados à propositura de ação civil pública. Os terceiros interessados podem também impetrar recursos contra decisão de aprovação incondicional de atos de concentração pela Superintendência, tal como a Seae, o representante do Ministério Público, ou, no caso de mercado regulado, da respectiva agência reguladora, previsão constante do art. 62 do Projeto. No § 3º desse mesmo art. 62, se introduz penalidade ao litigante da má fé, que pode chegar a uma multa de R$ 5 milhões, considerando-se sua condição econômica, atuação no processo e o retardamento injustificado causado à aprovação do ato."

[Exposição de motivos do Substitutivo Ciro Gomes].

O recurso em questão resume-se a casos de aprovação incondicionada, ART. 65
dado que a recomendação de reprovação ou de aprovação condicionada será, automaticamente, julgada pelo Tribunal, nos termos do art. 57, II.

V. art. 50.

II – o Tribunal poderá, mediante provocação de um de seus Conselheiros e em decisão fundamentada, avocar o processo para julgamento ficando prevento o Conselheiro que encaminhou a provocação.

O inciso II visa resguardar a prerrogativa de o Tribunal, a partir da provocação de um membro do Plenário, avocar o caso aprovado sem restrições pelo Superintendente-Geral (para mais sobre a discussão de avocação, v. nota ao art. 67, §§1º e 2º, I). O prazo exíguo decorre de as partes estarem inibidas de consumar a operação nesse interregno, nos termos do § 5º abaixo.

Cumpre notar que, nos termos do art. 131 do novo RiCade, o Conselheiro que encaminhou a provocação ficará prevento tão somente para submeter a avocação ao Tribunal – que, caso mantenha o despacho de avocação, designará um Conselheiro-relator por sorteio. Esse dispositivo, casado com o disposto no art. 126, III do novo RiCade, levou a que, no Ato de Concentração nº 08700.003636/2016-01, o Plenário decidisse que, em se tratando de atos de concentração, o processo deveria ser distribuído anteriormente à própria submissão da avocação ao Tribunal pelo Conselheiro que encaminhou a provocação.

Por fim, deve-se observar que a nova lei mantém a ausência de recurso voluntário das decisões do Tribunal pelos requerentes, mas continua a admitir o exercício da autotutela pela Administração.

"Modernamente, no entanto, tem prosperado o entendimento de que, em certas circunstâncias, não pode ser exercida a autotutela de ofício em toda a sua plenitude. A orientação que se vai expandindo encontra inspiração nos modernos instrumentos democráticos e na necessidade de afastamento de algumas condutas autoritárias e ilegais de que se valeram, durante de terminado período, os órgãos administrativos. Trata-se, no que concerne ao poder administrativo, de severa restrição ao poder de autotutela de seus atos, de que desfruta a Administração Pública.

ART. 65 Adota-se tal orientação, por exemplo, em alguns casos de anulação de ato administrativo, quando estiverem em jogo interesses de pessoas, contrários ao desfazimento do ato. Para permitir melhor avaliação da conduta administrativa a ser adotada, tem-se exigido que se confira aos interessados o direito ao contraditório, outorgando-se-lhes o poder de oferecerem as alegações necessárias a fundamentar seu interesse e sua pretensão, no caso o interesse à manutenção do ato. Na verdade, como bem acentua ADILSON DALLARI [DALLARI, Adilson Abreu. Os Poderes Administrativos e as Relações Jurídico-Administrativas. In RTDP nº 24, pp. 69/69 (1998)], 'não se aniquila essa prerrogativa; apenas se condiciona a validade da desconstituição de ato anteriormente praticado à justificação cabal da legitimidade dessa mudança de entendimento, arcando a Administração Pública com o ônus da prova'.

O STF já teve a oportunidade de decidir que, quando forem afetados interesses individuais, 'a anulação não prescinde da observância do contraditório, ou seja, da instauração de processo administrativo que enseja a audição daqueles que terão modificada situação já alcançada' [RE nº 158.543-9-RS, 2ª Turma, maioria. Rel. Min. Marco Aurélio, publ. DJ 6/10/1995]."

[Carvalho Filho, José dos Santos. **Manual de Direito Administrativo**. 20ª edição. Brasil: Lumen, 2008].

V. nota ao art. 67, §§1º e 2º, I.
V. art. 126, III do novo RiCade.
V. art. 131 do novo RiCade.
V. Ato de Concentração nº 08700.003636/2016-01, em que foram requerentes Legion Consumer Assets I LLC e União de Lojas Leader S.A., de relatoria de Alexandre Cordeiro.

§ 1º Em até 5 (cinco) dias úteis a partir do recebimento do recurso, o Conselheiro-Relator:

I – conhecerá do recurso e determinará a sua inclusão em pauta para julgamento;

Não decorre de o prazo de inclusão em pauta para julgamento ser de cinco dias úteis que o prazo de julgamento também o seja. É bastante provável que se paute, mas não se julgue em cinco dias úteis – especialmente se houver manifestação das requerentes, nos termos do §2º abaixo. Em compensação, o não conhecimento do recurso (inciso III abaixo) demanda que a própria decisão do Relator seja tomada em cinco dias úteis – o que não implica dizer que uma decisão plenária deva sair nesse interregno. De qualquer modo, ao menos o voto do Relator, naquele caso, deve tornar-se público em até cinco dias úteis a partir do recebimento do recurso. ART. 65

A redação do inciso II abaixo reclama a regulamentação do prazo para a instrução complementar e subsequente inclusão em pauta para julgamento. Por sua vez, aplica-se ao inciso III a regra de não conhecimento recursal por inépcia do art. 1.010 do Novo Código de Processo Civil[188].

II – conhecerá do recurso e determinará a realização de instrução complementar, podendo, a seu critério, solicitar que a Superintendência-Geral a realize, declarando os pontos controversos e especificando as diligências a serem produzidas; ou

[188] "A apelação, interposta por petição dirigida ao juiz, conterá:I – os nomes e a qualificação das partes; II – os fundamentos de fato e de direito; III – o pedido de nova decisão." A redação trazida pelo novo CPC é a seguinte: "Art. 1.010. A apelação, interposta por petição dirigida ao juízo de primeiro grau, conterá: I – os nomes e a qualificação das partes; II – a exposição do fato e do direito; III – as razões do pedido de reforma ou de decretação de nulidade; IV – o pedido de nova decisão."

A redação do inciso II demanda a regulamentação do prazo para a instrução complementar e subsequente inclusão em pauta para julgamento.

V. nota ao art. 11, V.
V. nota ao art. 59, II.

III – não conhecerá do recurso, determinando o seu arquivamento.

V. nota ao inciso I.

§ 2º As requerentes poderão manifestar-se acerca do recurso interposto, em até 5 (cinco) dias úteis do conhecimento do recurso no Tribunal ou da data do recebimento do relatório com a conclusão da instrução complementar elaborada pela Superintendência-Geral, o que ocorrer por último.

A Câmara dos Deputados fixava, no extinto §3º, 20 dias úteis para pautar
ART. 65 *processo após instrução.*

O *dies a quo* é automático. Em primeiro lugar, deve-se notar que, em casos de não conhecimento (inciso III), não cabe novo recurso do prejudicado. Em segundo lugar, quando o recurso ensejar instrução complementar (inciso II), o prazo para manifestação das requerentes conta a partir da publicidade dada ao relatório da Superintendência-Geral, ou do próprio gabinete, o que também responde aos princípios da eficiência e da economicidade. Não havendo instrução complementar (inciso I), contará a partir da publicidade dada ao recurso.

Note-se que, em caso de conhecimento sem instrução complementar (inciso I), a manifestação das requerentes acerca do recurso provavelmente chegará ao Tribunal uma vez já pautado o caso para julgamento. Nesse caso, parece-me que o prazo de cinco dias para pauta deva ser contado a partir do recebimento da manifestação pelo Tribunal, sob pena de cerceamento de defesa.

§ 3º O litigante de má-fé arcará com multa, em favor do Fundo de Defesa de Direitos Difusos, a ser arbitrada pelo Tribunal entre

R$ 5.000,00 (cinco mil reais) e R$ 5.000.000,00 (cinco milhões de reais), levando-se em consideração sua condição econômica, sua atuação no processo e o retardamento injustificado causado à aprovação do ato.

A litigância de má-fé, enquanto ilícito meramente processual – e não enquanto ilícito concorrencial, gerando os efeitos do art. 36 e demandando a adequada apuração por processo administrativo para a imposição de sanções administrativas por infrações concorrenciais à ordem econômica –, passa a estar expressamente prevista na lei concorrencial, extinguindo a antiga discussão acerca da possibilidade de o Cade poder aplicar o disposto nos artigos 80 e 81 do novo Código de Processo Civil. Vingava o entendimento de que a litigância de má-fé somente poderia ser verificada, em juízo, por juiz ou tribunal.

A cominação passa a contar com valores próprios, a variar entre R$ 5.000,00 (cinco mil reais) e R$ 5.000.000,00 (cinco milhões de reais) – diferentemente da lei processual, que fala em um teto de 1-20% sobre o valor da causa, dependendo da situação.

§ 4º A interposição do recurso a que se refere o *caput* deste artigo ou a decisão de avocar suspende a execução do ato de concentração econômica até decisão final do Tribunal.

A suspensão da execução não se confunde com a suspensão do prazo de análise do ato de concentração.

§ 5º O Conselheiro-Relator poderá acompanhar a realização das diligências referidas no inciso II do § 1º deste artigo.

A instrução, ainda quando terceirizada, deve ser acompanhada de perto pelo Conselheiro-Relator: mais que uma prerrogativa, trata-se de poder-dever da autoridade que, indiretamente, instrui. Até porque, como em toda delegação, o exercício do poder delegado não deve ultrapassar os limites especificados por quem delega, nos termos do §1º, II.

CAPÍTULO III – Do inquérito administrativo para apuração de infrações à ordem econômica e do procedimento preparatório

Art. 66 O inquérito administrativo, procedimento investigatório de natureza inquisitorial, será instaurado pela Superintendência-Geral para apuração de infrações à ordem econômica.

A expressa menção à natureza inquisitorial visa contrapor-se ao procedimento em contraditório do processo administrativo, nos termos do art. 69.

"O inquérito, de regra, é policial, isto é, elaborado pela Polícia Civil. Todavia, o parágrafo único do art. 4º do CPP estabelece que a competência definitiva neste artigo não excluirá a de autoridades administrativas, a quem a lei seja cometida a mesma função. Observa-se, desse modo, que o dispositivo invocado deixa entrever a existência de inquéritos extrapoliciais, isto é, elaborados por autoridades outras que não as policiais, inquéritos esses que têm a mesma finalidade dos inquéritos policiais. (...)

ART. 66 Alem disso, quando uma autoridade administrativa, sem aquela função que a lei atribui à Policia Federal ou mesmo a certas autoridades administrativas, elabora um inquérito administrativo com o objetivo de apurar a responsabilidade de um funcionário, caso constate a existência não de simples irregularidade funcional, mas de verdadeiro ilícito penal, deve, pelos canais competentes, fazê-lo chegar às mãos do Ministério Público para oferecimento de denúncia."

[Tourinho Filho, Fernando da Costa. **Processo penal**. Vol. 1. São Paulo: Saraiva, 1997. P. 191].

"O inquérito policial tem valor informativo para a instauração da competente ação penal, como instrução provisória, de caráter inquisitivo, que é. Não se pode, por isso, fundamentar uma decisão condenatória apoiada exclusivamente no inquérito policial, o que contraria o princípio constitucional do contraditório. Entretanto, como no inquérito se realizam certas provas periciais que, embora praticadas sem a participação do indiciado, contêm em si maior dose de veracidade, visto que nelas preponderam fatores de ordem técnica que permitem uma apreciação objetiva e segura de suas conclusões, têm valor idêntico às provas colhidas em juízo. Além disso, os elementos do inquérito podem influir na formação do livre convencimento do juiz para a decisão da causa quando complementam outros indícios e provas que passam pelo crivo do contraditório em juízo. (...)

O inquérito policial, em síntese, é mero procedimento informativo e não ato de jurisdição e, assim, os vícios nele acaso existentes não afetam a ação penal a que deu origem. A desobediência a formalidades legais pode acarretar, porém, a ineficácia do ato em si (prisão em flagrante, confissão etc.). Além disso, eventuais irregularidades podem e devem diminuir o valor dos atos a que se refiram e, em certas circunstâncias, do procedimento inquisitorial considerado globalmente.

STF: 'Por se tratar de peça meramente informativa da denúncia ou da queixa, eventual irregularidade no inquérito policial não contamina o processo nem enseja a sua anulação (RT 762/546) (...)

STF: É firme a jurisprudência desta Corte no sentido de que, sendo o inquérito policial peça de natureza informativa, os vícios nele porventura encontrados não repercutem na ação penal (assim, nos HC 62.745 e 69.895, bem como no RHC 66.428)' (JSTF 211/310)

No mesmo sentido RT 756/500 e RT 578/448."

[Mirabete, Julio Fabbrini. **Código de processo penal interpretado**: referências doutrinárias, indicações legais, resenha jurisprudencial: atualizado até setembro de 1999. 11ª edição. São Paulo: Atlas, 2003. PP. 91/92].

"Consideramos oportuno registrar que identificamos uma propensão à mitigação, por parte do Supremo Tribunal Federal, dessa orientação pela inaplicabilidade da ampla defesa e do contraditório à fase do inquérito policial dos processos criminais. Com efeito, no julgamento do HC 92.599/BA (rel. Min. Gilmar Mendes, 06.11.2007), ao deferir liminar determinando a juntada de provas a inquérito policial, requerida pelo investigado, que o tribunal de origem negara, sob o argumento da não sujeição do inquérito à ampla defesa e ao contraditório, deixou assente o relator que a jurisprudência do STF 'tem assegurado a amplitude do direito de defesa mesmo que em sede de inquéritos policiais e/ou originários', colacionando julgados que respaldam a tendência interpretativa de garantir aos investigados e indiciados a máxima efetividade constitucional no que concerne à proteção dos direitos fundamentais do devido processo legal da 'ampla defesa e do contraditório'. Nos julgados então evocados pelo Min. Gilmar Mendes, reconheceu a Corte Suprema o direito de o advogado do investigado ter acesso aos dados já trazidos ao autos do inquérito, direito que prevaleceu sobre os interesses do sigilo das investigações (HC 88.190/RJ, rel. Min. Cezar Peluso, 2a T., 06.10.2006; HC 87.827/RJ, rel. Min. Sepúlveda Pertence, 1a T., 23.06.2006; HC 88.520, rel. Min. Cármen Lúcia, Pleno, 23.11.2006)" ART. 66

[Paulo, Vicente/Alexandrino, Marcelo. **Direito Constitucional descomplicado.** 3ª edição. Rio de Janeiro: Forense; São Paulo: METODO: 2008. Nota de rodapé 37, P. 166].

"Notícias STF

Segunda-feira, 02 de Fevereiro de 2009

Plenário edita 14ª Súmula Vinculante e permite acesso de advogado a inquérito policial sigiloso

Por 9 votos a 2, o Supremo Tribunal Federal (STF) aprovou na tarde desta segunda-feira (2) súmula vinculante que garante a advogados acesso a provas já documentadas em autos de inquéritos policiais que envolvam seus clientes, inclusive os que tramitam em sigilo.

O texto a 14ª Súmula Vinculante diz o seguinte: 'É direito do defensor, no interesse do representado, ter acesso amplo aos elementos de prova que, já documentados em procedimento investigatório realizado por órgão com competência de polícia judiciária, digam respeito ao exercício do direito de defesa'.

A questão foi levada ao Plenário a pedido do Conselho Federal da Ordem dos Advogados do Brasil (OAB) por meio de processo chamado Proposta de Súmula Vinculante (PSV), instituído no STF no ano passado. Essa foi a primeira PSV julgada pela Corte.

Dos 11 ministros, somente Joaquim Barbosa e Ellen Gracie foram contra a edição da súmula. Para os dois, a matéria não deve ser tratada em súmula vinculante. A maioria dos ministros, no entanto, afirmou que o verbete trata de
ART. 66 tema relativo a direitos fundamentais, analisado diversas vezes pelo Plenário. Eles lembraram que a Corte tem jurisprudência assentada no sentido de permitir que os advogados tenham acesso aos autos de processos.

'A súmula vinculante, com o conteúdo proposto, qualifica-se como um eficaz instrumento de preservação de direitos fundamentais', afirmou Celso de Mello.

O ministro Marco Aurélio destacou que 'a eficiência repousa na transparência dos autos praticados pelo Estado', reiterando que precedentes da Corte revelam que a matéria tem sido muito enfrentada. Ele afirmou que há pelo menos sete decisões sobre a matéria no STF. "Investigação não é devassa", observou a ministra Cármen Lúcia Antunes Rocha.

O ministro Peluso lembrou que a súmula somente se aplica a provas já documentadas, não atingindo demais diligências do inquérito. 'Nesses casos, o advogado não tem direito a ter acesso prévio', observou. Ou seja, a autoridade policial está autorizada a separar partes do inquérito que estejam em andamento para proteger a investigação.

Ellen Gracie concordou com o entendimento dos demais ministros quanto ao direito dos advogados de ter acesso aos autos dos processos, mas afirmou que uma súmula sobre o tema dependeria da interpretação de autoridades policiais. 'A súmula vinculante é algo que não deve ser passível de interpretação, deve ser suficientemente clara para ser aplicada sem maior tergiversação.'

Para Barbosa, a súmula privilegiará os direitos dos investigados e dos advogados em detrimento do direito da sociedade de ver irregularidades devidamente investigadas. Segundo ele, 'peculiaridades do caso concreto podem exigir que um inquérito corra em sigilo'.

Essa tese foi defendida pela Procuradoria Geral da República (PGR), que também se posicionou contra a edição da súmula. Durante o julgamento, o vice-procurador-geral da República, Roberto Gurgel, afirmou que o verbete causará um "embaraço indevido do poder investigativo do Estado", podendo até inviabilizar o prosseguimento de investigações. Ele acrescentou que o verbete se direciona, sobretudo, a crimes de colarinho branco, e pouco será utilizado por advogados de réus pobres.

Ao responder, o ministro Carlos Alberto Menezes Direito, relator da matéria, afirmou que a súmula não significará um 'obstáculo à tutela penal exercida pelo Estado'. Ele acrescentou que muitos casos de pedido de acesso a autos de processo dizem respeito a crimes que não são de colarinho branco.

RR/EH"

"Prova emprestada. Contraditório. A prova emprestada é aquela que, pensados dois processos com identidade de partes, em já tendo passado pelo contraditório no processo de origem, foi necessariamente contraditada pelos mesmos agentes que poderiam vir a contestá-la no processo de destino – podendo, desse modo, ser reaproveitada sem nova contradita. Em não tendo passado pelo contraditório nos autos de origem não há prova emprestada, mas lastro documental que, passando pelo contraditório nos autos de destino, torna-se prova apta a instruir o convencimento do julgador." ART. 66

[Processo Administrativo nº 08012.006019/2002-11 (cartel do GLP no Triângulo Mineiro), em que foram representados Agip, Copagaz, Ultragaz e outros, de relatoria de Luiz Carlos Prado].

V. nota ao art. 70, §4º.

§ 1º O inquérito administrativo será instaurado de ofício ou em face de representação fundamentada de qualquer interessado, ou em decorrência de peças de informação, quando os indícios de infração à ordem econômica não forem suficientes para a instauração de processo administrativo.

V. art. 30 da Lei nº 8.884/94.

§ 2º A Superintendência-Geral poderá instaurar procedimento preparatório de inquérito administrativo para apuração de infrações à ordem econômica para apurar se a conduta sob análise trata de matéria de competência do Sistema Brasileiro de Defesa da Concorrência, nos termos desta Lei.

"Sendo assim, apesar de entendermos pertinente a introdução do procedimento preparatório no sentido de que, ao invés de burocratizar, simplifica os procedimentos, acreditamos ser importante uma melhor definição do instrumento na lei. Assim, incluímos um dispositivo definindo a aplicação do procedimento preparatório nos casos em que for necessário apurar se a conduta sob análise trata de matéria de competência do SBDC ou não, devendo ser realizado no prazo máximo de trinta dias."
[Exposição de motivos do Substitutivo Ciro Gomes].

V. nota ao §4º.

§ 3º As diligências tomadas no âmbito do procedimento pre-
ART. 66 **paratório de inquérito administrativo para apuração de infrações à ordem econômica deverão ser realizadas no prazo máximo de 30 (trinta) dias.**

V. nota ao §4º.

§ 4º Do despacho que ordenar o arquivamento de procedimento preparatório, indeferir o requerimento de abertura de inquérito administrativo, ou seu arquivamento, caberá recurso de qualquer interessado ao Superintendente-Geral, na forma determinada em regulamento, que decidirá em última instância.

Observe-se que, diferentemente do que ocorre com os atos de concentração, não há recurso do administrado ao Tribunal, só avocação (art. 67, §1º). O recurso de que trata o §4º é, na verdade, pedido de reconsideração ao Superintendente-Geral. Note-se que o §4º traz o controle social sobre os atos da Superintendência-Geral. Por *qualquer interessado* deve-se entender qualquer indivíduo, dado que o interesse tutelado pelo direito da concorrência é difuso.

Note-se, ainda, que o Senado tinha excluído os §§2º e 3º, propostos pela Câmara dos Deputados, que definem o procedimento preparatório. Ao deixar o procedimento preparatório em aberto, ganhava-se em liberdade quanto ao que se pode fazer nessa fase processual.

O objetivo do procedimento administrativo é, em princípio, o de coletar indícios suficientes para se iniciar uma investigação, seja em termos quantitativos (*v.g.*, coletar dados para uma denúncia de cartel sem qualquer informação sobre reuniões passadas ou futuras, exceto sobre o paralelismo de preços), seja qualitativos (verificar se a investigação não versa sobre fato pouco relevante e, portanto, fora da competência do SBDC – nos termos do §2º que havia sido proposto na Câmara dos Deputados).

Dado, entretanto, a baixa precisão do conceito adotado no §2º, não me parece que haja maiores prejuízos às investigações do Cade com o retorno da redação inaugural. Por outro lado, a limitação temporal do procedimento preparatório (v. §3º) pode surtir pouco efeito, dado que, a rigor, o prazo de conclusão das investigações, diferentemente do capítulo sobre atos de concentração (v. art. 63), pode ser suspenso por ofícios de instrução.

ART. 66

V. nota ao art. 48, I.
V. nota ao §2º.
V. nota ao §9º.

§ 5º (VETADO).

Texto excluído:

§ 5º No inquérito administrativo, a Superintendência-Geral poderá exercer quaisquer dos poderes instrutórios referidos no art. 15 desta Lei.

"Razões do veto

'Não obstante tratar dos poderes investigativos da Superintendência-Geral, o dispositivo equivocadamente faz remissão ao art. 15 do projeto de lei, que se refere às atribuições da Procuradoria-Geral. Destaque-se que o veto não prejudica a atuação da Superintendência-Geral, uma vez que suas competências estão previstas no art. 13 da proposta.'"

[Mensagem nº 536, de 30 de novembro de 2011].

A referência cruzada correta seria o art. 13, que se refere à competência da Superintendência-Geral.

§ 6º A representação de Comissão do Congresso Nacional, ou de qualquer de suas Casas, bem como da Secretaria de Acompanhamento Econômico, das agências reguladoras e da Procuradoria Federal junto ao Cade, independe de procedimento preparatório, instaurando-se desde logo o inquérito administrativo ou processo administrativo.

O rol do art. 30, §2º da Lei nº 8.884/94 foi ampliado, justificadamente, para além das casas do Congresso. Mas o leque ainda carece de alusão aos membros do Conselho, que dependerão da (i) Superintendência-Geral, da (ii) ProCade ou de (iii) manifestação conjunta do Plenário em sede de algum procedimento administrativo do art. 48 para que a representação seja aceita, em nome da própria autarquia, diretamente como inquérito administrativo, ou processo administrativo.

ART. 66 A alteração mais relevante reside em que caberá à Superintendência-Geral definir, discricionariamente, se recebe a representação como inquérito, ou processo administrativo, a partir da avaliação do preenchimento do requisito do §1º.

"No entanto, diferentemente da lei atual em que se "pula" o estágio de averiguação preliminar diretamente para o estágio de processo administrativo, na proposta se "pula" o "procedimento preparatório", indo-se para o inquérito administrativo, anterior ao processo administrativo."
[Exposição de motivos do Substitutivo Ciro Gomes].

"Como observado no Relatório, o § 5º do art. 63 define alguns representantes com um status especial. São eles a representação de Comissão do Congresso Nacional, ou de qualquer de suas Casas, da Secretaria de Acompanhamento Econômico, das agências reguladoras, da Procuradoria Federal junto ao Cade e do representante do Ministério Público. Nesses casos, há uma presunção de que a representação é naturalmente mais bem informada sobre as competências do Cade, devendo-se instaurar desde logo o inquérito administrativo e não o procedimento preparatório. Na legislação atual, tal status especial era concedido apenas ao Congresso Nacional e se poderia 'pular' a etapa de averiguação preliminar, com abertura imediata de processo administrativo. À primeira vista, poder-se-ia pensar que o status especial mencionado estaria reduzido pelo fato de não se abrir imediatamente um processo administrativo. Isto, no entanto, é enganoso. Na fase de processo administrativo, todos os atos devem ser públicos, o que pode comprometer investigações que contem com o elemento 'surpresa'. Ou seja, o inquérito administrativo constitui uma fase em que a capacidade efetiva de levantar provas pela autoridade é mais significativa do que no caso dos processos administrativos. O § 9º do art. 63 da proposição define que tanto para o procedimento preparatório, como para o inquérito administrativo, poderá ser dado tratamento sigiloso, no interesse das investigações, a critério da Superintendência-Geral. Tal sigilo, ainda por cima, pode ser crucial para salvaguardar informações estratégicas e evitar comprometer indevidamente a reputação de empresas inocentes. Desta forma, faz sentido a mudança implementada no Projeto de Lei do Poder Executivo."

[Exposição de motivos do Substitutivo Ciro Gomes].

§ 7º O representante e o indiciado poderão requerer qualquer diligência, que será realizada ou não, a juízo da Superintendência--Geral.

V. art. 5º, LV. ART. 66

"Súmula Vinculante nº 5: A falta de defesa técnica por advogado no processo administrativo disciplinar não ofende a Constituição."

§ 8º A Superintendência-Geral poderá solicitar o concurso da autoridade policial ou do Ministério Público nas investigações.

"O § 7º do art. 63 do Projeto de Lei 5.877/2005, sem correspondente na lei atual, inclui a possibilidade de a Superintendência-Geral solicitar o concurso da autoridade policial ou do Ministério Público nas investigações, o que amplia substancialmente o potencial de coleta de provas da autoridade de concorrência."

[Exposição de motivos do Substitutivo Ciro Gomes].

Note-se que se trata de solicitação, não de requisição, de tal modo que o concurso nas investigações é ato discricionário dos dirigentes policiais e do *Parquet*.

§ 9º O inquérito administrativo deverá ser encerrado no prazo de 180 (cento e oitenta) dias, contado da data de sua instauração,

prorrogáveis por até 60 (sessenta) dias, por meio de despacho fundamentado e quando o fato for de difícil elucidação e o justificarem as circunstâncias do caso concreto.

O dispositivo aumenta o prazo de sessenta dias do art. 31 da Lei nº 8.884/94. Na prática, porém, não há mudança, pois, diferentemente do capítulo sobre atos de concentração (v. art. 63), os prazos aqui previstos são suspensos por ofícios de instrução.

V. art. 114, §2º.

§ 10º Ao procedimento preparatório, assim como ao inquérito administrativo, poderá ser dado tratamento sigiloso, no interesse das investigações, a critério da Superintendência-Geral.

V. nota ao art. 49.
V. art. 51, II.

ART. 67 **Art. 67** **Até 10 (dez) dias úteis a partir da data de encerramento do inquérito administrativo, a Superintendência-Geral decidirá pela instauração do processo administrativo ou pelo seu arquivamento.**

§ 1º O Tribunal poderá, mediante provocação de um conselheiro e em decisão fundamentada, avocar o inquérito administrativo ou procedimento preparatório de inquérito administrativo arquivado pela Superintendência-Geral, ficando prevento o Conselheiro que encaminhou a provocação.

Contrariamente ao revogado art. 31 da Lei nº 8.884/94, o Superintendente-Geral não deve recorrer, de ofício, das decisões de arquivamento de inquérito administrativo (e, na presente lei, também do seu procedimento preparatório). Nos termos do § 4º do art. 66 acima, porém, fica resguardado o direito de recurso de qualquer interessado ao Superintendente-Geral, que, exceção feita aos casos de avocação pelo Tribunal, decidirá em última instância.

Segundo a redação dada pela Câmara dos Deputados ao § 1º do art. 67, mesmo a prerrogativa de o Tribunal avocar se restringiria ao inquérito, seguindo a tendência iniciada, na SDE, sob o antigo sistema, de que o arquivamento dos procedimentos prévios às averiguações preliminares não era objeto de análise pelo Cade. A prerrogativa de avocar, entretanto, é importante para afastar a possibilidade de que os procedimentos preparatórios, cujo escopo não foi precisamente definido por lei, sirvam, indevidamente, para acobertar ilícitos – o que é premente em razão da diluição da participação, ou das garantias da lei à participação do MPF e da ProCade nos processos antitrustes. Para maiores detalhes da discussão suscitada no antigo modelo, v. nota ao art. 13, III.

Há, de todo modo, duas regras de competência a serem esclarecidas neste dispositivo:

- a prerrogativa legal de provocar a avocação é exclusiva de Conselheiro (não estendida ao Presidente), pois a ele caberá fundamentar a plausibilidade dessa avocação, cuja procedência será avaliada pelo Tribunal – tornando-se relator para o caso. Entretanto, a experiência do Cade tem mostrado que a atuação do seu Presidente aproxima-se muito daquela do Conselheiro, sendo pouco razoável dele afastar aquela prerrogativa. Embora a Presidência não exerça relatoria dada a sua extensa agenda administrativa, caberá ao regimento ART. 67
interno disciplinar uma regra que permita ao Presidente provocar o julgamento da avocação e, uma vez aprovada pelo Plenário, deixar a relatoria do caso com um Conselheiro designado em sessão[189]. Infelizmente, o novo RiCade não seguiu essa tendência e assegurou, apenas, aos Conselheiros essa prerrogativa. Visando buscar maior segurança jurídica às decisões da autarquia em processos em que haja avocação, o art. 122 do novo RiCade interpretou literalmente o art. 67, §1º da Nova Lei Antitruste Brasileira, afastando a possibilidade de a avocação resultar de provocação fundamentada do Presidente do Cade;
- caso haja mais de um interessado em avocar, é prevento o primeiro Conselheiro a fazê-lo.

V. nota ao art. 13, III e IV.

[189] Aliás, a praxe, em caso de o voto do Presidente ser o condutor em qualquer votação plenária, está em designar-se um Conselheiro para ser o Relator para o acórdão.

§ 2º Avocado o inquérito administrativo, o Conselheiro-relator terá o prazo de 30 (trinta) dias úteis para:

I – confirmar a decisão de arquivamento da Superintendência-Geral, podendo, se entender necessário, fundamentar sua decisão;

Apesar de o ato de avocação ser provocado monocraticamente, a própria avocação é decisão colegiada (v. §1º). Do mesmo modo, se avocação é uma decisão colegiada, a confirmação de arquivamento precisa, necessariamente, passar pelo Plenário. O texto legal é bastante claro no sentido de que a avocação – e, por subsequente, qualquer decisão que dela advenha – é prerrogativa do Tribunal (v. §1º). O provocador da avocação é, meramente, relator para o caso.

Esse entendimento, trazido já na edição anterior, foi acolhido pelos artigos 131 (para atos de concentração), 140 (para procedimentos preparatórios) e 145, §2º (para inquéritos administrativos) do novo RiCade.

V. art. 65, II.
V. nota ao art. 67, §1º.

ART. 67

II – transformar o inquérito administrativo em processo administrativo, determinando a realização de instrução complementar, podendo, a seu critério, solicitar que a Superintendência-Geral a realize, declarando os pontos controversos e especificando as diligências a serem produzidas.

V. nota ao art. 11, V.
V. nota ao art. 59, II.
V. nota ao art. 65, II.
V. nota ao art. 66, §9º.
V. nota ao art. 67, §§1º e 2º, I.

§ 3º Ao inquérito administrativo poderá ser dado tratamento sigiloso, no interesse das investigações, a critério do Plenário do Tribunal.

V. nota ao art. 49.

Art. 68 O descumprimento dos prazos fixados neste Capítulo pela Superintendência-Geral, assim como por seus servidores, sem justificativa devidamente comprovada nos autos, poderá resultar na apuração da respectiva responsabilidade administrativa, civil e criminal.

Embora a lei tenha limitado a estipulação da apuração de responsabilidade administrativa ao servidor da Superintendência-Geral, o art. 124 da Lei nº 8.112/90[190] é bastante claro quanto a que a apuração a ele não se restringe, atingindo todos os servidores do Cade.

"STF – AI 473883 AgR. Rel. Min. Ellen Gracie, DJ de 27.4.2010. Administrativo. Agravo regimental em agravo de instrumento. Processo disciplinar. Direito de defesa técnica. 1. O exercício da ampla defesa e do contraditório em Processo Administrativo Disciplinar prescinde da presença de advogado. Precedentes. 2. A falta de defesa técnica por advogado habilitado no processo administrativo disciplinar não ofende a Constituição Federal. RE 434.059/DF. Súmula Vinculante STF 5. 3. Agravo regimental improvido[.]"

CAPÍTULO IV – Do processo administrativo para imposição de sanções administrativas por infrações à ordem econômica

Art. 69 O processo administrativo, procedimento em contraditório, visa a garantir ao acusado a ampla defesa a respeito das conclusões do inquérito administrativo, cuja nota técnica final, aprovada nos termos das normas do Cade, constituirá peça inaugural.

Onde não houver inquérito administrativo, a nota técnica final será substituída pelo parecer do agente que, nos termos do art. 66, §6º, provoca a direta instauração do processo administrativo (sem passar pelo inquérito, antes). Esse entendimento foi acolhido pelo art. 147 do novo RiCade.

[190] "Art. 124. A responsabilidade civil-administrativa resulta de ato omissivo ou comissivo praticado no desempenho do cargo ou função."

A expressa menção ao procedimento em contraditório visa contrapor-se à natureza inquisitorial do inquérito administrativo, nos termos do *caput* do art. 66.

"Interceptação e gravação telefônica: distinção. Invocação do direito à intimidade como óbice à garantia do interesse da coletividade. Alegação da própria torpeza em juízo. Inadmissível invocar o direito à intimidade quando se compartilham com concorrente informações comercialmente sensíveis, como preço, provocando-se o questionamento da individualidade das empresas. O Direito da Concorrência excepciona o direito ao sigilo das informações compartilhadas entre agentes econômicos que, por princípio, não as deveriam discutir: inteligência do art. 35-B da Lei Antitruste – acordo de leniência. Inexistência de violação da intimidade, máxime quando entre os agentes econômicos havia pendências judiciais que apontavam para a inexistência de relação de confiança entre representante e representado. Uso da prova gravada com o fim de defesa contra lesão ou ameaça de lesão. Entendimento amparado por farta jurisprudência do STJ e do STF. Prova emprestada. Contraditório. A prova emprestada é aquela que, pensados dois processos com identidade de partes, em já tendo passado pelo contraditório no processo de origem, foi necessaria-
ART. 70 mente contraditada pelos mesmos agentes que poderiam vir a contestá-la no processo de destino – podendo, desse modo, ser reaproveitada sem nova contradita. Em não tendo passado pelo contraditório nos autos de origem não há prova emprestada, mas lastro documental que, passando pelo contraditório nos autos de destino, torna-se prova apta a instruir o convencimento do julgador. Cartel como ilícito concorrencial. Crime formal. Exigibilidade de dano potencial. Para caracterização do crime impossível, mister se faz que a ineficácia do meio ou a impropriedade do objeto sejam absolutas, nos termos do art. 17 CP."

[Processo Administrativo nº 08012.006019/2002-11 (cartel do GLP no Triângulo Mineiro), em que foram representados Agip, Copagaz, Ultragaz e outros, de relatoria de Luiz Carlos Prado].

V. nota ao *caput* do art. 66.
V. art. 5º, LV da CF.

Art. 70 Na decisão que instaurar o processo administrativo, será determinada a notificação do representado para, no prazo de 30 (trinta) dias, apresentar defesa e especificar as provas que pretende sejam produzidas, declinando a qualificação completa de até 3 (três) testemunhas.

Os arts. 33 e 37 da Lei nº 8.884/94 foram condensados neste dispositivo, que demanda que, já no momento da contestação, o representado especifique as provas que pretenda produzir – apresentando, inclusive, o rol de testemunhas. A alteração reduz pela metade o tempo a ser gasto nesta fase da instrução.

§ 1º A notificação inicial conterá o inteiro teor da decisão de instauração do processo administrativo e da representação, se for o caso.

V. art. 33, §1º da Lei nº 8.884/94.

§ 2º A notificação inicial do representado será feita pelo correio, com aviso de recebimento em nome próprio, ou outro meio que assegure a certeza da ciência do interessado ou, não tendo êxito a notificação postal, por edital publicado no Diário Oficial da União e em jornal de grande circulação no Estado em que resida ou tenha sede, contando-se os prazos da juntada do aviso de recebimento, ou da publicação, conforme o caso. ART. 70

A inclusão da expressão *ou outro meio que assegure a certeza da ciência do interessado* faculta o uso do fax, meio prioritariamente utilizado pelo Cade, ou, até mesmo, do correio eletrônico. O uso desses meios, em especial do correio eletrônico, entretanto, deve ser regulamentado, a fim de precisar, inclusive, quais os requisitos necessários para comprovação da efetiva citação pessoal. Esse, aliás, é também, o ensinamento do art. 246, V do novo Código de Processo Civil, segundo o qual a citação será feita, entre outros, por meio eletrônico, conforme regulado em lei. O Cade veio a regulamentar esse uso por meio da Resolução nº 60/2011 (que disciplina o uso do correio eletrônico) c/c art. 46, 57 e 206 do novo RiCade.

Embora a ampliação dos meios de comunicação pessoal dos atos processuais possa facilitar o acesso rápido ao destinatário, a sua previsão legal e regulamentar exige, por outro lado, que esses meios sejam esgotados para que, só então, proceda-se à citação por edital.

V. art. 33, §2º da Lei nº 8.884/94.
V. art. 246 do novo Código de Processo Civil.

§ 3º A intimação dos demais atos processuais será feita mediante publicação no Diário Oficial da União, da qual deverá constar o nome do representado e de seu procurador, se houver.

Se a primeira notificação pode ser realizada por *outro meio que assegure a certeza da ciência do interessado*, faz pouco sentido que a intimação dos atos subsequentes, quando o interessado já tomou ciência da pendência de procedimento administrativo, não possa seguir a mesma lógica. Esse entendimento foi, felizmente, acolhido pelo novo RiCade, cujo art. 57 fez constar que as notificações e intimações serão feitas, *preferencialmente* (e não *com exclusividade*, como uma interpretação literal do §3º faria crer), por meio de publicações no Diário Oficial da União. Apesar de bem-vinda, a redação do novo RiCade ainda é tímida, pois mantém prioridade à publicação por edital. Além de mais custosa, essa opção elimina a praticidade e a rapidez das intimações realizadas pelos meios eletrônicos, as quais já haviam se consolidado na rotina da autarquia.

Perceba-se que a leitura que proponho desde a edição anterior está de acordo com o disposto nos artigos 270 e 272 do novo Código de Processo ART. 70 Civil, segundo os quais as intimações realizam-se, sempre que possível, por meio eletrônico, na forma da lei. Apenas quando não realizadas de forma eletrônica, devem as intimações ser realizadas pela publicação dos atos no órgão oficial.

V. art. 33, §3º da Lei nº 8.884/94.
V. art. 270 do novo Código de Processo Civil.
V. art. 272 do novo Código de Processo Civil.

§ 4º O representado poderá acompanhar o processo administrativo por seu titular e seus diretores ou gerentes, ou por seu procurador, assegurando-se-lhes amplo acesso aos autos no Tribunal.

O legislador optou por não garantir o amplo acesso do representado aos processos que podem ser decididos monocraticamente. Mesmo no processo administrativo, que será decidido no Tribunal, o amplo acesso aos autos e, portanto, ao contraditório, é garantido somente ali.

Observe-se que, especialmente depois da faculdade de abrir inquérito administrativo no caso do art. 66, §6º, o uso do processo administrativo deve servir menos à coleta de provas em face do representado – o que deve ocorrer, prioritariamente, nas fases anteriores – que à sua legítima defesa.

Note-se, entrementes, que a previsão de restrição ao contraditório anterior à chegada do processo administrativo ao Tribunal é inconstitucional, especialmente após a edição da Súmula Vinculante nº 14 do STF. A restrição ao acesso do advogado também contraria o disposto no Estatuto da Ordem dos Advogados do Brasil (Lei nº 8.906/94), especialmente após as emendas introduzidas pela Lei nº 13.245/2016.

"STF – AI 473883 AgR. Rel. Min. Ellen Gracie, DJ de 27.4.2010.
Administrativo. Agravo regimental em agravo de instrumento. Processo disciplinar. Direito de defesa técnica. 1. O exercício da ampla defesa e do contraditório em Processo Administrativo Disciplinar prescinde da presença de advogado. Precedentes. 2. A falta de defesa técnica por advogado habilitado no processo administrativo disciplinar não ofende a Constituição Federal. RE 434.059/DF. Súmula Vinculante STF 5. 3. Agravo regimental improvido;"

"Na fase de processo administrativo, todos os atos devem ser públicos, o que pode comprometer investigações que contem com o elemento 'surpresa'. Ou seja, o inquérito administrativo constitui uma fase em que a capacidade efetiva de levantar provas pela autoridade é mais significativa do que no caso dos processos administrativos. O § 9º do art. 63 da proposição define que tanto para o procedimento preparatório, como para o inquérito administrativo, poderá ser dado tratamento sigiloso, no interesse das investigações, a critério da Superintendência-Geral. Tal sigilo, ainda por cima, pode ser crucial para salvaguardar informações estratégicas e evitar comprometer indevidamente a reputação de empresas inocentes. Desta forma, faz sentido a mudança implementada no Projeto de Lei do Poder Executivo." ART. 70

[Exposição de motivos do Substitutivo Ciro Gomes].

"São direitos do advogado: XV – ter vista dos processos judiciais ou administrativos de qualquer natureza, em cartório ou na repartição competente, ou retirá-los pelos prazos legais".

[art. 7º, XV da Lei nº 8.906/94].

"É direito do defensor, no interesse do representado, ter acesso amplo aos elementos de prova que, já documentados em procedimento investigatório realizado por órgão com competência de polícia judiciária, digam respeito ao exercício do direito de defesa."

[Súmula Vinculante nº 14 do STF]

V. art. 5º, LV da CF.
V. art. 33, §4º da Lei nº 8.884/94.
V. nota ao art. 66.

§ 5º O prazo de 30 (trinta) dias mencionado no *caput* deste artigo poderá ser dilatado por até 10 (dez) dias, improrrogáveis, mediante requisição do representado.

Art. 71 Considerar-se-á revel o representado que, notificado, não apresentar defesa no prazo legal, incorrendo em confissão quanto à matéria de fato, contra ele correndo os demais prazos, independentemente de notificação.

Parágrafo único. Qualquer que seja a fase do processo, nele poderá intervir o revel, sem direito à repetição de qualquer ato já praticado.

V. art. 34 da Lei nº 8.884/94.
V. art. 346 do novo Código de Processo Civil.

Art. 72 Em até 30 (trinta) dias úteis após o decurso do prazo previsto no art. 70 desta Lei, a Superintendência-Geral, em despacho fundamentado, determinará a produção de provas que julgar pertinentes, sendo-lhe facultado exercer os poderes de instrução previstos nesta Lei, mantendo-se o sigilo legal, quando for o caso.

Diferentemente do art. 70, aqui as provas a serem produzidas são aquelas de interesse da Superintendência-Geral. O interessante é que, apesar dos diversos prazos fixados na lei, não há limite ao prazo gasto na própria instrução determinada pela Superintendência-Geral, nos termos do art. 72.

Em última análise, houve desnecessário rigor com relação aos prazos menos relevantes, dado que é o momento da instrução pela Superintendência-Geral (SDE, anteriormente) que costuma ser desnecessariamente protelado anos a fio – até que, próximo à prescrição intercorrente, pratica-se ato de caráter instrutório para descaracterizá-la.

É patente que, em casos congêneres, não se deva analisar, simplesmente, se houve prescrição, ou não, observando-se, apenas, a natureza do ato administrativo praticado. Em geral, os atos terão, formalmente, natureza instrutória. O dilema está em saber por que esse ato não foi praticado anteriormente e esse processo, movimentado. Essa morosidade, ainda que não leve à prescrição formal, promove, em razão do distanciamento temporal com relação ao momento da denúncia, a material incapacidade de realizar flagrantes, colher provas menos rastreáveis com o passar do tempo e, por subsequente, punir.

O servidor deve ser responsabilizado, nos termos do art. 124 da Lei nº 8.112/90, tenha havido prescrição, ou não, se o processo ficou injustificadamente parado.

"STF – AI 473883 AgR. Rel. Min. Ellen Gracie, DJ de 27.4.2010. Administrativo. Agravo regimental em agravo de instrumento. Processo disciplinar. Direito de defesa técnica. 1. O exercício da ampla defesa e do contraditório em Processo Administrativo Disciplinar prescinde da presença de advogado. Precedentes. 2. A falta de defesa técnica por advogado habilitado no processo administrativo disciplinar não ofende a Constituição Federal. RE 434.059/DF. Súmula Vinculante STF 5. 3. Agravo regimental improvido;"

V. art. 35 da Lei nº 8.884/94.

Art. 73 Em até 5 (cinco) dias úteis da data de conclusão da instrução processual determinada na forma do art. 72 desta Lei, a Superintendência-Geral notificará o representado para apresentar novas alegações, no prazo de 5 (cinco) dias úteis.

V. art. 35 da Lei nº 8.884/94.
V. nota ao art. 72.

Art. 74 Em até 15 (quinze) dias úteis contados do decurso do prazo previsto no art. 73 desta Lei, a Superintendência-Geral remeterá os autos do processo ao Presidente do Tribunal, opinando, em relatório circunstanciado, pelo seu arquivamento ou pela configuração da infração.

Diferentemente do procedimento preparatório, ou do inquérito administrativo, no processo administrativo o Superintendente-Geral não decide, mas, sim, atua como parecista. Trata-se, em última instância, dos mesmos efeitos que a decisão com recurso necessário dos revogados arts. 31 e 39, *in fine*, da Lei nº 8.884/94.

"Ainda sobre a questão, verifica-se que a grande maioria dos processualistas afirma, categoricamente, que o reexame necessário não pode ser taxado de recurso. Isso porque um dos requisitos para se caracterizar como tal é a voluntariedade na sua interposição, o que não acontece na figura em questão.

Assim, para a doutrina mais abalizada, reexame necessário nada mais seria do que uma condição de eficácia da sentença, sem a qual a mesma não tramita em julgado, ou seja, não produz efeitos endoprocessuais (dentro do processo), impedindo, consequentemente, coisa julgada material. Quando a lei prevê que para determinada matéria haja reexame necessário, nada mais faz do que transformar esta decisão em uma decisão subjetivamente complexa, ou seja, que exige manifestação de dois órgãos para que possa produzir os seus efeitos legais." [Voto do Conselheiro-Relator João Batista de Rezende na Consulta Pública nº 41/2011 da Anatel, referente ao Plano Geral de Metas de Competição].

V. art. 35 da Lei nº 8.884/94.

Art. 75 Recebido o processo, o Presidente do Tribunal o distribuirá, por sorteio, ao Conselheiro-Relator, que poderá, caso entenda necessário, solicitar à Procuradoria Federal junto ao Cade que se manifeste no prazo de 20 (vinte) dias.

O prazo de vinte dias é um teto. Dada a discricionariedade em solicitar parecer ao Procurador-Chefe, a amplitude do prazo também é, *a fortiori*, discricionária. A imposição de um teto, por outro lado, gera incentivos a que se requeira o estritamente necessário e a Procuradoria se atenha, estritamente, ao demandado.

V. nota ao art. 11, VI.
V. art. 42 da Lei nº 8.884/94.

Art. 76 O Conselheiro-Relator poderá determinar diligências, em despacho fundamentado, podendo, a seu critério, solicitar que a Superintendência-Geral as realize, no prazo assinado.

Conforme adiantado em nota ao art. 72, não há, de fato, a fixação de prazo para a instrução – seja pela Superintendência-Geral, seja pelo Tribunal.

V. nota ao art. 11, V.
V. nota ao art. 59, II.
V. art. 43 da Lei nº 8.884/94.

Parágrafo único. Após a conclusão das diligências determinadas na forma deste artigo, o Conselheiro-Relator notificará o representado para, no prazo de 15 (quinze) dias úteis, apresentar alegações finais.

A abertura de prazo para a entrega de memoriais só será obrigatória se houver instrução no Tribunal que venha reclamar a manifestação do representado. Equipara-se a ato de instrução, para este fim, a apresentação de parecer pela ProCade.

Por outro lado, a apresentação voluntária de manifestação pelo representado é factível a todo tempo, até o despacho saneador.

Art. 77 No prazo de 15 (quinze) dias úteis contado da data de recebimento das alegações finais, o Conselheiro-Relator solicitará a inclusão do processo em pauta para julgamento.

Trata-se do despacho saneador, que, por não estar previsto na redação da Lei nº 8.884/94, gerava incentivos a que os administrados trouxessem elementos novos às vésperas das sessões de julgamento, quando não nelas mesmas.

O prazo de quinze dias conta do recebimento das alegações finais, do parecer da ProCade ou, ausente a instrução, do recebimento do processo pelo Conselheiro-Relator. Esse é, portanto, o prazo para que o Conselheiro-Relator declare o processo saneado e paute o caso para julgamento.

V. nota ao art. 85, §3º.

Art. 78 A convite do Presidente, por indicação do Conselheiro-Relator, qualquer pessoa poderá apresentar esclarecimentos ao Tribunal, a propósito de assuntos que estejam em pauta.

V. art. 44 da Lei nº 8.884/94.

Art. 79 A decisão do Tribunal, que em qualquer hipótese será fundamentada, quando for pela existência de infração da ordem econômica, conterá:

Em que pese à expressa previsão de que decisões absolutórias não precisam ser fundamentadas (art. 50 da Lei nº 9.784/99[191]), decisões não motivadas podem ser interpretadas como recusas de decidir (vedação ao *non liquet* do art. 48 da Lei nº 9.784/99[192]).

V. art. 50 da Lei nº 9.784/99.
V. art. 46 da Lei nº 8.884/94.

I – especificação dos fatos que constituam a infração apurada e a indicação das providências a serem tomadas pelos responsáveis para fazê-la cessar;

ART. 79 V. art. 46, I da Lei nº 8.884/94.

[191] "Art. 50. Os atos administrativos deverão ser motivados, com indicação dos fatos e dos fundamentos jurídicos, quando:
I – neguem, limitem ou afetem direitos ou interesses;
II – imponham ou agravem deveres, encargos ou sanções;
III – decidam processos administrativos de concurso ou seleção pública;
IV – dispensem ou declarem a inexigibilidade de processo licitatório;
V – decidam recursos administrativos;
VI – decorram de reexame de ofício;
VII – deixem de aplicar jurisprudência firmada sobre a questão ou discrepem de pareceres, laudos, propostas e relatórios oficiais;
VIII – importem anulação, revogação, suspensão ou convalidação de ato administrativo.
§ 1º A motivação deve ser explícita, clara e congruente, podendo consistir em declaração de concordância com fundamentos de anteriores pareceres, informações, decisões ou propostas, que, neste caso, serão parte integrante do ato.
§ 2º Na solução de vários assuntos da mesma natureza, pode ser utilizado meio mecânico que reproduza os fundamentos das decisões, desde que não prejudique direito ou garantia dos interessados.
§ 3º A motivação das decisões de órgãos colegiados e comissões ou de decisões orais constará da respectiva ata ou de termo escrito."
[192] "Art. 48. A Administração tem o dever de explicitamente emitir decisão nos processos administrativos e sobre solicitações ou reclamações, em matéria de sua competência."

II – prazo dentro do qual devam ser iniciadas e concluídas as providências referidas no inciso I do *caput* deste artigo;

V. art. 46, II da Lei nº 8.884/94.

III – Multa estipulada;

Trata-se da multa estipulada pelo art. 37 em função da prática de infração concorrencial à ordem econômica.

V. nota ao inciso IV.
V. nota ao inciso V.
V. art. 46, III da Lei nº 8.884/94.

IV – multa diária em caso de continuidade da infração; e

Trata-se da multa estipulada pelo *caput* do art. 39 pela continuidade de atos ou situações que configurem infração concorrencial à ordem econômica, após decisão do Tribunal determinando sua cessação. Para mais, v. nota ao inciso V abaixo.

Entendo que, assim como ocorre no sistema europeu, a multa-base diária poderia ser um percentual do faturamento médio diário no ano anterior (v. art. 24(1) do Regulamento 1/2003), o que conferiria imediata proporcionalidade à penalidade, que se adequaria à condição econômica do infrator.

Ocorre que, pelo menos desde a presidência de Elizabeth Farina, o plenário do Tribunal Administrativo do Cade questiona os incentivos a que a empresa do grupo envolvida na prática anticompetitiva direcione as suas atividades para outras empresas do grupo quando a investigação começar (já que, anteriormente à instauração do processo administrativo sancionador, há, de praxe, pelo menos a instauração de um inquérito administrativo). Nesse sentido, entendo que, a fim de evitar o incentivo perverso de que se fala, seja utilizada, como opção ao modelo europeu, a média dos faturamentos nos anos anteriores à instauração do inquérito administrativo.

V. art. 46, IV da Lei nº 8.884/94.

V – multa em caso de descumprimento das providências estipuladas.

Esta multa não se confunde com aquela do inciso III, tampouco com a do inciso IV. Trata-se da estipulação da multa do art. 39 pelo não cumprimento de obrigações de fazer, ou não fazer impostas, ou pelo descumprimento de medida preventiva, ou termo de compromisso de cessação, que pode variar entre R$5.000,00-250.000,00, de acordo com a gravidade da infração e a condição econômica do agente. A dúvida está em se, ausente a estipulação, a multa deixa de ser aplicável, ainda que no seu mínimo. Parece-me que sim, pelo mesmo motivo que se exigia que os ofícios expedidos às partes pela Lei nº 8.884/94 contivessem a expressa previsão da multa do art. 26, em função do disposto no seu §1º.

Vale observar que, diferentemente da enganosidade, que pode manifestar-se de diferentes formas e em relação a diferentes aspectos de uma operação – verificáveis, apenas, *ex post* (depois de realizada a prática) –, a gravidade do descumprimento das obrigações acessórias pode ser quantificada *ex ante*, quando da estipulação e valoração da obrigação.

ARTS. 80-81

Parágrafo único. A decisão do Tribunal será publicada dentro de 5 (cinco) dias úteis no Diário Oficial da União.

V. art. 46, parágrafo único da Lei nº 8.884/94.

Art. 80 Aplicam-se às decisões do Tribunal o disposto na Lei nº 8.437, de 30 de junho de 1992.

A Lei nº 8.437/92 dispõe sobre a concessão de medidas cautelares contra atos do Poder Público e dá outras providências. Desse modo, a lei concorrencial vem, agora, a prever expressamente a prerrogativa ao recurso às medidas cautelares por parte do Cade – a qual já era disciplinada pelo regimento interno da autarquia.

Art. 81 Descumprida a decisão, no todo ou em parte, será o fato comunicado ao Presidente do Tribunal, que determinará à Procuradoria Federal junto ao Cade que providencie sua execução judicial.

V. art. 48 da Lei nº 8.884/94.

Art. 82 O descumprimento dos prazos fixados neste Capítulo pelos membros do Cade, assim como por seus servidores, sem justificativa devidamente comprovada nos autos, poderá resultar na apuração da respectiva responsabilidade administrativa, civil e criminal.

V. nota ao art. 68.

Art. 83 O Cade disporá de forma complementar sobre o inquérito e o processo administrativo.

O dispositivo, situado no Capítulo IV do Título VI da Nova Lei Antitruste Brasileira, refere-se ao inquérito administrativo para apuração de infrações à ordem econômica e ao processo administrativo para imposição de sanções administrativas por infrações à ordem econômica.

V. Resolução Cade nº 02, de 29 de maio de 2012.
V. Resolução Cade nº 06, de 03 de abril de 2013.
V. Resolução Cade nº 12, de 11 de março de 2015.
V. Resolução Cade nº 13, de 23 de junho de 2015.
V. artigos 141 a 145 do novo RiCade.
V. artigos 146 a 162 do novo RiCade.

CAPÍTULO V – Da medida preventiva

Art. 84 Em qualquer fase do inquérito administrativo para apuração de infrações ou do processo administrativo para imposição de sanções por infrações à ordem econômica, poderá o Conselheiro-Relator ou o Superintendente-Geral, por iniciativa própria ou mediante provocação do Procurador-Chefe do Cade, adotar medida preventiva, quando houver indício ou fundado receio de que o representado, direta ou indiretamente, cause ou possa causar ao mercado lesão irreparável ou de difícil reparação, ou torne ineficaz o resultado final do processo.

Em 25 de janeiro de 2016, a Superintendência-Geral do Cade adotou medida preventiva no Inquérito Administrativo nº 08012.008859/

2009-86, com o objetivo de restabelecer a concorrência no mercado. A medida centrava-se na determinação de que a Cascol, representada com alegado poder de mercado, indicasse, em quinze dias, pelo menos cinco administradores provisórios, com reputação ilibada, experiência e comprovada independência, para administrar os postos objeto da medida. Competiu ao Cade escolher um nome dentre os cinco indicados.

Na prática, fala-se de intervenção extrajudicial pelo Superintendente-Geral – medida que carece de amparo legal. A ausência de amparo legal decorre do fato de o mecanismo de intervenção estar previsto na lei, mas (i) tão somente quando determinado judicialmente (art. 96 c/c art. 102 e seguintes da Nova Lei Antitruste Brasileira) e (ii) com o fim de permitir a execução específica de decisão do Cade. No caso em apreço, a intervenção judicial não está instrumentalizando o cumprimento de uma obrigação; ela é a própria obrigação de fazer.

A medida ainda carece de amparo porque, diversamente do escopo de uma medida preventiva – ser adotada quando houver indício, ou fundado receio de que o representado, direta ou indiretamente, cause, ou possa causar ao mercado lesão irreparável, ou de difícil reparação, ou torne
ART. 84 ineficaz o resultado final do processo (art. 84, *caput*) –, no inquérito em questão (iii) a prática de preços acima do patamar competitivo viria acontecendo anos a fio (tendo o processo sido aberto em 2009) e (iv) o dano (pecuniário) tampouco seria irreparável, ou de difícil reparação.

Interessa notar que o Conselheiro Relator Gilvandro Araújo negou provimento ao Recurso Voluntário nº 08700.000719/2016-31, interposto pela Cascol, indicando, entre outros elementos, que a nomeação de terceiro independente não destoa da prática do Conselho e é praxe adotada pelo Cade em atos de concentração. A decisão carece de razoabilidade porque, se, em ato de concentração, o Cade visa evitar que a união entre os agentes econômicos seja consolidada antes da sua análise (o objetivo é manter o *status quo*), no caso da medida provisória em apreço o objetivo é afastar o *status quo*. Essa distinção é ainda mais acentuada em um sistema de análise prévia, em que o *gun jumping* deve ser severamente punido e o objetivo declarado da lei é permitir que o Cade faça a análise da operação antes da consolidação da operação – em contraste com a situação de condutas investigadas, que só podem ser objeto de medida preventiva nas situações bastante específicas discriminadas no *caput* do art. 84 (presença de indício, ou fundado receio de lesão irreparável, ou de difícil reparação, ou de que o representado torne ineficaz o resultado final do processo).

V. Inquérito Administrativo nº 08012.008859/2009-86, em que são representados Sindicombustíveis-DF, PetroBRAS Distribuidora, Raízen Combustíveis, Ipiranga, Alesat, Autoshopping, Brasal, , Gasol, Gasolline, Igrejinha e outros.

V. *caput* do art. 52 da Lei nº 8.884/94.

§ 1º Na medida preventiva, determinar-se-á a imediata cessação da prática e será ordenada, quando materialmente possível, a reversão à situação anterior, fixando multa diária nos termos do art. 39 desta Lei.

Entendo que, assim como ocorre no sistema europeu, a multa-base diária poderia ser um percentual do faturamento médio diário no ano anterior (v. art. 24(1) do Regulamento 1/2003), o que conferiria imediata proporcionalidade à penalidade, que se adequaria à condição econômica do infrator.

Ocorre que, pelo menos desde a presidência de Elizabeth Farina, o plenário do Tribunal Administrativo do Cade questiona os incentivos a que a empresa do grupo envolvida na prática anticompetitiva direcione ART. 84
as suas atividades para outras empresas do grupo quando a investigação começar (já que, anteriormente à instauração do processo administrativo sancionador, há, de praxe, pelo menos a instauração de um inquérito administrativo). Nesse sentido, entendo que, a fim de evitar o incentivo perverso de que se fala, seja utilizada, como opção ao modelo europeu, a média dos faturamentos nos anos anteriores à instauração do inquérito administrativo.

V. art. 52, §1º da Lei nº 8.884/94.

§ 2º Da decisão que adotar medida preventiva caberá recurso voluntário ao Plenário do Tribunal, em 5 (cinco) dias, sem efeito suspensivo.

V. art. 52, §2º da Lei nº 8.884/94.

CAPÍTULO VI – Do compromisso de cessação

Art. 85 Nos procedimentos administrativos mencionados nos incisos I, II e III do art. 48 desta Lei, o Cade poderá tomar do representado compromisso de cessação da prática sob investigação ou dos seus efeitos lesivos, sempre que, em juízo de conveniência e oportunidade, devidamente fundamentado, entender que atende aos interesses protegidos por lei.

Fica bastante claro, agora, que o compromisso de cessação poderá ser discricionariamente ("o Cade poderá tomar do representado"/"em juízo de conveniência e oportunidade") celebrado pelo Cade desde o procedimento preparatório até o processo administrativo sancionador de infrações concorrenciais. A respeito da necessária fundamentação, v. nota ao art. 79.

"'Inicialmente, cumpre esclarecer que tanto a celebração de Termo de Compromisso de Cessação de Conduta – TCC, previsto no art. 53, §5º, da Lei
ART. 85 nº 8.884/94, como a celebração de Termo de Ajustamento de Conduta – TAC, previsto no art. 5º, §6º, da Lei nº 7.347/85, são faculdades da SDE e do Cade, não direitos das empresas investigadas, cabendo a estes o exame da conveniência e da oportunidade da celebração em cada caso concreto. (Processo nº 2006.34.00.020380-5, Critiane Pederzolli Rentzsc, Juíza Federal Substituta da 17ª Vara).' (...)

'Não vislumbro a presença dos pressupostos autorizadores da medida. O art. 53 da Lei nº 8884/94 prevê que o compromisso de cessação poderá ser celebrado, não configurando direito líquido e certo dos requerentes. Em princípio, compete ao Cade decidir pela viabilidade e oportunidade do compromisso de cessação, tendo em vista que a lei permite ao próprio Cade ordem de cessação da prática, com medida preventiva (art. 52 da mencionada Lei). (Juíza Federal Anamaria Reys Resende, nos autos do Processo nº 2002.34.00.016863-1)'

'O TCCP não é direito dos requerentes, que não negam a prática dos atos reprováveis, mas faculdade do Cade, de acordo com o art. 53 da Lei nº 8.884/94. (AI nº 2002.01.00.041196-0, Relator Desembargador Tolentino Amaral)'"

[Badin, Arthur. **Transação judicial na Lei nº 8.884/94**. In Revista Jurídica Consulex, ano XI, nº 263. Edição de 31 de dezembro de 2007 – edição especial: reforma da lei concorrencial brasileira. P. 32].

"O Cade tem, ao longo dos TCCs negociados, buscado interpretar (i) a amplitude, *in abstracto*, do art. 53 da Lei nº 8.884/94 e (ii) a conveniência e a oportunidade, *in concretu*, de celebrá-los. O primeiro objetivo visa identificar se a motivação do Conselho está ancorada nos princípios que norteiam a lei concorrencial e se, de algum modo, aquele acordo pode servir de escape para fraudá-la. O segundo administra a coesão entre os planos formal e material, elegendo critérios como confissão de culpa, cessação da prática, restituição ao *statu quo ante*, acesso a informações privilegiadas, arcabouço probatório, custos de transação e barganha intertemporal para projetar os efeitos líquidos daquele acordo sobre o mercado.

Por ocasião do PA nº 08012.003303/98-25 (TCC Souza Cruz), o ex-Conselheiro Mércio Felsky observou que o legislador de nenhuma forma limitou o momento da adoção do remédio, de tal sorte que, até que o Plenário do Cade decida sobre o processo, a conduta pode ser objeto de compromisso de cessação. Segundo Felsky, a lei, ao estabelecer que o compromisso pode ser celebrado pela autoridade, teria imposto a ela o dever de celebrá-lo toda vez em que se faça presente a oportunidade para a sua adoção. A oportunidade, a seu ver, estaria intrinsecamente ligada a duas questões: a primeira diria respeito à natureza da conduta – a conduta haveria que estar em curso, sob pena de não ter o que cessar e, consequentemente, não ter o que remediar com o instrumento. Naturalmente, é possível, ainda, que condutas que não estejam em curso tenham grande potencialidade de voltar a ocorrer, o que sugeriria, no meu entender, flexibilização deste requerimento. ART. 85

A segunda estaria ligada ao consentimento da representada, que teria o direito de não transigir com o órgão e optar pela continuidade do processo. Destarte, ao Conselheiro-Relator caberia, apenas, definir o alcance, as condições e a abrangência do compromisso, tendo em vista o restabelecimento das condições originais de concorrência no mercado. Ou seja, o TCC tendia a ser interpretado, em seu nascedouro, como ato vinculado da Administração.

Recorda, ainda, que o TCC foi inspirado no *consent decree* norte-americano, empregado em 92% dos casos então levados aos órgãos concorrenciais daquele país, com a particular distinção de que aquele se reveste de natureza judicial, devendo ser celebrado no Judiciário[193]. Nesse sentido, evoca o voto condutor no PA nº 08000.016384/94-11 (TCC Fertibrás), que ressalta ter sido a natureza político-econômica da lei da concorrência (e não a natureza penal) a permitir conciliar, pelo TCC, as vantagens almejadas pelo agente econômico e o bem-

[193] McDavid, Janet L.; Sankbeil, William A.; Schmidt, E.C.; Brett, J. Barry. **Antitrust Consent Decrees: ten years of experience under the Tunney Act**. *In* Antitrust Law Journal 52, n. 4, (Fall, 1983). PP. 883/916.

-estar social. A nova lei teria elegido privilegiar, a par da função repressora, uma atuação preventiva, visando adequar o comportamento dos agentes econômicos aos padrões concorrenciais do novo modelo que se pretendia para o país.

O TCC teria, então, por objetivo, a imediata restauração da concorrência, sem as delongas do processo administrativo, *poupadas as démarches das ações judiciais*. Discrepa das formas habituais de dar cabo ao processo administrativo – arquivamento ou condenação – em função de a realidade econômica exigir uma solução imediata, da qual se beneficia toda a coletividade. E, citando Isabel Vaz[194], conclui que se trata *'de uma missão de cunho positivo e eminentemente ativo, onde mais do que reprimir, o Estado se propõe a orientar, persuadir e convocar os agentes econômicos para contribuir com a efetivação da democracia econômica'*.

Esse último entendimento foi revigorado anos mais tarde, por ocasião do TCC Lafarge (PA nº 08012.011142/2006-79). Naquela oportunidade, o então Conselheiro Luis Fernando Schuartz aprimorou o conceito de interesse da Administração, calcado nos requisitos de conveniência e oportunidade, para dar-lhe um viés "consequencialista". Nesses termos, o TCC só deveria ser recusado pela autoridade caso a sua celebração, nos termos constantes da minuta final, fosse opção inferior à decisão de litigar administrativa e judicialmente até a decisão definitiva sobre o caso.

ART. 85 A variável fundamental nesta estrutura de decisão para efeito de desincentivar (*deterrence*) a conduta *ex ante*, segundo Schuartz, é o valor presente da sanção esperada (VPSE). A sanção esperada associada a uma conduta seria definida como sendo igual ao somatório das sanções em princípio mais prováveis para o tipo da conduta, multiplicadas pela probabilidade da sua aplicação à representada proponente do acordo, dado o conjunto probatório disponível com relação a ela.

O ex-Conselheiro Luiz Carlos Prado, por ocasião do seu voto-vogal no Requerimento nº 08700.005281/2007-96 (TCC Alcan), retomou a relação entre o TCC e o instituto do *consent decree*, com o objetivo de afastar possível incongruência entre a aplicação do TCC e da leniência a casos de cartel ou indução à conduta concertada. Naquela oportunidade, fez observar que, do ponto de vista do administrado, o TCC representa um *trade off* entre a probabilidade de condenação e o interesse em afastar as despesas, inconvenientes e riscos presentes em um julgamento por suposto ilícito contra a ordem econômica. Por parte da Administração, representaria uma escolha entre a condenação incerta e a também contingente e demorada confirmação pelo Judiciário em oposição ao pronto estabelecimento de programas de educação e obediência pelo adminis-

[194] **Direito Econômico da Concorrência.** Rio de Janeiro: Forense, 1993. P. 273.

trado e, em casos de cartel, ao recolhimento adicional de ônus pecuniário não trivial. O TCC também pouparia à administração os recursos públicos adicionais que seriam dispendidos no caso, caso ele se prolongue até o julgamento.

Segundo Prado, a possibilidade de celebrar TCC em cartel não é nova, advindo do nascedouro da própria Lei nº 8.884/94. Da redação original do seu art. 53 não constava a exceção feita às infrações à ordem econômica relacionadas ou decorrentes das condutas previstas nos incisos I, II, III e VIII do art. 21 daquela norma – o que veio a ser alterado pela Lei nº 10.149/00, que introduziu o acordo de leniência no art. 35-B da lei concorrencial. Nessa alteração foi inserido o §5º no âmbito do aludido art. 53, excetuando as investigações de cartel dos benefícios do compromisso de cessação. A Lei nº 11.482/07, seguindo a dinâmica da experiência jurídica de outros países, veio restabelecer a possibilidade de celebração de TCC tendo como objeto investigações de práticas de cartel.

O atual art. 53 da Lei nº 8.884/94, portanto, ao permitir uma saída negociada em caso de cartel, introduziu, consequentemente, a possibilidade de estabelecer programas de *compliance* e educativos para a concorrência como contrapartida do infrator. Ademais, impõe, como *conditio sine qua non* à celebração do TCC, em matéria de cartel, o recolhimento de valor pecuniário que não poderá ser inferior ao mínimo previsto no art. 23 da lei. O ex-Conselheiro observou, porém, que a sua celebração era ato discricionário, contrariamente ao pugnado por ART. 85
Felsky no TCC Souza Cruz, como já vinha reconhecendo o Judiciário."

[Decisão no Processo Administrativo nº 08012.007238/2006-32, em que foram representados Associação das Auto-Escolas e Centro de Formação de Condutores de Campinas e Região e Sr. Oswaldo Redaelli Filho, de relatoria de César Mattos].

Para a diferenciação entre os propósitos da leniência e do TCC, ver voto-vogal de Luiz Carlos Prado no Requerimento nº 08700.005281/2007-96, em que foram requerentes Alcan Embalagens do Brasil Ltda. e Marco Antonio Ferraroli dos Santos, de relatoria de Ricardo Cueva:

"A celebração do TCC é ato discricionário, a depender dos juízos de conveniência e oportunidade do julgador[195]. A possibilidade de celebrar TCC em

[195] Assim já decidiu a juíza federal substituta da 17ª Vara/DF, em 25 de abril de 2007, em mandado de segurança, com pedido de medida liminar, impetrado pela Associação Brasileira de Exportadores de Cítricos ("ABECITRUS") em face de ato coator da Presidente do Cade (Processo Nº 2007.34.00.009575-8):
"Com efeito, não há obrigatoriedade na celebração do termo de compromisso de cessação por parte da SDE ou do Cade. O termo de compromisso de cessação é uma liberalidade do

cartel não é nova, advindo do nascedouro da própria Lei nº 8.884/94. Da redação original do seu art. 53 não constava a exceção feita às infrações à ordem econômica relacionadas ou decorrentes das condutas previstas nos incisos I, II, III e VIII do art. 21 daquela norma. Foi, apenas, por ocasião da Lei nº 10.149/00, que introduziu o acordo de leniência no art. 35-B da lei concorrencial, que foi inserido o §5º no âmbito do aludido art. 53, excetuando as investigações de cartel dos benefícios do compromisso de cessação. Houve, portanto, nítida preocupação do legislador em dedicar à colusão um instituto próprio, a leniência, com a exclusão de qualquer outra forma de negociação.

A Lei nº 11.482/07, seguindo a dinâmica da experiência jurídica de outros países, como se verá adiante, veio restabelecer a possibilidade de celebração de TCC tendo como objeto investigações de práticas de cartel. A alteração trazida no bojo da Lei nº 11.482/07 resulta, certamente, em revisão do conceito trazido na redação ordinária da Lei nº 8.884/94 – e não de simples repristinação. Isso porque o atual art. 53, §1º, I da Lei nº 8.884/94 inova não só ao introduzir a possibilidade de estabelecer programas de *compliance*, como também ao impor, como *conditio sine qua non* à celebração do TCC, em matéria de cartel, o recolhimento de valor pecuniário que não poderá ser inferior ao mínimo previsto no art. 23 da lei.

ART. 85 A afirmação de uma pluralidade de remédios (TCC, leniência ou o próprio desfecho processual), aplicados de acordo com a particularidade de cada acordo entre concorrentes, confere à Administração a prerrogativa de optar a partir de critérios objetivos traçados dentro da sua discricionariedade. A diferenciação entre os institutos, dessarte, ao aumentar o poder de individualização do julgador e criar-lhe alternativas, deve ser incentivada, e não suprimida por meio da transposição de regras da leniência ao TCC – o que feriria, ademais, a vontade do legislador, que estabeleceu, no mesmo diploma legal, dois institutos sujeitos a dispositivos legais distintos.

Cade, ou da SDE ad referendum do Cade, previsto no art. 53 da Lei nº 8.884/94. Ademais, não há qualquer previsão legal de oportunidade de defesa para as empresas representadas no momento anterior ao deferimento ou não do pedido de celebração do compromisso de cessação.
No caso, não há necessidade de defesa prévia ao exame do pedido de celebração do compromisso de cessação, pois seu eventual indeferimento não se configura condenação ou pena impostas às representadas, mas sim liberalidade do Cade, não sendo caso de incidência do art. 5º, LV, da Constituição Federal neste exato momento do processo administrativo.
Assim, não há qualquer necessidade de oportunizar manifestação da representada acerca do parecer do MPF tampouco sustentação oral pelas partes no exame do pedido de celebração do compromisso de cessação perante o Plenário do Cade."
[Disponível em http://www.conjur.com.br/static/text/55137,1, acessado em 16.07.2008].

Diferentemente do acordo de leniência, a celebração de TCC, nos termos do *caput* do art. 53 da Lei nº 8.884/94, pertence ao rol de atribuições exclusivas do Cade. Segundo esse mesmo dispositivo legal, no TCC não resta caracterizada a ilicitude da conduta, que, nos termos do *caput* do art. 53 da Lei nº 8.884/94, encontra-se, ainda, sob investigação. O TCC não pressupõe, contrariamente à leniência, o fornecimento de provas acerca da prática que o próprio leniente delata como ilícita. Antes, tem natureza manifestamente diversa, visando, justamente, ao arquivamento da investigação de prática cuja ilicitude o compromissário não reconhece, *a priori*.

Excepcionalmente, o art. 129-G do RICADE prevê o necessário reconhecimento de culpa por parte do compromissário nos casos em que houver sido celebrado, previamente, acordo de leniência pela SDE. Esse dispositivo visa adequar o instituto à regra presente no art. 35-B, §4º, II da Lei nº 8.884/94 que, ao tratar da leniência e dos incentivos para a delação premiada, extingue a ação punitiva da Administração apenas em face do primeiro delator. O art. 129-G evita o esvaziamento do próprio acordo de leniência, ao impedir que se premie com menor vigor o primeiro delator.

Nos demais casos, a exigência do reconhecimento culpa, como regra, fere a essência do instituto, dado que o *trade-off* envolverá, a favor do administrado, apenas a célere resolução do caso – que lhe incriminará, ressalte-se. O *trade-off* ART. 85
chegaria a ser tão desarrazoado que o reconhecimento de culpa repercutiria na inquestionável condenação do representado nos juízos criminal e cível em ações movidas pela própria Administração ou por particulares. Isso é especialmente verdadeiro em função de a lei não ter previsto a extinção da ação punitiva da Administração como decorrência do TCC, o que fez para a leniência.

Por subsequente, sob esse entendimento, o TCC seria, na maioria dos casos, mais lesivo ao administrado que a própria condenação pelo Cade após o habitual trâmite processual, dado que a condenação nas esferas administrativa, cível e criminal dependeria, sempre, do efetivo contraditório em cada uma dessas instâncias – elemento de que se ressente o administrado após contundente e voluntária admissão de culpa. O TCC geraria, ainda, incentivo a que os particulares entrassem com ações em face do compromissário – algo a que o administrado é, habitualmente, desincentivado em função das incertezas que movem uma ação judicial – objeto, inclusive, de estudos específicos na área de Análise Econômica do Direito.

O legislador, portanto, ao limitar a eficácia do compromisso ao âmbito administrativo do Cade e demais órgãos de defesa da concorrência, deixou-nos entre as opções de (i) entender o instituto como de aplicação muito restrita, porque, mesmo quando de interesse da autoridade, seria quase sempre contrário ao interesse do administrado que o deveria propor, (ii) ou perceber que não há, automaticamente, a necessidade de tomar declaração de culpa do administrado – comprometimento que, em momento algum, foi sequer sugerido pela Lei nº 8.884/94. Nesse sentido está o precedente TCC celebrado com a Lafarge Brasil S/A (Requerimento nº 08700.004221/2007-56).

Em se tratando de institutos com propósitos diametralmente opostos sob o viés do administrado – (i) arquivar as parcas evidências juntadas em face do administrado (TCC)/ (ii) prover a Administração de provas robustas (leniência) – e da própria Administração – (i) encerrar a análise processual em troca da assunção de programas de *compliance* e pagamento de multa pelo administrado/ (ii) dar continuidade ao andamento processual, assegurando a condenação de vários e mais relevantes infratores (leniência) –, não vejo razão para aproximar as suas soluções."

Note-se que, como mostra a Figura 7 abaixo, a celebração de TCCs representa a maior fonte de receitas de arrecadação pelo Cade:

Figura 7. Representatividade da arrecadação do Cade por meio de TCCs

ART. 85

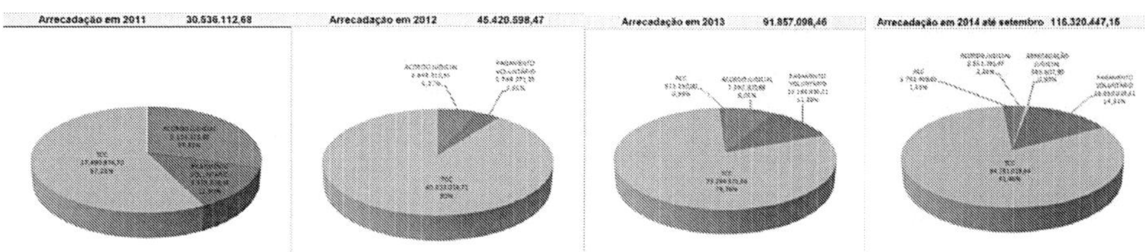

Fonte: Apresentação do Procurador-Chefe Victor Rufino de 17.10.2014. Disponível em http://www.ibrac.org.br/Uploads/Eventos/Caf%C3%A9%20CADE/Victor%20Santos%20Rufino.pdf.. Acesso em 29.01.2016.

V. Conselho Administrativo de Defesa Econômica. Guia: Termo de Compromisso de Cessação para Casos de Cartel, 2016.

Para valor presente da sanção esperada (VPSE), v. voto de Luiz Schuartz no caso Lafarge: Requerimento nº 08700.004221/2007-56, em que foi requerente a Lafarge Brasil S.A..

V. cartel dos vigilantes: Processo Administrativo nº 08012.001826/2003-10, em que foram representados ASSEVIRGS, EPAVI e outros, de relatoria de Abraham Benzaquem Sicsú.

V. nota ao art. 11, IX.

V. nota ao §14.

§ 1º Do termo de compromisso deverão constar os seguintes elementos:

I – a especificação das obrigações do representado no sentido de não praticar a conduta investigada ou seus efeitos lesivos, bem como obrigações que julgar cabíveis;

V. art. 53, §1, I da Lei nº 8.884/94.

II – a fixação do valor da multa para o caso de descumprimento, total ou parcial, das obrigações compromissadas;

V. art. 53, §1, II da Lei nº 8.884/94.

III – a fixação do valor da contribuição pecuniária ao Fundo de Defesa de Direitos Difusos quando cabível.

"Não obstante as inovações legislativas citadas, a efetividade da tutela dos direitos difusos e coletivos, em razão da demora e démarches inerentes ao processo judicial, ainda está longe de ser uma realidade no Brasil. Mais de vinte ART. 85 anos passados desde a edição da Lei nº 7.347/85, são raríssimos os casos em que sentenças proferidas em ações judiciais coletivas transitaram em julgado, revertendo-se à sociedade os benefícios da tutela reparadora dos danos causados aos direitos e interesses difusos lesados."

[BADIN, Arthur. **Transação judicial na Lei nº 8.884/94**. In Revista Jurídica Consulex, ano XI, nº 263. Edição de 31 de dezembro de 2007 – edição especial: reforma da lei concorrencial brasileira. P. 29].

"Note-se que, se a possibilidade de transação gerar uma sanção menor do que a probabilidade de punição ao final do processo, querendo ou não, tal regra reduzirá o incentivo dos agentes a comportar-se de forma não infrativa. (...)

De modo que uma regra ótima, em termos de eficiência econômica (mas, provavelmente, também em termos de equidade), deveria ser aquela que igualasse os custos gerados para o agente que – supõe-se – praticou determinada infração, por exemplo, participar de um cartel, quer decida fazer a transação com as autoridades, quer prefira correr o risco de levar o processo até o seu final.

Note-se que há um ganho claro para as partes envolvidas, seja a autoridade pública ou as empresas acusadas, por encerrar-se o processo. Este ganho é o de evitar os custos envolvidos na continuidade do processo administrativo e no seu eventual prosseguimento no Poder Judiciário. Custos esses financeiros e reputacionais. (...)

Todavia, a condenação da empresa não é certa. Existe uma probabilidade (subjetiva) que pode ser atribuída a tal evento. Desse modo, o custo final deve ser estimado, considerando-se a magnitude da multa prospectiva (ignoramos aqui eventual sanção penal, como as provenientes de cartel) e a probabilidade de concretizar-se em função da condenação.

A primeira questão na definição do valor da multa das infrações antitrustes diz respeito ao princípio a ser utilizado na repressão da prática, se o da detenção ou o da internalização. A internalização preocupa-se apenas com o fato de que o infrator não deve beneficiar-se do seu ato e, portanto, a multa deve retirar do mesmo o valor que ganhou com a infração (p.e., os lucros adicionais gerados por um cartel). De um outro lado, o princípio da detenção busca, além de suprimir, evitar a repetição da infração praticada."

[Barrionuevo, Arthur. **Transação em matéria concorrencial**. In Revista Jurídica Consulex, ano XI, nº 263. Edição de 31 de dezembro de 2007 – edição especial: reforma da lei concorrencial brasileira. PP. 36/37].

V. art. 53, §1, III da Lei nº 8.884/94.

ART. 85

§ 2º Tratando-se da investigação da prática de infração relacionada ou decorrente das condutas previstas nos incisos I e II do § 3º do art. 36 desta Lei, entre as obrigações a que se refere o inciso I do § 1º deste artigo figurará, necessariamente, a obrigação de recolher ao Fundo de Defesa de Direitos Difusos um valor pecuniário que não poderá ser inferior ao mínimo previsto no art. 37 desta Lei.

Segundo o art. 53, §1º, III da Lei nº 8.884/94 (atual art. 85, §1º, III), a fixação de contribuição pecuniária não se estendia a qualquer caso. É nesse sentido que o aludido inciso III fazia uso da expressão *quando cabível*. O art. 53, §2º da Lei nº 8.884/94 (atual art. 85, §2º) esclarecia o significado do *quando cabível*: tratando-se de investigação de prática de infração relacionada, ou decorrente das condutas previstas no art. 21, I, II e VIII daquele mesmo diploma legal (art. 36, §3º, I e II, na lei atual).

Ocorre que a leitura isolada do art. 53, §1º, III da Lei nº 8.884/94 (atual artigo 85, §1º, III) permitia entender que, nos casos das condutas previstas no art. 21, I, I, II e VIII daquele mesmo diploma legal (art. 36,

§3º, I e II, na lei atual), a cobrança da contribuição pecuniária seria obrigatória, sendo facultativa nos demais. Seria ainda possível seguir o tortuoso caminho de entender que *quando cabível* representaria o uso do poder discricionário por parte do julgador, ou seja, sempre que conveniente e oportuno, aos seus olhos.

A lógica, entrementes, não admite tal conclusão. Analisando o art. 53 como um todo (art. 85 da lei atual), observamos que o seu §1º traz elementos obrigatórios de um TCC. Entre eles figura a cobrança de contribuição pecuniária, *quando cabível*. Ora, se *quando cabível* fosse um argumento tão amplo de tal sorte a contemplar qualquer caso, a critério do julgador, não seria o caso de inseri-lo no bojo de um artigo que prevê elementos obrigatórios de um TCC. Esses casos de obrigatoriedade são citados, em seguida, no §2º.

Em outras palavras, o recolhimento de contribuição pecuniária ao Fundo de Defesa de Direitos Difusos deve obrigatoriamente constar no TCC nos casos em que for cabível. Assim, por decorrência do §2º, é cabível nos casos das condutas previstas no art. 21, I, I, II e VIII (art. 36, §3º, I e II, na lei atual). Poderíamos também tentar enquadrar aí a interpretação mais ampla, abarcando qualquer outro tipo anticoncorrencial, desde que ART. 85 essa interpretação não tornasse o termo *quando cabível* uma variável aleatoriamente escolhida pelo Conselho – sob pena de desvirtuarmos o §1º.

Nesse sentido, o recolhimento de contribuição pecuniária ao Fundo de Defesa de Direitos Difusos poderia, também, ser cabível e, portanto, obrigatório, sempre que estivessem presentes elementos objetivos que, nos outros tipos (ou seja, excluídos aqueles do art. 36, §3º, I e II da lei atual), permitissem identificar casos concorrencialmente mais danosos à ordem econômica. Mas tanto a lei (a antiga e a atual), quanto o Regimento Interno (o antigo e o atual) são silentes quanto a esses elementos objetivos.

Desse modo, entender pela extensão do §2º aos outros tipos equivaleria a dizer que o recolhimento de contribuição pecuniária ao Fundo de Defesa de Direitos Difusos deve obrigatoriamente constar no TCC nos casos do art. 21, I, I, II e VIII (art. 36, §3º, I e II, na lei atual) e sempre que o Conselho entender que seja cabível. Contudo, tendo a Lei nº 8.884/94 e a Nova Lei Antiruste Brasileira ditado *quando cabível* em lugar de *sempre que o Cade entender cabível* (o que seria, em última instância, uma faculdade, não uma obrigatoriedade), não há outro entendimento possível que restringir a aplicação ao §2º ao art. 21, I, I, II e VIII (art. 36, §3º, I e II, na lei atual).

§ 3º (VETADO).

Texto excluído:

§ 3º A celebração do termo de compromisso poderá ser proposta até o encerramento da instrução do processo administrativo relativo à prática investigada.

Embora o termo inicial (*dies a quo*) do *caput* fosse a abertura de procedimento preparatório, o termo final (*dies ad quem*) era o despacho saneador do art. 77.

A redação seria muito superior àquela do art. 53, §3º da Lei nº 8.884/94, que previa "o início da sessão de julgamento do processo administrativo relativo à prática investigada" – o que poderia levar a que a proposta fosse oferecida, apenas, depois que o Conselheiro-Relator já tivesse despendido recursos públicos na confecção do seu voto. Por outro lado, é importante destacar que essa melhoria só é factível em função da inclusão do despacho saneador na lei atual. ART. 85

"Razões dos vetos

'Os dispositivos [art. 85, §3º e art. 92] restringem a possibilidade de celebração de acordos à etapa de instrução dos processos, limitando indevidamente um instrumento relevante para atuação do Tribunal na prevenção e na repressão às infrações contra a ordem econômica.'"

[Mensagem nº 536, de 30 de novembro de 2011].

A definição do momento de celebração dos TCCs evitava que os administrados, ou o próprio Conselho barganhassem os termos do compromisso de acordo com o andamento do julgamento no Cade. A ausência de um limite temporal para a propositura do acordo implica elevar os custos de transação para o Cade. Mais do que isso, permite que o voto do Conselheiro-Relator seja irregularmente utilizado para chamar os particulares para a negociação. A flagrante ilicitude dessa estratégia está em o agente público tomar uma decisão sabidamente desproporcional com o objetivo de obrigar que o administrado recorra a um TCC ou ao

Judiciário para que receba tratamento isento. Exemplo disso seria a irregular imposição de restrições desproporcionais aos representados pelo Conselheiro-Relator com o objetivo de que aqueles apresentassem nova proposta após a interrupção do julgamento por força de um pedido de vista. Em pelo menos um julgado, o caso Sadia-Perdigão, há suspeita de que esse expediente tenha sido utilizado.

No sentido inverso, o Processo Administrativo nº 08012.002568/2005-51 é exemplo de processo em que uma das representadas (Paragás) solicitou, por meio do Requerimento nº 08700.005593/201691, a celebração de TCC apenas após o processo ter sido colocado em pauta pela Relatora Cristiane Alkmin. O maior indicativo do comportamento oportunista reside em que todas as demais representadas (Liquigás e Supergasbrás) já haviam proposto e celebrado TCCs anos antes (2013 e 2014, respectivamente).

Na oportunidade, o patrono da requerente Paragás invocou, em tribuna, o momento de crise por que passava o país como razão para que a autarquia celebrasse o acordo. Por sua vez, quando prolatou o seu voto no Requerimento nº 08700.005593/201691, o Presidente interino Márcio de Oliveira Júnior esclareceu que, a seu ver, pode haver casos em que ART. 85 pedidos de acordo seriam aceitáveis, mesmo após a inclusão em pauta do respectivo processo administrativo. Por fim, o Procurador Geral do Cade Victor Rufino esclareceu que, em situações congêneres, em que se entenda que o momento de propositura do acordo não seja adequado, o Cade sequer precisaria entabular negociações.

V. caso Sadia-Perdigão: Ato de Concentração nº 08012.004423/2009-18, em que foram requerentes Perdigão S.A. e Sadia S.A., de relatoria de Ricardo Ruiz.

V. Requerimento nº 08700.005593/201691, em que foi requerente Paragás Distribuidora Ltda., de relatoria de Cristiane Alkmin.

V. nota ao art. 13, X.

§ 4º A proposta de termo de compromisso de cessação de prática somente poderá ser apresentada uma única vez.

A redação que veio da Câmara dos Deputados e que acabou, alfim, por vingar, visa, ao conferir apenas uma chance de pleitear o TCC, criar incentivos a que a proposta seja a melhor possível. Ademais, tem como efeito a impossibilidade de congestionar o andamento do processo com sucessivas propostas insuficientes e, portanto, de cunho meramente protelatório por parte dos representados.

A eventual manutenção da redação da Lei 8.884/94, que havia sido resgatada pelo Senado Federal, implicaria deixar para o novo RiCade (como acontecia no antigo regimento interno, por meio do art. 129-B, por delegação do art. 53, §9º da Lei nº 8.884/94 em relação à "normas complementares sobre cabimento") e, portanto, para o próprio Cade, nos termos do §14, avaliar se é, efetivamente, mais conveniente manter essa política mais restritiva.

Marrara [**Sistema brasileiro de defesa da concorrência: organização, processos e acordos administrativos: de acordo com o código de processo civil de 2015**. São Paulo: Atlas, 2015. P. 409] classifica a minha posição como uma "leitura otimista" e, em sentido diametralmente oposto, sugere que a norma torna a negociação assimétrica em detrimento do administrado:

ART. 85

> "O pretenso efeito 'protelatório' não convence, pois a LDC já determina que o processo sancionador não se suspenderá por força da negociação de um TCC, o que, por si só, torna inúteis proposituras múltiplas e inviável qualquer estratégia maliciosamente protelatória. Em suma, a regra da propositura única não parece ter outro objetivo senão o de verticalizar indevidamente a negociação do compromisso."

Ocorre, porém, que, diversamente da letra do §6º abaixo, a negociação do TCC naturalmente eleva o custo de oportunidade do técnico (para o qual o processo foi originalmente distribuído) em deixar outro expediente para trabalhar em um caso que possivelmente redundará em um acordo que vem sendo negociado por uma equipe especializada em negociações – equipe da qual esse técnico possivelmente não faz parte. De mais a mais, o próprio acesso aos autos físicos por parte do técnico responsável pela elaboração do voto pode ficar prejudicada com o uso dos autos pela equipe de negociação. Desse modo, a propositura do TCC, na prática, suspende o andamento do processo.

É também verdade que, embora a proposta seja apresentada uma única vez pelo proponente, os seus termos quase nunca deixem de ser negociados pelo Cade. É o que reza, aliás, o Regimento Interno do Cade (RiCade). Nos termos dos artigos 179 e seguintes da norma em apreço, o interessado em celebrar um TCC deve apresentar, uma única vez, requerimento com a sua proposta (art. 179, §4º). O Cade, por sua vez, constituirá comissão-técnica para a negociação dos termos do TCC com os requerentes dentro do prazo assinalado pela autoridade competente (artigos 181 e 182). Concluído o período de negociação, os requentes terão o prazo regimental de dez dias (art. 181, §3º e art. 182, §4º) para apresentar à autoridade competente a proposta final.

Essa regra prática, que vale desde a criação dessa regra pelo Regimento Interno de 2007, também afasta o argumento apresentado por Marrara de que o dispositivo teria por escopo acentuar a assimetria na negociação do particular com o Cade. Em outras palavras, uma vez apresentada a proposta, o administrado ainda encontra significativo espaço para incrementar a sua proposta, mantendo o seu poder de barganha frente à Administração. Isso é ainda mais verdadeiro quando se recorda que os prazos para o andamento do processo administrativo sancionador contiuam sendo impróprios, tal qual herdados da Lei nº 8.884/94.

Se assim ocorre, na prática, qual o benefício do art. 85, §4º da Nova Lei Antitruste Brasileira? Ora, o dispositivo em questão reduz a amplitude de discricionariedade do administrado, que não poderá apresentar proposta muito distante da sua melhor oferta. Caso o faça, corre o risco de o Cade sumariamente rejeitar a proposta. Por outro lado, ele confere amplitude para que tanto a Administração, quanto o administrado negociem e cedam (*compromise*) para avançar na possibilidade de um acordo. ART. 85

V. nota ao §14.

§ 5º A proposta de termo de compromisso de cessação de prática poderá ter caráter confidencial.

Trata-se de estipulação regimental normatizada. Embora me pareça de bom alvitre que o processo de negociação seja mantido confidencial – até por conta de as informações trocadas, nessa fase, serem bastante sensíveis –, não faz sentido que a proposta final não seja submetida para consulta pública, tal qual inicialmente previsto para os acordos em atos de concentração (v. art. 92, §1º). Afinal, se há algum elemento sigiloso no termo de compromisso de cessação (TCC), ele tampouco poderia, como regra, ser tornado público cinco dias após a sua celebração (v. §7º).

Esse procedimento foi adotado no caso Iguatemi – cláusula de raio: Processo Administrativo nº 08012.006636/1997-43, em que foi representado o Condomínio Shopping Center Iguatemi, de relatoria de Luís Fernando Rigato Vasconcellos:

> "No período de 09 a 06 de junho do corrente ano foi submetida à consulta pública, no site do Conselho Administrativo de Defesa Econômica, Minuta de Termo de Compromisso de Cessação – TCC e Transação Judicial apresentada pelo Condomínio Shopping Center Iguatemi.
>
> A proposta da Representada foi submetida à consulta pública, em razão do interesse difuso de que se reveste a matéria, consoante dispõe o art. 31 da Lei nº 9.784/99. A proposta envolve o presente Processo Administrativo e a Ação Judicial nº 2004.18729-0, em trâmite perante a Justiça Federal de Brasília.
>
> A Ação Judicial decorre do Processo Administrativo 08012.009991/1998-82 mencionado acima, em que o Shopping Iguatemi e a Shopping Centers Reunidos do Brasil S.A. foram condenados por este Conselho por infração à ordem
> ART. 85 econômica, em razão da utilização de cláusula de exclusividade nominal."

V. art. 92, §1º.
V. art. 31 da Lei nº 9.784/99.

§ 6º A apresentação de proposta de termo de compromisso de cessação de prática não suspende o andamento do processo administrativo.

Se não se suspende o processo administrativo, que é a fase final, tampouco devem ser suspensas as fases anteriores, quando ainda há bastante prazo para negociar.

Embora a suspensão nas fases anteriores de procedimento preparatório e inquérito pudesse ser vista como incentivo a que a proposta fosse apresentada o mais cedo possível, poupando recursos públicos e privados por meio de uma solução negociada, poderia haver, por outro lado, o paralelo incentivo a que, naquelas fases, a propositura tivesse o intuito de atrapalhar o andamento do processo. Esse objetivo seria mais facilmente atingido com a exclusão do §4º, que admitiria que o processo fosse sustado reiteradas vezes ao longo das três modalidades processuais do art. 48, I, II e III.

V. nota ao §9º.

§ 7º O termo de compromisso de cessação de prática terá caráter público, devendo o acordo ser publicado no sítio do Cade em 5 (cinco) dias após a sua celebração.

O acordo deverá ser publicado na íntegra, inclusive o valor da multa – sob pena de o almejado controle público ser ilegalmente inviabilizado. A regra aplica-se, independentemente da autoridade interna ao Cade que propuser a celebração do TCC ao Tribunal.

V. nota ao §5º.

§ 8º O termo de compromisso de cessação de prática constitui título executivo extrajudicial.

V. art. 53, §4º da Lei nº 8.884/94, com a correção da redação dada pela Lei nº 11.482/07.

§ 9º O processo administrativo ficará suspenso enquanto estiver sendo cumprido o compromisso e será arquivado ao término do prazo fixado, se atendidas todas as condições estabelecidas no termo.

A previsão de suspensão vale para todos os procedimentos do *caput* do art. 85. Afinal, de outra forma, como poderia o Cade resgatar as fases de instrução de natureza inquisitorial (art. 66), uma vez não cumprido o TCC?

"Inexiste previsão na Lei e no Projeto, de extinção da punibilidade penal ao administrado que, quando de processo sobre conduta concertada (cartel), firma e cumpre integralmente TC.

Trata-se de fato que implica alto grau de insegurança jurídica àqueles que, não obstante severas acusações no processo administrativo, pretendem de boa-fé dar encaminhamento a este de maneira célere e sem maiores desgastes, submetendo-se às exigências da Administração em eventual TC.

Como firmar um acordo com o Cade, cumpri-lo e, ao final, ainda ter de enfrentar processo criminal que, nos termos da Lei, também poderia ser resolvido por meio de transação? Como explicar que, no caso de adesão a programa de leniência pelo administrado, o legislador tenha previsto expressamente a extinção de punibilidade penal, sem considerar tal benefício àquele que se dispõe a firmar e cumprir TC, que passa pelo pagamento de vultosas quantias financeiras em caso de cartel? (...)

Um segundo elemento de insegurança jurídica se atrela ao fato de que eventual acordo com o Cade em TC não inibe a possibilidade de propositura de ACP. Mesmo que o administrado acusado de prática lesiva à concorrência (v.g. cartel) se disponha a uma série de obrigações de fazer e não fazer, além do pagamento de substancial Contribuição Pecuniária ao Fundo dos Direitos Difusos, este compromissário não estará livre de ter que se defender em ACP. Trata-se de situação indesejável, já que, nos termos do art. 3º da Lei da ACP, é impossível a cumulatividade da condenação em dinheiro ou o cumprimento de obrigação de fazer/não fazer, sendo que, se firmado TC como o Cade, restam previstos tanto o pagamento quanto obrigações comportamentais."

[Dias, Gabriel Nogueira. **Transação em Matéria Concorrencial.** *In* Revista Jurídica Consulex, ano XI, nº 263. Edição de 31 de dezembro de 2007 – edição especial: reforma da lei concorrencial brasileira. P. 34].

ART. 85

V. nota ao §9º.
V. nota ao §14.
V. nota ao *caput* do art. 85.

§ 10 A suspensão do processo administrativo a que se refere o § 9º deste artigo dar-se-á somente em relação ao representado que firmou o compromisso, seguindo o processo seu curso regular para os demais representados.

V. nota ao §9º.
V. art. 53, §6º da Lei nº 8.884/94.

§ 11 Declarado o descumprimento do compromisso, o Cade aplicará as sanções nele previstas e determinará o prosseguimento do processo administrativo e as demais medidas administrativas e judiciais cabíveis para sua execução.

V. nota ao §9º.

V. art. 53, §7º da Lei nº 8.884/94.

§ 12 As condições do termo de compromisso poderão ser alteradas pelo Cade se se comprovar sua excessiva onerosidade para o representado, desde que a alteração não acarrete prejuízo para terceiros ou para a coletividade.

É de rigor notar que o presente dispositivo acolheu, apenas, a *reformatio in mellius.*

V. art. 53, §8º da Lei nº 8.884/94.

§ 13 A proposta de celebração do compromisso de cessação de prática será indeferida quando a autoridade não chegar a um acordo com os representados quanto aos seus termos.

O indeferimento da proposta, quando não se chegar a um acordo quanto aos seus termos, nada mais é que decorrência da natureza discricionária[196] do ato administrativo.

V. nota ao *caput* do art. 85.

§ 14 O Cade definirá, em resolução, normas complementares sobre o termo de compromisso de cessação.

A redação, mais genérica que aquela do art. 53, §9º da Lei nº 8.884/94, admite que se regulamentem não só matérias atinentes ao cabimento (regra do art. 129-B do Regimento Interno, sob a Lei nº 8.884/94, que restringe a apresentação a uma única vez), ao tempo e ao modo de celebração.

[196] Assim já decidiu a juíza federal substituta da 17ª Vara/DF, em 25 de abril de 2007, em mandado de segurança, com pedido de medida liminar, impetrado pela Associação Brasileira de Exportadores de Cítricos ("ABECITRUS") em face de ato coator da Presidente do Cade (Processo Nº 2007.34.00.009575-8):
"Com efeito, não há obrigatoriedade na celebração do termo de compromisso de cessação por parte da SDE ou do Cade. O termo de compromisso de cessação é uma liberalidade do Cade, ou da SDE ad referendum do Cade, previsto no art. 53 da Lei nº 8.884/94."
[Disponível em http://www.conjur.com.br/static/text/55137,1, acessado em 16.07.2008].

Segundo notícia veiculada em 29 de maio de 2008, na Agência Câmara, o texto foi aprovado com um destaque do deputado Marcelo Guimarães Filho (PMDB-BA), que suprimiu parágrafo do substitutivo Ciro Gomes segundo o qual, quando houvesse acordo de leniência, o compromisso de cessação de prática do cartel estaria condicionado ao reconhecimento de culpa por parte dos investigados. Mesmo posicionamento foi externado, em 06 de novembro de 2007, no item 5 do voto do deputado Eduardo da Fonte.

Em sentido contrário, dispunha o art. 129-G do Regimento Interno do Cade (Resolução nº 45/07), vigente sob a Lei nº 8.884/94, com a alteração da Resolução nº 46, de 04 de setembro de 2007:

> "Art. 129-G – Nos casos em que houver sido celebrado acordo de leniência pela SDE, o compromisso de cessação deverá necessariamente conter reconhecimento de culpa por parte do compromissário. Nos demais casos, a exigência da confissão de culpa ficará a critério do Cade."

ART. 85 Tendo em mente que o destaque foi apresentado e votado em 28 de maio de 2008 – posteriormente, portanto, ao próprio texto infralegal do Cade –, não poderia entendimento interno à autarquia alterar a *mens legis*, razão pela qual não havia necessário reconhecimento de culpa em caso de prévio acordo de leniência. Nada retirou, porém, a faculdade de a Administração, a depender do caso, segundo critérios de conveniência e oportunidade, fazer essa exigência.

Esse entendimento, aliás, vingou no novo RiCade, cujo art. 185 prevê:

> "Art. 185. Tratando-se de investigação de acordo, combinação, manipulação ou ajuste entre concorrentes, o compromisso de cessação deverá, necessariamente, conter reconhecimento de participação na conduta investigada por parte do compromissário."

Perceba-se que o Cade não exigiu o reconhecimento de culpa, que seria relevante para a punição dos crimes contra a ordem econômica, mas o "reconhecimento de participação na conduta investigada" – relevante para infrações e crimes de mera conduta, ou para casos de responsabilidade objetiva, situações que não se confundem. Como, para a imputação da pessoa jurídica, os ilícitos antitrustes estão vinculados à responsabilidade objetiva, não se exige a análise de elementos subjetivos (vontade e, por subsequente, culpa e/ou dolo) para a sua punição. Isso não impede que se exija a produção, ainda que potencial, de danos à concorrência (análise de causa-efeito). No caso das infrações de mera conduta, além de não ser necessário abordar os elementos volitivos (no que se assemelham das infrações sob responsabilidade objetiva), pune-se o agente econômico pelo simples cometimento de uma conduta, independentemente do seu efeito sobre a concorrência (prescindindo da análise de causalidade atual, ou potencial, no que se afastam das infrações sob responsabilidade objetiva).

Observe-se, por oportuno, que essa distinção aqui proposta entre reconhecimento de culpa e reconhecimento de participação na conduta investigada foi acompanhada, em mais de uma oportunidade, pelo Conselheiro Alexandre Cordeiro, como bem ilustra o seu voto no Requerimento nº 08700.001728/201649 e no Requerimento 08700.001730/201618, ambos de relatoria de Cristiane Alkmin, envolvendo a Associação Comercial dos Transportadores Autônomos (ACTA) e o Sindicato dos Transportadores Rodoviários de Cargas a Granel (Sindgran).

Note-se, por fim, que o art. 188 do RiCade admite que a dosimetria leve em consideração "o estado do processo administrativo". Em outras ART. 85
palavras, quanto mais cedo houver o acordo, maior o desconto na pena. Esse fator, que leva em consideração a análise econômica do direito, já é usado no direito europeu. Em 2008, a Comissão introduziu nas Orientações para o cálculo das coimas aplicadas por força do nº 2, alínea 'a', do artigo 23º do Regulamento (CE) nº 1/2003 (2006/C 210/02) um incentivo que visava antecipar o momento de realização dos acordos: quem conseguisse acordos no começo do processo receberia um desconto de 10% sobre a sua multa.

A respeito da necessidade de admissão de culpa, v. voto-vogal de Luiz Carlos Prado no Requerimento nº 08700.005281/2007-96, em que foram requerentes Alcan Embalagens do Brasil Ltda. e Marco Antonio Ferraroli dos Santos, de relatoria de Ricardo Cueva:

> "Ou seja, a exigência de confissão de culpa vai de encontro ao propósito do acordo, que privilegia o viés conciliatório em detrimento do litigioso. E, caso se trate de prática em face da qual não se reúnam provas suficientes, não há interesse da Administração em postergar um acordo que lhe mune de título executivo extrajudicial e lhe oferece garantias de que a prática investigada será cessada em benefício da persecução de um ilícito cuja comprovação é altamente improvável.

Não se pode equiparar o TCC, seguindo o raciocínio acima, à tendência geral dos *cartel settlements* estudados no âmbito da Conferência Anual da *International Competition Network* (ICN) realizada em Kyoto, em abril de 2008, dado que esses são habitualmente utilizados como opções para aqueles que não podem usufruir da primeira leniência.

Nos Estados Unidos, o exemplo do *plea bargaining*, trazido no seio da aludida conferência, afasta-se bastante do TCC, visto tratar-se, assim como a leniência, de acordo que premia o agente que coopera com o fornecimento de informações sobre outros agentes autores de práticas anticoncorrenciais. O TCC, conforme pontuei acima, tem propósito distinto do acordo de leniência e utilidade mais limitada, dado que não serve de instrumento à persecução de agentes investigados ou suspeitos de práticas anticoncorrenciais.

Excepcionalmente, dentre os documentos apresentados pela delegação canadense, o instrumento utilizado pelo *Competition Bureau* no caso *Sotheby's and Sotheby's (Canada) Inc.* (2006) assemelha-se ao TCC. O acordo, tendo por objeto precípuo afastar a participação da Sotheby's em esquema de fixação de preços em serviços de leilão, e não angariar informações a respeito da atuação de terceiros, acarretou em um programa de *compliance* e não envolveu admissão de culpa por parte da representada.

ART. 85 No direito norte-americano, são os *consent decrees* que cumprem função equiparável à do TCC brasileiro. Segundo o **Antitrust Law Developments, Volume 1** da *American Bar Association*:

'*Consent decrees* são a forma mais comum de resolver problemas antitruste. Eles permitem à *Antitrust Division* gastar menos do que seria gasto em caso de julgamento e concedem ao representado a oportunidade de evitar os custos, inconvenientes e riscos do julgamento. (...)

Enquanto acordos individuais são modelados de acordo com as particularidades de cada caso, a Divisão Concorrencial do DOJ procura incluir em seus acordos dispositivos encerrando a conduta investigada, prevendo mecanismos de *compliance*, apresentação de relatórios periódicos e um acordo autorizando inspeção nos arquivos da empresa."

Os *consent decrees* podem ser operacionalizados pela *Federal Trade Commission* (FTC) ou pelo *Department of Justice* (DOJ), embora os acordos relacionados a cartel sejam de competência prioritária do DOJ. No primeiro caso, os acordos devem ser analisados pelo *Administrative Law Judge* (ALJ), que exerce espécie de controle externo naquela entidade. No caso do DOJ, a validade do acordo depende de aprovação judicial dos termos pactuados pelo órgão.

A FTC costuma trabalhar com *consent decrees* preparados pelo seu Bureau of Consumer Protection ("BCP"), nos quais a admissão de culpa não é exigida e há uma contraprestação pecuniária. Estipulação afastando a admissão de culpa também tem sido comum nos acordos celebrados pelo DOJ, visando coibir práticas anticoncorrenciais, embora a contraprestação pecuniária não seja praxe. A publicação **Antitrust Law Developments**, da *American Bar Association* ("ABA"), lista acordos envolvendo desde acusações de fraudes a licitação até alocação de mercado e acordos de preços entre concorrentes.

Exemplo de acordo em matéria de cartel pode ser ilustrado com o caso *United States of America v. Federation of Certified Surgeons and Specialists, Inc.* (FCSSI), *and Pershing Yoakley & Associates, P.C.* (PYA). No caso em questão, FCSSI e PYA foram acusadas de negociar em conjunto com planos de saúde para obterem honorários mais elevados por seus serviços. As negociações com os planos de saúde contemplavam o uso da estratégia *contract-or-no-contract*, por meio da qual os planos tinham apenas duas opções: contratar com FCSSI por meio da PYA e ter acesso a todos os cirurgiões ou não contratar a federação e não ter acesso a qualquer cirurgião. O DOJ entrou em acordo com as representadas por meio do qual foram acertados a cessação da prática e um programa de *compliance*, sem a equivalente admissão de culpa.

As negociações para a assinatura dos *consent decrees* podem relacionar-se a qualquer representação e serem iniciadas a qualquer tempo, a depender do interesse das partes. A assinatura de um *consent decree* passa pelo juízo prévio de conveniência e oportunidade, avaliado segundo o impacto (i) do acordo sobre a concorrência e sobre as pessoas físicas e jurídicas lesadas, (ii) da suspensão da prática tida como anticoncorrencial, (iii) dos recursos para fiscalizar o cumprimento do acordo, bem como (iv) dos remédios alternativos que possam ser mais efetivos. ART. 85

O ordenamento brasileiro conferiu tratamento semelhante ao TCC no que diz respeito à abrangência da matéria e ao momento de proposição, que se estende até a sessão de julgamento do processo administrativo relativo à prática investigada. Nesse mesmo sentido, o legislador não estendeu ao TCC as condições impostas pelo art. 35-B da Lei nº 8.884/94 – entre elas, a necessidade de que o Cade não dispusesse de provas suficientes para assegurar a condenação da empresa ou pessoa física quando da propositura do acordo. Desse entendimento decorreu a assinatura do TCC com a Lafarge Brasil S/A (Requerimento nº 08700.004221/2007-56). O já citado voto de Schuartz é bastante emblemático, nesse sentido:

'É importante explicitar que a comparação adequada para fins do juízo de conveniência e oportunidade pelo Cade no presente caso é aquela entre as consequências associadas a somente duas alternativas de decisão ora colocadas diante do plenário, a saber, a decisão de celebrar o TCC nos termos constantes da minuta final, e a decisão de não celebrar o TCC, ou seja, de litigar administrativa e judicialmente contra a proponente até a decisão definitiva sobre o caso.

Com efeito, dado que a propositura de um TCC por parte de uma representada em um processo administrativo só pode ser realizada uma única vez e que o conjunto de alternativas posto diante do Plenário compõe-se de somente dois elementos, ({aceitar a proposta nos seus termos, não aceitar a proposta nos seus termos}), seria não somente irracional, mas também contrário aos interesses da Administração, rejeitar-se a proposta sob o argumento de que haveria outra proposta que lhe seria preferível, pois esta simplesmente não seria uma opção factível para a Administração. É verdade que restaria ainda a alternativa abstrata de uma futura transação judicial supondo a prévia condenação administrativa. Contudo, como mostrarei adiante, o critério sugerido para a construção de uma ordem de preferências sobre o conjunto das consequências associadas às decisões de celebrar ou não um TCC está sendo definido de forma a tomar, para a Administração, os benefícios associados a uma hipotética escolha por litigar administrativamente, para então transigir judicialmente, suficientemente próximos aos benefícios associados à escolha por celebrar o TCC.'

O fator que distingue o TCC da maioria dos acordos de persecução de cartéis e outras práticas anticoncorrenciais está em seu caráter conciliatório e em seu pragmatismo, que atendem, por via heterodoxa, ao teor educativo e punitivo da sanção. Embora não haja explícita constatação de que o administrado praticou determinada atividade ilícita, não há, tampouco, seu inverso, que seria a absolvi-
ART. 85
ção da prática denunciada como ilícita.

O recolhimento de valor presente em lugar da simples pretensão de acolhimento da penalidade em juízo (caráter punitivo) e o severo comprometimento a programas de adequação (*compliance*) (teor educativo), sujeitando o administrado à execução do termo enquanto título executivo extrajudicial (art. 53, §4º da Lei nº 8.884/94), tornam o TCC mais efetivo que a condenação em via administrativa.

E, como bem lembrou o conselheiro Schuartz, 'a preocupação e a insistência estão fora do lugar, mesmo porque a confissão não virá em momento algum, inclusive no momento da eventual condenação. Negada a possibilidade de confissão pelo proponente do TCC, a racionalidade da decisão do Plenário requer que o assunto seja posto de lado e se fixe o olhar, conforme exposto, nas consequências das decisões de autorizá-lo ou não.'

A necessária admissão de culpa só pode ser exigida em condições muito particulares, uma vez que não pode o órgão concorrencial estabelecer restrições às consequências jurídicas da confissão do representado. Nessa situação, sob o risco de condenação do órgão, o não reconhecimento de culpa visa apenas diferenciar a situação da empresa que foi a julgamento daquela que negociou com Administração quando sua condenação era, ainda, incerta. Essa diferenciação, apoiada sobre o princípio da economicidade, cria, outrossim, incentivo a que o interessado proponha o acordo o quanto antes possível.

O ordenamento brasileiro inviabiliza a possibilidade de limitar as consequências da confissão, como já expus acima, dado que as ações privadas e mesmo as ações penais movidas pela Administração não são obstadas pelo TCC, que não extingue a ação punitiva da Administração em face do representado. A solução dos demais ordenamentos está em abarcar a extinção da ação punitiva da Administração e, até mesmo, impor mecanismos que restrinjam a utilização da admissão de culpa pelos particulares. Nesse sentido, a solicitação do *nolo contendere* no *plea bargaining* norte-americano restringe a admissão de culpa à lide concorrencial movida pela Administração na qual houve a aludida solicitação."

Orientações para o cálculo das coimas aplicadas por força do nº 2, alínea 'a', do artigo 23º do Regulamento (CE) nº 1/2003 (2006/C 210/02).
V. nota ao *caput* do art. 85.

§ 15 Aplica-se o disposto no art. 50 desta Lei ao Compromisso de Cessação da Prática.

A efetividade da participação de terceiros interessados depende da própria estipulação de consulta pública nos casos em que todo o processo de análise da proposta for mantido em sigilo, como sói acontecer. ART. 85

Esse procedimento foi adotado no caso Iguatemi – cláusula de raio: Processo Administrativo nº 08012.006636/1997-43, em que foi representado o Condomínio Shopping Center Iguatemi, de relatoria de Luís Fernando Rigato Vasconcellos:

"No período de 09 a 06 de junho do corrente ano foi submetida à consulta pública, no site do Conselho Administrativo de Defesa Econômica, Minuta de Termo de Compromisso de Cessação – TCC e Transação Judicial apresentada pelo Condomínio Shopping Center Iguatemi.

A proposta da Representada foi submetida à consulta pública, em razão do interesse difuso de que se reveste a matéria, consoante dispõe o art. 31 da Lei nº 9.784/99. A proposta envolve o presente Processo Administrativo e a Ação Judicial nº 2004.18729-0, em trâmite perante a Justiça Federal de Brasília.

A Ação Judicial decorre do Processo Administrativo 08012.009991/1998-82 mencionado acima, em que o Shopping Iguatemi e a Shopping Centers Reunidos do Brasil S.A. foram condenados por este Conselho por infração à ordem econômica, em razão da utilização de cláusula de exclusividade nominal."

"É importante destacar que houve uma mudança recente de grande parte do art. 53 da Lei 8.884/94, que trata do compromisso de cessação de prática, procedida pelo Projeto de Lei de Conversão 12/2007. Sendo assim, entendemos ser mais didático apresentar um quadro comparando as redações do dispositivo sobre compromisso de cessação na Lei 8.884/94 (primeira coluna), no Projeto de Lei 5.887/05 (segunda coluna) e no Projeto de Lei de Conversão 12/07 (terceira coluna).

Quadro IV. O Compromisso de Cessação de Práticas: Lei 8.884/94 X Projeto de Lei nº 5.877/05 X Projeto de Lei de Conversão 12/07

	Lei 8.884/94 (Antes das modificações introduzidas pelo PLV 12/2007)	**Projeto de Lei 5.877/05**	Projeto de Lei de Conversão 12/07
	CAPÍTULO V Do Compromisso de Cessação	**CAPÍTULO VI DO COMPROMISSO DE CESSAÇÃO**	CAPÍTULO V Do Compromisso de Cessação
ART. 85	Art. 53. Em qualquer fase do processo administrativo poderá ser celebrado, pelo Cade ou pela SDE ad referendum do Cade, compromisso de cessação de prática sob investigação, que não importará confissão quanto à matéria de fato, nem reconhecimento de ilicitude da conduta analisada.	Art. 86. Em qualquer fase do inquérito administrativo e até quinze dias após a apresentação da defesa mencionada no art. 67, poderá ser proposto compromisso de cessação de prática sob investigação pela Superintendência-Geral, a ser celebrado ad referendum do Tribunal. § 6º O compromisso de cessação de prática de que trata o caput deste artigo não importará confissão quanto à matéria de fato, nem reconhecimento de ilicitude da conduta analisada.	Art. 53. Em qualquer das espécies de processo administrativo, o Cade poderá tomar do representado compromisso de cessação da prática sob investigação ou dos seus efeitos lesivos, sempre que, em juízo de conveniência e oportunidade, entender que atende aos interesses protegidos por lei. § 6º do PL 5.877/05 não encontra equivalente no PLV 12/2007
	§ 1º O termo de compromisso conterá, necessariamente, as seguintes cláusulas:	§ 1º Igual Lei Atual.	§ 1º Do termo de compromisso deverão constar os seguintes elementos:
	a) obrigações do representado, no sentido de fazer cessar a prática investigada no prazo estabelecido;	I – Igual Lei Atual	I – a especificação das obrigações do representado no sentido de fazer cessar a prática investigada ou seus efeitos lesivos, bem como obrigações que julgar cabíveis;
	b) valor da multa diária a ser imposta no caso de descumprimento, nos termos do art. 25;	II – Igual Lei Atual	II – a fixação do valor da multa para o caso de descumprimento, total ou parcial, das obrigações compromissadas;

c) obrigação de apresentar relatórios periódicos sobre a sua atuação no mercado, mantendo as autoridades informadas sobre eventuais mudanças em sua estrutura societária, controle, atividades e localização.	III – Igual Lei Atual	–
–	–	III – a fixação do valor da contribuição pecuniária ao Fundo de Defesa de Direitos Difusos quando cabível.
§ 2º O processo ficará suspenso enquanto estiver sendo cumprido o compromisso de cessação e será arquivado ao término do prazo fixado, se atendidas todas as condições estabelecidas no termo respectivo.	§ 2º Igual Lei Atual	§ 5º Igual Lei 8.884/94
–	–	§ 3º A celebração do termo de compromisso poderá ser proposta até o início da sessão de julgamento do processo administrativo relativo à prática investigada.
§ 3º As condições do termo de compromisso poderão ser alteradas pelo Cade, se comprovada sua excessiva onerosidade para o representado e desde que não acarrete prejuízo para terceiros ou para a coletividade, e a nova situação não configure infração da ordem econômica.	§ 3º As condições do termo de compromisso poderão ser alteradas pelo Tribunal, se comprovada sua excessiva onerosidade para o representado e desde que não acarrete prejuízo para terceiros ou para a coletividade, e a nova situação não configure infração da ordem econômica.	§ 8º Igual Lei 8.884/94
§ 4º O compromisso de cessação constitui título executivo extrajudicial, ajuizando-se imediatamente sua execução em caso de descumprimento ou colocação de obstáculos à sua fiscalização, na forma prescrita no art. 60 e seguintes.	§ 4º Igual Lei Atual.	§ 4º O termo de compromisso constitui título executivo extrajudicial.
§ 5º O disposto neste artigo não se aplica às infrações à ordem econômica relacionadas ou decorrentes das condutas previstas nos incisos I, II, III e VIII do art. 21 desta Lei.	§ 5º Igual Lei Atual	§ 2º Tratando-se da investigação da prática de infração relacionada ou decorrente das condutas previstas nos incisos I, II, III ou VIII do art. 21, entre as obrigações a que se refere o inciso I do § 1º figurará, necessariamente, a obrigação de recolher ao Fundo de Defesa de Direitos Difusos um valor pecuniário que não poderá ser inferior ao mínimo previsto no art. 23.

ART. 85

	-	-	§ 6º A suspensão do processo administrativo a que se refere o §5º deste artigo dar-se-á somente em relação ao representado que firmou o compromisso, seguindo o processo seu curso regular para os demais representados.
	-	-	§ 7º Declarado o descumprimento do compromisso, o Cade aplicará as sanções nele previstas e determinará o prosseguimento do processo administrativo e as demais medidas administrativas e judiciais cabíveis para sua execução.
	-	§ 7º A proposta de celebração do compromisso de cessação de prática poderá ser indeferida quando a autoridade, em juízo de conveniência e oportunidade, entender que a sua celebração não atende aos interesses protegidos por esta Lei, já tiver provas suficientes que assegurem a condenação ou não se chegar a um acordo quanto aos seus termos.	-
ART. 85			§ 9º O Cade definirá, em resolução, normas complementares sobre cabimento, tempo e modo da celebração do termo de compromisso de cessação.

A principal diferença a ser destacada no quadro diz respeito ao § 5º da Lei 8.884/94 atual e do Projeto de Lei em relação ao § 2º do art. 53, modificado pelo Projeto de Lei de Conversão 12/2007. Neste último caso, é prevista a possibilidade de celebração de compromisso de cessação de prática em casos de cartel, desde que, neste caso específico, a empresa recolha ao Fundo de Defesa de Direitos Difusos um valor pecuniário não inferior às multas do art. 23 (1 a 30% do faturamento). A Lei 8.884/94 (antes da mencionada alteração) e o Projeto de Lei 5.877/05, por sua vez, simplesmente proíbem a celebração de compromisso de cessação em caso de cartel."

[Exposição de motivos do Substitutivo Ciro Gomes].

V. nota ao §5º.

CAPÍTULO VII – Do programa de leniência

Art. 86 O Cade, por intermédio da Superintendência-Geral, poderá celebrar acordo de leniência, com a extinção da ação punitiva da administração pública ou a redução de 1 (um) a 2/3 (dois terços) da penalidade aplicável, nos termos deste artigo, com pessoas físicas e jurídicas que forem autoras de infração à ordem econômica, desde que colaborem efetivamente com as investigações e o processo administrativo e que dessa colaboração resulte:

Segundo relatório da Rede Internacional de Concorrência (ICN – *Drafting and Implementing an Effective Leniency Program* (2009)), leniência é o nome dado ao sistema de imunização total, ou parcial das penalidades que seriam de outro modo aplicáveis a um membro de um cartel que descontinue a sua atuação no acordo e confesse a sua participação à autoridade competente. Os programas de leniência são crescentemente adotados por conta de certos benefícios a ele atribuídos, como os incentivos a que infratores confessem a sua participação e a dos seus comparsas em cartéis. O caráter de delação da leniência representa um desincentivo à colusão, em razão dos incentivos ao desvio que já estão naturalmente presentes nos cartéis. Em geral, os benefícios oriundos do programa de leniência são assim listados: ART. 86

- prevenção: tornam a colusão menos atraente e, portanto, menos provável, no futuro. Este deve ser o principal objetivo de um programa de leniência;
- detecção: promovem a descoberta de cartéis pelo incentivo à delação premiada;
- desistência: levam à descontinuidade do cartel;
- sancionamento: elevam a probabilidade de punição dos demais membros do acordo.

Um programa de leniência bem sucedido depende do receio de detecção e sanção por parte dos agentes econômicos. Por essa razão, a maioria das autoridades de defesa da concorrência acredita que o sucesso de um programa de leniência dependa da presença de três elementos:

- elevado risco de detecção: os membros do cartel devem acreditar que o nível de detecção seja elevado e que, sem a leniência, necessariamente decorrerá alguma medida punitiva por parte do Estado;

- sanções significativas: o valor do cartel para os participantes não deve ser superior ao custo em que incorrerão ao serem descobertos.
- transparência e certeza: o candidato à leniência deve estar apto a prever, com um elevado grau de certeza, como ele será tratado caso delate o cartel e quais as consequências a que estará sujeito caso não o delate.

Os programas de leniência ainda objetivam levar a uma disputa entre os participantes do cartel para delatar primeiro: o primaz fará jus a uma imunidade condicionada à apresentação de provas substantivas, ainda que incompletas, acerca de ilícito desconhecido pela autoridade. Programas que contemplem a leniência por parte de membros do cartel interessados em fornecer subsídios adicionais a cartel já conhecido pela autoridade, pensando sob essa mesma ótica, contemplam, durante lapso limitado de tempo, descontos proporcionais ao momento do comparecimento do delator, descontos esses sempre condicionados à indisponibilidade, por parte do Estado, de provas suficientes para assegurar a condenação por ocasião da propositura do acordo. Esse sistema de filas é conhecido internacionalmente por *marker system*.

ART. 86 Algumas características são, em geral, comuns à maioria dos programas de leniência: (i) aplicada ao primeiro delator, sob as condições elucidadas no parágrafo anterior; (ii) aplicada, com menor generosidade, a outros membros do cartel que tragam, em período de tempo pré-determinado, informações adicionais, sob as condições elucidadas no parágrafo anterior ; (iii) anonimato do delator, inclusive para que uma negociação frustrada do acordo não seja usada contra ele nas investigações; (iv) obrigação de confidencialidade para a Administração e para o administrado; (v) obrigação de cooperação contínua e transparente por parte do agente econômico e seus empregados; (vi) exigência de que, exceto por determinação expressa da autoridade, a prática seja descontinuada por parte do leniente; (vii) o delator não seja o líder, instigado o cartel, ou coagido os demais membros. Outras características são menos frequentes: (viii) leniência *plus*, que gera incentivos a que o delator busque qualificar-se como leniente em relação ao outras condutas; (ix) penalidade *plus*, que considera como circunstância agravante o fato de um agente econômico qualificável para a leniência *plus* optar omitir-se com relação a esse outro cartel; (x) obrigação de reparação do dano por parte do delator; (xi) leniência afirmativa, quando a autoridade entra em contato com um agente econômico – que pode até desconhecer que está sendo investigado – buscando cooperação (essa prática pode ser considerada discriminatória segundo muitos ordenamento, inclusive o brasileiro); (xii) imunização específica do delator (inabilitado para a imunidade plena) com relação, especificamente, ao ilícito que trouxe a conhecimento da autoridade (que ignorava a sua existência).

A leniência é considerada pelos sistemas concorrenciais mais avançados como a maior razão da elevação do número de cartéis identificados. Segundo Ana Paula Martinez:

"O Programa de Leniência é considerado um dos instrumentos de política pública mais efetivos na repressão a cartéis e tem sido incorporado em ordenamentos jurídicos por um número crescente de jurisdições – mais de 30 países já adotaram o instituto em seus ordenamentos, após sua concepção em 1978 pelos Estados Unidos. Entre os diferentes países, podemos diferenciar dois modelos principais: o dos Estados Unidos, que apenas garante benefícios ao primeiro delator, e o da Comissão Europeia, que acolhe em seu programa mais de um delator, concedendo imunidade para o primeiro e níveis decrescentes de desconto para os demais que decidam colaborar e por fim à prática."

[**Repressão a Cartéis: interface entre direito administrativo e direito penal**. São Paulo: Singular, 2013. P. 258]. ART. 86

Embora a leniência não esteja restrita, apenas, a casos de cartel, o fato de o acordo ser baseado no fornecimento de informações privilegiadas leva a, em geral, só fazer sentido delatar conduta na qual o delator seja partícipe, ou coautor. Sem a efetiva participação no cometimento do ilícito, a coleta de provas e a acuidade das informações pode ficar prejudicada.

A necessidade de que o delator identifique os *demais envolvidos na infração* – requisito habitualmente presente nas legislações correlatas – não limita, porém, *per se*, a leniência a casos de cartel. É possível que a mesma conduta unilateral seja cometida, de forma autônoma, por alguns agentes em mercados relacionados e que um dos infratores tome a decisão de delatar essa prática. Nesse caso, os demais agentes econômicos, embora tenham praticado infrações autônomas, podem ser objeto de delação premiada. O Cade parece ter encampado essa posição, por nós defendida aqui já na 1a edição, ao prever, no art. 198 do novo RiCade, que "[p]odem ser proponentes de acordo de leniência pessoas físicas e jurídicas que forem autoras de *infração à ordem econômica*", não limitando o instrumento, portanto, a casos de cartel.

Nesse mesmo sentido, a redação da Lei nº 12.846, de 1º de agosto de 2013, talvez tentando contornar a interpretação daqueles que limitam a leniência a cartéis, optou por prever a obrigação de identificação dos demais envolvidos na infração *apenas quando cabível*. A emenda pode, entretanto, ter saído pior que o soneto, pois tem o potencial de levar a que a leniência seja celebrada sem que sequer se exija que o delator informe o nome do infrator, ou infratores das infrações autônomas. Entre as duas opções, ainda me parece melhor a redação da Nova Lei Antitruste Brasileira, na qual se espelhou a Lei nº 12.850, de 2 de agosto de 2013.

A delação do leniente volta-se contra um agente exterior ao grupo – entendimento esse, aliás, discernível dentro da sistemática da própria lei brasileira (art. 86, §6º). O sentido está na dificuldade em configurar como cartel um acordo que abrace, apenas, sociedades pertencentes ao mesmo grupo econômico (devido, inclusive, às compensações financeiras *interna corporis*), assim como na contradição de um mecanismo de leniência que acabe por facilitar a punição do próprio leniente – dado que, ao confessar
ART. 86 a participação na prática, nos termos do art. 86, §1º, IV, os integrantes do mesmo grupo seriam solidariamente responsáveis, nos termos do art. 33.

O acordo de leniência poderá ser celebrado em qualquer fase investigativa (desde o procedimento preparatório, se assim vier a ser caracterizado pelo Cade), ou no processo administrativo. Desse modo, qualquer alusão restrita a processo administrativo nos dispositivos abaixo deve ser interpretada como gênero a que pertencem, também, o procedimento preparatório e o inquérito.

"Somente o Secretário de Direito Econômico e seu Chefe de Gabinete participam da fase de negociação e, caso o acordo não seja alcançado (seja por desistência da parte ou rejeição da SDE), todos os documentos são devolvidos para o proponente, não permanecendo qualquer cópia na SDE. (...)

Propostas de Acordo de Leniência que não resultem em sua assinatura não implicam confissão quanto à matéria de fato nem reconhecimento de ilicitude da infração relatada. Nesse caso, não se fará qualquer divulgação da proposta e todos os documentos obtidos pela SDE durante a negociação serão devolvidos ao proponente, não ficando nenhuma cópia em poder da SDE.

Além disso, há um Chinese Wall entre o Secretário da SDE e o Departamento de Proteção e Defesa Econômica (DPDE): o DPDE não participa de qualquer modo do processo de negociação. Caso nenhum acordo seja alcançado e o DPDE inicie posteriormente, com base em informações obtidas por conta própria, uma investigação da conduta em questão, o Secretário declarar-se-á impedido e não poderá revelar informações fornecidas pelo proponente."

[V. **Programa de Leniência**. Secretaria de Direito Econômico/MJ: fevereiro de 2008. Disponível em http://www.mj.gov.br/data/Pages/MJ9F537202I-TEMIDA0C5C3163D834AB588C7651A10B74C32PTBRIE.htm. Acesso em 03.02.2011].

Se, por um lado, modelo brasileiro abraçou o modelo americano no tocante a garantir os benefícios apenas ao primeiro delator[197], a Nova Lei Antitruste Brasileira afasta, por outro lado, o sistema brasileiro do norte-americano, ao admitir a celebração da leniência por empresa líder, anteriormente vedada no revogado art. 35-B, § 1º da Lei nº 8.884/94, lembrando que "uma empresa ser a líder de mercado não significa, necessariamente, que seja a líder do cartel"[198]. A justificativa apresentada pelo Conselheiro César Mattos [Apresentação ao Pincadistas, em 26.01.2009. Plenário do Cade] está (i) na dificuldade de identificar, com precisão, qual seja a empresa líder e (ii) na possibilidade de que se trate da única empresa capaz e/ou disposta a fornecer provas subsistentes para a acusação. Essa justificativa encontra-se estampada no seu artigo **Evolução Institucional da Defesa da Concorrência no Brasil: A Reforma do Cade** [*In* Regulação e Agências Reguladoras – governança e análise de impacto regulatório. Anvisa/Casa Civil da Presidência. P. 170. Disponível em http://www.anvisa.gov.br/divulga/public/Regulacao.pdf. Acesso em 16/02/2011]: ART. 86

"O PL traz alterações importantes no que diz respeito ao programa de leniência. Primeiro, na Lei atual, os líderes do cartel nunca poderiam fazer parte de um acordo de leniência. A ideia é de que o líder do arranjo não pode ser menos penalizado do que os outros, até como forma de sinalizar a disposição da autoridade em não atenuar as penas para quem organizou o arranjo.

[197] Entretanto, acordos de leniência firmados segundo a Medida Provisória nº 703, de 18 de dezembro de 2015, seguiam o modelo europeu de leniência múltipla.

[198] Observado o disposto no art. 87, *caput*, a liderança continua, entretanto, sendo fator determinante para a não assinatura da colaboração premiada criminal pela Lei nº 12.850, de 2 de agosto de 2013, em casos de organização criminosa.

Há, entretanto, alguns problemas com tal abordagem. Primeiro, há muitas vezes uma dificuldade em se inferir quem é o líder. Segundo, é possível que aquele que porventura seja considerado como o líder seja aquele com mais informações disponíveis para a autoridade. A desconsideração destes potenciais lenientes pode fazer toda a diferença no que diz respeito à condenação do cartel. São estendidos os efeitos do programa de leniência para crimes conexos como, por exemplo, fraude de licitação pública. Tais aperfeiçoamentos geram mais incentivos à adesão ao programa, incrementando a política de combate a cartéis."

"Na Lei atual, os líderes do cartel não podem fazer parte do acordo de leniência. Além da óbvia dificuldade de se avaliar quem é o líder, é possível que aquele que porventura seja considerado nesta condição seja aquele com mais informações a serem providas à autoridade. Abrir mão desses potenciais lenientes pode ser a diferença entre condenar ou não um cartel real."

[Exposição de motivos do Substitutivo Ciro Gomes].

"A SDE reconhece que em muitos cartéis não é possível identificar facilmente seu líder. O mero fato de uma empresa ter agendado uma reunião ou mantido arquivos do cartel não necessariamente a desabilita como potencial
ART. 86 beneficiária do Acordo de Leniência. Além disso, não haverá um líder do cartel se duas ou mais partes desempenharam papéis equivalentes no funcionamento da prática, nenhuma tendo se sobressaído em sua organização. Por fim, o fato de uma empresa ser a líder de mercado não significa, necessariamente, que seja a líder do cartel."

[**Combate a cartéis e Programa de Leniência**. DPDE/SDE/MJ. Brasília: publicação oficial, 2008. P. 31].

"Nos EUA, é vedada outorga do beneficio total para a empresa líder da atividade ilegal de cartel ou que tenham sido agente coativo à participação de outras empresas. Contudo, podem estas empresas se valer do benefício parcial no último caso.

Na Europa, apesar de a coação sobre outros agentes para participar do cartel tratar-se de fator impeditivo para outorga do benefício de imunidade total, mas não parcial, não há vedação expressa ao benefício da leniência por parte do líder do cartel."

[**Relatório do Grupo de Trabalho para Discussão sobre o Programa de Leniência da SDE**. Disponível em http://www.ibrac.org.br/Evento.aspx?Id=16. Acesso em 03.02.2011].

A Figura 8 abaixo ilustra a tendência à valorização da leniência pelo Cade enquanto ferramenta de *deterrence* de cartéis. A baixa do ano de 2013 pode ser atribuída ao atribulado processo de adaptação do Cade à Nova Lei Antitruste Brasileira.

Figura 8. Acordos de leniência assinados pelo Cade até 2015

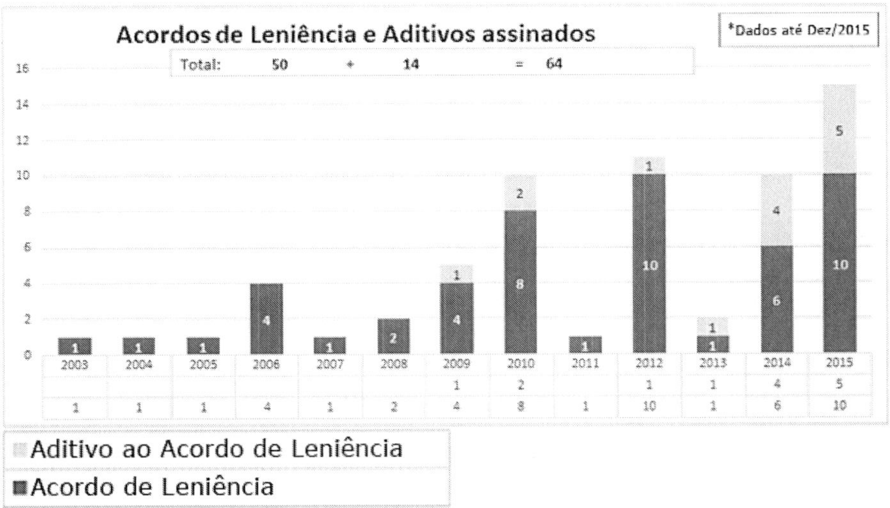

Fonte: Sítio eletônico do Cade. Acesso em 04.02.2016.

ART. 86

Por fim, é necessário frisar que do acordo de leniência celebrado de acordo com a Nova Lei Antitruste Brasileira confere imunidade apenas a ações movidas pela Administração Pública. Em outras palavras, a leniência não protege o delator contra ações judiciais movidas pelo Ministério Público, ou por privados.

Não é por outro motivo que, quando da assinatura de acordos de leniência, o Cade pode envolver o Ministério Público – autoridade também investida na prerrogativa de celebrar acordos de leniência. Ao reduzir a punição criminal em ações penais públicas (art. 15 c/c art. 16, parágrafo único da Lei nº 8.137/1990), o envolvimento do Ministério Público pode tornar o acordo significativamente mais atraente para o delator.

V. Conselho Administrativo de Defesa Econômica. Programa de Leniência Antitruste do Cade, 2016.

V. nota ao art. 87, *caput*.

V. artigos 197 e seguintes do novo RiCade.
V. art. 35-B da Lei nº 8.884/94.

I – a identificação dos demais envolvidos na infração; e

V. art. 35-B, I da Lei nº 8.884/94.
V. nota ao *caput*.

II – a obtenção de informações e documentos que comprovem a infração noticiada ou sob investigação.

V. art. 35-B, II da Lei nº 8.884/94.

§ 1º O acordo de que trata o caput deste artigo somente poderá ser celebrado se preenchidos, cumulativamente, os seguintes requisitos:

I – a empresa seja a primeira a se qualificar com respeito à infração noticiada ou sob investigação; ART. 86

Trata-se do *marker system* ou sistema de senhas, como chamado pela extinta SDE.

"A SDE pode conceder uma senha ('marker system') para proteger a posição de um candidato na 'fila' para o Acordo de Leniência por um período de não mais de 30 dias, de modo a lhe permitir que obtenha as informações e provas necessárias sobre a conduta denunciada. Para se habilitar à senha, o candidato deve fornecer à SDE informações a respeito de seu nome e endereço, os co-partícipes do cartel ('quem'), os bens e locais afetados ('o quê' e 'onde') e, se possível, a duração estimada do cartel ('quando'). O candidato deve informar também sobre outras propostas de Acordo de Leniência sobre a mesma prática apresentadas a outras jurisdições."

[**Combate a cartéis e Programa de Leniência.** DPDE/SDE/MJ. Brasília: publicação oficial, 2008. P. 21].

Da leitura conjunta do art. 86, *caput*, §1º, I e §4º, I e II resulta o entendimento de que apenas o primeiro delator pode ter a sua pena extinta, sujeito à condição de que reporte à Superintendência-Geral a existência de infração que desconhecia. Nos demais casos, caberá, apenas ao primeiro delator, reduções proporcionais da pena (v. inciso II).

Modelo distinto é adotado pela Comissão Europeia, tanto na **Comunicação da Comissão sobre a não aplicação ou a redução de coimas nos processos relativos a acordos, decisões e práticas concertadas** OJ [2002] C 45/3, quanto na **Comunicação da Comissão Relativa à imunidade em matéria de coimas e à redução do seu montante nos processos relativos a cartéis** OJ [2006] C 298/17. Na Europa também vige o regime de que apenas o primeiro delator pode sofrer remissão total da pena, caso cientifique as autoridades de infração que desconheciam – contudo, lá, os demais delatores podem sofrer reduções graduais da pena, em função do momento e da qualidade da sua delação.

V. art. 35-B, §2º, I da Lei nº 8.884/94.

II – a empresa cesse completamente seu envolvimento na infração noticiada ou sob investigação a partir da data de propositura do acordo;

ART. 86

A cessação do envolvimento é, em palavras mais claras, a cessação do comprometimento com o cartel. Não é raro que a participação em reuniões e a conduta infratora continuem a ocorrer como forma de não levantar suspeitas por parte dos demais membros do cartel e, assim, garantir à Administração a chance de um flagrante. Nesse caso, o leniente passa a estar comprometido com a ação estratégica da Administração. Trata-se de um *trade-off* entre (i) a cessação imediata da conduta pelo leniente sem a punição do cartel e (ii) a prorrogação dos danos causados pelo leniente em prol da futura reparação e punição decorrentes dos danos causados.

A leniência, quando descoberta pelos antigos parceiros de cartel, certamente provoca uma situação de constrangimento do leniente em face dos concorrentes. Concorrencialmente, porém – desde que dentro da legalidade, sem apelo a formas irregulares de retaliação –, quanto mais acirrada a rivalidade comercial entre esses agentes, mais eles se prestam ao desempenho do seu papel social.

"Se o cartel ainda estiver em funcionamento, a SDE encoraja os candidatos ao Programa de Leniência a entrarem em contato com a Secretaria antes de comunicar aos demais participantes do cartel acerca de seu desligamento da prática.

Ao celebrar o Acordo de Leniência, a SDE exige do candidato que cesse imediatamente todo o seu envolvimento no cartel. Em circunstâncias apropriadas, a SDE poderá requerer que o candidato aja de uma forma que não permita a identificação da ciência da SDE sobre o cartel pelos outros envolvidos. Isso pode dar à SDE a oportunidade de obter provas importantes contra outros participantes do cartel em uma operação de busca e apreensão para a obtenção de provas do cartel."

[**Programa de Leniência**. Secretaria de Direito Econômico/MJ: fevereiro de 2008. Disponível em http://www.mj.gov.br/data/Pages/MJ9F537202ITEMIDA0C5C3163D834AB588C7651A10B74C32PTBRIE.htm. Acesso em 04.02.2011].

V. art. 35-B, §2º, II da Lei nº 8.884/94.
V. art. 86, §2º.
V. nota ao art. 86, §1º, III.

ART. 86 **III – a Superintendência-Geral não disponha de provas suficientes para assegurar a condenação da empresa ou pessoa física por ocasião da propositura do acordo; e**

Dado o propósito da leniência, que é a delação premiada, a sua concessão a quem não disponha de provas suficientes representa não mais que uma variação da graça.

Vale observar, por outro lado, que, dado o disposto no §2º abaixo, não há motivos para a diferenciação de redação entre os incisos II, III e IV com relação à inclusão/exclusão da alusão à pessoa física: como se pode observar, apenas o inciso III incorpora – desnecessariamente, a meu ver – na sua redação, menção à pessoa física..

Para a diferenciação entre os propósitos da leniência e do TCC, ver voto-vogal de Luiz Carlos Prado no Requerimento nº 08700.005281/2007-96, em que foram requerentes Alcan Embalagens do Brasil Ltda. e Marco Antonio Ferraroli dos Santos, de relatoria de Ricardo Cueva.

V. nota ao *caput* do art. 85.
V. art. 35-B, §2º, III da Lei nº 8.884/94.
V. art. 86, §2º.

IV – a empresa confesse sua participação no ilícito e coopere plena e permanentemente com as investigações e o processo administrativo, comparecendo, sob suas expensas, sempre que solicitada, a todos os atos processuais, até seu encerramento.

Por óbvio, não é leniente, mas mero informante, aquele que traga informações para a Administração, mas não pertença ao cartel, ou não reporte ilícito de que tenha sido partícipe, ou coautor. Sem a confissão de participação, entretanto, não é possível proceder à exclusão da punibilidade do §4º, pois, ausente a confirmação do crime, não há punição a ser extinta. Daí a necessidade lógica de haver confissão para que se receba o benefício do aludido §4º.

"Se um candidato ao Programa de Leniência deliberadamente enganar a SDE, fornecer provas falsas, omitir ou destruir provas ou, de qualquer modo, comportar-se de maneira inconsistente com o requisito de cooperação plena e ampla, a SDE informará ao Cade que o Acordo de Leniência não foi devidamente cumprido e que a imunidade não deverá ser concedida."

[**Programa de Leniência**. Secretaria de Direito Econômico/MJ: fevereiro de 2008. Disponível em http://www.mj.gov.br/data/Pages/MJ9F537202ITEMIDA0C5C3163D834AB588C7651A10B74C32PTBRIE.htm. Acesso em 04.02.2011]. ART. 86

V. art. 35-B, §2º, IV da Lei nº 8.884/94.
V. nota ao *caput* do art. 86.
V. art. 86, §2º.
V. nota ao art. 86, §1º, III.

§ 2º Com relação às pessoas físicas, elas poderão celebrar acordos de leniência desde que cumpridos os requisitos II, III e IV do § 1º deste artigo.

Para a leniência individual (v. leniência corporativa/societária) não há *marker*, até para que, no limite, dela se beneficiem todos os agentes de uma mesma sociedade, nos termos do §6º. Essa previsão já constava do art. 35-B, §6º da Lei nº 8.884/94:

"Serão estendidos os efeitos do acordo de leniência aos dirigentes e administradores da empresa habilitada, envolvidos na infração, desde que firmem o respectivo instrumento em conjunto com a empresa, respeitadas as condições impostas nos incisos II a IV do § 2º deste artigo."

Entrementes, o *marker* só se aplicava ao preponente pessoa física do art. 23, III da Lei nº 8.884/94 (atual art. 37, II), pela leitura do art. 35-B, § 2º, IV c/c 35-B, §6º, ambos da Lei nº 8.884/94.

§ 3º O acordo de leniência firmado com o Cade, por intermédio da Superintendência-Geral, estipulará as condições necessárias para assegurar a efetividade da colaboração e o resultado útil do processo.

"Após a propositura do Acordo de Leniência, a SDE irá orientar o beneficiário a respeito das medidas e prazos que deve observar para cumprir com tal obrigação. Da mesma forma, a SDE se empenhará para assegurar que o processo seja instruído do modo mais célere e eficiente possível."

[**Programa de Leniência**. Secretaria de Direito Econômico/MJ: fevereiro de 2008. Disponível em http://www.mj.gov.br/data/Pages/MJ9F537202I-

TEMIDA0C5C3163D834AB588C7651A10B74C32PTBRIE.htm. Acesso em 04.02.2011].

V. art. 35-B, §3º da Lei nº 8.884/94.

§ 4º Compete ao Tribunal, por ocasião do julgamento do processo administrativo, verificado o cumprimento do acordo:

V. art. 35-B, §4º da Lei nº 8.884/94.

I – decretar a extinção da ação punitiva da administração pública em favor do infrator, nas hipóteses em que a proposta de acordo tiver sido apresentada à Superintendência-Geral sem que essa tivesse conhecimento prévio da infração noticiada; ou

A extinção da ação punitiva, diversamente da exclusão da ilicitude, pressupõe, apenas, a não punição da prática de conduta tipificada. A exclusão da ilicitude é mais profunda, pois define a própria legalidade da conduta. Como a extinção da ação punitiva atinge, tão somente, o poder de punição da Administração, mas não a reparação cível pelos danos emergentes e lucros cessantes, a admissão de culpa do art. 86, §1º, IV tende a tornar-se mais um instrumento de coibir o cartel (*deterrence*): com ela, mesmo o leniente deve sopesar o benefício da extinção da ação punitiva da Administração com o ônus de civilmente reparar danos individuais e aqueles socialmente indivisíveis, por provocação de particulares.

V. cartel dos vigilantes: Processo Administrativo nº 08012.001826/2003-10, em que foram representados ASSEVIRGS, EPAVI e outros, de relatoria de Abraham Benzaquem Sicsú.
V. art. 35-B, §4º, I da Lei nº 8.884/94.
V. nota ao art. 47.

II – nas demais hipóteses, reduzir de 1 (um) a 2/3 (dois terços) as penas aplicáveis, observado o disposto no art. 45 desta Lei, devendo ainda considerar na gradação da pena a efetividade da colaboração prestada e a boa-fé do infrator no cumprimento do acordo de leniência.

V. art. 35-B, §4º, I da Lei nº 8.884/94.

§ 5º Na hipótese do inciso II do § 4º deste artigo, a pena sobre a qual incidirá o fator redutor não será superior à menor das penas aplicadas aos demais coautores da infração, relativamente aos percentuais fixados para a aplicação das multas de que trata o inciso I do art. 37 desta Lei.

As duas dúvidas despertadas pelo dispositivo estão (i) em se o uso do termo 'coautores' é impreciso, abarcando, inclusive, partícipes, e (ii) em se o §5º se estende às penas aplicadas aos colegas de cartel enquadrados nos incisos II e III do art. 37.

Parece-me que o legislador tentou evitar que a pena-base fosse superior àquela dos demais integrantes do cartel que desempenhem função equivalente – se possível identificá-la. Assim, sendo possível identificar o papel de cada agente, a pena-base do leniente não poderia ser superior àquela dos seus homólogos. Em outras palavras, se estivermos falando de um coautor, a sua pena-base não só pode, como, em tese, deve ser superior àquela do partícipe.

O segundo ponto segue a mesma linha. Como o legislador optou por não falar em valores absolutos – mas nos percentuais das penas, gerando uma equiparação proporcional ao faturamento dos agentes e, assim, evitando a subpunição do leniente e, por subsequente, a irregular equiparação das situações previstas nos incisos I e II do art. 87, §4º –, essa relação só vale, irrestritamente, para as pessoas jurídicas que se enquadrem no inciso I do art. 37. Isso ocorre porque, não sendo as punições dos demais incisos fixadas em termos relativos (percentuais) ao próprio faturamento, não seria possível equiparar o peso relativo das punições.

Entrementes, sendo possível fixar uma relação percentual da multa em relação ao patrimônio ou às transferências unilaterais dos agentes do inciso II, parece-me que caiba ao aplicador estender essa relação da multa-base para além do inciso I do art. 37 – afinal, a única distinção feita pelo legislador em relação aos dois primeiros incisos daquele artigo está, justamente, na ausência de faturamento no inciso II. É válido atentar, porém, que, mesmo sendo possível precisar em termos percentuais qual deva ser a punição segundo o art. 37, II, pode não ser possível realizar essa equiparação. Isso ocorrerá sempre que o piso ou o teto dos incisos do art.
ART. 86 37 impeçam essa relação.

Exemplo disso está em dois agentes com capacidade econômica equiparável, os quais tenham exercido papéis idênticos no cartel e que devam ser penalizados com o mínimo legal. Se, nesse caso, 1% do faturamento do agente penalizado pelo inciso I (que se equipara a 1% da base de cálculo – transferências unilaterais, patrimônio – do agente a ser punido pelo inciso II) for inferior a R$50.000, penalidade mínima do inciso II, ou vice-versa (R$50.000 forem inferiores a 1% do faturamento do agente penalizado pelo inciso I, que se equipara a 1% da base de cálculo – transferências unilaterais, patrimônio – do agente a ser punido pelo inciso II), não será possível estender a relação de multa-base do inciso I ao inciso II, por se tratarem de parâmetros diversos. É, ainda, possível argumentar que o patrimônio da pessoa física do art. 37, II não seja equiparável ao faturamento de qualquer pessoa jurídica, o que também inviabilizaria a relação entre os incisos.

Essa, aliás é a situação permanente do inciso III do art. 37, que aborda a situação do administrador. Além de falarmos, em geral, de pessoa física, a responsabilidade do administrador deve, em geral, ser partilhada com diversos funcionários, sendo, portanto, complicado equiparar o tratamento dispensado à pessoa jurídica ao tratamento a ser dispensado aos prepostos solidaria e concorrentemente responsáveis pelo cometimento da infração: se a pessoa jurídica responde pelo todo (responsabilidade pelos atos dos seus prepostos no exercício da sua função do art. 932, III do Código Civil[199]), cada pessoa física deve responder, apenas, pelo resultado direto da sua ação. Ademais, o próprio percentual de punição do administrador, ao ter o seu mínimo pautado pela multa aplicada à pessoa jurídica (e, em outras palavras, ao ter a sua punição mínima atrelada, tão somente, à condição econômica da pessoa jurídica), provoca, em geral, a sua superpunição – de tal modo a não ser recomendável equiparar a situação do art. 37, III àquela dos incisos que lhe antecedem para efeito do art. 86, §5º.

É certo, porém, que, dentro da sua discricionariedade, o aplicador deverá tentar, sempre que possível, evitar que a pena daquele leniente dos incisos II e III do art. 37 seja, relativamente, mais onerosa que aquela aplicada aos colegas de cartel em função homóloga penalizados, pelo menos, pelos mesmos incisos.

V. art. 35-B, §5º, I da Lei nº 8.884/94. ART. 86

§ 6º Serão estendidos às empresas do mesmo grupo, de fato ou de direito, e aos seus dirigentes, administradores e empregados envolvidos na infração os efeitos do acordo de leniência, desde que o firmem em conjunto, respeitadas as condições impostas.

[200]"De acordo com as alterações de 1993, se uma pessoa jurídica se qualifica para leniência automática, todos os seus diretores, executivos e empregados que, concomitantemente, concordarem em cooperar com as autoridades também se qualificarão. Ademais, executivos de uma pessoa jurídica que buscarem a

[199] Art. 932. São também responsáveis pela reparação civil: (...)
III – o empregador ou comitente, por seus empregados, serviçais e prepostos, no exercício do trabalho que lhes competir, ou em razão dele;"

[200] *"Under the 1993 revisions, if a corporation qualifies for automatic amnesty, all directors, officers, and employees who come forward with the corporation and agree to cooperate also will receive automatic amnesty. In addition, executives of a corporation seeking amnesty after an investigation has begun will be given serious consideration for lenient treatment in exchange for full cooperation. In a number of such situations, confessing companies and executives have not been named as defendants in the criminal indictments that followed such disclosures."*

leniência depois que uma investigação tiver sido iniciada serão seriamente considerados em troca da plena cooperação. Em alguns casos, pessoas jurídicas e executivos que confessaram participação não foram incluídos no rol de réus nas ações criminais seguintes às confissões."

[**Antitrust Law Developments.** Vol. 1. ABA: USA, 2002. P.751].

A nova lei veio a acrescer às empresas pertencentes ao mesmo grupo e aos seus empregados de baixo escalão os benefícios da leniência corporativa que o art. 35-B, §6º da Lei nº 8.884/94 já estendia aos dirigentes e administradores.

Além de prepostos assumindo funções não gerenciais serem puníveis pela lei concorrencial (art. 37, II), eles poderiam ser acionados cível e criminalmente – se comprovada a sua culpabilidade. Com relação ao grupo econômico, o sentido está, a *contrario sensu*, na dificuldade em configurar como cartel um acordo que abrace, apenas, sociedades pertencentes ao mesmo grupo econômico, assim como na contradição de um mecanismo de leniência que acabe por facilitar a punição do próprio leniente – dado que, ao confessar a participação na prática, nos termos do art. 86, §1º, IV,
ART. 86 os integrantes do mesmo grupo seriam solidariamente responsáveis, nos termos do art. 33.

"Ora, constituindo o grupo societário uma espécie de 'empresa de segundo grau', coloca-se o problema de saber se destinatário dessas normas constituirão apenas as empresas constituintes (de primeiro grau) ou se também a própria empresa global do grupo, enquanto tal.

A importância desta questão analisa-se em dois plano: no plano das relações externas e das relações internas do grupo.

No primeiro desses planos, a questão fundamental é a de saber se o grupo enquanto tal pode funcionar como unidade de imputação das normas jurídico-concorrenciais no tráfico jurídico externo; máxime se os comportamentos violadores das normas da concorrência levados a cabo por uma sociedade do grupo poderão, ou até deverão, ser imputados à sociedade-mãe ou ao próprio grupo enquanto tal. (...)

No plano das relações internas, a questão é exactamente a inversa. Dado que o grupo constitui uma unidade económico-empresarial composta por sociedades juridicamente independentes mas economicamente dependentes, pergunta-se se não se deverão considerar isentos da aplicação das normas sobre a concorrência aqueles actos ou condutas que, conquanto contrários a essas normas, hajam sido levados pelas sociedades do grupo entre si mesmas. (...)

Muito embora não exista uma resposta unívoca a estas questões (dependentes como estão das circunstâncias dos casos concretos), pode-se afirmar que a tendência geral da legislação e jurisprudência aponta no sentido de reconhecer no grupo uma unidade, não apenas econômica, mas também jurídica – dito doutro modo, como uma verdadeira *empresa* única para efeitos da aplicação das normas em matéria de concorrência, contrariando assim os cânones clássicos do direito das sociedades e do direito privado, tributários do princípio da independência. Uma primeira comprovação desta tendência consagrou-a expressamente o próprio legislador português no art. 14º, nº 4 do diploma atrás referido, preceito que vem elevar o grupo de sociedades a unidade jurídica de imputação das normas concorrenciais, ao afirmar que 'é equiparado a empresa o grupo de empresas, entendendo-se como tal o conjunto de empresas que, embora juridicamente distintas, se comportam concertadamente no mercado, em virtude de vínculos de interdependência ou subordinação de carácter financeiro, contratual, directivo ou outro'. Por outro lado, cumpre recordar aqui que a jurisprudência comunitária vem afinando por idêntico diapasão sempre que o grupo de sociedades se comporte no mercado como uma verdadeira unidade de acção e decisão econômica (*single economic unit*). Isso significa – no plano das relações externas – que sempre que uma sociedade do grupo pratique um dado comportamento anticoncorrencial em conluio com (prática concertada) ou contra ART. 86
(abuso de posição dominante) uma terceira empresa, na sequência de instruções directas provenientes do núcleo dirigente do grupo, então a realidade material do controlo inter-societário deverá primar sobre o princípio da separação das personalidades jurídicas das sociedades agrupadas: tal comportamento será de imputar à própria sociedade-mãe ou mesmo ao grupo como um todo. Isso significa ainda – agora no plano das relações internas – que sempre que tal comportamento se haja verificado dentro do perímetro do próprio grupo, máxime ocorrendo entre a sociedade-mãe e uma das sociedades-filhas, a existência do mesmo poderá funcionar como uma circunstância excludente da natureza anticoncorrencial desse mesmo comportamento, que será interpretado como uma mera operação de reorganização interna de uma única empresa, sem efeitos para o mercado e a concorrência."

[ANTUNES, José A. Engrácia. **Os Grupos de Sociedades**. Coimbra: Almedina, 1993. PP. 159/163].

Da mesma forma que no art. 35-B, §6º da Lei nº 8.884/94, o benefício continua não sendo automático. Isso ocorre porque foi mantida a necessidade de que esses agentes firmem o acordo em conjunto com a pessoa jurídica. Em princípio, o dispositivo equipara-se à regra prevista para o sistema norte-americano (para leniência corporativa (*corporate leniency*), v. www.usdoj.gov/atr/public/guidelines/0091.htm; para leniência individual (*individual leniency*), v. www.usdoj.gov/atr/public/guidelines/0092.htm. Acesso em 03.02.2011):

> [201]"Se uma pessoa jurídica se qualificar para a leniência, nos termos da parte A acima, todos os seus diretores, executivos e empregados que admitirem envolvimento na atividade concorrencialmente ilegal dentro da confissão da pessoa jurídica serão agraciados com a leniência, de modo a não serem indiciados criminalmente pela atividade ilegal, se admitirem a ilicitude com sinceridade e completude e continuarem a assistir a Divisão [Antitruste do DOJ] na investigação.
>
> Se a pessoa jurídica não se qualificar para a leniência, nos termos da parte A acima, os seus diretores, executivos e empregados que admitirem envolvimento na atividade concorrencialmente ilegal concomitantemente à pessoa jurídica serão avaliados para a concessão da imunidade criminal como se tivessem procurado a Divisão [Antitruste do DOJ] individualmente."

ART. 86 Na prática, entrementes, a confissão corporativa estadunidense repercute na proteção automática dos empregados – os quais apenas serão excluídos se, eventualmente, a Administração vier a exigir a colaboração de determinado agente e esse se eximir de colaborar. Ou seja, embora a redação não se afaste muito daquela da revogada Lei nº 8.884/94, a postura do governo norte-americano é de extensão automática, sujeita a exceções em casos nos quais a colaboração individual seja essencial. Observe-se, aliás, que mesmo essa coerção excepcional por parte da Administração só é factível em casos nos quais ela detenha provas prévias em face daquela pessoa, dado que, sem tais elementos, não há incentivos a que o indivíduo confesse, ou um colega de trabalho delate a sua participação.

[201] *"If a corporation qualifies for leniency under Part A, above, all directors, officers, and employees of the corporation who admit their involvement in the illegal antitrust activity as part of the corporate confession will receive leniency, in the form of not being charged criminally for the illegal activity, if they admit their wrongdoing with candor and completeness and continue to assist the Division throughout the investigation.*
If a corporation does not qualify for leniency under Part A, above, the directors, officers, and employees who come forward with the corporation will be considered for immunity from criminal prosecution on the same basis as if they had approached the Division individually."

A ausência do automatismo na lei brasileira dificulta a associação do Brasil nas investigações internacionais, impedindo-lhe de assinar acordos de leniência nas mesmas condições que a maior parte dos países desenvolvidos. Por outro lado, como pude fazer observar em *workshop* na conferência de Lisboa da *International Competition Network*, em 2008, se o modelo norte-americano (que, até certo ponto, agora adotamos) tem a vantagem de facilitar a celebração de acordos de leniência e aproveitar os acordos celebrados por outros países, a extensão automática aos prepostos e empresas do grupo elimina os incentivos a que esses atores, beneficiados com o caráter automático da leniência, venham a colaborar com as investigações. Essa particular objeção à concessão automática foi levantada por quase todos os delegados com quem pude discutir, incluindo norte-americanos, noruegueses e canadenses. Nesse mesmo sentido, aponta César Mattos [**Evolução Institucional da Defesa da Concorrência no Brasil: A Reforma do Cade.** *In* Regulação e Agências Reguladoras – governança e análise de impacto regulatório. ANVISA/Casa Civil da Presidência. P. 170. Disponível em http://www.anvisa.gov.br/divulga/public/Regulacao.pdf. Acesso em 16/02/2011]: ART. 86

"A proposta enviada ao Senado também estende os efeitos do acordo de leniência às empresas do mesmo grupo, de fato ou de direito e aos empregados envolvidos na infração. A extensão pretendida garante ao leniente que ele não será punido através de empresas de seu grupo ou empregados, reduzindo a incerteza do denunciante quanto ao alcance da leniência. O único problema aqui é que dentro da empresa, entre os executivos que ajudaram na coordenação do cartel, tal como entre as empresas participantes, é preciso manter o incentivo a ser o primeiro a denunciar. Se um diretor comercial, por exemplo, sabe que também será incluído nos benefícios da leniência assinada pela empresa, ele naturalmente terá menos incentivos a realizar a denúncia antes da própria empresa. Este é mais um ponto a merecer maior reflexão por parte do Senado. (...)

É proposto que também se estendam os efeitos do acordo de leniência às empresas do mesmo grupo, de fato ou de direito e aos empregados envolvidos na infração. A extensão pretendida faz sentido para garantir ao leniente que ele não será punido através de empresas de seu grupo ou empregados. Afinal de contas, são pessoas físicas, empregados (gerentes ou não), que efetivamente fazem as delações."

[Exposição de motivos do Substitutivo Ciro Gomes].

V. nota ao § 2º acima.

§ 7º A empresa ou pessoa física que não obtiver, no curso de inquérito ou processo administrativo, habilitação para a celebração do acordo de que trata este artigo, poderá celebrar com a Superintendência-Geral, até a remessa do processo para julgamento, acordo de leniência relacionado a uma outra infração, da qual o Cade não tenha qualquer conhecimento prévio.

Em conjunto, §§7º e 8º formam a denominada leniência *plus*.

A leniência *plus* da Nova lei Antitruste Brasileira permite ao infrator receber (i) redução de 1/3 (não mais e não menos que 1/3) da pena em processo para cujas investigações não contribua e (ii) extinção da ação punitiva com relação à infração que denuncie (não havendo a possibilidade de outra forma de colaboração menos abrangente, como é o caso da leniência comum). O primeiro benefício cria um incentivo adicional para que o coautor, ou partícipe de uma infração concorrencial denuncie infração desconhecida pelas autoridades. Em geral, os infratores decidem ART. 86 por formar e manter um cartel *A* em função do *trade-off* entre riscos de detecção e *pay-offs* dentro daquele mesmo cartel *A*: quanto maiores os *pay-offs*, maiores os riscos a que os participantes do cartel *A* se sujeitarão. O que a leniência *plus* faz é internalizar na análise de sustentabilidade do cartel *A* um fator adicional: os riscos de detecção no cartel *B*. Uma vez que as autoridades detectem o cartel *B* envolvendo um, ou mais agentes em comum com o cartel *A*, eleva-se o risco de detecção do cartel *A* por meio da delação premiada concedida a algum desses *players*, ao mesmo tempo em se mantém o *pay-off* do cartel *A*. Em outras palavras, esse cartel se torna relativamente menos atraente.

O Cade cometeu, porém, a impropriedade de, no parágrafo único do art. 209 do novo RiCade, condicionar a redução de 1/3 à qualidade da cooperação no processo original – o que, na prática, poderia levar a que o Cade até mesmo se conferisse a prerrogativa de conferir ao beneficiário da leniência *plus* um benefício inferior a 1/3 da redução da pena no processo original.

Ora, isso não faz qualquer sentido à luz do art. 86, §§7º e 8º da Nova Lei Antitruste Brasileira. Primeiro porque o Cade não pode, segundo o §8º, conferir redução inferior a 1/3 da pena. Segundo, porque a leniência *plus* só é cabível, nos termos do §7º, quando o agente econômico não puder se qualificar enquanto leniente, segundo a sistemática da Nova Lei Antitruste Brasileira. E a Lei nº 12.529/2011 optou, explicitamente, nos termos do art. 86, §1º, I, por conferir imunidade, tão somente, ao primeiro delator – ainda que essa escolha implicasse privar a Administração de provas relevantes em face de outros partícipes, ou coautores. Um desvio dessa lógica precisaria estar expressamente previsto na lei, o que não veio a ocorrer: em outras palavras, o parágrafo único do art. 209 do novo RiCade é flagrantemente ilegal.

Note-se, ainda, que §7º em apreço previu termo final (*dies ad quem*) para a apresentação de oferta para a celebração da leniência *plus* – não tendo, entrementes, apresentado nada semelhante para a outra forma de leniência. Essa incongruência foi repetida no art. 209 do novo RiCade. Não há, entrementes, a meu ver, qualquer motivo para essa diferenciação. Em ambos os casos se tem um administrado que, necessariamente, confessa participação em um ilícito e delata a participação de terceiros. A diferença está em que, no caso da leniência *plus*, tanto o reconhecimento de participação no ilícito, quanto a colaboração em relação à participação de terceiros dizem respeito a outro caso do qual a autoridade ART. 86
só veio a tomar conhecimento por conta da delação. Se a lei veio a prever a necessidade de fixar prazo final para a apresentação de proposta para a leniência *plus*, com maior razão deveria fixar prazo para a leniência comum. Na ausência de dispositivo legal específico, competiria ao Cade, com base na competência conferida pelo art. 86, §11 da Nova Lei Antitruste Brasileira, dispor, regimentalmente, acerca do prazo para a apresentação da proposta. Infelizmente, a autarquia foi silente a esse respeito no novo RiCade.

Para a extensão ao procedimento preparatório, v. nota ao *caput* do art. 86.

V. art. 35-B, §7º da Lei nº 8.884/94.

§ 8º Na hipótese do § 7º deste artigo, o infrator se beneficiará da redução de 1/3 (um terço) da pena que lhe for aplicável naquele processo, sem prejuízo da obtenção dos benefícios de que trata o inciso I do § 4º deste artigo em relação à nova infração denunciada.

Em conjunto, §§7º e 8º formam a denominada leniência *plus*.

[202]"A Divisão Antitruste também apresentou uma política de Leniência *Plus*, segundo a qual será concedida a leniência para uma sociedade sob investigação por atividade criminal em um mercado que voluntariamente confesse o seu envolvimento na atividade criminosa em outro mercado, caso a agência não tenha conhecimento da atividade ilícita nesse segundo mercado. A leniência aplica-se às atividades da sociedade no segundo mercado, mas também serve como atenuante da pena no primeiro mercado. Esse incentivo à confissão de cartéis ainda desconhecidos repercutiu em várias investigações do grande júri."
[**Antitrust Law Developments**. Vol. 1. ABA: USA, 2002. P.751].

"Assim como ocorre em outros países, um eventual candidato que não se qualificar para a celebração de um Acordo de Leniência em relação à determinada conduta sob investigação (seja porque foi o segundo a se candidatar ou por ter estado à frente da infração), mas que fornecer informações relevantes acerca de um outro cartel, e cumprir com os demais requisitos do Programa de Leniência, receberá todos os benefícios da leniência em relação à segunda infração e redução de um terço da pena que lhe seria aplicável com relação à
ART. 86 primeira infração. Para fazer jus aos referidos benefícios, o interessado tem que denunciar o segundo cartel antes que o primeiro caso seja enviado pela SDE ao Cade para julgamento final."
[**Programa de Leniência.** Secretaria de Direito Econômico/MJ: fevereiro de 2008. Disponível em http://www.mj.gov.br/data/Pages/MJ9F537202ITEMIDA0C5C3163D834AB588C7651A10B74C32PTBRIE.htm. Acesso em 03.02.2011].

"A Leniência Plus consiste na redução de um terço da penalidade aplicável à empresa e/ou à pessoa física que não se qualifica para um Acordo de Leniência com relação a um determinado cartel do qual tenha participado (Acordo de Leniência Original), mas que fornece informações acerca de um outro cartel sobre o qual a Superintendência-Geral do Cade não tinha qualquer conhecimento

[202] *"The Antitrust Division also has disclosed a policy of Amnesty "Plus" pursuant to which it will grant amnesty to a company being investigated for criminal activity in one product market that voluntarily discloses its involvement in criminal activity in another market, if the agency was otherwise unaware of illegal activity in that second market. The amnesty applies to the company's activities in the second market, but also provides a mitigating factor for the fine in the first market. This encouragement to disclose still secret cartel activity has led to numerous grand jury investigations."*

prévio (art. 209 do RICADE c/c art. 86, §7º e §8º da Lei nº 12.529/2011) (Novo Acordo de Leniência)."

[Conselho Administrativo de Defesa Econômica. **Programa de Leniência Antitruste do Cade.** 2016].

V. art. 35-B, §7º da Lei nº 8.884/94.
V. nota ao §7º.

§ 9º Considera-se sigilosa a proposta de acordo de que trata este artigo, salvo no interesse das investigações e do processo administrativo.

O Cade, no art. 207, §2º, II do novo RiCade, normatizou o seu entendimento de que o acordo de leniência e seus anexos são sigilosos.

"A identidade do beneficiário do Acordo de Leniência será mantida confidencial em relação ao público em geral durante todo o curso da investigação até o julgamento do caso pelo Cade. Com respeito aos outros investigados no processo ("representados"), eles têm direito de acesso aos documentos dos autos relevantes relacionados à prática. Sempre que consistente com os requisitos do devido processo legal, a SDE concederá tratamento confidencial a extratos do processo de forma a proteger informações comercialmente sensíveis do beneficiário do Acordo de Leniência." ART. 86

[Programa de Leniência. Secretaria de Direito Econômico/MJ: fevereiro de 2008. Disponível em http://www.mj.gov.br/data/Pages/MJ9F537202ITEMIDA0C5C3163D834AB588C7651A10B74C32PTBRIE.htm. Acesso em 03.02.2011].

V. nota ao *caput* do art. 86.
V. art. 35-B, §9º da Lei nº 8.884/94.

§ 10 Não importará em confissão quanto à matéria de fato, nem reconhecimento de ilicitude da conduta analisada, a proposta de acordo de leniência rejeitada, da qual não se fará qualquer divulgação.

Nesse caso, não se fará qualquer divulgação da proposta e todos os documentos obtidos pelo Cade durante a negociação serão devolvidos ao proponente, não ficando nenhuma cópia em poder do Cade. O art. 205 do novo RiCade contemplou essa preocupação, nos seguintes termos:

"Art. 205. Não importará em confissão quanto à matéria de fato nem reconhecimento da ilicitude da conduta analisada a proposta de acordo de leniência rejeitada, da qual não se fará qualquer divulgação.

§1º O proponente poderá desistir da proposta de acordo de leniência a qualquer momento antes da assinatura do respectivo instrumento de acordo.

§2º Caso o acordo não seja alcançado, todos os documentos serão devolvidos ao proponente, não permanecendo qualquer cópia na Superintendência-Geral.

§3º As informações e documentos apresentados pelo proponente durante a negociação do acordo leniência subsequentemente frustrado não poderão ser utilizados para quaisquer fins pelas autoridades que a eles tiveram acesso.

§ 4º O disposto no §3º não impedirá a abertura e o processamento de procedimento investigativo no âmbito da Superintendência-Geral para apurar fatos relacionados à proposta de acordo de leniência, quando a nova investigação decorrer de indícios ou provas autônomos que sejam levados ao conhecimento da autoridade por qualquer outro meio."

ART. 86 "Somente o Secretário de Direito Econômico e seu Chefe de Gabinete participam da fase de negociação e, caso o acordo não seja alcançado (seja por desistência da parte ou rejeição da SDE), todos os documentos são devolvidos para o proponente, não permanecendo qualquer cópia na SDE. (...)

Propostas de Acordo de Leniência que não resultem em sua assinatura não implicam confissão quanto à matéria de fato nem reconhecimento de ilicitude da infração relatada. Nesse caso, não se fará qualquer divulgação da proposta e todos os documentos obtidos pela SDE durante a negociação serão devolvidos ao proponente, não ficando nenhuma cópia em poder da SDE.

Além disso, há um Chinese Wall entre o Secretário da SDE e o Departamento de Proteção e Defesa Econômica (DPDE): o DPDE não participa de qualquer modo do processo de negociação. Caso nenhum acordo seja alcançado e o DPDE inicie posteriormente, com base em informações obtidas por conta própria, uma investigação da conduta em questão, o Secretário declarar-se-á impedido e não poderá revelar informações fornecidas pelo proponente."

[**Programa de Leniência.** Secretaria de Direito Econômico/MJ: fevereiro de 2008. Disponível em http://www.mj.gov.br/data/Pages/MJ9F537202ITEMIDA0C5C3163D834AB588C7651A10B74C32PTBRIE.htm. Acesso em 03.02.2011].

É importante mencionar que, em razão de o Cade institucionalizar os seus procedimentos por meio de resoluções, as regras relativas à celebração dos acordos de leniência ganharam em transparência, previsibilidade e em estabilidade – em particular ante a possibilidade de alteração *ad nutum* das regras por entendimento do Secretário de Direito Econômico (as regras não constavam do regimento interno da Secretaria, documento de difícil acesso), no regime anterior, e em razão de o Tribunal ser um corpo plural.

V. art. 35-B, §10º da Lei nº 8.884/94.

§ 11 A aplicação do disposto neste artigo observará as normas a serem editadas pelo Tribunal.

É digno de nota que a alteração do art. 35-B, §11º da Lei nº 8.884/94 se deve ao fato de a competência da SDE, parte integrante da estrutura do Ministério da Justiça, ter passado para a Superintendência-Geral do Cade.

§ 12 Em caso de descumprimento do acordo de leniência, o beneficiário ficará impedido de celebrar novo acordo de leniência pelo prazo de 3 (três) anos, contado da data de seu julgamento.

Trata-se de importante mecanismo à mão do Cade para aumentar os custos de não cooperação. Deixa de existir uma mera relação com os ganhos econômicos em se manter, ou abandonar o cartel atual, para comportar um *trade-off* intertemporal com possível interesse em celebrar o acordo no futuro – inclusive com relação ao mesmo caso, respeitadas as condições do art. 86.

O prazo, entretanto, parece-me bastante exíguo se referente a algum eventual cartel a ocorrer futuramente, de tal modo que o legislador parece ter-se centrado em dificultar nova chance de leniência no mesmo caso (se houver arquivamento por falta de provas, *v.g.*, e o agente desejar evitar sofrer novo processo pela mesma conduta, se trazidos fatos novos), ou em outros casos pretéritos – mas não inviabilizá-la. Afinal, se, em três anos do descumprimento do acordo, a Administração não conseguir provas em face daqueles cartéis e o desertor voltar a se prontificar a colaborar, tem-se uma situação de qualquer modo melhor que a impunidade generalizada.

Art. 87 Nos crimes contra a ordem econômica, tipificados na Lei nº 8.137, de 27 de dezembro de 1990, e nos demais crimes diretamente relacionados à prática de cartel, tais como os tipificados na Lei nº 8.666, de 21 de junho de 1993 e os tipificados no art. 288 do Decreto-lei nº 2.848, de 7 de dezeembro de 1940 – Código Penal, a celebração de acordo de leniência, nos termos desta Lei, determina a suspensão do curso do prazo prescricional e impede o oferecimento da denúncia com relação ao agente beneficiário da leniência.

O texto legal deixa de prever apenas os crimes contra a ordem econômica da Lei nº 8.137/90, para incorporar, adicionalmente, quaisquer crimes relacionados à prática de cartel, inclusive aqueles de organização criminosa previstos na Lei nº 12.850, de 2 de agosto de 2013. Por "crimes diretamente relacionados" entendam-se os crimes conexos, como deixa bastante claro a exposição de motivos:

ART. 87

"Fortalecemos o programa de leniência estendendo os seus efeitos para crimes conexos ao cartel como, por exemplo, fraude de licitação pública, quando o arranjo disser respeito à participação em certames realizados pelo Estado." [Exposição de motivos do Substitutivo Ciro Gomes].

A alteração parece evitar que a extinção da punibilidade prevista na lei fosse irregularmente contornada pelas autoridades públicas, em especial membros do Ministério Público, os quais astutamente tentavam forçar a punição do cartel, tipificando-o como formação de quadrilha. Ao caracterizar legalmente a formação de quadrilha e os ilícitos da lei de licitações como instrumentos necessários ao cartel, incluindo o *bid rigging* (fraude à licitação), e afastando a sua punição após o cumprimento do acordo de leniência, a nova lei fortalece os incentivos ao acordo de leniência. Antes, caso vigorasse o entendimento de que se pudesse punir o agente por formação de quadrilha, o maior incentivo ao programa de leniência – que é a extinção da punibilidade criminal, além da administrativa – cairia por terra.

Vale observar, entrementes, que mesmo a subsunção do cartel no tipo do art. 288 do Códio Penal (CP) está longe de ser pacífica – até mesmo porque são acordos de naturezas diversas: o cartel, no qual os **laços** são **corporativos** para a promoção de **crimes contra a ordem econômica**, e a formação de quadrilha, onde o relevante é a **associação de pessoas físicas** para cometer **crimes contra a paz pública**. Em outras palavras, os crimes que servem de propósito à quadrilha no próprio tipo do art. 288 CP[203] não são crimes contra a ordem econômica – regidos pela Lei nº 8.137/90. Assim sendo, a comissão de cartel não pode ser considerada formação de quadrilha, tratando-se de impropriedade legal que frauda a lei concorrencial e tornaria letra morta o bem-sucedido programa de leniência brasileiro.

Por fim, interessa relatar que o aprimoramento da regra na Nova Lei Antitruste não tem evitado que sejam introduzidos dispositivos em outras leis visando enfraquecer a discricionaridade do Cade e viabilizar a politização da leniência. Nesse sentido, a Medida Provisória nº 703, de 18 de dezembro de 2015, ao incluir dois parágrafos no art. 29 da Lei nº 12.846, de 1º de agosto de 2013, também conhecida como Lei Anticorrupção, retirara, provisoriamente, poderes do Cade para celebrar acordos de leniência em casos de cartéis envolvendo licitações.

ART. 87

V. *caput* do art. 35-C da Lei nº 8.884/94.
V. nota ao art. 38, II.
V. art. 29 da Lei nº 12.846, de 1º de agosto de 2013.
V. Medida Provisória nº 703, de 18 de dezembro de 2015.

Parágrafo único. Cumprido o acordo de leniência pelo agente, extingue-se automaticamente a punibilidade dos crimes a que se refere o caput deste artigo.

V. nota ao artigo 86, §4º, I.
V. art. 35-C, parágrafo único da Lei nº 8.884/94.

[203] "Associarem-se mais de três pessoas, em quadrilha ou bando, **para o fim de cometer crimes**." (grifei)

TÍTULO VII – Do controle de concentrações

CAPÍTULO I – Dos atos de concentração

Art. 88 Serão submetidos ao Cade pelas partes envolvidas na operação os atos de concentração econômica em que, cumulativamente:

O art. 88 traz um dos pilares do novo antitruste brasileiro. A participação de mercado sai dos critérios de submissão por ser deveras subjetiva e imprecisa. Em seu lugar, seguindo as linhas mestras do *Sherman Act*, os critérios de subsunção passam a ser (i) o exercício de atividade econômica (*commercial enterprise*); (ii) a dimensão mínima de, ao menos, dois dos envolvidos na operação (*size-of-person*) e (iii) a transferência de ativos (*transfer of assets*) (art. 90).

ART. 88

Nos Estados Unidos, a terceira dimensão deve, ainda, incorporar a transferência de um valor mínimo, em dólares, de bens ou ações com direito a voto – o denominado tamanho da operação (*size-of-transaction*). Para melhor didática, a necessidade de que os ativos transferidos estejam relacionados ao direito a voto será considerada o quarto critério norte-americano, inexistente no Brasil.

Nos Estados Unidos, os quatro requisitos devem estar concomitantemente presentes; mas, se o valor dos ativos com direito a voto transferidos for muito elevado (*size-of-transaction*), pode-se prescindir da dimensão mínima de ambos os integrantes (*size-of-person*). É válido observar que, nos termos do art. 90, II e IV da Nova Lei Antitruste Brasileira, deve-se notificar o SBDC sempre que (i) associações empresariais (*joint ventures*) e (ii) transferências de poder de controle (por meio de acordo de acionista, por exemplo) preencham os requisitos dimensionais do art. 88, independentemente da existência de transferência de ativos na operação.

Os critérios norte-americanos afunilam ainda mais o rol de operações submissíveis: a fim de evitar que se tenha de submeter o ato a cada pequena aquisição, os norte-americanos desenvolveram patamares (*thresholds*) a serem ultrapassados entre uma submissão e outra, a fim de que, entre essas notificações, haja, efetivamente, elementos novos a serem avaliados. Esses patamares apresentam (i) uma dimensão temporal (intervalo no qual as novas aquisições sucedem sem notificação: cinco anos), (ii) uma dimensão de controle/qualitativa (intervalos entre proporções do capital social nos quais as novas aquisições sucedem sem notificação: 25%, para transferências superiores a $1 bilhão, e 50% do capital social, para qualquer outra transferência) e (iii) uma dimensão em valor absoluto/quantitativa (valor mínimo, em dólares, dos ativos transferidos: $50 milhões, $100 milhões, $500 milhões e 1 bilhão, sucessivamente)[204].

Nesses termos, o agente notifica, obrigatoriamente, se transferiu $50 milhões em ativos com direito a voto (*size-of-transaction*). Depois, só notificará se o valor total transferido (incluindo a primeira transferência) somar $100 milhões. Em seguida, ao somar $500 milhões. Por derradeiro, ao somar $1 bilhão. Entretanto, a qualquer tempo, se atingidos 50% do capital social, deve haver nova notificação. Se, por outro lado, as transferências com direito a voto somarem, pelo menos, $1 bilhão, também deverá ser notificada qualquer operação que, a qualquer tempo, causar a aquisição de, pelo menos, 25% do capital social. Essa sequência só é válida se ocorrer entre, exatamente, os mesmos requerentes e se, entre uma operação e outra, não se passarem mais de cinco anos.

O objetivo desse critério é, justamente, evitar que o particular pague várias taxas pela análise das diferentes fases do mesmo ato de concentração. Nesse sentido, parece interessante que se analise, no Brasil, a viabilidade de adoção de patamares congêneres – eventualmente, por construção jurisprudencial. ART. 88

Atendendo ao apelo da 1a edição deste livro, o Cade envidou esforços para, na medida da sua experiência, conferir alguma forma de patamar de notificação entre aquisições sucessivas. É o que se lê, por exemplo, no art. 10, II, *b* da Resolução nº2/2012 – a qual, de modo geral, é, ainda, demasiado tímida. Trata-se, de qualquer modo, de importante evolução que deve ser aqui elogiada.

Apesar de algumas diferenças, o direito comunitário europeu assimilou a engenhosidade do modelo americano. O modelo europeu adota a dimensão *size-of-person* para mensurar o adquirente, ao passo que adota a dimensão *size-of-transaction* para mensurar o volume da operação. Se o primeiro parágrafo do art. 5 do Regulamento (CE) nº 139/2004 sobre o

[204] Para uma imersão no tema, v. TAUFICK, Roberto Domingos. **A brief overview of the Federal Trade Commission's organization and operation**. Revista de Direito da Concorrência , v.14, p.69 – 106. IOB/Cade: Brasília, 2007.

controle de concentrações de empesas (EUMR) trata da adoção da dimensão *size-of-transaction*, o segundo aborda a aquisição ativos diferida no tempo:

"2. (...) se a concentração consistir na aquisição de parcelas, com ou sem personalidade jurídica própria, de uma ou mais empresas, só será tomado em consideração, no que se refere ao cedente ou cedentes, o volume de negócios respeitante às parcelas que são objecto da concentração.

Contudo, duas ou mais operações na acepção do primeiro parágrafo que sejam efectuadas num período de dois anos entre as mesmas pessoas ou empresas são consideradas como uma única concentração realizada na data da última operação."

Essa leitura é melhor elucidada na Comunicação Consolidada da Comissão em Matéria de Competência ao Abrigo do Regulamento (CE) nº 139/2004 do Conselho relativo ao controle das concentrações de empresas (2008/C 95/01) (*Commission Consolidated Jurisdictional Notice*):

"*Aquisição de partes de uma empresa e operações fragmentadas – nº 2 do artigo 5º*

ART. 88 (136) O nº 2, primeiro parágrafo, do artigo 5º do Regulamento das concentrações prevê que, se a concentração consistir na aquisição de parcelas de uma ou mais empresas, só serão tomadas em consideração, no que se refere ao cedente ou aos cedentes, as parcelas que são objecto da operação. O eventual impacto da operação no mercado dependerá exclusivamente da conjugação dos recursos económicos e financeiros que são objecto de uma transferência de propriedade com os do adquirente e não com as restantes actividades comerciais do cedente. Neste caso, as empresas em causa serão o adquirente ou adquirentes e a parte ou as partes adquiridas da empresa-alvo, mas as restantes actividades comerciais do cedente serão ignoradas.

(137) O nº 2, segundo parágrafo, do artigo 5º inclui uma regra especial sobre operações fragmentadas ou operações sucessivas. Em relação às concentrações precedentes (efectuadas num período de dois anos) entre as mesmas partes passa a ser exigida a notificação (ou nova notificação) juntamente com a transacção mais recente, desde que a operação constitua uma concentração, sempre que os limiares de uma ou de mais operações forem isolada ou cumulativamente atingidos. Neste caso, as empresas em causa são o adquirente ou adquirentes e as diferentes partes adquiridas da empresa-alvo no seu conjunto."

O item 49 da *Jurisdictional Notice* esclarece como o segundo parágrafo do art. 5(2) EUMR pode afetar a consideração do faturamento das partes, a fim de evitar que as partes dividam uma operação como subterfúgio para evitar a sua notificação:

"(49) O nº 2, segundo parágrafo, do artigo 5.o prevê uma regra específica que permite à Comissão considerar operações sucessivas efectuadas durante um período de tempo determinado como uma única concentração, para efeitos do cálculo do volume de negócios das empresas em causa. O objectivo desta disposição consiste em evitar que as mesmas pessoas possam dividir uma operação numa série de cedências de activos repartidas no tempo, a fim de se eximir à competência conferida à Comissão pelo Regulamento das concentrações."

[205]"Destacaria um tópico bastante prático no processo de notificação à FTC e ao DOJ. Designado 'patamares de notificação', foi criado para evitar que os requerentes tivessem de notificar o sistema após toda aquisição realizada entre o mesmo adquirente e o mesmo vendedor. De acordo com esse sistema, os requerentes têm um ano a contar do encerramento do período de análise para consumar a operação notificada. Assim que isso ocorra, os requerentes ganham mais cinco anos para aumentar a troca de participações sociais até o próximo ART. 88
patamar. O patamar de 50%, que representa a aquisição do controle, consiste no patamar mais elevado, não havendo outra notificação que lhe siga. Os patamares de aquisição de participação com direito a voto são:

(i) $50 milhões (ajustados anualmente pelo PNB);
(ii) $100 milhões (ajustados anualmente pelo PNB);
(iii) $500 milhões (ajustados anualmente pelo PNB);

[205] *"I would remark a very practical topic in the process of notification to the FTC and the DOJ. It is called "the notification thresholds" and was conceived in order to prevent the parties from filing after every single acquisition performed between the very same acquiring and selling persons or corporations. Pursuant to this system, the parties have one year after the waiting period to conclude the notified operation. If this condition is reached, the parties are granted five more years to increase the transfer of shares up to the next threshold. The operation is only reportable when and if the parties do reach said following threshold. The 50% threshold, which represents the acquisition of the control, represents the highest threshold and after that no other notification is needed. The thresholds for the acquisitions of voting securities are as following:*
(i) $50 million (as adjusted by the Federal Register annually);
(ii) $100 million (as adjusted by the Federal Register annually);
(iii) $500 million (as adjusted by the Federal Register annually);
(iv) 25%, if valued at greater than $1 billion (as adjusted by the Federal Register annually);
(v) 50%, if valued at greater than $50 million (as adjusted by the Federal Register annually)."

(iv) 25%, quando a transferência somar mais que $1 bilhão (ajustados anualmente pelo PNB);

(v) 50%, quando a transferência somar mais que $50 milhões (ajustados anualmente pelo PNB)."

[TAUFICK, Roberto Domingos. **A brief overview of the Federal Trade Commission's organization and operation**. Revista de Direito da Concorrência, v.14, p.69 – 106. IOB/Cade: Brasília, 2007].

"O tempo econômico para que esses processos sigam adiante é um critério mais objetivo de notificação dos atos de concentração, como é o caso do faturamento das empresas, exclui como fator de obrigatoriedade a referência ao mercado relevante – que é um conceito antitruste pouco estudado e, por isso, aberto a discussões e desentendimentos – amoldando-se, assim, aos critérios sugeridos pela OCDE."

[FARINA, Elizabeth Maria Mercier Querido. **Apresentação prévia de atos de concentração.** *In* Revista Jurídica Consulex, ano XI, nº 263. Edição de 31 de dezembro de 2007 – edição especial: reforma da lei concorrencial brasileira. P. 18].

ART. 88 Para análise antitruste em serviços, v. TAUFICK, Roberto Domingos/ PRADO, Luiz Carlos. **Competition Restrictions in Legal Professions.** OECD Papers, v. 2007, p. 42, 2007. Disponível em http://www.seae.fazenda.gov.br/destaque_ingles/bb-competition-restrictions-in-legal-professions-2013-brazil-cade-2007-1. Acesso em 22.01.2009.

V. *Section 7A(a) of the Clayton Act (Hart-Scott-Rodino Act, HSR).*

V. Regulamento (CE) nº 139/2004 sobre o controle de concentrações de empesas (EUMR).

V. Comunicação Consolidada da Comissão em Matéria de Competência ao Abrigo do Regulamento (CE) nº 139/2004 do Conselho relativo ao controle das concentrações de empresas (2008/C 95/01) (*Commission Consolidated Jurisdictional Notice*).

I – pelo menos um dos grupos envolvidos na operação tenha registrado, no último balanço, faturamento bruto anual ou volume de negócios total no País, no ano anterior à operação, equivalente ou superior a 400.000.000,00 (quatrocentos milhões de reais); e

II – pelo menos um outro grupo envolvido na operação tenha registrado, no último balanço, faturamento bruto anual ou volume de

negócios total no País, no ano anterior à operação, equivalente ou superior a R$ 30.000.000,00 (trinta milhões de reais).

"Note-se que cerca de 95% dos atos de concentração julgados pelo Cade são aprovados sem qualquer restrição. Outro dado importante é que 75% dos atos de concentração são julgados passando pelo rito sumário. Ou seja, pelo menos 3⁄4 dos atos de concentração nunca deveriam demandar uma decisão colegiada mais complexa. Até 20% dos atos de concentração poderão requerer uma investigação mais minuciosa que aqueles 3⁄4. Uma parcela muito pequena desses 20% pode ser remetida ao Tribunal, para depois ser considerada como não passível de intervenção. Por fim, seriam 5% que o Tribunal decidiria por rejeitar ou impor condições para a aprovação. Ora, demandar que o Tribunal trabalhe sobre os 100% é desperdiçar uma grande parte do tempo e recursos que poderiam ser utilizados para efetuar uma análise mais profunda nos 5% de casos que realmente vão interessar para melhorar o bem-estar de milhões de brasileiros."
[Exposição de motivos do Substitutivo Ciro Gomes].

Em primeiro lugar, o filtro trazido pela nova lei aprimora aquele da Lei nº 8.884/94. Isso ocorre em função da necessidade de que, pelo menos, dois dos requerentes preencham um faturamento mínimo. Por ART. 88
outro lado, a Câmara dos Deputados não aceitou a proposta do Senado Federal de elevar o maior dos faturamentos a R$ 1.000.000.000,00 e o menor, a 40.000.000,00.

Estudos internos e externos ao Cade comprovaram que o patamar da Nova Lei Antitruste Brasileira não isentaria de escrutínio, sob uma análise retrospectiva, qualquer ato de concentração que tenha demandado a imposição de restrições pelo sistema dos R$ 400.000.000,00 da Lei nº 8.884/94. O excerto da exposição de motivos trazido acima também comprova que o filtro da Nova Lei Antitruste Brasileira fazia bastante sentido[206].

Por outro lado, a economia norte-americana, 7,4 vezes maior que a nacional ($2.347 trilhões/$17,35 trilhões em 2014) [207], tem como pata-

[206] Britto e Faria (BRITTO, Paulo Augusto P. de/ FARIA, Ricardo Moura de Araújo. **Critérios de Notificação de Atos de Concentração: Uma Análise de Perdas para Diferentes Parâmetros Aplicados ao Sistema Brasileiro de Defesa da Concorrência**. In: Economic Analysis of Law Review, v. 6, n. 2, pp. 269/283, jan/jun, 2015) articulam interessante estudo sobre as implicações das alterações dos patamares de notificação.
[207] Disponível em http://www.state.gov. Acesso em 05.01.2016.

mares de notificação $ 100.000.000,00 e $ 10.000.000,00 – atualizados, anualmente, de acordo com o PNB ($131.900.000,00 e $13.200.000,00, em 2010[208]). Em reais, os patamares inferior e superior, em novembro de 2011, eram bastante próximos de 400 e 30 milhões – valores definidos como patamares pela Câmara dos Deputados na redação final da lei. Em janeiro de 2016 esses valores chegaram a R$ 610 e R$ 61 milhões (tendo como base os valores atualizados anualmente no equivalente a $152.500.000,00 e $15.300.000,00[209]).

Entretanto, também nos Estados Unidos o quantitativo de sumários é demasiado, chegando ao Tribunal aproximados 10-15% dos casos notificados – o que comprova que o filtro ali talvez deva ser aprimorado[210]. A isso se acresça o próprio quantitativo de servidores a serviço de cada uma das agências (no total, a FTC dispõe de cerca de 1.000 servidores[211], aproximados 250 devotados para a análise concorrencial[212] – ao que se devem somar os agentes do DOJ e, eventualmente, as participações das agências estaduais), para um prazo de análise equivalentemente curto, nos casos mais complicados (um ano, aproximadamente, em ambos os casos – sendo o prazo de 11 meses um limite para o Brasil e, no caso norte-
ART. 88 -americano, apenas uma referência, dada a suspensão do prazo de análise por conta da *Second Request*) – o que torna premente termos um filtro mais eficiente aqui. A Figura 9 abaixo ilustra a relação entre o número de casos e o número de técnicos em diferentes países.

[208] http://www.ftc.gov/os/fedreg/2011/01/110121clayton7afrn.pdf. Acesso em 07.02.2011.

[209] https://www.ftc.gov/enforcement/premerger-notification-program/current-thresholds. Acesso em 05.01.2016.

[210] É importante ter em mente, porém, que, muitas vezes, casos complexos também deixam de chegar ao Conselho por força de desistências.

[211] 2008 FTC Performance and Accountability Report e 2006 Handbook of Competition Economists, Global Competition Review, Abril de 2006, PP. 3/5. Disponível em http://www.ftc.gov/be/recruit/06beover.pdf. Acesso em 16.02.2010.

[212] 200 advogados e 45 PhDs voltados exclusivamente para o antitruste, além de outros profissionais. [2006 Handbook of Competition Economists, Global Competition Review, Abril de 2006, PP. 3/5. Disponível em http://www.ftc.gov/be/recruit/06beover.pdf. Acesso em 16.02.2010].

Quadro 1. Distribuição média de casos por técnico no mundo (2010)

País	Casos	Equipe	Área fim	c/a
Brasil	660	242	102	6,47
França	213	182	99	2,15
Espanha	113	176	106	1,06
Canadá	232	420	282	0,82
EUA	1166	1100	722	1,61

Fonte: Cade. **Novo Processo de Análise de Atos de Concentração Econômica.** Concurso Inovação na Gestão Pública Federal. Brasília: Escola Nacional de Administração Pública, 2013.

De qualquer modo, o art. 88, §1º viabiliza a alteração desse patamar para cima, ou para baixo, caso a experiência o prove significativamente baixo, ou elevado – expediente de que o Cade se utilizou antes mesmo que a lei entrasse em vigor. Em 31 de maio de 2012, data de publicação, no Diário Oficial da União, da Portaria Interministerial nº 994 dos Ministros ART. 88 de Estado da Justiça e da Fazenda, de 30 de maio de 2012, os patamares de notificação foram elevados para "I – R$ 750.000.000,00 (setecentos e cinquenta milhões de reais) para a hipótese prevista no inciso I do art. 88, da Lei 12.529, de 2011; e II – R$ 75.000.000,00 (setenta e cinco milhões de reais) para a hipótese prevista no inciso II do art. 88, da Lei 12.529 de 2011." Note-se que o segundo patamar (*threshold*) é bastante superior àquele que vinha do Senado Federal e foi barrado pela Câmara dos Deputados e que o patamar superior é bastante superior àquele que foi aprovado na Câmara dos Deputados.

Esse expediente, juntamente (ii) com a tentativa de transferir a instrução dos processos administrativos sancionadores para a Seae (v. nota ao art. 19, IV) e (iii) com o veto à previsão de aprovação tácita (art. 64), sinaliza o receio inicialmente partilhado pelos dirigentes do Cade com relação à incapacidade daquela instituição para implementar, com sucesso, a transição para o sistema de análise prévia.

"Nas regras relativas ao critério de notificação de atos de concentração, temos também algumas observações. A introdução de uma 'segunda trava' com critério de faturamento de R$ 30 milhões para a outra requerente constitui inovação importante, proposta tanto no Projeto do Deputado Carlos Cadoca quanto do Poder Executivo, para evitar que todas as aquisições de empresas muito pequenas por empresas maiores tenham que ser notificadas. Esta medida tende a reduzir o número de operações notificadas. De outro lado, a redução proposta do limite do critério de notificação de R$ 400 para R$ 150 milhões pode aumentar o número de operações notificadas. O efeito líquido dessas duas alterações é ambíguo. Dado o grande número de operações notificadas sem quaisquer problemas, entendemos que o ideal seria reduzir o número de operações apresentadas, diminuindo, inclusive, os custos dessas transações para boa parte das empresas. Já o Projeto de Lei 3937/2004 do ilustre Deputado Carlos Cadoca mantém o valor da primeira trava de faturamento em R$ 400 milhões, o que, pelos motivos expostos, consideramos mais apropriado. Assim, seguimos, neste dispositivo, a regra estabelecida no Projeto de Lei do Deputado Carlos Cadoca, mantendo o valor do faturamento da primeira requerente para R$ 400 milhões e introduzindo a segunda trava de R$ 30 milhões.

O Projeto de Lei removeu o critério de 20% do mercado relevante para efeito de notificação. A questão é que a delimitação do que se entende no antitruste por 'mercado relevante' não é trivial, sendo, por vezes, distinta daquela que o
ART. 88 empresário entende por 'mercado'. Dessa forma, quem define qual é o mercado e, por conseguinte, quem pertence a ele e quais as participações de mercado é a autoridade. Ora, em sendo o mercado e as participações dos agentes definidos pela autoridade antitruste ex-post, como o empresário pode saber ex-ante que a sua operação se enquadra neste critério? Trata-se de problema prático de difícil solução, o que fez recomendar a remoção desse critério no Substitutivo.

O ponto importante é que o critério de faturamento é mais claro e direto do que o de participação no mercado relevante. Isso reduz bastante a insegurança jurídica do critério de notificação, evitando que o empresário tenha que ficar 'adivinhando' qual mercado relevante a autoridade irá considerar."

[Exposição de motivos do Substitutivo Ciro Gomes].

Em segundo lugar, é válido repetir que, em caso de contrato multilateral, basta que apenas dois dos contratantes preencham os requisitos dos incisos I e II para que haja subsunção ao novo critério.

Ao presente critério também se poderia estender a crítica do então Procurador-Geral Arthur Badin acerca do critério legal de quatrocentos milhões de reais, vigente pela lei anterior – assim como a objeção ao argumento proclamada no voto do ex-Conselheiro Luiz Carlos Prado, relator para o caso:

"A nova interpretação proposta a respeito do critério objetivo previsto no art. 54 da Lei Concorrência pode, sim, ser legalmente adotada pelo Cade. Tratar-se-ia de mais um aperfeiçoamento do regime brasileiro de controle de estruturas feito por mudança jurisprudencial, tal qual aquelas consubstanciadas nas Súmulas n. 1 e 2 deste Conselho, que tem como um dos objetivos racionalizar tal regime de forma a que os escassos recursos do SBDC sejam aproveitados nos casos que de fato possam representar risco de restrições injustificadas à concorrência.

O exercício percorrido para se chegar à interpretação proposta é bastante simples e perfeitamente compatível com os cânones hermenêuticos amplamente aceitos. A sugestão da SDE partiu de uma interpretação sistemática da Lei nº 8.884/94, considerando o objetivo desse diploma legislativo: o controle de estruturas no ambiente concorrencial brasileiro. No presente caso, a SDE, utilizando-se de uma interpretação que considera o entendimento conjunto dos arts. 2º e 54, caput e § 3º da Lei nº 8.884/94 – método interpretativo este inclusive já utilizado pelo Cade na alteração de entendimento exarada pela Súmula nº 1 –, demonstrou que o cerne da construção normativa da legislação antitruste no controle das estruturas consiste na preocupação com aquelas operações que podem, ainda que potencialmente, limitar ou de qualquer forma prejudicar a livre concorrência no Brasil.

ART. 88

Ora, são relevantes para se auferir o impacto de determinada concentração sobre os mercados afetados apenas aqueles participantes que efetivamente estão tendo seus recursos somados pela operação, o que em regra representa: (i) empresa ou negócio alienado, (ii) comprador e (iii) grupo econômico do comprador. São estes agentes econômicos os que realmente fazem parte de uma concentração, já que são os respectivos recursos econômicos que passarão a fazer parte da mesma estrutura empresarial após a concentração. O vendedor está, em verdade, se desconcentrando, passando a ter menor ou nenhuma parcela nos mercados nos quais as unidades empresariais alienadas são ativas.

Logo, não se podem presumir efeitos anticompetitivos, potenciais ou reais – nos termos do art. 2º da Lei nº 8.884/94 – que possam advir exclusivamente do porte do grupo vendedor. Demonstração disso é o resultado do levantamento feito pela SDE no qual se verifica que nenhuma das operações submetidas ao Cade somente por conta do faturamento do vendedor desde 2005 sofreu restrições substanciais.

Não é razoável, portanto, considerar para fins de notificação obrigatória o faturamento do grupo vendedor – que aliena o negócio – uma vez que ele, por si só, não é representativo da estrutura empresarial resultante da concentração (ao contrário do faturamento do negócio alienado, do comprador e do grupo econômico do comprador), esta sim objeto da análise do SBDC para averiguação dos possíveis efeitos sobre a concorrência nos mercados relevantes.

Em vista disso, uma interpretação sistemática da lei faz com que o termo 'qualquer dos participantes', contido no § 3º do art. 54 da Lei nº 8.884/94, deva ser entendido como referindo-se apenas aos participantes efetivos da concentração econômica, ou seja, às empresas que por meio da operação passarão a fazer parte do mesmo grupo econômico.

Tal interpretação sistemática, na qual se busca compreender o sentido do art. 54 com as finalidades da aplicação da norma, condiz com as regras que balizam a interpretação da legislação administrativa pátria. Deve ser novamente lembrado o inciso XIII, par. único do art. 1 da Lei de Processo Administrativo Federal, que determina que a 'interpretação da norma administrativa [deve se dar] da forma que melhor garanta o atendimento do fim público a que se dirige (...)'. Se a interpretação proposta atinge o fim da regra do artigo em comento – submeter à apreciação do Cade operações de concentração econômica que presumivelmente possam afetar de maneira negativa a concorrência no país – de forma a economizar recursos ao se evitar a análise de operações que evidentemente não têm o condão de resultar em tais efeitos, deve ser considerada legítima.

Além disso, interpretações meramente literais, que desconsiderem os efeitos da aplicação da norma administrativa, devem claramente ser evitadas de acordo com a LPA. O Parecer ProCade 488/2007 padece, como nela mesmo se reco-
ART. 88 nhece, desse problema. Afirma, todavia, ser tal postura necessária para que se evite insegurança jurídica, bem como uma suposta interpretação extensiva da Lei, o que violaria o princípio da legalidade estrita vigente para a Administração.

Do primeiro problema não se pode falar, como visto acima (desde que as regras definidas pela LPA para mudança de jurisprudência administrativas sejam observadas, como já fez o E. Cade quando da mudança de seu tradicional entendimento quanto ao faturamento, em 2005, com a edição da Súmula n. 1). A segunda crítica também não é procedente, já que não se trata a interpretação proposta de extensão da Lei mas, pelo contrário, de interpretação restritiva da regra sobre notificações obrigatórias de concentrações. Como é evidente, a interpretação proposta resultará em que um conjunto menor de situações sejam subsumíveis à regra § 3º do art. 54. Portanto, não resulta a nova interpretação em ilegalidade por submeter ao controle estatal transações econômicas não previstas em lei, o que seria inconstitucional.

É importante destacar que a interpretação proposta, resultante de análise sistemática e finalista da Lei de Concorrência, está de acordo com diversas manifestações anteriores deste Cade, quando já entendeu, mesmo em casos em que o critério objetivo de faturamento se apresentou, não ser obrigatória a notificação do ato de concentração (casos que ensejaram a edição da Súmula 1).

Além disso, saliente-se que em nenhum momento no seu parecer a SDE declarou que não caberia ao Conselho e sim ao administrado manifestar-se conclusivamente sobre a existência ou não dos efeitos da operação, bem como a submissão de atos ao SBDC. Pelo contrário, o parecer é no sentido de que o Cade estabeleça, sob fundamentos jurídicos e econômicos presentes, novo parâmetro que considere que o faturamento do grupo vendedor não representa elemento relevante na apuração da possibilidade de determinado ato de concentração causar algum prejuízo concorrencial.

Frise-se que a recomendação é de apenas reconhecer que não há uma presunção de lesividade quando apenas o faturamento do grupo vendedor preenche o requisito de faturamento do art. 54, § 3º, da Lei n. 8.884/94. As partes ainda estão obrigadas a notificar se (i) o negócio alienado, o comprador ou o grupo econômico do comprador preencher o requisito do faturamento; ou se (ii) a operação resultar em participação de ao menos 'vinte por cento de um mercado relevante'. Mais do que isso, na esteira do entendimento do Cade, a operação deve ser submetida ao crivo do SBDC se, no caso concreto, o ato puder de qualquer forma prejudicar a livre concorrência nos termos do caput do art. 54.

Rememore-se ainda que, conforme evidente no parecer da SDE, a presente sugestão não implica na modificação de qualquer Súmula editada pelo Conselho, mas sim em estabelecer a correta compreensão do termo "qualquer um dos participantes" constante no art. 54, § 3º, da Lei n. 8.884/94.

Por fim, a simples presença de cláusula de não-concorrência não deve servir como justificativa, per se, para análise de um ato de concentração econômica, o que, evidente já é o entendimento do Cade. Se dessa maneira não fosse, qualquer operação de menor vulto sem impactos relevantes no ambiente concorrencial e que tivesse no documento que a formaliza cláusula de não concorrência que ultrapassasse os limites reiteradamente estabelecidos pelo Cade deveria ser analisada pelo SBDC. De toda forma, ainda que uma operação enquadrada na sugestão apresentada na presente análise pela SDE apresentasse uma cláusula de não concorrência com consequências significativas e que, por isso, representassem possibilidade de lesividade à concorrência, o SBDC poderia determinar sua notificação em conformidade com o caput do art. 54 da Lei nº 8.884/94 ou instaurar processo administrativo por conduta anticompetitiva (art. 32 da Lei 8.884/94)." ART. 88

[Despacho ProCade nº 85/2007/PG/Cade no AC nº 08012.011559/2006-31, em que foram requerentes Bayer Cropscience Ltda. e Cheminova Brasil, de relatoria de Luiz Carlos Prado].

"A interpretação da Lei permite que seu aplicador adeque o comando legal as exigências de seu tempo. Nas palavras de Caio Mario da Silva Pereira [Caio Mário da Silva Pereira, **Instituições de Direito Civil**, 19ª edição, Vol. I. P. 123]: 'A interpretação da lei, como processo mental de pesquisa de seu conteúdo real, permite ao jurista fixá-lo tanto em relação com a forma do comando coetâneo de seu aparecimento como ainda nas situações que o desenvolvimento das atividades humanas venha a criar, inexistentes quando de sua elaboração, porém suscetíveis de subordinação á sua regra em tempo ulterior.'

Mas há um limite para a interpretação legal. É o próprio Caio Mário que afirma:

'O aplicador da lei (notadamente o juiz na decisão dos casos em espécie) terá de se valer de toda uma técnica, no plano do desenvolvimento jurídico, ainda que transcendendo à lei (como observa Karl Larenz), porém mantendo-se 'nos limites das valorações fundamentais do ordenamento jurídico' sem penetrar no âmbito do 'arbítrio judicial''

Considero que a interpretação feita pela SDE e ProCade de que os faturamentos importantes para a subsunção ao § 3º do art 54 da Lei 8.884/94 seriam apenas o do Grupo Comprador e do negócio adquirido não encontra respaldo na lei. A lei é clara e utiliza da expressão 'qualquer dos participantes', ou seja, não diferencia entre Comprador e Vendedor.

No entanto tanto a SDE e a Pro-Cade fizeram analogia entre a proposta que sustentam e a interpretação, hoje já sumulada, quanto a abrangência do faturamento das empresas como restrita ao território nacional. Analogia é um modo

ART. 88 de inferência misto dedutivo-indutivo, que desempenha um papel considerável nas ciências sociais. Kaufman [Arthur Kaufmann, Filosofia do Direito, Fundação Calouste Gulbenkian, 2004, tradução do original alemão, Rechtsphilosophie, 119] sustenta inclusive que 'a analogia é o modo pelo qual se efectua toda a determinação do direito.'

Mas há que se tomar cuidado com analogias. Nesse método, o objeto a ser conhecido não o é em si ou por si (na sua essência), mas pela relação que tenha com um outro que seja mais bem conhecido. Na analogia trata-se de uma inferência a partir da correspondência em algumas características para outras desconhecidas. É também um autor alemão, desta vez não um jurista, mas um literato, Goethe, que ironicamente estabelece os cuidados e limites do uso de analogias:

'Cada ente é análogo a todos os outros entes; daí que o ser nos pareça sempre simultaneamente distinto e relacionado. Se seguirmos demasiado a analogia, tudo se torna idêntico; se a evitarmos, tudo se dissemina até o infinito. Em ambos os casos estagna a investigação, num caso por ser excessiva, no outro por ter sido aniquilada.'

Não entendo similares o caso da interpretação restritiva do faturamento estabelecido no artigo 54 para o território nacional, em que sua abrangência territorial não está expressa na Lei, da proposição de afirmar que a expressão 'qualquer dos participantes' aplica-se apenas a 'alguns participantes', ou seja, aos compradores. Nem parece-me adequado afirmar como distintos participantes de requerentes, ou de partes na transação.

Ou seja, é uma afirmação acaciana afirmar que participantes são aqueles que participam. Mas participam de que? Ora de um Ato de Concentração. Este por sua vez é uma operação formada por uma empresa e/ou empresas que representam o alienante de direitos de propriedade e aqueles que compram esses direitos, que nos termos da lei podem ser ações, cotas, ativos etc. No caso de fusão pode inclusive haver empresas que são simultaneamente vendedoras e compradoras de ativos.

Todos esses agentes econômicos participam da operação, e, portanto, são participantes da operação. Entendo, nesse sentido, que por mais que consideremos que riscos para o ambiente competitivo dependem exclusivamente do comprador desses direitos, não é isto que hoje afirma a lei, e por mais simpatia que possamos ter por uma interpretação alternativa, somos obrigados a nos sujeitar, certo ou errado, a vontade do legislador – nosso ordenamento jurídico veda a possibilidade de irmos além.

Aliás, é trivial no Cade a proposição de que os grupos vendedores e compradores são solidários em caso de cobrança de multa por intempestividade. Se só os segundos importam, a consequência imediata é que seria de exclusiva responsabilidade do comprador apresentar a operação, e só a ele seria devida a multa ART. 88
por intempestividade. Sendo, portanto, para mim evidente que são responsáveis pela subsunção, portanto são partes (e participantes), as empresas vendedoras e compradoras, ambas requerentes de um ato de concentração. Ao que nos leva ao adágio latino: 'manifesta haud indigent probatione'."

[Voto condutor do ex-Conselheiro Luiz Carlos Prado no AC nº 08012.011559/2006-31, em que foram requerentes Bayer Cropscience Ltda. e Cheminova Brasil].

É interessante observar, porém, que o critério defendido, então, pela Procuradoria-Geral, em lugar de somar o critério da dimensão da operação (*size-of-transaction*) ao critério de tamanho do ator (*size-of-person*) – adotados, concomitantemente, nos Estados Unidos –, substitui, em verdade, aquele critério à dimensão do adquirido (ou cujos ativos são adquiridos), que deixa de existir. Embora tenda a concordar que a dimensão da operação deveria ter sido incluída pelo legislador na nova lei brasileira, concordo com o entendimento de que não é possível distorcer a letra da lei – nem antes, tampouco agora – para fazer valer o entendimento defendido pela antiga SDE e pelo ex-Procurador-Geral e ex-Presidente do Cade.

"Em tese, a variável 'participação de mercado' captura de forma mais precisa o poder de mercado das empresas do que a variável 'faturamento'. No entanto, o PL remove este último critério, dado que o que se entende como o mercado relevante da operação é algo ainda a ser definido pela autoridade de concorrência após a notificação e não pela parte a priori. Ademais, naturalmente a empresa possui incentivos para dimensionar o mercado de forma a reduzir ao máximo sua própria participação de mercado.

De outro lado, o critério de faturamento é mais claro e direto do que o de participação no mercado relevante, o que reduz a insegurança jurídica do critério de notificação. (...)

De qualquer forma, não se pode negar que contar exclusivamente com critérios de faturamento e remover o critério dos 20% do mercado relevante embute um risco de permitir que determinadas operações com efeitos anticompetitivas não sejam nem notificadas. Afinal, a despeito de o poder de mercado estar realmente mais correlacionado com o tamanho da empresa, tal correlação não é perfeita. Se o mercado relevante geográfico for regional ou mesmo local, é possível que empresas com baixo faturamento tenham efeito poder de mercado e sua fusão trazer implicações anticoncorrenciais.

A forma encontrada de levar em conta tal problema foi introduzir salvaguarda importante que faculta ao Cade, no prazo de um ano a contar da data de consumação da operação, requerer a submissão dos atos de concentração que não se enquadrem nos critérios de faturamento."

ART. 88

[Mattos, César Alves Costa de. **Evolução Institucional da Defesa da Concorrência no Brasil: A Reforma do Cade.** *In* Regulação e Agências Reguladoras – governança e análise de impacto regulatório. ANVISA/Casa Civil da Presidência. P. 168. Disponível em http://www.anvisa.gov.br/divulga/public/Regulacao.pdf. Acesso em 16/02/2011].

"Em tese, apesar de o poder de mercado estar usualmente associado positivamente com o tamanho da empresa, tal correlação não é perfeita. Toda fusão pode gerar um efeito anticompetitivo, mesmo com faturamentos pequenos, dado que os mercados relevantes podem ser regionais ou locais. (...)

Há um outra questão vital. Há algum tempo atrás, o Cade entendia que o valor do faturamento deveria englobar não apenas as receitas da empresa ou grupo no país, mas também as do estrangeiro. Isso ampliou bastante o conjunto de operações de multinacionais que, mesmo sem produzir no país, mas meramente exportando para cá, tinham que notificar. Recentemente, o Cade alterou este entendimento, adotando o critério de faturamento no país, o que se encontra contemplado no Projeto de Lei do Executivo e em nosso Substitutivo."

[Exposição de motivos do Substitutivo Ciro Gomes].

"Súmula Cade nº 1: Na aplicação do critério estabelecido no art. 54, §3º, da Lei nº 8.884/94, é relevante o faturamento bruto anual registrado exclusivamente no território brasileiro pelas empresas ou grupo de empresas participantes do ato de concentração."
[Diário Oficial da União de 18/10/2005 nº 200, Seção 1, p. 49].

Apesar de já termos discutido a definição de grupo econômico relevante para o processo administrativo sancionador, é necessário analisar, outrossim, qual a definição de grupo econômico relevante para a notificação dos atos de concentração. Essa avaliação é trazida, com pormenores, pela *Jurisdictional Notice* europeia.

Nos termos do art. 5(4) EUMR, o faturamento relevante para a notificação dos atos de concentração é aquele:

(a) da empresa em causa;
(b) das empresas em que a empresa em causa possui, direta, ou indiretamente (i) mais da metade do capital, (ii) direito a mais da metade dos votos, (iii) poder de designar mais da metade dos membros do conselho de administração, fiscal, opu dos órgãos que representem legalmente a empresa; (iv) direito a gerir os negócios da empresa; ART. 88
(c) das empresas que dispõem, na empresa em causa, dos direitos, ou poderes discriminados em (b);
(d) das empresas em que uma empresa listada em (c) disponha dos direitos, ou poderes discriminados em (b);
(e) das empresas em que várias empresas referidas de (a) a (d) dispõem, em conjunto, dos direitos, ou poderes discriminados em (b).

Ademais, quando as empresas implicadas na concentração tiverem, conjuntamente, direitos, ou poderes enumerados em (b), é necessário que, no cálculo do volume de negócios total das empresas em causa:

- não se tome em consideração o volume de negócios resultante da venda de produtos e da prestação de serviços realizadas entre a empresa comum e cada uma das empresas em causa, ou qualquer outra empresa ligada a uma delas na acepção de (b) a (e);
- seja levado em consideração o volume de negócios resultante da venda de produtos e da prestação de serviços realizadas entre a

empresa comum e qualquer outra empresa terceira. Esse volume de negócios será imputado em partes iguais às empresas em causa.

A *Jurisdictional Notice* explica (item 177) que a empresa que é titular, em uma outra empresa, dos direitos e dos poderes referidos em (b) será designada como empresa-mãe, sendo a última designada sua filial.

"(177) ....

(...) Em suma, o n.o 4 do artigo 5.o prevê, por conseguinte, que o volume de negócios da empresa em causa na concentração [alínea 'a'] deve incluir as suas filiais [alínea 'b'], as suas empresas-mãe [alínea 'c'], as outras filiais das suas empresas-mãe [alínea 'd'], bem como qualquer outra filial controlada em conjunto por duas ou mais das empresas identificadas nas alíneas 'a' a 'd' [alínea 'e']."

O item 178 da *Jurisdictional Notice* traz a representação gráfica dessa situação:

Figura 9. A empresa em causa e respectivo grupo

ART. 88

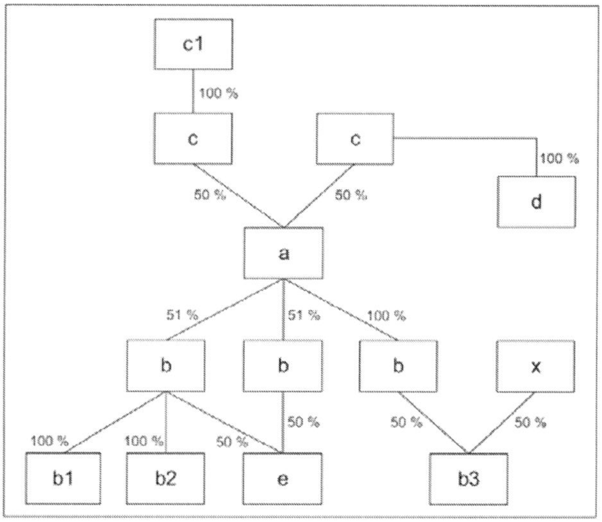

Fonte: *Jurisdictional Notice*

Em que:

a: Empresa em causa

b: As suas filiais, empresas detidas em conjunto com terceiros (b3) e respectivas filiais (b1 e b2)

c: As suas empresas-mãe e as empresas-mãe do grupo (c1)

d: Outras filiais das empresas-mãe da empresa em causa
e: Empresas controladas em conjunto por duas (ou mais) empresas do grupo
x: Terceiros

Vale notar que, na figura, as letras 'a' a 'e' correspondem às alíneas relevantes do art. 5(4) EUMR. As percentagens representadas no gráfico correspondem à percentagem dos direitos de voto detidos pela respectiva empresa-mãe.

A *Jurisdictional Notice* adentra outro assunto bastante polêmico na história do Cade: a avaliação de quais faturamentos devem ser levados em consideração quando da notificação de uma operação envolvendo JVs:

> "(181) O direito de gestão abrange também as situações em que a empresa em causa tem o direito de gerir os negócios de uma empresa conjuntamente com terceiros (127). A ideia subjacente é que as empresas que exercem controlo conjunto têm conjuntamente o direito de gerir os negócios da empresa controlada, mesmo que cada uma só possa exercer individualmente esses direitos num sentido negativo, ou seja, sob a forma de direitos de veto. No exemplo supra, e empresa (b3), que é controlada em conjunto pela empresa em causa (a) e um terceiro (x), é tomada em consideração, uma vez que tanto (a) como (x) são titulares de direito de veto em (b3) devido ao facto de terem uma participação idêntica no capital de (b3) (128). Nos termos do nº 4, subalínea iv) da alínea b), do artigo 5º do Regulamento das concentrações, a Comissão apenas considera as empresas comuns nas quais as empresas em causa e os terceiros dispõem de direitos legais que dão lugar a um direito de gestão inequívoco. Por esse motivo, a tomada em consideração de empresas comuns é limitada aos casos em que a empresa em causa e terceiros beneficiam de um direito conjunto de gestão com base num acordo, como um acordo de accionistas, por exemplo, ou em que a empresa em causa e um terceiro dispõem do mesmo número de direitos de voto, pelo que têm direito de designar um número equivalente de representantes nos órgãos de gestão da empresa comum."

Por fim, a *Jurisdictional Notice* esclarece que os critérios de definição de grupo econômico para a notificação do ato de concentração (art. 5º EUMR) destoa dos critérios usados para a definição de controle para a identificação da realização de um ato de concentração. Se, por um lado, o poder de fato pode levar à caracterização de controle que enseja a identificação de uma concentração empresarial, por outro lado, o poder de fato apenas é levado em consideração para efeito do art. 5 EUMR se ele levar a que a empresa em causa tenha o poder de exercer mais da metade dos votos, ou de indicar mais da metade dos membros do conselho de administração. O objetivo é conferir maior certeza jurídica no cálculo do faturamento, a fim de que a competência – nacional, ou comunitária – para julgar o caso seja definida de forma mais clara.

"(184) O nº 4 do artigo 5º estabelece critérios específicos que permitem identificar as empresas cujo volume de negócios pode ser atribuído à empresa em causa. Estes critérios, nomeadamente «o direito de gerir os negócios da empresa», não coincidem com o conceito de controlo na acepção do nº 2 do artigo 3º. As diferenças entre o artigo 3º e o artigo 5º são significativas, pelo facto de estas disposições terem finalidades distintas. Essas diferenças são mais evidentes ao nível do controlo de facto. Enquanto nos termos do nº 2 do artigo 3º, mesmo uma situação de dependência económica pode conduzir a um controlo de facto (ver pormenores supra), uma filial objecto de um controlo exclusivo apenas é tomada em consideração com base em circunstâncias de facto, os termos do nº 4, alínea b), do artigo 5º, se for claramente demonstrado que a empresa em causa tem o poder de exercer mais de metade dos direitos de voto ou de designar
ART. 88 mais de metade dos membros do conselho de administração. No que se refere ao controlo conjunto, o nº 4, subalínea iv) da alínea b), do artigo 5º abrange as situações em que as empresas que exercem o controlo conjuntamente têm um direito de gestão com base em direitos de veto individuais. No entanto, o nº 4 do artigo 5º não abrangeria as situações em que o controlo conjunto se efectua em circunstâncias de facto devido aos fortes interesses comuns que ligam os diferentes accionistas minoritários da empresa comum em função da participação dos accionistas. A diferença reflecte-se no facto de o nº 4, subalínea iv) da alínea b), do artigo 5º fazer referência ao direito, e não a um poder de gestão (como nas subalíneas ii) e iii) da alínea b), e explica-se pela necessidade de certeza e precisão nos critérios utilizados para o cálculo do volume de negócios, a fim de que a competência possa se facilmente verificada. Contudo, nos termos do nº 3 do artigo 3º, a questão de saber se há uma concentração pode ser estudada de uma forma mais abrangente. Além disso, as situações de controlo exclusivo negativo apenas são abrangidas a título excepcional (caso as condições previstas no nº 4, subalíneas i) a iii) da alínea b), do artigo 5º sejam preenchidas no caso específico em causa): o «direito de gestão» previsto no nº 4, subalínea iv) da alínea b), do artigo 5º, não abrange casos de controlo negativo. Por último, o nº 4, subalínea i) da alínea b), do artigo 5º, por exemplo, não abrange as situações em que pode não existir um controlo na acepção do nº 2 do artigo 3º."

A justificativa dada pela *Jurisdictional Notice* ao tratamento diferenciado entre os artigos 3º e 5º EUMR distingue a situação europeia da brasileira. Se, no caso da União Europeia, o motivo é conferir estabilidade ao sistema comunitário de notificação de atos de concentração, permitindo que se fixe, claramente, se a operação tem dimensão comunitária, no caso brasileiro, a mudança do parâmetro *poder de controle* para critérios jurídico-formais que não necessariamente espelham aquisição de controle, ou de influência relevante elevaria a segurança jurídica com relação a um dos fatores de notificação (faturamento, definido no art. 88 da Nova Lei Antitruste Brasileira), mas não com relação à realização, ou não, de um ato de concentração (art. 90 da Nova Lei Antitruste Brasileira e Resolução Cade nº 2/2012), pois o ato de concentração, por excelência, é aquele em que há transferência de controle, independentemente da existência de ativos nas mãos do controlador.

Marcos Paulo Verissimo escreveu um voto emblemático no Ato de Concentração nº 08012.010094/2008-63, em que foram requerentes Amil Assistência Médica Internacional Ltda. e Casa de Saúde Santa Lúcia S/A, em que rejeita a análise meramente jurídico-formal:

ART. 88

"[...] o que de fato importa e é crucial para o cômputo conjunto das participações de mercado de duas empresas não é a sua submissão a um centro comum de comando ou a existência de influência relevante de uma sobre a outra, mas sim a possibilidade concreta de coordenação entre elas, capaz de fazer supor das mesmas um grau de concorrência, rivalidade e independência inferior àquele que seria de esperar de dois rivais plenos. (...)

Ressalto que esse cômputo conjunto de participações, além de não se basear na consideração de tais empresas como base do mesmo grupo econômico, igualmente não se justifica por critérios de existência de influência relevante, controle, ou qualquer outra variável estritamente societária: as empresas devem ser consideradas como agrupadas (para o específico efeito da análise antitruste prospectiva, pertinente ao controle preventivo de estruturas) porque os seus vínculos societários, aliados a outros elementos do caso concreto, assim indicam. A possibilidade de alteração das condições concorrenciais decorrentes desses elementos é que impõem o cálculo conjunto das participações."

O Conselheiro, embora alimentando posicionamento diverso do esposado nesta obra quanto à possibilidade da existência de acordos tácitos entre concorrentes, conclui que o padrão de autonomia necessário para que um agente econômico seja enquadrado com integrante do mesmo grupo econômico para efeito de um ato de concentração é muito mais flexível que aquele demandado para os casos de condutas concertadas. *In verbis*:

> "Nos casos desses acordos formais, a ilicitude decorre da própria composição de vontades explicitamente acertadas entre os concorrentes, e somente é excluída quando tais concorrentes não têm, objetivamente, qualquer obrigação legal de competir entre si. Tal 'autorização legal' para a cooperação formal exige, aí sim, a unidade igualmente formal de centros decisórios, pois esse é o único elemento capaz de anular o ilícito, já que torna impossível falar no acordo ou ajuste de vontades formalmente independentes.
>
> Portanto, nada, absolutamente nada autoriza dois competidores relacionados por participações minoritárias passivas a estabelecerem um cartel entre si, ainda que, em qualquer momento, a autoridade antitruste venha a considerar suas participações em conjunto para fins de cômputo de uma dada estrutura de mercado."

Seguindo essa linha, o Cade trouxe, na Resolução nº 2/2012, a definição de grupo econômico para efeito da notificação dos atos de concentração e as regras de notificação para os casos de *joint ventures clássicas* (criação de empresa para explorar outro mercado) e *joint ventures concentracionistas* (criação de empresa para explorar mercado já explorado pelas empresas associadas).

ART. 88

V. Portaria Interministerial nº 994 dos Ministros de Estado da Justiça e da Fazenda, de 30 de maio de 2012.

V. Resolução Cade nº 2, de 29 de maio de 2012.

V. nota ao art. 88, §7º.

V. Britto, Paulo Augusto P. de/ Faria, Ricardo Moura de Araujo. **Critérios de Notificação de Atos de Concentração: Uma Análise de Perdas para Diferentes Parâmetros Aplicados ao Sistema Brasileiro de Defesa da Concorrência**. *In*: Economic Analysis of Law Review, v. 6, n. 2, pp. 269/283, jan-jun, 2015.

§ 1º Os valores mencionados nos incisos I e II do caput deste artigo poderão ser adequados, simultânea ou independentemente, por indicação do Plenário do Cade, por portaria interministerial dos Ministros de Estado da Fazenda e da Justiça.

Novamente, andou bem o legislador ao prever a possibilidade de atualização do critério de submissão. Mais, foi bastante razoável ao deixar a atualização do valor na competência exclusiva do Poder Executivo. Essa prerrogativa é essencial para que, com a experiência, verifique-se a razoabilidade dos critérios de notificação, alterando-os na medida do necessário.

Contudo, nos termos da nota ao art. 23, melhor teria caminhado se criasse, paralelamente, outro mecanismo, desta vez automático, de revisão das taxas. O legislador poderia, aqui, ter atrelado a atualização ao crescimento do PIB. Nesses termos, a variação da taxa poderia ser positiva, ou negativa. Nos Estados Unidos, vários parâmetros associados aos critérios de submissão são atualizados, anualmente, de acordo com a variação do PNB – para eles, mais representativo que o PIB em função de contemplar a renda líquida recebida do exterior (RLRE).

Por fim, ressalte-se que, nos termos do § 1º, *in fine*, a delegação da competência legislativa ao Executivo não prescinde de que a portaria interministerial, ou ministerial decorra de expressa ('indicação') provocação do Cade.

V. Portaria Interministerial nº 994 dos Ministros de Estado da Justiça e da Fazenda, de 30 de maio de 2012. ART. 88

V. nota ao art. 88, I e II.

§ 2º O controle dos atos de concentração de que trata o caput deste artigo será prévio e realizado em, no máximo, 240 (duzentos e quarenta) dias a contar do protocolo da petição ou de sua emenda.

A estipulação de prazos preclusivos e da previsão de não interrupção, ou suspensão do art. 63 foi o principal mecanismo criado pelo legislador para evitar que a análise prévia incrementasse o risco Brasil.

Perceba-se que a preservação da redação da Câmara dos Deputados em detrimento daquela do Senado Federal foi favorável aos técnicos do Cade – seja por força do aumento do prazo máximo de análise, seja em razão de o *dies a quo* da análise contar do protocolo da petição, **ou da sua emenda**.

"A introdução do regime de exame prévio dos atos de concentração constitui uma das principais alterações da Lei. A reversão de operações já realizadas pode ser excessivamente custosa pois, após um certo tempo, as fronteiras entre duas ou mais empresas fundidas tendem a deixar de ser claras. Há o risco, no entanto, de o exame prévio implicar atrasos excessivos na liberação para a operação prosseguir, o que foi preocupação esboçada nas audiências públicas como o risco de o 'Brasil parar o mundo'."

[Exposição de motivos do Substitutivo Ciro Gomes].

"O segundo ponto nevrálgico cuida da análise prévia dos atos de concentração e notificação obrigatória. Nesse sentido, a inclusão de ritos processuais céleres cria maior efetividade e permite que o SBDC dedique mais tempo e melhores recursos nos casos de atos de concentração complexos, que têm probabilidade de gerar efeitos negativos sobre a concorrência e nos processos administrativos de maior complexidade. (...)

O conjunto de prazos peremptórios que o projeto traz permite maior organização para a análise, pois impede que interesses estranhos ao procedimento o alonguem indefinidamente.

Por outro lado, poder-se-á impedir que o ato de concentração produza efeitos até a decisão da Administração, evitando-se a criação de fatos consumados, que gerariam dificuldades sociais para o desfazimento do negócio e a reversão

ART. 88 do ato de concentração."

[Farina, Elizabeth Maria Mercier Querido. **Apresentação prévia de atos de concentração**. In Revista Jurídica Consulex, ano XI, nº 263. Edição de 31 de dezembro de 2007 – edição especial: reforma da lei concorrencial brasileira. P. 18].

[213]"A FTC tem, em geral, 30 dias para analisar a aquisição (15 dias, se for caso de oferta hostil paga à vista ou falência) – o denominado 'período de análise' –, mas a análise não passa, comumente, dos 15 dias, se as partes pedem que ela seja

[213] *"The FTC usually has 30 days to analyze the purchase (15 days, if cash tender offer or bankruptcy) – the so called 'waiting period' –, but the analysis does not commonly exceed 15 days if early termination is asked by the parties. Early termination is provided according to Section 7A(b)(2) of the HSR. The timing is still subject to the length of information provided, agency's workload and specificity of the operation. 'Early termination' happens every time merger approvals take place previously to the expiration of the waiting period. Early termination is only granted when asked by any of the defendants. Inasmuch as early termination places the names of the parties in the public records and said operations are usually confidential, very often parties decide rather not to ask for it and wait until the waiting period expires.*
If the shop agrees with the PNO and so does the DOJ, the operation may be completed. In the case of early termination, the shop must contact the PNO as soon as possible. If not, the shop simply returns the file to PNO within the waiting period and the waiting period expires without the FTC's manifestation. However, the Commission is empowered to open investigations or merger proceedings and even decide to

deepen the analyses on the cases the shops are already working on. In such matters, only the Commission is entitled to close the investigations.

If at least one of the agencies needs further clarification, clearance is needed and both agencies decide which one should work on such a case based on historical prevalence (the highest expertise is decided by going five years behind and seeking for the one which is gone further in that very product; if none, going ten years behind; if neither agency has dealt with that product, the highest expertise is eventually decided in a tough dispute which follows the steps previously established by the agencies). None of the agencies can make outside contact until clearance is done. Until the other agency 'clears' the request, third parties cannot be contacted and the investigation is limited to collecting information from public sources. The only exception is a joint meeting the FTC and the DOJ can arrange to hear the defendants. Clearance rules are set forth in two agreements issued in 1993 and 1995, jointly called the Clearance Agreement. Clearance negotiations involve not only the PNO, but also the Commission, Directors and other members of the staff.

The most remarkable differences between the DOJ and the FTC are the broader political independence and the administrative procedure characterizing the FTC. Even though it is true that the Commission's orders can be appealed, the parties are aware of the fact that premerger approval shall be expeditious and that the courts are not likely to reverse the findings of the agency's legal and economic experts. In this sense, every time the Preliminary Injunction ("PI") is granted by the federal District Court enjoining the consummation of the merger the enforcement power of the agency increases – not only due to the court's concurrence with the FTC, but in as much as contesting the Commission's orders can be rather costly and eventually make the operation unviable. Independence, on the other hand, is a result of the joint decision of five commissioners, provided that only three of them can be members of the same political party. ART. 88

It must be clear that during the waiting period and after clearance the shops are authorized to lead investigations, studies and take any investigative measures that may be necessary to clarify the case. In the meanwhile the defendants may also voluntarily or not provide the FTC with more information than requested in the Notification and Report Form that is submitted to the PNO and the DOJ. The FTC may hear competitors and third parties as well, always subject to non-disclosure notification in those cases where the operation or its details are confidential. The same applies to the cases where alternative buyers are also called to be in conference with the staff. Such investigation is carried on by a lead attorney who is assisted by an economist as well as other lawyers and financial or accountancy experts, depending on the complexity of the matter (the 'team').

Constantly, the lead attorney and his or her team – including the lead economist – meet with the AD, DADs and corresponding Deputy Director so as to update the status of a certain matter. Anytime the shop becomes convinced that the operation cannot harm competition, the shop shall contact the PNO or return the file, depending on whether it is a case of early termination or not.

Should the team in charge of the matter find that those punctual pieces of information do not suffice and convince the AD and corresponding Deputy Director that there may be need for further information from the parties, a memorandum or two memoranda is/are prepared by the lead attorney and/or economist and forwarded to the Merger Screening Committee, that gathers to decide whether or not a Second Request with or without compulsory process should be recommended to the chairman. Compulsory process is sought in every case when testimony or information cannot be obtained by voluntary means. Subpoenas are then issued in order to require than a certain document be prepared or that under-oath oral testimony be provided. Therefore, due to the bureaucratic path to be trod, compulsory process should be pursued only when information cannot be achieved otherwise.

The Merger Screening Committee consists of Directors and Deputy Directors of the BC and the BE, BC and BE staff assigned to the matter and a representative from the PNO, provided that Attorney advisors from various Commissioners' offices may also attend. If the committee agrees, three days prior to the end of the waiting period a recommendation is sent to the Chairman, who is empowered to issue the Second Request. Compliance with the Second Request is subject to appeal to the General Counsel of the FTC. If the Committee disagrees, the transaction can be consummated. In any case, neither the BC Director nor the BE Director are empowered to give the final word. Whenever there is dissent, both bureaus can express their divergent approaches to the Chairwoman, who shall eventually decide whether or not to issue the Second Request.

It is important to mention that when the Merger Screening Committee assembles it usually happens by the end the waiting period and normally there would be no time or need for early termination. It is of utmost importance to highlight that even though time running out is tantamount to the operation allowance, the expiration of the waiting period does not preclude the FTC's right to reverse the operation at any time. Even though granting early termination and the expiration of the waiting period may prevent the FTC from enjoining the merger in an 'a priori' analysis, however inefficient it may be the FTC is always entitled to pursue post-merger or 'a posteriori' enforcement.

The Second Request extends the waiting period for 30 additional days (or 10 days, if cash tender offer or bankruptcy) and must be issued prior to the expiration of the waiting period. The 'dies a quo' for the 30-day countdown is the substantial compliance of the defendants with the Second Request. In this sense,
ART. 88 *consummation is withheld for longer than 30 days, since a Second Request in a significant transaction requires months to be properly answered. If the shop finds that the response is deficient, the new waiting period will start when the parties correct the deficiencies. If the defendants do not comply with the determination of the shops, the BC may intervene and reject the submission – also known as 'bounce'.*

The Second Request brings a long roll of questions and is deemed very costly to the parties and to the Commission as well – advisors estimate that the parties routinely spend millions of dollars in significant operations due to Second Requests and the whole analysis lasts between six and nine months on average. The query includes econometric studies, marketing and investment plans, price zone information, surveys on competitors and data alike. Due to its overwhelming burdensome effects upon the parties, the Second Request can have the unintended effect of causing the parties to abandon a transaction.

In lieu of demanding substantial compliance, the shop may alternatively ask that a specific question be addressed prior to the others expecting that such an answer provides the staff with all necessary information. This proceeding is called 'quick look'. In the 'quick look', the FTC issues a Second Request and then enters into an agreement with the parties whereby the latter promise not to comply with the Second Request until a negotiated term set forth by said agreement expires. During this period the staff will analyze the preferred information and, if the doubts are clarified, full compliance with the Second Request is not necessary. If the answer is not good enough to convince the staff, the FTC will not be able to dismiss the additional and costly answers.

Very often laymen erroneously take the quick look for the fast track proceeding. The fast track belongs to another set of rules which govern procedure in adjudicative proceedings and that shall be conducted expeditiously. Due to such rules, in fast track proceedings the Administrative Law Judge (ALJ) shall file an initial decision within 56 days following the conclusion of the evidentiary hearing and no later than 195 days after the triggering event, and the Commission will issue a final order and opinion within 13 months after the triggering event. (16 C.F.R. §§3.2 and 3.11A)

The Second Request is the response to the lack of time to analyze a complicated matter, too. If there is not plenty of time to investigate in the waiting period, the staff have no other alternative than seeking a Second Request. In order to avoid such costly remedy in ordinary cases the system has developed the 'pull and re-file' mechanism, allowing the parties to withdraw their case subject to re-filing it within 48 hours. Re-filing is also subject to previous consent from the BC and the PNO, that shall be notified of the precise time the case will be withdrawn.

The 'pull and re-file' process is voluntary and shall not be suggested by the FTC – the staff constantly only clarifies that there is such an option. However pro-efficient it may be, withdrawing does not consist in a commitment from the BC not to issue a Second Request and it is quite important that the lead attorney, the BC or the PNO highlight such uncompromised offer to the defendants. Another very useful method developed by the FTC and increasingly used consists of agreements entered into with the defendants whereby the parties to the notified operation concur to await more than the waiting period to consummate the merger.

Both remedies are agile responses of the staff, who are acquainted with the fact that the Second Request queries are commonly more extensive than the specific information they needed or can handle and sometimes could even have been replaced by the pull and re-file mechanism. Even though a 'quick look' approach may be given to the analysis so as to avoid triggering the whole costly paperwork prematurely, the "quick look" does not consist in a waiver of the full responses by the Administration and in the end the shop can find the 'quick look' answers to be inconclusive. As a matter of consequence, in order not to delay the 'dies a quo' of the extended waiting period – which is only triggered when substantial compliance with the Second Request is achieved –, not rarely do the defendants feel bound to preemptively answer the whole request promptly. ART. 88

As it should become clear, my opinion is that the Second Request is effective, but not always efficient. It is effective in the sense that the answers cover such an array of issues and asks for so much undisclosed information that it usually achieves the proposed knowledge to comfortably approve or disapprove of an operation. But it is only entirely efficient when the operation does demand that amount of information. However, it can be deemed 'economically efficient' when costs overwhelm the parties' financial capacity to afford substantial compliance with the queries and the parties feel obliged to enter into consent agreements or desist. The economic efficiency comes from the time and resources spared. On the other hand, if the latter is not the case, that is, if the parties can comply with the Second Request but the questions overwhelm what could be considered reasonable for that specific case, the costs incurred and the amount of useless information asked clearly show that the queries should be limited case-by-case to the strictly necessary content in order to curtail the snowball.

If after the whole analysis the staff regard the operation to be anticompetitive, it recommends the Commission to seek PI before the District Court so as to enjoin the operation from happening. If granted, the PI would allow the FTC to bring the case upon an administrative judge within 20 days of the granting. In this sense, the Commission issues a complaint setting forth its charges and awaits the parties' response. Should they settle the charges, a consent agreement is signed and is placed on the public record for comments. In the consent agreement the parties waive all rights to judicial review, but do not admit liability at all for any unlawful practice. Consent agreements are prepared by the Compliance staff, who is in charge of drafting and negotiating every Commission order, monitoring company conduct required by said order and going to court to seek enforcement.

If the respondents contest the charges, the complaint is adjudicated before an ALJ. The ALJ renders an initial decision. If the opinion is appealed, the Commission renders what is called final decision, which can be overruled only by the judiciary. If the PI is not granted, the Commission may appeal to the Appellate

sumária. A análise sumária é concedida nos termos do item *7A(b)(2)* do *Hart--Scott-Rodino Act (HSR)*. Mas o tempo de análise ainda depende da quantidade de informações providenciada, da carga de trabalho da agência e de particularidades do caso. A análise sumária ocorre sempre que a aprovação se dá antes do término do período de análise e só é concedida quando algum dos requerentes a solicita. Dado que a solicitação de análise prévia tem como contrapartida que os nomes das partes sejam tornados públicos quando da aprovação da operação e tendo em vista que as operações costumam ser reputadas confidenciais, não é comum que os requerentes optem por não solicitar a análise sumária e aguardar até que o período de análise expire [sem manifestação da agência, o que representa aprovação tácita da operação].

Se a coordenação-geral responsável pelo caso na FTC e o DOJ concordam com a área responsável pela triagem das notificações [que a operação é simples e não demanda instrução], a operação pode ser consumada. No caso de análise sumária, a coordenação-geral deve avisar a área de triagens o mais rápido possível. Caso contrário, a coordenação-geral devolve o caso à área de triagem

Court and then to the Supreme Court, pleading jointly for an injunction pending appeal, which would hold in abeyance the approval of the operation until the appealing court renders its judgment.

ART. 88 *The defendants and the plaintiff usually come into consensus by means of consent agreements entered into before the PI or right after it is granted. Since (i) the Commission would seldom overrule the prior understanding which has led the FTC to file a lawsuit with the District Court and (ii) the parties to the consent agreement seek a quick response in a premerger analysis, appealing to the Appellate Court is rare. Consent agreements are prepared by the Compliance team who has the central role of developing appropriate remedies for the proposed mergers. However, the consent agreement must be approved by the Commission and then placed on the public record for comments.*

The Compliance staff are also in charge of finding relief for illegal mergers – both unreported and reported but reevaluated. Civil remedies can be classified according to three basic categories, that is, conduct or behavioral, structural and monetary remedies, which are commonly associated with, respectively, preventing unfair methods of competition, divestiture and restitution. Due to everlasting precedents, Compliance has the steady belief that structural remedies like divestiture – and not conduct approaches – are the core relief for the structural competitive problems from illegal horizontal mergers. This is also the feeling shared by the Commission itself:

'Structural remedies are preferred for Section 7 violations. See United States v. E.I. du Pont de Nemours & Co., 366 U.S. 316, 329 (1961) (calling divestiture 'a natural remedy' when a merger violates the antitrust laws). As we recently said, '[m]uch of the case law has... found divestiture the most appropriate means for restoring competition lost as a consequence of a merger or acquisition.' In re Chicago Bridge & Iron Co., No. 9300, 2005 WL 120878, at 93 (FTC Jan. 6, 2005). Divestiture is desirable because, in general, a remedy is more likely to restore competition if the firms that engaged in pre-merger competition are not under common ownership. There are also usually greater long-term costs associated with monitoring the efficacy of a conduct remedy than with imposing a structural solution. (...) Divestiture is the preferred remedy for challenges to unlawful mergers, regardless of whether the challenge occurs before or after consummation.' (Chairwoman Majoras' opinion in the Evanston matter)"

dentro do período de análise e os requerentes aguardam até que esse expire esse período sem a manifestação da FTC para uma aprovação tácita. Contudo, a Comissão tem o poder de abrir investigações ou procedimentos em atos de concentração, ou, ainda, aprimorar a análise nos casos sobre o quais as coordenações-gerais já estão se debruçando. Nesses casos, somente a Comissão pode encerrar as investigações.

Se ao menos uma das agências precisar de maiores esclarecimentos, declara-se conflito de competência e ambas decidirão quem trabalhará no caso com base em dados históricos (olha-se nos últimos cinco anos quem teve maior experiência; se não há experiências nesse período, cinco anos adicionais; persistindo a ausência de experiência, a decisão baseia-se em acertos previamente realizados entre as agências). Nenhuma das agências pode realizar investigações externas até que o conflito de competência seja resolvido, devendo a investigação limitar-se à coleta de informações de fontes públicas. A única exceção é o recurso a reuniões conjuntas, por meio das quais FTC e DOJ podem realizar audiências com os requerentes. As regras de conflito de competência foram estabelecidas em dois acordos assinados em 1993 e 1995 (Acordo de Solução de Competência). As negociações para sanar o conflito evolvem não só a área de triagem, como a Comissão, diretores e outros membros da equipe técnica.

As maiores diferenças entre o DOJ e a FTC estão na maior autonomia política e no procedimento administrativo que caracterizam a FTC. Embora seja verdade que as decisões da Comissão possam ser objeto de recurso ao Judiciário, os requerentes sabem que a análise prévia deve ser célere e que os tribunais não têm propensão a reverter as decisões dos especialistas legais e econômicos da agência. Assim, toda vez que uma liminar é concedida pelo tribunal distrital para impedir a consumação da fusão, a força da agência aumenta – não só por conta da concordância com a decisão da FTC, mas porque a contestação de uma decisão da Comissão pode ser muito custosa e até inviabilizar a operação. A autonomia da agência, por outro lado, é resultado de uma decisão colegiada de cinco conselheiros, sendo no máximo três deles designados pelo mesmo partido político. ART. 88

Deve ficar claro que durante o período de análise e depois de resolvido o conflito de competência as coordenações-gerais estão autorizadas a investigar e promover estudos para esclarecer dúvidas referentes ao caso. Nesse interregno também os requerentes podem, voluntariamente, ou não, levar à FTC informações adicionais àquelas apresentadas na notificação. A FTC pode ouvir os concorrentes e terceiros, estando tais comunicações sujeitas à notificação de sigilo sempre que a operação ou detalhes sejam confidenciais. O mesmo serve para os casos em que compradores alternativos sejam chamados para colaborar com a FTC. A investigação é conduzida por um advogado, que é assistido por um economista e outros advogados e especialistas em finanças e contabilidade, a depender da complexidade do caso (chamados, conjuntamente, de 'time').

Constantemente, o advogado à frente do caso e o seu time – incluindo o economista à frente do caso – reúnem-se com o coordenador-geral, coordenadores e vice-diretor para atualizar o andamento de determinada operação. A qualquer tempo em que houver o convencimento da coordenação-geral de que a operação não prejudica a concorrência, ela contata a área de triagem para que seja dada a aprovação prévia ou, simplesmente, devolve a documentação para a aprovação tácita.

Caso o time encarregado do caso entenda que as informações sejam insuficientes e convença o coordenador-geral e o vice-diretor da necessidade de dados adicionais, um memorando ou dois é preparado pelo advogado à frente do caso e/ou pelo economista à frente do caso e enviado ao Comitê de Análise de Atos de Concentração, que se reúne para deliberar se é necessário solicitar ao presidente da FTC que autorize a instrução complementar, com ou sem procedimento compulsório[214]. O procedimento compulsório é solicitado sempre que testemunhos ou informações não forem ser obtidos voluntariamente. Citações são emitidas a fim de exigir que um documento seja confeccionado ou um de-
ART. 88 poimento oral seja feito de forma juramentada/oficial. Dado o exposto e devido ao procedimento burocrático a ser trilhado para conseguir autorização para o procedimento compulsório, ele somente deve ser buscado quando a informação não puder ser conseguida de outro modo.

O Comitê de Análise de Atos de Concentração é composto dos diretores e vice-diretores do Departamento de Defesa da Concorrência e do Departamento Econômico, técnicos de ambos a serviço do caso e um representante da área de triagem[215], sendo também possível que assessores dos conselheiros frequentem.

[214] "A decisão de passar para uma instrução complementar é também um processo decisório estratégico. Mesmo antes de o caso chegar ao Comitê de Análise de Atos de Concentração os advogados do caso e o coordenador-geral e os coordenadores precisam analisar a probabilidade de os argumentos para o caso serem aceitos pelo Judiciário. Na análise prévia, a celeridade é tão importante que a concessão da liminar pelo tribunal aumenta a probabilidade de que os requerentes buscarão um acordo. Caso a probabilidade de aceitação do caso no Judiciário seja baixa, o time provavelmente nem estenderá a instrução."

[215] "A reunião ocorre após o preparo de um memorando conjunto da coordenação-geral, ou dois memorandos, se o Departamento de Economia decidir preparar o seu próprio, separadamente. Os memorandos devem incluir a concordância do coordenador-geral, economista designado e supervisores, assim como do diretor do Departamento de Economia. Se o Departamento de Economia decide preparar o seu próprio memorando, apenas a assinatura do coordenador-geral é necessária no memo da sua área. Os memos seguem para o diretor do Departamento de

Se o Comitê concordar, três dias antes do fim do período de análise uma recomendação é enviada ao presidente, que tem a prerrogativa de autorizar a instrução complementar. O cumprimento da instrução complementar está sujeito a recurso ao Procurador-Geral da FTC. Se o Comitê discordar, a transação poderá ser consumada. Em qualquer caso, nem o diretor do Departamento dc Dcfcsa da Concorrência, nem aquele do Departamento Econômico têm a prerrogativa de decidir. Quando houver discordância, ambos os departamentos poderão expressar as suas divergências ao presidente, que deverá decidir sc autoriza, ou não, a instrução complementar[216].

É importante mencionar que, quando o Comitê de Análise de Atos de Concentração se reúne, o evento ocorre próximo ao término do período de análise e, portanto, não haveria mais condições de ocorrer uma análise sumária. É muito importante observar que, embora o expirar do período de análise equivalha a uma aprovação tácita, não se considera que a aludida aprovação preclua a prerrogativa de a FTC tentar reverter a operação a qualquer tempo[217]. Embora a concessão da análise prévia e a expiração do período de análise possam evitar que a FTC analise uma fusão *a priori*, a FTC sempre terá a prerrogativa de buscar a adoção de remédios *a posteriori*, por mais ineficiente que seja.

A instrução complementar estende o período de análise por mais 30 dias (ou 10 dias, se for caso de oferta hostil paga à vista ou falência) e deve ser concedida antes do término do prazo de análise. O *dies a quo* dos 30 dias adicionais é o substancial cumprimento do requerido em instrução complementar pelos requerentes. Nesse sentido, a consumação é suspensa por mais de 30 dias, dado que a instrução complementar em uma grande transação demanda meses para ART. 88

Defesa da Concorrência, que deverá decidir, na reunião, depois ouvir advogados e economistas lidando com o caso."

216 "Discussões entre economistas e advogados tornam-se um incentivo adicional para que ambos os lados entendam a teoria oposta. Por isso, não só advogados têm conhecimentos econômicos, como economistas devem ter noções de direito."

217 "Quando o *Hart-Scott-Rodino Act* estabelece requisitos de notificação, expressamente prevê que:

'Qualquer ação da Federal Trade Commission ou Subprocurador-Geral ou qualquer erro da Federal Trade Commission ou Subprocurador-Geral ao tentar agir nos termos do 15 U.S.C. §18a não deve afastar qualquer providência ou ação relativa à aquisição, a qualquer tempo...' 15 U.S.C. §18a(i)(1).

Ademais dos dipositivos do Hart-Scott-Rodino Act, a Suprema Corte tem reconhecido que o Estado mantém a prerrogativa de contestar uma fusão *a posteriori*. United States v. E.I. du Pont de Nemours & Co., 353 U.S. 586 (1957)"

[Complaint Counsel's Revised Pretrial Brief in the Evanston matter (Evanston Northwestern Healthcare Corporation and ENH Medical Group, Inc., File No. 011 0234, Docket No. 9315), 27 de janeiro de 2005].

ser devidamente respondida. Se a coordenação-geral entende que a resposta é insuficiente, o novo período de análise terá início quando as partes corrigirem tais deficiências. Se os requerentes não cumprirem com a determinação da coordenação-geral, o Departamento de Defesa da Concorrência pode intervir e rejeitar a notificação – conhecida como devolução.

A instrução complementar traz um longo rol de perguntas e é considerada muito cara para os requerentes e para o Conselho – estima-se que sejam gastos milhões de dólares em operações de grande porte por conta da instrução complementar e o período de análise é estendido para cerca de 6-9 meses, em média. O questionário inclui estudos econométricos, planos de propaganda e investimento, informações de preço, pesquisas sobre concorrentes e informações congêneres. Dados o ônus imposto pela instrução complementar, ela pode provocar o abandono da operação pelos requerentes[218].

Ao invés de exigir substancial cumprimento, a coordenação-geral pode, alternativamente, exigir que se responda, primeiramente, a uma matéria específica do questionário, esperando que tal resposta elimine as dúvidas dos técnicos. Este procedimento é chamado *quick look*. No *quick look*, a FTC instala a instrução complementar e entra em um acordo com os requerentes, no qual esses se comprometem a não responder a todas as questões até determinada data. Durante
ART. 88 esse prazo, os técnicos analisam a informação a que foi dada precedência e, se as dúvidas forem dirimidas, o cumprimento integral do questionário torna-se dispensável. Se a informação não convencer os técnicos, a FTC não poderá abrir mão de que se responda a todo o dispendioso questionário.

Comumente, leigos confundem o *quick look* com o *fast track*. O *fast track* pertence a outra série de regras que governam o procedimento de julgamento, que deve ser conduzido de maneira célere. Devido a tais regras, em procedimentos *fast track* o juiz administrativo deve decidir em até 56 dias da conclusão da oitiva e não mais de 195 dias do evento, e a Comissão deverá decidir em até 13 meses do evento. *(16 C.F.R. §§3.2 and 3.11A)*.

A instrução complementar também é a resposta à falta de tempo para analisar questões mais complicadas. Se não há tempo suficiente para conduzir as investigações no período de análise, não há alternativa à instrução complementar. A fim de evitar o uso desse custoso mecanismo em casos menos complicados,

[218] "Não se pode sugerir que a FTC ilegalmente recorra à instrução complementar como mecanismo de barganha. Na verdade, ela apenas é concedida após uma série de análises e se houver elevada probabilidade de que a fusão gere impacto negativo sobre a competição. Contudo, a legislação norte-americana, a fim de conceder certo grau de autonomia à Comissão e criar um eficiente e prático sistema, investiu o presidente com uma ferramenta que exigirá plena e voluntária cooperação dos requerentes desde a notificação."

desenvolveu-se o mecanismo de 'retirada e renotificação', permitindo que os requerentes retirem o seu caso para renotificá-lo dentro de 48 horas. A renotificação depende do prévio consentimento do Departamento de Defesa da Concorrência e da área de triagem, à qual deve ser dada ciência do preciso momento em que o caso será retirado.

O mecanismo de 'retirada e renotificação' é voluntário e não deve ser sugerido pela FTC – habitualmente, os técnicos apenas advertem que essa opção existe. Entretanto, por mais eficiente que seja, o processo de retirada não consiste em um comprometimento do Departamento de Defesa da Concorrência em não vir a realizar instrução complementar e é muito importante que o advogado à frente do caso, o Departamento de Defesa da Concorrência ou a área de triagem esclareçam que a oferta de 'retirada e renotificação' é descomprometida. Outro instrumento bastante útil desenvolvido pela FTC e crescentemente utilizado são acordos com os requerentes, por meio dos quais esses concordam em esperar mais que o período de análise legalmente estabelecido para consumar a operação.

Ambos os mecanismos são respostas ágeis dos técnicos, que sabem que o questionário da instrução complementar é muito mais extenso do que efetivamente é necessário e do que aquilo com que esses mesmo técnicos têm condição de lidar, podendo, muitas vezes, ser substituídos pelo mecanismo de retirada e renotificação. Embora uma análise *quick look* possa ser dada à análise, a fim de evitar que, prematuramente, o custoso procedimento seja impingido aos requerentes, o *quick look* não consiste em uma desistência de todo o questionário por parte da Administração, dado que os técnicos podem considerar que as respostas sob o *quick look* eram insatisfatórias. Como consequência, a fim de não se atrasar o termo inicial do período de análise prorrogado – que só é disparado quando houver substancial cumprimento da instrução complementar –, não é raro que os requerentes prefiram, preventivamente, responder a todo o questionário.

ART. 88

Deve ficar claro que, na minha opinião, a instrução complementar é efetiva, mas não sempre eficiente. Efetiva no sentido de que as respostas cobrem tantas questões e abordam tanta matéria confidencial que, em geral, alcançam o propósito de dar o conhecimento dos fatos para que a operação seja aprovada ou reprovada. Mas só é completamente eficiente quando a operação efetivamente demande aquele amontoado de informações.

Contudo, pode ser considerado 'economicamente eficiente' o fato de os custos superarem a capacidade de os requerentes responderem à instrução complementar, levando a que haja acordos ou desistências da operação. A eficiência econômica deriva do tempo e dos recursos poupados. Por outro lado, se as partes puderem arcar com a instrução complementar, mas as questões superarem aquilo que era necessário para o caso, os custos incorridos e as informações inúteis podem provar que o questionário deveria ser limitado caso a caso ao estritamente necessário.

Se, após toda a análise, os técnicos considerarem a operação ofensiva à concorrência, recomendarão à Comissão conseguir uma liminar junto ao tribunal distrital, a fim de sustar a sua consumação. Se concedida, a liminar permite que a FTC leve o caso para um juiz administrativo dentro de 20 dias. Nesse sentido, a Comissão faz uma acusação formal e aguarda a contestação. Se houver consenso, assina-se um acordo em atos de concentração, o qual deverá ser submetido a consulta pública. No acordo, os signatários abrem mão do direito de levar o caso para análise em juízo, mas não admitem qualquer responsabilidade ou ilicitude. Os acordos são preparados pelos técnicos que trabalham com a implementação das decisões, os quais são responsáveis por rascunhar e negociar cada decisão da Comissão, monitorando a conduta do signatário e recorrendo ao Judiciário para fazer valer o acordado.

Se os requerentes contestarem, o caso é julgado pelo juiz administrativo – daí decorrendo a denominada decisão inicial. Se houver recurso, cabe à Comissão o julgamento final em sede administrativa, que pode ser revertido no Judiciário. Caso a liminar não seja concedida, a Comissão pode apelar ao Tribunal de
ART. 88 Apelação e, então, à Suprema Corte, solicitando uma liminar na pendência de julgamento, que tem por objetivo suspender a aprovação da operação até que o tribunal de apelação decida pelo provimento, ou não, do recurso.

Os requerentes e a Administração costumam chegar a um consenso por meio de acordos realizados antes ou logo após a concessão da liminar. Dado (i) que a Comissão raramente muda o entendimento que levou a que o caso fosse julgado pelo tribunal e (ii) que os requerentes procuram uma resposta rápida em uma análise prévia, a apelação ao tribunal de segunda instância é rara. Os acordos são preparados pela equipe de implementação das decisões, que tem como principal função desenvolver soluções para atos de concentração notificados. Entretanto, o acordo deve ser aprovado pela Comissão e colocado em consulta pública[219].

A equipe de implementação de decisões cuida, também, da solução de remédios para fusões ilegais – seja por não terem sido notificadas, seja porque, embora notificadas, estejam sendo reavaliadas. Os remédios administrativos podem ser classificados de acordo com três categorias: conduta ou comportamental, estru-

[219] "O Cade realizou o mesmo procedimento para o TCC realizado com o Shopping Center Iguatemi, condenado pela imposição de cláusula de raio (Processo Administrativo nº 08012.006636/1997-43, em que foi representado o Condomínio Shopping Center Iguatemi, de relatoria de Luís Fernando Rigato Vasconcellos."

tural e financeiro, comumente associados com, respectivamente, prevenção de mecanismos ilícitos de concorrência, desinvestimento e restituição. Devido a inúmeros precedentes[220], a equipe de implementação de decisões acredita que remédios estruturais[221] sejam a melhor forma de lidar com fusões horizontais ilícitas. Esse sentimento é compartilhado pela Comissão:

'Remédios estruturais são preferidos para violações ao item 7. V. *United States v. E.I. du Pont de Nemours & Co., 366 U.S. 316, 329 (1961)* (chamando o desinvestimento de 'solução natural' quando uma fusão contraria as leis antitrustes). Como dissemos recentemente, '[m]uita jurisprudência... vê o desinvestimento como o meio mas adequado de restaurar a concorrência perdida por força de uma fusão ou aquisição'. *In Chicago Bridge & Iron Co., No. 9300, 2005 WL 120878, em 93 (FTC Jan. 6, 2005)*. O desinvestimento é desejável porque, em geral, um remédio tem maior probabilidade de restaurar a concorrência se as sociedades envolvidas na concorrência previamente à operação não estiverem sob o mesmo

[220] "No recente caso Evanston, a Comissão apostou em um remédio comportamental para estabelecer times separados de negociação de planos de saúde para cada hospital anteriormente independente agora integrante do sistema ENH. Essa decisão afastou a decisão do juiz administrativo, que ordenou o desinvestimento. Remédio similar foi adotado pelo Cade no caso Ripasa SA Celulose e Papel e Votorantim Celulose e Papel SA no mercado de papel/celulose, em um cenário em que a Ripasa deveria ser considerada como um agente que necessariamente deixaria o mercado." ART. 88

[221] "'Baseado em um mandato claro, a FTC considera o desinvestimento como o seu remédio padrão. V., *e.g., Hospital Corp. v. FTC 807 F.2d 1381 1393 (7thCir. 1986)* (mantendo a decisão da FTC de desinvestimento de hospitais que se fundiram); *Olin Corp. 113 FTC. 400 (1991)* (exigindo que uma sociedade que passou por fusão desinvestisse para restabelecer a concorrência); *Fruehauf Trailer Co., 67 FTC. 878 (1965)* (determinando o desinvestimento de dois concorrentes adquiridos, dez anos após a fusão). Como explicou o juiz em *Olin Corp.*, 'É axiomático que o remédio natural dos casos que se subsumem ao item 7 seja o desinvestimento daquilo que foi ilegalmente adquirido. De fato, o desinvestimento é o remédio especificado no item 1 I(b) do Clayton Act.' *113 FTC.* em *584*. Precedentes da Comissão sustentam que 'uma presunção deve favorecer o pleno desinvestimento' sobre a opção do desinvestimento parcial e que 'o ônus de demonstrar que um remédio que não seja o desinvestimento pleno recai sobre os requerentes. *Freuhauf, 90 F. C. 891, 892 n. l (1977).*'
A recente decisão do Conselho em *Chicago Bridge* enfatiza a autoridade legal para a FTC ordenar o desinvestimento de todos os bens adquiridos por uma fusão ilegal. Depois de verificar uma violação ao item 7, a Comissão observou que o Clayton Act contempla, especificamente, o desinvestimento como remédio e que '[m]uita jurisprudência ecoa esse sentimento e vê o desinvestimento como o meio mas adequado de restaurar a concorrência perdida por força de uma fusão ou aquisição. *Chicago Bridge* em *93*. O Conselho decidiu que o requerente deveria formar duas divisões separadas e isoladas, bem como desinvestir em uma delas no prazo de seis meses a contar da decisão. *Chicago Bridge* em *94*.'" [Complaint Counsel's Revised Pretrial Brief in the Evanston matter].

comando. Há, também, no longo prazo, maiores custos associados ao monitoramento da eficácia de um remédio comportamental. (...) O desinvestimento é a principal solução para contestações a soluções ilegais, independentemente de a contestação ocorrer antes ou depois de consumada a operação.' (voto da presidente Majoras' no caso Evanston)"

[TAUFICK, Roberto Domingos. **A brief overview of the Federal Trade Commission's organization and operation**. Revista de Direito da Concorrência, v.14, p. 69-106. IOB/Cade: Brasília, 2007].

V. caso Nestlé-Garoto: AC nº 08012.001697/2002-89, em que foram requerentes Chocolates Garoto S/A e Nestlé Brazil Ltda., de relatoria de Thompson Andrade.

V. Ato de Concentração nº 08012.001885/2007-11, em que foram requerentes Compagnie de Saint-Gobain e Owens Corning, de relatoria de Fernando Furlan.

§ 3º Os atos que se subsumirem ao disposto no caput deste artigo não podem ser consumados antes de apreciados, nos termos deste artigo e do procedimento previsto no Capítulo II do Título VI desta
ART. 88 **Lei, sob pena de nulidade, sendo ainda imposta multa pecuniária, de valor não inferior a R$ 60.000,00 (sessenta mil reais) nem superior a R$ 60.000.000,00 (sessenta milhões de reais), a ser aplicada nos termos da regulamentação, sem prejuízo da abertura de processo administrativo, nos termos do art. 69 desta Lei.**

Não se fala, aqui, de ato vinculado, mas de ato discricionário da Administração. Caberá ao Cade definir se, uma vez consumada a operação, é socialmente desejável a separação dos ativos e em que medida essa separação é desejável. Essa busca pela decisão socialmente mais desejável, dado o estágio da operação, é justamente aquilo que o Cade já fazia pelo sistema de análise *a posteriori* da Lei nº 8.884/94. Agir de outra forma seria cometer arbitrariedade. Daí que, embora estejamos diante de uma norma de ordem pública, a nulidade com efeitos *ex tunc* não é, necessariamente, a solução que melhor atende ao interesse público.

É digno de nota que a multa pecuniária, obrigatória em caso de intempestividade, não foi, na Nova Lei Antitruste Brasileira, definida como um valor fixo diário. A opção pela multa diária no valor pré-definido por lei, caso fosse adotada, traduziria a opção do legislador por punir com maior vigor aquele que leve maior tempo para notificar, independentemente da avaliação do potencial nocivo da operação. Tratar-se-ia de punição estritamente formal-processual.

Ora, quanto mais complexa a operação, especialmente quanto à reversibilidade da operação, maior o dano que a ausência de notificação pode causar ao mercado. Isso implica dizer que a opção do legislador por uma redação que permita ao Cade ponderar o potencial nocivo da operação para a delimitação do valor da multa visa tornar factível que o Cade trate com maior vigor operações cuja intempestividade ofereça maior potencial de dano concorrencial – de tal sorte que a punição deixe de ser formal-processual para adquirir contornos materiais. Nesses termos, operações pequenas cuja intempestividade é prolongada devem ser objeto de punição menos severa que aquelas operações cuja intempestividade é breve, mas cuja reversibilidade está absolutamente comprometida (*"one cannot unscramble the eggs"*).

- "O conceito de 'consumação', como não está definido no texto do projeto de lei, poderá aumentar a insegurança jurídica.
- Não existem regras claras de quais atos preparatórios da operação poderão ser praticados até a aprovação. ART. 88

Levando-se em consideração que as operações não poderão ser consumadas até a aprovação, as partes envolvidas deverão tomar muito cuidado com a troca de informações, pois terão que agir como concorrentes até que o AC seja aprovado.

Em outras jurisdições, onde a submissão prévia é aplicada, existem algumas regras claras para definir o que efetivamente é permitido e o que não é, no que se refere à troca de informações durante a negociação e análise da operação. Exemplos:

- PERMITIDO: (i) informações públicas; (ii) informações relativas à operação de sistemas de computação, pessoal, estrutura corporativa; (iii) métodos de gerenciamento de contabilidade e de informações; (iv) descrições das fábricas e demais instalações; (v) informações ambientais.
- PROIBIDO: (i) informações de preços recentes/atuais; (ii) informações sensíveis sobre clientes; (iii) intenções futuras de preços ou custos; (iv) planos estratégicos, de negócio, de investimento ou de marketing; e (v) segredos tecnológicos."

[BELLIBONI, Flávio Lemos. **Apresentação prévia de atos de concentração.** *In* Revista Jurídica Consulex, ano XI, nº 263. Edição de 31 de dezembro de 2007 – edição especial: reforma da lei concorrencial brasileira. P. 20].

[222]"Somente em situações raras acreditamos que uma transação é, realmente, irreversível, pois os tribunais são 'investidos com ampla discricionariedade' para criar soluções 'efetivas para remediar violações [concorrenciais] e devolver a concorrência'. *Ford Motor Co. v. United States, 405 U.S. 562, 573 (1972)*. De fato, 'o desinvestimento é uma forma comum de remediar' fusões ilegais. *United States v. Microsoft Corp., 253 F.3d 34, 105 (D.C. Cir. 2001) (en banc)*. Mais, um infrator concorrencial 'pode...ser chamado a fazer mais que devolver ao mercado o *status quo ante*'. *Ford Motor, 405 U.S. at 573 n.8.* Os tribunais podem não só ordenar o desinvestimento, mas também demandar que se desenhe um remédio 'para dar à [sociedade] desinvestida uma oportunidade de voltar à sua situação competitiva'. *Id.* Em 575. Mesmo soluções que 'incorporam sérias consequências' seriam adequadas para melhorar o dano à concorrência derivada de uma violação concorrencial. *United States v. E.I. du Pont de Nemours & Co., 366 U.S. 316, 327 (1961).*"

[*Federal Trade Commission v. Whole Foods Market, Inc., et al., United States Court of Appeals for the District of Columbia Circuit 07-5276, Appeal from the United States District Court for the District of Columbia 07cv01021 (2008)*].

No estágio hoje herdado das análises dos atos de concentração pelo Cade, ainda sob influência do sistema de notificação *ex post*, o conceito de
ART. 88 *consumação* do §3º possivelmente irá confundir-se com o conceito de *realização* do ato de concentração cunhado pelo Conselho a partir da leitura do art. 54, § 4º da Lei nº 8.884/94. O problema com relação a isso está em que, diferentemente das demais jurisdições, onde o objetivo central é manter a reversibilidade da operação até o seu julgamento pela autoridade concorrencial, corre-se o risco de, no Brasil, a relação das partes até o julgamento da operação não poder ir além de um memorando de entendimentos, sem acordo com relação ao preço e ao objeto da operação.

Parece-me demasiado exigir tanto. É indubitável que, enquanto a operação estiver sendo analisada, os requerentes atenuarão a concorrência

[222] *"Only in a rare case would we agree a transaction is truly irreversible, for the courts are 'clothed with large discretion' to create remedies 'effective to redress [antitrust] violations and to restore competition.' Ford Motor Co. v. United States, 405 U.S. 562, 573 (1972). Indeed, 'divestiture is a common form of relief' from unlawful mergers. United States v. Microsoft Corp., 253 F.3d 34, 105 (D.C. Cir. 2001) (en banc). Further, an antitrust violator 'may . . . be required to do more than return the market to the status quo ante.' Ford Motor, 405 U.S. at 573 n.8. Courts may not only order divestiture but may also order relief 'designed to give the divested [firm] an opportunity to establish its competitive position.' Id. At 575. Even remedies which 'entail harsh consequences' would be appropriate to ameliorate the harm to competition from an antitrust violation. United States v. E.I. du Pont de Nemours & Co., 366 U.S. 316, 327 (1961)."*

entre si e evitarão transgredir padrões de não concorrência. Tanto faz o momento em que o Cade demande a notificação: a simples iminência de um acordo é suficiente para gerar efeitos concorrenciais, de tal modo que nenhuma análise prévia é plenamente eficaz.

O objetivo da lei é garantir que, ainda que alguns efeitos concorrenciais se façam sentir, eles sejam breves e não impeçam a reversibilidade da operação. A nova lei fornece elementos para que ambos os requisitos sejam preenchidos: as partes são obrigadas a manter física e comercialmente separadas as sociedades envolvidas na operação até que seja dado o aval pelo Cade e há garantias de que a avaliação pelo Cade será breve.

Desse modo, assim como em uma notificação *a posteriori* com celebração de APRO, é possível exigir, no sistema de análise prévia, que se notifique a operação após a data de celebração do contrato, desde que não haja a implementação física/estratégico-comercial de qualquer das matérias previstas no acordo. Trata-se de análise restrita ao plano da eficácia, como sempre defendeu o Conselheiro Luiz Carlos Prado, à luz do direito norte-americano. O Cade poderia, eventualmente, regular até quantos dias após a celebração do contrato as partes deveriam apresentar a operação ao SBDC. Mas nem isso se faz necessário, como tem provado o bem-sucedido antitruste estadunidense. ART. 88

A adoção desse entendimento geraria, principalmente, o benefício de afastar custos particulares de adaptação à nova lei e de afastar a adoção, no Brasil, de um critério tão diferente daquele adotado nos demais países que se criaria um custo-Brasil de adaptação das negociações contratuais sempre que o negócio fosse aqui notificável. Nesse sentido, vale citar o item 34 dos *consideranda* da EUMR:

"(34) Para garantir um controlo eficaz, deverá obrigar-se as empresas a notificar previamente as suas concentrações que tenham dimensão comunitária após a conclusão de um acordo, do anúncio de uma oferta pública de aquisição ou da aquisição de uma participação de controlo. Pode também ser apresentada uma notificação nos casos em que as empresas em causa comuniquem à Comissão a sua intenção de estabelecer um acordo com vista a uma concentração proposta e demonstrem à Comissão que o seu plano para a concentração proposta é suficientemente concreto, por exemplo, com base num acordo de princípio, num memorando de entendimento, ou numa carta de intenções assinada por todas as empresas em causa ou, no caso de uma oferta pública de aquisição, quando anunciaram publicamente a sua intenção de realizar tal oferta, desde que do acordo ou oferta previstos resulte uma concentração de dimensão comunitária. A realização das concentrações deverá ser suspensa até que seja tomada uma decisão final da Comissão. Todavia, deverá poder conceder-se uma derrogação da obrigação de suspensão mediante pedido das empresas em causa e quando apropriado. Ao decidir da concessão ou não de uma derrogação, a Comissão deverá atender a todos os factores pertinentes, como a natureza e gravidade do prejuízo causado às empresas em causa ou a terceiros, bem como a ameaça à concorrência originada pela concentração. No interesse da segurança jurídica, a validade das transacções deverá, no entanto, ser protegida na medida do necessário."

A *Jurisdictional Notice* é anda mais contundente:

"(154) As regras jurídicas relativas ao estabelecimento da competência da Comissão foram alteradas em conformidade com o Regulamento das concentrações reformulado. Nos termos do nº 1 do artigo 4.o do antigo Regulamento das concentrações, a data a tomar em consideração correspondia ao primeiro acto gerador da notificação – a conclusão de um acordo definitivo ou a publicação da
ART. 88 oferta pública de aquisição ou a aquisição de uma participação de controlo – ou, o mais tardar, a data em que as partes intervenientes eram obrigadas a notificar a operação (uma semana após verificação do acto gerador da notificação) (113).

(155) Nos termos do Regulamento das concentrações reformulado, as partes intervenientes deixaram de ser obrigadas a proceder à notificação de uma operação num determinado prazo (desde que essas partes não realizem a concentração planeada antes da notificação). Além disso, em conformidade com o segundo parágrafo do nº 1 do artigo 4º, as empresas em causa já podem notificar a transacção se demonstrarem a sua intenção de boa fé de concluir um acordo ou, no caso de uma oferta pública de aquisição, quando anunciarem publicamente a intenção de apresentar tal oferta. O mais tardar aquando da notificação, a Comissão, bem como as autoridades nacionais da concorrência, devem estar em condições de determinar o órgão competente. O primeiro parágrafo do nº 1 do artigo 4º do Regulamento das concentrações prevê que as concentrações devem, em geral, ser notificadas após a conclusão do acordo, o anúncio da oferta pública de aquisição ou a aquisição de uma participação de controlo. As datas destes acontecimentos são portanto decisivas nos termos do Regulamento das concentrações reformulado para determinar a data relevante para estabelecer a competência, no caso de não ter sido apresentada uma notificação antes destes acontecimentos com base numa intenção de boa fé ou numa intenção anunciada (114).

(156) A data relevante para estabelecer a competência da Comunidade relativamente a uma concentração é, por conseguinte, a data da conclusão do acordo jurídico vinculativo, do anúncio de uma oferta pública de aquisição ou da aquisição de uma participação de controlo ou a data da primeira notificação, se esta última for anterior (115). A data de notificação é pertinente tanto para a notificação apresentada à Comissão como à autoridade de um Estado-Membro. A data relevante é importante, nomeadamente, para saber se as aquisições ou as alienações efectuadas após o período abrangido pela conta relevante, mas antes da data relevante, impõem adaptações dessas contas de acordo com os princípios enunciados nos pontos 172, 173."

Na Europa, essa relação de cooperação (em oposição a uma relação de enfrentamento) com os administrados tem sido bem sucedida. Lá, as partes são convidadas a, paulatina e sigilosamente, apresentar à Comissão Europeia informações acerca do andamento das negociações de atos de concentração. Esse caminho, que demonstra um inequívoco desenvolvimento institucional, permite não só o ativo monitoramento do mercado pela autoridade concorrencial, como franqueia à partes, em contrapartida, a possibilidade de receber frequentes esclarecimentos procedimentais acerca do momento e do modo de formalização da operação junto às autoridades públicas. ART. 88

O Cade parece ter endossado o posicionamento defendido nesta obra e encampado as diretrizes trazidas pela *Jurisdictional Notice*. O Guia para análise da consumação prévia de atos de concentração econômica, ou Guia de *Gun Jumping* do Cade comprova essa assimilação (P. 5):

"Essas provisões do artigo 88, caput e §3º, da Lei 12.529/2011, foram regulamentadas pelo Regimento Interno do Cade (RiCade). No artigo 108, §1º, determinou-se que as notificações dos atos de concentração devem ser protocoladas, preferencialmente, após a assinatura do instrumento formal que vincule as partes e antes de consumado qualquer ato relativo à operação. Ademais, seu artigo 108, §2º determina às partes envolvidas em um ato de concentração manter as estruturas físicas e as condições competitivas inalteradas até a avaliação final do órgão antitruste. Em especial, restam vedadas 'quaisquer transferências de ativos e qualquer tipo de influência de uma parte sobre a outra, bem como a troca de informações concorrencialmente sensíveis que não seja estritamente necessária para a celebração do instrumento formal que vincule as partes'.

Essa disposição é propositalmente genérica, haja vista a grande diversidade de configurações de negócios jurídicos que se caracterizam como atos de concentração econômica para fins legais. Assim, cabe inicialmente às partes determinar com maior clareza quais os limites no trato entre agentes econômicos que impeçam a alteração das estruturas físicas e as condições competitivas subjacentes a um ato de concentração econômica."

"Pagotto (2002, p. 177) observa que o Cade despende seu tempo mais em discutir a tempestividade da apresentação do que em análise das estruturas, transformando, dessa forma, o acessório em principal. Não contendo a Lei nº 8.884/94 elementos para garantir a segurança jurídica dos administrados, deveria o Conselho esforçar-se por conseguir tal segurança por meio de suas decisões levando em conta o inciso IV, do art. 2º da Lei nº 9.784/99, que determina como critério para a atuação administrativa a 'adequação entre os meios e fins, vedada a imposição de obrigações, restrições e sanções em medida superior àquelas estritamente necessárias ao atendimento do interesse público'. Na falta de propiciar a Lei nº 8.884/94 critérios seguros, a proporcionalidade entre a ação e suas consequências seria bom parâmetro."

[Rodas, João Grandino/Oliveira, Gesner. **Direito e Economia da Concorrência**. Rio de Janeiro: Renovar, 2004. P. 191].

ART. 88 V. Conselho Administrativo de Defesa Econômica. Guia para Análise da Consumação Prévia de Atos de Concentração Econômica, 2015.

V. Resolução Cade nº 13, de 23 de junho de 2015.

V. caso Nestlé-Garoto: AC nº 08012.001697/2002-89, em que foram requerentes Chocolates Garoto S/A e Nestlé Brazil Ltda, de relatoria de Thompson Andrade.

V. Ato de Concentração nº 08012.001885/2007-11, em que foram requerentes Compagnie de Saint-Gobain e Owens Corning, de relatoria de Fernando Furlan.

V. Section 7A(g) of the Clayton Act (Hart-Scott-Rodino Act, HSR)

V. nota ao artigo 13, X.

V. nota ao art. 92, §3º.

§ 4º Até a decisão final sobre a operação, deverão ser preservadas as condições de concorrência entre as empresas envolvidas, sob pena de aplicação das sanções previstas no § 3º deste artigo.

V. nota ao § 3º.

§ 5º Serão proibidos os atos de concentração que impliquem eliminação da concorrência em parte substancial de mercado relevante, que possam criar ou reforçar uma posição dominante ou que possam resultar na dominação de mercado relevante de bens ou serviços, ressalvado o disposto no § 6º deste artigo.

V. caso Nestlé-Garoto: AC nº 08012.001697/2002-89, em que foram requerentes Chocolates Garoto S/A e Nestlé Brazil Ltda, de relatoria de Thompson Andrade.

V. Ato de Concentração nº 08012.001885/2007-11, em que foram requerentes Compagnie de Saint-Gobain e Owens Corning, de relatoria de Fernando Furlan.

V. caso Suzano-Ripasa: Ato de Concentração nº 08012.010195/2004-19, em que foram requerentes Ripasa S/A Celulose e Papel e Suzano Bahia Sul Papel e Celulose S/A, de relatoria de Luis Fernando Schuartz.

V. nota ao art. 1º.

V. *caput* do art. 54 da Lei nº 8.884/94.

§ 6º Os atos a que se refere o § 5º deste artigo poderão ser autorizados, desde que sejam observados os limites estritamente necessários para atingir os seguintes objetivos: ART. 88

Diferentemente da redação do art. 54, § 1º da Lei nº 8.884/94, que previa, apenas, que a aprovação dos atos do *caput* do art. 54 da Lei nº 8.884/94 (ora art. 88, §5º) dependia do alcance das eficiências líquidas do inciso I abaixo, a redação da nova lei deixa claro que (i) a eliminação da concorrência em parte substancial de mercado relevante, (ii) a criação, ou reforço da posição dominante, ou (iii) a dominação de mercado relevante de bens ou serviços somente serão tolerados se puderem ser reputados os meios menos onerosos à sociedade para (1) aumentar a produtividade, ou a competitividade; (2) melhorar a qualidade de bens ou serviços; e/ou (3) propiciar a eficiência e o desenvolvimento tecnológico ou econômico, (4) devendo ser repassada aos consumidores parte relevante dos benefícios decorrentes. É de rigor que essas eficiências sejam específicas, ou seja, que não haja outro meio economicamente viável e menos restritivo de alcançá-las. A especificidade é bem explicada no Direito Comunitário Europeu pelas **Orientações relativas à aplicação do nº 3 do artigo 81º do Tratado:**

"75. O primeiro critério contido na terceira condição do nº 3 do artigo 81º requer que os ganhos de eficiência sejam específicos ao acordo em causa, ou seja, que não haja outros meios economicamente viáveis e menos restritivos de obter os ganhos de eficiência em questão. Nesta avaliação, devem ser tidas em conta as condições de mercado e a realidade empresarial enfrentada pelas partes no acordo. Não obstante, as empresas que invocam o benefício do nº 3 do artigo 81º não têm de considerar alternativas puramente hipotéticas ou teóricas. A Comissão não vai duvidar do juízo comercial das partes. e apenas intervirá quando for razoavelmente evidente que há alternativas realistas e atingíveis. Nesse caso, as partes devem apenas explicar e demonstrar as razões pelas quais eventuais alternativas aparentemente realistas e significativamente menos restritivas ao acordo seriam muito menos eficientes.

76. É especialmente importante determinar se, tendo em conta as circunstâncias de cada caso, as partes poderiam ter obtido os ganhos de eficiência sem o acordo restritivo, ou através de outro tipo de acordo menos restritivo e, na afirmativa, em que momento possivelmente os teriam obtido. Por exemplo, quando os alegados ganhos de eficiência assumem a forma de reduções de custos decorrentes de economias de escala ou de gama, as empresas em causa devem explicar por que motivo os mesmos ganhos de eficiência não seriam susceptíveis de ser obtidos mediante crescimento interno e concorrência de preços. Nesta
ART. 88
avaliação, é importante ter em conta, inter alia, a escala de eficiência mínima do mercado em causa. A escala de eficiência mínima é o nível de produção necessário para minimizar o custo médio e esgotar as economias de escala(75). Quanto maior for a escala de eficiência mínima, comparativamente com a dimensão de cada uma das partes no acordo, maior é a probabilidade de os ganhos de eficiência serem considerados específicos ao acordo. No caso de acordos que produzam, através da combinação de activos e capacidades complementares, sinergias substanciais, a própria natureza dos ganhos de eficiência permite presumir que o acordo é necessário à sua obtenção.

77. Estes princípios podem ser ilustrados através do seguinte exemplo hipotético:

A e B combinam numa empresa comum as suas tecnologias de produção para aumentar a produção e reduzir o consumo de matérias-primas. A empresa comum recebe uma licença exclusiva relativamente a estas tecnologias de produção. As partes transferem as suas instalações de produção existentes para a empresa comum. Procedem também à transferência de pessoal-chave no sentido de assegurar as economias de formação podem ser exploradas e desenvolvidas. Estima-se que estas economias reduzirão os custos de produção em mais 5%. A produção da empresa comum é vendida de forma independente por A e B. Neste caso, a condição do carácter indispensável exige que se proceda a uma apreciação se os benefícios podiam ou não ser substancialmente atingidos através de um acordo de licença, que seria provavelmente menos restritivo na medida em que A e B teriam continuado a produzir de forma independente. Nas circunstâncias descritas, tal seria improvável uma vez que, nos termos de um acordo de licença, as partes não teriam podido beneficiar, de uma forma tão flexível e permanente, das suas experiências respectivas em matéria de aplicação das duas tecnologias, de que resultam economias importantes em matéria de formação.

78. Se se verificar que o acordo em causa é necessário para a obtenção de ganhos de eficiência, deve ser avaliado se é indispensável cada uma das restrições da concorrência decorrentes do acordo. Neste contexto, é necessário determinar se as restrições individuais são necessárias, em termos razoáveis, para obter os ganhos de eficiência. As partes no acordo devem justificar a sua pretensão em função da natureza e da intensidade da restrição.

79. Uma restrição é indispensável se a sua ausência eliminar ou reduzir significativamente os ganhos de eficiência decorrentes do acordo ou tornar a sua concretização bastante menos provável. A avaliação das soluções alternativas deve ter em conta o reforço, efectivo e potencial, da concorrência resultante da eliminação de uma dada restrição ou do recurso a uma alternativa menos restritiva. Quanto mais restritiva for a restrição, mais rigorosa deve ser a avaliação à ART. 88
luz da terceira condição(76). É pouco provável que as restrições excluídas dos regulamentos de isenção por categoria ou identificadas como restrições graves nas orientações e comunicações da Comissão sejam consideradas indispensáveis.

80. A avaliação do carácter indispensável é realizada no contexto efectivo em que o acordo funciona e deve, nomeadamente, ter em conta a estrutura do mercado, os riscos económicos inerentes ao acordo e os incentivos das partes. Quanto mais incerto for o êxito do produto abrangido pelo acordo, maior será a necessidade de restrições para assegurar a concretização dos ganhos de eficiência. As restrições podem igualmente ser indispensáveis para alinhar os incentivos das partes e assegurar que estas concentram os seus esforços na aplicação do acordo. Pode, por exemplo, ser necessária uma restrição para evitar problemas de catividade logo que uma das partes tenha realizado um investimento cativo substancial. Se, por exemplo, um fornecedor realizou um investimento significativo, específico à relação estabelecida, com o objectivo de fornecer um produto ao cliente, o fornecedor fica ligado ao cliente. Por forma a evitar que o cliente venha a explorar posteriormente esta dependência para obter condições mais favoráveis, poderá ser necessário impor uma proibição de aquisição de componentes junto de terceiros ou uma obrigação de adquirir quantidades mínimas da componente junto do fornecedor(77).

81. Em alguns casos, uma restrição pode ser indispensável apenas durante um certo período; neste caso, a excepção prevista no nº 3 do artigo 81º é aplicável, unicamente, durante esse período. Nesta avaliação, é necessário ter em devida conta o período de que as partes necessitam para obter os ganhos de eficiência que justificam a aplicação da excepção(78). Nos casos em que, para a produção dos benefícios, é necessário um investimento considerável, deve ser tido em conta, nomeadamente, o período de tempo necessário para garantir uma rentabilidade adequada desse investimento (ver também o ponto 44).

82. Estes princípios podem ser ilustrados através dos seguintes exemplos hipotéticos:

P produz e distribui pizzas congeladas, com uma quota de mercado de 15% no Estado-Membro X. As entregas são feitas directamente aos retalhistas. Uma vez que a maior parte dos retalhistas dispõe de uma capacidade de armazenamento limitada, é necessário proceder a entregas frequentes, o que conduz a uma baixa utilização da capacidade e à utilização de veículos relativamente pequenos. T é um grossista de pizzas congeladas e de outros produtos congelados, que procede a entregas sensivelmente aos mesmos clientes que P. As pizzas distribuídas por T representam 30% do mercado. T dispõe de uma frota de veículos de maiores dimensões e de excesso de capacidade. P conclui um acordo de distribuição exclusiva com T relativamente ao Estado-Membro X e
ART. 88 compromete-se a assegurar que os distribuidores noutros Estados-Membros não procederão a vendas, nem activas nem passivas, no território de T. T por seu turno compromete-se a fazer publicidade aos produtos, a estudar as preferências dos consumidores e os índices de satisfação e a assegurar a entrega aos retalhistas de todos os produtos no espaço de 24 horas. O acordo conduz a uma redução dos custos totais de distribuição de 30% uma vez que a capacidade é melhor utilizada e se elimina a duplicação de trajectos. O acordo conduz igualmente à prestação de serviços suplementares aos consumidores. As restrições às vendas passivas constituem restrições graves nos termos do regulamento de isenção por categoria das restrições verticais(79) e só podem ser consideradas indispensáveis em circunstâncias excepcionais. A boa posição de mercado de T e a natureza das obrigações que lhe são impostas indicam que não se trata de um caso excepcional. A proibição de vendas activas, em contrapartida, é susceptível de ser indispensável. T terá provavelmente menos interesse em vender e publicitar a marca P se distribuidores noutros Estados-Membros puderem proceder a vendas activas no Estado-Membro X, aproveitando-se assim dos esforços de T. É o que acontece exactamente neste caso, uma vez que T também distribui marcas concorrentes, tendo, portanto, a possibilidade de promover as marcas menos expostas ao parasitismo.

S é um produtor de refrigerantes, com uma quota de mercado de 40 %. O seu concorrente mais próximo tem uma quota de mercado de 20%. S conclui acordos de fornecimento com clientes que representam 25% da procura, através dos quais estes se comprometem a adquirir exclusivamente à S durante um período de 5 anos. Com outros clientes, que representam 15% da procura, S conclui acordos através dos quais os clientes beneficiam trimestralmente de descontos por "objectivo", se as suas compras ultrapassarem certos níveis fixados individualmente. S alega que os acordos lhe permitem prever a procura com maior precisão e, por conseguinte, planear melhor a produção, reduzindo os custos de armazenagem das matérias-primas e dos produtos e evitando penúrias de fornecimento. Tendo em conta a posição de mercado de S e a cobertura combinada das restrições, é muito pouco provável que estas sejam consideradas indispensáveis. A obrigação de compra exclusiva excede o que é necessário para planear a produção, o mesmo acontecendo com o sistema de descontos por "objectivo". A previsibilidade da procura pode ser conseguida por meios menos restritivos. S poderia, por exemplo, dar incentivos para que os clientes encomendassem maiores quantidades de uma só vez, oferecendo descontos de quantidade ou um desconto aos clientes que fizessem encomendas firmes antecipadamente para entrega em datas especificadas."

A predominância do viés da eficiência econômica sobre quaisquer atos de concentração tem levado a críticas de especialistas em defesa da concorrência ligados ao setor cultural, como Lilian Hanania. Segundo a autora de ***Diversité culturelle et droit international du commerce*** [*Coleção: Monde Europeen Et International. Centre d'études et de recherches internationales et communautaires (CERIC) (2009)*], é necessário que atos de concentração que envolvam bens culturais também levem em consideração a diversidade – inclusive como forma de proteção do discurso. ART. 88

"Eficiências Econômicas. São eficiências econômicas da concentração as melhorias nas condições de produção, distribuição e consumo de bens e serviços gerados pelo ato, que não possam ser obtidos de outra maneira ("eficiências específicas" do ato) e que sejam persistentes a longo prazo."

[SEAE/SDE. Anexo à Portaria Conjunta Seae/SDE nº 50, de 1º de agosto de 2001: **Guia para Análise Econômica de Atos de Concentração Horizontal**].

"No Direito Comunitário, Bellamy e Child[223] explicam que a jurisprudência dos tribunais europeus tende a distinguir as restrições que constituem claramente condutas anticompetitivas, tais como a fixação de preços e divisão de

[223] **European Community Law of Competition**, 6ª edição. Oxford, 2008. PP. 142/143, 406/409, 433/436.

mercados, de outras formas de restrição. A primeira categoria, às vezes denominada de restrições graves (*hardcore*), está sujeita aos requisitos de subsunção (regra *de minimis*) para se enquadrar na regra do art. 81(1). Muitos dos casos envolveram acordos clássicos de cartel para fixar preços ou dividir mercados, considerados *per se* (*by their nature*) restrições ao art. 81(1). Observe-se, porém, que restrições *per se*, na UE, podem ser beneficiadas pela regra *de minimis* e sujeitar-se à regra do art. 81(3), que excetua a aplicação do art. 81(1) do Tratado caso sejam preenchidas, concomitantemente, quatro condições: ganhos de eficiência, parte dos ganhos seja repassada aos consumidores, as restrições sejam indispensáveis e a concorrência não seja eliminada[224]. Em suma, não há, efetivamente, uma regra *per se* para o RPM no Direito Comunitário."

[Processo Administrativo nº 08012.001271/2001-44, em que foram representados SKF e SKF do Brasil Ltda., de relatoria de César Mattos].

"É possível que os ganhos de eficiência resultantes de uma concentração compensem os efeitos sobre a concorrência e, em especial, os prejuízos potenciais para os consumidores que a concentração poderia ter de outra forma. (...)

A Comissão toma em consideração as alegações devidamente fundamentadas de ganhos de eficiência na apreciação global da concentração. Poderá decidir que, devido aos ganhos de eficiência decorrentes da concentração, não existem razões para declarar a concentração incompatível com o mercado comum, nos termos do nº 3 do artigo 2º do Regulamento das Concentrações. É o que acontece quando a Comissão pode concluir, com base em elementos suficientes, que os ganhos de eficiência resultantes da concentração são susceptíveis de reforçar a capacidade e o incentivo para que a entidade resultante da concentração se comporte de forma pró-concorrencial em benefício dos consumidores, compensando assim os efeitos negativos que, de outro modo, a concentração teria sobre a concorrência. (...)

ART. 88

Para que a Comissão tome em consideração as alegações de ganhos de eficiência na sua apreciação da concentração e possa concluir que, devido aos ganhos de eficiência, não existem motivos para declarar a concentração incompatível com o mercado comum, tais ganhos de eficiência têm de beneficiar os consumidores, ser específicos da concentração e ser verificáveis. Estas condições são cumulativas. (...)

Os ganhos de eficiência são relevantes para efeitos da apreciação em termos de concorrência quando são consequência directa da concentração notificada e não podem ser conseguidos, a um nível semelhante, através de alternativas menos anticoncorrenciais. Nestas circunstâncias, considera-se que os ganhos

[224] http://europa.eu/legislation_summaries/competition/firms/l26114_en.htm. Disponível em 29.10.2009.

de eficiência são causados pela concentração e, por conseguinte, específicos de uma concentração (108). Incumbe às partes na concentração fornecer atempadamente todas as informações relevantes necessárias para demonstrar que não existem alternativas realistas e viáveis, menos anticoncorrenciais do que a concentração notificada, quer sem carácter de concentração (por exemplo, um acordo de licença, ou uma empresa comum com carácter de cooperação) ou com carácter de concentração (por exemplo, uma empresa comum com carácter de concentração ou uma concentração estruturada de forma diferente) e que preservem os alegados ganhos de eficiência. A Comissão toma apenas em consideração as alternativas que são viáveis em termos razoáveis relativamente à situação que as empresas na concentração enfrentam, tendo em conta as práticas comerciais estabelecidas no sector em causa. (...)

Normalmente, quanto mais tarde os ganhos de eficiência tiverem início, menor será o grau de probabilidade que a Comissão poderá atribuir à sua efectiva concretização. (...)

Os elementos relevantes para a apreciação das alegações de ganhos de eficiência englobam, em especial, documentos internos utilizados pelos órgãos de gestão para tomar a decisão de realização da concentração, declarações dos órgãos de gestão aos accionistas e aos mercados financeiros acerca dos ganhos de eficiência esperados, exemplos históricos de ganhos de eficiência e dos benefícios para os consumidores e estudos anteriores à concentração realizados por ART. 88
peritos externos, sobre o tipo e dimensão dos ganhos de eficiência e sobre a importância dos prováveis benefícios para os consumidores."

[Comissão Europeia. **Orientações para a apreciação das concentrações horizontais nos termos do regulamento do Conselho relativo ao controle das concentrações de empresas (2004/C 31/03)**].

[225]"Os requerentes podem reduzir os seus custos combinando bens complementares, eliminando atividades duplicadas, ou alcançando economias de

[225] *"Merging parties may reduce their costs by combining complementary assets, eliminating duplicate activities, or achieving scale economies. Mergers also may lead to enhanced product quality or to increased innovation that results in lower costs and prices or in more rapid introduction of new products that benefit consumers.*
As the Guidelines state, efficiencies 'can enhance the merged firm's ability and incentive to compete, which may result in lower prices, improved quality, enhanced service, or new products.' Guidelines § 4. Moreover, when a merged firm achieves such efficiencies, it may induce competitors to strive for greater efficiencies in order to compete more effectively. Consumers benefit from such increased competition. (...)
Section 4 of the Guidelines provides that, to be considered by the Agencies, an efficiency must be "merger-specific" and "cognizable." (...)
Efficiencies are not taken into account by the Agencies if they are not merger-specific. Merger-specific efficiencies are 'those efficiencies likely to be accomplished with the proposed merger and unlikely to

escala. Fusões ainda podem levar a produtos com maior qualidade ou ao aumento da inovação que resulta em custos e preços mais baixos, ou na introdução mais célere de novos produtos que beneficiam consumidores.

Como explica o Guia, eficiências 'podem aumentar a habilidade e os incentivos da sociedade fundida para competir, o que pode levar a preços mais baixos, maior qualidade, melhores serviços, ou novos produtos' (§ 4º). Antes, quando uma sociedade resultante de uma fusão atinge tais eficiências, os concorrentes podem sentir-se incentivados a trabalhar por maiores eficiências a fim de competir com maior efetividade. Os consumidores beneficiam-se desse incremento da competição. (...)

O item 4 do Guia detalha que uma eficiência precisa ser específica à operação e verificável para ser considerada pelas Agências. (...)

Eficiências não serão levadas em consideração pelas Agências se não forem específicas. Eficiências específicas são 'aquelas que provavelmente serão alcançadas com a fusão e pouco provavelmente serão alcançadas na ausência da fusão ou outros meios com comparável efeito anticompetitivo'. O Guia explica que,

be accomplished in the absence of either the proposed merger or another means having comparable anticompetitive effects.' The Guidelines explain that, although the Agencies ask whether the efficiencies can be achieved by means other than the merger, '[o]nly alternatives that are practical in the business situation faced by the merging firms will be considered in making this determination; the Agency will not insist upon a less restrictive alternative that is merely theoretical.'

ART. 88

That an efficiency theoretically could be achieved without a merger–for example, through a joint venture or contract–does not disqualify it from consideration in the analysis. Many joint venture agreements or contracts may not be practically feasible or may impose substantial transaction costs (including monitoring costs). In their assessment of proffered efficiency claims, the Agencies accord appropriate weight to evidence that alternatives to the merger are likely to be impractical or relatively costly.

The Guidelines define cognizable efficiencies to be 'merger-specific efficiencies that have been verified and do not arise from anticompetitive reductions in output or service.' Moreover, '[c]ognizable efficiencies are assessed net of costs produced by the merger or incurred in achieving those efficiencies.' Guidelines § 4. (...)

In some cases, merger efficiencies are 'not strictly in the relevant market, but so inextricably linked with it that a partial divestiture or other remedy could not feasibly eliminate the anticompetitive effect in the relevant market without sacrificing the efficiencies in the other market(s).' Guidelines § 4 at n.36. If out-of-market efficiencies are not inextricably linked to the relevant market, the Agencies often find an acceptable narrowly tailored remedy that preserves the efficiencies while preventing anticompetitive effects. (...)

Merger-specific, cognizable efficiencies are most likely to make a difference in the Agencies' enforcement decisions when the efficiencies can be expected to result in direct, short-term, procompetitive price effects. Economic analysis teaches that price reductions are expected when efficiencies reduce the merged firm's marginal costs, i.e., costs associated with producing one additional unit of each of its products. By contrast, reductions in fixed costs–costs that do not change in the short-run with changes in output rates–typically are not expected to lead to immediate price effects and hence to benefit consumers in the short term. Instead, the immediate benefits of lower fixed costs (e.g., most reductions in overhead, management, or administrative costs) usually accrue to firm profits."

embora as Agências questionem se as eficiências podem ser alcançadas por outros meios além da fusão, '[a]penas alternativas práticas na situação negocial por que passam as sociedades partes da fusão serão consideradas; a Agência não insistirá em uma alternativa menos restritiva que seja meramente teórica.'

O fato de uma eficiência teoricamente poder ser alcançada sem a fusão – por exemplo, por meio de uma *joint venture* ou contrato – não a desqualifica na análise. Muitas *joint ventures* ou contratos podem não ser plausíveis na prática ou podem impor custos de transação substanciais (incluindo custos de monitoramento). Na avaliação das eficiências sustentadas, as Agências dão peso apropriado à prova de que as alternativas à fusão não sejam práticas ou impliquem custos elevados.

O Guia define eficiências verificáveis como 'eficiências específicas que foram verificadas e não decorrem de reduções anticompetitivas da produção ou do serviço'. Antes, '[e]ficiências verificáveis são analisadas líquidas dos custos produzidos pela fusão ou incorridos para alcançar a eficiência' (§ 4) (...).

Em alguns casos, as eficiências estão 'não somente no mercado relevante, mas de forma tão inarredavelmente vinculada a ele que desinvestimentos parciais ou outras soluções não poderiam plausivelmente eliminar os efeitos anticompetitivos no mercado relevante sem sacrificar as eficiências no outro mercado' (§ 4 no 36). Se as eficiências fora do mercado não estiverem inarredavelmente ART. 88
vinculada a ele, as agências habitualmente podem aceitar um remédio criado especificamente para o caso que preserva as eficiências, ao mesmo tempo em que afasta os efeitos anticompetitivos. (...)

Eficiências específicas e verificáveis têm maior probabilidade de fazer diferença nas decisões das Agências quando são esperadas diretamente e no curto prazo em efeitos pró-concorrenciais sobre o preço. Análises econômicas ensinam que reduções de preços são esperadas quando as eficiências reduzem os custos marginais da sociedade parte na fusão, *i.e.*, custos associados à producão de uma unidade adicional de cada um dos produtos. Contrastando, reduções em custos fixos – custos que não mudam no curto prazo com alterações na quantidade – tipicamente não levam a imediatos efeitos sobre os preços e, portanto, não costumam beneficiar os consumidores no curto prazo. Pelo contrário, os benefícios imediatos de custos fixos mais baixos (*e.g.*, a maior parte das reduções de custos de gestão ou administração) são geralmente agregados aos lucros da sociedade parte na fusão."

[Federal Trade Commission/U.S. Department of Justice. **Commentary on the Horizontal Merger Guidelines**, 2006].

Quadro 2

Identification of Efficiency Claims by Bureau of Competition Staff (April 1997–March 2007)

Identificação dos pleitos de eficiência pelo Departamento de Defesa da Concorrência (abril de 1997 a março de 2007)

ART. 88

	Total Claims Total de Pleitos	*No Decision* S/ decisão	*Accept* Aceitos		*Reject* Rejeitados	
			No.	*Pct.*	*No.*	*Pct.*
Fixed-Cost Efficiencies (eficiências em custos fixos)						
Overhead Efficiencies Eficiências Gerenciais	60	39	3	5%	18	30%
Facilities Rationalization Racionalização da Infraestrutura	52	30	6	12%	16	31%
Research Efficiencies Eficiências com Pesquisa	15	8	2	13%	5	33%
Advertising Efficiencies Eficiências com Publicidade	19	14	0	0%	5	26%
Other Fixed-Cost Savings Outras Economias com Custos Fixos	17	9	1	6%	7	41%
Variable-Cost Efficiencies (Eficiências de Custos Variáveis)						
Production Efficiencies Eficiências Produtivas	35	20	5	14%	10	29%
Distribution Efficiencies Eficiências Distributivas	28	19	1	4%	8	29%
Raw-Materials Savings Economias com Matérias-Primas	40	24	1	3%	15	38%
Best-Practices Efficiencies Eficiências com Melhores Práticas	24	18	3	13%	3	13%
Other Variable-Cost Savings Outras Economias com Custos Variáveis	7	3	0	0%	4	57%
Other Efficiencies (Outras Eficiências)						
Dynamic Efficiencies Eficiências Dinâmicas	22	11	5	23%	6	27%
Generic Efficiencies Eficiências Genéricas	23	9	2	9%	12	52%
Total Claims Total de Pleitos	342	204	29	8%	109	32%

Fonte: Tabulação de informações disponíveis nos memorandos do Departamento de Defesa da Concorrência.

Quadro 3

Concerns Identified with Efficiency Claims for which FTC Staff Made "No Decision"
Preocupações Identificadas com Alegações de Eficiência que Geraram Aprovação Tácita pela FTC

Type of Efficiency Tipo de Eficiência	*Number of Claims* *Número de Pleitos* (BC/BE)	*Concern identified* Preocuoação Identificada (BC/BE)							
		Verifiability Verificável	*Merger Specificity* Especificidade	*Validity* Validade	*Out of Market* Em Outro Mercado	*Fixed Costs* Custos Fixos	*Absence of Pass-through* Ausência de Repasse	*Other* Outro	*No Reason Specified* Sem Razão Específica
Fixed-Cost Efficiencies Eficiências com Custos Fixos									
Overhead Efficiencies Eficiências Gerenciais	39/33	20/12	8/7	2/2	6/5	8/7	12/4	0/0	8/12
Facilities Rationalization Racionalização da Infraestrutura	30/30	15/15	11/9	1/2	4/3	6/5	10/5	1/0	8/6
Research Efficiencies Eficiências com Pesquisas	8/8	5/4	3/1	1/1	½	0/0	1/0	0/0	3/1
Advertising Efficiencies Eficiências com Propaganda	14/9	8/5	4/2	4/0	0/1	1/2	3/2	0/0	4/2
Other Fixed-Cost Savings Outras Economias Com Custos Fixos	9/6	4/2	6/1	2/1	2/0	4/1	1/0	0/0	1/2
Variable-Cost Efficiencies Eficiências com Custos Variáveis									
Production Efficiencies Eficiências Produtivas	20/17	13/12	9/4	1/0	0/0	0/0	4/2	0/0	3/3
Distribution Efficiencies Eficiências Distributivas	19/20	11/11	6/7	1/0	2/2	2/0	6/1	0/0	4/6
Raw-Materials Savings Economias com Matéria-Prima	24/19	16/11	12/6	0/0	2/1	0/1	4/2	1/1	6/5
Best-Practice Efficiencies Economias com Melhores Práticas	18/14	11/8	9/2	0/0	2/1	1/0	4/0	0/0	5/5
Other Variable-Cost Savings Outras Economias com Custos Variáveis	3/4	2/0	3/0	0/0	1/0	0/1	1/1	0/0	0/3
Other Efficiencies Outras Eficiências									
Dynamic Efficiencies Eficiências Dinâmicas	11/22	8/10	6/7	0/0	1/3	0/2	2/1	0/0	2/6
Generic Efficiencies Eficiências Genéricas	9/8	5/8	1/4	1/0	2/2	1/2	1/0	0/0	3/0
Total	204/190	118/98	78/50	13/6	23/20	23/21	49/18	2/1	47/51

ART. 88

Fonte: Tabulação de informações disponíveis nos memorandos do Departamento de Defesa da Concorrência e Departamento de Economia.

Quadro 4

Concerns Identified with Efficiency Claims that FTC Staff "Rejected"
Preocupações Identificadas com Pleitos Rejeitados pela FTC

Type of Efficiency Tipo de Eficiência	*Number of Claims* Número de Pleitos *(BC/BE)*	*Concern Identified* Preocupação Identificada *(BC/BE)*							
		Verifiability Verificável	*Merger Specificity* Especificidade	*Validity* Validade	*Out of Market* Em Outro Mercado	*Fixed Costs* Custos Fixos	*Absence of Pass-through* Ausência de Repasse	*Other* Outro	*No Reason Specified* Sem Razão Específica
Fixed-Cost Efficiencies Eficiências com Custos Fixos									
Overhead Efficiencies Eficiências Gerenciais	18/7	9/3	11/5	4/2	2/0	2/1	6/3	0/0	0/0
Facilities Rationalization Racionalização da Infraestrutura	16/4	11/3	10/3	3/0	4/0	2/0	2/2	0/0	0/0
Research Efficiencies Eficiências com Pesquisas	5/5	4/3	3/2	1/0	1/1	0/0	0/0	0/0	0/0
Advertising Efficiencies Eficiências com Propaganda	5/2	3/0	3/1	2/1	1/0	1/1	1/1	0/0	0/0
Other Fixed-Cost Savings Outras Economias Com Custos Fixos	7/2	3/0	7/2	0/0	0/0	1/0	1/0	0/0	0/0
Variable-Cost Efficiencies Eficiências com Custos Variáveis									
Production Efficiencies Eficiências Produtivas	10/2	6/1	9/2	0/0	0/1	0/0	1/1	0/0	0/0
Distribution Efficiencies Eficiências Distributivas	8/2	6/1	7/2	0/0	3/0	0/0	2/1	0/0	0/0
Raw-Materials Savings Economias com Matéria-Prima	15/2	12/2	10/1	0/0	1/0	2/0	2/1	0/0	0/0
Best-Practice Efficiencies Economias com Melhores Práticas	3/2	1/1	2/1	0/0	1/0	0/0	1/0	0/0	0/0
Other Variable-Cost Savings Outras Economias com Custos Variáveis	4/0	3/0	1/0	0/0	1/0	0/0	0/0	0/0	0/0

ART. 88

Other Efficiencies Outras Eficiências									
Dynamic Efficiencies Eficiências Dinâmicas	*6/6*	*2/3*	*4/3*	*0/0*	*1/2*	*0/0*	*0/1*	*0/0*	*0/0*
Generic Efficiencies Eficiências Genéricas	*12/3*	*9/3*	*7/2*	*0/0*	*3/1*	*1/0*	*4/1*	*0/0*	*0/0*
Total	*109/37*	*69/20*	*74/24*	*10/3*	*18/5*	*9/2*	*20/11*	*0/0*	*0/0*

Fonte: Tabulação de informações disponíveis nos memorandos do Departamento de Defesa da Concorrência e Departamento de Economia.
[COATE, Malcolm B./HEIMERT, Andrew J.. **Economic Isues: merger efficiencies at the Federal Trade Commission 1997-2007**. Washington DC: FTC, fevereiro de 2009].

Acerca da aplicação do princípio de que as eficiências devem ser específicas, v. nota ao art. 88, §6º, I, *c*.

I – cumulada ou alternativamente:

V. art. 54, §1º, I da Lei nº 8.884/94.

a) aumentar a produtividade ou a competitividade; ART. 88
b) melhorar a qualidade de bens ou serviços; ou
c) propiciar a eficiência e o desenvolvimento tecnológico ou econômico; e

Em 18 de julho de 2012 o Cade julgou os Atos de Concentração nº 08012.001875/2010-81, nº 08012.001879/2010-60, nº 08012.002018/2010-07 e nº 08012.002259/2012-18, em que foram requerentes Votorantim Cimentos, Carmargo Corrêa, Companhia Nacional de Cimento Portland, Cimpor – Cimentos de Portugal e Cimpor – Cimentos do Brasil. Por ter verificado problemas anticompetitivos na operação, além das restrições impostas no voto do Conselheiro-Relator, o Cade firmou Termo de Compromisso de Desempenho (TCD) com a Camargo Corrêa, por meio do qual essa se comprometia a (i) alienar ativos, (ii) desfazer associações com o grupo Votorantim, (iii) abster-se de adquirir participação societária em concreteiras, (iv) submeter ao Cade, nos cinco anos seguintes ao TCD, acordos associativos que possam ter efeito sobre o compromisso ali assumido, ainda que não se alcancem os patamares de notificação do art. 88 da Lei nº 12.529/2011, (v) reduzir a sua participação nos sindicatos e associações de cimento e concreto no Brasil, (vi) seguir política de *compliance* e (vii) cumprir obrigações de investimento em pesquisa, desenvolvimento e inovação (P&D&I).

O elemento que motivou pesada crítica de minha parte à decisão do Cade foi o item (vii) do TCD: a obrigação de investimento em pesquisa, desenvolvimento e inovação (P&D&I). Essa obrigação de investimento poderia ser, grosso modo, materializada por três diferentes vias, sendo apenas uma delas lícita:

- opção 1: a obrigação tem pelo menos relevante *spill-over* sobre os mercados de cimento e croncreto e visa restituir o bem-estar nos mercados alvos da operação;
- opção 2: ao invés de impor obrigações que restituíssem o bem-estar nos mercados alvos da operação, o Cade optou por criar soluções que aprimorassem mercados não relacionados – em outras palavras, o Cade está piorando um mercado para fazer política pública em outro; ou
- opção 3: os seis primeiros compromissos do TCD já resolviam os problemas concorrenciais criados pela operação e, portanto, a obrigação de investimento em P&D&I extrapola as obrigações que poderiam ser impostas como condição à aprovação da operação.

ART. 88

No último caso, há clara extrapolação dos poderes pelo Tribunal. No segundo caso, não só ocorre a extrapolação das competências do Cade, como a autarquia deixa de cumprir com a sua obrigação no mercado objeto da operação, o qual passa a ser, de forma irregular, objeto de concentração. Apenas no primeiro caso haveria nexo de causalidade entre o TCD e os efeitos da operação sobre o mercado.

Infelizmente, o TCD celebrado com a Camargo Corrêa só é enquadrável nas opções 2 e 3. Contrariamente ao que se poderia antever, o investimento em P&D&I exigido pelo acordo celebrado com o Cade em momento algum se preocupa com o setor em que houve a operação. Em outras palavras, o TCD não solucionaria a situação do mercado em que houve a aquisição. Vale recordar que a obrigação genérica de investimento em P&D&I levou a que o então Conselheiro Olavo Chinaglia apontasse a necessidade de que o TCD não levasse a uma interferência na política industrial do país, direcionando investimentos para setores não prioritários para o governo (formulador de políticas públicas).

Outra questão relevante está na previsão de a Votorantim sair por completo dos ativos da Cimpor no Brasil, mas admitir a sua permanência no exterior. Como a definição da estratégia do grupo é definida globalmente, a Cimpor no exterior pode tornar-se foro de colusão das sociedades no Brasil – sociedades estas que, conforme reconhece o voto do relator, são parceiras em diversas JVs no Brasil.

É também necessário esclarecer que, a depender do mercado, a falta de interesse do Cade em arranjos colusivos no exterior pode ser lesiva à ordem econômica do Brasil. Isso ocorre, por exemplo, se o Brasil for importador de derivado, ou até mesmo daquele produto que esses *players* comerciarem no exterior. Nesse caso, a prática anticompetitiva no exterior gerará preços mais altos também no Brasil. Em outras palavras, se o Brasil vier a importar cimento ou derivado dele advindo de país no qual haja cartel, também o Brasil será vítima dessa prática anticompetitiva – e, nos termos do art. 2º da Lei nº. 12.529/2011, terá competência para analisar tal conduta.

[226]"As agências geralmente avaliam a concorrência em cada mercado relevante afetado por uma fusão de maneira independente e contestarão essa fusão se for provável que seja anticompetitiva em qualquer mercado relevante. Em alguns casos, porém, as agências discricionariamente analisarão as eficiências não ART. 88
somente no mercado relevante, mas de forma tão inarredavelmente vinculada a ele que desinvestimentos parciais ou outras soluções não poderiam plausivelmente eliminar os efeitos anticompetitivos no mercado relevante sem sacrificar as eficiências no outro mercado. Eficiências inarredáveis têm maior probabilidade de fazer a diferença quando forem grandes em comparação aos pequenos efeitos anticompetitivos esperados no mercado relevante, de tal modo que a fusão provavelmente beneficiará os consumidores, de forma geral."

[Federal Trade Commission/U.S. Department of Justice. **Horizontal Merger Guidelines**, 2010. Nota de rodapé 14. P. 30].

V. nota ao art. 88, §6º, II.

[226] *"The Agencies normally assess competition in each relevant market affected by a merger independently and normally will challenge the merger if it is likely to be anticompetitive in any relevant market. In some cases, however, the Agencies in their prosecutorial discretion will consider efficiencies not strictly in the relevant market, but so inextricably linked with it that a partial divestiture or other remedy could not feasibly eliminate the anticompetitive effect in the relevant market without sacrificing the efficiencies in the other market(s). Inextricably linked efficiencies are most likely to make a difference when they are great and the likely anticompetitive effect in the relevant market(s) is small so the merger is likely to benefit customers overall."*

II – sejam repassados aos consumidores parte relevante dos benefícios decorrentes.

O inciso II inova ao trocar a necessidade de haver distribuição equitativa dos benefícios entre consumidores e empresariado (art. 54, §1º, II da Lei nº 8.884/94) pelo repasse aos primeiros de parte relevante dos benefícios. A inclusão do dispositivo vem, na verdade, a aproximar a redação do art. 88, §6º da Nova Lei Antitruste Brasileira daquela do art. 101(3) TFEU. *In verbis*:

"3. As disposições no n.o 1 podem, todavia, ser declaradas inaplicáveis:
– a qualquer acordo, ou categoria de acordos, entre empresas,
– a qualquer decisão, ou categoria de decisões, de associações de empresas, e
– a qualquer prática concertada, ou categoria de práticas concertadas,
que contribuam para melhorar a produção ou a distribuição dos produtos ou para promover o progresso técnico ou económico, contanto que aos utilizadores se reserve uma parte equitativa do lucro daí resultante, e que:

a) Não imponham às empresas em causa quaisquer restrições que não sejam indispensáveis à consecução desses objectivos;

ART. 88 b) Nem dêem a essas empresas a possibilidade de eliminar a concorrência relativamente a uma parte substancial dos produtos em causa."

A alteração, contudo, ao espelhar a norma europeia, falha ao não exigir que, além de ser o meio menos oneroso para gerar ganhos líquidos de produtividade, o ato de concentração econômica em questão leve a ganhos líquidos de bem-estar social. Na Europa, essa falha foi suprida pela Comunicação da Comissão intitulada Orientações relativas à aplicação do nº 3 do artigo 81º do Tratado [Jornal Oficial No C 101 de 27.4.2004]:

"Nestas circunstâncias, uma apreciação à luz do artigo 101º do TFUE comporta duas partes. O primeiro passo consiste em avaliar se um acordo entre empresas, susceptível de afectar o comércio entre países da UE, tem um objectivo anticoncorrencial ou efeitos anticoncorrenciais reais ou potenciais. O nº 3 do artigo 101º do TFUE só se torna relevante quando um acordo entre empresas restringe a concorrência nos termos do nº 1 do artigo 101º do TFUE. No caso de acordos não restritivos, não é necessário examinar eventuais benefícios resultantes do acordo. As orientações da Comissão relativas a restrições verticais, acordos de cooperação horizontal e acordos de transferência de tecnologia contêm orientação substancial no que se refere à aplicação do nº 1 do artigo 101º do TFUE a vários tipos de acordo.

O segundo passo, que só é pertinente no caso de se concluir que o acordo restringe a concorrência, consiste em determinar quais os benefícios desse acordo para a concorrência e em avaliar se tais benefícios compensam os efeitos anticoncorrenciais. Esta análise do equilíbrio entre efeitos concorrenciais e anticoncorrenciais é efectuada exclusivamente no quadro definido pelo nº 3 do artigo 101º do TFUE. As presentes orientações analisam as quatro condições referidas no nº 3 do artigo 101º do TFUE: (...)"

É relevante observar, porém, que, enquanto o art. 101 TFEU disciplina as *condutas* no direito concorrencial comunitário europeu, o art. 88, §6º da nossa lei disciplina a análise de atos de concentração estrutural. Rezam os artigos 101(1) e 101(2) TFEU:

"1. São incompatíveis com o mercado interno e proibidos todos os acordos entre empresas, todas as decisões de associações de empresas e todas as práticas concertadas que sejam susceptíveis de afectar o comércio entre os Estados-Membros e que tenham por objectivo ou efeito impedir, restringir ou falsear a concorrência no mercado interno, designadamente as que consistam em: ART. 88

a) Fixar, de forma directa ou indirecta, os preços de compra ou de venda, ou quaisquer outras condições de transacção;

b) Limitar ou controlar a produção, a distribuição, o desenvolvimento técnico ou os investimentos;

c) Repartir os mercados ou as fontes de abastecimento;

d) Aplicar, relativamente a parceiros comerciais, condições desiguais no caso de prestações equivalentes colocando-os, por esse facto, em desvantagem na concorrência;

e) Subordinar a celebração de contratos à aceitação, por parte dos outros contraentes, de prestações suplementares que, pela sua natureza ou de acordo com os usos comerciais, não têm ligação com o objecto desses contratos.

2. São nulos os acordos ou decisões proibidos pelo presente artigo."

No direito concorrencial comunitário europeu, o art. 101(3) TFEU é a regra que traz a aplicação da regra da razão às regras dos artigos 101(1) e 101(2) TFEU. Nesse sentido, o art. 101(3) TFEU exige o repasse ao consumidor de parte equitativa dos benefícios advindos das condutas *hardcore* descritas pelo art. 101(1) TFEU – precisamente com o objetivo de excepcionar a punição de condutas que a prática comprova serem quase sempre danosas ao mercado (daí a sua punição *per se* em alguns ordenamentos). O termo "parte equitativa dos benefícios advindos" (*fair share of the resulting benefit*) não implica a imposição de uma eficiência distributiva e os efeitos benéficos para a população resultam, necessariamente, do fato de as condutas gerarem efeitos líquidos positivos sobre o mercado. Aliás, embora recomendável, não chega sequer a ser necessário que haja um ganho líquido pelo consumidor – basta que ele, pelo menos, nada perca. Esse é o entendimento trazido pelos §§85-87 das Orientações relativas à aplicação do nº 3 do artigo 81º do Tratado:

> "85. O conceito de 'parte equitativa' implica que a repercussão dos benefícios deve, no mínimo, compensar os consumidores pelo eventual impacto negativo, efectivo ou potencial, que a restrição da concorrência nos termos do nº 1 do artigo 81º teve para esses consumidores. Em conformidade com o objectivo geral do artigo 81º, que consiste em evitar a aplicação de acordos anticoncorrenciais, o efeito líquido de um acordo deve ser, no mínimo, neutro do ponto de vista daqueles consumidores que sejam directa ou indirectamente afectados pelo acordo(80). Se a situação dos consumidores piorar na sequência do acordo, a segunda condição do nº 3 do artigo 81º não é satisfeita. Os efeitos positivos de
> ART. 88 um acordo devem contrabalançar e compensar os seus efeitos negativos para os consumidores afectados em cada mercado relevante(81). Se tal for o caso, os consumidores não são prejudicados pelo acordo. Além disso, a sociedade em geral é beneficiada onde os ganhos de eficiência conduzem à utilização de menos recursos para produzir o bem consumido ou à produção de bens de maior valor e, portanto, a uma afectação mais eficiente dos recursos.
>
> 86. Não é necessário que os consumidores recebam uma parte de todos os ganhos de eficiência identificados no âmbito da primeira condição. Basta que sejam repercutidos benefícios suficientes para compensar os efeitos negativos do acordo restritivo. Nesse caso os consumidores obtêm uma parte equitativa dos benefícios globais(82). Se um acordo restritivo for susceptível de provocar um aumento dos preços, os consumidores deverão ser plenamente compensados por uma melhoria da qualidade ou por benefícios de outra natureza. Caso contrário, não é satisfeita a segunda condição do nº 3 do artigo 81º
>
> 87. O factor decisivo é o impacto global nos consumidores dos produtos no mercado relevante e não o impacto em membros individuais deste grupo de consumidores(83). Nalguns casos, poderá ser necessário um determinado período antes que os ganhos de eficiência se concretizem; durante esse período, o acordo pode ter, unicamente, efeitos negativos. O facto de a repercussão nos consumidores ser algo desfasada no tempo não exclui, por si só, a aplicação do

nº 3 do artigo 81º. Contudo, quanto maior for esse desfasamento, maiores devem ser os ganhos de eficiência, a fim de compensarem, igualmente, as perdas sofridas pelos consumidores no período que antecedeu a repercussão."

Antes, o §84 das Orientações relativas à aplicação do nº 3 do artigo 81º do Tratado deixa bastante claro que, por consumidor, não se entende, apenas, o consumidor final, mas todo aquele a jusante da cadeia de produção:

"84. O conceito de 'consumidores' engloba todos os utilizadores dos produtos cobertos pelo acordo, incluindo grossistas, retalhistas e consumidores finais. Por outras palavras, os consumidores, na acepção do nº 3 do artigo 81º, são os clientes das partes no acordo e os compradores subsequentes. Estes clientes podem ser empresas, como é o caso dos compradores de maquinaria industrial ou de matéria-prima para transformação, ou particulares, como é o caso dos compradores de gelados ou bicicletas."

A mesma interpretação deve ser dada à lei brasileira. Embora aqui – diversamente do art. 101(3) TFEU, que condiciona a atipicidade da conduta a que não se elimine a concorrência sobre parte substancial do mercado ("[n]em dêem a essas empresas a possibilidade de eliminar a concorrência relativamente a uma parte substancial dos produtos em causa") – o objetivo da lei tenha sido permitir a aprovação de atos de concentração que eliminassem a concorrência em parte substancial de mercado relevante, não há outra alternativa senão concluir que a aprovação dependa de tais operações trazerem ganhos líquidos de bem-estar ao mercado. Afinal, outro não é objetivo das normas de defesa da concorrência. Nesse caso, os ganhos líquidos de bem-estar – ou, pelo menos, a ausência de perda de bem-estar – são suficientes para garantir o atendimento ao disposto no art. 88, §6º. ART. 88

O grande risco reside, porém, em interpretações imediatistas que, ante a omissão do legislador criticada acima, venham a cobrar que as operações de concentração estrutural que se enquadrem no no art. 88, §6º devam proporcionar ao consumidor mais que benefícios indiretos da operação, como maior emprego, elevação de renda, maior conforto e agilidade. Essa, aliás, pode ter sido a interpretação que levou a que o Cade incluísse uma obrigação de investimento em P&D&I no TCD firmado com a Camargo Corrêa no julgamento dos Atos de

Concentração nº 08012.001875/2010-81, nº 08012.001879/2010-60, nº 08012.002018/2010-07 e nº 08012.002259/2012-18, em que foram requerentes Votorantim Cimentos, Carmargo Corrêa, Companhia Nacional de Cimento Portland, Cimpor – Cimentos de Portugal e Cimpor – Cimentos do Brasil.

"De outro lado, a Lei atual também define que operações com efeitos potencialmente anticompetitivos requeiram, para serem aprovadas, que os benefícios decorrentes sejam distribuídos equitativamente entre os seus participantes e os consumidores. Este requerimento de equanimidade na distribuição de benefícios é dificilmente exigido na prática, pois sua eventual aplicação a ferro e fogo provavelmente levaria ao bloqueio de operações com efeito líquido largamente positivo ao bem-estar social. Desta forma, passou a ser requerido que parte, e não metade, dos benefícios (em qualquer proporção) sejam repassados aos consumidores.

Também se previa como motivação para a aprovação de operações potencialmente anticompetitivas 'motivos preponderantes da economia nacional e do bem comum'. Além de se constituir em elemento estranho aos objetivos da política de concorrência, tal dispositivo é excessivamente subjetivo."

ART. 88 [Mattos, César Alves Costa de. **Evolução Institucional da Defesa da Concorrência no Brasil: A Reforma do Cade.** *In* Regulação e Agências Reguladoras – governança e análise de impacto regulatório. ANVISA/Casa Civil da Presidência. P. 172. Disponível em http://www.anvisa.gov.br/divulga/public/Regulacao.pdf. Acesso em 16/02/2011].

V. art. 54, §1º, II da Lei nº 8.884/94.
V. nota ao art. 88, §6º, I, *c*.
V. Comunicação da Comissão intitulada Orientações relativas à aplicação do nº 3 do artigo 81º.
do Tratado [Jornal Oficial No C 101 de 27.4.2004].

§ 7º É facultado ao Cade, no prazo de 1 (um) ano a contar da respectiva data de consumação, requerer a submissão dos atos de concentração que não se enquadrem no disposto neste artigo.

Note-se que, apesar de tratar-se de análise *ex post*, a Resolução nº 13/2015 disciplina a notificação *ex post* do ato de concentração do art. 88, §7º da Nova Lei Antitruste Brasileira segundo as mesmas regras que a lei e o RiCade dedicam ao processamento dos atos de concentração notificados *ex ante* – inclusive quanto ao incidente de avocação pelo Tribunal e à interposição de recurso por parte do participante do ato de concentração. Ademais, por conta de o art. 13, §7º da Resolução nº 13/2015 conferir efeito suspensivo à avocação e ao recurso, a notificação do ato de concentração só será reputada obrigatória, na situação descrita no presente dispositivo e regulamentada pela Resolução nº 13/2015, após a decisão final do Tribunal.

Vale mencionar que o valor da taxa processual de que trata o parágrafo único do art. 14 da Resolução nº 13/2015, por estar expressamente vinculado àquele definido pelo art. 23 da Nova Lei Antitruste Brasileira, sofreu alteração pela Lei nº 13.196/2015.

"Há uma salvaguarda importante, que mantivemos no Substitutivo, que faculta ao Cade, no prazo de um ano a contar da respectiva data de consumação, requerer a submissão dos atos de concentração que não se enquadrem nos critérios de faturamento. Este dispositivo cumpre um papel importante no sentido de viabilizar uma exigência mais parcimoniosa de submissões. Em tese, apesar de o poder de mercado estar usualmente associado positivamente com o tamanho da empresa, tal correlação não é perfeita. Toda fusão pode gerar um efeito anticompetitivo, mesmo com faturamentos pequenos, dado que os mercados relevantes podem ser regionais ou locais. A obrigação de notificar, no entanto, não pode ser para todas as fusões sob pena de sobrecarregar em demasia a autoridade antitruste. Daí a existência de parâmetros de faturamento tal como discutido nos parágrafos anteriores. A solicitação de submissão de atos fora do enquadramento preencheria esta lacuna de atos praticados por empresas menores, mais ainda sim com efeitos relevantes sobre a concorrência."

[Exposição de motivos do Substitutivo Ciro Gomes].

V. nota conjunta aos incisos I e II do *caput* do art. 88.
V. Resolução Cade nº 13, de 23 de junho de 2015.

§ 8º As mudanças de controle acionário de companhias abertas e os registros de fusão, sem prejuízo da obrigação das partes envolvidas, devem ser comunicados ao Cade pela Comissão de Valores Mobiliários CVM e pelo Departamento Nacional do Registro do Comércio do Ministério do Desenvolvimento, Indústria e Comércio Exterior, respectivamente, no prazo de 5 (cinco) dias úteis para, se for o caso, ser examinados.

V. Lima, Ticiane Nogueira da Cruz. **O Cade e as reestruturações societárias**. São Paulo: Singular, 2006.

§ 9º O prazo mencionado no § 2º deste artigo somente poderá ser dilatado:

I – por até 60 (sessenta) dias, improrrogáveis, mediante requisição das partes envolvidas na operação; ou

Diferentemente da redação da Câmara dos Deputados, a qual prevaleceu, nada se falava, na redação do Senado, da impossibilidade de prorrogar o prazo fixado pelo Tribunal, respeitado o limite de 60 dias. Em contraste, a redação final, herdada da Câmara dos Deputados, não admite o parcelamento do prazo de 60 dias entre as diferentes fases processuais e a sua contínua prorrogação até o limite dos 60 dias.

Acredito que o retorno à redação da Câmara tenha representado significativa piora da norma. Antes, parece-me que, além de a contínua prorrogação do prazo fixado pelo Tribunal, respeitado o limite de 60 dias, ser mais eficiente que a absoluta impossibilidade de prorrogação – dado
ART. 88 que a impossibilidade de renovação leva a que, *ad cautelam*, opte-se por sempre estipular o máximo legal –, seria ainda mais desejável que esse prazo sequer fosse preclusivo.

Diversamente do inciso II abaixo, que se deixa vincular pelo momento definido no art. 56, parágrafo único, a prorrogação a pedido do administrado deveria poder acontecer com relação a qualquer fase e até mesmo para mais de uma fase, respeitado o limite conjunto de 60 dias, ao longo do processo – devendo ser possível dividir o prazo entre os diferentes momentos processuais nos quais o agente apelasse à prorrogação. Não se trataria de uma faculdade da Administração, mas de ato vinculado.

Andou mal o legislador ao impor prazo para o requerente. Além de impedir respostas mais completas, ignora o fato de que o grande prejudicado com o atraso é o próprio requerente – e que, por outro lado, sendo a análise prévia, tampouco a sociedade poderia ser prejudicada com a pendência de uma concentração concorrencialmente nociva à ordem econômica. A fixação de prazo insuficiente para os esclarecimentos pode levar a que administrado leve informações depois do prazo a ele assinalado e atrapalhe o aproveitamento do prazo pelo analista do Cade, que já terá, em parte, transcorrido, quando ele vier a deter o restante das informações.

Vide nota ao inciso II.

II – por até 90 (noventa) dias, mediante decisão fundamentada do Tribunal, em que sejam especificados as razões para a extensão, o prazo da prorrogação, que será não renovável, e as providências cuja realização seja necessária para o julgamento do processo.

É digna de críticas a impossibilidade de contínua renovação do prazo até o limite de 90 dias: a redação deixa bastante claro que o prazo complementar assinalado na decisão de prorrogar não é renovável[227]. Como consequência imediata, a impossibilidade de renovação leva a que, *ad cautelam*, opte-se por sempre estipular o máximo legal. Estaria muito mais de acordo com o espírito da lei estipular um teto (90 dias, *in casu*), admitindo-se a contínua renovação do prazo dentro desse limite – o que levaria a que, em geral, o limite de 90 dias não fosse alcançado. Esse modelo poderia ter sido adotado como *second best* para o inciso I acima e deveria ser replicado no inciso II.

Aliás, essa alternativa permitiria, inclusive, que as prorrogações fossem distribuídas, discricionariamente, pelo Tribunal ao longo das diferentes fases de instrução e julgamento, na medida em que fosse necessário – seja para os Conselheiros, seja para a Superintendência-Geral –, o que, por força do presente dispositivo c/c art. 56, parágrafo único, não vem a ocorrer. ART. 88

A redação final do inciso II é, de qualquer forma, idêntica àquela apresentada pelo Senado Federal, com exceção da previsão de não cumulatividade entre as prorrogações dos incisos I e II presente no texto do Senado – a qual, entretanto, mantém-se clara ante o recurso à conjunção no inciso I. A cumulatividade teria o grande benefício de conferir maior flexibilidade de prazo nas operações mais complexas. A não cumulatividade tem outros dois inconvenientes. Primeiro, pode levar a que a Administração, na dúvida, tendo a possibilidade de optar por um dos prazos, opte, *ad cautelam*, pelo do inciso II, mais extenso e que prescinde de provocação pelos administrados. Em segundo lugar, o recurso ao prazo do inciso I difere, bastante, daquele do inciso II – especialmente porque, se

[227] É igualmente criticável o recurso a dois verbos distintos ('renovar' e 'prorrogar') com o mesmo significado nos incisos I e II.

a Administração tende a demandar mais prazo no momento da instrução na Superintendência-Geral (conforme já contava a experiência de instrução na SDE, espelhada no momento definido no art. 56, parágrafo único), o administrado tende a precisar de prazo complementar para juntar documentos de contestação ao parecer final da Superintendência-Geral junto ao Tribunal. Desse modo, é possível que, ao tornar os prazos mutuamente excludentes, a Administração, como regra, prive o administrado da extensão de prazo quando dela mais precise.

V. art. 120, §2º do novo RiCade.

Art. 89 Para fins de análise do ato de concentração apresentado, serão obedecidos os procedimentos estabelecidos no Capítulo II do Título VI desta Lei.

Parágrafo único. O Cade regulamentará, por meio de Resolução, a análise prévia de atos de concentração realizados com o propósito específico de participação em leilões, licitações e operações de aquisição de ações por meio de oferta pública.

ART. 89

Trata-se da regulamentação da notificação das operações nas quais a consumação dependa, primeiramente, da sagração da oferta do requerente como vencedora, a fim de evitar que a análise prévia pelo Cade gere trabalho inócuo.

Particularmente em relação às licitações públicas, há, ainda, o fundado receio de que uma análise prévia mais longa pelo Cade prejudicaria a eventual urgência de contratação pela Administração. Esse é, certamente, um dos motivos pelos quais a previsão do parágrafo único do art. 90 faz sentido econômico. O parágrafo único acima passa, então, a fazer sentido, apenas, se aplicado a certames privados.

Mais relevante é observar que, da leitura do art. 89 c/c art. 90, o Cade deixa de analisar como ato de concentração qualquer processo de licitação pública – seja com a formação de *joint venture*, seja isoladamente. Isso não isenta de submissão concentrações que se operem no mercado após o processo licitatório.

Seguindo o entendimento trazido já na edição anterior deste livro acerca da relação entre os parágrafos únicos dos artigos 89 e 90 da Nova

Lei Antitruste Brasileira, o Cade veio a regulamentar, no art. 11 da Resolução nº 2/2012, apenas as *operações de aquisição de ações por meio de oferta pública.*

V. nota ao art. 88, § 3º.
V. nota ao parágrafo único do art. 90.
V. art. 11 da Resolução Cade nº 2, de 29 de maio de 2012.

Art. 90 Para os efeitos do art. 88, realiza-se um ato de concentração quando:

A Nova Lei Antitruste Brasileira incorporou da legislação norte-americana, como requisito de análise dos atos de concentração, a transferência de ativos – o que lhes conferiu definição precisa e bastante limitada. O primeiro ganho está em praticamente extinguir a antiga discussão acerca dos atos notificáveis – redução de incerteza que reduz custos de investidores e limita a análise ao socialmente relevante, que é justamente o efeito econômico da operação.

Por outro lado, torna-se o sistema mais leniente quanto a acordos comportamentais, incluindo aqueles de exclusividade, que deixam de ser atos de concentração de notificação obrigatória e passam a ser investigados, tão somente, enquanto condutas anticompetitivas em potencial. ART. 90

O parágrafo único do art. 90 responde, ainda, à crítica endereçada por Ticiane Nogueira da Cruz Lima (**O Cade e as reestruturações societárias**. São Paulo: Singular, 2006. P. 100):

"Não há nada na lei brasileira que se aproxime da lista de isenções do Clayton Act, nem da bem definida rede de conceitos-chaves (concentração, controle, influência relevante) do Regulamento 139/2004. Daí a necessidade de procurar, por meio de estudos como este, determinar isenções à obrigatoriedade de apresentação para certas categorias de operações. Para tanto, é bastante interessante conhecer os tipos de operação cuja necessidade de apresentação vem sendo objeto de debates dentro do próprio Cade."

"Súmula Cade nº 3: Nos atos de concentração realizados com o propósito específico de participação em determinada licitação pública, o termo inicial do prazo do art. 54 § 4º, da Lei 8.884/94 é a data da celebração do contrato de concessão.

REFERÊNCIA:

AC n. 08012.010993/1999-96, Rel. Ruy Santacruz (j. 26.01.1999)

AC n. 08012.002818/1998-90, Rel. Ruy Santacruz (j. 19.01.2000)

AC n. 08012.000035/2000-68, Rel. Mércio Felsky (j. 14.03.2001)

AC n. 08012.002445/2000-13, Rel. Thompson Almeida Andrade (j. 05.06.2001)

AC n. 08012.003147/2002-02, Rel. Miguel Tebar Barrionuevo (j. 21.05.2003)

AC n. 08012.000346/2003-31, Rel. Cleveland Prates Teixeira (j. 11.06.2003)

AC n. 08012.002455/2002-11, Rel. Roberto Augusto C. Pfeiffer (j. 06.08.2003)

AC n. 08012.006257/2001-37, Rel. Thompson Almeida Andrade (j. 05.11.2003)

AC n. 08012.000721/2002-62, Rel. Thompson Almeida Andrade (j. 05.11.2003)

AC n. 53500.000204/2003, Rel. Thompson Almeida Andrade (j. 19.11.2003)

AC n. 08012.003971/2001-73, Rel. Cleveland Prates Teixeira (j. 14.07.2004)

AC n. 08012.005516/2001-11, Rel. Fernando de Oliveira Marques (j. 15.07.2004)

AC n. 08012.008614/2004-44, Rel. Luís Fernando Rigato Vasconcellos (j. 06.04.2005)

ART. 90 AC n. 08012.000149/2004-01, Rel. Luís Fernando Rigato Vasconcellos (j. 05.10.2005)

Publicada no Diário Oficial da União de 21/09/2007 nº 183, Seção 1 página 32"

I – duas ou mais empresas anteriormente independentes se fundem;

II – uma ou mais empresas adquirem, direta ou indiretamente, por compra ou permuta de ações, quotas, títulos ou valores mobiliários conversíveis em ações, ou ativos, tangíveis ou intangíveis, por via contratual ou por qualquer outro meio ou forma, o controle ou partes de uma ou outras empresas;

"Súmula Cade nº 2: A aquisição de participação minoritária sobre capital votante pelo sócio que já detenha participação majoritária não configura ato de notificação obrigatória (art. 54 da Lei n. 8.884/94) se concorrerem as seguintes circunstâncias: (i) o vendedor não detinha poderes decorrentes de lei, estatuto ou contrato de (i.a) indicar administrador, (i.b) determinar política comercial ou (i.c) vetar qualquer matéria social e (ii) do(s) ato(s) jurídico(s) não constem cláusulas (ii.a) de não-concorrência com prazo superior a cinco anos e/ou abrangência territorial superior à de efetiva atuação da sociedade objeto e (ii.b) de que decorra qualquer tipo de poder de controle entre as partes após a operação.

REFERÊNCIA:

AC n. 08012.005932/2003-72, Rel. Cleveland Prates Teixeira (j. 05.11.2003)
AC n. 53500.006612/2002, Rel. Fernando de Oliveira Marques (j. 26.11.2003)
AC n. 08012.003096/2003-91, Rel. Miguel Tebar Barrionuevo (j. 10.12.2003)
AC n. 08012.007497/2003-11, Rel. Fernando de Oliveira Marques (j. 14.01.2004)
AC n. 08012.000383/2004-21, Rel. Cleveland Prates Teixeira (j. 05.05.2004)
AC n. 08012.002992/2004-14, Rel. Roberto Augusto C. Pfeiffer (j. 19.01.2005)
AC n. 08012.011220/2005-54, Rel. Paulo Furquim de Azevedo (j. 15.03.2006)
AC n. 08012.000321/2006-81, Rel. Paulo Furquim de Azevedo (j. 12.04.2006)
AC n. 53500.014636/2005, Rel. Luís Fernando Rigato Vasconcellos (j. 26.04.2006)
AC n. 08012.007389/2006-91, Rel. Abraham Benzaquen Sicsú (j. 06.12.2006)
Publicada no Diário Oficial da União de 27/08/2007 nº 165, Seção 1 página 28"

ART. 90

"Esse consenso em torno da relevância, para o direito antitruste, de operações que afetem a dinâmica interna da tomada de decisões de uma dada empresa é extremamente importante. Com efeito, a partir dele tem-se uma noção exata sobre em que parte da matéria devem ser concentrados os esforços de detalhamento que se pretende empreender na determinação das hipóteses de reestruturação societária que devem ser apresentadas ao Cade. Isso porque, partindo-se do pressuposto de que apenas as operações que impliquem alguma mudança na dinâmica do controle interno da sociedade podem produzir um impacto na concorrência que justifique sua apresentação ao SBDC, é possível direcionar melhor os estudos, no sentido de tentar explicitar critérios objetivos que possam captar essa mudança na dinâmica intera do controle da empresa. (...)

Há, contudo, quem rebata esse argumento recorrendo a uma lógica econômica que já foi defendida neste trabalho com relação aos aumentos significativos de participações minoritárias. Segundo essa lógica, o aumento na participação no capital de uma sociedade corresponde a um aumento no interesse pelos negócios dessa sociedade por parte do acionista investidor, já que os ganhos e as perdas da empresa passam a ser por ele compartilhados. Esse interesse, ainda de acordo com essa lógica, levaria, com grande probabilidade, ambos os agentes econômicos a atuar de maneira coordenada no mercado, visando à potencialização dos lucros e à redução dos prejuízos em comum.

Nesses termos, tratando-se de operações entre acionistas que não alteram o controle, tem-se, a exemplo do que foi dito com relação aos aumentos de participação minoritária, que operações que elevem consideravelmente a participação preferencial também podem criar outro centro de poder na empresa que deva ser considerado pelo controlador na tomada das decisões, e por isso devem, atingido esse patamar considerável, ser apresentadas ao Cade. O mesmo vale para as operações em que um acionista preferencial adquire uma participação minoritária considerável. (...)

(...)A aquisição de participação minoritária pode acarretar, sim, o exercício de influência relevante na gestão dos negócios da companhia por parte do acionista minoritário, alterando assim a dinâmica do controle interno da empresa. (...)

(...)[s]ustenta-se que a participação minoritária no capital social que não permite que não permite o exercício de nenhum desses direitos restritivos do poder de controle majoritário provavelmente não acarreta a possibilidade de exercício de influência relevante e, por isso, não precisa ser submetida ao Cade.

Assim, tem-se que de acordo com a Lei das S.A.: (i) é preciso representar 20% das ações com direito a voto para ter direito a eleger um membro da administração (art. 141, §4º); (ii) os acionistas que representem no mínimo 5% do
ART. 90 capital social total podem convocar assembleia geral para instalação do Conselho Fiscal, quando os administradores não atenderem ao pedido para fazê-lo no prazo de oito dias (art. 23, d); (iv) os acionistas minoritários que representem 10% das ações com direito a voto podem eleger um membro e o respectivo suplente para o Conselho Fiscal (art. 161, a); (v) acionistas que representem no mínimo 5% do capital total podem solicitar ao Conselho Fiscal informações sobre matéria de sua competência; entre outros.

Com base nisso, e ponderando quais desses direitos efetivamente podem acarretar, quando exercidos, influência relevante que interesse ao direito concorrencial, pode-se estipular um limite de aquisições de participação minoritária que não deva ser apresentado."

[Lima, Ticiane Nogueira da Cruz. **O Cade e as reestruturações societárias**. São Paulo: Singular, 2006. PP. 87, 116/119].

"A expressão 'influência dominante' é de utilização muito frequente no direito societário. Com ressalta F.K. Comparato, essa expressão foi utilizada pela primeira vez em sede legislativa na lei acionária alemã de 1937 e repetida na lei de 1965. Em ambas as ocasiões, o que se pretendeu foi incluir na previsão legal hipóteses em que o controle não decorre da existência de uma posição majoritária interna. A expressão engloba, portanto, de um lado, as hipóteses de controle minoritário interno, e até mesmo de controle gerencial e, de outro, aquelas de controle externo. Nesse último caso, a noção de influência dominante engloba tanto os casos de controle de direito quanto de fato. É exatamente essa sua excessiva amplitude que gera as maiores críticas doutrinárias. Afirma-se que o conceito societário de 'influência dominante' é excessivamente abrangente para ter qualquer utilidade aplicativa.

No direito concorrencial, no entanto, essa maior abrangência, antes que um defeito, é um mérito. (...)

Daí por que a expressão 'influência dominante', quando utilizada pelo direito concorrencial, é identificada ao poder de influir sobre o planejamento empresarial do outro agente econômico. Essa noção é, ao mesmo tempo, mais ampla e mais restrita que a noção societária. (...)

De um lado, para caracterizar a influência sobre o planejamento societário não é preciso que haja domínio sobre todos os órgãos ou todas as decisões sociais. (...) Em doutrina, quatro áreas são consideradas fundamentais para permitir esse controle do planejamento empresarial: pesquisa e desenvolvimento, investimento, produção e vendas. Assim, um acordo de acionistas que atribua ao acionista minoritário direito de deliberar sobre essas áreas ou, então direito de escolher e destituir os diretores por ela responsáveis (diretores esses que devem ter competência para deliberar e decidir com ampla liberdade sobre a respectiva área), sem dúvida cria uma influência dominante do ponto de vista concorrencial. ART. 90

De outro, a influência dominante concorrencial deve ser muito mais estável que a societária. O poder de determinar o planejamento empresarial de um agente econômico exige uma influência constante e abrangente. (...)

O conceito de 'influência relevante do ponto de vista concorrencial' (wettbewerblich erheblichen Einfluss) surgiu recentemente no direito alemão. A razão principal da sua introdução foi a necessidade de prevenir formas societárias que visavam a elidir a aplicação da regra geral baseada na 'influência dominante'. Apesar dessa origem ligada eminentemente ao controle das concentrações (a regra foi introduzida no dispositivo referente ao controle das concentrações), o próprio legislador e a doutrina reconheceram logo de início que uma abrangência ulterior do controle das concentrações, além dos casos de influência dominante, teria como objeto hipóteses que não poderiam ser enquadradas como concentracionistas.

Considerou-se mesmo assim necessário submetê-las ao controle concorrencial. A razão é que se tratava de situações em que a estrutura societária permitia presumir que a formação interna da vontade na empresa 'participada' seria de tal maneira influenciada (ainda que não determinada) que não se poderia presumir menos que a cooperação entre elas. É possível, portanto, generalizar o conceito originalmente elaborado e afirmar que 'existe 'influência relevante do ponto de vista concorrencial' naqueles casos em que a conformação da estrutura societária torna possível (e aconselhável) presumir o comportamento cooperativo'.

Os conceitos de 'influência dominante' e 'influência relevante do ponto de vista concorrencial' introduzem, portanto, uma visão nova das formas jurídicas de estruturação da concentração e da cooperação empresarial."

[Salomão Filho, Calixto. **Direito concorrencial: as estruturas**. 3ª edição. São Paulo: Malheiros, 2007. PP. 281/288].

V. Antunes, José A. Engrácia. **Os Grupos de Sociedades**. Coimbra: Almedina, 1993. PP. 152/163.

V. discussão no Ato de Concentração nº 08012.010293/2004-48, em que foram requerentes Ideiasnet S.A. e Flynet S.A., de relatoria de Luiz Alberto Esteves Scaloppe.

III – uma ou mais empresas incorporam outra ou outras empresas; ou

IV – duas ou mais empresas celebram contrato associativo, consórcio ou *joint venture*.

ART. 90

O inciso IV consiste na exceção à regra da necessária transferência de ativos para que um ato se enquadre como ato de concentração. Essa precaução tem como fundamento o fato de que entes associados habitualmente deixam de competir com o negócio conjunto. Quando não, a preocupação antecipa o incentivo à coordenação – dado que, se não forem impostas regras, qualquer associação pode implicar, pela sua natureza, o compartilhamento de informações sobre a formação de preços e quantidade ofertada. A empresa conjunta pode, ainda, servir como foro de concertação. Observe-se que no conceito de *joint venture* incluem-se quaisquer sociedades nas quais concorram mais de um sócio (por *joint venture* leia-se *empreendimento conjunto*, independentemente da roupagem).

Mesmo nos Estados Unidos, os órgãos de concorrência têm se preocupado crescentemente em determinar que as partes de uma *joint venture* dêem ciência do acordo colaborativo, a fim de que haja ativa supervisão, tanto pelo *DoJ*, quanto pela *FTC*.

"E é com esse tipo de relação que o direito concorrencial está preocupado. A relação entre as sociedades componentes da joint venture já detentoras de uma posição no mercado, que pode ser potencializada através da união (indireta) de forças com a outra participante. É preciso determinar, portanto, o caráter (concentrativo ou cooperativo) dessas relações entre as participantes para poder aplicar-lhes a disciplina correta. Para isso é necessário focalizar os objetivos econômicos e a independência econômica da joint venture. Como se verá, quanto maior a independência econômica da joint venture em relação às empresas participantes, mais ela se aproxima das formas concentrativas. Inversamente, quanto menor essa independência, mais provável é a cooperação entre as suas participantes no mercado. A determinação exata dessas diferenças exige, no entanto, a utilização de conceitos ainda não abordados. Tratando-se de uma estrutura limítrofe entre formas concentrativas e cooperativas, que pode tender ora a uma ora a outra, seu estudo deve ser feito após a análise detalhada de cada uma dessas formas."

[Salomão Filho, Calixto. **Direito concorrencial: as estruturas**. 3ª edição. São Paulo: Malheiros, 2007. P. 293].

No Direito Comunitário Europeu, o tratamento conferido às *joint ventures* depende da durabilidade do acordo entre os agentes econômicos (v. nota ao parágrafo único). Caso a associação não tenha por escopo uma união duradoura (***joint venture* não plena**), a relação entre os agentes econômicos é supervisionada como conduta e não se sujeita à notificação obrigatória. Em sentido oposto, caso a união seja duradoura (***joint venture* plena**), a associação ganha *status* de ato de concentração cuja notificação é obrigatória. ART. 90

No Brasil, o Cade não acolheu a gradação temporal como forma de diferenciar os atos de notificação obrigatória. Por outro lado, a Resolução nº 2/2012 distinguiu casos de ***joint ventures* clássicas, ou cooperativas**, em que há a criação de empresa para explorar mercado em que não estão presentes os agentes econômicos que se associam, dos casos de ***joint ventures* concentracionistas**, em que há a criação de empresa para explorar mercado em que já estão presentes os agentes econômicos associados. Segundo a norma, embora as JVs não se enquadrem em nenhuma regra geral de isenção de notificação, as JVs clássicas enquadram-se como hipótese de procedimento sumário.

Relevante observar que, em voto no Ato de Concentração nº 08700.006723/2015-2, em que foram requerentes SBT, Record e RedeTV!, a Conselheira Cristiane Schmidt contestou esse conceito, afirmando não poder ser enquadrada como JV clássica aquela cujos membros concorram entre si:

"Conquanto a Resolução do Cade nº 2/2012 pareça enquadrar no **Procedimento Sumário** uma JV (art. 8º, inciso I), o presente caso **não pode ser compreendido como tal**, uma vez que as **Requerentes são competidoras entre si**, havendo, assim, concentração horizontal[7] e não sendo assim esta JV do tipo "clássica". Além disso, a participação de mercado é maior de 20% (art. 8º, inciso III). O encaminhamento mais indicado para este AC, consequentemente, é seguir o **Procedimento Não Sumário**. Esta interpretação explica a opção deste Gabinete pela instrução complementar do presente caso, que requereu envios de ofícios e reuniões adicionais.

Este entendimento, cabe ressaltar, não é desprovido de argumento. De acordo com o guia "*Antitrust Guidelines for Collaborations Among Competitors*", desenvolvido pelo FTC e pelo DoJ em 2000 (Anexo II deste Voto), e, também, segundo o livro "*ABA Section of Antitrust Law, Joint Ventures: Antitrust Analysis of Collaborations Among Competitors, (2006)*", da *American Bar Association*[8], capítulo II, uma JV engloba qualquer colaboração que persegue um objetivo em comum. Se esta colaboração for entre competidores, como ocorre no presente AC, o resultado pode ser pró-competitivo ou não.

De fato, a interpretação sobre o que é uma JV é ampla, abarcando desde uma singela relação contratual entre duas firmas, apenas com divisão compartilhada
ART. 90 sobre um determinado ativo para atuar em um mercado relevante distinto daquele das incumbentes, até a formação de uma nova empresa, com concentração horizontal ou vertical e divisão compartilhada sobre uma nova pessoa jurídica. Uma JV, destarte, pode gerar eficiências ou não, podendo, portanto, ser uma operação pró-competitiva ou não.

Tanto o Guia norte-americano quanto o livro (páginas 6 e 7) supramencionados, por isso, sugerem que casos de JV devam passar pelo escrutínio minucioso do órgão antitruste. A *análise das eficiências* na situação de concentração horizontal ou vertical é fundamental, sendo **a** *geração de eficiências* **uma condição necessária para a aprovação da operação**. Há que compreender, consequentemente, se as eficiências alegadas pelas Requerentes são críveis o bastante, tornando improvável a observância de condutas anti-competitivas **ou de possíveis aumentos de preço**, causando perda de bem-estar ao consumidor final (CF).

Nota-se, assim, que a preocupação principal desta jurisdição concerne principalmente à distorção na concorrência causada pela operação, que, por sua vez, pode gerar efeitos negativos sobre o **BEM-ESTAR DO CONSUMIDOR FINAL. Frisa-se que esta é também a preocupação medular deste Gabinete**.

(...)

Diante de todo o exposto neste Voto e do modelo regulatório do *retransmission consent/must carry*, a operação notificada **não é uma JV clássica** (o que requereu o Procedimento Não Sumário quando da instrução complementar), **tem concentração horizontal elevada**, acima de 27% (por qualquer definição de mercado relevante), mas em particular de 35% no mercado relevante definido neste Voto e **tem altíssima probabilidade de impactar negativamente o bem-estar do CF2 (que representa 60 milhões de brasileiros que assinam TV paga)**.

Ter o nome de JV não pode garantir, destarte, que a operação venha a ter tratamento de Rito Sumário, como ensina os Guias sobre JV do DoJ e FTC e o livro da ABA. É imperante, assim, que o órgão antitruste sinalize ao setor privado que "apresentar um AC na forma de uma JV" não significa obter aprovação por Rito Sumário. É necessário apresentar eficiências críveis, palpáveis, quantificáveis de melhora efetiva no bem-estar da sociedade e em particular no do CF, para contrabalancear os custos da operação.

Mesmo considerando que nos EUA as JVs desta natureza são reprovadas *per se*, de forma geral, decidiu-se seguir a Lei 12.529/11 e o Guia, analisando a operação pela *regra da razão*. Conclui-se que esta JV traz **preocupações concorrenciais proeminentes**.

Das eficiências, a única considerada como plausível foi a tese do **poder compensatório**, que, no caso desta operação, foi desqualificada. Sem apresentar qualquer ganho de escala/escopo, sem pormenorizar qualquer plano estratégico da criação de novos canais (pagos) ou sem demonstrar qualquer outra eficiência que pudesse sinalizar que o **preço dos pacotes ofertados pelas operadoras ao CF2 pudesse diminuir ou ficar constante, a JV não tem a potencialidade de trazer inovações para o seu mercado, mas sim de causar dano ao bem-estar do CF2**. ART. 90

Esta JV está sendo formada basicamente para **"fazer preço" conjuntamente no licenciamento da transmissão do conteúdo/programações lineares das TVs abertas no mercado de TV paga**, um mercado, que, vale lembrar, já existe e que já poderia estar sendo negociado **individualmente** pelas Requerentes, tal como já fazem a TV Globo e a Band.

De certa maneira, portanto, se essa JV não tivesse sido notificada ao Cade, dita operação teria mais características de um cartel (ação coordenada para aumento de preço sem geração de eficiências) do que de um tradicional AC (onde se faz um balanço entre o eventual aumento de preço vis-à-vis as suas eficiências para verificar se o efeito é não negativo sobre o bem-estar social e em especial sobre o do CF)."

V. Resolução Cade nº 2, de 29 de maio de 2012.

V. Resolução Cade nº 10, de 29 de outubro de 2014.

V. caso Suzano-Ripasa: Ato de Concentração nº 08012.010195/2004-19, em que foram requerentes Ripasa S/A Celulose e Papel e Suzano Bahia Sul Papel e Celulose S/A, de relatoria de Luis Schuartz.

V. Ato de Concentração nº 08700.006723/2015-2, em que foram requerentes SBT, Record e RedeTV!, de relatoria de Cristiane Schmidt.

V. Súmula nº 4/2009.

V. Súmula nº 5/2009.

Parágrafo único. Não serão considerados atos de concentração, para os efeitos do disposto no art. 88 desta Lei, os descritos no inciso IV do *caput*, quando destinados às licitações promovidas pela administração pública direta e indireta e aos contratos delas decorrentes.

A redação cria, pela primeira vez na legislação brasileira, isenções concorrenciais ao controle de estruturas. Segundo a nova lei, ficam isentas da notificação prévia as sociedades de propósito específico – SPEs – constituídas para participar dos processos licitatórios da administração
ART. 90 pública direta ou indireta. Observe-se que no conceito de *joint venture* incluem-se quaisquer sociedades nas quais concorram mais de um sócio (por *joint venture* leia-se *empreendimento conjunto*, independentemente da roupagem).

A isenção fundamenta-se na política pública de substituição da concorrência pela regulação e na confiança de que a supervisão regulatória é ativa. Ademais, a atuação do Cade em processos licitatórios – agora *ex ante* – representaria mais um elemento a prejudicar a celeridade de contratação pela Administração, incrementando o custo Brasil. É, possível, assim, assimilar a isenção às SPEs como uma isenção às licitações materialmente mais relevantes para a Administração Pública, dado ser aquela a forma tradicionalmente adotada para grandes projetos licitados, incluindo as parcerias público privadas (PPPs).

Como se sabe, as SPEs são constituídas com o propósito específico de cumprir com a obrigação, ou empreitada objeto da licitação. Uma vez cumprido o seu objetivo, a JV é desfeita. Trata-se de caso congênere ao das JVs não plenas (*non-full-JVs*), na União Europeia.

Nos termos do item 20 dos consideranda da EUMR[228], bem dos artigos 3(1)[229] e 3(4)[230] dessa mesma norma, o Conselho da União Europeia não tratou como ato de concentração a união de agentes econômicos por um lapso breve de tempo. Esse entendimento vale para qualquer ato de concentração, inclusive para a constituição de JVs. Por subsequente, a constituição de JVs não plenas não é de notificação obrigatória precisamente porque elas não têm longevidade. Segundo a *Commission Consolidated Jurisdictional Notice*:

"(92) O nº 4 do artigo 3º prevê, ainda, que a criação de uma empresa comum que desempenhe de forma duradoura todas as funções de uma entidade económica autónoma (as chamadas empresas comuns de pleno exercício) deve constituir uma concentração na acepção do Regulamento das concentrações. (...)

....

(103) Além disso, a empresa comum deve destinar-se a operar numa base duradoura. O facto de as empresas–mãe atribuírem à empresa comum os recursos acima descritos demonstra que geralmente será este o caso. Por outro lado, os acordos de criação de uma empresa comum prevêem normalmente certas eventualidades, como o fracasso da empresa comum ou um desacordo fundamental entre as empresas-mãe. Tal pode ser obtido mediante a inclusão de disposições respeitantes a uma eventual dissolução da própria empresa comum ou à possibilidade de uma ou várias das suas empresas-mãe se retirarem da empresa comum. Disposições deste tipo não impedem que a empresa comum seja considerada como estando destinada a operar numa base duradoura. O mesmo sucede também normalmente nos casos em que o acordo especifica um limite para a duração para a empresa comum, sendo esse período suficientemente longo para dar origem a uma alteração duradoura da estrutura das empresas em causa ou

ART. 90

[228] "O conceito de concentração deverá ser definido de modo a abranger as operações de que resulte uma alteração duradoura no controlo das empresas em causa e, por conseguinte, na estrutura do mercado. Consequentemente, é adequado incluir no âmbito de aplicação do presente regulamento todas as empresas comuns que desempenhem de forma duradoura todas as funções de uma entidade económica autónoma. É, além disso, adequado considerar como uma única concentração operações que apresentem ligações estreitas na medida em que estejam ligadas por condição ou assumam a forma de uma série de transacções de títulos que tem lugar num prazo razoavelmente curto."

[229] "1. Realiza-se uma operação de concentração quando uma mudança de controlo *duradoura* resulta da: (grifei)"

[230] "4. A criação de uma empresa comum que desempenhe de forma duradoura todas as funções de uma entidade económica autónoma constitui uma concentração na acepção da alínea b) do nº 1."

quando o acordo prevê a eventual continuação da empresa comum para além desse período.

(104) Em contrapartida, não se considera que a empresa comum se destina a operar numa base duradoura quando é criada por um período determinado de curta duração. Este seria, por exemplo, o caso de uma empresa comum criada para a realização de um projecto específico, tal como a construção de uma central eléctrica, sem participar na exploração dessa central, uma vez concluída a fase de construção."

Ocorre, porém, que, diversamente da experiência europeia, a lei brasileira vai além da isenção às SPEs, abarcando qualquer JV destinada às licitações promovidas pela administração pública direta e indireta e aos contratos delas decorrentes. A isenção trazida pelo parágrafo único do art. 90, portanto, abrange toda e qualquer JV constituída para instrumentalizar a participação dos agentes econômicos no certame licitatório, ainda que a sua duração se prolongue no tempo. Ainda mais relevante é observar que, da leitura do art. 89 c/c art. 90, o Cade deixa de analisar como ato de concentração qualquer processo de licitação pública – seja com a formação de *joint venture*, seja isoladamente. Inversamente, o entendimento anterior era que, por força da redação do *caput* do art. 54 da Lei nº 8.884/94, mesmo licitações nas quais não havia a formação de *joint ventures* estavam sujeitas ao escrutínio do Cade. Dada a barreira à entrada representada pelo certame em si, a outorga era concebida como ato ou contrato que poderia limitar ou prejudicar a livre concorrência.

ART. 90

Pelo regime da nova lei, porém, somente são atos de concentração aqueles listados no art. 90, com a exceção trazida pelo seu parágrafo único – de onde se pode facilmente chegar à conclusão trazida acima.

Registre-se que a lei não isenta do controle concorrencial as condutas realizadas por qualquer um desses entes e tampouco as fusões, ou associações posteriores que envolverem esses mesmos atores.

V. Sociedade de Propósito Específico. *In Série Empreendimentos Coletivos.* SEBRAE, 2009. Disponível em http://www.biblioteca.sebrae.com.br/bds/BDS.nsf/84E1E57D6B916E66832576690065O8F3/$File/NT00042C06.pdf. Acesso em 06.10.2011.

"Estabeleceram-se dois critérios básicos para determinar se a regulamentação estadual conferia ou não imunidade à aplicação do direito antitruste. Em primeiro lugar é necessário que a decisão seja tomada ou que a regulamentação seja expedida em consequência de uma política claramente expressa e definida pela substituição da competição pela regulação. (...)

Mas não é só. É necessário ainda que haja supervisão ativa e constante do cumprimento das obrigações impostas pela regulamentação.

A aplicação desses dois critérios no sistema brasileiro levaria à conclusão necessária de que apenas quando o Estado permite a alguém a exploração de serviço público mediante concessão haveria a imunidade."

[SALOMÃO FILHO, Calixto. **Regulação da Atividade Econômica (princípios e fundamentos jurídicos).** São Paulo: Malheiros, 2001. PP. 137/138].

Destaco, ainda, que a redação final do artigo teve de superar a versão original da Câmara dos Deputados, que criava isenções concorrenciais mais seletivas. Além da ausência de isenção geral ao processo licitatório, aquela redação criava parâmetros mais precisos à própria abrangência da isenção ao *venture capital*.

A legislação estadunidense está repleta de filtros congêneres, os quais visam tornar a análise antitruste mais seletiva. Embora citado com menor frequência em função da abrangência da norma 802, o *Hart-Scott-Rodino* (seção 7A(c) do *Clayton Act*) também apresenta isenções[231]: ART. 90

[232]"As seguintes espécies de transações estão isentas de notificação:

[231] Para alternativa à tradução feita abaixo, v. artigo de Pedro Dutra e Patrícia Stanzione Galizia *in* Revista de Direito Econômico, n. 22, PP. 135/143, jan-mar, 1996, *apud* LIMA, Ticiane Nogueira da Cruz. **O Cade e as reestruturações societárias**. São Paulo: Singular, 2006. PP. 96/97.

[232] "*The following classes of transactions are exempt from the requirements of this section–*
(1) acquisitions of goods or realty transferred in the ordinary course of business;
(2) acquisitions of bonds, mortgages, deeds of trust, or other obligations which are not voting securities;
(3) acquisitions of voting securities of an issuer at least 50 per centum of the voting securities of which are owned by the acquiring person prior to such acquisition;
(4) transfers to or from a Federal agency or a State or political subdivision thereof;
(5) transactions specifically exempted from the antitrust laws by Federal statute;
(6) transactions specifically exempted from the antitrust laws by Federal statute if approved by a Federal agency, if copies of all information and documentary material filed with such agency are contemporaneously filed with the Federal Trade Commission and the Assistant Attorney General;
(7) transactions which require agency approval under section 1467a(e) of title 12, section 1828 (c) of title 12, or section 1842 of title 12, except that a portion of a transaction is not exempt under this paragraph if such portion of the transaction
(A) is subject to section 1843 (k) of title 12; and

(1) transferências resultantes do curso regular de determinado negócio;

(2) bônus, hipotecas, certidões de *trust*, ou outros títulos sem direito a voto;

(3) aquisições de participação por quem já detenha 50% dos direitos a voto;

(4) transferências que tenham como origem ou destino uma agência federal;

(5) isenções antitrustes por leis federais;

(6) isenções antitrustes por leis federais sujeitas à aprovação da operação por outra agência federal, caso as informações e documentos enviados para tal agência sejam concomitantemente enviados para a Federal Trade Commission ou para o Subprocurador-Geral para Antitruste [v. *state action doctrine*];

(...)

(9) aquisições de valores mobiliários com direito a voto para o propósito exclusivo de investimento, se, como resultado da aquisição, os valores mobiliários não excederem 10% dos valores imobiliários com direito a voto em circulação do emitente;

(10) aquisições de valores mobiliários com direito a voto , se, como resultado da aquisição, os valores mobiliários com direito a voto não aumentarem, direta ou indiretamente, o percentual de valores mobiliários com direito a voto em circulação do emitente em poder do adquirente;

ART. 90 ***(B)*** *does not require agency approval under section 1842 of title 12;*
(8) *transactions which require agency approval under section 1843 of title 12 or section 1464 of title 12, if copies of all information and documentary material filed with any such agency are contemporaneously filed with the Federal Trade Commission and the Assistant Attorney General at least 30 days prior to consummation of the proposed transaction, except that a portion of a transaction is not exempt under this paragraph if such portion of the transaction* ***(A)*** *is subject to section 1843 (k) of title 12; and*
(B) *does not require agency approval under section 1843 of title 12;*
(9) *acquisitions, solely for the purpose of investment, of voting securities, if, as a result of such acquisition, the securities acquired or held do not exceed 10 per centum of the outstanding voting securities of the issuer;*
(10) *acquisitions of voting securities, if, as a result of such acquisition, the voting securities acquired do not increase, directly or indirectly, the acquiring person's per centum share of outstanding voting securities of the issuer;*
(11) *acquisitions, solely for the purpose of investment, by any bank, banking association, trust company, investment company, or insurance company, of*
(A) *voting securities pursuant to a plan of reorganization or dissolution; or*
(B) *assets in the ordinary course of its business; and*
(12) *such other acquisitions, transfers, or transactions, as may be exempted under subsection (d)(2)(B) of this section". "[subsection (d)(2): The Federal Trade Commission, with the concurrence of the Assistant Attorney General and by rule in accordance with section 553 of title 5, consistent with the purposes of this section* ***(2)*** *may–* ***(A)*** *define the terms used in this section;* ***(B)*** *exempt, from the requirements of this section, classes of persons, acquisitions, transfers, or transactions which are not likely to violate the antitrust laws; and* ***(C)*** *prescribe such other rules as may be necessary and appropriate to carry out the purposes of this section]".*

(11) aquisições realizadas por qualquer instituição financeira de, ao menos, algum dos itens abaixo, para o propósito exclusivo de investimento:

(A) valores mobiliários com direito a voto, conforme plano de reorganização ou dissolução; ou

(B) bens, no curso ordinário dos negócios; e

(12) outras aquisições, transferências, ou transações que sejam isentas pelo subitem (d)(2)(B) desta seção. [subitem (d)(2): A Federal Trade Commission, com a concordância do Subprocurador-Geral para Antitruste e por regulamento que atende ao disposto no item 553 do título 5, consistente com os propósitos deste item (2), pode: (A) definir os termos usados neste item; (B) isentar dos requerimentos desta seção classes de pessoas, aquisições, transferências, ou transações com baixa probabilidade de violar as leis concorrenciais; e (C) emitir novos regulamentos, à medida que se façam necessários e apropriados para atender aos propósitos deste item."

A esse respeito, manifestou-se Ticiane Nogueira da Cruz Lima (**O Cade e as reestruturações societárias**. São Paulo: Singular, 2006. PP. 96/98):

"Esse último item do artigo faz referência a um dispositivo segundo o qual a Federal Trade Commission (FTC) poderá: ART. 90

'(B) isentar, dos requerimentos deste artigo, categorias de agentes econômicos, aquisições, transferências e transações que provavelmente não infrinjam as leis de defesa da concorrência.'

Tem-se, portanto, que, além das hipóteses de isenção já previstas na lei, a FTC tem competência para criar outras, na medida em que entenda existirem outras categorias que provavelmente não prejudiquem a concorrência. É possível que essa competência seja bastante utilizada para, com base em informações específicas sobre as condições de concorrência em determinados mercados relevantes, isentar da obrigação de apresentação determinadas operações que ocorram nesses mercados, como é da tradição americana.

Desta feita, percebe-se que a solução encontrada pelo sistema norte-americano não é apenas teórica. Com efeito, em vez de trabalhar tão somente com critérios que se limitem a determinar, por exemplo, que operações que não possam causar impacto concorrencial não devam ser apresentadas, o sistema americano lida com critérios práticos que presumam, por exemplo, ser pequeno o risco de danos à concorrência em determinado mercado, ou pequeno o risco da aquisição de até um certo limite de participação em uma determinada empresa.

A engenhosidade da solução americana encontra-se justamente nessa conjugação de critérios teóricos e práticos, pela qual se conseguem estabelecer critérios para a determinação de isenções e de obrigações de apresentação sem recair em excesso de generalidade ou excesso de especificidade. Além disso, é bastante oportuna a abertura dada para que a FTC estabeleça ela própria outras isenções que entenda pertinentes com base nos problemas enfrentados no dia-a-dia."

[233]"Algumas outras operações não são notificáveis à FTC ou ao DOJ, dada a baixa probabilidade de que tenham efeitos anticoncorrenciais, por exemplo:

[233] *"Some other operations are not reportable to the FTC or DOJ, since they have been characterized as unlikely to harm competition, for instance:*
(i) stock splits that do not increase the percentage owned by any stockholder;
(ii) acquisitions of voting securities for investment purposes only, provided that they do not exceed 10% of the outstanding voting securities of the issuer and/or such acquisition does not vest upon the purchaser the power to elect alone one representative or more to the board of directors;
(iii) acquisitions by a bank, banking association, trust, investment or insurance company for the purpose of investment of voting securities, according to a plan of organization or dissolution;
(iv) acquisitions by a bank, banking association, trust, investment or insurance company for the purpose of investment of assets in the ordinary course of business;
(v) acquisitions of obligations that are not voting securities;
(vi) acquisitions of convertible voting securities;
ART. 90 *(vii) additional acquisitions by owners of already 50% of the voting securities;*
(viii) acquisitions in the ordinary course of business;
(ix) acquisition of special categories of real property:
(a) new facilities;
(b) used facilities;
(c) unproductive real property;
(d) office and residential property;
(e) hotels and motels;
(f) recreational land;
(g) agricultural property; and
(h) retail rental space; warehouses.
(x) regulated industries, since competitive effects are also analyzed by such other agencies;
(xi) intraperson acquisitions;
(xii) acquisitions of foreign assets or voting securities should not be subject to the reporting requirements unless the assets or voting securities being acquired have a direct impact on U.S. commerce.
Further items are set forth in 16 C.F.R. Section 802, in the 1890 Sherman Act (15 U.S.C. §§1-7), which already included export trade immunities (§7Sherman Act or 15 U.S.C. §6a), and in the Clayton Act (15 U.S.C. §17). Sullivan and Harrison assign the exemptions to major national policies or industrial concerns:
'Conscious choices are made to relax or minimize enforcement in certain industries where market competition would lead to diminished social welfare. The expressed exemptions are of two kinds: (1) those that further broad national policy, and, (2) those that apply to specific industries. Among the former are the promotion of the right of workers to organize, combine and bargain collectively; the promotion of export activity; the encouragement and promotion of research, development and technical change; the need

(i) incorporação de ações que não aumente o percentual detido por nenhum acionista;

(ii) aquisições de valores mobiliários com direito a voto para o único propósito de investimento, desde que não excedam 10% do capital social em circulação e/ou não confiram ao adquirente o poder de eleger, isoladamente, um representante ou mais para a Diretoria;

(iii) aquisições de valores mobiliários com direito a voto por instituição financeira com o propósito de investimento, de acordo com plano de organização e dissolução;

(iv) aquisições por instituição financeira, para o propósito de investimento, de bens no curso ordinário dos negócios;

(v) aquisições de obrigações sem direito a voto;

(vi) aquisições de conversíveis;

(vii) aquisições por quem já tenha 50% das ações com direito a voto;

(viii) aquisições no curso ordinário do negócio;

(ix) aquisições de categorias especiais de direito real:

(a) novas instalações;

(b) instalações que já eram usadas pelo adquirente em bases exclusivas;

(c) propriedade improdutiva;

(d) bens de escritório e residenciais; ART. 90

(e) hotéis e motéis;

(f) áreas de lazer;

(g) terras cultiváveis; e

(h) ambientes para aluguel; armazéns.

(x) Setores regulados, desde que os efeitos concorrenciais sejam analisados pelas agências reguladoras;

(xi) Aquisições *interna corporis* (reestruturação/reorganização societária);

(xii) Aquisições de bens ou valores mobiliários alienígenas, desde que não haja impacto direto sobre o comércio dos EUA.

to minimize restrictions on national defense capabilities in times of emergency; and the need to promote small business development. Industry's specific exemptions include insurance, railroads, agriculture, fisheries and professional golf.'

Worth addressing that besides such legal exemptions, the PNO has also construed that marketing and exclusive distribution rights are not reportable whenever there is no transfer of assets or any provision establishing exclusive grant of any trademark, copyright or patent. According to the PNO, exclusive distribution contracts do not represent significant transfer of assets and thus are not reportable according to the Clayton Act."

[Taufick, Roberto Domingos. **A brief overview of the Federal Trade Commission's organization and operation**. Revista de Direito da Concorrência , v.14, PP. 12/16 – 106. IOB/Cade: Brasília, 2007].

Itens adicionais são trazidos pelo 16 C.F.R. Item 802[234], no 1890 *Sherman Act* (15 U.S.C. §§1-7), o qual já incluía imunidades de exportação (§7 *Sherman Act* or 15 U.S.C. §6a), e no *Clayton Act* (15 U.S.C. §17). Sullivan e Harrison atribuem as isenções a políticas maiores nacionais ou preocupações setoriais[235]:

[234] Genericamente conhecida como Regulamento 802:
"§ 802.1 Aquisição de bens no curso ordinário dos negócios.
§ 802.2 Certas aquisições de terrenos.
§ 802.3 Aquisições de reservas minerais de carbono.
§ 802.4 Aquisições de valores mobiliários com direito a voto em entidades sem personalidade jurídica cujos bens adquiridos são isentos de notificação.
§ 802.5 Aquisições de bens de propriedades alugadas.
§ 802.6 Aprovação de agências federais.
§ 802.8 Certas aquisições para supervisão de processos.
§ 802.9 Aquisições com o propósito exclusive de investimento.
§ 802.10 Dividendos e incorporações de ações; reorganizações.
§ 802.20 –
§ 802.21 Aquisições de valores mobiliários com direito a voto que não se enquadrem nos critérios de notificação.
ART. 90 § 802.23 Ofertas hostis alteradas ou renovadas.
§ 802.30 Transações *interna corporis*.
§ 802.31 Aquisições de conversíveis.
§ 802.35 Aquisições por *trusts* de empregados.
§ 802.40 formações de pessoas jurídicas e entes sem personalidade jurídica que não preencham os critérios de notificação.
§ 802.41 A criação de pessoas jurídicas e entes sem personalidade jurídica.
§ 802.42 Isenção parcial para aquisições relacionadas à formação de certas *joint ventures* ou outras pessoas jurídicas.
§ 802.50 Aquisições de bens alienígenas.
§ 802.51 Aquisições de valores mobiliários com direito a voto emitidas por sociedade estrangeira.
§ 802.52 Aquisições de ou para empresas públicas estrangeiras.
§ 802.53 Certas operações bancárias com o exterior.
§ 802.60 Aquisições por subscritores de bônus.
§ 802.63 Certas aquisições por credores e seguradoras.
§ 802.64 Aquisições de valores mobiliários com direito a voto por certos investidores institucionais.
§ 802.65 Aquisições de participações não societárias em transações financeiras isentas.
§ 802.70 Aquisições condicionadas a decisões.
§ 802.71 Aquisições por doação, sucessão natural ou *trust* irrevogável.
§ 802.80 Regras transitórias para transações investigadas pelas agências."

[235] SULLIVAN, E. Thomas/HARRISON, Jeffrey L.. **Understanding Antitrust and Its Economic Implications**. Fourth Edition. LexisNexis, 2003. P. 85.

'Escolhas conscientes são feitas para amenizar ou minimizar a fiscalização em certos setores nos quais a concorrência reduziria o bem-estar social. A isenções são de dois tipos: (1) aquelas que aumentam amplas políticas nacionais e (2) aquelas que se aplicam a setores específicos. Entre as primeiras estão a promoção dos direitos de organização e negociação conjunta dos trabalhadores; a promoção da exportação; o incentivo à pesquisa, ao desenvolvimento e ao aprimoramento técnico; a necessidade de reduzir as restrições à defesa nacional em tempos de emergência; e a necessidade de promover o desenvolvimento de pequenos negócios. Isenções setoriais específicas incluem seguros, ferrovias, agricultura, pesca e golfe profissional.'

Importa observar que, além de tais isenções, a área de triagem interpretou que direitos exclusivos de *marketing* e distribuição exclusiva não são notificáveis se não houver transferência de ativos ou qualquer previsão de concessão de marca, patente ou direito autoral. De acordo com a área de triagens, contratos de exclusividade de distribuição não representam transferência significativa de ativos, nos termos do *Clayton Act*."

[Taufick, Roberto Domingos. **A brief overview of the Federal Trade Commission's organization and operation**. Revista de Direito da Concorrência , v.14, pp. 12/16 – 106. IOB/Cade: Brasília, 2007].

ART. 90

É importante notar que, ao substituir o critério de longevidade pelo critério licitatório como definidor da caracterização da operação como ato de concentração, o legislador perdeu uma ótima oportunidade para reconhecer a relevância do capital de risco (*venture capital*[236]), cujo papel social é extremamente relevante como nascedouro de novos empreendimentos (*start-up*).

Observe-se, porém, que, dada a regulação setorial, a concessão de isenção concorrencial a fundos de investimentos dificilmente poderia ocorrer no Brasil. Como já reconhecido pelo Cade e por advogados do setor (v. excertos abaixo), a Instrução nº 391/2003 da Comissão de Valo-

[236] Capital de risco:
Definição 1. Financiamento de capitais próprios fornecido normalmente a empresas jovens e não cotadas para permitir que comecem a se desenvolver ou que expandam.
Definição 2. Investimento temporário em empresas emergentes com evidente potencial de crescimento. Participação direta no capital social da empresa por aquisição de ações ou debêntures conversíveis em ações visando rentabilidade acima das alternativas disponíveis no mercado financeiro.
[Disponível no sítio da FINEP, http://www.venturecapital.gov.br/vcn/c_CR.asp. Acesso em 23.12.2008].

res Imobiliários (CVM) "exige que o fundo participe do processo decisório das companhias investidas, com efetiva influência na definição de sua política estratégica e na sua gestão, notadamente mediante indicação de membros para o conselho de administração. Portanto, um FIP sempre terá influência concorrencialmente relevante sobre as empresas de seu portfólio" (NOVIS, Maria Eugênia. **O Cade e os fundos de investimento.** *In* Jornal Valor Econômico. Edição de 23 de dezembro de 2008).

Essa mesma posição é evidenciada na *Jurisdictional Notice* europeia:

"(115) As derrogações não são aplicáveis às estruturas dos fundos de investimento tradicionais. De acordo com os seus objectivos, estes fundos não se limitam geralmente ao exercício dos direitos de voto, mas adoptam decisões em matéria de nomeação dos órgãos de direcção e de fiscalização das empresas, ou até mesmo de reestruturação das empresas em questão. Isso não seria compatível com o requisito previsto nos termos do nº 5, alíneas a) e c), do artigo 3º, segundo o qual as sociedades adquirentes não devem exercer os direitos de voto com vista a determinar o comportamento concorrencial da outra empresa (100).

(116) Pode levantar-se a questão de saber se uma operação para recuperar uma empresa antes de um processo de insolvência, ou no decurso de um tal
ART. 90 processo, constitui uma concentração nos termos do Regulamento das concentrações. Uma operação de recuperação envolve normalmente a conversão da dívida existente num nova empresa, através da qual o sindicato bancário pode adquirir o controlo conjunto da empresa em causa. Se esta operação preencher os critérios em matéria de controlo conjunto conforme aqui indicados, esta será normalmente considerada uma concentração (101). Embora a principal intenção dos bancos seja a reestruturação do financiamento da empresa em causa, tendo em vista a sua revenda subsequente, a derrogação prevista no nº 5, alínea a), do artigo 3º não é normalmente aplicável a este tipo de operação. De modo idêntico ao estabelecido para os fundos de investimento, o programa de reestruturação requer normalmente que os bancos que detêm o controlo determinem a estratégia comercial da empresa objecto de recuperação. Além disso, não é normalmente realista prever a transformação de uma empresa deste tipo numa entidade comercialmente viável e a sua alienação no prazo autorizado de um ano. Para além do mais, o período de tempo necessário para a prossecução desse objectivo pode ser tão incerto que seria difícil conceder uma prorrogação no que respeita ao prazo para a alienação."

"Private Equity ou Venture Capital (PE/VC) é uma atividade de intermediação financeira surgida nos EUA em 1946. As organizações que realizam esta atividade são responsáveis pela gestão de veículos de investimento que congregam recursos de um ou mais investidores para investimentos de longo-prazo. Em geral, tais recursos são direcionados para empresas não cotadas em bolsa de valores. Os aportes são feitos na forma de ações (ordinárias ou preferenciais), quotas dc participação, debêntures conversíveis, opções, bônus de subscrição ou warrants. Após alguns anos, essas participações são liquidadas (saída) e os recursos até então investidos, mais o eventual ganho de capital, retornam aos investidores.

O aporte de PE/VC pode ser categorizado segundo o estágio de desenvolvimento da empresa que o recebe, no momento que o recebe. Na literatura, o termo venture capital (VC) é empregado como sinônimo de investimento em empresa que se encontra em fase anterior do desenvolvimento. Em investimentos deste tipo, o gestor tende a se envolver intensamente na fase de monitoramento e adição de valor para o negócio. Já o termo buyout é comumente empregado como sinônimo do investimento em fase posterior do desenvolvimento, quando a empresa já está amadurecida, sem que isso implique, necessariamente, em um menor envolvimento do gestor. Tanto venture capital quanto buyout podem ser incluídos em um grupo maior, usualmente denominado de Private Equity (PE). Em mercados mais desenvolvidos, os gestores tendem a se especializar segundo o estágio dos investimentos, permitindo que se façam estudos ART. 90
incluindo apenas um dos segmentos.

No sistema financeiro, a atividade de PE/VC se apresenta como uma alternativa viável ao financiamento tradicional obtido por meio de bancos (i.e. empréstimos bancários). Gestores de PE/VC são agentes melhor adaptados para mitigar o risco associado ao investimento em empresas com pouco ou nenhum histórico financeiro ou ativos tangíveis que possam constituir-se como garantia real para financiamentos. Ao mesmo tempo, tais empresas possuem projetos com elevada expectativa de risco e retorno. Tais projetos só podem ser realizados mediante injeção de novos recursos.

Para poderem financiar projetos com as características mencionadas, os gestores de PE/VC utilizam práticas sofisticadas de seleção, governança e monitoramento (Sahlman, 1990). **Diferentemente de investidores típicos do mercado acionário, os gestores de PE/VC costumam participar da gestão das empresas em que investem, influenciando decisões estratégicas e a própria governança corporativa. São investidores ativos, conforme a definição cunhada por Jensen (1991). Só assim conseguem mitigar os riscos e influenciar a possibilidade de sucesso e saída do negócio.**

Em países onde a atividade de PE/VC existe há mais tempo, seu impacto na economia é notável sob todos os aspectos. Nos EUA, onde a atividade surgiu e se institucionalizou, empresas financiadas por PE/VC encerraram o ano de 2003 como responsáveis por quase 10% dos empregos. Suas receitas chegavam a 10% do PIB norte-americano. De 2000 para 2003, enquanto o setor privado diminuiu o número de empregados em 2,3%, as empresas financiadas por PE/VC seguiram contratando. Aumentaram o número de empregados em 6,5% (GLOBAL INSIGHT, 2004).

Quando comparadas às demais empresas, aquelas financiadas por PE/VC apresentavam o dobro da receita, pagavam três vezes mais impostos,exportavam o dobro e investiam o triplo em pesquisa e desenvolvimento (P&D) em relação ao ativo total. (TAYLOR et al 2002). Mais importante, o gasto em P&D se revertia em inovação, como revelou o estudo de Kortum e Lerner (2000) sobre o impacto do investimento de PE/VC na geração de patentes.

Graças aos investimentos de PE/VC, empresas como Microsoft, Compaq, Fedex, Apple, Sun, Amazon, Lotus, Cisco, Staples, Netscape, eBay, JetBlue, Intel, Amgen, Medtronic, Oracle e Google cresceram e, rapidamente, tornaram-se grandes corporações. As evidências quanto ao impacto econômico-social da atividade de PE/VC são ainda mais impressionantes quando se considera que os investimentos realizados pelo setor em 2002 representavam não mais de 0,6% do PIB norte-americano.

(...)

ART. 90 A atividade da PE/VC também pode ser segregada em partes. Interpretando o trabalho de GS, vê-se que PE/VC pode ser dividido em três componentes: estrutura, ciclo de investimento e remuneração.

A estrutura compreende a estrutura legal adotada pela entidade que realiza as atividades de PE/VC, bem como o capital humano necessário. O ciclo de investimento compreende o processo que vai da originação à realização de saída de um negócio, passando pelo processo de seleção, negociação, estruturação do investimento, realização dos aportes, monitoramento e adição de valor. A remuneração engloba o pagamento dos gestores, dos empreendedores e de todos aqueles que podem afetar os resultados do investimento.

A aplicação dos cinco princípios se dará em cada um desses componentes, com os devidos custos associados. Investidores e gestores só aplicarão princípios que trouxerem mais benefícios do que custos operacionais." (grifei)

[Ribeiro, Leonardo de Lima. **O modelo brasileiro de private equity e venture capital** – São Paulo, 2005. Dissertação (Mestrado) – Universidade de São Paulo, 2005. Disponível em http://www.venturecapital.gov.br/vcn/capital_de_risco_CR.asp. Acesso em 23.12.2008].

"A aplicação do primeiro desses critérios aos fundos de investimento em participações não deveria suscitar dúvidas. Configura-se concentração econômica sempre que um agente econômico adquire controle sobre a organização empresarial de outro agente, antes independente e autônomo. Para fins concorrenciais, controle abrange as hipóteses de influência dominante, consistente no poder de determinar o planejamento empresarial de outro agente; e de influência relevante, consistente no poder de influenciar as decisões concorrencialmente relevantes de outra empresa – por exemplo, por meio da participação efetiva em sua administração ou de poderes de veto sobre certas matérias.

Fixada essa noção, é possível afirmar que aquisições de participação societária por FIPs constituídos sob a Instrução nº 391, de 2003, da Comissão de Valores Imobiliários (CVM), sempre configurarão concentração econômica, já que essa norma exige que o fundo participe do processo decisório das companhias investidas, com efetiva influência na definição de sua política estratégica e na sua gestão, notadamente mediante indicação de membros para o conselho de administração. Portanto, um FIP sempre terá influência concorrencialmente relevante sobre as empresas de seu portfólio.

Já a aplicação do critério de faturamento aos fundos é nebulosa. De acordo com a Lei de Defesa da Concorrência e sua interpretação atual pelo Cade, a notificação será obrigatória sempre que a empresa-alvo, o grupo vendedor, o comprador ou seu grupo econômico tiver um faturamento bruto igual ou superior a R$ 400 milhões no Brasil. Por grupo econômico entende-se o conjunto de empresas sujeitas a controle comum. Nesse contexto, surgiu a discussão quanto ART. 90
à delimitação do grupo econômico dos FIPs.

O Cade vem, desde decisões do início de 2008, adotando o entendimento de que o grupo econômico dos fundos de investimento em participações é composto por seus quotistas e empresas investidas. Esse entendimento vem sendo mantido após a recente mudança de composição do conselho. Ele não é, contudo, adequado para toda e qualquer estrutura de FIP.

É ponto pacífico, como explicado, que um FIP tem influência sobre as empresas de seu portfólio. No entanto, os quotistas que investem recursos em um FIP não têm, necessariamente, influência sobre ele e nem, consequentemente, sobre tais empresas. De fato, aquela norma determina que o regulamento do FIP deverá dispor sobre questões como o processo decisório para a realização de investimentos e desinvestimentos pelo fundo, a existência, composição e funcionamento de comitês de investimentos – se houver – e regras para substituição de administradores e liquidação do fundo. Assim, a influência dos quotistas não pode ser presumida e, consequentemente, seu faturamento não deve ser automaticamente computado para fins de avaliação do dever de notificar.

Tal avaliação depende da análise dos dispositivos do regulamento do fundo. Caso esse determine, por exemplo, que o FIP não terá comitê de investimentos, o gestor terá liberdade quanto à definição de estratégias de investimento e à indicação de administradores para as empresas adquiridas e contará com mecanismos que assegurem sua estabilidade na função, o próprio gestor deveria ocupar o topo da pirâmide que delimita o grupo societário. Este é, a propósito, o entendimento adotado na União Europeia."

[Novis, Maria Eugênia. **O Cade e os fundos de investimento.** *In* Jornal Valor Econômico. Edição de 23 de dezembro de 2008].

"No caso das operações envolvendo investimento no formato private equity, em que as divergências em torno da subsunção da operação ao art. 54 são mais constantes, também se percebe que, apesar da existência de posições contrárias no que diz respeito à necessidade de apresentação desse tipo de ato, todos concordam quanto à pertinência do interesse antitruste pelas operações que possam levar uma empresa – ou um fundo de investimentos ou uma instituição financeira – a influenciar a tomada de decisões sobre matérias estratégicas referentes à gestão dos negócios de uma outra empresa, interferindo assim na dinâmica do controle. A divergência aqui concerne, a exemplo do que ocorreu nos casos de consolidação de controle, à existência de opiniões distintas sobre a possibilidade de investimentos no formato private equity produzirem esse efeito.

Ilustram bem essa conclusão os seguintes trechos de votos proferidos sobre o tema:

ART. 90 'Ao estabelecer essas regras de isenção, considerou o i. Conselheiro que operações de investimentos no formato de private equity podem gerar alterações significativas no mercado, uma vez que, ao adquirir certa participação no capital de uma empresa, ou de poderes de direção (sejam eles positivos ou negativos, vinculados ou não à posição acionária), um fundo pode influir nas estratégias comerciais de uma companhia, de modo a prejudicar competidores e consumidores, tendo em vista a maximização de seus lucros. Considerou ainda que, no caso de o fundo já participar do capital de outra empresa operando no mesmo mercado, poderá ele aumentar, com a aquisição, seu poder de mercado e dar causa à redução das quantidades ofertadas' (AC 08012.005871/2001-81 – Cons. Thompson Andrade referindo-se a voto do Cons. Ronaldo Macedo, em janeiro de 2003).

'Em geral, os fundos de private equity não adquirem participações que se desdobram em controle da empresa investida. Mesmo que se considere que participações pequenas são capazes de alterar o comportamento comercial de uma empresa, é importante analisar a extensão dos direitos conferidos e exercidos pelos administradores de fundos de private equity.

Um indicativo de que operações como a apresentada não conferem à empresa adquirente o poder de ingerir diretamente na empresa na qual investe, mas tão somente a possibilidade de interferências eventuais necessárias à proteção do capital aportado, pode ser encontrado em restrições legais norte-americanas...' (AC 08012.006871/2001-81 – Conselheiro Thompson Andrade, em janeiro de 2003)."

[LIMA, Ticiane Nogueira da Cruz. **O Cade e as reestruturações societárias**. São Paulo: Singular, 2006. P. 86-87].

"5. Não é realizada uma concentração:

a) Quando quaisquer instituições de crédito, outras instituições financeiras ou companhias de seguros, cuja actividade normal englobe a transacção e negociação de títulos por conta própria ou de outrem, detenham, a título temporário, participações que tenham adquirido numa empresa para fins de revenda, desde que tal aquisição não seja realizada numa base duradoura, desde que não exerçam os direitos de voto inerentes a essas participações com o objectivo de determinar o comportamento concorrencial da referida empresa ou que apenas exerçam tais direitos de voto com o objectivo de preparar a alienação total ou parcial da referida empresa ou do seu activo ou a alienação dessas participações e desde que tal alienação ocorra no prazo de um ano a contar da data da aquisição; tal prazo pode, a pedido, ser prolongado pela Comissão, sempre que as referidas instituições ou companhias provem que aquela alienação não foi razoavelmente possível no prazo concedido (...)"

[Regulamento (CE) N.o 139/2004 do Conselho de 20 de Janeiro de 2004, relativo ao controle das concentrações de empresas ("Regulamento das concentrações comunitárias"), disponível em http://eur-lex.europa.eu/LexUriServ/LexUriServ.do?uri=OJ:L:2004:024:0001:0022:PT:PDF]. ART. 90

V. *Section 7A(c) of the Clayton Act (Hart-Scott-Rodino Act, HSR).*

V. *Section 6 of the Clayton Act (15 U.S.C. §17).*

V. *16 C.F.R. Section 802 (Rule 802 of the Code of Federal Regulations).*

V. *Sherman Act (15 U.S.C. §§1-7).*

V. TAUFICK, Roberto Domingos. **A brief overview of the Federal Trade Commission's organization and operation**. Revista de Direito da Concorrência, v.14, p.69 – 106. IOB/Cade: Brasília, 2007.

V. discussão no AC nº 08012.006619/2001-90 (em especial voto-vista de Ronaldo Macedo), em que foram requerentes BancBoston Investments; Telefutura Inc. e Telefutura Marketing, de relatoria de Thompson Andrade.

V. voto-vista de Ricardo Cueva no AC nº 08012.010293/2004-48, em que foram requerentes Ideiasnet S.A. e Flynet S.A., de relatoria de Luiz Alberto Esteves Scaloppe.

V. nota ao art. 89.
V. nota ao *caput*.

Art. 91 A aprovação de que trata o art. 88 desta Lei poderá ser revista pelo Tribunal, de ofício ou mediante provocação da Superintendência-Geral, se a decisão for baseada em informações falsas ou enganosas prestadas pelo interessado, se ocorrer o descumprimento de quaisquer das obrigações assumidas ou não forem alcançados os benefícios visados.

Nos Estados Unidos, a aprovação não preclui o direito de a autoridade concorrencial contestar, futuramente, em juízo, a aprovação de determinada operação. No Brasil, o art. 91 da presente lei inclui entre as causas de reapreciação da operação pelo Cade (i) a prestação de informações falsas, ou enganosas pelo interessado, (ii) o descumprimento de quaisquer das obrigações assumidas e (iii) não serem alcançados os benefícios visados (assim como o revogado art. 92, § 3º também previa a revisão da respectiva aprovação pelo Cade e a abertura de processo administrativo
ART. 91 para a adoção das demais medidas cabíveis em caso de descumprimento dos ACCs). Interessa-nos saber qual a abrangência do termo *benefícios visados* do art. 91, ou seja, se ele se atém, apenas, aos objetivos visados pelas obrigações assumidas perante o Cade em operações aprovadas condicionalmente, ou se é mais amplo, abarcando a motivação da aprovação de qualquer operação, condicionada, ou não. Em outras palavras, comprovado *ex post* que a operação gera prejuízos concorrenciais, pode o Cade rever, autonomamente, a sua decisão?

O art. 91 repete a redação do art. 55 da antiga lei, não havendo nada, aqui, como não havia na antiga lei, que torne expressamente defesa a revisão nessa amplitude por parte do Cade. A única vedação à revisão na antiga lei encontrava-se no art. 50 e consistia na impossibilidade de revisar, no âmbito do Executivo, as decisões do Cade. No projeto original, porém, o art. 59, parágrafo único alertava para que, conhecido o processo no mérito, o ato não pudesse ser novamente apresentado nem revisto no âmbito do Poder Executivo. Retirado esse dispositivo, permanece em aberto a autotutela em quaisquer decisões que venham a, *ex post*, mostrar-se concorrencialmente nocivas à ordem econômica, respeitada a coisa julgada administrativa e critérios objetivos para a arguição de nulidade, ou anulabilidade, nos termos das súmulas 346[237] e 473[238] do Supremo Tribunal Federal (STF). Nada obsta, ainda, que o Cade pleiteie, em juízo, como fazem as autoridades norte-americanas, a revisão de decisão sua, por intermédio da ProCade.

V. art. 55 da Lei nº 8.884/94.
V. caso JBS-Rodopa: Ato de Concentração nº 08700.010688/201383, em que foram partes JBS S.A., Rodopa Indústria e Comércio de Alimentos Ltda. e Forte Empreendimentos e Participações Ltda., de relatoria de Márcio de Oliveira Júnior.

Parágrafo único. Na hipótese referida no caput deste artigo, a falsidade ou enganosidade será punida com multa pecuniária, de valor não inferior a R$ 60.000,00 (sessenta mil reais) nem superior a R$ 6.000.000,00 (seis milhões de reais), a ser aplicada na forma das normas do Cade, sem prejuízo da abertura de processo administrativo, nos termos do art. 67 desta Lei, e da adoção das demais medidas cabíveis.

ART. 92

A enganosidade em atos de concentração, desde que dê causa à sua aprovação, nos termos do art. 91, deve ser punida com maior rigor, pois desvirtua o objetivo central da nova lei, que é, justamente, a análise prévia. Nas demais situações – incluindo tentativas frustradas –, aplica-se o disposto no art. 43.

V. nota ao art. 40.
V. nota ao art. 43.

CAPÍTULO II – Do acordo em controle de concentrações

Art. 92 (VETADO).

[237] "Súmula nº 346: A Administração Pública pode declarar a nulidade dos seus próprios atos."
[238] "Súmula nº 473: A Administração pode anular seus próprios atos, quando eivados de vícios que os tornem ilegais, porque deles não se originam direitos; ou revogá-los, por motivo de conveniência ou oportunidade, respeitados os direitos adquiridos, e ressalvada, em todos os casos, a apreciação judicial."

Texto excluídos:

Art. 92 A Superintendência-Geral poderá, na forma previamente fixada pelo Tribunal, antes de impugnar a operação, negociar acordo com os interessados que submetam atos a exame, na forma do art. 88 desta Lei, de modo a assegurar o cumprimento das condições legais para a respectiva aprovação.

"Razões dos vetos

'Os dispositivos [art. 85, §3º e art. 92] restringem a possibilidade de celebração de acordos à etapa de instrução dos processos, limitando indevidamente um instrumento relevante para atuação do Tribunal na prevenção e na repressão às infrações contra a ordem econômica.'"

[Mensagem nº 536, de 30 de novembro de 2011].

A definição do momento da propositura dos ACCs (*caput* do art. 92) evitava que os administrados, ou o próprio Conselho barganhassem os termos do ACC de acordo com o andamento do julgamento no Cade. Exemplo disso seria a irregular imposição de restrições desproporcionais
ART. 92 às partes pelo Conselheiro-Relator com o objetivo de que aquelas apresentassem nova proposta após a interrupção do julgamento por força de um pedido de vista. Com o disposto no art. 92, §§ 4º e 5º, o Tribunal poderia, tão somente, aprovar/reprovar o acordo negociado na Superintendência-Geral com a presença do Relator. Se a lei fosse cumprida, não haveria espaço para negociações no Cade, as quais esvaziariam o papel da Superintendência-Geral nos ACCs.

Por fim, destaca-se a decisão do Cade de revisar a operação aprovada em sede de ACC no âmbito do Ato de Concentração nº 08700.010688/201383, por força de descumprimento do acordo por parte da JBS S.A.. Note-se, porém, que, ao invés de desfazer a operação, o Tribunal Administrativo, seguindo o voto do relator Márcio de Oliveira Júnior, optou por impor novas condições (mais restritivas) ao acordo, assim como novas penalidades pelo seu descumprimento. A decisão decorreu do fato de a Rodopa Indústria e Comércio de Alimentos Ltda., empresa adquirida, encontrar-se, naquele momento de crise econômica, em estágio não operacional – aplicando-se, dessarte, a teoria da empresa em crise (*failing firm defense*).

V. caso Sadia-Perdigão: Ato de Concentração nº 08012.004423/2009-18, em que foram requerentes Perdigão S.A. e Sadia S.A., de relatoria de Ricardo Ruiz.

V. caso JBS-Rodopa: Ato de Concentração nº 08700.010688/201383, em que foram partes JBS S.A., Rodopa Indústria e Comércio de Alimentos Ltda. e Forte Empreendimentos e Participações Ltda., de relatoria de Márcio de Oliveira Júnior.

"Se o Cade decidir conhecer esta nova proposta estará cometendo grave equívoco, independentemente do teor da mesma e da decisão final do órgão.

Desde a notificação do ato em 2009 e até o voto do conselheiro relator, houve ampla oportunidade para as empresas proporem restrições ao ato de concentração, como a venda de ativos produtivos e marcas importantes. Ao invés disso, as requerentes optaram por contratar mais de vinte pareceres técnicos e propor a cessão de ativos e marcas de, no mínimo, segunda linha. Foi uma estratégia suicida, mas uma estratégia. Note-se, no entanto, que, se agora tudo for renegociável, esta estratégia deixa de ser suicida e se torna perfeitamente racional – e assim o será para outras empresas nos próximos atos de concentração importantes. (...) ART. 92

As razões que apoiam essa não negociação (seja no TCC, seja sobre restrições para a aprovação de atos de concentração) são as mesmas que fazem com que um leilão de preço selado tenha um resultado melhor para o leiloeiro do que um leilão clássico (leilão inglês, ou de preços ascendentes). Estas razões se chamam incentivos (e a privatização do Banespa é o exemplo preferido de sala de aula). Deve-se salientar que, além de o resultado ser pior com a renegociação, tal possibilidade aumenta em muito o tempo para a decisão e os custos de transação e barganha do processo. No caso da defesa da concorrência, o leiloeiro é a sociedade. As razões que apoiam essa não negociação (seja no TCC, seja sobre restrições para a aprovação de atos de concentração) são as mesmas que fazem com que um leilão de preço selado tenha um resultado melhor para o leiloeiro do que um leilão clássico (leilão inglês, ou de preços ascendentes). Estas razões se chamam incentivos (e a privatização do Banespa é o exemplo preferido de sala de aula). Deve-se salientar que, além de o resultado ser pior com a renegociação, tal possibilidade aumenta em muito o tempo para a decisão e os custos de transação e barganha do processo. No caso da defesa da concorrência, o leiloeiro é a sociedade brasileira.

Em suma, o Cade só deve adiar o julgamento quando a motivação exclusiva para tal for o estudo do caso pelos julgadores. Vir a avaliar nova proposta da empresa não só aumentará o tempo para uma decisão final, mas incentivará empresas a fazerem propostas irrealistas ao longo da instrução em casos futuros. Não se trata de ser intransigente, "engessar o sistema", mas sim de defender a eficiência e o interesse público e obter os melhores resultados para a sociedade." [Morais, Rafael Pinho Senra de. **Por que o Cade erra**. O GLOBO – OPINIÃO. 27 de junho de 2011].

Embora não seja autoaplicável, dependendo de regulamentação pelo Cade – que veio a ocorrer por meio do art. 125 do novo RiCade –, o acordo em controle de concentrações é concebido para tornar-se dos mais valiosos instrumentos à disposição do Cade para celeremente encerrar, em definitivo, a análise de atos de concentração.

Discordo da disseminada opinião de que a análise prévia tenda a, necessariamente, aumentar, de forma substancial, o recurso ao Judiciário. As decisões impondo restrições não tendem a aumentar somente em razão do momento em que a análise é feita. É certo que a análise *a priori* permite barrar operações que, embora devessem ser reprovadas na íntegra, eram aprovadas sob restrições menores na análise *a posteriori*. Essa diferença decorre, justamente, de, uma vez consumada a operação, a
ART. 92 separação plena dos ativos poder provocar uma situação pior que aquela que a fusão gerou. Eis, aliás, o motivo de ser famoso no antitruste o ditado de que "não é possível separar os ovos já mexidos" ("*one cannot unscramble the eggs*"). Entretanto, as operações sobre as quais são impostas restrições significativas tendem a ser excepcionais – especialmente em razão de a lei concorrencial instrumentalizar acordos, análises fragmentadas (art. 59, §1º e art. 48, VI) e aprovações condicionadas (art. 61).

"Todos querem eficiência e realizabilidade, e efetivamente verificar que normas têm aplicabilidade. Partindo dessa premissa, parece-me viável a transação administrativa, que se apresenta como medida eficiente para transformar a relação em conflito. (...)

Ora, se o direito penal admite a transação no sistema da Lei nº 9.099/95, como não admitir isso no âmbito administrativo?

O direito penal é acessório, subsidiário. O direito administrativo é muito mais importante que o direito penal. Quando acreditarmos no direito administrativo, quando verificarmos a sua eficiência, não vamos precisar direito penal. O direito penal trabalha como instrumento de pressão, de intimidação.

Uma sanção que o direito administrativo pouco aplica é a contrapropaganda. O empresário tem muito mais receio da imagem de sua empresa do que da multa a ser aplicada. Nesse sentido, a contrapropaganda tem efeitos incomensuráveis cujos reflexos, em princípio, são imprevisíveis. Ora, as sanções penais precisam ser determinadas. Assim, resta apenas a multa, mensurada, como forma de sanção de pessoas jurídicas. Quem deve aplicar outras sanções, receadas pelos empresários, é o direito administrativo, sob pena de inconstitucionalidade."

[FERRARI, Eduardo Reale. **Transação em matéria concorrencial.** *In* Revista Jurídica Consulex, ano XI, nº 263. Edição de 31 de dezembro de 2007 – edição especial: reforma da lei concorrencial brasileira. P. 35].

"Não passou despercebido ao legislador que, muitas vezes, o princípio da indisponibilidade do interesse público antes autoriza que proíbe a celebração de acordos processuais, constatado que de sua não celebração pode resultar risco de perecimento ou de pouca eficácia da tutela. (...)

Evidentemente, a solução negociada é superior à solução imposta, na medida em que elimina os custos associados à implementação, antecipando à sociedade os benefícios da tutela legal. Com efeito, muitas vezes a solução negociada dos processos administrativos que visam à aplicação da Lei nº 8.884/94, na medida em que obvia os custos e riscos inerentes à morosidade do trâmite judicial, pode afigurar-se uma alternativa para a implementação eficaz da política de defesa da concorrência.

Nos Estados Unidos, aproximadamente 90% dos casos de cartel (que têm natureza criminal) terminam com alguma forma de acordo processual – plea agreements ou plea bargain –, assim como cerca de 90% dos casos criminais federais. Nos últimos 5 anos, mais de 200 acordos processuais, em casos antitrustes, foram celebrados nos Estados Unidos." ART. 92

[BADIN, Arthur. **Transação judicial na Lei nº 8.884/94.** *In* Revista Jurídica Consulex, ano XI, nº 263. Edição de 31 de dezembro de 2007 – edição especial: reforma da lei concorrencial brasileira. PP. 26/27].

[239]"A decisão de conceder, ou não, a instrução complementar é, também, estratégica. Mesmo antes de submeter o caso ao Comitê de Análise de Atos de

[239] "Issuing or not the Second Request is also a strategic decision-making process. Even before submitting the matter to the Merger Screening Committee, the attorneys of the team and then the AD and DADs must counter weigh their beliefs and findings with the probability that the court will buy their argument to at least grant PI. In the premerger system, where an expeditious procedure is essential for the effectiveness of the deal, once granted the PI by the federal district court there is an increasingly likelihood that the parties will soon come to an agreement with the FTC or at least will not rebut the Commission's opinion. If the likelihood that the PI will be granted is minimal, the agency will almost certainly neither further the analysis nor go to court for an unlikely divestiture order."

Concentração, os advogados e o coordenador-geral e coordenadores devem sopesar as suas crenças e achados com a probabilidade de que o tribunal acatará o seu argumento para, ao menos, conceder a liminar. Na análise prévia, em que a celeridade do processo é essencial para a efetividade do negócio, uma vez concedida a liminar pelo tribunal distrital, a probabilidade de que os requerentes entrarão em acordo com a FTC ou de que, pelo menos, não contestarão a decisão da Comissão é crescente. Se a probabilidade de que a liminar seja concedida for mínima, a agência provavelmente não aprofundará a análise nem tentará em juízo uma improvável decisão pelo desinvestimento.

[Taufick, Roberto Domingos. **A brief overview of the Federal Trade Commission's organization and operation**. Revista de Direito da Concorrência, v.14, p.69 – 106. IOB/Cade: Brasília, 2007].

"A primeira transação judicial realizada na história do Cade foi o caso TBA/ Microsoft (PA nº 08012.008024/1998-49). A decisão em aprovar a transação baseou-se numa avaliação da Procuradoria de que a chance do pedido das representadas ser acolhido era provável. Naquele caso, o Cade havia condenado a empresa Microsoft do Brasil Ltda. à multa equivalente a 10% do faturamento auferido com licenciamento de softwares ao Governo Federal."

ART. 92 [Badin, Arthur. **Transação judicial na Lei nº 8.884/94**. *In* Revista Jurídica Consulex, ano XI, nº 263. Edição de 31 de dezembro de 2007 – edição especial: reforma da lei concorrencial brasileira. PP. 26/27].

"O Advogado-Geral da União, diretamente ou mediante delegação, e os dirigentes máximos das empresas públicas federais poderão autorizar a realização de acordos ou transações, em juízo, para terminar o litígio, nas causas de valor até R$ 50.000,00 (cinquenta mil reais). (Redação dada pela Medida Provisória nº 449, de 2008)

§ 1º Quando a causa envolver valores superiores ao limite fixado neste artigo, o acordo ou a transação, sob pena de nulidade, dependerá de prévia e expressa autorização do Advogado-Geral da União e do Ministro de Estado ou do titular da Secretaria da Presidência da República a cuja área de competência estiver afeto o assunto, inclusive no caso das empresas públicas federais e do Banco Central do Brasil. (Redação dada pela Medida Provisória nº 449, de 2008)

§ 2º Não se aplica o disposto neste artigo às causas relativas ao patrimônio imobiliário da União."

[Art. 1º da Lei nº 9.469/97].

Dada a própria sistemática da lei e visando a que não seja utilizada como mecanismo de a Administração irregularmente ganhar mais prazo para a análise, a negociação do acordo não suspende o curso do prazo processual.

"O Conselho Administrativo de Defesa Econômica (Cade) aprovou, ontem, com restrições, a aquisição da empresa Mach pela Syniverse. O julgamento tornou-se paradigmático, pois foi o primeiro caso em que as empresas negociaram as condições para a aprovação de um negócio pela nova Lei Antitruste (nº 12.529).

Na legislação antiga (nº 8.884), as companhias primeiro faziam fusões e aquisições e somente depois procuravam o Cade para discutir as condições à aprovação. Já pela lei atual, as negociações devem ser prévias, pois as fusões só valem com o aval do órgão.

O julgamento de ontem envolveu duas empresas de tecnologia e comunicações. A Mach é controlada pela Warburg Pincus e presta serviços de mensagem móvel e envio de conteúdo. A Syniverse é do grupo Carlyle e oferece tecnologias para operadoras móveis.

No início do mês, a Superintendência-Geral do Cade sugeriu a aprovação do caso com restrição – assinando um Acordo em Controle de Concentração (ACC), negociado com as empresas. As condições foram mantidas sob sigilo por pedido das companhias. ART. 92

'A superintendência entendeu que a operação representa a união dos dois principais 'players' em mercados seriamente concentrados. Contudo, entendeu também que poderia fazer um acordo', afirmou o relator do caso, conselheiro Alessandro Octaviani. Ele teve que buscar informações sobre as empresas junto a autoridades estrangeiras. 'Isso mostra a relevância de um comportamento cooperativo entre o Cade e as demais autoridades de defesa da concorrência ao redor do mundo', disse. Para Octaviani, a concentração de mercado é alta nos mercados de GSM data clearing [usado entre as operadoras para fazer a cobrança de roaming] e Near Real Time Roaming Data Exchange [que permite a detecção de fraudes de roaming].

Octaviani aceitou as restrições sugeridas pela superintendência. Depois, o caso foi aprovado por unanimidade.

Para o advogado Amadeu Ribeiro, que participou das negociações para a aprovação do caso, houve dois tipos de cooperação. A primeira foi interna. 'Nós colaboramos e o Cade também. A superintendência manteve o tribunal do conselho informado a respeito das negociações', afirmou. A segunda foi externa. 'Com o controle prévio de fusões, é importante a cooperação internacional com o Cade, o que aconteceu nesse caso', disse. (JB e TR)"

[Basile, Juliano. **Cade decide 1º caso sob nova lei**. Valor Econômico de 23.05.2013].

V. Processo Administrativo nº 08012.008024/1998-49, em que foram representadas TBA Informática Ltda. e Microsoft Informática Ltda., de relatoria de Roberto Pfeiffer.

V. art. 46, §2º.

V. art. 85, §6º.

§ 1º Uma vez negociado o acordo, minuta de seu inteiro teor deverá ser disponibilizada para consulta pública por prazo não inferior a 10 (dez) dias, devendo as respectivas manifestações merecer apreciação motivada.

V. nota ao art. 13, X.

V. art. 31 da Lei nº 9.784/99.

§ 2º Constarão dos acordos de que trata o caput deste artigo as cláusulas necessárias à eliminação dos efeitos nocivos à ordem econômica, devendo ser estabelecidos prazos pré-definidos para o seu cumprimento, que será fiscalizado pela Superintendência-Geral.

ART. 92

O art. 92, §2º havia trazido duas importantes alterações em relação aos §§ 1º e 2º do art. 58 da Lei nº 8.884/94. Em primeiro lugar, a expressão "será levado em consideração o grau de exposição do setor à competição internacional" do §1º da lei anterior estava incorporada pela mais abrangente expressão "eliminação dos efeitos concorrencialmente nocivos à ordem econômica" – não devendo ser ignorado o benefício em se excluir a menção às "alterações no nível de emprego" que constava da lei anterior e que não só foge ao escopo do antitruste, mas, muitas vezes, contradiz-se à própria análise de eficiência e inovação tecnológica.

Com o veto presidencial ao art. 92, coube ao regimento interno disciplinar integralmente os ACCs – algo que o Cade fez por meio do art. 125 do novo RiCade.

§ 3º O descumprimento do acordo referido neste artigo implicará a revisão da respectiva aprovação pelo Cade e a abertura de processo administrativo para a adoção das demais medidas cabíveis.

Interessa observar que o §3º do art. 92 era menos taxativo que o homólogo do art. 58 da Lei nº 8.884/94. Ao trocar a expressão "revogação da aprovação do Cade" pela "revisão da respectiva aprovação pelo Cade", conferia-se maior discricionariedade para que o Tribunal analisasse se medida menos drástica que a revogação seria suficiente para sanar os problemas concorrenciais. Aliás, essa prerrogativa vai ao encontro da própria proporcionalidade do remédio a ser adotado pelo Cade.

Nos termos do (art. 92, §5º c/c) art. 93, ACCs constituem títulos executivos extrajudiciais.

V. nota ao art. 88, §3º.

§ 4º O Conselheiro-Relator do processo, escolhido na forma do inciso III do art. 10, participará do processo de negociação do acordo.

§ 5º O acordo negociado pela Superintendência-Geral deverá ser submetido à aprovação do Tribunal, que deliberará no prazo de 30 (trinta) dias úteis.

V. nota ao art. 13, X.

TÍTULO VIII – Da execução judicial das decisões do CADE

CAPÍTULO I – Do processo

Art. 93 A decisão do Plenário do Tribunal, cominando multa ou impondo obrigação de fazer ou não fazer, constitui título executivo extrajudicial.

Aqui também se incluem os acordos celebrados pelo Cade com a aprovação do Plenário, dos quais derivem obrigações aos administrados, como TCCs, ACCs, TCDs e leniência.

V. art. 60 da Lei nº 8.884/94.

Art. 94 **A execução que tenha por objeto exclusivamente a cobrança de multa pecuniária será feita de acordo com o disposto na Lei nº 6.830, de 22 de setembro de 1980.**

V. art. 61 da Lei nº 8.884/94.

Art. 95 **Na execução que tenha por objeto, além da cobrança de multa, o cumprimento de obrigação de fazer ou não fazer, o Juiz concederá a tutela específica da obrigação, ou determinará providências que assegurem o resultado prático equivalente ao do adimplemento.**

V. art. 62 da Lei nº 8.884/94.

§ 1º **A conversão da obrigação de fazer ou não fazer em perdas e danos somente será admissível se impossível a tutela específica ou a obtenção do resultado prático correspondente.**

V. art. 62, §1º da Lei nº 8.884/94.

ARTS. 94-95-96-97

§ 2º **A indenização por perdas e danos far-se-á sem prejuízo das multas.**

V. art. 62, §2º da Lei nº 8.884/94.

Art. 96 **A execução será feita por todos os meios, inclusive mediante intervenção na empresa, quando necessária.**

V. art. 63 da Lei nº 8.884/94.
V. nota à intervenção judicial (Capítulo II, abaixo).
V. Ato de Concentração nº 08012.001885/2007-11, em que foram requerentes Compagnie de Saint-Gobain e Owens Corning, de relatoria de Fernando Furlan.

Art. 97 **A execução das decisões do Cade será promovida na Justiça Federal do Distrito Federal ou da sede ou domicílio do executado, à escolha do Cade.**

Em sede do RE 627.709, o Supremo Tribunal Federal definiu, por outro lado, que, nas ações propostas em face da autarquia, aplica-se o disposto no art. 109, §2º da Constituição Federal: as causas intentadas em face do Cade poderão ser aforadas na seção judiciária em que for domiciliado o autor.

V. art. 64 da Lei nº 8.884/94.

Art. 98 O oferecimento de embargos ou o ajuizamento de qualquer outra ação que vise à desconstituição do título executivo não suspenderá a execução, se não for garantido o juízo no valor das multas aplicadas, para que se garanta o cumprimento da decisão final proferida nos autos, inclusive no que tange a multas diárias.

O art. 98 mantém, contrariamente à proposição do Senado Federal, a obrigação de caução no valor integral das multas aplicadas. O objetivo do dispositivo é, claramente, reduzir os incentivos a que as decisões do Cade sejam questionadas do Judiciário. Por outro lado, a exigência da caução é vista, não raramente, como óbice à garantia de acesso pleno ao Judiciário. ART. 98
Essa discussão foi abordada, no Superior Tribunal de Justiça, pelo hoje Ministro do Supremo Tribunal Federal Luiz Fux (RESP 590960/DF; RE 2003/0169770-6, 1a Turma, j. 26/10/2004 , DJ 21.03.2005, p. 234):

"Processual civil e administrativo. Lei 8.884/94. Decisão plenária do Cade. Imposição de Multa. Título executivo extrajudicial. Desconstituição do julgado. Necessidade de apresentação de Garantia. Recurso especial. Requisitos de admissibilidade.

1. 'A nova lei antitruste, no art. 60, dispõe que a decisão do Cade continua tendo duplo conteúdo: cominação de multa e imposição de obrigação de fazer ou não fazer. A novidade consiste na atribuição de natureza de título executivo extrajudicial à decisão do Cade. No sistema adotado pelo Código de Processo Civil de 1973, Lei nº 5.869, de 11 de janeiro de 1973, toda execução terá por base um título executivo que poderá ser de origem judicial ou extrajudicial. No inciso VII do art. 585 do Código de Processo Civil, está estabelecido que são títulos executivos extrajudiciais, além dos enumerados nos incisos anteriores, 'todos os demais títulos, a que, por disposição expressa, a lei atribuir força executiva'. Assim, a disposição do art. 60 da Lei nº 8.884, de 1994, está em consonância com a lei que disciplina o processo comum. (...) A decisão proferida pelo

Cade tem, portanto, no dizer de HELY LOPES MEIRELLES, uma natureza administrativa, mas também jurisdicional, até porque a nova lei antitruste, no art. 3º, como já salientado, conceitua o Cade como um 'órgão judicante'. Não resta dúvida que as decisões do Cade, pela peculiaridade de versarem sobre matéria especificamente complexa, que requer um órgão especializado, apresentam natureza bastante similar a uma decisão judicial. E o legislador quis exatamente atribuir a essa decisão uma natureza especificamente judicial, posto que de origem administrativa.' (João Bosco Leopoldino da Fonseca. Lei de Proteção da Concorrência. Rio de Janeiro, Editora Forense, 2001, p. 312/313)

2. Na forma do art. 65 da Lei 8.884/94, qualquer ação que vise à desconstituição da decisão plenária do Cade, não suspenderá a sua execução, ainda que referente às multas diárias, sem que haja a garantia do juízo.

3. O Plenário do E. STF indeferiu medida cautelar na ADIn 1094-8/DF, na qual se questiona a constitucionalidade, dentre outros, do art. 65 da Lei 8.884/94, concluindo pela improcedência de alegação de lesão à garantia constitucional de acesso ao Poder Judiciário.

4. O art. 60 da Lei 8.884/94 dispõe inequivocamente que as decisões plenárias do Cade, quer impondo multas, quer estabelecendo obrigações de fazer ou de não fazer, constituem título executivo extrajudicial.

ART. 98 5. Revelam-se deficientes as razões do recurso especial quando o recorrente não aponta, de forma inequívoca, os motivos pelos quais considera violados os dispositivos de lei federal, o que atrai a incidência da Súmula 284 do STF.

6. É inviável a apreciação, em sede de Recurso Especial, de matéria sobre a qual não se pronunciou o Tribunal de origem, porquanto indispensável o requisito do prequestionamento. Aplicação das Súmulas 282 e 356 do STF. Ausência de prequestionamento dos arts. 67 da Lei 8.884/94 e 128 do CPC.

7. Recurso especial parcialmente conhecido e, nessa parte, desprovido."

V. ADIn 1094-8/DF.

V. Nota Técnica ProCade nº 088/2006 no Processo Administrativo nº 08012.004086/2000-21, em que foram representantes SECOVI/RJ e outras e representados Companhia Siderúrgica Belgo Mineira e outros.

§ 1º Para garantir o cumprimento das obrigações de fazer, deverá o juiz fixar caução idônea.

§ 2º Revogada a liminar, o depósito do valor da multa converter-se-á em renda do Fundo de Defesa de Direitos Difusos.

§ 3º O depósito em dinheiro não suspenderá a incidência de juros de mora e atualização monetária, podendo o Cade, na hipótese do § 2º deste artigo, promover a execução para cobrança da diferença entre o valor revertido ao Fundo de Defesa de Direitos Difusos e o valor da multa atualizado, com os acréscimos legais, como se sua exigibilidade do crédito jamais tivesse sido suspensa.

§ 4º *(Revogado pela Lei n º 13.105, de 2015).*

"Uma ação é composta por três elementos: partes, pedido e causa de pedir. É a partir desses três elementos que se individualiza uma ação. Isso é essencial para que se resolvam questões relativas a coisa julgada, litispendência, cumulação e alteração de demandas. É com base na identificação de ações que, por exemplo, o Código de Processo Civil determina a extinção de uma ação idêntica a uma já proposta (litispendência) ou de uma idêntica a uma já julgada definitivamente (coisa julgada). Se o Judiciário já se pronunciou sobre aquela ação ou se ainda vai se pronunciar sobre ela, não há motivo em se permitir duplicidade de julgamentos. Essa é a lógica que determina a extinção do processo em razão de litispendência ou coisa julgada: impedir julgamentos sobre ações idênticas. Firmado isso, logo se conclui que, se uma ação é composta por 3 elementos e alteramos qualquer um deles (pedido ou causa de pedir, por exemplo), estaremos ART. 98
diante de uma *nova ação* e, portanto, não há litispendência ou coisa julgada. Não há, logo, nenhum óbice à apreciação dessa segunda e diversa ação.

Com base nisso é que afirmamos que a parte final do § 4º do art. 98 da nova lei do Cade é evidentemente inconstitucional. A lei não pode restringir a propositura de ação anulatória que contenha o mesmo pedido mas causa de pedir diversa de ação que está em curso ou que já foi julgada. O pedido principal de uma ação anulatória será sempre o mesmo: anulação de um ato jurídico. O que pode variar são os fundamentos da ação, isto é, a causa de pedir. Mas, como visto, quando se modifica o fundamento, se altera a própria ação. Por exemplo, ninguém há de negar que uma ação que peça a anulação da decisão do Cade por conta de corrupção é radicalmente diversa de uma ação que pede a mesma anulação só que em decorrência de inexistência de infração à ordem econômica. Como, portanto, poderia a lei restringir a apreciação da segunda ação, se esta é completamente diversa da primeira? A resposta é: não pode."

[PEREIRA, Guilherme Setoguti J.. **Inconstitucionalidade na nova lei do Cade.** *In* Migalhas de 16/5/2012. Disponível em http://www.migalhas.com.br/dePeso/16,MI155555,21048-Inconstitucionalidade+na+nova+lei+do+Cade. Acesso em 13/3/2017].

Art. 99 Em razão da gravidade da infração da ordem econômica, e havendo fundado receio de dano irreparável ou de difícil reparação, ainda que tenha havido o depósito das multas e prestação de caução, poderá o Juiz determinar a adoção imediata, no todo ou em parte, das providências contidas no título executivo.

Trata-se de providência que visa afastar o *periculum in mora* e que ganha especial relevância, no caso dos atos de concentração, em função da análise prévia. O art. 99 é prova cabal de que a Nova Lei Antitruste Brasileira visou conferir efetividade à separação estrutural e às medidas comportamentais que visem à manutenção da reversibilidade da operação.

V. art. 66 da Lei nº 8.884/94.

Art. 100 No cálculo do valor da multa diária pela continuidade da infração, tomar-se-á como termo inicial a data final fixada pelo Cade para a adoção voluntária das providências contidas em sua decisão, e como termo final o dia do seu efetivo cumprimento.

Uma questão relevante e pouco comentada está em melhorar o padrão da multa diária no Brasil. Assim como no sistema europeu, a multa-base diária poderia ser um percentual do faturamento médio diário no ano anterior (v. art. 24(1) do Regulamento 1/2003), o que conferiria imediata proporcionalidade à penalidade, que se adequaria à condição econômica do infrator.

Ocorre que, pelo menos desde a presidência de Elizabeth Farina, o plenário do Tribunal Administrativo do Cade questiona os incentivos a que a empresa do grupo envolvida na prática anticompetitiva direcione as suas atividades para outras empresas do grupo quando a investigação começar (já que, anteriormente à instauração do processo administrativo sancionador, há, de praxe, pelo menos a instauração de um inquérito administrativo). Nesse sentido, entendo que, a fim de evitar o incentivo perverso de que se fala, seja utilizada, como opção ao modelo europeu, a média dos faturamentos nos anos anteriores à instauração do inquérito administrativo.

V. art. 67 da Lei nº 8.884/94.

Art. 101 O processo de execução em juízo das decisões do Cade terá preferência sobre as demais espécies de ação, exceto habeas corpus e mandado de segurança.

O art. 101 vem, nas linhas gerais propostas pela Nova Lei Antitruste Brasileira, promover a tempestiva solução dos casos julgados pelo Cade. Porém, como não se encontra dentro do Título VII, o art. 101 estende-se, também, às decisões tomadas no âmbito de processos de apuração de condutas, para os quais a Nova Lei Antitruste Brasileira não conferiu agilidade maior que aquela da Lei nº 8.884/1994.

"Nossa opinião é no sentido de que, infelizmente, não foi possível repensar a sistemática de execução forçada das decisões do Cade que, hoje, configuram título executivo extrajudicial, quando impuserem multa ou obrigação de fazer. A execução judicial das decisões do Cade tem-se revelado tormentosa, na prática. Conquanto hoje abandonada a ideia de cumular a execução por quantia certa – nos termos da lei de Execução Fiscal – com a relativa à obrigação de fazer – o que tumultuava o andamento dos feitos e era contrário, a nosso ver, à teoria geral do processo – ainda assim não se logrou encontrar maior eficiência naquelas execuções forçadas.

Caso adotado o projeto de lei de execução fiscal administrativa, poder-se-ia pensar em solução semelhante para a incoação das decisões condenatórias do Cade, 'judicializando-se' o procedimento apenas se houvesse a interposição de embargos. Além destes, correriam em juízo apenas os atos sujeitos à reserva judicial, como por exemplo a quebra de sigilo legal."

[Gramstrup, Eric. **Apresentação prévia de atos de concentração**. In Revista Jurídica Consulex, ano XI, nº 263. Edição de 31 de dezembro de 2007 – edição especial: reforma da lei concorrencial brasileira. P. 21].

V. art. 68 da Lei nº 8.884/94.

CAPÍTULO II – Da intervenção judicial

A intervenção judicial é extremamente relevante para a efetividade das decisões pela separação entre dois, ou mais agentes econômicos. Embora, na Lei nº 8.884/94, ela não viesse a ser tão importante, dado que, em geral, as partes já teriam consumado a concentração e tido acesso a documentos comerciais[240], na nova lei a participação do juiz é essencial para evitar que a separação mantida ao longo de todo o processo administrativo seja tornada inócua.

De certo modo, a situação equipara-se à do direito norte-americano. Nos Estados Unidos, para manter os agentes separados depois da instrução do *Bureau of Competition* (equivalente à Superintendência-Geral), deve-se buscar ordem judicial – a qual, hoje, segundo a jurisprudência dominante, é quase automática, ante a apresentação de prováveis efeitos negativos oriundos da operação. Desse modo, o verdadeiro litígio estará, como no Brasil, em convencer o magistrado, após o julgamento pelo Tribunal, de que a decisão da autarquia pela separação dos ativos deve ser mantida.

A nomeação de gestor no antitruste difere daquele da legislação falimentar (Lei nº 11.101/05), em especial em função de visar, em primeiro plano, manter a separação dos ativos: a higidez da administração, para o Cade, é apenas meio para conseguir aquele objetivo central. Por esse motivo, o interventor deve ser alguém alheio aos interesses comerciais do adquirente. Outrossim, a intervenção, por ser tão invasiva e dada a
ART. 101 própria ausência de dispositivo legal que ampare outra solução, só pode ser concedida judicialmente (art. 96 c/c art. 102 e segs.).

Nos termos do art. 107 c/c art. 108, o interventor não tem como atribuição reger comercialmente a sociedade – em que se aproxima da figura do administrador judicial do art. 21 da Lei 11.101/05. O seu objetivo está, antes, em fiscalizar se a administração atende à intervenção. A figura do interventor, porém, assim como a do administrador e a do gestor judicial (art. 65 da Lei 11.101/05), pode assumir , nos termos do art. 107, §2º abaixo, a função de efetivamente gerir, comercialmente, a sociedade. Não é por menos que ao interventor devem-se aplicar os requisitos de idoneidade e perícia do art. 21 da Lei 11.101/05.

Em 25 de janeiro de 2016, a Superintendência-Geral do Cade adotou medida preventiva no Inquérito Administrativo nº 08012.008859/2009-86, com o objetivo de restabelecer a concorrência no mercado. A medida centrava-se na determinação de que a Cascol, representada com alegado poder de mercado, indicasse, em quinze dias, pelo menos cinco administradores provisórios, com reputação ilibada, experiência e comprovada

[240] Exceção feita aos casos nos quais tenha havido a celebração de APROs.

independência, para administrar os postos objeto da medida. Competia ao Cade escolher um nome dentre os cinco indicados.

Na prática, fala-se de intervenção extrajudicial pelo Superintendente-Geral – medida que, como apontamos desde a edição anterior, carece de amparo legal. A ausência de amparo legal decorre do fato de o mecanismo de intervenção estar previsto na lei, mas (i) tão somente quando determinado judicialmente (art. 96 c/c art. 102 e seguintes da Nova Lei Antitruste Brasileira) e (ii) com o fim de permitir a execução específica de decisão do Cade. No caso em apreço, a intervenção judicial não instrumentalizou o cumprimento de uma obrigação; ela era a própria obrigação de fazer.

A medida ainda carece de amparo porque, diversamente do escopo de uma medida preventiva – ser adotada quando houver indício, ou fundado receio de que o representado, direta ou indiretamente, cause, ou possa causar ao mercado lesão irreparável, ou de difícil reparação, ou torne ineficaz o resultado final do processo (art. 84, *caput*) –, no inquérito em questão (iii) a prática de preços acima do patamar competitivo viria acontecendo anos a fio (tendo o processo sido aberto em 2009) e (iv) o dano (pecuniário) tampouco seria irreparável, ou de difícil reparação. ART. 101

Interessa notar que o Conselheiro Relator Gilvandro Araújo negou provimento ao Recurso Voluntário nº 08700.000719/2016-31, interposto pela Cascol, indicando, entre outros elementos, que a nomeação de terceiro independente não destoa da prática do Conselho e é praxe adotada pelo Cade em atos de concentração. A decisão carece de razoabilidade porque, se, em ato de concentração, o Cade visa evitar que a união entre os agentes econômicos seja consolidada antes da sua análise (o objetivo é manter o *status quo*), no caso da medida provisória em apreço o objetivo é afastar o *status quo*. Essa distinção é ainda mais acentuada em um sistema de análise prévia, em que o *gun jumping* deve ser severamente punido e o objetivo declarado da lei é permitir que o Cade faça a análise da operação antes da consolidação da operação – em contraste com a situação de condutas investigadas, que só podem ser objeto de medida preventiva nas situações bastante específicas discriminadas no art. 84, *caput* (presença de indício, ou fundado receio de lesão irreparável, ou de difícil reparação, ou de que o representado torne ineficaz o resultado final do processo).

[241]"Ao decidir acerca de um pedido da FTC para uma liminar concedendo o bloqueio a um ato de concentração, nos termos do §53(b), o tribunal distrital deve sopesar a probabilidade de sucesso da FTC na sua contestação à operação, segundo uma escala móvel. V. *Heinz, 246 F.3d* em *727; FTC v. Elders Grain, Inc., 868 F.2d 901, 903 (7th Cir. 1989)*. A balança tenderá a pender favoravelmente à FTC, dado que 'o interesse público na aplicação das leis concorrenciais' foi a medida de equidade imposta pelo Congresso ao aprovar o referido artigo da lei. *Heinz, 246 F.3d* em *726*. Portanto, a FTC geralmente obterá uma liminar bloqueando a operação quando 'levantar questões importantes, substanciais, complicadas e incertas sobre o mérito, de tal modo a torná-las importantes subsídios para uma investigação mais profunda'. *Heinz, 246 F.3d* em *714–15*. Ao alcançar esse padrão, a FTC 'cria uma presunção favorável à concessão da liminar', *id.* em *726*; mas os requerentes podem contestar a presunção ao levar provas favoráveis à concentração – o que torna necessário que a FTC apresente mais dados demonstrando probabilidade de sucesso, *Weyerhaeuser, 665 F.2d* em *1087*. Por outro lado, maiores probabilidades de sucesso da FTC corroborarão os argumentos favoráveis à concessão da liminar, a não ser que provas particularmente fortes sejam apresentadas pelos requerentes. V. *Heinz, 246 F.3d* em *727; Elders Grain, 868 F.2d* em *903*."

ART. 101 [*Federal Trade Commission v. Whole Foods Market, Inc., et al., United States Court of Appeals for the District of Columbia Circuit 07-5276, Appeal from the United States District Court for the District of Columbia 07cv01021 (2008)*].

"O Conselho Administrativo de Defesa Econômica (Cade) deve nomear nos próximos dias um interventor para intermediar a venda de uma das plantas de produção da Saint-Gobain ou da Owens Corning no Brasil. Esta indicação será feita pela primeira vez na história do Cade e é justificada porque as companhias

[241] *"In deciding the FTC's request for a preliminary injunction blocking a merger under § 53(b), a district court must balance the likelihood of the FTC's success against the equities, under a sliding scale. See Heinz, 246 F.3d at 727; FTC v. Elders Grain, Inc., 868 F.2d 901, 903 (7th Cir. 1989). The equities will often weigh in favor of the FTC, since 'the public interest in effective enforcement of the antitrust laws' was Congress's specific 'public equity consideration' in enacting the provision. Heinz, 246 F.3d at 726. Therefore, the FTC will usually be able to obtain a preliminary injunction blocking a merger by 'rais[ing] questions going to the merits so serious, substantial, difficult[,] and doubtful as to make them fair ground for thorough investigation.' Heinz, 246 F.3d at 714–15. By meeting this standard, the FTC 'creates a presumption in favor of preliminary injunctive relief,' id. at 726; but the merging parties may rebut that presumption, requiring the FTC to demonstrate a greater likelihood of success, by showing equities weighing in favor of the merger, Weyerhaeuser, 665 F.2d at 1087. Conversely, a greater likelihood of the FTC's success will militate for a preliminary injunction unless particularly strong equities favor the merging parties. See Heinz, 246 F.3d at 727; Elders Grain, 868 F.2d at 903."*

tinham até o dia 1º de fevereiro para se desfazerem elas próprias de uma das unidades, o que não foi realizado até o momento, segundo o Cade.

'Se não derem solução agora, pela primeira vez o Cade vai nomear um interventor. Não é uma coisa boa, não é esse o objetivo do Cade, pois é uma intervenção drástica na iniciativa privada, mas não vai sobrar alternativa', disse em entrevista coletiva à imprensa o presidente interino do órgão antitruste, Fernando Furlan. 'O negócio foi mundial, mas tem repercussão no Brasil e aqui virou um monopólio', acrescentou.

Em julho de 2008, o conselho rejeitou por unanimidade a compra da fábrica de vidro da Saint-Gobain, em Capivari, interior de São Paulo, pela americana Owens. Segundo Furlan, que foi o relator do caso, o negócio implicaria na concentração de até 92% da fabricação do produto no Brasil nas mãos de uma só empresa, a americana, que conta com uma unidade em Rio Claro, também no interior paulista. (...)

No dia da decisão, o Cade determinou que as empresas discriminassem um banco de investimento para intermediar um possível comprador para uma das plantas. Caso isso não ocorresse, o conselho teria permissão para determinar a existência de um interventor. (...)"

[FROUFE, Célia. **Cade deve nomear interventor para Saint-Gobain/ Owens**. Agencia Estado, em 07.02.2011].

V. Ato de Concentração nº 08012.001885/2007-11, em que foram requerentes Compagnie de Saint-Gobain e Owens Corning, de relatoria de Fernando Furlan.

V. Inquérito Administrativo nº 08012.008859/2009-86, em que são representados Sindicombustíveis-DF, PetroBRAS Distribuidora, Raízen Combustíveis, Ipiranga, Alesat, Autoshopping, Brasal, , Gasol, Gasolline, Igrejinha e outros.

Art. 102 O Juiz decretará a intervenção na empresa quando necessária para permitir a execução específica, nomeando o interventor.

Parágrafo único. A decisão que determinar a intervenção deverá ser fundamentada e indicará, clara e precisamente, as providências a serem tomadas pelo interventor nomeado.

V. art. 68 da Lei nº 8.884/94.

Art. 103 Se, dentro de 48 (quarenta e oito) horas, o executado impugnar o interventor por motivo de inaptidão ou inidoneidade, feita a prova da alegação em 3 (três) dias, o juiz decidirá em igual prazo.

V. art. 70 da Lei nº 8.884/94.

Art. 104 Sendo a impugnação julgada procedente, o juiz nomeará novo interventor no prazo de 5 (cinco) dias.

V. art. 71 da Lei nº 8.884/94.

Art. 105 A intervenção poderá ser revogada antes do prazo estabelecido, desde que comprovado o cumprimento integral da obrigação que a determinou.

V. art. 72 da Lei nº 8.884/94.

ARTS. 103-104-105-106

Art. 106 A intervenção judicial deverá restringir-se aos atos necessários ao cumprimento da decisão judicial que a determinar e terá duração máxima de 180 (cento e oitenta) dias, ficando o interventor responsável por suas ações e omissões, especialmente em caso de abuso de poder e desvio de finalidade.

V. *caput* do art. 73 da Lei nº 8.884/94.

§ 1º Aplica-se ao interventor, no que couber, o disposto nos arts. 153 a 159 da Lei nº 6.404, de 15 de dezembro de 1976.

Os artigos em questão da Lei das Sociedades por Ações disciplinam o dever de lealdade, o conflito de interesses, o dever de informar, a responsabilidade dos administradores e a ação de responsabilidade.

V. art. 73, §1º da Lei nº 8.884/94.

§ 2º A remuneração do interventor será arbitrada pelo Juiz, que poderá substituí-lo a qualquer tempo, sendo obrigatória a substi-

tuição quando incorrer em insolvência civil, quando for sujeito passivo ou ativo de qualquer forma de corrupção ou prevaricação, ou infringir quaisquer de seus deveres.

V. art. 73, §2º da Lei nº 8.884/94.

Art. 107 O juiz poderá afastar de suas funções os responsáveis pela administração da empresa que, comprovadamente, obstarem o cumprimento de atos de competência do interventor, devendo eventual substituição dar-se na forma estabelecida no contrato social da empresa.

V. *caput* do art. 74 da Lei nº 8.884/94.

§ 1º Se, apesar das providências previstas no caput deste artigo, um ou mais responsáveis pela administração da empresa persistirem em obstar a ação do interventor, o juiz procederá na forma do disposto no § 2º deste artigo. ARTS. 107-108

V. art. 74, §1º da Lei nº 8.884/94.

§ 2º Se a maioria dos responsáveis pela administração da empresa recusar colaboração ao interventor, o juiz determinará que este assuma a administração total da empresa.

V. art. 74, §2º da Lei nº 8.884/94.

Art. 108 Compete ao interventor:

V. *caput* do art. 75 da Lei nº 8.884/94.

I – praticar ou ordenar que sejam praticados os atos necessários à execução;

V. art. 75, I da Lei nº 8.884/94.

II – denunciar ao Juiz quaisquer irregularidades praticadas pelos responsáveis pela empresa e das quais venha a ter conhecimento; e

V. art. 75, II da Lei nº 8.884/94.

III – apresentar ao Juiz relatório mensal de suas atividades.

V. art. 75, III da Lei nº 8.884/94.

Art. 109 As despesas resultantes da intervenção correrão por conta do executado contra quem ela tiver sido decretada.

V. art. 76 da Lei nº 8.884/94.

Art. 110 Decorrido o prazo da intervenção, o interventor apresentará ao juiz relatório circunstanciado de sua gestão, propondo a extinção e o arquivamento do processo ou pedindo a prorrogação do prazo na hipótese de não ter sido possível cumprir integralmente a decisão exequenda.

V. art. 77 da Lei nº 8.884/94.

Art. 111 Todo aquele que se opuser ou obstaculizar a intervenção ou, cessada esta, praticar quaisquer atos que direta ou indiretamente anulem seus efeitos, no todo ou em parte, ou desobedecer a ordens legais do interventor será, conforme o caso, responsabilizado criminalmente por resistência, desobediência ou coação no curso do processo, na forma dos arts. 329, 330 e 344 do Decreto-Lei nº 2.848, de 7 de dezembro de 1940 – Código Penal.

V. art. 78 da Lei nº 8.884/94.

TÍTULO IX – Disposições finais e transitórias

Art. 112. (VETADO).

Texto Excluído:

Art. 112 As disposições desta Lei aplicam-se aos atos ou fatos pretéritos pendentes de julgamento pelos órgãos integrantes do SBDC:

"Razões do veto

'A proposta extrapola o inciso XL do art. 5º da Constituição ao impor a reavaliação de todos processos e atos em tramitação ou já em fase de execução no âmbito do Sistema Brasileiro de Defesa da Concorrência, contrariando inciso XXXVI do mesmo dispositivo, que assegura o direito adquirido, o ato jurídico perfeito e a coisa julgada.'"

[Mensagem nº 536, de 30 de novembro de 2011].

Os atos ou fatos que vierem a ocorrer após a entrada em vigor da nova lei serão por ela regidos. O *caput* do art. 112 abordava todos os atos que já tivessem ocorrido quando a lei entrasse em vigor, independentemente de estarem, ou não, sendo investigados pelo Cade. Esses atos ou fatos, a que o legislador chamou pretéritos, serão regidos pela lei material da época da comissão e pela lei processual do momento. A nova lei só alcança, em seu aspecto material, os fatos passados, quando beneficiar o administrado. ART. 112

Com relação aos prazos dos atos de concentração, este dispositivo tampouco se aplicaria. Primeiro, porque quase todos os casos *pretéritos* já estarão consumados quando da submissão ao Cade, desnaturando o sentido da lei (análise prévia). Em segundo lugar, ante o próprio despreparo dos administrados, que terão programado a operação e a documentação a ser submetida com base nos requisitos da lei anterior, segundo a qual a análise era, quase sempre, *a posteriori*. Em terceiro lugar, pela dificuldade em se adotar o limite temporal da lei, uma vez já iniciada a instrução pelo processo mais moroso da Lei nº 8.884/94. A dificuldade é ainda maior se não tiver havido a devida regulamentação do prazo de que cada unidade disporá para a análise da operação. Desse modo, a aplicabilidade do *caput*, quando possível, deveria restringir-se às competências processuais criadas pela nova lei, a determinadas normas processuais sancionadoras (como a nova disciplina da enganosidade), se aplicadas *ex nunc*, e a outros elementos alheios ao prazo.

Este entendimento de que não era possível adotar as regras de análise prévia da Nova Lei Antitruste Brasileira em meio a um ato de concentração já consumado segundo a Lei nº 8.884/94 veio a ser esposado pelo

Cade, que, proximamente à entrada em vigor da Lei nº 12.529/2011, emitiu a seguinte nota:

"A Lei nº 12.529/2011, que entrou em vigor no dia 29 de maio de 2012, altera o modelo de controle de atos de concentração anteriormente estabelecido na Lei nº 8.884/94.

A partir dessa data, o Brasil conta com um sistema de controle prévio de atos de concentração, em que os atos submetidos à jurisdição do Cade não podem ser consumados antes de serem aprovados pelo Conselho.

Dessa forma, as operações realizadas a partir de 29 de maio deste ano serão analisadas de acordo com os parâmetros e procedimentos definidos pela Lei nº 12.529/2011.

Às operações realizadas até o dia 28 de maio, aplica-se a Lei nº 8.884/94, inclusive no que se refere aos prazos para apreciação e às hipóteses de suspensão desses prazos, dentre outras regras.

Para garantir o maior grau de segurança jurídica possível aos administrados, o Regimento Interno aprovado pelo Plenário do Cade no dia 29 de maio de 2012 disciplina, em seu art. 221, a análise das operações realizadas durante a vigência da Lei nº 8.884/94.

ART. 112 Segundo o Regimento Interno, os atos de concentração realizados no dia 28 de maio de 2012 serão considerados tempestivos, desde que submetidos à apreciação do CADE até a data de 19 de junho de 2012 (exatamente 15 dias úteis após o dia 28 de maio de 2012). Com isso, busca-se informar à sociedade do último dia em que as notificações regidas pela Lei nº 8.884/94 podem ser feitas sem incidirem na multa de intempestividade prevista no art. 54, §5o do referido diploma legal."

[Disponível em www.cade.gov.br. Acesso em 04.06.2012].

V. art. 5º, XXXVI da Constituição Federal, segundo o qual a lei não prejudicará o direito adquirido, o ato jurídico perfeito e a coisa julgada.

V. nota ao art. 114.

I – quando for de natureza processual;

V. princípio da aplicabilidade imediata da norma processual (*tempus regit actum*). Trata-se de aplicação *ex nunc* da norma.

V. art. 2º do Código de Processo Penal.

II – quando deixe de defini-lo como infração; ou

V. *reformatio in mellius* (retroatividade benéfica) e ultratividade. Trata-se de aplicabilidade *ex tunc* da norma.
V. art. 5º, XXXVI da Constituição Federal.
V. art. 2º do Código Penal.
V. art. 107, III do Código Penal.

III – quando lhe comine sanção menos severa.

V. *reformatio in mellius* (retroatividade benéfica) e ultratividade. Trata-se de aplicabilidade *ex tunc* da norma.
V. art. 5º, XXXVI da Constituição Federal.
V. art. 2º do Código Penal.
V. art. 107, III do Código Penal.

§ 1º Os atos ou fatos que não se enquadrarem nas hipóteses dos incisos I, II e III do caput deste artigo serão regidos pela lei em vigor ao tempo de sua prática.

V. princípio da irretroatividade da lei.

§ 2º Tendo sido julgado definitivamente o ato ou fato pelos órgãos referidos no caput deste artigo, com decisão ainda pendente de execução, esta será revista para aplicação do disposto nos incisos II e III do *caput* deste artigo, quando for o caso.

V. *reformatio in mellius*. Trata-se de aplicabilidade *ex tunc* da norma. Uma vez ocorrida a execução, a reforma da decisão poderá ser pleiteada em juízo ou realizada, *ex officio*, pelo Tribunal, em exercício da autotutela.

Art. 113 Visando a implementar a transição para o sistema de mandatos não coincidentes, as nomeações dos Conselheiros observarão os seguintes critérios de duração dos mandatos, nessa ordem:
I – 2 (dois) anos para os primeiros 2 (dois) mandatos vagos; e
II – 3 (três) anos para o terceiro e o quarto mandatos vagos.

Dos membros do Tribunal Administrativo do Cade no início de 2016, apenas um Conselheiro cumpria três anos de mandato – já estando os mandatos de todos os demais adequados aos quatro anos. Vale observar que a regra dos incisos I e II do caput só se aplica aos mandatos dos Conselheiros, não sendo estensível ao mandato do Presidente da autarquia.

Essa situação é diversa daquela que ocorre nas diretorias colegiadas, com é o caso da Agência Nacional de Telecomunicações – Anatel. Ali a regra se aplica a todos os membros do Conselho Diretor, pois o presidente da instituição é escolhido dentre os conselheiros, ou diretores nomeados.

V. art. 24 da Lei Geral de Telecomunicações: Lei nº 9.472, de 16 de julho de 1997.

V. art. 25 da Lei Geral de Telecomunicações: Lei nº 9.472, de 16 de julho de 1997.

§ 1º Os mandatos dos membros do Cade e do Procurador-Chefe em vigor na data de promulgação desta Lei serão mantidos e exercidos até o seu término original, devendo as nomeações subsequentes à extinção desses mandatos observar o disposto neste artigo.

ART. 113

A respeito do mandato do Procurador-Chefe, v. notas ao art. 16.

§ 2º Na hipótese do § 1º deste artigo, o Conselheiro que estiver exercendo o seu primeiro mandato no Cade, após o término de seu mandato original, poderá ser novamente nomeado no mesmo cargo, observado o disposto nos incisos I e II do *caput* deste artigo.

Dos membros do Conselho em atuação no momento que precedeu a entrada em vigor da lei, possivelmente três estariam cumprindo o segundo mandato. Desse modo, dentre os quatro remanescentes, apenas os Conselheiros mais novos na lista de antiguidade poderiam ser contemplado com 5 anos de mandato, caso excepcionalmente reconduzidos por mais três anos.

§ 3º O Conselheiro que estiver exercendo o seu segundo mandato no Cade, após o término de seu mandato original, não poderá ser novamente nomeado para o período subsequente.

V. nota ao § 2º.

§ 4º Não haverá recondução para o Procurador-Chefe que estiver exercendo mandato no Cade, após o término de seu mandato original, podendo ele ser indicado para permanecer no cargo na forma do art. 16 desta Lei.

Isso implica dizer, *in casu*, que o primeiro Procurador-Chefe, por encontrar-se no seu segundo mandato quando da entrada em vigor da Nova Lei Antitruste Brasileira, pode manter-se na titularidade do cargo por 4 anos – ali permanecendo, apenas, até o cumprimento dos dois anos adicionais para os quais foi reconduzido anteriormente à entrada em vigor da nova lei.

Caso se pretendesse designar como Procurador-Chefe o Procurador-Geral que ocupasse a pasta no momento que precedesse a entrada em vigor da lei e caso ele estivesse, ainda, no seu primeiro mandato, ele teria de ser, novamente, indicado, sabatinado e nomeado, sem direito a recondução.

V. notas ao art. 16.

Art. 114. (VETADO).

Texto excluído:

Art. 114 Em até 1 (um) ano da entrada em vigor desta Lei, as requerentes poderão requerer ao Tribunal, no ato de notificação de ato de concentração, a imediata concretização da operação.

"Razões do veto

'A redação do dispositivo posterga a aplicação do novo Sistema Brasileiro de Defesa da Concorrência ao permitir a aplicação continuada da norma anterior, atrasando a efetivação do mecanismo de análise prévia dos atos de concentração econômica.'"

[Mensagem nº 536, de 30 de novembro de 2011].

Por meio deste dispositivo, o legislador não só reputava que o administrado teria motivos para não se sentir confortável com a análise prévia, como atribuía ao administrado a prerrogativa de definir as regras que a regeriam.

Ainda mais explícito era o §3º, por meio do qual o legislador abertamente admitia que o Cade poderia não estar financeira e humanamente equipado para análise prévia em período muito além da *vacatio* – o que tornava bastante questionável por que deixar a critério exclusivo do administrado decidir pela aplicação, ou não, da análise prévia, se o §3º trazia motivos mais do que suficientes para que o próprio Cade, de ofício, prorrogasse o prazo do *caput*.

Ora, causaria espécie se o legislador previsse a possibilidade de situação na qual o Cade não estivesse estruturado para análise prévia (§3º), mas não fornecesse condições para que o período de análise *a posteriori* fosse prorrogado (nos termos desse mesmo §3º) sem que se dependesse do impulso oficial do administrado (*caput*) – situação que mereceria maior reflexão, ao menos, em função de o administrado poder não recorrer ao *caput*, justamente, por saber que o Cade não teria condições de instruir devidamente o caso e, portanto, não estaria capacitado para refutar as suas considerações pela aprovação do ato de concentração.

ART. 114 Parece-me, então, que a análise mais correta fosse que o Cade pudesse usar desse expediente em função do próprio espírito consignado no art. 59, § 1º, *in verbis*:

> "O Conselheiro-Relator poderá autorizar, conforme o caso, precária e liminarmente, a realização do ato de concentração econômica, impondo as condições que visem à preservação da reversibilidade da operação, quando assim recomendarem as condições do caso concreto."

A diferença da situação descrita neste artigo daquela do art. 59. §1º residia, justamente, em que o art. 114, por força de o Cade não estar financeira e humanamente equipado para análise prévia, concedia ao administrado, até um ano da entrada em vigor da análise prévia, a prerrogativa de outorgar à autarquia prazo não preclusivo da análise *a posteriori* do ato de concentração.

É certo que se trataria de solução extrema, pois, com a revogação da Lei nº 8.884/94, estaríamos em situação de verdadeira anomia quanto aos prazos de análise concorrencial – o que, somado ao seu caráter não preclusivo (v. §2º), representaria incentivo a que se decretasse a generalizada morosidade da análise antitruste. Por outro lado, quanto mais se arrastasse uma análise, menos factível seria que, em algum momento, o Cade conseguisse reverter a concentração, especialmente no Judiciário, em função (i) da incerteza jurídica causada e (ii) dos danos materiais aos requerentes oriundos de uma situação provocada por falha da própria Administração.

Nessas situações extremas, o natural seria que o Cade, recorrendo ao art. 59. §1º, concentrasse os seus esforços sobre os casos mais complicados, trabalhando sobre o prazo da análise prévia, e deixasse (i) os de trato sumário e (ii) aqueles em que é maior a reversibilidade dos ativos envolvidos na operação para a análise *a posteriori*.

V. nota ao art. 59. §1º.

§ 1º Na hipótese prevista no caput deste artigo, em até 30 (trinta) dias úteis da notificação de que trata o art. 53 desta Lei, o Tribunal deverá pronunciar-se quanto à efetivação da operação, de forma a garantir que sejam mantidas as condições de reversibilidade até a conclusão da análise da operação, nos termos estabelecidos pelo Cade. ART. 114

§ 2º A Superintendência-Geral e o Tribunal analisarão os efeitos concorrenciais da operação após sua concretização, tornando-se não preclusivos os prazos de instrução estipulados por esta Lei.

Em linha com o que consta da nota ao art. 53, *caput*, a competência concorrente da Superintendência-Geral e do Presidente do Tribunal deveria ser regulada, a fim de evitar a tragédia dos comuns.

V. nota ao art. 53, *caput*.

§ 3º O prazo referido no caput deste artigo poderá ser prorrogado, a critério da Superintendência-Geral e do Presidente do Tribunal, enquanto a dotação de recursos financeiros e humanos consignados ao Cade, conforme dispõem os arts. 28, 123 e 124 desta Lei, forem considerados insuficientes para o objetivo de adoção das regras definidas no § 2º do art. 88 desta Lei, que não implique atrasos excessivos para a concretização de atos de concentração econômica submetidos ao Cade.

Art. 115 Aplicam-se subsidiariamente aos processos administrativo e judicial previstos nesta Lei as disposições das Leis nºs 5.869, de 11 de janeiro de 1973 – Código de Processo Civil, 7.347, de 24 de julho de 1985, 8.078, de 11 de setembro de 1990, e 9.784, de 29 de janeiro de 1999.

Não só esses diplomas legais, mas também o Código de Processo Penal, onde a sua aplicação seja mais adequada – como no caso do art. 12, § 6º. O rol previsto no art. 115 é meramente exemplificativo, tal qual sempre foi interpretado o art. 83 da Lei nº 8.884/94 – e de outra forma não poderia ser, dado que os princípios do direito penal norteiam as punições no direito administrativo sancionador.

Esse posicionamento, contudo, não é unânime na doutrina brasileira. Ao pugnar que a lista do art. 115 é exaustiva, Pagotto *et alli* [**Comentários à nova lei de defesa da concorrência**. Rio de Janeiro: Forense; São Paulo: Método, 2012. P. 330] posicionam-se no sentido de que "o legislador foi bastante taxativo no que se refere à sua escolha".

ART. 115 Parece-nos, entretanto, que esse posicionamento seja equivocado. Primeiro, porque, ao sustentá-lo, os autores necessariamente considerariam que a redação da lei anterior, que omitia a aplicação da Lei nº 9.784/1999 (até por ser ela lei posterior), obstaria a aplicação da Lei do Processo Administrativo aos processos administrativos em andamento no Cade. Segundo, porque os autores em nenhum momento enfrentam o número significativo de posicionamentos de membros do Conselho que se manifestaram pela aplicação subsidiária do Código Penal e do Código de Processo Penal aos processos administrativos do Cade – inclusive nos casos por eles citados nos comentários ao art. 115.

Há, sim, no citado Processo Administrativo nº 08012.005669/2002-31, duas manifestações presentes nos autos – as dos Conselheiros Sicsú e Schuartz, sendo emblemático o posicionamento do último:

> "A aplicação das leis de defesa da concorrência – e no meu entender a Lei 8.884/94 não é uma exceção – usualmente envolve o recurso a standards de prova distintos para a repressão ex post de condutas anticompetitivas e o controle ex ante das concentrações econômicas. No primeiro caso, dada a natureza sancionadora da atividade estatal e suas implicações para o administrado, uma proposição é provada quando a sua verdade estiver – para me valer da expressão

norte-americana – 'acima de qualquer dúvida razoável' (no direito brasileiro, pode-se identificar no 'in dubio pro reo' um equivalente para a ideia de que, nos processos sancionadores, deve-se aplicar um standard de prova mais rigoroso), ao passo que, no segundo, basta a constatação de que a proposição é 'mais verossímil' que a sua negação."

O mesmo se diga do voto do Conselheiro Ricardo Cueva, hoje Ministro do STJ, no PA nº 08012.009088/1999-48 – Cartel dos Genéricos –, que utiliza conceitos do direito penal no seu voto, incluindo o arrependimento eficaz e o princípio *in dubio pro reo*. Quanto a esse último:

"O benefício da dúvida, a garantia de que ninguém é obrigado a provar a própria inocência, decorre, como se sabe, do princípio da presunção de inocência, que pode ser visto de dois ângulos: trata-se, por um lado, de corretamente distribuir o ônus da prova, que incumbe ao acusador, e, por outro, de garantir a livre valoração do conjunto probatório pelo julgador. Sob este último prisma, todas as provas constantes dos autos devem ser levadas em consideração para a apuração da responsabilidade do acusado. No caso, havendo manifesta ausência de provas da ilicitude, há de conceder-se às representadas o benfício da dúvida, arquivando-se o processo." ART. 115

Mesmo o voto do Conselheiro Luís Rigato, que se sagrou vencedor, recorre incessantemente ao Código de Processo Penal e consagra o entendimento preponderante no Conselho:

"Saliente-se que a aplicação do CPC aos processos previstos na Lei 8.884/94 é subsidiária, devendo- adaptá-lo aos princípios que devem nortear o processo administrativo antitruste, notadamente o processo administrativo sancionador. Inevitável recorrer à analogia entre este e o processo penal – o processo sancionador por excelência – no que diz respeito ao instituto do litisconsórcio. Ressalve-se, naturalmente, o rigor processual no direito penal, em que o elemento subjetivo é essencial à caracterização do tipo, ao contrário do direito da concorrência, que permite a consideração objetiva da responsabilidade para efeito de caracterização das infrações concorrenciais.

Nesse sentido também, o entendimento da ProCade, quando defende a 'inexistência de diferença substancial entre o ilícito penal e o administrativo'. Continua a ProCade, afirmando que: 'a norma, em verdade, é que trata de distingui-los. Sobre o assunto, interessantes são as ponderações feitas pelo jurista Miguel Reale Júnior em Parecer ofertado no Processo Administrativo 08012.003760/2003-01:

'Muito se discute se há uma diferença qualitativa ou apenas quantitativa entre o ilícito penal e o ilícito administrativo. O certo, contudo, é a existência de um jus puniendi geral, ao qual se aplicam um regime jurídico do Estado punitivo consoante com o Estado de Direito, independentemente da adoção da teoria da diferenciação qualitativa ou quantitativa entre ilícito penal e administrativo.'

Essa proximidade entre as instituições penais e administrativas e os respectivos ilícitos, inegavelmente, tende a ocasionar a aplicação, em certas situações, de princípios e institutos jurídicos do Direito Penal e do Processo Penal no Direito Administrativo, e vice-versa.'"

É necessário esclarecer, porém, que a aplicação dos princípios do direito penal deve ser feita com certa cautela na esfera administrativa. O professor Richard Whish, por exemplo, defendeu [**(Updating) Competition Defense in the EU.** Instituto Brasileiro de Estudos de Concorrência, Consumo e Comércio Internacional. 06-09 de maio de 2013] que princípios como *in dubio pro reo* surgem como defesa à pessoa física (direitos humanos) e que, por isso, não seriam aplicáveis à pessoa jurídica.

De forma similar, Wouter Wils [King's College London. **EU Competition Law**. Unit 11. PP. 11, 21 e 28] relata que, embora o art. 23(5) do Regu-
ART. 115 lamento 1/2003 do Conselho da União Europeia defina que as decisões da Comissão impondo multas por violações dos artigos 101 e 102 TFEU não têm caráter criminal, a imposição das penalidades teria esse caráter dentro do sentido conferido pelo Tribunal Europeu de Direitos Humanos (ECHR) – seja por conta da natureza do ilícito, seja pela severidade potencial da pena. O autor adverte, porém, que, em *Jussila v Finland (73053/01) [2006] ECHR 996*, o ECHR colocou o direito concorrencial dentre os casos que não pertencem às tradicionais categorias de direito penal – o que afastaria a plena aplicação das garantias por ele atribuídas.

Ao mesmo tempo em que o ECHR tem alargado a proteção de certos direitos e liberdades por ele tutelados para alcançar pessoas jurídicas, o tribunal deixa claro haver vários pontos em que a proteção conferida a pessoas físicas não se estende às pessoas jurídicas. Em *SGL Carbon* (*Case C-301/04 P Commission v SGL Carbon [2006] ECR I-5915*), por exemplo, o Advogado-Geral defendeu que pessoas jurídicas norte-americanas não poderiam fazer uso da proteção contra autoincriminação, ou do direito ao silêncio. Essa mesma restrição à aplicação dos princípios de direito criminal para a proteção da pessoa jurídica impede que se resguardem os privilégios da relação cliente-advogado para o advogado *in-house* da pessoa jurídica segundo o direito comunitário, assim como os direitos alemão, francês e aqueles aplicáveis na maioria dos membros da União Europeia[242] (v. *Case 155/79 AM&S v Commission [1982] ECR 1575*).

Embora eu não discorde dos citados aplicadores do direito e doutrinadores europeus quanto à noção de que o sigilo cliente-advogado possa encontrar diferença de aplicação em função da natureza do cliente (se pessoa física, ou jurídica), tendo a divergir quando o assunto em pauta é a presunção de inocência. O meu entendimento é que, se, por um lado, o direito administrativo não leva à privação da liberdade (em que se aproxima do direito civil, onde vige o princípio da verossimilhança), por outro lado o direito administrativo é punitivo (não é ressarcitivo, como é a natureza do direito civil – no qual, se uma das partes necessariamente sai perdendo, a outra necessariamente sai ganhando e, por isso, o juiz deve julgar favoravelmente à causa mais razoável, mesmo havendo dúvida razoável: nascendo daí a chamada verossimilhança).

Isso implica dizer que, sendo punitivo, o objetivo do processo administrativo sancionador não é ressarcir a perda de alguém (oportunidade em que faria sentido aplicar o princípio da verossimilhança para definir quem ficará com o valor disputado, uma vez que, necessariamente, alguém ficará com ele), mas recuperar, ou incapacitar o infrator. Sendo punitivo, e não ressarcitivo, não há alguém que saia perdendo, materialmente, caso o representado não seja punido (até porque os processos sancionadores, diversamente do ressarcimento cível, não visam gerar uma apropriação da punição por parte dos particulares). Do mesmo modo, a punição só faz sentido se houver elevado grau de certeza de que haja, efetivamente, um infrator a ser recuperado, ou incapacitado.

ART. 115

Em outras palavras, o processo sancionador não consiste em um jogo de soma zero, como no caso da esfera cível. Como a não punição no processo sancionador não repercute, diretamente, em um dano material a outrem (não entrando aqui no sofrimento de vítimas e afins, que sofreriam com a não punição, fosse o representado inocente, ou não), a escolha de alguém para punir (jogo de soma zero) deixa de ser necessária e, por isso, o *in dubio pro reo* faz sentido. Esse raciocínio vale tanto para pessoas físicas, quanto para pessoas jurídicas.

V. nota ao art. 12, § 6º.

[242] O Reino Unido encontra-se entre as exceções.

V. cartel dos genéricos: Processo Administrativo nº 08012.009088/1999-48, em que foram representados Abbott, Schering Plough, Roche e outros, de relatoria de Luís Rigato. Lei 7.347/85: lei da ação civil pública: disciplina a ação civil pública de responsabilidade por danos causados ao meio-ambiente, ao consumidor, a bens e direitos de valor artístico, estético, histórico, turístico e paisagístico (VETADO) e dá outras providências.

Lei nº 8.078/90: código de defesa do consumidor: dispõe sobre a proteção do consumidor e dá outras providências.

Lei nº 9.784/99: regula o processo administrativo no âmbito da Administração Pública Federal.

Art. 116. O art. 4º da Lei 8.137, de 27 de dezembro de 1990, passa a vigorar com a seguinte redação:

"Art. 4º ....

I – abusar do poder econômico, dominando o mercado ou eliminando, total ou parcialmente, a concorrência mediante qualquer forma de ajuste ou acordo de empresas;

ART. 116 **a) (revogada);**

b) (revogada);

c) (revogada);

d) (revogada);

e) (revogada);

f) (revogada);

II – formar acordo, convênio, ajuste ou aliança entre ofertantes, visando:

a) à fixação artificial de preços ou quantidades vendidas ou produzidas;

b) ao controle regionalizado do mercado por empresa ou grupo de empresas;

c) ao controle, em detrimento da concorrência, de rede de distribuição ou de fornecedores.

Pena – reclusão, de 2 (dois) a 5 (cinco) anos e multa.

III – (revogado);

IV – (revogado);

V – (revogado);

VI – (revogado);
VII – (revogado). "(NR)

"Um dos pontos destacados no Relatório dos Pares da OCDE[243] é de que uma Lei acessória à 8.884/94, a Lei 8.137/90, define como crimes contra a ordem econômica um conjunto excessivo de condutas. Dada a aplicação da regra da razão em que o potencial anticompetitivo de cada conduta não pode ser avaliado fora do contexto econômico em que se insere, fica nítido que tal generalização não é apropriada porque pode estar constrangendo um número de práticas que, ao final do dia, sejam salutares do ponto de vista do mercado. Sendo assim, o PL encaminhado ao Senado descaracterizou criminalmente várias dessas condutas, apenas mantendo os casos dos cartéis, para os quais dificilmente se configuram eficiências compensatórias que impliquem um efeito líquido positivo da conduta. Esta mudança se constituiu em medida saneadora importante do Projeto enviado ao Senado."

[MATTOS, César Alves Costa de. **Evolução Institucional da Defesa da Concorrência no Brasil: A Reforma do Cade.** *In* Regulação e Agências Reguladoras – governança e análise de impacto regulatório. ANVISA/Casa Civil da Presidência. P. 170. Disponível em http://www.anvisa.gov.br/divulga/public/Regulacao.pdf. Acesso em 16/02/2011]. ART. 117

Art. 117 O caput e o inciso V do art. 1o da Lei nº 7.347, de 24 de julho de 1985, passam a vigorar com a seguinte redação:

"Art. 1º Regem-se pelas disposições desta Lei, sem prejuízo da ação popular, as ações de responsabilidade por danos morais e patrimoniais causados:

..

V – por infração da ordem econômica;

.. "(NR)

Exclui-se "da economia popular". Os crimes contra a economia popular estão previstos na Lei nº 1.521/51[244] e, quando não configurem infrações

[243] **Diretrizes para Elaboração e Implementação de Política de Defesa da Concorrência.** The World Bank, OCDE, Editora Singular, 2002 (original em inglês de 1998).

[244] "Art. 2º. São crimes desta natureza:

I – recusar individualmente em estabelecimento comercial a prestação de serviços essenciais à subsistência; sonegar mercadoria ou recusar vendê-la a quem esteja em condições de comprar a pronto pagamento;

II – favorecer ou preferir comprador ou freguês em detrimento de outro, ressalvados os sistemas de entrega ao consumo por intermédio de distribuidores ou revendedores;
III – expor à venda ou vender mercadoria ou produto alimentício, cujo fabrico haja desatendido a determinações oficiais, quanto ao peso e composição;
IV – negar ou deixar o fornecedor de serviços essenciais de entregar ao freguês a nota relativa à prestação de serviço, desde que a importância exceda de quinze cruzeiros, e com a indicação do preço, do nome e endereço do estabelecimento, do nome da firma ou responsável, da data e local da transação e do nome e residência do freguês;
V – misturar gêneros e mercadorias de espécies diferentes, expô-los à venda ou vendê-los, como puros; misturar gêneros e mercadorias de qualidades desiguais para expô-los à venda ou vendê-los por preço marcado para os de mais alto custo;
VI – transgredir tabelas oficiais de gêneros e mercadorias, ou de serviços essenciais, bem como expor à venda ou oferecer ao público ou vender tais gêneros, mercadorias ou serviços, por preço superior ao tabelado, assim como não manter afixadas, em lugar visível e de fácil leitura, as tabelas de preços aprovadas pelos órgãos competentes;
VII – negar ou deixar o vendedor de fornecer nota ou caderno de venda de gêneros de primeira necessidade, seja à vista ou a prazo, e cuja importância exceda de dez cruzeiros, ou de especificar na nota ou caderno – que serão isentos de selo – o preço da mercadoria vendida, o nome e o endereço do estabelecimento, a firma ou o responsável, a data e local da transação e o nome e residência do freguês;
ART. 117
VIII – celebrar ajuste para impor determinado preço de revenda ou exigir do comprador que não compre de outro vendedor;
IX – obter ou tentar obter ganhos ilícitos em detrimento do povo ou de número indeterminado de pessoas mediante especulações ou processos fraudulentos ("bola de neve", "cadeias", "pichardismo" e quaisquer outros equivalentes);
X – violar contrato de venda a prestações, fraudando sorteios ou deixando de entregar a coisa vendida, sem devolução das prestações pagas, ou descontar destas, nas vendas com reserva de domínio, quando o contrato for rescindido por culpa do comprador, quantia maior do que a correspondente à depreciação do objeto.
XI – fraudar pesos ou medidas padronizados em lei ou regulamentos; possuí-los ou detê-los, para efeitos de comércio, sabendo estarem fraudados.
Pena – detenção, de 6 (seis) meses a 2 (dois) anos, e multa, de dois mil a cinquenta mil cruzeiros.
Parágrafo único. Na configuração dos crimes previstos nesta Lei, bem como na de qualquer outro de defesa da economia popular, sua guarda e seu emprego considerar-se-ão como de primeira necessidade ou necessários ao consumo do povo, os gêneros, artigos, mercadorias e qualquer outra espécie de coisas ou bens indispensáveis à subsistência do indivíduo em condições higiênicas e ao exercício normal de suas atividades. Estão compreendidos nesta definição os artigos destinados à alimentação, ao vestuário e à iluminação, os terapêuticos ou sanitários, o combustível, a habitação e os materiais de construção.
Art. 3º. São também crimes desta natureza:
I – destruir ou inutilizar, intencionalmente e sem autorização legal, com o fim de determinar alta de preços, em proveito próprio ou de terceiro, matérias-primas ou produtos necessários ao consumo do povo;

concorrenciais, ou ao consumidor disciplinadas nas respectivas leis, tendem a aproximar-se de lides privadas, em nada se assemelhando aos danos à coletividade.

II – abandonar ou fazer abandonar lavoura ou plantações, suspender ou fazer suspender a atividade de fábricas, usinas ou quaisquer estabelecimentos de produção, ou meios de transporte, mediante indenização paga pela desistência da competição;
III – promover ou participar de consórcio, convênio, ajuste, aliança ou fusão de capitais, com o fim de impedir ou dificultar, para o efeito de aumento arbitrário de lucros, a concorrência em matéria de produção, transportes ou comércio;
IV – reter ou açambarcar matérias-primas, meios de produção ou produtos necessários ao consumo do povo, com o fim de dominar o mercado em qualquer ponto do País e provocar a alta dos preços;
V – vender mercadorias abaixo do preço de custo com o fim de impedir a concorrência.
VI – provocar a alta ou baixa de preços de mercadorias, títulos públicos, valores ou salários por meio de notícias falsas, operações fictícias ou qualquer outro artifício;
VII – dar indicações ou fazer afirmações falsas em prospectos ou anúncios, para fim de substituição, compra ou venda de títulos, ações ou quotas;
VIII – exercer funções de direção, administração ou gerência de mais de uma empresa ou sociedade do mesmo ramo de indústria ou comércio com o fim de impedir ou dificultar a concorrência; ART. 117
IX – gerir fraudulenta ou temerariamente bancos ou estabelecimentos bancários, ou de capitalização; sociedades de seguros, pecúlios ou pensões vitalícias; sociedades para empréstimos ou financiamento de construções e de vendas e imóveis a prestações, com ou sem sorteio ou preferência por meio de pontos ou quotas; caixas econômicas; caixas Raiffeisen; caixas mútuas, de beneficência, socorros ou empréstimos; caixas de pecúlios, pensão e aposentadoria; caixas construtoras; cooperativas; sociedades de economia coletiva, levando-as à falência ou à insolvência, ou não cumprindo qualquer das cláusulas contratuais com prejuízo dos interessados;
X – fraudar de qualquer modo escriturações, lançamentos, registros, relatórios, pareceres e outras informações devidas a sócios de sociedades civis ou comerciais, em que o capital seja fracionado em ações ou quotas de valor nominativo igual ou inferior a um mil cruzeiros com o fim de sonegar lucros, dividendos, percentagens, rateios ou bonificações, ou de desfalcar ou de desviar fundos de reserva ou reservas técnicas.
Pena – detenção, de 2 (dois) anos a 10 (dez) anos, e multa, de vinte mil a cem mil cruzeiros.
Art. 4º. Constitui crime da mesma natureza a usura pecuniária ou real, assim se considerando:
a) cobrar juros, comissões ou descontos percentuais, sobre dívidas em dinheiro superiores à taxa permitida por lei; cobrar ágio superior à taxa oficial de câmbio, sobre quantia permutada por moeda estrangeira; ou, ainda, emprestar sob penhor que seja privativo de instituição oficial de crédito;
b) obter, ou estipular, em qualquer contrato, abusando da premente necessidade, inexperiência ou leviandade de outra parte, lucro patrimonial que exceda o quinto do valor corrente ou justo da prestação feita ou prometida.
Pena – detenção, de 6 (seis) meses a 2 (dois) anos, e multa, de cinco mil a vinte mil cruzeiros."

V. nota ao art. 116.
V. art. 88 da Lei nº 8.884/94.

Art. 118 **Nos processos judiciais em que se discuta a aplicação desta Lei, o Cade deverá ser intimado para, querendo, intervir no feito na qualidade de assistente.**

Art. 119 **O disposto nesta Lei não se aplica aos casos de dumping e subsídios de que tratam os Acordos Relativos à Implementação do Artigo VI do Acordo Geral sobre Tarifas Aduaneiras e Comércio, promulgados pelos Decretos nºs 93.941 e 93.962, de 16 e 22 de janeiro de 1987, respectivamente.**

O art. 119 peca em clareza. A sua abrangência limita-se a afastar a competência do Cade para julgar casos relacionados a subsídios e *dumping*, com efeito sobre o comércio exterior. Ele não afeta, porém, a competência da Seae para emitir pareceres de advocacia da concorrência com supedâneo no art. 19, VII e elaborar estudos com base no art. 19, IV, ambos da Nova Lei Antitruste Brasileira.

ARTS. 118-119-120 V. *Matsushita Electric Industrial Co. v. Zenith Radio Corp., 475 U.S. 574, 106 S.Ct. 1348, 89 L.Ed.2d 538.*

Art. 120 **(VETADO).**

Texto excluído:
Art. 120 **A Lei nº 8.137, de 27 de dezembro de 1990, passa a vigorar acrescida do seguinte art. 16-A:**
"Art. 16-A. Compete à Justiça Federal processar e julgar os crimes contra a ordem econômica previstos no *caput* e nos arts. 5º e 6º desta Lei."

"Razões do veto
'O dispositivo faz referência aos arts. 5º e 6º da Lei nº 8.137, de 1990, que, no entanto, estão sendo expressamente revogados pelo art. 127 do próprio projeto de lei.'"
[Mensagem nº 536, de 30 de novembro de 2011].

Observe-se que, nos termos do art. 127, ficam revogados os arts. 5º e 6º da Lei nº 8.137/90 – o que inutilizaria o art. 120. Parece-me que o objetivo do legislador era, sim, atribuir à Justiça Federal a competência para julgar os crimes contra a ordem econômica, que vinham disciplinados entre os arts. 4/6 daquela lei e agora, nos termos dos arts. 116 c/c art. 127 da nova lei, ficaram resumidos aos incisos I e II do art. 4º da Lei nº 8.137/90.

Art. 121 Ficam criados, para exercício na Secretaria de Acompanhamento Econômico e, prioritariamente, no Cade, observadas as diretrizes e quantitativos estabelecidos pelo Órgão Supervisor da Carreira, 200 (duzentos) cargos de Especialistas em Políticas Públicas e Gestão Governamental, integrantes da Carreira de Especialista em Políticas Públicas e Gestão Governamental, para o exercício das atribuições referidas no art. 1º da Lei nº 7.834, de 6 de outubro de 1989, a serem providos gradualmente, observados os limites e a autorização específica da lei de diretrizes orçamentárias, nos termos do inciso II do § 1º do art. 169 da Constituição Federal.

"Quando do atendimento da manifestação do Ministério do Planejamento, Orçamento e Gestão sobre o mérito e o impacto orçamentário e financeiro dos projetos de lei em apreciação, entendemos satisfeita em razão de ter sido o PL aprovado previamente pelo Ministro de Estado do Planejamento, contendo os dispositivos relativos à criação de novos cargos e funções da carreira de Especialista em Políticas Públicas e Gestão Governamental. (...) ART. 121

Verifica-se impacto orçamentário-financeiro com a criação de gastos obrigatórios de caráter continuado na previsão de criação de cargos e funções existentes nos arts. 122 e 125, compensados em parte pelas extinções previstas no art. 127 do Projeto de Lei nº 5.877, de 2005 (...)."

[Exposição de motivos do Substitutivo Ciro Gomes].

Não há nada que garanta que o disposto no art. 121 venha a ser implementado tempestiva e proporcionalmente, alocando-se gestores de acordo com as necessidades do órgão – garantindo-se, inclusive, a reposição de contingente. Antes, o art. 122 c/c art. 123 deixa claro que o Cade não contará com quadro próprio de pessoal e será lotado com servidores de carreira extremamente qualificada, mas cuja natureza é, paradoxalmente, a rotatividade.

De certo modo, esse é um retrocesso em relação à Lei nº 8.884/94. Por outro lado, normas meramente programáticas, como o art. 81 da antiga lei e a previsão de que a ocupação das vagas no novo Cade será gradual (art. 121, *in fine*), causam justificado temor de que, a depender da vontade política, o Cade passe a representar um aumento do custo Brasil, levando a análise prévia da condição de solução para o extremo da ineficiência.

De qualquer modo, interessa lembrar que, contrariamente à tese advogada por rasos entendedores, a carreira de Especialista em Políticas Públicas e Gestão Governamental volta-se para a execução de atividades de (i) formulação, (ii) implementação e (iii) avaliação de políticas públicas, bem assim de (iv) direção e (v) assessoramento em escalões superiores da Administração Direta e Autárquica. O trabalho no Cade preenche todas as funções, ainda que não cumulativamente em um mesmo cargo – seja na gerência administrativa, seja no assessoramento da atividade-fim. O texto do dispositivo reflete esse pensamento, ao invocar o art. 1º da Lei nº 7.834/1989, *in verbis*:

> "Art. 1º. É criada a Carreira de Especialista em Políticas Públicas e Gestão Governamental e novecentos e sessenta cargos respectivos de provimento efetivo, para execução de atividades de formulação, implementação e avaliação de
> ART. 121 políticas públicas, bem assim de direção e assessoramento em escalões superiores da Administração Direta e Autárquica.
>
> § 1º Os cargos de Especialista em Políticas Públicas e Gestão Governamental, da Carreira de igual denominação, são estruturados em cinco classes.
>
> § 2º Os servidores ocupantes dos cargos a que se refere esta Lei terão exercício em órgãos da Administração Direta e Autárquica, observada lotação fixada em ato da Secretaria de Recursos Humanos – SRH, da Secretaria de Planejamento e Coordenação – Seplan."

Frise-se que a determinação presente neste artigo – de envio de gestores governamentais para o SBDC – deveria encerrar, em definitivo, a discussão acerca da pertinência das competências do Cade e da Seae com as atribuições da carreira. Com o art. 121 da Nova Lei Antitruste Brasileira, a atribuição do Especialista em Políticas Públicas e Gestão Governamental consolida-se de forma desvinculada das funções de planejamento e gestão – desvinculação essa que, há dez anos, já havia ensejado a seleção e a capacitação da 10ª turma de gestores para atuar na área de regulação.

Note-se, ainda, que a minha previsão de sublotação no Cade veio a se concretizar, em razão de repetidas negativas dos Ministros do Planejamento e dos seus Secretários-Executivos em lotar número suficiente de gestores governamentais naquela autarquia.

Esse negativa alicerçou, nos dirigentes do Cade, o receio de que não seria possível cumprir a Nova Lei Antitruste Brasileira. Diversas ações dos dirigentes do Cade que tive a oportunidade de ressaltar ao longo deste livro sinalizam a acuidade essa afirmação: (i) a utilização do gatilho do art. 88, §1º para elevar o patamar de notificação dos atos de concentração antes mesmo da entrada em vigor da lei (v. Portaria Interministerial nº 994 dos Ministros de Estado da Justiça e da Fazenda, de 30 de maio de 2012), (ii) a tentativa de transferir a instrução dos processos administrativos sancionadores para a Seae (v. nota ao art. 19, IV), (iii) o veto presidencial à previsão de aprovação tácita (art. 64), (iv) a repentina e não debatida adoção da regra *per se* para casos de cartel *hardcore*, por um órgão que historicamente a rechaçou, no momento da transição para o modelo de análise prévia e (v) a propositura da criação de uma carreira específica para a autarquia.

Acerca do último item, o Poder Executivo apresentou o Projeto de Lei nº 4.252/2015, que criaria a carreira de analista em defesa econômica, equiparada às carreiras de analistas de regulação, para atuação no Cade. ART. 121
O projeto não só criaria a nova carreira, como alocaria quantitativo da carreira de gestor governamental para sua criação (art. 46 do PL). A expectativa era que, em prazo relativamente curto, não haveria mais a reposição dos Especialistas em Políticas Públicas e Gestão Governamental ("EPPGG", gestores do governo federal) que deixassem o Cade.

Note-se, porém, que os termos de criação das novas carreiras do Cade, incluídas no Capítulo X do Projeto de Lei nº 33/2016 (nº 4.252/2015, na Câmara dos Deputados), conferiam discricionariedade para que o Presidente do Cade ditasse os termos do concurso e do curso de formação das novas carreiras, com a possibilidade, inclusive, de sustentação oral. Caso não houvesse veto presidencial (Edição Especial do Diário Oficial da União nº 145-A, de 29 de julho de 2016), o PL teria permitido fazer aquilo que o TCU, com a pressão de uma carreira estruturada (a de Especialista em Políticas Públicas e Gestão Governamental), evitou com relação ao concurso para Especialista em Políticas Públicas e Gestão Governamental de 2013: instrumentalizar o aparelhamento do Cade. Como afirmado alhures, o concurso para Especialista em Políticas Públicas e Gestão Governamental de 2013 (edital ESAF nº 48, de 6 de junho de 2013), que proveria gestores governamentais federais para diversos órgãos federais, inclusive o Cade, foi anulado por decisão do TCU, que considerou excessivo o peso dado para a experiência *vis-à-vis* a nota da prova. Além da constatação do TCU, o concurso teve questões de baixo nível de conhecimento, destoando dos concursos anteriores, e denúncias não investigadas de vazamento selecionado de questões para comissionados da Administração Federal.

"Art. 169º A despesa com pessoal ativo e inativo da União, dos Estados, do Distrito Federal e dos Municípios não poderá exceder os limites estabelecidos em lei complementar.

§ 1º A concessão de qualquer vantagem ou aumento de remuneração, a criação de cargos, empregos e funções ou alteração de estrutura de carreiras, bem como a admissão ou contratação de pessoal, a qualquer título, pelos órgãos e entidades da administração direta ou indireta, inclusive fundações instituídas e mantidas pelo poder público, só poderão ser feitas: (Renumerado do parágrafo único, pela EC nº 19/98)

II – se houver autorização específica na lei de diretrizes orçamentárias, ressalvadas as empresas públicas e as sociedades de economia mista. (EC nº 19/98)"

ART. 121 [Art. 169 da Constituição Federal].

"Essa solução poderia ser a criação não de várias carreiras superiores, mas de apenas uma: a de agente do serviço federal, concebida conforme o modelo do administrador civil, no sistema francês. (...)

A existência da mobilidade prevista para os administradores civis poderia ser adotada para o agente, em bases experimentais. Assim, em todos os cinco anos, os agentes seriam lotados em outros órgãos, onde ocupariam cargos compatíveis com sua hierarquia. Esse sistema teria a vantagem de ampliar o horizonte profissional do servidor, proporcionando-lhe contato direto com vários setores do serviço público. Essa exigência poderia ser suprimida de todo ou meramente adiada, se a prática demonstrasse que ela entraria em conflito com a conveniências do serviço nos diferentes ministérios."

[Rouanet, Sergio Paulo. **Criação no Brasil de uma Escola Superior de Administração Púbica**. Brasília: ENAP, 2005. PP. 87 e 90].

"A existência de corpos radicalmente distintos obriga a ENA a servir a uma multiplicidade de clientelas, dispersando seus alunos entre carreiras muito distintas entre si. A circunstância afortunada de que não existe no Brasil nada de semelhante aos *grans corps* permitiria a uma escola superior de administração pública concentrar-se na produção de um único gênero de funcionário: agente do serviço federal. (...)

No fim da escolaridade, os alunos escolheriam os postos de sua preferência, por ordem de sua classificação, segundo o sistema já indicado. Seriam, em seguida, afetados ao órgão de sua escolha, onde integrariam um quadro especial criado em todos os ministérios e demais órgãos federais que já não dispusessem de carreiras organizadas: o quadro dos agentes do serviço federal. Como na França, eles pertenceriam a uma carreira única, mas exerceriam suas funções em ministérios específicos e estariam sujeitos às suas instâncias hierárquicas."

[Rouanet, Sergio Paulo. **Criação no Brasil de uma Escola Superior de Administração Púbica**. Brasília: ENAP, 2005. PP. 87 e 88].

Parágrafo único. Ficam transferidos para o Cade os cargos pertencentes ao Ministério da Justiça atualmente alocados no Departamento de Proteção e Defesa Econômica da Secretaria de Direito Econômico, bem como o DAS-6 do Secretário de Direito Econômico.

Art. 122. Os órgãos do SBDC poderão requisitar servidores da administração pública federal direta, autárquica ou fundacional para neles ter exercício, independentemente do exercício de cargo em comissão ou função de confiança. ART. 122

Parágrafo único. Ao servidor requisitado na forma deste artigo são assegurados todos os direitos e vantagens a que façam jus no órgão ou entidade de origem, considerando-se o período de requisição para todos os efeitos da vida funcional, como efetivo exercício no cargo que ocupe no órgão ou entidade de origem.

Diferentemente da cessão, que depende de um acordo entre o cedente e o cessionário, a requisição tem caráter irrecusável – salvo disposição legal em contrário.

A redação do art. 122 advinda do Senado Federal alterava a sistemática que vigia com a antiga lei. Ali, a prerrogativa da requisição, que deve ser feita independentemente da atribuição de cargo comissionado, ou função gratificada, dependia de o Cade não contar com quadro próprio de pessoal. Pela redação que vinha do Senado, a prerrogativa de requisição era garantida até que o Cade alcançasse a sua lotação ideal.

A dúvida ficava com relação à situação depois de alcançada a lotação ideal no prazo assinalado nos termos do art. 123. Caso a lotação voltasse a ficar abaixo da ideal, a prerrogativa de requisitar poderia ser novamente invocada? Parece-me que, mesmo diante daquela redação, o Cade não poderia ser punido pela sublotação – até porque a prerrogativa de lotar os gestores governamentais pertence ao Ministro de Estado do Planejamento, Orçamento e Gestão. Se o Cade, a qualquer tempo, ficasse abaixo da lotação ideal, a prerrogativa de requisição, independentemente da atribuição de cargo comissionado ou função gratificada, deveria ser garantida.

A redação final da lei sanou esse problema, ao retirar qualquer condicionamento à requisição.

V. art. 7º da Lei nº 9.021/95.
V. art. 81, §1º da Lei nº 8.884/94.

ART. 123 **Art. 123 Ato do Ministro de Estado do Planejamento, Orçamento e Gestão fixará o quantitativo ideal de cargos efetivos, ocupados, a serem mantidos, mediante lotação, requisição ou exercício, no âmbito do Cade e da Secretaria de Acompanhamento Econômico, bem como fixará cronograma para que sejam atingidos os seus quantitativos, observadas as dotações consignadas nos Orçamentos da União.**

Ao se delegar ao Ministro do Planejamento a tarefa de fixar a lotação ideal do Cade, ganha-se, certamente, em matéria de flexibilidade. Por outro lado, questiona-se a autonomia do próprio órgão, cujo funcionamento pode ser objeto de paralisação em função de interesses de natureza política ou de rinhas ministeriais.

Não obstante, peca na terminologia o legislador, dado que cargos efetivos são utilizados, constitucionalmente, em oposição a cargos em comissão. Mesmo os servidores com exercício descentralizado, como é o caso dos gestores governamentais, não são efetivos do Cade, e sim do Ministério do Planejamento – sendo característica essencial da carreira a própria mobilidade.

"Art. 37. A administração pública direta e indireta de qualquer dos Poderes da União, dos Estados, do Distrito Federal e dos Municípios obedecerá aos princípios de legalidade, impessoalidade, moralidade, publicidade e eficiência e, também, ao seguinte: (Redação da EC n. 19/98)

V – as funções de confiança, exercidas exclusivamente por servidores ocupantes de cargo efetivo, e os cargos em comissão, a serem preenchidos por servidores de carreira nos casos, condições e percentuais mínimos previstos em lei, destinam-se apenas às atribuições de direção, chefia e assessoramento; (Redação da EC nº 19/98)"

[Art. 37 da Constituição Federal].

"Cabe ao Poder Judiciário verificar a regularidade dos atos normativos e de administração do Poder Público em relação às causas, aos motivos e à finalidade que os ensejam. Pelo princípio da proporcionalidade, há que ser guardada correlação entre o número de cargos efetivos e em comissão, de maneira que exista estrutura para atuação do Poder Legislativo local."

[RE 365.368- AgR, Rel. Min. Ricardo Lewandowski, julgamento em 22-5-07, DJ de 29-6-07].

"O servidor público ocupante de cargo efetivo, ainda que em estágio probatório, não pode ser exonerado ad nutum, com base em decreto que declara a desnecessidade do cargo, sob pena de ofensa à garantia do devido processo legal, do contraditório e da ampla defesa. Incidência da Súmula 21 do STF." ART. 123

[RE 378.041, Rel. Min. Carlos Britto, julgamento em 21-9-04, DJ de 11-2-05].

"Por vislumbrar ofensa ao princípio do concurso público (...), o Tribunal julgou procedente pedido formulado em ação direta ajuizada pelo Conselho Federal da Ordem dos Advogados do Brasil, para declarar a inconstitucionalidade da Lei n. 8.742/2005, do Estado do Rio Grande do Norte, que dispõe sobre a contratação temporária de advogados para o exercício da função de Defensor Público, no âmbito da Defensoria Pública do referido Estado-membro. Considerou-se que, em razão de desempenhar uma atividade estatal permanente e essencial à jurisdição, a Defensoria Pública não convive com a possibilidade de que seus agentes sejam recrutados em caráter precário. Asseverou-se ser preciso estruturá-la em cargos de provimento efetivo, cargos de carreira, haja vista que esse tipo complexo de estruturação é que garante a independência técnica das Defensorias, a se refletir na boa qualidade da assistência a que têm direito as classes mais necessitadas."

[ADI 3.700, Rel. Min. Carlos Britto, julgamento em 15-10-08, Informativo 524].

"Art. 3º da Lei Nº 5.077/1995, do Estado do Espírito Santo, que permite o provimento de cargos efetivos por meio de contrato administrativo a ser formalizado pelo Poder Judiciário local. Violação ao artigo 37, II, da Constituição da República, que dispõe sobre a exigência de concurso público para a investidura em cargo ou emprego público."

[ADI 2.912, Rel. Min. Gilmar Mendes, julgamento em 7-11- 07, DJ de 14-12-07].

Art. 124 Ficam criados, no âmbito do Poder Executivo Federal, para alocação ao Cade, os seguintes cargos em comissão do Grupo-Direção e Assessoramento Superiores – DAS: 2 (dois) cargos de natureza especial NES de Presidente do Cade e Superintendente-Geral do Cade, 7 (sete) DAS-6, 16 (dezesseis) DAS-4, 8 (oito) DAS-3, 11 (onze) DAS-2 e 21 (vinte e um) DAS-1.

Art. 125 O Poder Executivo disporá sobre a estrutura regimental do Cade, sobre as competências e atribuições, denominação das unidades e especificações dos cargos, promovendo a alocação, nas unidades internas da autarquia, dos cargos em comissão e das funções gratificadas.

ARTS. 124-125 A lei claramente delega a decreto do Poder Executivo (decreto de estrutura) o grosso da matéria objeto do art. 125. A estrutura do Cade torna-se, assim, mais flexível e adaptável ao *status quo*. Essa flexibilidade pode ser sentida no *modus vivendi* do Ministério das Relações Exteriores, que se altera, constantemente, em função de demandas da política externa brasileira. Nesse sentido, o atual Decreto nº 5.979/06 sucedeu o Decreto 5.032/04, Decreto nº 4.759/03, Decreto nº 3.959/01, Decreto nº 3.414/00 e assim sucessivamente.

Em cumprimento ao disposto neste art. 125, a Presidência da República fez publicar o Decreto nº 7.738, de 28 de maio de 2012, no Diário Oficial da União de 29 de maio de 2012.

"O Tribunal julgou procedente pedido formulado em ação declaratória de constitucionalidade proposta pela Associação dos Magistrados do Brasil – AMB – para declarar a constitucionalidade da Resolução n. 7/2005, do Conselho Nacional de Justiça – CNJ – que veda o exercício de cargos, empregos e funções por parentes, cônjuges e companheiros de magistrados e de servidores investidos em cargos de direção e assessoramento, no âmbito do Poder Judiciário –, e emprestar interpretação conforme a Constituição a fim de deduzir a função de chefia do substantivo 'direção', constante dos incisos II, III, IV e V do art. 2º da aludida norma (...). No mérito, entendeu-se que a Resolução n. 7/2005 está em sintonia com os princípios constantes do art. 37, em especial os da impessoalidade, da eficiência, da igualdade e da moralidade, que são dotados de eficácia imediata, não havendo que se falar em ofensa à liberdade de nomeação e exoneração dos cargos em comissão e funções de confiança, visto que as restrições por ela impostas são as mesmas previstas na CF, as quais, extraídas dos citados princípios, vedam a prática do nepotismo. Afirmou-se, também, não estar a resolução examinada a violar nem o princípio da separação dos Poderes, nem o princípio federativo, porquanto o CNJ não usurpou o campo de atuação do Poder Legislativo, limitando-se a exercer as competências que lhe foram constitucionalmente reservadas. (...)."

[ADC 12, Rel. Min. Carlos Britto, julgamento em 20-8-08, Informativo 516].

V. Decreto nº 7.738, de 28 de maio de 2012.

Art. 126 Ficam extintos, no âmbito do Poder Executivo Federal, os seguintes cargos em comissão do Grupo-Direção e Assessoramento Superiores – DAS e Funções Gratificadas – FG: 3 (três) DAS-5, 2 (duas) FG-1 e 16 (dezesseis) FG-3. ARTS. 126-127

Art. 127 Ficam revogados a Lei nº 9.781, de 19 de janeiro de 1999, os arts. 5º e 6º da Lei nº 8.137 de 27 de dezembro de 1990, e os arts. 1º a 85 e 88 a 93 da Lei no 8.884, de 11 de junho de 1994.

Lei nº 8.884, de 11/06/1994 – Dispõe sobre a prevenção e a repressão às infrações contra a ordem econômica.

Lei nº 9.781, de 19/01/1999 – Institui a Taxa Processual sobre os processos de competência do Cade: v. art. 23 e seguintes.

Lei nº 8.137, de 27/12/1990 – Dispõe sobre crimes contra a ordem tributária, econômica e contra as relações de consumo, e dá outras providências.

"Art. 5º Constitui crime da mesma natureza:

I – exigir exclusividade de propaganda, transmissão ou difusão de publicidade, em detrimento de concorrência;

II – subordinar a venda de bem ou a utilização de serviço à aquisição de outro bem, ou ao uso de determinado serviço;

III – sujeitar a venda de bem ou a utilização de serviço à aquisição de quantidade arbitrariamente determinada;

IV – recusar-se, sem justa causa, o diretor, administrador, ou gerente de empresa a prestar à autoridade competente ou prestá-la de modo inexato, informando sobre o custo de produção ou preço de venda.

Pena – detenção, de 2 (dois) a 5 (cinco) anos, ou multa.

Parágrafo único. A falta de atendimento da exigência da autoridade, no prazo de 10 (dez) dias, que poderá ser convertido em horas em razão da maior ou menor complexidade da matéria ou da dificuldade quanto ao atendimento da exigência, caracteriza a infração prevista no inciso IV.

Art. 6º Constitui crime da mesma natureza:

I – vender ou oferecer à venda mercadoria, ou contratar ou oferecer serviço, por preço superior ao oficialmente tabelado, ao regime legal de controle;

II – aplicar fórmula de reajustamento de preços ou indexação de contrato proibida, ou diversa daquela que for legalmente estabelecida, ou fixada por autoridade competente;

III – exigir, cobrar ou receber qualquer vantagem ou importância adicional de preço tabelado, congelado, administrado, fixado ou controlado pelo Poder Público, inclusive por meio da adoção ou de aumento de taxa ou outro percen-
ART. 128 tual, incidente sobre qualquer contratação.

Pena – detenção, de 1 (um) a 4 (quatro) anos, ou multa."

Art. 128 Esta Lei entra em vigor após decorridos 180 (cento e oitenta) dias de sua publicação oficial.

Isso implica dizer que, seis meses após a sua publicação no Diário Oficial da União, a SDE automaticamente deixaria de confeccionar pareceres nos casos de condutas. Como assinalei na edição anterior, a não ser que os técnicos da SDE fossem assimilados pelo novo Cade, correr-se-ia o sério risco de a ruptura estrutural abalar o modelo de instrução naqueles casos. A situação tenderia a agravar-se mediante a sabida elevada rotatividade dos técnicos que passam pela autarquia e, por subsequente, a declinante experiência do seu corpo técnico, o que poderia compometer a qualidade e a celeridade, tão caros à análise prévia. A incorporação dos técnicos da SDE também seria relevante por esse viés, dado que a melhor estruturação ministerial dos cargos em comissão tem garantido não só a permanência de técnicos de qualidade e larga experiência, como trazido de volta ao SBDC assessores que deixaram o Cade.

Outra dúvida destacada na edição anterior estava em saber se, com a reestruturação do SBDC trazida pela nova lei, o Cade enfrentaria problemas para instruir atos de concentração complexos caso não houvesse o aproveitamentos dos técnicos da Seae pela autarquia, ou, ao menos, o treinamento dos técnicos do novo Cade junto aos técnicos anteriormente responsáveis pela instrução processual na Seae.

Esse mesmo receio norteou diversas ações dos dirigentes do Cade que tivemos a oportunidade de ressaltar neste livro, a saber: (i) a utilização do gatilho do art. 88, §1º para elevar o patamar de notificação dos atos de concentração antes mesmo da entrada em vigor da lei (v. Portaria Interministerial nº 994 dos Ministros de Estado da Justiça e da Fazenda, de 30 de maio de 2012), (ii) a tentativa de transferir a instrução dos processos administrativos sancionadores para a Seae (v. nota ao art. 19, IV), (iii) o veto presidencial à previsão de aprovação tácita (art. 64), (iv) a repentina e não debatida adoção da regra *per se* para casos de cartel *hardcore* por um órgão que historicamente a rechaçou, por coincidência no momento da transição para o modelo de análise prévia e (v) a propositura da criação de uma carreira específica para a autarquia.

Felizmente, os técnicos da SDE foram incorporados ao Cade como coordenadores-gerais na Superintendência-Geral e, embora tenha havido reclamação de advogados com relação à perda da profundidade dos pareceres da Seae, o processo de transição mostrou-se bem-sucedido, em particular por conta da baixa rotatividade dos técnicos mais experientes ocupantes de cargos de chefia – cuja permanência compensou a sublotação no Cade e a elevada rotatividade dos técnicos em geral. ART. 128

Texto excluído:

"Art. 122-A As disposições desta Lei aplicam-se subsidiariamente à legislação específica e às respectivas leis de criação das agências reguladoras.

Art. 122-B O inciso XIX do art. 19 da Lei 9.472, de 16 de julho de 1997, passa a ter a seguinte redação:

Art. 19...

XIX – exercer, relativamente às telecomunicações, as competências legais em matéria de controle, prevenção e repressão das infrações da ordem econômica, ressalvadas as pertencentes ao Tribunal Administrativo de Defesa Econômica do Conselho Administrativo de Defesa Econômica – Cade;

Art. 122-C O § 2º do Art. 7º da Lei 9.472, de 16 de julho de 1997, passa a ter a seguinte redação:

Art. 7º.....................................

§ 2º Os atos de que trata o parágrafo anterior serão submetidos à apreciação do Tribunal Administrativo de Defesa Econômica do Conselho Administrativo de Defesa Econômica – Cade por meio do órgão regulador.

Art. 122-D A Anatel editará, em 90 dias a contar da publicação desta lei, normativo disciplinando o tempo e modo da análise de que trata o art. 7º, § 2º."

A *mens legis* em se excluir tais dispositivos está em retirar da Anatel a competência para a análise dos atos de concentração em telecomunicações. Aquela agência manteria, somente, a competência para proceder à análise regulatória dos atos de concentração. Observe-se que a interface do Cade com a regulação será, de qualquer modo, reduzida *vis-à-vis* aquela vigente na lei anterior, conforme se depreende dos artigos 89 e 90 da nova lei.

ART. 128 Em se tratando de duas leis ordinárias (Lei Geral de Telecomunicações –LGT – e Nova Lei Antitruste Brasileira) cujas competências se intersectam na mesma matéria (análise de atos de concentração no setor de telecomunicações), prevaleceria a norma mais recente – a qual, *in casu*, implementa uma nova rotina de competências e prazos que não se subsume àquela da LGT. Isso implica dizer que os dispositivos da LGT que vão de encontro ao novo sistema de análise *ex ante* são tacitamente revogados.

Apesar de a nova lei ter tacitamente revogado a análise concorrencial realizada pela Anatel, a agência incluiu no seu regimento interno o seguinte dispositivo:

"Art. 159. A Superintendência de Competição tem como competência:

....

VI – anuir previamente e aprovar, conforme o caso, alteração que caracterize transferência de controle de empresas exploradoras de serviços de telecomunicações e detentoras de direito de exploração de satélite brasileiro, especialmente as decorrentes de cisão, fusão, incorporação e transformação, referente a outorgas não decorrentes de procedimentos licitatórios, ou detidas por prestadoras que se enquadrem no conceito de empresas de pequeno porte, nos termos da legislação aplicável;

...."

Apesar de a Anatel – após manifestação de preocupação da Seae externada na consulta pública de alteração regimental da agência – ter justificado o dispositivo como uma atuação regulatória e complementar à análise concorrencial pelo Cade, causa espécie que, não tendo a análise da Anatel natureza antitruste, a atribuição tenha sido assinalada regimentalmente à Superintendência de Competição.

V. nota ao art. 31.
V. nota ao parágrafo único do art. 89.
V. nota ao parágrafo único do art. 90.
V. art. 97 da Lei nº 9.472/97.

Anexos

DELIBERAÇÃO FINAL DO TEXTO DO PL

05/10/2011
PLENÁRIO (PLEN) - 19:48 Sessão Extraordinária – Deliberativa

- Discussão, em turno único, das Emendas do Senado Federal ao Projeto de Lei 3.937/2004. (Sessão extraordinária - 19:48).
- Votação do Requerimento do Dep. Duarte Nogueira, Líder do PSDB, que solicita a retirada de pauta das Emendas do Senado Federal ao Projeto de Lei 3.937, de 2004.
- Encaminharam a Votação: Dep. Duarte Nogueira (PSDB-SP) e Dep. Paulo Teixeira (PT-SP).
- Retirado o requerimento.
- Parecer às Emendas do Senado Federal proferido e entregue à Mesa pelo Relator, Dep. Pedro Eugênio (PT-PE), que conclui pela constitucionalidade, juridicidade e técnica legislativa; pela adequação financeira e orçamentária; e, no mérito, pela aprovação das Emendas de nºs 2, 4, parte da emenda 5 (referente ao inciso V do artigo 10 e aos artigos 11, 52, 65, 67, 76 e 92), 7, 8, 9, 10, , 11, 16, 17, 19, 20, 21, exceto a expressão "ou em outro fixado pelo juiz da causa", parte da emenda 22 (referente aos arts. 53, 54, 55, 56, 57, 59, 60, 64, e a supressão do § 3º do art. 65, e parágrafo único do art. 90), 23, 24, 26 e 27, e pela rejeição das Emendas de nºs 1, 3, parte da emenda 5 (referente aos artigos 9º e exceto o inciso V do artigo10), 6, exceto a expressão "desde que a inspecionada seja notificada com pelo menos vinte e quatro horas de antecedência e a inspeção seja iniciada entre a as seis e as dezoito horas", 12, 13, 14, 15, 18, parte da emenda 22 (referente aos artigos 58, 88, inciso IV do art. 90 e art. 128 e a supressão dos §§ 2º e 3º do art. 66 e do § 9º do art. 88), 25, 28, 29, 30 e 31.

- Retirado pelo autor, Dep. Duarte Nogueira, Líder do PSDB, o requerimento que solicita adiamento da discussão por duas sessões.
- Encerrada a discussão.
- Retirado pelo autor, Dep. Duarte Nogueira, Líder do PSDB, o requerimento que solicita o adiamento da votação por duas sessões.
- Retirado o destaque de bancada do PSDB para votação em separado da Emenda nº 16 do Senado Federal.
- Retirado o destaque de bancada do PDT para votação em separado da Emenda nº 18 do Senado Federal.
- Retirado o destaque de bancada do Bloco PR/PTdoB/PRP/PHS/PTC/PSL para votação em separado da Emenda nº 18 do Senado Federal.
- Votação, em turno único, das Emendas do Senado Federal ao Projeto de Lei 3.937/2004.

Aprovadas as Emendas do Senado Federal de nºs 2, 4, parte da emenda 5 (referente ao inciso V do art. 10 e aos arts. 11, 52, 65, 67, 76 e 92), 7, 8, 9, 10, 11, 16, 17, 19, 20, 21, exceto a expressão "ou em outro fixado pelo juiz da causa", parte da emenda 22 (referente aos arts. 53, 54, 55, 56, 57, 59, 60, 64, e a supressão do § 3º do art. 65, e parágrafo único do art. 90), 23, 24, 26 e 27, com parecer pela aprovação, ressalvados os destaques.

Quadro Comparativo CD (Inicial)/Senado

Texto CD	Alterações no Senado	Texto Senado
Estrutura o Sistema Brasileiro de Defesa da Concorrência; dispõe sobre a prevenção e repressão às infrações contra a ordem econômica; altera a Lei nº 8.137, de 27 de dezembro de 1990, o Decreto-Lei nº 3.689, de 3 de outubro de 1941 – Código de Processo Penal, e a Lei nº 7.347, de 24 de julho de 1985; revoga as Leis nºs 8.884, de 11 de junho de 1994, e 9.781, de 19 de janeiro de 1999; e dá outras providências.	CCT EM 1 – Estrutura o Sistema Brasileiro de Defesa da Concorrência, dispõe sobre a prevenção e repressão às infrações contra a ordem econômica, altera a Lei nº 8.137, de 27 de dezembro de 1990, o Decreto-lei nº 6.689, de 3 de outubro de 1941- Código de processo Penal, e a Lei nº 7.347, de 24 de julho de 1985, e a Lei nº 9.472, de 16 de julho de 1997; revoga dispositivos da Lei nº 8.884, de 11 de junho de 1994, e a Lei nº 9.781, de 11 de junho de 1999; e dá outras providências.	Estrutura o Sistema Brasileiro de Defesa da Concorrência, dispõe sobre a prevenção e repressão às infrações contra a ordem econômica, altera a Lei nº 8.137, de 27 de dezembro de 1990, o Decreto-lei nº 6.689, de 3 de outubro de 1941- Código de processo Penal, e a Lei nº 7.347, de 24 de julho de 1985, e a Lei nº 9.472, de 16 de julho de 1997; revoga dispositivos da Lei nº 8.884, de 11 de junho de 1994, e a Lei nº 9.781, de 11 de junho de 1999; e dá outras providências.
TÍTULO I **DISPOSIÇÕES GERAIS** **CAPÍTULO I** **DA FINALIDADE** Art. 1º Esta Lei estrutura o Sistema Brasileiro de Defesa da Concorrência – SBDC e dispõe sobre a prevenção e a repressão às infrações contra a ordem econômica, orientada pelos ditames constitucionais de liberdade de iniciativa, livre concorrência, função social da propriedade, defesa dos consumidores e repressão ao abuso do poder econômico. Parágrafo único. A coletividade é a titular dos bens jurídicos protegidos por esta Lei.		**TÍTULO I** **DISPOSIÇÕES GERAIS** **CAPÍTULO I** **DA FINALIDADE** Art. 1º Esta Lei estrutura o Sistema Brasileiro de Defesa da Concorrência – SBDC e dispõe sobre a prevenção e a repressão às infrações contra a ordem econômica, orientada pelos ditames constitucionais de liberdade de iniciativa, livre concorrência, função social da propriedade, defesa dos consumidores e repressão ao abuso do poder econômico. Parágrafo único. A coletividade é a titular dos bens jurídicos protegidos por esta Lei.
CAPÍTULO II **DA TERRITORIALIDADE** Art. 2º Aplica-se esta Lei, sem prejuízo de convenções e tratados de que seja signatário o Brasil, às práticas cometidas no todo ou em parte no território nacional ou que nele produzam ou possam produzir efeitos. § 1º Reputa-se domiciliada no território nacional a empresa estrangeira que opere ou tenha no Brasil filial, agência, sucursal, escritório, estabelecimento, agente ou representante. § 2º A empresa estrangeira será notificada e intimada de todos os atos processuais previstos nesta Lei, independentemente de procuração ou de disposição contratual ou estatutária, na pessoa do agente ou representante ou pessoa responsável por sua filial, agência, sucursal, estabelecimento ou escritório instalado no Brasil.		**CAPÍTULO II** **DA TERRITORIALIDADE** Art. 2º Aplica-se esta Lei, sem prejuízo de convenções e tratados de que seja signatário o Brasil, às práticas cometidas no todo ou em parte no território nacional ou que nele produzam ou possam produzir efeitos. § 1º Reputa-se domiciliada no território nacional a empresa estrangeira que opere ou tenha no Brasil filial, agência, sucursal, escritório, estabelecimento, agente ou representante. § 2º A empresa estrangeira será notificada e intimada de todos os atos processuais previstos nesta Lei, independentemente de procuração ou de disposição contratual ou estatutária, na pessoa do agente ou representante ou pessoa responsável por sua filial, agência, sucursal, estabelecimento ou escritório instalado no Brasil.
TÍTULO II **DO SISTEMA BRASILEIRO DE DEFESA DA CONCORRÊNCIA** **CAPÍTULO I** **DA COMPOSIÇÃO** Art. 3º O SBDC é formado pelo Conselho Administrativo de Defesa Econômica – Cade e pela Secretaria de Acompanhamento Econômico do Ministério da Fazenda, com as atribuições previstas nesta Lei.		**TÍTULO II** **DO SISTEMA BRASILEIRO DE DEFESA DA CONCORRÊNCIA** **CAPÍTULO I** **DA COMPOSIÇÃO** Art. 3º O SBDC é formado pelo Conselho Administrativo de Defesa Econômica – Cade e pela Secretaria de Acompanhamento Econômico do Ministério da Fazenda, com as atribuições previstas nesta Lei.
CAPÍTULO II **DO CONSELHO ADMINISTRATIVO DE DEFESA ECONÔMICA – Cade** Art. 4º O Cade é entidade judicante com jurisdição em todo o território nacional, que se constitui em autarquia federal, vinculada ao Ministério da Justiça, com sede e foro no Distrito Federal, e competências previstas nesta Lei.		**CAPÍTULO II** **DO CONSELHO ADMINISTRATIVO DE DEFESA ECONÔMICA – Cade** Art. 4º O Cade é entidade judicante com jurisdição em todo o território nacional, que se constitui em autarquia federal, vinculada ao Ministério da Justiça, com sede e foro no Distrito Federal, e competências previstas nesta Lei.

Seção I **Da Estrutura Organizacional do Cade** Art. 5º O Cade é constituído pelos seguintes órgãos: I – Tribunal Administrativo de Defesa Econômica; II – Superintendência-Geral; e III – Departamento de Estudos Econômicos.		**Seção I** **Da Estrutura Organizacional do Cade** Art. 5º O Cade é constituído pelos seguintes órgãos: I – Tribunal Administrativo de Defesa Econômica; II – Superintendência-Geral; e III – Departamento de Estudos Econômicos.
Seção II **Do Tribunal Administrativo de Defesa Econômica** Art. 6º O Tribunal Administrativo, órgão judicante, tem como membros um Presidente e seis Conselheiros escolhidos dentre cidadãos com mais de 30 (trinta) anos de idade, de notório saber jurídico ou econômico e reputação ilibada, nomeados pelo Presidente da República, depois de aprovados pelo Senado Federal. § 1º O mandato do Presidente e dos Conselheiros é de 4 (quatro) anos, não coincidentes, vedada a recondução. § 2º Os cargos de Presidente e de Conselheiro são de dedicação exclusiva, não se admitindo qualquer acumulação, salvo as constitucionalmente permitidas. § 3º No caso de renúncia, morte, impedimento, falta ou perda de mandato do Presidente do Tribunal, assumirá o Conselheiro mais antigo no cargo ou o mais idoso, nessa ordem, até nova nomeação, sem prejuízo de suas atribuições. § 4º No caso de renúncia, morte ou perda de mandato de Conselheiro, proceder-se-á a nova nomeação, para completar o mandato do substituído. § 5º Se, nas hipóteses previstas no § 4º deste artigo, ou no caso de encerramento de mandato dos Conselheiros, a composição do Tribunal ficar reduzida a número inferior ao estabelecido no § 1º do art. 9º desta Lei, considerar-se-ão automaticamente suspensos os prazos previstos nesta Lei, e suspensa a tramitação de processos, continuando-se a contagem imediatamente após a recomposição do *quorum*. § 6º Durante o período de vacância que anteceder à nomeação de novo membro do Tribunal, assumirá interinamente o cargo servidor em exercício no Cade com conhecimento jurídico ou econômico na área de defesa da concorrência e reputação ilibada, indicado pelo Presidente do Tribunal, o qual permanecerá no cargo até a posse do novo membro do tribunal, escolhido na forma do *caput* deste artigo.	CCT EM 2 – Suprimido o § 6º	**Seção II** **Do Tribunal Administrativo de Defesa Econômica** Art. 6º O Tribunal Administrativo, órgão judicante, tem como membros um Presidente e seis Conselheiros escolhidos dentre cidadãos com mais de 30 (trinta) anos de idade, de notório saber jurídico ou econômico e reputação ilibada, nomeados pelo Presidente da República, depois de aprovados pelo Senado Federal. § 1º O mandato do Presidente e dos Conselheiros é de 4 (quatro) anos, não coincidentes, vedada a recondução. § 2º Os cargos de Presidente e de Conselheiro são de dedicação exclusiva, não se admitindo qualquer acumulação, salvo as constitucionalmente permitidas. § 3º No caso de renúncia, morte, impedimento, falta ou perda de mandato do Presidente do Tribunal, assumirá o Conselheiro mais antigo no cargo ou o mais idoso, nessa ordem, até nova nomeação, sem prejuízo de suas atribuições. § 4º No caso de renúncia, morte ou perda de mandato de Conselheiro, proceder-se-á a nova nomeação, para completar o mandato do substituído. § 5º Se, nas hipóteses previstas no § 4º deste artigo, ou no caso de encerramento de mandato dos Conselheiros, a composição do Tribunal ficar reduzida a número inferior ao estabelecido no § 1º do art. 9º desta Lei, considerar-se-ão automaticamente suspensos os prazos previstos nesta Lei, e suspensa a tramitação de processos, continuando-se a contagem imediatamente após a recomposição do *quorum*.
Art. 7º A perda de mandato do Presidente ou dos Conselheiros do Cade só poderá ocorrer em virtude de decisão do Senado Federal, por provocação do Presidente da República, ou em razão de condenação penal irrecorrível por crime doloso, ou de processo disciplinar de conformidade com o que prevê a Lei nº 8.112, de 11 de dezembro de 1990 e a Lei nº 8.429, de 2 de junho de 1992, e por infringência de quaisquer das vedações previstas no art. 8º desta Lei. Parágrafo único. Também perderá o mandato, automaticamente, o membro do Tribunal que faltar a 3 (três) reuniões ordinárias consecutivas, ou 20 (vinte) intercaladas, ressalvados os afastamentos temporários autorizados pelo Plenário.		Art. 7º A perda de mandato do Presidente ou dos Conselheiros do Cade só poderá ocorrer em virtude de decisão do Senado Federal, por provocação do Presidente da República, ou em razão de condenação penal irrecorrível por crime doloso, ou de processo disciplinar de conformidade com o que prevê a Lei nº 8.112, de 11 de dezembro de 1990 e a Lei nº 8.429, de 2 de junho de 1992, e por infringência de quaisquer das vedações previstas no art. 8º desta Lei. Parágrafo único. Também perderá o mandato, automaticamente, o membro do Tribunal que faltar a 3 (três) reuniões ordinárias consecutivas, ou 20 (vinte) intercaladas, ressalvados os afastamentos temporários autorizados pelo Plenário.

Art. 8º Ao Presidente e aos Conselheiros é vedado: I – receber, a qualquer título, e sob qualquer pretexto, honorários, percentagens ou custas; II – exercer profissão liberal; III – participar, na forma de controlador, diretor, administrador, gerente, preposto ou mandatário, de sociedade civil, comercial ou empresas de qualquer espécie; IV – emitir parecer sobre matéria de sua especialização, ainda que em tese, ou funcionar como consultor de qualquer tipo de empresa; V – manifestar, por qualquer meio de comunicação, opinião sobre processo pendente de julgamento, ou juízo depreciativo sobre despachos, votos ou sentenças de órgãos judiciais ressalvados a crítica nos autos, em obras técnicas ou no exercício do magistério; e VI – exercer atividade político-partidária. § 1º É vedado ao Presidente e aos Conselheiros, por um período de 120 (cento e vinte) dias, contado da data em que deixar o cargo, representar qualquer pessoa, física ou jurídica, ou interesse perante o SBDC, ressalvada a defesa de direito próprio. § 2º Durante o período mencionado no § 1º deste artigo, o Presidente e os Conselheiros receberão a mesma remuneração do cargo que ocupavam. § 3º Incorre na prática de advocacia administrativa, sujeitando-se à pena prevista no art. 321 do Decreto-Lei nº 2.848, de 7 de dezembro de 1940 – Código Penal, o ex-presidente ou ex-conselheiro que violar o impedimento previsto no § 1º deste artigo. § 4º É vedado, a qualquer tempo, ao Presidente e aos Conselheiros utilizar informações privilegiadas obtidas em decorrência do cargo exercido.		Art. 8º Ao Presidente e aos Conselheiros é vedado: I – receber, a qualquer título, e sob qualquer pretexto, honorários, percentagens ou custas; II – exercer profissão liberal; III – participar, na forma de controlador, diretor, administrador, gerente, preposto ou mandatário, de sociedade civil, comercial ou empresas de qualquer espécie; IV – emitir parecer sobre matéria de sua especialização, ainda que em tese, ou funcionar como consultor de qualquer tipo de empresa; V – manifestar, por qualquer meio de comunicação, opinião sobre processo pendente de julgamento, ou juízo depreciativo sobre despachos, votos ou sentenças de órgãos judiciais ressalvados a crítica nos autos, em obras técnicas ou no exercício do magistério; e VI – exercer atividade político-partidária. § 1º É vedado ao Presidente e aos Conselheiros, por um período de 120 (cento e vinte) dias, contado da data em que deixar o cargo, representar qualquer pessoa, física ou jurídica, ou interesse perante o SBDC, ressalvada a defesa de direito próprio. § 2º Durante o período mencionado no § 1º deste artigo, o Presidente e os Conselheiros receberão a mesma remuneração do cargo que ocupavam. § 3º Incorre na prática de advocacia administrativa, sujeitando-se à pena prevista no art. 321 do Decreto-Lei nº 2.848, de 7 de dezembro de 1940 – Código Penal, o ex-presidente ou ex-conselheiro que violar o impedimento previsto no § 1º deste artigo. § 4º É vedado, a qualquer tempo, ao Presidente e aos Conselheiros utilizar informações privilegiadas obtidas em decorrência do cargo exercido.
Subseção I **Da Competência do Plenário do Tribunal** Art. 9º Compete ao Plenário do Tribunal, dentre outras atribuições previstas nesta Lei: I – zelar pela observância desta Lei e seu regulamento e do regimento interno; II – decidir sobre a existência de infração à ordem econômica e aplicar as penalidades previstas em lei; III – decidir os processos administrativos para imposição de sanções administrativas por infrações à ordem econômica instaurados pela Superintendência-Geral; IV – ordenar providências que conduzam à cessação de infração à ordem econômica, dentro do prazo que determinar; V – aprovar os termos do compromisso de cessação de prática e do acordo em controle de concentrações, bem como determinar à Superintendência-Geral que fiscalize seu cumprimento; VI – apreciar, em grau de recurso, as medidas preventivas adotadas pelo Conselheiro-Relator ou pela Superintendência-Geral;	CCT EM 3 – Suprimido o § 3º CCT EM 4 – Suprimido o § 6º EM 33 – "XX – firmar contratos e convênios com órgãos ou entidades nacionais e submeter, previamente, ao Ministro de Estado da Justiça os que devam ser celebrados com organismos estrangeiros ou internacionais."	**Subseção I** **Da Competência do Plenário do Tribunal** Art. 9º Compete ao Plenário do Tribunal, dentre outras atribuições previstas nesta Lei: I – zelar pela observância desta Lei e seu regulamento e do regimento interno; II – decidir sobre a existência de infração à ordem econômica e aplicar as penalidades previstas em lei; III – decidir os processos administrativos para imposição de sanções administrativas por infrações à ordem econômica instaurados pela Superintendência-Geral; IV – ordenar providências que conduzam à cessação de infração à ordem econômica, dentro do prazo que determinar; V – aprovar os termos do compromisso de cessação de prática e do acordo em controle de concentrações, bem como determinar à Superintendência-Geral que fiscalize seu cumprimento; VI – apreciar, em grau de recurso, as medidas preventivas adotadas pelo Conselheiro-Relator ou pela Superintendência-Geral;

<table>
<tr>
<td>VII – intimar os interessados de suas decisões;
VIII – requisitar dos órgãos e entidades da administração pública federal e requerer às autoridades dos
Estados, Municípios, do Distrito Federal e dos Territórios as medidas necessárias ao cumprimento desta Lei;
IX – contratar a realização de exames, vistorias e estudos, aprovando, em cada caso, os respectivos honorários profissionais e demais despesas de processo, que deverão ser pagas pela empresa, se vier a ser punida nos termos desta Lei;
X – apreciar processos administrativos de atos de concentração econômica, na forma desta Lei, fixando, quando entender conveniente e oportuno, acordos em controle de atos de concentração;
XI – determinar à Superintendência-Geral que adote as medidas administrativas necessárias à execução e fiel cumprimento de suas decisões;
XII – requisitar serviços e pessoal de quaisquer órgãos e entidades do Poder Público Federal;
XIII – requerer à Procuradoria Federal junto ao Cade a adoção de providências administrativas e judiciais;
XIV – instruir o público sobre as formas de infração da ordem econômica;
XV – elaborar e aprovar regimento interno do Cade, dispondo sobre seu funcionamento, forma das deliberações, normas de procedimento e organização de seus serviços internos;
XVI – propor a estrutura do quadro de pessoal do Cade, observado o disposto no inciso II do caput do art. 37 da Constituição Federal;
XVII – elaborar proposta orçamentária nos termos desta Lei;
XVIII – requisitar informações de quaisquer pessoas, órgãos, autoridades e entidades públicas ou privadas, respeitando e mantendo o sigilo legal quando for o caso, bem como determinar as diligências que se fizerem necessárias ao exercício das suas funções; e
XIX – decidir pelo cumprimento das decisões, compromissos e acordos.
§ 1º As decisões do Tribunal serão tomadas por maioria, com a presença mínima de 4 (quatro) membros, sendo o quorum de deliberação mínimo de 3 (três) membros.
§ 2º As decisões do Tribunal não comportam revisão no âmbito do Poder Executivo, promovendo-se, de imediato, sua execução e comunicando-se, em seguida, ao Ministério Público, para as demais medidas legais cabíveis no âmbito de suas atribuições.
§ 3º As autoridades federais, os diretores de autarquia, fundação, empresa pública e sociedade de economia mista federais e agências reguladoras são obrigados a prestar, sob pena de responsabilidade, toda a assistência e colaboração que lhes for solicitada pelo Cade, inclusive elaborando pareceres técnicos sobre as matérias de sua competência.</td>
<td></td>
<td>VII – intimar os interessados de suas decisões;
VIII – requisitar dos órgãos e entidades da administração pública federal e requerer às autoridades dos
Estados, Municípios, do Distrito Federal e dos Territórios as medidas necessárias ao cumprimento desta Lei;
IX – contratar a realização de exames, vistorias e estudos, aprovando, em cada caso, os respectivos honorários profissionais e demais despesas de processo, que deverão ser pagas pela empresa, se vier a ser punida nos termos desta Lei;
X – apreciar processos administrativos de atos de concentração econômica, na forma desta Lei, fixando, quando entender conveniente e oportuno, acordos em controle de atos de concentração;
XI – determinar à Superintendência-Geral que adote as medidas administrativas necessárias à execução e fiel cumprimento de suas decisões;
XII – requisitar serviços e pessoal de quaisquer órgãos e entidades do Poder Público Federal;
XIII – requerer à Procuradoria Federal junto ao Cade a adoção de providências administrativas e judiciais;
XIV – instruir o público sobre as formas de infração da ordem econômica;
XV – elaborar e aprovar regimento interno do Cade, dispondo sobre seu funcionamento, forma das deliberações, normas de procedimento e organização de seus serviços internos;
XVI – propor a estrutura do quadro de pessoal do Cade, observado o disposto no inciso II do caput do art. 37 da Constituição Federal;
XVII – elaborar proposta orçamentária nos termos desta Lei;
XVIII – requisitar informações de quaisquer pessoas, órgãos, autoridades e entidades públicas ou privadas, respeitando e mantendo o sigilo legal quando for o caso, bem como determinar as diligências que se fizerem necessárias ao exercício das suas funções;
XIX – decidir pelo cumprimento das decisões, compromissos e acordos; e
XX – firmar contratos e convênios com órgãos ou entidades nacionais e submeter, previamente, ao Ministro de Estado da Justiça os que devam ser celebrados com organismos estrangeiros ou internacionais.
§ 1º As decisões do Tribunal serão tomadas por maioria, com a presença mínima de 4 (quatro) membros, sendo o quorum de deliberação mínimo de 3 (três) membros.
§ 2º As decisões do Tribunal não comportam revisão no âmbito do Poder Executivo, promovendo-se, de imediato, sua execução e comunicando-se, em seguida, ao Ministério Público, para as demais medidas legais cabíveis no âmbito de suas atribuições.
§ 4º O Tribunal poderá responder consultas sobre condutas em andamento, mediante pagamento de taxa e acompanhadas dos respectivos documentos.
§ 5º O Cade definirá, em resolução, normas complementares sobre o procedimento de consultas previsto no §4º deste artigo.</td>
</tr>
</table>

§ 4º O Tribunal poderá responder consultas sobre condutas em andamento, mediante pagamento de taxa e acompanhadas dos respectivos documentos. § 5º O Cade definirá, em resolução, normas complementares sobre o procedimento de consultas previsto no §4º deste artigo. § 6º A Câmara de Comércio Exterior – CAMEX, ou órgão que a suceder, e/ou o Ministério do Desenvolvimento, Indústria e Comércio, no âmbito de suas competências, deverão se posicionar em relação às decisões do Plenário acerca de matérias relativas a alteração tarifária, acesso a mercados e defesa comercial em, no máximo, 30 (trinta) dias após a publicação do acórdão, devendo permanecer disponível na internet pelo prazo mínimo de 1 (um) ano.		
Subseção II Da Competência do Presidente do Tribunal Art. 10. Compete ao Presidente do Tribunal: I – representar legalmente o Cade no Brasil ou no exterior, em juízo ou fora dele; II – presidir, com direito a voto, inclusive o de qualidade, as reuniões do Plenário; III – distribuir, por sorteio, os processos aos Conselheiros; IV – convocar as sessões e determinar a organização da respectiva pauta; V – determinar que a Superintendência-Geral tome as providências para o cumprimento das decisões do Tribunal; VI – fiscalizar a Superintendência-Geral na tomada de providências para execução das decisões e julgados do Tribunal; VII – assinar os compromissos e acordos aprovados pelo Plenário; VIII – submeter à aprovação do Plenário a proposta orçamentária e a lotação ideal do pessoal que prestará serviço ao Cade; IX – orientar, coordenar e supervisionar as atividades administrativas do Cade; X – ordenar as despesas atinentes ao Cade, ressalvadas as despesas da unidade gestora da Superintendência-Geral; XI – firmar contratos e convênios com órgãos ou entidades nacionais e submeter, previamente, ao Ministro de Estado da Justiça os que devam ser celebrados com organismos estrangeiros ou internacionais; e XII – determinar à Procuradoria Federal junto ao Cade as providências judiciais determinadas pelo Tribunal.	SEM 33 – Suprimido o inciso XI SEM 33 "V – solicitar, a seu critério, que a Superintendência-Geral auxilie o Tribunal na tomada de providências extrajudiciais para o cumprimento das decisões do Tribunal;"	**Subseção II Da Competência do Presidente do Tribunal** Art. 10. Compete ao Presidente do Tribunal: I – representar legalmente o Cade no Brasil ou no exterior, em juízo ou fora dele; II – presidir, com direito a voto, inclusive o de qualidade, as reuniões do Plenário; III – distribuir, por sorteio, os processos aos Conselheiros; IV – convocar as sessões e determinar a organização da respectiva pauta; V – solicitar, a seu critério, que a Superintendência-Geral auxilie o Tribunal na tomada de providências extrajudiciais para o cumprimento das decisões do Tribunal; VI – fiscalizar a Superintendência-Geral na tomada de providências para execução das decisões e julgados do Tribunal; VII – assinar os compromissos e acordos aprovados pelo Plenário; VIII – submeter à aprovação do Plenário a proposta orçamentária e a lotação ideal do pessoal que prestará serviço ao Cade; IX – orientar, coordenar e supervisionar as atividades administrativas do Cade; X – ordenar as despesas atinentes ao Cade, ressalvadas as despesas da unidade gestora da Superintendência-Geral; e XII – determinar à Procuradoria Federal junto ao Cade as providências judiciais determinadas pelo Tribunal.

Subseção III **Da Competência dos Conselheiros do Tribunal** Art. 11. Compete aos Conselheiros do Tribunal: I – emitir voto nos processos e questões submetidas ao Tribunal; II – proferir despachos e lavrar as decisões nos processos em que forem relatores; III – requisitar informações e documentos de quaisquer pessoas, órgãos, autoridades e entidades públicas ou privadas, a serem mantidos sob sigilo legal, quando for o caso, bem como determinar as diligências que se fizerem necessárias; IV – adotar medidas preventivas, fixando o valor da multa diária pelo seu descumprimento; V – determinar à Superintendência-Geral a realização das diligências e a produção das provas que entenderem pertinentes nos autos dos processos administrativos, na forma desta Lei; VI – requerer à Procuradoria Federal junto ao Cade emissão de parecer jurídico nos processos em que forem relatores, quando entenderem necessário e em despacho fundamentado, na forma prevista no inciso VII do art. 15 desta Lei; VII – determinar ao Economista-Chefe, quando necessário, a elaboração de pareceres nos processos em que forem relatores, sem prejuízo da tramitação normal do processo e sem que tal determinação implique a suspensão do prazo de análise ou prejuízo à tramitação normal do processo; VIII – desincumbir-se das demais tarefas que lhes forem cometidas pelo regimento; IX – propor termo de compromisso de cessação e acordos para aprovação do Tribunal; X – prestar ao Poder Judiciário, sempre que solicitado, todas as informações sobre andamento dos processos, podendo, inclusive, fornecer cópias dos autos para instruir ações judiciais.	SEM 33 "V – solicitar, a seu critério, que a Superintendência-Geral realize as diligências e a produção das provas que entenderem pertinentes nos autos do processo administrativo, na forma desta Lei;"	**Subseção III** **Da Competência dos Conselheiros do Tribunal** Art. 11. Compete aos Conselheiros do Tribunal: I – emitir voto nos processos e questões submetidas ao Tribunal; II – proferir despachos e lavrar as decisões nos processos em que forem relatores; III – requisitar informações e documentos de quaisquer pessoas, órgãos, autoridades e entidades públicas ou privadas, a serem mantidos sob sigilo legal, quando for o caso, bem como determinar as diligências que se fizerem necessárias; IV – adotar medidas preventivas, fixando o valor da multa diária pelo seu descumprimento; V – solicitar, a seu critério, que a Superintendência-Geral realize as diligências e a produção das provas que entenderem pertinentes nos autos do processo administrativo, na forma desta Lei;"; VI – requerer à Procuradoria Federal junto ao Cade emissão de parecer jurídico nos processos em que forem relatores, quando entenderem necessário e em despacho fundamentado, na forma prevista no inciso VII do art. 15 desta Lei; VII – determinar ao Economista-Chefe, quando necessário, a elaboração de pareceres nos processos em que forem relatores, sem prejuízo da tramitação normal do processo e sem que tal determinação implique a suspensão do prazo de análise ou prejuízo à tramitação normal do processo; VIII – desincumbir-se das demais tarefas que lhes forem cometidas pelo regimento; IX – propor termo de compromisso de cessação e acordos para aprovação do Tribunal; X – prestar ao Poder Judiciário, sempre que solicitado, todas as informações sobre andamento dos processos, podendo, inclusive, fornecer cópias dos autos para instruir ações judiciais.

Seção III **Da Superintendência-Geral** Art. 12. O Cade terá em sua estrutura uma Superintendência-Geral, com 1 (um) Superintendente-Geral e 2 (dois) Superintendentes-Adjuntos, cujas atribuições específicas serão definidas em Resolução. § 1º O Superintendente-Geral será escolhido dentre cidadãos com mais de 30 (trinta) anos de idade, notório saber jurídico ou econômico e reputação ilibada, nomeado pelo Presidente da República, depois de aprovado pelo Senado Federal. § 2º O Superintendente-Geral terá mandato de 2 (dois) anos, permitida a recondução para um único período subseqüente. § 3º Aplicam-se ao Superintendente-Geral as mesmas normas de impedimentos, perda de mandato, substituição e as vedações do art. 8º desta Lei, incluindo o disposto no § 2º do art. 8º desta Lei, aplicáveis ao Presidente e aos Conselheiros do Tribunal. § 4º Os cargos de Superintendente-Geral e de Superintendentes-Adjuntos são de dedicação exclusiva, não se admitindo qualquer acumulação, salvo as constitucionalmente permitidas. § 5º Durante o período de vacância que anteceder à nomeação de novo Superintendente-Geral, assumirá interinamente o cargo um dos superintendentes adjuntos, indicado pelo Presidente do Tribunal, o qual permanecerá no cargo até a posse do novo Superintendente-Geral, escolhido na forma do §1º deste artigo. § 6º Se, no caso da vacância prevista no § 5º deste artigo, não houver nenhum Superintendente Adjunto nomeado na Superintendência do Cade, o Presidente do Tribunal indicará servidor em exercício no Cade, com conhecimento jurídico ou econômico na área de defesa da concorrência e reputação ilibada, para assumir interinamente o cargo, permanecendo neste até a posse do novo Superintendente-Geral, escolhido na forma do § 1º deste artigo. § 7º Os Superintendentes-Adjuntos serão indicados pelo Superintendente-Geral.		**Seção III** **Da Superintendência-Geral** Art. 12. O Cade terá em sua estrutura uma Superintendência-Geral, com 1 (um) Superintendente-Geral e 2 (dois) Superintendentes-Adjuntos, cujas atribuições específicas serão definidas em Resolução. § 1º O Superintendente-Geral será escolhido dentre cidadãos com mais de 30 (trinta) anos de idade, notório saber jurídico ou econômico e reputação ilibada, nomeado pelo Presidente da República, depois de aprovado pelo Senado Federal. § 2º O Superintendente-Geral terá mandato de 2 (dois) anos, permitida a recondução para um único período subseqüente. § 3º Aplicam-se ao Superintendente-Geral as mesmas normas de impedimentos, perda de mandato, substituição e as vedações do art. 8º desta Lei, incluindo o disposto no § 2º do art. 8º desta Lei, aplicáveis ao Presidente e aos Conselheiros do Tribunal. § 4º Os cargos de Superintendente-Geral e de Superintendentes-Adjuntos são de dedicação exclusiva, não se admitindo qualquer acumulação, salvo as constitucionalmente permitidas. § 5º Durante o período de vacância que anteceder à nomeação de novo Superintendente-Geral, assumirá interinamente o cargo um dos superintendentes adjuntos, indicado pelo Presidente do Tribunal, o qual permanecerá no cargo até a posse do novo Superintendente-Geral, escolhido na forma do §1º deste artigo. § 6º Se, no caso da vacância prevista no § 5º deste artigo, não houver nenhum Superintendente Adjunto nomeado na Superintendência do Cade, o Presidente do Tribunal indicará servidor em exercício no Cade, com conhecimento jurídico ou econômico na área de defesa da concorrência e reputação ilibada, para assumir interinamente o cargo, permanecendo neste até a posse do novo Superintendente-Geral, escolhido na forma do § 1º deste artigo. § 7º Os Superintendentes-Adjuntos serão indicados pelo Superintendente-Geral.

Art. 13. Compete à Superintendência-Geral: I – zelar pelo cumprimento desta Lei, monitorando e acompanhando as práticas de mercado; II – acompanhar, permanentemente, as atividades e práticas comerciais de pessoas físicas ou jurídicas que detiverem posição dominante em mercado relevante de bens ou serviços, para prevenir infrações da ordem econômica, podendo, para tanto, requisitar as informações e documentos necessários, mantendo o sigilo legal, quando for o caso; III – promover, em face de indícios de infração da ordem econômica, procedimento preparatório de inquérito administrativo e inquérito administrativo para apuração de infrações à ordem econômica; IV – decidir pela insubsistência dos indícios, arquivando os autos do inquérito administrativo ou de seu procedimento preparatório; V – instaurar e instruir processo administrativo para imposição de sanções administrativas por infrações à ordem econômica, procedimento para apuração de ato de concentração, processo administrativo para análise de ato de concentração econômica e processo administrativo para imposição de sanções processuais incidentais instaurados para prevenção, apuração ou repressão de infrações à ordem econômica; VI – no interesse da instrução dos tipos processuais referidos nesta Lei: a) requisitar informações e documentos de quaisquer pessoas, físicas ou jurídicas, órgãos, autoridades e entidades, públicas ou privadas, mantendo o sigilo legal, quando for o caso, bem como determinar as diligências que se fizerem necessárias ao exercício de suas funções; b) requisitar esclarecimentos orais de quaisquer pessoas, físicas ou jurídicas, órgãos, autoridades e entidades, públicas ou privadas, na forma desta Lei; c) realizar inspeção na sede social, estabelecimento, escritório, filial ou sucursal de empresa investigada, de estoques, objetos, papéis de qualquer natureza, assim como livros comerciais, computadores e arquivos eletrônicos, podendo-se extrair ou requisitar cópias de quaisquer documentos ou dados eletrônicos, desde que a inspecionada seja notificada com pelo menos 24 horas de antecedência e a inspeção seja iniciada entre as 6 e as 18 horas; d) requerer ao Poder Judiciário, por meio da Procuradoria Federal junto ao Cade, mandado de busca e apreensão de objetos, papéis de qualquer natureza, assim como de livros comerciais, computadores e arquivos magnéticos de empresa ou pessoa física, no interesse de inquérito administrativo ou de processo administrativo para imposição de sanções administrativas por infrações à ordem econômica, aplicando-se, no que couber, o disposto no art. 839 e seguintes da Lei nº 5.689, de 11 de janeiro de 1973 – Código de Processo Civil, sendo inexigível a propositura de ação principal;	CCT EM 5 – Suprimida a letra c do inciso VI	Art. 13. Compete à Superintendência-Geral: I – zelar pelo cumprimento desta Lei, monitorando e acompanhando as práticas de mercado; II – acompanhar, permanentemente, as atividades e práticas comerciais de pessoas físicas ou jurídicas que detiverem posição dominante em mercado relevante de bens ou serviços, para prevenir infrações da ordem econômica, podendo, para tanto, requisitar as informações e documentos necessários, mantendo o sigilo legal, quando for o caso; III – promover, em face de indícios de infração da ordem econômica, procedimento preparatório de inquérito administrativo e inquérito administrativo para apuração de infrações à ordem econômica; IV – decidir pela insubsistência dos indícios, arquivando os autos do inquérito administrativo ou de seu procedimento preparatório; V – instaurar e instruir processo administrativo para imposição de sanções administrativas por infrações à ordem econômica, procedimento para apuração de ato de concentração, processo administrativo para análise de ato de concentração econômica e processo administrativo para imposição de sanções processuais incidentais instaurados para prevenção, apuração ou repressão de infrações à ordem econômica; VI – no interesse da instrução dos tipos processuais referidos nesta Lei: a) requisitar informações e documentos de quaisquer pessoas, físicas ou jurídicas, órgãos, autoridades e entidades, públicas ou privadas, mantendo o sigilo legal, quando for o caso, bem como determinar as diligências que se fizerem necessárias ao exercício de suas funções; b) requisitar esclarecimentos orais de quaisquer pessoas, físicas ou jurídicas, órgãos, autoridades e entidades, públicas ou privadas, na forma desta Lei; d) requerer ao Poder Judiciário, por meio da Procuradoria Federal junto ao Cade, mandado de busca e apreensão de objetos, papéis de qualquer natureza, assim como de livros comerciais, computadores e arquivos magnéticos de empresa ou pessoa física, no interesse de inquérito administrativo ou de processo administrativo para imposição de sanções administrativas por infrações à ordem econômica, aplicando-se, no que couber, o disposto no art. 839 e seguintes da Lei nº 5.689, de 11 de janeiro de 1973 – Código de Processo Civil, sendo inexigível a propositura de ação principal; e) requisitar vista e cópia de documentos e objetos constantes de inquéritos e processos administrativos instaurados por órgãos ou entidades da administração pública federal; f) requerer vista e cópia de inquéritos policiais, ações judiciais de qualquer natureza, bem como de inquéritos e processos administrativos instaurados por outros entes da federação, devendo o Conselho observar as mesmas restrições de sigilo eventualmente estabelecidas nos procedimentos de origem;

e) requisitar vista e cópia de documentos e objetos constantes de inquéritos e processos administrativos instaurados por órgãos ou entidades da administração pública federal; f) requerer vista e cópia de inquéritos policiais, ações judiciais de qualquer natureza, bem como de inquéritos e processos administrativos instaurados por outros entes da federação, devendo o Conselho observar as mesmas restrições de sigilo eventualmente estabelecidas nos procedimentos de origem; VII – recorrer de ofício ao Tribunal quando decidir pelo arquivamento de processo administrativo para imposição de sanções administrativas por infrações à ordem econômica; VIII – remeter ao Tribunal, para julgamento, os processos administrativos que instaurar, quando entender configurada infração da ordem econômica; IX – propor termo de compromisso de cessação de prática por infração à ordem econômica, submetendo-o à aprovação do Tribunal, e fiscalizar o seu cumprimento; X – sugerir ao Tribunal condições para a celebração de acordo em controle de concentrações e fiscalizar o seu cumprimento; XI – adotar medidas preventivas que conduzam à cessação de prática que constitua infração da ordem econômica, fixando prazo para seu cumprimento e o valor da multa diária a ser aplicada, no caso de descumprimento; XII – receber, instruir e aprovar ou impugnar perante o Tribunal os processos administrativos para análise de ato de concentração econômica; XIII – orientar os órgãos e entidades da administração pública quanto à adoção de medidas necessárias ao cumprimento desta Lei; XIV – desenvolver estudos e pesquisas objetivando orientar a política de prevenção de infrações da ordem econômica; XV – instruir o público sobre as diversas formas de infração da ordem econômica e os modos de sua prevenção e repressão; XVI – exercer outras atribuições previstas em lei; XVII – prestar ao Poder Judiciário, sempre que solicitado, todas as informações sobre andamento das investigações, podendo, inclusive, fornecer cópias dos autos para instruir ações judiciais; e XVIII – adotar as medidas administrativas necessárias à execução e ao cumprimento das decisões do Plenário.		VII – recorrer de ofício ao Tribunal quando decidir pelo arquivamento de processo administrativo para imposição de sanções administrativas por infrações à ordem econômica; VIII – remeter ao Tribunal, para julgamento, os processos administrativos que instaurar, quando entender configurada infração da ordem econômica; IX – propor termo de compromisso de cessação de prática por infração à ordem econômica, submetendo-o à aprovação do Tribunal, e fiscalizar o seu cumprimento; X – sugerir ao Tribunal condições para a celebração de acordo em controle de concentrações e fiscalizar o seu cumprimento; XI – adotar medidas preventivas que conduzam à cessação de prática que constitua infração da ordem econômica, fixando prazo para seu cumprimento e o valor da multa diária a ser aplicada, no caso de descumprimento; XII – receber, instruir e aprovar ou impugnar perante o Tribunal os processos administrativos para análise de ato de concentração econômica; XIII – orientar os órgãos e entidades da administração pública quanto à adoção de medidas necessárias ao cumprimento desta Lei; XIV – desenvolver estudos e pesquisas objetivando orientar a política de prevenção de infrações da ordem econômica; XV – instruir o público sobre as diversas formas de infração da ordem econômica e os modos de sua prevenção e repressão; XVI – exercer outras atribuições previstas em lei; XVII – prestar ao Poder Judiciário, sempre que solicitado, todas as informações sobre andamento das investigações, podendo, inclusive, fornecer cópias dos autos para instruir ações judiciais; e XVIII – adotar as medidas administrativas necessárias à execução e ao cumprimento das decisões do Plenário.

Art. 14. São atribuições do Superintendente-Geral: I – participar, quando entender necessário, sem direito a voto, das reuniões do Tribunal e proferir sustentação oral, na forma do regimento interno; II – cumprir e fazer cumprir as decisões do Tribunal na forma determinada pelo seu Presidente; III – requerer à Procuradoria Federal junto ao Cade as providências judiciais relativas ao exercício das competências da Superintendência-Geral; IV – determinar ao Economista-Chefe a elaboração de estudos e pareceres; V – ordenar despesas referentes à unidade gestora da Superintendência-Geral; e VI – exercer outras atribuições previstas em lei.		Art. 14. São atribuições do Superintendente-Geral: I – participar, quando entender necessário, sem direito a voto, das reuniões do Tribunal e proferir sustentação oral, na forma do regimento interno; II – cumprir e fazer cumprir as decisões do Tribunal na forma determinada pelo seu Presidente; III – requerer à Procuradoria Federal junto ao Cade as providências judiciais relativas ao exercício das competências da Superintendência-Geral; IV – determinar ao Economista-Chefe a elaboração de estudos e pareceres; V – ordenar despesas referentes à unidade gestora da Superintendência-Geral; e VI – exercer outras atribuições previstas em lei.
Seção IV **Da Procuradoria Federal junto ao Cade** Art. 15. Funcionará junto ao Cade Procuradoria Federal Especializada, competindo-lhe: I – prestar consultoria e assessoramento jurídico ao Cade; II – representar o Cade judicial e extrajudicialmente; III – promover a execução judicial das decisões e julgados do Cade; IV – proceder à apuração da liquidez dos créditos do Cade, inscrevendo-os em dívida ativa para fins de cobrança administrativa ou judicial; V – tomar as medidas judiciais solicitadas pelo Tribunal ou pela Superintendência-Geral, necessárias à cessação de infrações da ordem econômica ou à obtenção de documentos para a instrução de processos administrativos de qualquer natureza; VI – promover acordos judiciais nos processos relativos a infrações contra a ordem econômica, mediante autorização do Tribunal; VII – emitir, sempre que solicitado expressamente por Conselheiro ou pelo Superintendente-Geral, parecer nos processos de competência do Cade, sem que tal determinação implique a suspensão do prazo de análise ou prejuízo à tramitação normal do processo; VIII – zelar pelo cumprimento desta Lei; e IX – desincumbir-se das demais tarefas que lhe sejam atribuídas pelo regimento interno. Parágrafo único. Compete à Procuradoria Federal junto ao Cade, ao dar execução judicial às decisões da Superintendência-Geral e do Tribunal, manter o Presidente do Tribunal, os Conselheiros e o Superintendente-Geral informados sobre o andamento das ações e medidas judiciais.		**Seção IV** **Da Procuradoria Federal junto ao Cade** Art. 15. Funcionará junto ao Cade Procuradoria Federal Especializada, competindo-lhe: I – prestar consultoria e assessoramento jurídico ao Cade; II – representar o Cade judicial e extrajudicialmente; III – promover a execução judicial das decisões e julgados do Cade; IV – proceder à apuração da liquidez dos créditos do Cade, inscrevendo-os em dívida ativa para fins de cobrança administrativa ou judicial; V – tomar as medidas judiciais solicitadas pelo Tribunal ou pela Superintendência-Geral, necessárias à cessação de infrações da ordem econômica ou à obtenção de documentos para a instrução de processos administrativos de qualquer natureza; VI – promover acordos judiciais nos processos relativos a infrações contra a ordem econômica, mediante autorização do Tribunal; VII – emitir, sempre que solicitado expressamente por Conselheiro ou pelo Superintendente-Geral, parecer nos processos de competência do Cade, sem que tal determinação implique a suspensão do prazo de análise ou prejuízo à tramitação normal do processo; VIII – zelar pelo cumprimento desta Lei; e IX – desincumbir-se das demais tarefas que lhe sejam atribuídas pelo regimento interno. Parágrafo único. Compete à Procuradoria Federal junto ao Cade, ao dar execução judicial às decisões da Superintendência-Geral e do Tribunal, manter o Presidente do Tribunal, os Conselheiros e o Superintendente-Geral informados sobre o andamento das ações e medidas judiciais.

Art. 16. O Procurador-Chefe será nomeado, conjuntamente, pelo Superintendente-Geral e pelo Presidente do Tribunal, dentre brasileiros de ilibada reputação e notório conhecimento jurídico. § 1º O Procurador-Chefe poderá participar, sem direito a voto, das reuniões do Tribunal, prestando assistência e esclarecimentos, quando requisitado pelos Conselheiros, na forma do regimento interno do Tribunal. § 2º Aplicam-se ao Procurador-Chefe as mesmas normas de impedimento aplicáveis aos Conselheiros do Tribunal, exceto quanto ao comparecimento às sessões. § 3º Nos casos de faltas, afastamento temporário ou impedimento do Procurador-Chefe, o Plenário indicará e o Presidente do Tribunal designará o substituto eventual.	CCT EM 6 – "Art. 16. O Procurador-Chefe será nomeado pelo Presidente da República, depois de aprovado pelo Senado Federal, dentre cidadãos brasileiros com mais de trinta anos de idade, de notório conhecimento jurídico e reputação ilibada". CCT EM 7 – "§ 1º O Procurador-Chefe terá mandato de dois anos, permitida sua recondução para um único período." CCT EM 8 – "§ 2º O Procurador-Chefe poderá participar, sem direito a voto, das reuniões do Tribunal, prestando assistência e esclarecimentos, quando requisitado pelos Conselheiros, na forma do Regimento Interno do Tribunal." CCT EM 9 – "§ 3º Aplicam-se ao Procurador-Chefe as mesmas normas de impedimento aplicáveis aos Conselheiros do Tribunal, exceto quanto ao comparecimento às sessões." CCT EM 10 – "§ 4º Nos casos de faltas, afastamento temporário ou impedimento do Procurador-Chefe, o Plenário indicará e o Presidente do Tribunal designará o substituto eventual dentre os integrantes da Procuradoria Federal Especializada."	Art. 16. O Procurador-Chefe será nomeado pelo Presidente da República, depois de aprovado pelo Senado Federal, dentre cidadãos brasileiros com mais de trinta anos de idade, de notório conhecimento jurídico e reputação ilibada. § 1º O Procurador-Chefe terá mandato de dois anos, permitida sua recondução para um único período. § 2º O Procurador-Chefe poderá participar, sem direito a voto, das reuniões do Tribunal, prestando assistência e esclarecimentos, quando requisitado pelos Conselheiros, na forma do Regimento Interno do Tribunal. § 3º Aplicam-se ao Procurador-Chefe as mesmas normas de impedimento aplicáveis aos Conselheiros do Tribunal, exceto quanto ao comparecimento às sessões. § 4º Nos casos de faltas, afastamento temporário ou impedimento do Procurador-Chefe, o Plenário indicará e o Presidente do Tribunal designará o substituto eventual dentre os integrantes da Procuradoria Federal Especializada.
Seção V **Do Departamento de Estudos Econômicos** Art. 17. O Cade terá um Departamento de Estudos Econômicos, dirigido por um Economista-Chefe, a quem incumbirá elaborar estudos e pareceres econômicos, de ofício ou por solicitação do Plenário, do Presidente, do Conselheiro-Relator ou do Superintendente-Geral, zelando pelo rigor e atualização técnica e científica das decisões do órgão.		**Seção V** **Do Departamento de Estudos Econômicos** Art. 17. O Cade terá um Departamento de Estudos Econômicos, dirigido por um Economista-Chefe, a quem incumbirá elaborar estudos e pareceres econômicos, de ofício ou por solicitação do Plenário, do Presidente, do Conselheiro-Relator ou do Superintendente-Geral, zelando pelo rigor e atualização técnica e científica das decisões do órgão.
Art. 18. O Economista-Chefe será nomeado, conjuntamente, pelo Superintendente-Geral e pelo Presidente do Tribunal, dentre brasileiros de ilibada reputação e notório conhecimento econômico. § 1º O Economista-Chefe poderá participar das reuniões do Tribunal, sem direito a voto. § 2º Aplicam-se ao Economista-Chefe as mesmas normas de impedimento aplicáveis aos Conselheiros do Tribunal, exceto quanto ao comparecimento às sessões.	CCT EM 11 – "Art. 18 O Economista-Chefe será nomeado pelo Presidente da República, dentre brasileiros de ilibada reputação e notório conhecimento econômico, por indicação do Ministro da Justiça, após aprovação pelo Senado Federal."	Art. 18 O Economista-Chefe será nomeado pelo Presidente da República, dentre brasileiros de ilibada reputação e notório conhecimento econômico, por indicação do Ministro da Justiça, após aprovação pelo Senado Federal. § 1º O Economista-Chefe poderá participar das reuniões do Tribunal, sem direito a voto. § 2º Aplicam-se ao Economista-Chefe as mesmas normas de impedimento aplicáveis aos Conselheiros do Tribunal, exceto quanto ao comparecimento às sessões.

CAPÍTULO III **DA Secretaria de Acompanhamento Econômico** Art. 19. Compete à Secretaria de Acompanhamento Econômico promover a concorrência em órgãos de governo e perante a sociedade cabendo-lhe, especialmente, o seguinte: I – opinar, nos aspectos referentes à promoção da concorrência, sobre propostas de alterações de atos normativos de interesse geral dos agentes econômicos, de consumidores ou usuários dos serviços prestados submetidos a consulta pública pelas agências reguladoras e, quando entender pertinente, sobre os pedidos de revisão de tarifas e as minutas; II – opinar, quando considerar pertinente, sobre minutas de atos normativos elaborados por qualquer entidade pública ou privada submetidos à consulta pública, nos aspectos referentes à promoção da concorrência; III – opinar, quando considerar pertinente, sobre proposições legislativas em tramitação no Congresso Nacional, nos aspectos referentes à promoção da concorrência; IV – elaborar estudos avaliando a situação concorrencial de setores específicos da atividade econômica nacional, de ofício ou quando solicitada pelo Cade, pela Câmara de Comércio Exterior ou pelo Departamento de Proteção e Defesa do Consumidor do Ministério da Justiça ou órgão que vier a sucedê-lo; V – elaborar estudos setoriais que sirvam de insumo para a participação do Ministério da Fazenda na formulação de políticas públicas setoriais nos fóruns em que este Ministério tem assento; VI – propor a revisão de leis, regulamentos e outros atos normativos da administração pública federal, estadual, municipal e do Distrito Federal que afetem ou possam afetar a concorrência nos diversos setores econômicos do País; VII – manifestar-se, de ofício ou quando solicitada, a respeito do impacto concorrencial de medidas em discussão no âmbito de fóruns negociadores relativos às atividades de alteração tarifária, ao acesso a mercados e à defesa comercial, ressalvadas as competências dos órgãos envolvidos; VIII – encaminhar ao órgão competente representação para que este, a seu critério, adote as medidas legais cabíveis, sempre que for identificado ato normativo que tenha caráter anticompetitivo. § 1º Para o cumprimento de suas atribuições, a Secretaria de Acompanhamento Econômico poderá: I – requisitar informações e documentos de quaisquer pessoas, órgãos, autoridades e entidades, públicas ou privadas, mantendo o sigilo legal quando for o caso; II – celebrar acordos e convênios com órgãos ou entidades públicas ou privadas, federais, estaduais, municipais, do Distrito Federal e dos Territórios para avaliar e/ou sugerir medidas relacionadas à promoção da concorrência.	CCT EM 12 – Suprimido o inciso I P EM 35 – "II – opinar, quando considerar pertinente, sobre minutas de atos normativos elaborados por qualquer entidade pública ou privada submetidos à consulta pública, nos aspectos referentes à promoção da concorrência, bem como nos demais atos dessas entidades que possam de qualquer forma limitar ou prejudicar a livre concorrência e a livre iniciativa, ou que possam afetar o interesse geral dos agentes econômicos e dos consumidores;" CI EM 30 – Suprimido o § 3º CI EM 31 – Suprimido o § 4º CMA EM 32 – "VII – manifestar-se-á, quando julgar pertinente ou for solicitada, a respeito do impacto concorrencial de negociações acerca do acesso ao mercado brasileiro."	**CAPÍTULO III** **DA Secretaria de Acompanhamento Econômico** Art. 19. Compete à Secretaria de Acompanhamento Econômico promover a concorrência em órgãos de governo e perante a sociedade cabendo-lhe, especialmente, o seguinte: II – opinar, quando considerar pertinente, sobre minutas de atos normativos elaborados por qualquer entidade pública ou privada submetidos à consulta pública, nos aspectos referentes à promoção da concorrência, bem como nos demais atos dessas entidades que possam de qualquer forma limitar ou prejudicar a livre concorrência e a livre iniciativa, ou que possam afetar o interesse geral dos agentes econômicos e dos consumidores; V – elaborar estudos setoriais que sirvam de insumo para a participação do Ministério da Fazenda na formulação de políticas públicas setoriais nos fóruns em que este Ministério tem assento; VI – propor a revisão de leis, regulamentos e outros atos normativos da administração pública federal, estadual, municipal e do Distrito Federal que afetem ou possam afetar a concorrência nos diversos setores econômicos do País; VII – manifestar-se-á, quando julgar pertinente ou for solicitada, a respeito do impacto concorrencial de negociações acerca do acesso ao mercado brasileiro; VIII – encaminhar ao órgão competente representação para que este, a seu critério, adote as medidas legais cabíveis, sempre que for identificado ato normativo que tenha caráter anticompetitivo. § 1º Para o cumprimento de suas atribuições, a Secretaria de Acompanhamento Econômico poderá: I – requisitar informações e documentos de quaisquer pessoas, órgãos, autoridades e entidades, públicas ou privadas, mantendo o sigilo legal quando for o caso; II – celebrar acordos e convênios com órgãos ou entidades públicas ou privadas, federais, estaduais, municipais, do Distrito Federal e dos Territórios para avaliar e/ou sugerir medidas relacionadas à promoção da concorrência. § 2º A Secretaria de Acompanhamento Econômico divulgará anualmente relatório de suas ações voltadas para a promoção da concorrência.

§ 2º A Secretaria de Acompanhamento Econômico divulgará anualmente relatório de suas ações voltadas para a promoção da concorrência. § 3º A Secretaria de Acompanhamento Econômico, quando entender pertinente, disponibilizará em seu sítio na internet, sua manifestação sobre o efeito concorrencial de processos de defesa comercial. § 4º O Ministério do Desenvolvimento, Indústria e Comércio deverá se posicionar em relação às manifestações da Secretaria de Acompanhamento Econômico acerca de processos de defesa comercial citadas no § 3º deste artigo em, no máximo, 30 (trinta) dias após a publicação da manifestação da Secretaria de Acompanhamento Econômico, devendo permanecer disponível na internet pelo prazo mínimo de 1 (um) ano.		
TÍTULO III DO MINISTÉRIO PÚBLICO FEDERAL PERANTE O Cade Art. 20. O Procurador-Geral da República, ouvido o Conselho Superior, designará membro do Ministério Público Federal para, nesta qualidade, emitir parecer, nos processos administrativos para imposição de sanções administrativas por infrações à ordem econômica, de ofício ou a requerimento do Conselheiro-Relator. Parágrafo único. O Cade poderá requerer ao Ministério Público Federal que promova a execução de seus julgados ou do compromisso, bem como a adoção de medidas judiciais, no exercício da atribuição estabelecida pela alínea b do inciso XIV do art. 6º da Lei Complementar nº 75, de 20 de maio de 1993.	CCT EM 14 – "Art. 20 O Procurador-Geral da República, ouvido o Conselho Superior, designará membro do Ministério Público Federal para, nesta qualidade, oficiar nos processos sujeitos à apreciação do Cade." CCT EM 15 – Suprimido o parágrafo único.	**TÍTULO III DO MINISTÉRIO PÚBLICO FEDERAL PERANTE O Cade** Art. 20. O Procurador-Geral da República, ouvido o Conselho Superior, designará membro do Ministério Público Federal para, nesta qualidade, emitir parecer, nos processos administrativos para imposição de sanções administrativas por infrações à ordem econômica, de ofício ou a requerimento do Conselheiro-Relator.
TÍTULO IV DO PATRIMÔNIO, DAS RECEITAS E DA GESTÃO ADMINISTRATIVA, ORÇAMENTÁRIA E FINANCEIRA Art. 21. Compete ao Presidente do Tribunal orientar, coordenar e supervisionar as atividades administrativas do Cade, respeitadas as atribuições dos dirigentes dos demais órgãos previstos no art. 5º desta Lei. § 1º A Superintendência-Geral constituirá unidade gestora, para fins administrativos e financeiros, competindo ao seu Superintendente-Geral ordenar as despesas pertinentes às respectivas ações orçamentárias. § 2º Para fins administrativos e financeiros, o Departamento de Estudos Econômicos estará ligado ao Tribunal.		**TÍTULO IV DO PATRIMÔNIO, DAS RECEITAS E DA GESTÃO ADMINISTRATIVA, ORÇAMENTÁRIA E FINANCEIRA** Art. 21. Compete ao Presidente do Tribunal orientar, coordenar e supervisionar as atividades administrativas do Cade, respeitadas as atribuições dos dirigentes dos demais órgãos previstos no art. 5º desta Lei. § 1º A Superintendência-Geral constituirá unidade gestora, para fins administrativos e financeiros, competindo ao seu Superintendente-Geral ordenar as despesas pertinentes às respectivas ações orçamentárias. § 2º Para fins administrativos e financeiros, o Departamento de Estudos Econômicos estará ligado ao Tribunal.
Art. 22. Anualmente, o Presidente do Tribunal, ouvido o Superintendente-Geral, encaminhará ao Poder Executivo a proposta de orçamento do Cade e a lotação ideal do pessoal que prestará serviço àquela autarquia.		Art. 22. Anualmente, o Presidente do Tribunal, ouvido o Superintendente-Geral, encaminhará ao Poder Executivo a proposta de orçamento do Cade e a lotação ideal do pessoal que prestará serviço àquela autarquia.

Art. 23. Ficam instituídas as taxas processuais sobre os processos de competência do Cade, no valor de R$ 45.000,00 (quarenta e cinco mil reais), que têm como fato gerador a apresentação dos atos previstos no art. 88 desta Lei e no valor de R$ 15.000,00 (quinze mil reais) para processos que têm como fato gerador a apresentação de consultas de que trata o § 4º do art. 9º desta Lei. Parágrafo único. A taxa processual de que trata o *caput* deste artigo poderá ser atualizada por ato do Poder Executivo, após autorização do Congresso Nacional.		Art. 23. Ficam instituídas as taxas processuais sobre os processos de competência do Cade, no valor de R$ 45.000,00 (quarenta e cinco mil reais), que têm como fato gerador a apresentação dos atos previstos no art. 88 desta Lei e no valor de R$ 15.000,00 (quinze mil reais) para processos que têm como fato gerador a apresentação de consultas de que trata o § 4º do art. 9º desta Lei. Parágrafo único. A taxa processual de que trata o *caput* deste artigo poderá ser atualizada por ato do Poder Executivo, após autorização do Congresso Nacional.
Art. 24. São contribuintes da taxa processual que tem como fato gerador a apresentação dos atos previstos no art. 88 desta Lei qualquer das requerentes.		Art. 24. São contribuintes da taxa processual que tem como fato gerador a apresentação dos atos previstos no art. 88 desta Lei qualquer das requerentes.
Art. 25. O recolhimento da taxa processual que tem como fato gerador a apresentação dos atos previstos no art. 88 desta Lei deverá ser comprovado no momento da protocolização do ato. § 1º A taxa processual não recolhida no momento fixado no *caput* deste artigo será cobrada com os seguintes acréscimos: I – juros de mora, contados do mês seguinte ao do vencimento, à razão de 1% (um por cento), calculados na forma da legislação aplicável aos tributos federais; II – multa de mora de 20% (vinte por cento). § 2º Os juros de mora não incidem sobre o valor da multa de mora.		Art. 25. O recolhimento da taxa processual que tem como fato gerador a apresentação dos atos previstos no art. 88 desta Lei deverá ser comprovado no momento da protocolização do ato. § 1º A taxa processual não recolhida no momento fixado no *caput* deste artigo será cobrada com os seguintes acréscimos: I – juros de mora, contados do mês seguinte ao do vencimento, à razão de 1% (um por cento), calculados na forma da legislação aplicável aos tributos federais; II – multa de mora de 20% (vinte por cento). § 2º Os juros de mora não incidem sobre o valor da multa de mora.
Art. 26. Fica instituída a taxa de serviços, tendo como fato gerador os seguintes serviços prestados pelo Cade: I – serviço de reprografia de peças processuais, legislação ou jurisprudência por folha reproduzida; II – distribuição da Revista de Direito Econômico § 1º São isentos do pagamento da taxa de serviços os que provarem insuficiência de recursos. § 2º Ato do Poder Executivo estabelecerá os valores da taxa de serviços definidos nos incisos I e II do *caput* deste artigo.		Art. 26. Fica instituída a taxa de serviços, tendo como fato gerador os seguintes serviços prestados pelo Cade: I – serviço de reprografia de peças processuais, legislação ou jurisprudência por folha reproduzida; II – distribuição da Revista de Direito Econômico § 1º São isentos do pagamento da taxa de serviços os que provarem insuficiência de recursos. § 2º Ato do Poder Executivo estabelecerá os valores da taxa de serviços definidos nos incisos I e II do *caput* deste artigo.
Art. 27. As taxas de que tratam os arts. 23 e 26 desta Lei serão recolhidas ao Tesouro Nacional na forma regulamentada pelo Poder Executivo.		Art. 27. As taxas de que tratam os arts. 23 e 26 desta Lei serão recolhidas ao Tesouro Nacional na forma regulamentada pelo Poder Executivo.

Art. 28. Constituem receitas próprias do Cade: I – o produto resultante da arrecadação das taxas previstas nos arts. 23 e 26 desta Lei; II – a retribuição por serviços de qualquer natureza prestados a terceiros; III – as dotações consignadas no Orçamento Geral da União, créditos especiais, créditos adicionais, transferências e repasses que lhe forem conferidos; IV – os recursos provenientes de convênios, acordos ou contratos celebrados com entidades ou organismos nacionais e internacionais; V – as doações, legados, subvenções e outros recursos que lhe forem destinados; VI – os valores apurados na venda ou aluguel de bens móveis e imóveis de sua propriedade; VII – o produto da venda de publicações, material técnico, dados e informações; VIII – os valores apurados em aplicações no mercado financeiro das receitas previstas neste artigo, na forma definida pelo Poder Executivo; e IX – quaisquer outras receitas, afetas às suas atividades, não especificadas nos incisos I a VIII do *caput* deste artigo. § 1º Os recursos previstos nos incisos I, II e IV a IX deste artigo destinados ao Cade serão recolhidos ao Tesouro Nacional, em conta vinculada à autarquia, por intermédio de instituições bancárias oficiais. § 2º Aplica-se ao superávit financeiro apurado no Balanço Patrimonial do Cade o disposto no parágrafo único do art. 8º da Lei Complementar nº 101, de 4 de maio de 2000, podendo ser utilizado no custeio de despesas de manutenção e funcionamento do Cade, desde que devidamente programado no Orçamento Geral da União. § 3º O produto da arrecadação das multas aplicadas pelo Cade, inscritas ou não em dívida ativa, será destinado ao Fundo de Defesa de Direitos Difusos de que trata o art. 13 da Lei nº 7.347, de 24 de julho de 1985, e Lei nº 9.008, de 21 de março de 1995. § 4º As multas arrecadadas na forma desta Lei serão recolhidas ao Tesouro Nacional na forma regulamentada pelo Poder Executivo.		Art. 28. Constituem receitas próprias do Cade: I – o produto resultante da arrecadação das taxas previstas nos arts. 23 e 26 desta Lei; II – a retribuição por serviços de qualquer natureza prestados a terceiros; III – as dotações consignadas no Orçamento Geral da União, créditos especiais, créditos adicionais, transferências e repasses que lhe forem conferidos; IV – os recursos provenientes de convênios, acordos ou contratos celebrados com entidades ou organismos nacionais e internacionais; V – as doações, legados, subvenções e outros recursos que lhe forem destinados; VI – os valores apurados na venda ou aluguel de bens móveis e imóveis de sua propriedade; VII – o produto da venda de publicações, material técnico, dados e informações; VIII – os valores apurados em aplicações no mercado financeiro das receitas previstas neste artigo, na forma definida pelo Poder Executivo; e IX – quaisquer outras receitas, afetas às suas atividades, não especificadas nos incisos I a VIII do *caput* deste artigo. § 1º Os recursos previstos nos incisos I, II e IV a IX deste artigo destinados ao Cade serão recolhidos ao Tesouro Nacional, em conta vinculada à autarquia, por intermédio de instituições bancárias oficiais. § 2º Aplica-se ao superávit financeiro apurado no Balanço Patrimonial do Cade o disposto no parágrafo único do art. 8º da Lei Complementar nº 101, de 4 de maio de 2000, podendo ser utilizado no custeio de despesas de manutenção e funcionamento do Cade, desde que devidamente programado no Orçamento Geral da União. § 3º O produto da arrecadação das multas aplicadas pelo Cade, inscritas ou não em dívida ativa, será destinado ao Fundo de Defesa de Direitos Difusos de que trata o art. 13 da Lei nº 7.347, de 24 de julho de 1985, e Lei nº 9.008, de 21 de março de 1995. § 4º As multas arrecadadas na forma desta Lei serão recolhidas ao Tesouro Nacional na forma regulamentada pelo Poder Executivo.
Art. 29. O Cade submeterá anualmente ao Ministério da Justiça a sua proposta de orçamento, que será encaminhada ao Ministério do Planejamento, Orçamento e Gestão para inclusão na lei orçamentária anual, a que se refere o § 5º do art. 165 da Constituição Federal. § 1º O Cade fará acompanhar as propostas orçamentárias de quadro demonstrativo do planejamento plurianual das receitas e despesas, visando ao seu equilíbrio orçamentário e financeiro nos 5 (cinco) exercícios subseqüentes. § 2º A lei orçamentária anual consignará as dotações para as despesas de custeio e capital do Cade, relativas ao exercício a que ela se referir.		Art. 29. O Cade submeterá anualmente ao Ministério da Justiça a sua proposta de orçamento, que será encaminhada ao Ministério do Planejamento, Orçamento e Gestão para inclusão na lei orçamentária anual, a que se refere o § 5º do art. 165 da Constituição Federal. § 1º O Cade fará acompanhar as propostas orçamentárias de quadro demonstrativo do planejamento plurianual das receitas e despesas, visando ao seu equilíbrio orçamentário e financeiro nos 5 (cinco) exercícios subseqüentes. § 2º A lei orçamentária anual consignará as dotações para as despesas de custeio e capital do Cade, relativas ao exercício a que ela se referir.

Art. 30. Somam-se ao atual patrimônio do Cade os bens e direitos pertencentes ao Ministério da Justiça atualmente afetados às atividades do Departamento de Proteção e Defesa Econômica da Secretaria de Direito Econômico.		Art. 30. Somam-se ao atual patrimônio do Cade os bens e direitos pertencentes ao Ministério da Justiça atualmente afetados às atividades do Departamento de Proteção e Defesa Econômica da Secretaria de Direito Econômico.
TÍTULO V DAS INFRAÇÕES DA ORDEM ECONÔMICA CAPÍTULO I DISPOSIÇÕES GERAIS Art. 31. Esta Lei aplica-se às pessoas físicas ou jurídicas de direito público ou privado, bem como a quaisquer associações de entidades ou pessoas, constituídas de fato ou de direito, ainda que temporariamente, com ou sem personalidade jurídica, mesmo que exerçam atividade sob regime de monopólio legal.		**TÍTULO V DAS INFRAÇÕES DA ORDEM ECONÔMICA CAPÍTULO I DISPOSIÇÕES GERAIS** Art. 31. Esta Lei aplica-se às pessoas físicas ou jurídicas de direito público ou privado, bem como a quaisquer associações de entidades ou pessoas, constituídas de fato ou de direito, ainda que temporariamente, com ou sem personalidade jurídica, mesmo que exerçam atividade sob regime de monopólio legal.
Art. 32. As diversas formas de infração da ordem econômica implicam a responsabilidade da empresa e a responsabilidade individual de seus dirigentes ou administradores, solidariamente.		Art. 32. As diversas formas de infração da ordem econômica implicam a responsabilidade da empresa e a responsabilidade individual de seus dirigentes ou administradores, solidariamente.
Art. 33. Serão solidariamente responsáveis as empresas ou entidades integrantes de grupo econômico, de fato ou de direito, quando pelo menos uma delas praticar infração à ordem econômica.		Art. 33. Serão solidariamente responsáveis as empresas ou entidades integrantes de grupo econômico, de fato ou de direito, quando pelo menos uma delas praticar infração à ordem econômica.
Art. 34. A personalidade jurídica do responsável por infração da ordem econômica poderá ser desconsiderada quando houver da parte deste abuso de direito, excesso de poder, infração da lei, fato ou ato ilícito ou violação dos estatutos ou contrato social. Parágrafo único. A desconsideração também será efetivada quando houver falência, estado de insolvência, encerramento ou inatividade da pessoa jurídica provocados por má administração.		Art. 34. A personalidade jurídica do responsável por infração da ordem econômica poderá ser desconsiderada quando houver da parte deste abuso de direito, excesso de poder, infração da lei, fato ou ato ilícito ou violação dos estatutos ou contrato social. Parágrafo único. A desconsideração também será efetivada quando houver falência, estado de insolvência, encerramento ou inatividade da pessoa jurídica provocados por má administração.
Art. 35. A repressão das infrações da ordem econômica não exclui a punição de outros ilícitos previstos em lei.		Art. 35. A repressão das infrações da ordem econômica não exclui a punição de outros ilícitos previstos em lei.

CAPÍTULO II **DAS INFRAÇÕES** Art. 36. Constituem infração da ordem econômica, independentemente de culpa, os atos sob qualquer forma manifestados, que tenham por objeto ou possam produzir os seguintes efeitos, ainda que não sejam alcançados: I – limitar, falsear ou de qualquer forma prejudicar a livre concorrência ou a livre iniciativa; II – dominar mercado relevante de bens ou serviços; III – aumentar arbitrariamente os lucros; e IV – exercer de forma abusiva posição dominante. § 1º A conquista de mercado resultante de processo natural fundado na maior eficiência de agente econômico em relação a seus competidores não caracteriza o ilícito previsto no inciso II do *caput* deste artigo. § 2º Presume-se posição dominante sempre que uma empresa ou grupo de empresas for capaz de alterar unilateral ou coordenadamente as condições de mercado ou quando controlar 20% (vinte por cento) ou mais do mercado relevante, podendo este percentual ser alterado pelo Cade para setores específicos da economia. § 3º As seguintes condutas, além de outras, na medida em que configurem hipótese prevista no *caput* deste artigo e seus incisos, caracterizam infração da ordem econômica: I – acordar, combinar, manipular ou ajustar com concorrente, sob qualquer forma: a) os preços de bens ou serviços ofertados individualmente; b) a produção ou a comercialização de uma quantidade restrita ou limitada de bens ou a prestação de um número, volume ou freqüência restrita ou limitada de serviços; c) a divisão de partes ou segmentos de um mercado atual ou potencial de bens ou serviços, mediante, dentre outros, a distribuição de clientes, fornecedores, regiões ou períodos; d) preços, condições, vantagens ou abstenção em licitação pública; II – promover, obter ou influenciar a adoção de conduta comercial uniforme ou concertada entre concorrentes; III – limitar ou impedir o acesso de novas empresas ao mercado; IV – criar dificuldades à constituição, ao funcionamento ou ao desenvolvimento de empresa concorrente ou de fornecedor, adquirente ou financiador de bens ou serviços; V – impedir o acesso de concorrente às fontes de insumo, matérias-primas, equipamentos ou tecnologia, bem como aos canais de distribuição; VI – exigir ou conceder exclusividade para divulgação de publicidade nos meios de comunicação de massa; VII – utilizar meios enganosos para provocar a oscilação de preços de terceiros; VIII – regular mercados de bens ou serviços, estabelecendo acordos para limitar ou controlar a pesquisa e o desenvolvimento tecnológico, a produção de bens ou prestação de serviços, ou para dificultar investimentos destinados à produção de bens ou serviços ou à sua distribuição;	Suprimido o inciso XIX do § 3º	**CAPÍTULO II** **DAS INFRAÇÕES** Art. 36. Constituem infração da ordem econômica, independentemente de culpa, os atos sob qualquer forma manifestados, que tenham por objeto ou possam produzir os seguintes efeitos, ainda que não sejam alcançados: I – limitar, falsear ou de qualquer forma prejudicar a livre concorrência ou a livre iniciativa; II – dominar mercado relevante de bens ou serviços; III – aumentar arbitrariamente os lucros; e IV – exercer de forma abusiva posição dominante. § 1º A conquista de mercado resultante de processo natural fundado na maior eficiência de agente econômico em relação a seus competidores não caracteriza o ilícito previsto no inciso II do *caput* deste artigo. § 2º Presume-se posição dominante sempre que uma empresa ou grupo de empresas for capaz de alterar unilateral ou coordenadamente as condições de mercado ou quando controlar 20% (vinte por cento) ou mais do mercado relevante, podendo este percentual ser alterado pelo Cade para setores específicos da economia. § 3º As seguintes condutas, além de outras, na medida em que configurem hipótese prevista no *caput* deste artigo e seus incisos, caracterizam infração da ordem econômica: I – acordar, combinar, manipular ou ajustar com concorrente, sob qualquer forma: a) os preços de bens ou serviços ofertados individualmente; b) a produção ou a comercialização de uma quantidade restrita ou limitada de bens ou a prestação de um número, volume ou freqüência restrita ou limitada de serviços; c) a divisão de partes ou segmentos de um mercado atual ou potencial de bens ou serviços, mediante, dentre outros, a distribuição de clientes, fornecedores, regiões ou períodos; d) preços, condições, vantagens ou abstenção em licitação pública; II – promover, obter ou influenciar a adoção de conduta comercial uniforme ou concertada entre concorrentes; III – limitar ou impedir o acesso de novas empresas ao mercado; IV – criar dificuldades à constituição, ao funcionamento ou ao desenvolvimento de empresa concorrente ou de fornecedor, adquirente ou financiador de bens ou serviços; V – impedir o acesso de concorrente às fontes de insumo, matérias-primas, equipamentos ou tecnologia, bem como aos canais de distribuição; VI – exigir ou conceder exclusividade para divulgação de publicidade nos meios de comunicação de massa; VII – utilizar meios enganosos para provocar a oscilação de preços de terceiros; VIII – regular mercados de bens ou serviços, estabelecendo acordos para limitar ou controlar a pesquisa e o desenvolvimento tecnológico, a produção de bens ou prestação de serviços, ou para dificultar investimentos destinados à produção de bens ou serviços ou à sua distribuição;

IX – impor, no comércio de bens ou serviços, a distribuidores, varejistas e representantes preços de revenda, descontos, condições de pagamento, quantidades mínimas ou máximas, margem de lucro ou quaisquer outras condições de comercialização relativos a negócios destes com terceiros; X – discriminar adquirentes ou fornecedores de bens ou serviços por meio da fixação diferenciada de preços, ou de condições operacionais de venda ou prestação de serviços; XII – dificultar ou romper a continuidade ou desenvolvimento de relações comerciais de prazo indeterminado em razão de recusa da outra parte em submeter-se a cláusulas e condições comerciais injustificáveis ou anticoncorrenciais; XIII – destruir, inutilizar ou açambarcar matérias primas, produtos intermediários ou acabados, assim como destruir, inutilizar ou dificultar a operação de equipamentos destinados a produzi-los, distribuí-los ou transportá-los; XIV – açambarcar ou impedir a exploração de direitos de propriedade industrial ou intelectual ou de tecnologia; XV – vender mercadoria ou prestar serviços injustificadamente abaixo do preço de custo; XVI – reter bens de produção ou de consumo, exceto para garantir a cobertura dos custos de produção; XVII – cessar parcial ou totalmente as atividades da empresa sem justa causa comprovada; XVIII – subordinar a venda de um bem à aquisição de outro ou à utilização de um serviço, ou subordinar a prestação de um serviço à utilização de outro ou à aquisição de um bem; XIX – exigir ou conceder exclusividade, inclusive territorial, de distribuição de bens ou de prestação de serviços; e XX – exercer ou explorar abusivamente direitos de propriedade industrial, intelectual, tecnologia ou marca.		IX – impor, no comércio de bens ou serviços, a distribuidores, varejistas e representantes preços de revenda, descontos, condições de pagamento, quantidades mínimas ou máximas, margem de lucro ou quaisquer outras condições de comercialização relativos a negócios destes com terceiros; X – discriminar adquirentes ou fornecedores de bens ou serviços por meio da fixação diferenciada de preços, ou de condições operacionais de venda ou prestação de serviços; XI – recusar a venda de bens ou a prestação de serviços, dentro das condições de pagamento normais aos usos e costumes comerciais; XII – dificultar ou romper a continuidade ou desenvolvimento de relações comerciais de prazo indeterminado em razão de recusa da outra parte em submeter-se a cláusulas e condições comerciais injustificáveis ou anticoncorrenciais; XIII – destruir, inutilizar ou açambarcar matérias primas, produtos intermediários ou acabados, assim como destruir, inutilizar ou dificultar a operação de equipamentos destinados a produzi-los, distribuí-los ou transportá-los; XIV – açambarcar ou impedir a exploração de direitos de propriedade industrial ou intelectual ou de tecnologia; XV – vender mercadoria ou prestar serviços injustificadamente abaixo do preço de custo; XVI – reter bens de produção ou de consumo, exceto para garantir a cobertura dos custos de produção; XVII – cessar parcial ou totalmente as atividades da empresa sem justa causa comprovada; XVIII – subordinar a venda de um bem à aquisição de outro ou à utilização de um serviço, ou subordinar a prestação de um serviço à utilização de outro ou à aquisição de um bem; e XX – exercer ou explorar abusivamente direitos de propriedade industrial, intelectual, tecnologia ou marca.

CAPÍTULO III **DAS PENAS** Art. 37. A prática de infração da ordem econômica sujeita os responsáveis às seguintes penas: I - no caso de empresa, multa de 1% (um por cento) a 30% (trinta por cento) do valor do faturamento bruto da empresa, grupo ou conglomerado obtido, no último exercício anterior à instauração do processo administrativo, no mercado relevante em que ocorreu a infração, a qual nunca será inferior à vantagem auferida, quando for possível sua estimação; II - no caso das demais pessoas físicas ou jurídicas de direito público ou privado, bem como quaisquer associações de entidades ou pessoas constituídas de fato ou de direito, ainda que temporariamente, com ou sem personalidade jurídica, que não exerçam atividade empresarial, não sendo possível utilizar-se o critério do valor do faturamento bruto, a multa será entre R$ 50.000,00 (cinqüenta mil reais) e R$ 2.000.000.000,00 (dois bilhões de reais); III - no caso de administrador, direta ou indiretamente responsável pela infração cometida, multa de 10% (dez por cento) a 50% (cinqüenta por cento) daquela aplicada à empresa, no caso previsto no inciso I do *caput* deste artigo, ou às pessoas jurídicas ou entidades, nos casos previstos no inciso II do *caput* deste artigo. § 1º Em caso de reincidência, as multas cominadas serão aplicadas em dobro. § 2º No cálculo do valor da multa de que trata o inciso I do *caput* deste artigo, o Cade poderá considerar o faturamento total da empresa ou grupo de empresas, quando não dispuser do valor do faturamento no mercado relevante em que ocorreu a infração, definido pelo Cade, ou quando este for apresentado de forma incompleta e/ou não demonstrado de forma inequívoca e idônea.	SEM 36 - "I - no caso de empresa, multa de 0,1% (zero vírgula um por cento) a 20% (vinte por cento) do valor do faturamento bruto da empresa, grupo ou conglomerado obtido, no último exercício anterior à instauração do processo administrativo, no ramo de atividade empresarial em que ocorreu a infração, a qual nunca será inferior à vantagem auferida, quando for possível sua estimação;" "III - no caso de administrador, direta ou indiretamente responsável pela infração cometida, quando comprovada a sua culpa ou dolo, multa de 1% (um por cento) a 20% (vinte por cento) daquela aplicada à empresa, no caso previsto no inciso I do *caput* deste artigo, ou às pessoas jurídicas ou entidades, nos casos previstos no inciso II do *caput* deste artigo."	**CAPÍTULO III** **DAS PENAS** Art. 37. A prática de infração da ordem econômica sujeita os responsáveis às seguintes penas: I - no caso de empresa, multa de 0,1% (zero vírgula um por cento) a 20% (vinte por cento) do valor do faturamento bruto da empresa, grupo ou conglomerado obtido, no último exercício anterior à instauração do processo administrativo, no ramo de atividade empresarial em que ocorreu a infração, a qual nunca será inferior à vantagem auferida, quando for possível sua estimação; II - no caso das demais pessoas físicas ou jurídicas de direito público ou privado, bem como quaisquer associações de entidades ou pessoas constituídas de fato ou de direito, ainda que temporariamente, com ou sem personalidade jurídica, que não exerçam atividade empresarial, não sendo possível utilizar-se o critério do valor do faturamento bruto, a multa será entre R$ 50.000,00 (cinqüenta mil reais) e R$ 2.000.000.000,00 (dois bilhões de reais); III - no caso de administrador, direta ou indiretamente responsável pela infração cometida, quando comprovada a sua culpa ou dolo, multa de 1% (um por cento) a 20% (vinte por cento) daquela aplicada à empresa, no caso previsto no inciso I do *caput* deste artigo, ou às pessoas jurídicas ou entidades, nos casos previstos no inciso II do *caput* deste artigo." § 1º Em caso de reincidência, as multas cominadas serão aplicadas em dobro. § 2º No cálculo do valor da multa de que trata o inciso I do *caput* deste artigo, o Cade poderá considerar o faturamento total da empresa ou grupo de empresas, quando não dispuser do valor do faturamento no mercado relevante em que ocorreu a infração, definido pelo Cade, ou quando este for apresentado de forma incompleta e/ou não demonstrado de forma inequívoca e idônea.

Art. 38. Sem prejuízo das penas cominadas no art. 37 desta Lei, quando assim exigir a gravidade dos fatos ou o interesse público geral, poderão ser impostas as seguintes penas, isolada ou cumulativamente: I – a publicação, em meia página e a expensas do infrator, em jornal indicado na decisão, de extrato da decisão condenatória, por 2 (dois) dias seguidos, de 1 (uma) a 3 (três) semanas consecutivas; II – a proibição de contratar com instituições financeiras oficiais e participar de licitação tendo por objeto aquisições, alienações, realização de obras e serviços, concessão de serviços públicos, na administração pública federal, estadual, municipal e do Distrito Federal, bem como em entidades da administração indireta, por prazo não inferior a 5 (cinco) anos; III – a inscrição do infrator no Cadastro Nacional de Defesa do Consumidor; IV – a recomendação aos órgãos públicos competentes para que: a) seja concedida licença compulsória de direito de propriedade intelectual de titularidade do infrator, quando a infração estiver relacionada ao uso desse direito; b) não seja concedido ao infrator parcelamento de tributos federais por ele devidos ou para que sejam cancelados, no todo ou em parte, incentivos fiscais ou subsídios públicos; V – a cisão de sociedade, transferência de controle societário, venda de ativos ou cessação parcial de atividade; VI – a proibição de exercer o comércio em nome próprio ou como representante de pessoa jurídica, pelo prazo de até 5 (cinco) anos; e VII – qualquer outro ato ou providência necessários para a eliminação dos efeitos nocivos à ordem econômica.		Art. 38. Sem prejuízo das penas cominadas no art. 37 desta Lei, quando assim exigir a gravidade dos fatos ou o interesse público geral, poderão ser impostas as seguintes penas, isolada ou cumulativamente: I – a publicação, em meia página e a expensas do infrator, em jornal indicado na decisão, de extrato da decisão condenatória, por 2 (dois) dias seguidos, de 1 (uma) a 3 (três) semanas consecutivas; II – a proibição de contratar com instituições financeiras oficiais e participar de licitação tendo por objeto aquisições, alienações, realização de obras e serviços, concessão de serviços públicos, na administração pública federal, estadual, municipal e do Distrito Federal, bem como em entidades da administração indireta, por prazo não inferior a 5 (cinco) anos; III – a inscrição do infrator no Cadastro Nacional de Defesa do Consumidor; IV – a recomendação aos órgãos públicos competentes para que: a) seja concedida licença compulsória de direito de propriedade intelectual de titularidade do infrator, quando a infração estiver relacionada ao uso desse direito; b) não seja concedido ao infrator parcelamento de tributos federais por ele devidos ou para que sejam cancelados, no todo ou em parte, incentivos fiscais ou subsídios públicos; V – a cisão de sociedade, transferência de controle societário, venda de ativos ou cessação parcial de atividade; VI – a proibição de exercer o comércio em nome próprio ou como representante de pessoa jurídica, pelo prazo de até 5 (cinco) anos; e VII – qualquer outro ato ou providência necessários para a eliminação dos efeitos nocivos à ordem econômica.
Art. 39. Pela continuidade de atos ou situações que configurem infração da ordem econômica, após decisão do Tribunal determinando sua cessação, bem como pelo não cumprimento de obrigações de fazer ou não fazer impostas, ou pelo descumprimento de medida preventiva ou termo de compromisso de cessação previstos nesta Lei, o responsável fica sujeito a multa diária fixada em valor de R$ 5.000,00 (cinco mil reais), podendo ser aumentada em até 50 (cinqüenta) vezes, se assim recomendar a situação econômica do infrator e a gravidade da infração.		Art. 39. Pela continuidade de atos ou situações que configurem infração da ordem econômica, após decisão do Tribunal determinando sua cessação, bem como pelo não cumprimento de obrigações de fazer ou não fazer impostas, ou pelo descumprimento de medida preventiva ou termo de compromisso de cessação previstos nesta Lei, o responsável fica sujeito a multa diária fixada em valor de R$ 5.000,00 (cinco mil reais), podendo ser aumentada em até 50 (cinqüenta) vezes, se assim recomendar a situação econômica do infrator e a gravidade da infração.

Art. 40. A recusa, omissão ou retardamento injustificado de informação ou documentos solicitados pelo Cade ou pela Secretaria de Acompanhamento Econômico constitui infração punível com multa diária de R$ 5.000,00 (cinco mil reais), podendo ser aumentada em até 20 (vinte) vezes, se necessário para garantir sua eficácia, em razão da situação econômica do infrator. § 1º O montante fixado para a multa diária de que trata o *caput* deste artigo constará do documento que contiver a requisição da autoridade competente. § 2º Compete à autoridade requisitante a aplicação da multa prevista no *caput* deste artigo. § 3º Tratando-se de empresa estrangeira, responde solidariamente pelo pagamento da multa de que trata o *caput* sua filial, sucursal, escritório ou estabelecimento situado no País.		Art. 40. A recusa, omissão ou retardamento injustificado de informação ou documentos solicitados pelo Cade ou pela Secretaria de Acompanhamento Econômico constitui infração punível com multa diária de R$ 5.000,00 (cinco mil reais), podendo ser aumentada em até 20 (vinte) vezes, se necessário para garantir sua eficácia, em razão da situação econômica do infrator. § 1º O montante fixado para a multa diária de que trata o *caput* deste artigo constará do documento que contiver a requisição da autoridade competente. § 2º Compete à autoridade requisitante a aplicação da multa prevista no *caput* deste artigo. § 3º Tratando-se de empresa estrangeira, responde solidariamente pelo pagamento da multa de que trata o *caput* sua filial, sucursal, escritório ou estabelecimento situado no País.
Art. 41. A falta injustificada do representado ou de terceiros, quando intimados para prestar esclarecimentos, no curso de inquérito ou processo administrativo, sujeitará o faltante à multa de R$ 500,00 (quinhentos reais) a R$ 15.000,00 (quinze mil reais) para cada falta, aplicada conforme sua situação econômica. Parágrafo único. A multa a que se refere o *caput* deste artigo será aplicada mediante auto de infração pela autoridade competente.		Art. 41. A falta injustificada do representado ou de terceiros, quando intimados para prestar esclarecimentos, no curso de inquérito ou processo administrativo, sujeitará o faltante à multa de R$ 500,00 (quinhentos reais) a R$ 15.000,00 (quinze mil reais) para cada falta, aplicada conforme sua situação econômica. Parágrafo único. A multa a que se refere o *caput* deste artigo será aplicada mediante auto de infração pela autoridade competente.
Art. 42. Impedir, obstruir ou de qualquer outra forma dificultar a realização de inspeção autorizada pelo Plenário do Tribunal, pelo Conselheiro-Relator ou pela Superintendência-Geral no curso de procedimento preparatório, inquérito administrativo, processo administrativo ou qualquer outro procedimento sujeitará o inspecionado ao pagamento de multa de R$ 20.000,00 (vinte mil reais) a R$ 400.000,00 (quatrocentos mil reais), conforme a situação econômica do infrator, mediante a lavratura de auto de infração pelo órgão competente.		Art. 42. Impedir, obstruir ou de qualquer outra forma dificultar a realização de inspeção autorizada pelo Plenário do Tribunal, pelo Conselheiro-Relator ou pela Superintendência-Geral no curso de procedimento preparatório, inquérito administrativo, processo administrativo ou qualquer outro procedimento sujeitará o inspecionado ao pagamento de multa de R$ 20.000,00 (vinte mil reais) a R$ 400.000,00 (quatrocentos mil reais), conforme a situação econômica do infrator, mediante a lavratura de auto de infração pelo órgão competente.
Art. 43. A enganosidade ou a falsidade de informações, de documentos ou de declarações prestadas por qualquer pessoa ao Cade ou à Secretaria de Acompanhamento Econômico será punível com multa pecuniária no valor de R$ 5.000,00 (cinco mil reais) a R$ 5.000.000,00 (cinco milhões de reais), de acordo com a gravidade dos fatos e a situação econômica do infrator, sem prejuízo das demais cominações legais cabíveis.		Art. 43. A enganosidade ou a falsidade de informações, de documentos ou de declarações prestadas por qualquer pessoa ao Cade ou à Secretaria de Acompanhamento Econômico será punível com multa pecuniária no valor de R$ 5.000,00 (cinco mil reais) a R$ 5.000.000,00 (cinco milhões de reais), de acordo com a gravidade dos fatos e a situação econômica do infrator, sem prejuízo das demais cominações legais cabíveis.

Art. 44. Aquele que prestar serviços ao Cade ou a Seae, a qualquer título, e que der causa, mesmo que por mera culpa, à disseminação indevida de informação acerca de empresa, coberta por sigilo, será punível com multa pecuniária de R$ 1.000,00 (mil reais) a R$ 20.000,00 (vinte mil reais), sem prejuízo de abertura de outros procedimentos cabíveis. § 1º Se o autor da disseminação indevida estiver servindo o Cade em virtude de mandato, ou na qualidade de Procurador Federal ou Economista-Chefe, a multa será em dobro. § 2º O Regulamento definirá o procedimento para que uma informação seja tida como sigilosa, no âmbito do Cade e da Seae.		Art. 44. Aquele que prestar serviços ao Cade ou a Seae, a qualquer título, e que der causa, mesmo que por mera culpa, à disseminação indevida de informação acerca de empresa, coberta por sigilo, será punível com multa pecuniária de R$ 1.000,00 (mil reais) a R$ 20.000,00 (vinte mil reais), sem prejuízo de abertura de outros procedimentos cabíveis. § 1º Se o autor da disseminação indevida estiver servindo o Cade em virtude de mandato, ou na qualidade de Procurador Federal ou Economista-Chefe, a multa será em dobro. § 2º O Regulamento definirá o procedimento para que uma informação seja tida como sigilosa, no âmbito do Cade e da Seae.
Art. 45. Na aplicação das penas estabelecidas nesta Lei, levar-se-á em consideração: I – a gravidade da infração; II – a boa-fé do infrator; III – a vantagem auferida ou pretendida pelo infrator; IV – a consumação ou não da infração; V – o grau de lesão, ou perigo de lesão, à livre concorrência, à economia nacional, aos consumidores, ou a terceiros; VI – os efeitos econômicos negativos produzidos no mercado; VII – a situação econômica do infrator; e VIII – a reincidência.		Art. 45. Na aplicação das penas estabelecidas nesta Lei, levar-se-á em consideração: I – a gravidade da infração; II – a boa-fé do infrator; III – a vantagem auferida ou pretendida pelo infrator; IV – a consumação ou não da infração; V – o grau de lesão, ou perigo de lesão, à livre concorrência, à economia nacional, aos consumidores, ou a terceiros; VI – os efeitos econômicos negativos produzidos no mercado; VII – a situação econômica do infrator; e VIII – a reincidência.
CAPÍTULO IV **DA PRESCRIÇÃO** Art. 46. Prescrevem em 5 (cinco) anos as ações punitivas da administração pública federal, direta e indireta, objetivando apurar infrações da ordem econômica, contados da data da prática do ilícito ou, no caso de infração permanente ou continuada, do dia em que tiver cessada a prática do ilícito. § 1º Interrompe a prescrição qualquer ato administrativo ou judicial que tenha por objeto a apuração da infração contra a ordem econômica mencionada no *caput* deste artigo, bem como a notificação ou a intimação da investigada. § 2º Suspende-se a prescrição durante a vigência do compromisso de cessação ou do acordo em controle de concentrações. § 3º Incide a prescrição no procedimento administrativo paralisado por mais de 3 (três) anos, pendente de julgamento ou despacho, cujos autos serão arquivados de ofício ou mediante requerimento da parte interessada, sem prejuízo da apuração da responsabilidade funcional decorrente da paralisação, se for o caso. § 4º Quando o fato objeto da ação punitiva da administração também constituir crime, a prescrição reger-se-á pelo prazo previsto na lei penal.		**CAPÍTULO IV** **DA PRESCRIÇÃO** Art. 46. Prescrevem em 5 (cinco) anos as ações punitivas da administração pública federal, direta e indireta, objetivando apurar infrações da ordem econômica, contados da data da prática do ilícito ou, no caso de infração permanente ou continuada, do dia em que tiver cessada a prática do ilícito. § 1º Interrompe a prescrição qualquer ato administrativo ou judicial que tenha por objeto a apuração da infração contra a ordem econômica mencionada no *caput* deste artigo, bem como a notificação ou a intimação da investigada. § 2º Suspende-se a prescrição durante a vigência do compromisso de cessação ou do acordo em controle de concentrações. § 3º Incide a prescrição no procedimento administrativo paralisado por mais de 3 (três) anos, pendente de julgamento ou despacho, cujos autos serão arquivados de ofício ou mediante requerimento da parte interessada, sem prejuízo da apuração da responsabilidade funcional decorrente da paralisação, se for o caso. § 4º Quando o fato objeto da ação punitiva da administração também constituir crime, a prescrição reger-se-á pelo prazo previsto na lei penal.

CAPÍTULO V **DO DIREITO DE AÇÃO** Art. 47. Os prejudicados, por si ou pelos legitimados referidos no art. 82 da Lei nº 8.078, de 11 de setembro de 1990, poderão ingressar em juízo para, em defesa de seus interesses individuais ou individuais homogêneos, obter a cessação de práticas que constituam infração da ordem econômica, bem como o recebimento de indenização por perdas e danos sofridos, independentemente do inquérito ou processo administrativo, que não será suspenso em virtude do ajuizamento de ação.		**CAPÍTULO V** **DO DIREITO DE AÇÃO** Art. 47. Os prejudicados, por si ou pelos legitimados referidos no art. 82 da Lei nº 8.078, de 11 de setembro de 1990, poderão ingressar em juízo para, em defesa de seus interesses individuais ou individuais homogêneos, obter a cessação de práticas que constituam infração da ordem econômica, bem como o recebimento de indenização por perdas e danos sofridos, independentemente do inquérito ou processo administrativo, que não será suspenso em virtude do ajuizamento de ação.
TÍTULO VI **DAS DIVERSAS ESPÉCIES DE PROCESSO ADMINISTRATIVO** **CAPÍTULO I** **DISPOSIÇÕES GERAIS** Art. 48. Esta Lei regula os seguintes procedimentos administrativos instaurados para prevenção, apuração e repressão de infrações à ordem econômica: I - procedimento preparatório de inquérito administrativo para apuração de infrações à ordem econômica; II - inquérito administrativo para apuração de infrações à ordem econômica; III - processo administrativo para imposição de sanções administrativas por infrações à ordem econômica; IV - processo administrativo para análise de ato de concentração econômica; V - procedimento administrativo para apuração de ato de concentração econômica; e VI - processo administrativo para imposição de sanções processuais incidentais.		**TÍTULO VI** **DAS DIVERSAS ESPÉCIES DE PROCESSO ADMINISTRATIVO** **CAPÍTULO I** **DISPOSIÇÕES GERAIS** Art. 48. Esta Lei regula os seguintes procedimentos administrativos instaurados para prevenção, apuração e repressão de infrações à ordem econômica: I - procedimento preparatório de inquérito administrativo para apuração de infrações à ordem econômica; II - inquérito administrativo para apuração de infrações à ordem econômica; III - processo administrativo para imposição de sanções administrativas por infrações à ordem econômica; IV - processo administrativo para análise de ato de concentração econômica; V - procedimento administrativo para apuração de ato de concentração econômica; e VI - processo administrativo para imposição de sanções processuais incidentais.
Art. 49. O Tribunal e a Superintendência-Geral assegurarão nos procedimentos previstos nos incisos II, III, IV e VI do *caput* do art. 48 desta Lei o tratamento sigiloso de documentos, informações e atos processuais necessários à elucidação dos fatos ou exigidos pelo interesse da sociedade. Parágrafo único. As partes poderão requerer tratamento sigiloso de documentos ou informações, no tempo e modo definidos no regimento interno.		Art. 49. O Tribunal e a Superintendência-Geral assegurarão nos procedimentos previstos nos incisos II, III, IV e VI do *caput* do art. 48 desta Lei o tratamento sigiloso de documentos, informações e atos processuais necessários à elucidação dos fatos ou exigidos pelo interesse da sociedade. Parágrafo único. As partes poderão requerer tratamento sigiloso de documentos ou informações, no tempo e modo definidos no regimento interno.
Art. 50. A Superintendência-Geral ou o Conselheiro- Relator poderá admitir a intervenção no processo administrativo de: I - terceiros titulares de direitos ou interesses que possam ser afetados pela decisão a ser adotada; ou II - legitimados à propositura de ação civil pública pelos incisos III e IV do art. 82 da Lei nº 8.078, de 11 de setembro de 1990.		Art. 50. A Superintendência-Geral ou o Conselheiro- Relator poderá admitir a intervenção no processo administrativo de: I - terceiros titulares de direitos ou interesses que possam ser afetados pela decisão a ser adotada; ou II - legitimados à propositura de ação civil pública pelos incisos III e IV do art. 82 da Lei nº 8.078, de 11 de setembro de 1990.

Art. 51. Na tramitação dos processos no Cade, serão observadas as seguintes disposições, além daquelas previstas no regimento interno: I – os atos de concentração terão prioridade sobre o julgamento de outras matérias; II – a sessão de julgamento do Tribunal é pública, salvo nos casos em que for determinado tratamento sigiloso ao processo, ocasião em que as sessões serão reservadas; III – nas sessões de julgamento do Tribunal, poderão o Superintendente-Geral, o Economista-Chefe, o Procurador-Chefe e as partes do processo requerer a palavra, que lhes será concedida, nessa ordem, nas condições e no prazo definido pelo regimento interno, a fim de sustentarem oralmente suas razões perante o Tribunal; IV – a pauta das sessões de julgamento será definida pelo Presidente, que determinará sua publicação, com pelo menos 120 (cento e vinte) horas de antecedência; e V – os atos e termos a serem praticados nos autos dos procedimentos enumerados no art. 48 desta Lei poderão ser encaminhados de forma eletrônica ou apresentados em meio magnético ou equivalente, nos termos das normas do Cade.		Art. 51. Na tramitação dos processos no Cade, serão observadas as seguintes disposições, além daquelas previstas no regimento interno: I – os atos de concentração terão prioridade sobre o julgamento de outras matérias; II – a sessão de julgamento do Tribunal é pública, salvo nos casos em que for determinado tratamento sigiloso ao processo, ocasião em que as sessões serão reservadas; III – nas sessões de julgamento do Tribunal, poderão o Superintendente-Geral, o Economista-Chefe, o Procurador-Chefe e as partes do processo requerer a palavra, que lhes será concedida, nessa ordem, nas condições e no prazo definido pelo regimento interno, a fim de sustentarem oralmente suas razões perante o Tribunal; IV – a pauta das sessões de julgamento será definida pelo Presidente, que determinará sua publicação, com pelo menos 120 (cento e vinte) horas de antecedência; e V – os atos e termos a serem praticados nos autos dos procedimentos enumerados no art. 48 desta Lei poderão ser encaminhados de forma eletrônica ou apresentados em meio magnético ou equivalente, nos termos das normas do Cade.
Art. 52. O cumprimento das decisões do Tribunal e de compromissos e acordos firmados nos termos desta Lei será fiscalizado pela Superintendência-Geral, a quem deverão ser encaminhados os autos dos processos após a decisão final do Tribunal. § 1º A Superintendência-Geral deverá apresentar ao Tribunal e ao Procurador-Chefe, em periodicidade definida em resolução do Cade, relatório a respeito dos processos referidos no *caput* deste artigo, assegurado a estas autoridades requerer, a qualquer tempo, informações. § 2º Na fase de fiscalização da execução das decisões do Tribunal, bem como do cumprimento de compromissos e acordos firmados nos termos desta Lei, poderá a Superintendência-Geral valer-se de todos os poderes instrutórios que lhe são assegurados nesta Lei. § 3º Cumprida integralmente a decisão do Tribunal ou os acordos em controle de concentrações e compromissos de cessação, a Superintendência-Geral, de ofício ou por provocação do interessado, manifestar-se-á sobre seu cumprimento.	SEM 33"Art. 52. O cumprimento das decisões do Tribunal e de compromissos e acordos firmados nos termos desta Lei poderá, a critério do Tribunal, ser fiscalizado pela Superintendência-Geral, com o respectivo encaminhamento dos autos, após a decisão final do Tribunal." CCT EM 17 – Suprimido o § 1º	Art. 52. O cumprimento das decisões do Tribunal e de compromissos e acordos firmados nos termos desta Lei poderá, a critério do Tribunal, ser fiscalizado pela Superintendência-Geral, com o respectivo encaminhamento dos autos, após a decisão final do Tribunal." § 2º Na fase de fiscalização da execução das decisões do Tribunal, bem como do cumprimento de compromissos e acordos firmados nos termos desta Lei, poderá a Superintendência-Geral valer-se de todos os poderes instrutórios que lhe são assegurados nesta Lei. § 3º Cumprida integralmente a decisão do Tribunal ou os acordos em controle de concentrações e compromissos de cessação, a Superintendência-Geral, de ofício ou por provocação do interessado, manifestar-se-á sobre seu cumprimento.

CAPÍTULO II DO PROCESSO ADMINISTRATIVO NO CONTROLE DE ATOS DE CONCENTRAÇÃO ECONÔMICA Seção I Do Processo Administrativo na Superintendência-Geral Art. 53. O pedido de aprovação dos atos de concentração econômica a que se refere o art. 88 desta Lei deverá ser endereçado ao Cade e instruído com as informações e documentos indispensáveis à instauração do processo administrativo, definidos em resolução do Cade, além do comprovante de recolhimento da taxa respectiva. § 1º No prazo de 5 (cinco) dias úteis após o protocolo do pedido, verificando-se que a petição não preenche os requisitos exigidos no *caput* deste artigo ou que apresenta defeitos e irregularidades capazes de dificultar o julgamento de mérito, a Superintendência-Geral determinará, uma única vez, que os requerentes a emendem, no prazo de 10 (dez) dias úteis, sob pena de arquivamento. § 2º No prazo de 5 (cinco) dias úteis após o protocolo da apresentação do ato de concentração ou de sua emenda, a Superintendência-Geral fará publicar edital, indicando o nome dos requerentes, a natureza da operação e os setores econômicos envolvidos.	SEM 37 – "§ 1º Ao verificar que a petição não preenche os requisitos exigidos no *caput* deste artigo ou apresenta defeitos e irregularidades capazes de dificultar o julgamento de mérito, a Superintendência-Geral determinará, uma única vez, que os requerentes a emendem, sob pena de arquivamento." "§ 2º Após o protocolo da apresentação do ato de concentração, ou de sua emenda, a Superintendência-Geral fará publicar edital, indicando o nome dos requerentes, a natureza da operação e os setores econômicos envolvidos."	**CAPÍTULO II DO PROCESSO ADMINISTRATIVO NO CONTROLE DE ATOS DE CONCENTRAÇÃO ECONÔMICA Seção I Do Processo Administrativo na Superintendência-Geral** Art. 53. O pedido de aprovação dos atos de concentração econômica a que se refere o art. 88 desta Lei deverá ser endereçado ao Cade e instruído com as informações e documentos indispensáveis à instauração do processo administrativo, definidos em resolução do Cade, além do comprovante de recolhimento da taxa respectiva. § 1º Ao verificar que a petição não preenche os requisitos exigidos no *caput* deste artigo ou apresenta defeitos e irregularidades capazes de dificultar o julgamento de mérito, a Superintendência-Geral determinará, uma única vez, que os requerentes a emendem, sob pena de arquivamento. § 2º Após o protocolo da apresentação do ato de concentração, ou de sua emenda, a Superintendência-Geral fará publicar edital, indicando o nome dos requerentes, a natureza da operação e os setores econômicos envolvidos.
Art. 54. Em até 20 (vinte) dias úteis, contados da data de apresentação do ato de concentração ou de sua emenda, a Superintendência-Geral: I – conhecerá diretamente do pedido, proferindo decisão terminativa, quando o processo dispensar novas diligências ou nos casos de menor potencial ofensivo à concorrência, assim definidos em resolução do Cade; ou II – determinará a realização da instrução complementar, especificando as diligências a serem produzidas.	SEM 37 – "Art. 54. Após cumpridas as providências indicadas no art. 53, a Superintendência-Geral:"	Art. 54. Após cumpridas as providências indicadas no art. 53, a Superintendência-Geral: I – conhecerá diretamente do pedido, proferindo decisão terminativa, quando o processo dispensar novas diligências ou nos casos de menor potencial ofensivo à concorrência, assim definidos em resolução do Cade; ou II – determinará a realização da instrução complementar, especificando as diligências a serem produzidas.
Art. 55. Em até 5 (cinco) dias úteis, contados da data da conclusão da instrução complementar determinada na forma do inciso II do *caput* do art. 54 desta Lei, a Superintendência-Geral deverá manifestar-se sobre seu satisfatório cumprimento, recebendo-as como adequadas ao exame de mérito ou determinando sejam refeitas, por incompletas.	SEM 37 – "Art. 55. Concluída a instrução complementar determinada na forma do inciso II do *caput* do art. 54 desta Lei, a Superintendência-Geral deverá manifestar-se sobre seu satisfatório cumprimento, recebendo-a como adequada ao exame de mérito ou determinando seja refeita, por incompleta."	Art. 55. Concluída a instrução complementar determinada na forma do inciso II do *caput* do art. 54 desta Lei, a Superintendência-Geral deverá manifestar-se sobre seu satisfatório cumprimento, recebendo-a como adequada ao exame de mérito ou determinando seja refeita, por incompleta.

Art. 56. Em até 50 (cinqüenta) dias úteis da data de apresentação do ato de concentração ou de sua emenda, a Superintendência-Geral poderá emitir decisão fundamentada declarando a operação como complexa e determinará a realização de instrução complementar, especificando as diligências a serem produzidas. § 1º A instrução complementar prevista no *caput* deverá estar concluída em até 90 (noventa) dias úteis da apresentação do ato de concentração ou de sua emenda. § 2º Não havendo declaração de que a operação seja complexa, a Superintendência-Geral deverá em até 60 (sessenta) dias úteis da apresentação do ato de concentração ou de sua emenda proferir decisão na forma do art. 57 desta Lei.	Art. 56. A Superintendência-Geral poderá, por meio de decisão fundamentada, declarar a operação como complexa e determinar a realização de nova instrução complementar, especificando as diligências a serem produzidas. *Parágrafo único.* Declarada a operação como complexa, poderá a Superintendência-Geral requerer ao Tribunal a prorrogação do prazo de que trata o § 2º do art. 88 desta Lei.	Art. 56. A Superintendência-Geral poderá, por meio de decisão fundamentada, declarar a operação como complexa e determinar a realização de nova instrução complementar, especificando as diligências a serem produzidas. *Parágrafo único.* Declarada a operação como complexa, poderá a Superintendência-Geral requerer ao Tribunal a prorrogação do prazo de que trata o § 2º do art. 88 desta Lei.
Art. 57. Concluídas as instruções complementares de que tratam o inciso II do art. 54 e o art. 56 desta Lei, a Superintendência-Geral em até 10 (dez) dias úteis: I – proferirá decisão aprovando o ato sem restrições; II – oferecerá impugnação perante o Tribunal, caso entenda que o ato deva ser rejeitado, aprovado com restrições ou que não existam elementos conclusivos quanto aos seus efeitos no mercado. Parágrafo único. Na impugnação do ato perante o Tribunal, deverão ser demonstrados, de forma circunstanciada, o potencial lesivo do ato à concorrência e as razões pelas quais não deve ser aprovado integralmente ou rejeitado.	Art. 57. Concluídas as instruções complmentares de que tratam o inciso II do art. 54 e o art. 56 desta Lei, a Superintendência-Geral:	Art. 57. Concluídas as instruções complementares de que tratam o inciso II do art. 54 e o art. 56 desta Lei, a Superintendência-Geral: I – proferirá decisão aprovando o ato sem restrições; II – oferecerá impugnação perante o Tribunal, caso entenda que o ato deva ser rejeitado, aprovado com restrições ou que não existam elementos conclusivos quanto aos seus efeitos no mercado. Parágrafo único. Na impugnação do ato perante o Tribunal, deverão ser demonstrados, de forma circunstanciada, o potencial lesivo do ato à concorrência e as razões pelas quais não deve ser aprovado integralmente ou rejeitado
Seção II **Do Processo Administrativo no Tribunal** Art. 58. O requerente poderá oferecer, no prazo de 30 (trinta) dias da data de impugnação da Superintendência-Geral, em petição escrita, dirigida ao Presidente do Tribunal, manifestação expondo as razões de fato e de direito com que se opõe à impugnação do ato de concentração da Superintendência- Geral e juntando todas as provas, estudos e pareceres que corroboram seu pedido. Parágrafo único. Em até 48 (quarenta e oito) horas da decisão de que trata a impugnação pela Superintendência-Geral, disposta no inciso II do *caput* do art. 57 desta Lei e na hipótese do inciso I do art. 65 desta Lei, o processo será distribuído, por sorteio, a um Conselheiro-Relator.	SEM 37 – "Art. 58. O requerente poderá oferecer, no prazo de oito dias da data da impugnação da Superintendência-Geral, em petição escrita, dirigida ao Presidente do Tribunal, manifestação expondo as razões de fato e de direito com que se opõe à impugnação do ato de concentração da Superintendência-Geral, juntando todas as provas, estudos e pareceres que corroboram seu pedido."	**Seção II** **Do Processo Administrativo no Tribunal** Art. 58. O requerente poderá oferecer, no prazo de oito dias da data da impugnação da Superintendência-Geral, em petição escrita, dirigida ao Presidente do Tribunal, manifestação expondo as razões de fato e de direito com que se opõe à impugnação do ato de concentração da Superintendência-Geral, juntando todas as provas, estudos e pareceres que corroboram seu pedido. Parágrafo único. Em até 48 (quarenta e oito) horas da decisão de que trata a impugnação pela Superintendência-Geral, disposta no inciso II do *caput* do art. 57 desta Lei e na hipótese do inciso I do art. 65 desta Lei, o processo será distribuído, por sorteio, a um Conselheiro-Relator.

Art. 59. No prazo de 20 (vinte) dias úteis contado da apresentação da manifestação pelo Requerente, o Conselheiro-Relator: I – proferirá decisão determinando a inclusão do processo em pauta para julgamento, caso entenda que se encontre suficientemente instruído; II – determinará à Superintendência-Geral, por meio de decisão fundamentada, a realização de instrução complementar, declarando os pontos controversos e especificando as diligências a serem produzidas. § 1º O Conselheiro-Relator poderá autorizar, conforme o caso, precária e liminarmente, a realização do ato de concentração econômica, impondo as condições que visem à preservação da reversibilidade da operação, quando assim recomendarem as condições do caso concreto. § 2º O Conselheiro-Relator poderá acompanhar a realização das diligências referidas no inciso II do *caput* deste artigo.	SEM 37 – "Art. 59. Após a manifestação do requerente, o Conselheiro-Relator" .... "II – determinará a realização de instrução complementar, se necessário, podendo, a seu critério, solicitar que a Superintendência-Geral a realize, declarando os pontos controversos e especificando as diligências a serem produzidas."	Art. 59. Art. 59. Após a manifestação do requerente, o Conselheiro-Relator: I – proferirá decisão determinando a inclusão do processo em pauta para julgamento, caso entenda que se encontre suficientemente instruído; II – determinará a realização de instrução complementar, se necessário, podendo, a seu critério, solicitar que a Superintendência-Geral a realize, declarando os pontos controversos e especificando as diligências a serem produzidas. § 1º O Conselheiro-Relator poderá autorizar, conforme o caso, precária e liminarmente, a realização do ato de concentração econômica, impondo as condições que visem à preservação da reversibilidade da operação, quando assim recomendarem as condições do caso concreto. § 2º O Conselheiro-Relator poderá acompanhar a realização das diligências referidas no inciso II do *caput* deste artigo.
Art. 60. Se entender concluída a instrução complementar, em até 30 (trinta) dias úteis contados a partir do recebimento pelo Tribunal do relatório com a conclusão da instrução complementar elaborada pela Superintendência-Geral, o Conselheiro-Relator determinará a inclusão do processo em pauta para julgamento.	SEM 37 – Art. 60. Após a conclusão da instrução, o Conselheiro-Relator determinará a inclusão do processo em pauta para julgamento."	Art. 60. Após a conclusão da instrução, o Conselheiro-Relator determinará a inclusão do processo em pauta para julgamento."
Art. 61. No julgamento do pedido de aprovação do ato de concentração econômica, o Tribunal poderá aprová-lo integralmente, rejeitá-lo ou aprová-lo parcialmente, caso em que determinará as restrições que deverão ser observadas como condição para a validade e eficácia do ato. § 1º O Tribunal determinará as restrições cabíveis no sentido de mitigar os eventuais efeitos nocivos do ato de concentração sobre os mercados relevantes afetados. § 2º As restrições mencionadas no § 1º deste artigo incluem: I – a venda de ativos ou de um conjunto de ativos que constitua uma atividade empresarial; II – a cisão de sociedade; III – a alienação de controle societário; IV – a separação contábil ou jurídica de atividades; V – o licenciamento compulsório de direitos de propriedade intelectual; e VI – qualquer outro ato ou providência necessários para a eliminação dos efeitos nocivos à ordem econômica. § 3º Julgado o processo no mérito, o ato não poderá ser novamente apresentado nem revisto no âmbito do Poder Executivo.		Art. 61. No julgamento do pedido de aprovação do ato de concentração econômica, o Tribunal poderá aprová-lo integralmente, rejeitá-lo ou aprová-lo parcialmente, caso em que determinará as restrições que deverão ser observadas como condição para a validade e eficácia do ato. § 1º O Tribunal determinará as restrições cabíveis no sentido de mitigar os eventuais efeitos nocivos do ato de concentração sobre os mercados relevantes afetados. § 2º As restrições mencionadas no § 1º deste artigo incluem: I – a venda de ativos ou de um conjunto de ativos que constitua uma atividade empresarial; II – a cisão de sociedade; III – a alienação de controle societário; IV – a separação contábil ou jurídica de atividades; V – o licenciamento compulsório de direitos de propriedade intelectual; e VI – qualquer outro ato ou providência necessários para a eliminação dos efeitos nocivos à ordem econômica. § 3º Julgado o processo no mérito, o ato não poderá ser novamente apresentado nem revisto no âmbito do Poder Executivo.

Art. 62. Em caso de recusa, omissão, enganosidade, falsidade ou retardamento injustificado, por parte dos requerentes, de informações ou documentos cuja apresentação for determinada pelo Cade, sem prejuízo das demais sanções cabíveis, poderá o pedido de aprovação do ato de concentração ser rejeitado por falta de provas, caso em que o requerente somente poderá realizar o ato mediante apresentação de novo pedido, nos termos do art. 53 desta Lei.		Art. 62. Em caso de recusa, omissão, enganosidade, falsidade ou retardamento injustificado, por parte dos requerentes, de informações ou documentos cuja apresentação for determinada pelo Cade, sem prejuízo das demais sanções cabíveis, poderá o pedido de aprovação do ato de concentração ser rejeitado por falta de provas, caso em que o requerente somente poderá realizar o ato mediante apresentação de novo pedido, nos termos do art. 53 desta Lei.
Art. 63. Os prazos previstos neste Capítulo não se suspendem ou interrompem por qualquer motivo, ressalvado o disposto no § 5o do art. 6º e no § 6º do art. 92 desta Lei, quando for o caso.		Art. 63. Os prazos previstos neste Capítulo não se suspendem ou interrompem por qualquer motivo, ressalvado o disposto no § 5o do art. 6º e no § 6º do art. 92 desta Lei, quando for o caso.
Art. 64. O descumprimento dos prazos previstos neste Capítulo implica a aprovação tácita do ato de concentração econômica. Parágrafo único. Comprovada nos autos a aprovação tácita a que se refere o *caput* deste artigo, deverá ser providenciada a imediata apuração das responsabilidades penal, cível e administrativa de quem lhe deu causa.	SEM 37 - "Art. 64. O descumprimento dos prazos previstos nesta Lei implica a aprovação tácita do ato de concentração econômica."	Art. 64. O descumprimento dos prazos previstos nesta Lei implica a aprovação tácita do ato de concentração econômica. Parágrafo único. Comprovada nos autos a aprovação tácita a que se refere o *caput* deste artigo, deverá ser providenciada a imediata apuração das responsabilidades penal, cível e administrativa de quem lhe deu causa.

<table>
<tr>
<td>Seção III
Do Recurso contra Decisão de Aprovação do Ato pela Superintendência-Geral
Art. 65. No prazo de 15 (quinze) dias contado a partir da publicação da decisão da Superintendência-Geral que aprovar o ato de concentração, na forma do inciso I do caput do art. 54 e do inciso I do caput do art. 57 desta Lei:
I - caberá recurso da decisão ao Tribunal, que poderá ser interposto por terceiros interessados ou, em se tratando de mercado regulado, pela respectiva agência reguladora;
II - o Tribunal poderá, mediante provocação de um de seus Conselheiros e em decisão fundamentada, avocar o processo para julgamento ficando prevento o Conselheiro que encaminhou a provocação.
§ 1º Em até 5 (cinco) dias úteis a partir do recebimento do recurso, o Conselheiro-Relator:
I - conhecerá do recurso e determinará a sua inclusão em pauta para julgamento;
II - conhecerá do recurso e determinará à Superintendência-Geral a realização de instrução complementar, declarando os pontos controversos e especificando as diligências a serem produzidas; ou
III - não conhecerá do recurso, determinando o seu arquivamento.
§ 2º As requerentes poderão manifestar-se acerca do recurso interposto, em até 5 (cinco) dias úteis do conhecimento do recurso no Tribunal ou da data do recebimento do relatório com a conclusão da instrução complementar elaborada pela Superintendência-Geral, o que ocorrer por último.
§ 3º Em até 20 (vinte) dias úteis contados a partir da conclusão da instrução complementar elaborada pela Superintendência-Geral, o Conselheiro-Relator determinará a inclusão do processo em pauta para julgamento, se entender concluída a instrução.
§ 4º O litigante de má-fé arcará com multa, em favor do Fundo de Defesa de Direitos Difusos, a ser arbitrada pelo Tribunal entre R$ 5.000,00 (cinco mil reais) e R$ 5.000.000,00 (cinco milhões de reais), levando-se em consideração sua condição econômica, sua atuação no processo e o retardamento injustificado causado à aprovação do ato.
§ 5º A interposição do recurso a que se refere o caput deste artigo ou a decisão de avocar suspende a execução do ato de concentração econômica até decisão final do Tribunal.
§ 6º O Conselheiro-Relator poderá acompanhar a realização das diligências referidas no inciso II do § 1º deste artigo.</td>
<td>SEM 33 "§ 1º , II - conhecerá do recurso e determinará a realização de instrução complementar, podendo, a seu critério, solicitar que a Superintendência-Geral a realize, declarando os pontos controversos e especificando as diligências a serem produzidas; ou"

Suprimido o § 3º</td>
<td>Seção III
Do Recurso contra Decisão de Aprovação do Ato pela Superintendência-Geral
Art. 65. No prazo de 15 (quinze) dias contado a partir da publicação da decisão da Superintendência-Geral que aprovar o ato de concentração, na forma do inciso I do caput do art. 54 e do inciso I do caput do art. 57 desta Lei:
I - caberá recurso da decisão ao Tribunal, que poderá ser interposto por terceiros interessados ou, em se tratando de mercado regulado, pela respectiva agência reguladora;
II - o Tribunal poderá, mediante provocação de um de seus Conselheiros e em decisão fundamentada, avocar o processo para julgamento ficando prevento o Conselheiro que encaminhou a provocação.
§ 1º Em até 5 (cinco) dias úteis a partir do recebimento do recurso, o Conselheiro-Relator:
I - conhecerá do recurso e determinará a sua inclusão em pauta para julgamento;
II - conhecerá do recurso e determinará a realização de instrução complementar, podendo, a seu critério, solicitar que a Superintendência-Geral a realize, declarando os pontos controversos e especificando as diligências a serem produzidas; ou
III - não conhecerá do recurso, determinando o seu arquivamento.
§ 2º As requerentes poderão manifestar-se acerca do recurso interposto, em até 5 (cinco) dias úteis do conhecimento do recurso no Tribunal ou da data do recebimento do relatório com a conclusão da instrução complementar elaborada pela Superintendência-Geral, o que ocorrer por último.
§ 4º O litigante de má-fé arcará com multa, em favor do Fundo de Defesa de Direitos Difusos, a ser arbitrada pelo Tribunal entre R$ 5.000,00 (cinco mil reais) e R$ 5.000.000,00 (cinco milhões de reais), levando-se em consideração sua condição econômica, sua atuação no processo e o retardamento injustificado causado à aprovação do ato.
§ 5º A interposição do recurso a que se refere o caput deste artigo ou a decisão de avocar suspende a execução do ato de concentração econômica até decisão final do Tribunal.
§ 6º O Conselheiro-Relator poderá acompanhar a realização das diligências referidas no inciso II do § 1º deste artigo.</td>
</tr>
</table>

CAPÍTULO III DO INQUÉRITO ADMINISTRATIVO PARA APURAÇÃO DE INFRAÇÕES À ORDEM ECONÔMICA E DO PROCEDIMENTO PREPARATÓRIO Art. 66. O inquérito administrativo, procedimento investigatório de natureza inquisitorial, será instaurado pela Superintendência-Geral para apuração de infrações à ordem econômica. § 1º O inquérito administrativo será instaurado de ofício ou em face de representação fundamentada de qualquer interessado, ou em decorrência de peças de informação, quando os indícios de infração à ordem econômica não forem suficientes para a instauração de processo administrativo. § 2º A Superintendência-Geral poderá instaurar procedimento preparatório de inquérito administrativo para apuração de infrações à ordem econômica para apurar se a conduta sob análise trata de matéria de competência do Sistema Brasileiro de Defesa da Concorrência, nos termos desta Lei. § 3º As diligências tomadas no âmbito do procedimento preparatório de inquérito administrativo para apuração de infrações à ordem econômica deverão ser realizadas no prazo máximo de 30 (trinta) dias. § 4º Do despacho que ordenar o arquivamento de procedimento preparatório, indeferir o requerimento de abertura de inquérito administrativo, ou seu arquivamento, caberá recurso de qualquer interessado ao Superintendente-Geral, na forma determinada em regulamento, que decidirá em última instância. § 5º No inquérito administrativo, a Superintendência-Geral poderá exercer quaisquer dos poderes instrutórios referidos no art. 15 desta Lei. § 6º A representação de Comissão do Congresso Nacional, ou de qualquer de suas Casas, bem como da Secretaria de Acompanhamento Econômico, das agências reguladoras e da Procuradoria Federal junto ao Cade, independe de procedimento preparatório, instaurando-se desde logo o inquérito administrativo ou processo administrativo. § 7º O representante e o indiciado poderão requerer qualquer diligência, que será realizada ou não, a juízo da Superintendência-Geral. § 8º A Superintendência-Geral poderá solicitar o concurso da autoridade policial ou do Ministério Público nas investigações. § 9º O inquérito administrativo deverá ser encerrado no prazo de 180 (cento e oitenta) dias, contado da data de sua instauração, prorrogáveis por até 60 (sessenta) dias, por meio de despacho fundamentado e quando o fato for de difícil elucidação e o justificarem as circunstâncias do caso concreto. § 10. Ao procedimento preparatório, assim como ao inquérito administrativo, poderá ser dado tratamento sigiloso, no interesse das investigações, a critério da Superintendência-Geral.	SEM 37 – Suprimido os § 2º 3º	**CAPÍTULO III DO INQUÉRITO ADMINISTRATIVO PARA APURAÇÃO DE INFRAÇÕES À ORDEM ECONÔMICA E DO PROCEDIMENTO PREPARATÓRIO** Art. 66. O inquérito administrativo, procedimento investigatório de natureza inquisitorial, será instaurado pela Superintendência-Geral para apuração de infrações à ordem econômica. § 1º O inquérito administrativo será instaurado de ofício ou em face de representação fundamentada de qualquer interessado, ou em decorrência de peças de informação, quando os indícios de infração à ordem econômica não forem suficientes para a instauração de processo administrativo. § 4º Do despacho que ordenar o arquivamento de procedimento preparatório, indeferir o requerimento de abertura de inquérito administrativo, ou seu arquivamento, caberá recurso de qualquer interessado ao Superintendente-Geral, na forma determinada em regulamento, que decidirá em última instância. § 5º No inquérito administrativo, a Superintendência-Geral poderá exercer quaisquer dos poderes instrutórios referidos no art. 15 desta Lei. § 6º A representação de Comissão do Congresso Nacional, ou de qualquer de suas Casas, bem como da Secretaria de Acompanhamento Econômico, das agências reguladoras e da Procuradoria Federal junto ao Cade, independe de procedimento preparatório, instaurando-se desde logo o inquérito administrativo ou processo administrativo. § 7º O representante e o indiciado poderão requerer qualquer diligência, que será realizada ou não, a juízo da Superintendência-Geral. § 8º A Superintendência-Geral poderá solicitar o concurso da autoridade policial ou do Ministério Público nas investigações. § 9º O inquérito administrativo deverá ser encerrado no prazo de 180 (cento e oitenta) dias, contado da data de sua instauração, prorrogáveis por até 60 (sessenta) dias, por meio de despacho fundamentado e quando o fato for de difícil elucidação e o justificarem as circunstâncias do caso concreto. § 10. Ao procedimento preparatório, assim como ao inquérito administrativo, poderá ser dado tratamento sigiloso, no interesse das investigações, a critério da Superintendência-Geral.

Art. 67. Até 10 (dez) dias úteis a partir da data de encerramento do inquérito administrativo, a Superintendência-Geral decidirá pela instauração do processo administrativo ou pelo seu arquivamento. § 1º O Tribunal poderá, mediante provocação de um conselheiro e em decisão fundamentada, avocar o inquérito administrativo arquivado pela Superintendência-Geral, ficando prevento o Conselheiro que encaminhou a provocação. § 2º Avocado o inquérito administrativo, o Conselheiro-relator terá o prazo de 30 (trinta) dias úteis para: I – confirmar a decisão de arquivamento da Superintendência-Geral, podendo, se entender necessário, fundamentar sua decisão; II – transformar o inquérito administrativo em processo administrativo, solicitando, de forma fundamentada, instrução complementar da Superintendência-Geral, declarando os pontos controversos e especificando as diligências a serem produzidas. § 3º Ao inquérito administrativo poderá ser dado tratamento sigiloso, no interesse das investigações, a critério do Plenário do Tribunal.	CCT EM 18 – "§ 1º O Tribunal poderá, mediante provocação de um conselheiro e em decisão fundamentada, avocar o inquérito administrativo ou procedimento preparatório de inquérito administrativo arquivado pela Superintendência-Geral, ficando prevento o Conselheiro que encaminhou a provocação." SEM 33 "§ 2º, II – transformar o inquérito administrativo em processo administrativo, determinando a realização de instrução complementar, podendo, a seu critério, solicitar que a Superintendência-Geral a realize, declarando os pontos controversos e especificando as diligências a serem produzidas."	Art. 67. Até 10 (dez) dias úteis a partir da data de encerramento do inquérito administrativo, a Superintendência-Geral decidirá pela instauração do processo administrativo ou pelo seu arquivamento. § 1º O Tribunal poderá, mediante provocação de um conselheiro e em decisão fundamentada, avocar o inquérito administrativo ou procedimento preparatório de inquérito administrativo arquivado pela Superintendência-Geral, ficando prevento o Conselheiro que encaminhou a provocação." § 2º Avocado o inquérito administrativo, o Conselheiro-relator terá o prazo de 30 (trinta) dias úteis para: I – confirmar a decisão de arquivamento da Superintendência-Geral, podendo, se entender necessário, fundamentar sua decisão; II – transformar o inquérito administrativo em processo administrativo, determinando a realização de instrução complementar, podendo, a seu critério, solicitar que a Superintendência-Geral a realize, declarando os pontos controversos e especificando as diligências a serem produzidas. § 3º Ao inquérito administrativo poderá ser dado tratamento sigiloso, no interesse das investigações, a critério do Plenário do Tribunal.
Art. 68. O descumprimento dos prazos fixados neste Capítulo pela Superintendência-Geral, assim como por seus servidores, sem justificativa devidamente comprovada nos autos, poderá resultar na apuração da respectiva responsabilidade administrativa, civil e criminal.		Art. 68. O descumprimento dos prazos fixados neste Capítulo pela Superintendência-Geral, assim como por seus servidores, sem justificativa devidamente comprovada nos autos, poderá resultar na apuração da respectiva responsabilidade administrativa, civil e criminal.
CAPÍTULO IV DO PROCESSO ADMINISTRATIVO PARA IMPOSIÇÃO DE SANÇÕES ADMINISTRATIVAS POR INFRAÇÕES À ORDEM ECONÔMICA Art. 69. O processo administrativo, procedimento em contraditório, visa a garantir ao acusado a ampla defesa a respeito das conclusões do inquérito administrativo, cuja nota técnica final, aprovada nos termos das normas do Cade, constituirá peça inaugural.		**CAPÍTULO IV DO PROCESSO ADMINISTRATIVO PARA IMPOSIÇÃO DE SANÇÕES ADMINISTRATIVAS POR INFRAÇÕES À ORDEM ECONÔMICA** Art. 69. O processo administrativo, procedimento em contraditório, visa a garantir ao acusado a ampla defesa a respeito das conclusões do inquérito administrativo, cuja nota técnica final, aprovada nos termos das normas do Cade, constituirá peça inaugural.

Art. 70. Na decisão que instaurar o processo administrativo, será determinada a notificação do representado para, no prazo de 30 (trinta) dias, apresentar defesa e especificar as provas que pretende sejam produzidas, declinando a qualificação completa de até 3 (três) testemunhas. § 1º A notificação inicial conterá o inteiro teor da decisão de instauração do processo administrativo e da representação, se for o caso. § 2º A notificação inicial do representado será feita pelo correio, com aviso de recebimento em nome próprio, ou outro meio que assegure a certeza da ciência do interessado ou, não tendo êxito a notificação postal, por edital publicado no Diário Oficial da União e em jornal de grande circulação no Estado em que resida ou tenha sede, contando-se os prazos da juntada do aviso de recebimento, ou da publicação, conforme o caso. § 3º A intimação dos demais atos processuais será feita mediante publicação no Diário Oficial da União, da qual deverá constar o nome do representado e de seu procurador, se houver. § 4º O representado poderá acompanhar o processo administrativo por seu titular e seus diretores ou gerentes, ou por seu procurador, assegurando-se-lhes amplo acesso aos autos no Tribunal. § 5º O prazo de 30 (trinta) dias mencionado no *caput* deste artigo poderá ser dilatado por até 10 (dez) dias, improrrogáveis, mediante requisição do representado.		Art. 70. Na decisão que instaurar o processo administrativo, será determinada a notificação do representado para, no prazo de 30 (trinta) dias, apresentar defesa e especificar as provas que pretende sejam produzidas, declinando a qualificação completa de até 3 (três) testemunhas. § 1º A notificação inicial conterá o inteiro teor da decisão de instauração do processo administrativo e da representação, se for o caso. § 2º A notificação inicial do representado será feita pelo correio, com aviso de recebimento em nome próprio, ou outro meio que assegure a certeza da ciência do interessado ou, não tendo êxito a notificação postal, por edital publicado no Diário Oficial da União e em jornal de grande circulação no Estado em que resida ou tenha sede, contando-se os prazos da juntada do aviso de recebimento, ou da publicação, conforme o caso. § 3º A intimação dos demais atos processuais será feita mediante publicação no Diário Oficial da União, da qual deverá constar o nome do representado e de seu procurador, se houver. § 4º O representado poderá acompanhar o processo administrativo por seu titular e seus diretores ou gerentes, ou por seu procurador, assegurando-se-lhes amplo acesso aos autos no Tribunal. § 5º O prazo de 30 (trinta) dias mencionado no *caput* deste artigo poderá ser dilatado por até 10 (dez) dias, improrrogáveis, mediante requisição do representado.
Art. 71. Considerar-se-á revel o representado que, notificado, não apresentar defesa no prazo legal, incorrendo em confissão quanto à matéria de fato, contra ele correndo os demais prazos, independentemente de notificação. Parágrafo único. Qualquer que seja a fase do processo, nele poderá intervir o revel, sem direito à repetição de qualquer ato já praticado.		Art. 71. Considerar-se-á revel o representado que, notificado, não apresentar defesa no prazo legal, incorrendo em confissão quanto à matéria de fato, contra ele correndo os demais prazos, independentemente de notificação. Parágrafo único. Qualquer que seja a fase do processo, nele poderá intervir o revel, sem direito à repetição de qualquer ato já praticado.
Art. 72. Em até 30 (trinta) dias úteis após o decurso do prazo previsto no art. 70 desta Lei, a Superintendência-Geral, em despacho fundamentado, determinará a produção de provas que julgar pertinentes, sendo-lhe facultado exercer os poderes de instrução previstos nesta Lei, mantendo-se o sigilo legal, quando for o caso.		Art. 72. Em até 30 (trinta) dias úteis após o decurso do prazo previsto no art. 70 desta Lei, a Superintendência-Geral, em despacho fundamentado, determinará a produção de provas que julgar pertinentes, sendo-lhe facultado exercer os poderes de instrução previstos nesta Lei, mantendo-se o sigilo legal, quando for o caso.
Art. 73. Em até 5 (cinco) dias úteis da data de conclusão da instrução processual determinada na forma do art. 72 desta Lei, a Superintendência-Geral notificará orepresentado para apresentar novas alegações, no prazo de 5 (cinco) dias úteis.		Art. 73. Em até 5 (cinco) dias úteis da data de conclusão da instrução processual determinada na forma do art. 72 desta Lei, a Superintendência-Geral notificará orepresentado para apresentar novas alegações, no prazo de 5 (cinco) dias úteis.
Art. 74. Em até 15 (quinze) dias úteis contados do decurso do prazo previsto no art. 73 desta Lei, a Superintendência-Geral remeterá os autos do processo ao Presidente do Tribunal, opinando, em relatório circunstanciado, pelo seu arquivamento ou pela configuração da infração.		Art. 74. Em até 15 (quinze) dias úteis contados do decurso do prazo previsto no art. 73 desta Lei, a Superintendência-Geral remeterá os autos do processo ao Presidente do Tribunal, opinando, em relatório circunstanciado, pelo seu arquivamento ou pela configuração da infração.

Art. 75. Recebido o processo, o Presidente do Tribunal o distribuirá, por sorteio, ao Conselheiro-Relator, que poderá, caso entenda necessário, solicitar à Procuradoria Federal junto ao Cade que se manifeste no prazo de 20 (vinte) dias.		Art. 75. Recebido o processo, o Presidente do Tribunal o distribuirá, por sorteio, ao Conselheiro-Relator, que poderá, caso entenda necessário, solicitar à Procuradoria Federal junto ao Cade que se manifeste no prazo de 20 (vinte) dias.
Art. 76. O Conselheiro-Relator poderá determinar diligências, em despacho fundamentado, devolvendo os autos à Superintendência-Geral para que as promova no prazo que determinar. Parágrafo único. Após a conclusão das diligências determinadas na forma deste artigo, o Conselheiro-Relator notificará o representado para, no prazo de 15 (quinze) dias úteis, apresentar alegações finais.	SEM 33 "Art. 76. O Conselheiro-Relator poderá determinar diligências, em despacho fundamentado, podendo, a seu critério, solicitar que a Superintendência-Geral as realize, no prazo assinado."	Art. 76. Art. 76. O Conselheiro-Relator poderá determinar diligências, em despacho fundamentado, podendo, a seu critério, solicitar que a Superintendência-Geral as realize, no prazo assinado.". Parágrafo único. Após a conclusão das diligências determinadas na forma deste artigo, o Conselheiro-Relator notificará o representado para, no prazo de 15 (quinze) dias úteis, apresentar alegações finais.
Art. 77. No prazo de 15 (quinze) dias úteis contado da data de recebimento das alegações finais, o Conselheiro-Relator solicitará a inclusão do processo em pauta para julgamento.		Art. 77. No prazo de 15 (quinze) dias úteis contado da data de recebimento das alegações finais, o Conselheiro-Relator solicitará a inclusão do processo em pauta para julgamento.
Art. 78. A convite do Presidente, por indicação do Conselheiro-Relator, qualquer pessoa poderá apresentar esclarecimentos ao Tribunal, a propósito de assuntos que estejam em pauta.		Art. 78. A convite do Presidente, por indicação do Conselheiro-Relator, qualquer pessoa poderá apresentar esclarecimentos ao Tribunal, a propósito de assuntos que estejam em pauta.
Art. 79. A decisão do Tribunal, que em qualquer hipótese será fundamentada, quando for pela existência de infração da ordem econômica, conterá: I - especificação dos fatos que constituam a infração apurada e a indicação das providências a serem tomadas pelos responsáveis para fazê-la cessar; II - prazo dentro do qual devam ser iniciadas e concluídas as providências referidas no inciso I do *caput* deste artigo; III - multa estipulada; IV - multa diária em caso de continuidade da infração; e V - multa em caso de descumprimento das providências estipuladas. Parágrafo único. A decisão do Tribunal será publicada dentro de 5 (cinco) dias úteis no Diário Oficial da União.		Art. 79. A decisão do Tribunal, que em qualquer hipótese será fundamentada, quando for pela existência de infração da ordem econômica, conterá: I - especificação dos fatos que constituam a infração apurada e a indicação das providências a serem tomadas pelos responsáveis para fazê-la cessar; II - prazo dentro do qual devam ser iniciadas e concluídas as providências referidas no inciso I do *caput* deste artigo; III - multa estipulada; IV - multa diária em caso de continuidade da infração; e V - multa em caso de descumprimento das providências estipuladas. Parágrafo único. A decisão do Tribunal será publicada dentro de 5 (cinco) dias úteis no Diário Oficial da União.
Art. 80. Aplicam-se às decisões do Tribunal o disposto na Lei nº 8.437, de 30 de junho de 1992.		Art. 80. Aplicam-se às decisões do Tribunal o disposto na Lei nº 8.437, de 30 de junho de 1992.
Art. 81. Descumprida a decisão, no todo ou em parte, será o fato comunicado ao Presidente do Tribunal, que determinará à Procuradoria Federal junto ao Cade que providencie sua execução judicial.		Art. 81. Descumprida a decisão, no todo ou em parte, será o fato comunicado ao Presidente do Tribunal, que determinará à Procuradoria Federal junto ao Cade que providencie sua execução judicial.
Art. 82. O descumprimento dos prazos fixados neste Capítulo pelos membros do Cade, assim como por seus servidores, sem justificativa devidamente comprovada nos autos, poderá resultar na apuração da respectiva responsabilidade administrativa, civil e criminal.		Art. 82. O descumprimento dos prazos fixados neste Capítulo pelos membros do Cade, assim como por seus servidores, sem justificativa devidamente comprovada nos autos, poderá resultar na apuração da respectiva responsabilidade administrativa, civil e criminal.
Art. 83. O Cade disporá de forma complementar sobre o inquérito e o processo administrativo.		Art. 83. O Cade disporá de forma complementar sobre o inquérito e o processo administrativo.

CAPÍTULO V **DA MEDIDA PREVENTIVA** Art. 84. Em qualquer fase do inquérito administrativo para apuração de infrações ou do processo administrativo para imposição de sanções por infrações à ordem econômica, poderá o Conselheiro-Relator ou o Superintendente-Geral, por iniciativa própria ou mediante provocação do Procurador-Chefe do Cade, adotar medida preventiva, quando houver indício ou fundado receio de que o representado, direta ou indiretamente, cause ou possa causar ao mercado lesão irreparável ou de difícil reparação, ou torne ineficaz o resultado final do processo. § 1º Na medida preventiva, determinar-se-á a imediata cessação da prática e será ordenada, quando materialmente possível, a reversão à situação anterior, fixando multa diária nos termos do art. 39 desta Lei. § 2º Da decisão que adotar medida preventiva caberá recurso voluntário ao Plenário do Tribunal, em 5 (cinco) dias, sem efeito suspensivo.		**CAPÍTULO V** **DA MEDIDA PREVENTIVA** Art. 84. Em qualquer fase do inquérito administrativo para apuração de infrações ou do processo administrativo para imposição de sanções por infrações à ordem econômica, poderá o Conselheiro-Relator ou o Superintendente-Geral, por iniciativa própria ou mediante provocação do Procurador-Chefe do Cade, adotar medida preventiva, quando houver indício ou fundado receio de que o representado, direta ou indiretamente, cause ou possa causar ao mercado lesão irreparável ou de difícil reparação, ou torne ineficaz o resultado final do processo. § 1º Na medida preventiva, determinar-se-á a imediata cessação da prática e será ordenada, quando materialmente possível, a reversão à situação anterior, fixando multa diária nos termos do art. 39 desta Lei. § 2º Da decisão que adotar medida preventiva caberá recurso voluntário ao Plenário do Tribunal, em 5 (cinco) dias, sem efeito suspensivo.
CAPÍTULO VI **DO COMPROMISSO DE CESSAÇÃO** Art. 85. Nos procedimentos administrativos mencionados nos incisos I, II e III do art. 48 desta Lei, o Cade poderá tomar do representado compromisso de cessação da prática sob investigação ou dos seus efeitos lesivos, sempre que, em juízo de conveniência e oportunidade, devidamente fundamentados, entender que atende aos interesses protegidos por lei. § 1º Do termo de compromisso deverão constar os seguintes elementos: I – a especificação das obrigações do representado no sentido de não praticar a conduta investigada ou seus efeitos lesivos, bem como obrigações que julgar cabíveis; II – a fixação do valor da multa para o caso de descumprimento, total ou parcial, das obrigações compromissadas; III – a fixação do valor da contribuição pecuniária ao Fundo de Defesa de Direitos Difusos quando cabível. § 2º Tratando-se da investigação da prática de infração relacionada ou decorrente das condutas previstas nos incisos I e II do § 3º do art. 36 desta Lei, entre as obrigações a que se refere o inciso I do § 1º deste artigo figurará, necessariamente, a obrigação de recolher ao Fundo de Defesa de Direitos Difusos um valor pecuniário que não poderá ser inferior ao mínimo previsto no art. 37 desta Lei. § 3º A celebração do termo de compromisso poderá ser proposta até o encerramento da instrução do processo administrativo relativo à prática investigada. § 4º A proposta de termo de compromisso de cessação de prática somente poderá ser apresentada uma única vez. § 5º A proposta de termo de compromisso de cessação de prática poderá ter caráter confidencial. § 6º A apresentação de proposta de termo de compromisso de cessação de prática não suspende o andamento do processo administrativo.	CCT EM 19 – Suprimido o § 4º	**CAPÍTULO VI** **DO COMPROMISSO DE CESSAÇÃO** Art. 85. Nos procedimentos administrativos mencionados nos incisos I, II e III do art. 48 desta Lei, o Cade poderá tomar do representado compromisso de cessação da prática sob investigação ou dos seus efeitos lesivos, sempre que, em juízo de conveniência e oportunidade, devidamente fundamentados, entender que atende aos interesses protegidos por lei. § 1º Do termo de compromisso deverão constar os seguintes elementos: I – a especificação das obrigações do representado no sentido de não praticar a conduta investigada ou seus efeitos lesivos, bem como obrigações que julgar cabíveis; II – a fixação do valor da multa para o caso de descumprimento, total ou parcial, das obrigações compromissadas; III – a fixação do valor da contribuição pecuniária ao Fundo de Defesa de Direitos Difusos quando cabível. § 2º Tratando-se da investigação da prática de infração relacionada ou decorrente das condutas previstas nos incisos I e II do § 3º do art. 36 desta Lei, entre as obrigações a que se refere o inciso I do § 1º deste artigo figurará, necessariamente, a obrigação de recolher ao Fundo de Defesa de Direitos Difusos um valor pecuniário que não poderá ser inferior ao mínimo previsto no art. 37 desta Lei. § 3º A celebração do termo de compromisso poderá ser proposta até o encerramento da instrução do processo administrativo relativo à prática investigada. § 5º A proposta de termo de compromisso de cessação de prática poderá ter caráter confidencial. § 6º A apresentação de proposta de termo de compromisso de cessação de prática não suspende o andamento do processo administrativo.

§ 7º O termo de compromisso de cessação de prática terá caráter público, devendo o acordo ser publicado no sítio do Cade em 5 (cinco) dias após a sua celebração. § 8º O termo de compromisso de cessação de prática constitui título executivo extrajudicial. § 9º O processo administrativo ficará suspenso enquanto estiver sendo cumprido o compromisso e será arquivado ao término do prazo fixado, se atendidas todas as condições estabelecidas no termo. § 10. A suspensão do processo administrativo a que se refere o § 9º deste artigo dar-se-á somente em relação ao representado que firmou o compromisso, seguindo o processo seu curso regular para os demais representados. § 11. Declarado o descumprimento do compromisso, o Cade aplicará as sanções nele previstas e determinará o prosseguimento do processo administrativo e as demais medidas administrativas e judiciais cabíveis para sua execução. § 12. As condições do termo de compromisso poderão ser alteradas pelo Cade se se comprovar sua excessiva onerosidade para o representado, desde que a alteração não acarrete prejuízo para terceiros ou para a coletividade. § 13. A proposta de celebração do compromisso de cessação de prática será indeferida quando a autoridade não chegar a um acordo com os representados quanto aos seus termos. § 14. O Cade definirá, em resolução, normas complementares sobre o termo de compromisso de cessação. § 15. Aplica-se o disposto no art. 50 desta Lei ao Compromisso de Cessação da Prática.		§ 7º O termo de compromisso de cessação de prática terá caráter público, devendo o acordo ser publicado no sítio do Cade em 5 (cinco) dias após a sua celebração. § 8º O termo de compromisso de cessação de prática constitui título executivo extrajudicial. § 9º O processo administrativo ficará suspenso enquanto estiver sendo cumprido o compromisso e será arquivado ao término do prazo fixado, se atendidas todas as condições estabelecidas no termo. § 10. A suspensão do processo administrativo a que se refere o § 9º deste artigo dar-se-á somente em relação ao representado que firmou o compromisso, seguindo o processo seu curso regular para os demais representados. § 11. Declarado o descumprimento do compromisso, o Cade aplicará as sanções nele previstas e determinará o prosseguimento do processo administrativo e as demais medidas administrativas e judiciais cabíveis para sua execução. § 12. As condições do termo de compromisso poderão ser alteradas pelo Cade se se comprovar sua excessiva onerosidade para o representado, desde que a alteração não acarrete prejuízo para terceiros ou para a coletividade. § 13. A proposta de celebração do compromisso de cessação de prática será indeferida quando a autoridade não chegar a um acordo com os representados quanto aos seus termos. § 14. O Cade definirá, em resolução, normas complementares sobre o termo de compromisso de cessação. § 15. Aplica-se o disposto no art. 50 desta Lei ao Compromisso de Cessação da Prática.

CAPÍTULO VII DO PROGRAMA DE LENIÊNCIA Art. 86. O Cade, por intermédio da Superintendência-Geral, poderá celebrar acordo de leniência, com a extinção da ação punitiva da administração pública ou a redução de 1 (um) a 2/3 (dois terços) da penalidade aplicável, nos termos deste artigo, com pessoas físicas e jurídicas que forem autoras de infração à ordem econômica, desde que colaborem efetivamente com as investigações e o processo administrativo e que dessa colaboração resulte: I – a identificação dos demais envolvidos na infração; e II – a obtenção de informações e documentos que comprovem a infração noticiada ou sob investigação. § 1º O acordo de que trata o *caput* deste artigo somente poderá ser celebrado se preenchidos, cumulativamente, os seguintes requisitos: I – a empresa seja a primeira a se qualificar com respeito à infração noticiada ou sob investigação; II – a empresa cesse completamente seu envolvimento na infração noticiada ou sob investigação a partir da data de propositura do acordo; III – a Superintendência-Geral não disponha de provas suficientes para assegurar a condenação da empresa ou pessoa física por ocasião da propositura do acordo; e IV – a empresa confesse sua participação no ilícito e coopere plena e permanentemente com as investigações e o processo administrativo, comparecendo, sob suas expensas, sempre que solicitada, a todos os atos processuais, até seu encerramento. § 2º Com relação às pessoas físicas, elas poderão celebrar acordos de leniência desde que cumpridos os requisitos II, III e IV do § 1º deste artigo. § 3º O acordo de leniência firmado com o Cade, por intermédio da Superintendência-Geral, estipulará as condições necessárias para assegurar a efetividade da colaboração e o resultado útil do processo. § 4º Compete ao Tribunal, por ocasião do julgamento do processo administrativo, verificado o cumprimento do acordo: I – decretar a extinção da ação punitiva da administração pública em favor do infrator, nas hipóteses em que a proposta de acordo tiver sido apresentada à Superintendência-Geral sem que essa tivesse conhecimento prévio da infração noticiada; ou II – nas demais hipóteses, reduzir de 1 (um) a 2/3 (dois terços) as penas aplicáveis, observado o disposto no art. 45 desta Lei, devendo ainda considerar na gradação da pena a efetividade da colaboração prestada e a boa-fé do infrator no cumprimento do acordo de leniência. § 5º Na hipótese do inciso II do § 4º deste artigo, a pena sobre a qual incidirá o fator redutor não será superior à menor das penas aplicadas aos demais co-autores da infração, relativamente aos percentuais fixados para a aplicação das multas de que trata o inciso I do art. 37 desta Lei.		**CAPÍTULO VII DO PROGRAMA DE LENIÊNCIA** Art. 86. O Cade, por intermédio da Superintendência-Geral, poderá celebrar acordo de leniência, com a extinção da ação punitiva da administração pública ou a redução de 1 (um) a 2/3 (dois terços) da penalidade aplicável, nos termos deste artigo, com pessoas físicas e jurídicas que forem autoras de infração à ordem econômica, desde que colaborem efetivamente com as investigações e o processo administrativo e que dessa colaboração resulte: I – a identificação dos demais envolvidos na infração; e II – a obtenção de informações e documentos que comprovem a infração noticiada ou sob investigação. § 1º O acordo de que trata o *caput* deste artigo somente poderá ser celebrado se preenchidos, cumulativamente, os seguintes requisitos: I – a empresa seja a primeira a se qualificar com respeito à infração noticiada ou sob investigação; II – a empresa cesse completamente seu envolvimento na infração noticiada ou sob investigação a partir da data de propositura do acordo; III – a Superintendência-Geral não disponha de provas suficientes para assegurar a condenação da empresa ou pessoa física por ocasião da propositura do acordo; e IV – a empresa confesse sua participação no ilícito e coopere plena e permanentemente com as investigações e o processo administrativo, comparecendo, sob suas expensas, sempre que solicitada, a todos os atos processuais, até seu encerramento. § 2º Com relação às pessoas físicas, elas poderão celebrar acordos de leniência desde que cumpridos os requisitos II, III e IV do § 1º deste artigo. § 3º O acordo de leniência firmado com o Cade, por intermédio da Superintendência-Geral, estipulará as condições necessárias para assegurar a efetividade da colaboração e o resultado útil do processo. § 4º Compete ao Tribunal, por ocasião do julgamento do processo administrativo, verificado o cumprimento do acordo: I – decretar a extinção da ação punitiva da administração pública em favor do infrator, nas hipóteses em que a proposta de acordo tiver sido apresentada à Superintendência-Geral sem que essa tivesse conhecimento prévio da infração noticiada; ou II – nas demais hipóteses, reduzir de 1 (um) a 2/3 (dois terços) as penas aplicáveis, observado o disposto no art. 45 desta Lei, devendo ainda considerar na gradação da pena a efetividade da colaboração prestada e a boa-fé do infrator no cumprimento do acordo de leniência. § 5º Na hipótese do inciso II do § 4º deste artigo, a pena sobre a qual incidirá o fator redutor não será superior à menor das penas aplicadas aos demais co-autores da infração, relativamente aos percentuais fixados para a aplicação das multas de que trata o inciso I do art. 37 desta Lei.

§ 6º Serão estendidos às empresas do mesmo grupo, de fato ou de direito, e aos seus dirigentes, administradores e empregados envolvidos na infração os efeitos do acordo de leniência, desde que o firmem em conjunto, respeitadas as condições impostas. § 7º A empresa ou pessoa física que não obtiver, no curso de inquérito ou processo administrativo, habilitação para a celebração do acordo de que trata este artigo, poderá celebrar com a Superintendência-Geral, até a remessa do processo para julgamento, acordo de leniência relacionado a uma outra infração, da qual o Cade não tenha qualquer conhecimento prévio. § 8º Na hipótese do § 6º deste artigo, o infrator se beneficiará da redução de 1/3 (um terço) da pena que lhe for aplicável naquele processo, sem prejuízo da obtenção dos benefícios de que trata o inciso I do § 4º deste artigo em relação à nova infração denunciada. § 9º Considera-se sigilosa a proposta de acordo de que trata este artigo, salvo no interesse das investigações e do processo administrativo. § 10. Não importará em confissão quanto à matéria de fato, nem reconhecimento de ilicitude da conduta analisada, a proposta de acordo de leniência rejeitada, da qual não se fará qualquer divulgação. § 11. A aplicação do disposto neste artigo observará as normas a serem editadas pelo Tribunal. § 12. Em caso de descumprimento do acordo de leniência, o beneficiário ficará impedido de celebrar novo acordo de leniência pelo prazo de 3 (três) anos, contado da data de seu julgamento.		§ 6º Serão estendidos às empresas do mesmo grupo, de fato ou de direito, e aos seus dirigentes, administradores e empregados envolvidos na infração os efeitos do acordo de leniência, desde que o firmem em conjunto, respeitadas as condições impostas. § 7º A empresa ou pessoa física que não obtiver, no curso de inquérito ou processo administrativo, habilitação para a celebração do acordo de que trata este artigo, poderá celebrar com a Superintendência-Geral, até a remessa do processo para julgamento, acordo de leniência relacionado a uma outra infração, da qual o Cade não tenha qualquer conhecimento prévio. § 8º Na hipótese do § 6º deste artigo, o infrator se beneficiará da redução de 1/3 (um terço) da pena que lhe for aplicável naquele processo, sem prejuízo da obtenção dos benefícios de que trata o inciso I do § 4º deste artigo em relação à nova infração denunciada. § 9º Considera-se sigilosa a proposta de acordo de que trata este artigo, salvo no interesse das investigações e do processo administrativo. § 10. Não importará em confissão quanto à matéria de fato, nem reconhecimento de ilicitude da conduta analisada, a proposta de acordo de leniência rejeitada, da qual não se fará qualquer divulgação. § 11. A aplicação do disposto neste artigo observará as normas a serem editadas pelo Tribunal. § 12. Em caso de descumprimento do acordo de leniência, o beneficiário ficará impedido de celebrar novo acordo de leniência pelo prazo de 3 (três) anos, contado da data de seu julgamento.
Art. 87. Nos crimes contra a ordem econômica, tipificados na Lei nº 8.137, de 27 de dezembro de 1990, e nos demais crimes diretamente relacionados à prática de cartel, tais como os tipificados na Lei nº 8.666, de 21 de junho de 1993, a celebração de acordo de leniência, nos termos desta Lei, determina a suspensão do curso do prazo prescricional e impede o oferecimento da denúncia com relação ao agente beneficiário da leniência. Parágrafo único. Cumprido o acordo de leniência pelo agente, extingue-se automaticamente a punibilidade dos crimes a que se refere o *caput* deste artigo.	CCT EM 20 – "Art. 87 Nos crimes contra a ordem econômica, tipificados na Lei nº 8.137, de 27 de dezembro de 1990, e nos demais crimes diretamente relacionados à prática de cartel, tais como os tipificados na Lei nº 8.666, de 21 de junho de 1993 e os tipificados no art. 288 do Código Penal, a celebração de acordo de leniência, nos termos desta Lei, determina a suspensão do curso do prazo prescricional e impede o oferecimento da denúncia com relação ao agente beneficiário da leniência. Parágrafo único. Cumprido o acordo de leniência pelo agente, extingue-se automaticamente a punibilidade dos crimes a que se refere o *caput* deste artigo."	Art. 87 Nos crimes contra a ordem econômica, tipificados na Lei nº 8.137, de 27 de dezembro de 1990, e nos demais crimes diretamente relacionados à prática de cartel, tais como os tipificados na Lei nº 8.666, de 21 de junho de 1993 e os tipificados no art. 288 do Código Penal, a celebração de acordo de leniência, nos termos desta Lei, determina a suspensão do curso do prazo prescricional e impede o oferecimento da denúncia com relação ao agente beneficiário da leniência. Parágrafo único. Cumprido o acordo de leniência pelo agente, extingue-se automaticamente a punibilidade dos crimes a que se refere o *caput* deste artigo.

TÍTULO VII DO CONTROLE DE CONCENTRAÇÕES CAPÍTULO I DOS ATOS DE CONCENTRAÇÃO Art. 88. Serão submetidos ao Cade pelas partes envolvidas na operação os atos de concentração econômica em que, cumulativamente: I – pelo menos um dos grupos envolvidos na operação tenha registrado, no último balanço, faturamento bruto anual ou volume de negócios total no País, no ano anterior à operação, equivalente ou superior a R$ 400.000.000,00 (quatrocentos milhões de reais); e II – pelo menos um outro grupo envolvido na operação tenha registrado, no último balanço, faturamento bruto anual ou volume de negócios total no País, no ano anterior à operação, equivalente ou superior a R$ 30.000.000,00 (trinta milhões de reais). § 1º Os valores mencionados nos incisos I e II do *caput* deste artigo poderão ser adequados, simultânea ou independentemente, por indicação do Plenário do Cade, por portaria interministerial dos Ministros de Estado da Fazenda e da Justiça. § 2º O controle dos atos de concentração de que trata o *caput* deste artigo será prévio e realizado em, no máximo, 240 (duzentos e quarenta) dias, a contar do protocolo de petição ou de sua emenda. § 3º Os atos que se subsumirem ao disposto no *caput* deste artigo não podem ser consumados antes de apreciados, nos termos deste artigo e do procedimento previsto no Capítulo II do Título VI desta Lei, sob pena de nulidade, sendo ainda imposta multa pecuniária, de valor não inferior a R$ 60.000,00 (sessenta mil Reais) nem superior a R$ 60.000.000,00 (sessenta milhões de Reais), a ser aplicada nos termos da regulamentação, sem prejuízo da abertura de processo administrativo, nos termos do art. 69 desta Lei. § 4º Até a decisão final sobre a operação, deverão ser preservadas as condições de concorrência entre as empresas envolvidas, sob pena de aplicação das sanções previstas no §3º deste artigo. § 5º Serão proibidos os atos de concentração que impliquem eliminação da concorrência em parte substancial de mercado relevante, que possam criar ou reforçar uma posição dominante ou que possam resultar na dominação de mercado relevante de bens ou serviços, ressalvado o disposto no § 6º deste artigo. § 6º Os atos a que se refere o § 5º deste artigo poderão ser autorizados, desde que sejam observados os limites estritamente necessários para atingir os seguintes objetivos: I – cumulada ou alternativamente: a) aumentar a produtividade ou a competitividade; b) melhorar a qualidade de bens ou serviços; ou c) propiciar a eficiência e o desenvolvimento tecnológico ou econômico; e	CCT EM 21, CMA SEM 1 – "Art. 88. Serão submetidos ao Cade pelas partes envolvidas na operação os atos de concentração econômica em que, cumulativamente: SEM 37 "I – pelo menos um dos grupos envolvidos na operação tenha registrado, no último balanço, faturamento bruto anual ou volume de negócios total no País, no ano anterior à operação, equivalente ou superior a R$ 1.000.000.000,00 (um bilhão de reais); e II – pelo menos um outro grupo envolvido na operação tenha registrado, no último balanço, faturamento bruto anual ou volume de negócios total no País, no ano anterior à operação, equivalente ou superior a R$ 40.000.000,00 (quarenta milhões de reais)." § 2º O controle dos atos de concentração de que trata o *caput* deste artigo será prévio e realizado em 120 (cento e vinte) dias a contar do protocolo da petição, podendo ser prorrogado: I – por até 60 (sessenta) dias, a pedido das empresas requerentes do ato de concentração econômica, ou II – por até 90 (noventa) dias, mediante decisão fundamentada do Tribunal, em que sejam especificadas as razões para a extensão, o prazo da prorrogação, que não será renovável, e as providências cuja realização seja necessária para o julgamento do processo, ficando vedada a cumulação desse prazo com o previsto no inciso anterior. Suprima-se o § 9º	Art. 88. Serão submetidos ao Cade pelas partes envolvidas na operação os atos de concentração econômica em que, cumulativamente: I – pelo menos um dos grupos envolvidos na operação tenha registrado, no último balanço, faturamento bruto anual ou volume de negócios total no País, no ano anterior à operação, equivalente ou superior a R$ 1.000.000.000,00 (um bilhão de reais); e II – pelo menos um outro grupo envolvido na operação tenha registrado, no último balanço, faturamento bruto anual ou volume de negócios total no País, no ano anterior à operação, equivalente ou superior a R$ 40.000.000,00 (quarenta milhões de reais) § 1º Os valores mencionados nos incisos I e II do *caput* deste artigo poderão ser adequados, simultânea ou independentemente, por indicação do Plenário do Cade, por portaria interministerial dos Ministros de Estado da Fazenda e da Justiça § 2º O controle dos atos de concentração de que trata o *caput* deste artigo será prévio e realizado em 120 (cento e vinte) dias a contar do protocolo da petição, podendo ser prorrogado: I – por até 60 (sessenta) dias, a pedido das empresas requerentes do ato de concentração econômica, ou II – por até 90 (noventa) dias, mediante decisão fundamentada do Tribunal, em que sejam especificadas as razões para a extensão, o prazo da prorrogação, que não será renovável, e as providências cuja realização seja necessária para o julgamento do processo, ficando vedada a cumulação desse prazo com o previsto no inciso anterior. § 3º Os atos que se subsumirem ao disposto no *caput* deste artigo não podem ser consumados antes de apreciados, nos termos deste artigo e do procedimento previsto no Capítulo II do Título VI desta Lei, sob pena de nulidade, sendo ainda imposta multa pecuniária, de valor não inferior a R$ 60.000,00 (sessenta mil Reais) nem superior a R$ 60.000.000,00 (sessenta milhões de Reais), a ser aplicada nos termos da regulamentação, sem prejuízo da abertura de processo administrativo, nos termos do art. 69 desta Lei. § 4º Até a decisão final sobre a operação, deverão ser preservadas as condições de concorrência entre as empresas envolvidas, sob pena de aplicação das sanções previstas no §3º deste artigo. § 5º Serão proibidos os atos de concentração que impliquem eliminação da concorrência em parte substancial de mercado relevante, que possam criar ou reforçar uma posição dominante ou que possam resultar na dominação de mercado relevante de bens ou serviços, ressalvado o disposto no § 6º deste artigo. § 6º Os atos a que se refere o § 5º deste artigo poderão ser autorizados, desde que sejam observados os limites estritamente necessários para atingir os seguintes objetivos:

II – seja repassada aos consumidores parte relevante dos benefícios decorrentes. § 7º É facultado ao Cade, no prazo de 1 (um) ano a contar da respectiva data de consumação, requerer a submissão dos atos de concentração que não se enquadrem no disposto neste artigo. § 8º As mudanças de controle acionário de companhias abertas e os registros de fusão, sem prejuízo da obrigação das partes envolvidas, devem ser comunicados ao Cade pela Comissão de Valores Mobiliários – CVM e pelo Departamento Nacional do Registro do Comércio do Ministério do Desenvolvimento, Indústria e Comércio Exterior, respectivamente, no prazo de 5 (cinco) dias úteis para, se for o caso, ser examinados. § 9º O prazo mencionado no § 2º deste artigo somente poderá ser dilatado: I – por até 60 (sessenta) dias, improrrogáveis, mediante requisição das partes envolvidas na operação; ou II – por até 90 (noventa) dias, mediante decisão fundamentada do Tribunal, em que sejam especificadas as razões para a extensão, o prazo da prorrogação, que será não renovável, e as providências cuja realização seja necessária para o julgamento do processo.		I – cumulada ou alternativamente: a) aumentar a produtividade ou a competitividade; b) melhorar a qualidade de bens ou serviços; ou c) propiciar a eficiência e o desenvolvimento tecnológico ou econômico; e II – seja repassada aos consumidores parte relevante dos benefícios decorrentes. § 7º É facultado ao Cade, no prazo de 1 (um) ano a contar da respectiva data de consumação, requerer a submissão dos atos de concentração que não se enquadrem no disposto neste artigo. § 8º As mudanças de controle acionário de companhias abertas e os registros de fusão, sem prejuízo da obrigação das partes envolvidas, devem ser comunicados ao Cade pela Comissão de Valores Mobiliários – CVM e pelo Departamento Nacional do Registro do Comércio do Ministério do Desenvolvimento, Indústria e Comércio Exterior, respectivamente, no prazo de 5 (cinco) dias úteis para, se for o caso, ser examinados.
Art. 89. Para fins de análise do ato de concentração apresentado, serão obedecidos os procedimentos estabelecidos no Capítulo II do Título VI desta Lei. Parágrafo único. O Cade regulamentará, por meio de Resolução, a análise prévia de atos de concentração realizados com o propósito específico de participação em leilões, licitações e operações de aquisição de ações por meio de oferta pública.		Art. 89. Para fins de análise do ato de concentração apresentado, serão obedecidos os procedimentos estabelecidos no Capítulo II do Título VI desta Lei. Parágrafo único. O Cade regulamentará, por meio de Resolução, a análise prévia de atos de concentração realizados com o propósito específico de participação em leilões, licitações e operações de aquisição de ações por meio de oferta pública.
Art. 90. Para os efeitos do art. 88 desta Lei, realiza-se um ato de concentração quando: I – 2 (duas) ou mais empresas anteriormente independentes se fundem; II – 1 (uma) ou mais empresas adquirem, direta ou indiretamente, por compra ou permuta de ações, quotas, títulos ou valores mobiliários conversíveis em ações, ou ativos, tangíveis ou intangíveis, por via contratual ou por qualquer outro meio ou forma, o controle ou partes de uma ou outras empresas; III – 1 (uma) ou mais empresas incorporam outra ou outras empresas; ou IV – 2 (duas) ou mais empresas celebram contrato associativo, consórcio ou *joint venture*. Parágrafo único. Não serão consideradas atos de concentração, para os efeitos do disposto no art. 88 desta Lei, as transações e as negociações de ações, quotas ou outros títulos, por conta própria ou de terceiros, em caráter temporário, ou participações adquiridas para fins de revenda, desde que os adquirentes: I – não detenham o poder de determinar, direta ou indiretamente, ou ainda a capacidade de influenciar o comportamento concorrencial da empresa adquirida; ou II – apenas exerçam o direito de voto com o objetivo exclusivo de preparar a alienação, total ou parcial, da empresa adquirida, seus ativos ou dessas participações, devendo tal alienação ocorrer no prazo regulamentar.	SEM 37 – "IV – 2 (duas) ou mais empresas celebram contrato associativo, consórcio ou *joint venture*, salvo se voltados ao atendimento de um empreendimento específico e com prazo determinado. Parágrafo único. Não serão considerados atos de concentração, para os efeitos do disposto no art. 88 desta Lei, os descritos no inciso IV do *caput*, quando destinados às licitações promovidas pela administração pública direta e indireta e aos contratos delas decorrentes"	Art. 90. Para os efeitos do art. 88 desta Lei, realiza-se um ato de concentração quando: I – 2 (duas) ou mais empresas anteriormente independentes se fundem; II – 1 (uma) ou mais empresas adquirem, direta ou indiretamente, por compra ou permuta de ações, quotas, títulos ou valores mobiliários conversíveis em ações, ou ativos, tangíveis ou intangíveis, por via contratual ou por qualquer outro meio ou forma, o controle ou partes de uma ou outras empresas; III – 1 (uma) ou mais empresas incorporam outra ou outras empresas; ou IV – 2 (duas) ou mais empresas celebram contrato associativo, consórcio ou *joint venture*, salvo se voltados ao atendimento de um empreendimento específico e com prazo determinado. Parágrafo único. Não serão considerados atos de concentração, para os efeitos do disposto no art. 88 desta Lei, os descritos no inciso IV do *caput*, quando destinados às licitações promovidas pela administração pública direta e indireta e aos contratos delas decorrentes

Art. 91. A aprovação de que trata o art. 88 desta Lei poderá ser revista pelo Tribunal, de ofício ou mediante provocação da Superintendência-Geral, se a decisão for baseada em informações falsas ou enganosas prestadas pelo interessado, se ocorrer o descumprimento de quaisquer das obrigações assumidas ou não forem alcançados os benefícios visados. Parágrafo único. Na hipótese referida no *caput* deste artigo, a falsidade ou enganosidade será punida com multa pecuniária, de valor não inferior a R$ 60.000,00 (sessenta mil reais) nem superior a R$ 6.000.000,00 (seis milhões de reais), a ser aplicada na forma das normas do Cade, sem prejuízo da abertura de processo administrativo, nos termos do art. 67 desta Lei, e da adoção das demais medidas cabíveis.		Art. 91. A aprovação de que trata o art. 88 desta Lei poderá ser revista pelo Tribunal, de ofício ou mediante provocação da Superintendência-Geral, se a decisão for baseada em informações falsas ou enganosas prestadas pelo interessado, se ocorrer o descumprimento de quaisquer das obrigações assumidas ou não forem alcançados os benefícios visados. Parágrafo único. Na hipótese referida no *caput* deste artigo, a falsidade ou enganosidade será punida com multa pecuniária, de valor não inferior a R$ 60.000,00 (sessenta mil reais) nem superior a R$ 6.000.000,00 (seis milhões de reais), a ser aplicada na forma das normas do Cade, sem prejuízo da abertura de processo administrativo, nos termos do art. 67 desta Lei, e da adoção das demais medidas cabíveis.
CAPÍTULO II **DO ACORDO EM CONTROLE DE CONCENTRAÇÕES** Art. 92. A Superintendência-Geral poderá, na forma previamente fixada pelo Tribunal, antes de impugnar a operação, negociar acordo com os interessados que submetam atos a exame, na forma do art. 88 desta Lei, de modo a assegurar o cumprimento das condições legais para a respectiva aprovação. § 1º Uma vez negociado o acordo, minuta de seu inteiro teor deverá ser disponibilizada para consulta pública por prazo não inferior a 10 (dez) dias, devendo as respectivas manifestações merecer apreciação motivada. § 2º Constarão dos acordos de que trata o *caput* deste artigo as cláusulas necessárias à eliminação dos efeitos nocivos à ordem econômica, devendo ser estabelecidos prazos pré-definidos para o seu cumprimento, que será fiscalizado pela Superintendência-Geral. § 3º O descumprimento do acordo referido neste artigo implicará a revisão da respectiva aprovação pelo Cade e a abertura de processo administrativo para a adoção das demais medidas cabíveis. § 4º O Conselheiro-Relator participará do processo de negociação do acordo. § 5º O acordo negociado pela Superintendência-Geral deverá ser submetido à aprovação do Tribunal, que deliberará no prazo de 30 (trinta) dias úteis. § 6º Os prazos de que tratam os arts. 54 a 57 desta Lei ficam suspensos até a apreciação do acordo pelo Tribunal.	SEM 33 "§ 4º O Conselheiro-Relator do processo, escolhido na forma do inciso III do art. 10, participará do processo de negociação do acordo."	**CAPÍTULO II** **DO ACORDO EM CONTROLE DE CONCENTRAÇÕES** Art. 92. A Superintendência-Geral poderá, na forma previamente fixada pelo Tribunal, antes de impugnar a operação, negociar acordo com os interessados que submetam atos a exame, na forma do art. 88 desta Lei, de modo a assegurar o cumprimento das condições legais para a respectiva aprovação. § 1º Uma vez negociado o acordo, minuta de seu inteiro teor deverá ser disponibilizada para consulta pública por prazo não inferior a 10 (dez) dias, devendo as respectivas manifestações merecer apreciação motivada. § 2º Constarão dos acordos de que trata o *caput* deste artigo as cláusulas necessárias à eliminação dos efeitos nocivos à ordem econômica, devendo ser estabelecidos prazos pré-definidos para o seu cumprimento, que será fiscalizado pela Superintendência-Geral. § 3º O descumprimento do acordo referido neste artigo implicará a revisão da respectiva aprovação pelo Cade e a abertura de processo administrativo para a adoção das demais medidas cabíveis. § 4º O Conselheiro-Relator do processo, escolhido na forma do inciso III do art. 10, participará do processo de negociação do acordo. § 5º O acordo negociado pela Superintendência-Geral deverá ser submetido à aprovação do Tribunal, que deliberará no prazo de 30 (trinta) dias úteis. § 6º Os prazos de que tratam os arts. 54 a 57 desta Lei ficam suspensos até a apreciação do acordo pelo Tribunal.
TÍTULO VIII **DA EXECUÇÃO JUDICIAL DAS DECISÕES DO Cade** **CAPÍTULO I** **DO PROCESSO** Art. 93. A decisão do Plenário do Tribunal, cominando multa ou impondo obrigação de fazer ou não fazer, constitui título executivo extrajudicial.		**TÍTULO VIII** **DA EXECUÇÃO JUDICIAL DAS DECISÕES DO Cade** **CAPÍTULO I** **DO PROCESSO** Art. 93. A decisão do Plenário do Tribunal, cominando multa ou impondo obrigação de fazer ou não fazer, constitui título executivo extrajudicial.

Art. 94. A execução que tenha por objeto exclusivamente a cobrança de multa pecuniária será feita de acordo com o disposto na Lei nº 6.830, de 22 de setembro de 1980.		Art. 94. A execução que tenha por objeto exclusivamente a cobrança de multa pecuniária será feita de acordo com o disposto na Lei nº 6.830, de 22 de setembro de 1980.
Art. 95. Na execução que tenha por objeto, além da cobrança de multa, o cumprimento de obrigação de fazer ou não fazer, o Juiz concederá a tutela específica da obrigação, ou determinará providências que assegurem o resultado prático equivalente ao do adimplemento. § 1º A conversão da obrigação de fazer ou não fazer em perdas e danos somente será admissível se impossível a tutela específica ou a obtenção do resultado prático correspondente. § 2º A indenização por perdas e danos far-se-á sem prejuízo das multas.		Art. 95. Na execução que tenha por objeto, além da cobrança de multa, o cumprimento de obrigação de fazer ou não fazer, o Juiz concederá a tutela específica da obrigação, ou determinará providências que assegurem o resultado prático equivalente ao do adimplemento. § 1º A conversão da obrigação de fazer ou não fazer em perdas e danos somente será admissível se impossível a tutela específica ou a obtenção do resultado prático correspondente. § 2º A indenização por perdas e danos far-se-á sem prejuízo das multas.
Art. 96. A execução será feita por todos os meios, inclusive mediante intervenção na empresa, quando necessária.		Art. 96. A execução será feita por todos os meios, inclusive mediante intervenção na empresa, quando necessária.
Art. 97. A execução das decisões do Cade será promovida na Justiça Federal do Distrito Federal ou da sede ou domicílio do executado, à escolha do Cade.		Art. 97. A execução das decisões do Cade será promovida na Justiça Federal do Distrito Federal ou da sede ou domicílio do executado, à escolha do Cade.
Art. 98. O oferecimento de embargos ou o ajuizamento de qualquer outra ação que vise a desconstituição do título executivo não suspenderá a execução, se não for depositado, em dinheiro, em juízo o valor da multa aplicada ou prestada caução, a ser fixada pelo juízo, que garanta o cumprimento da decisão final proferida nos autos, inclusive no que tange a multas diárias. § 1º Para garantir o cumprimento das obrigações de fazer, deverá o juiz fixar caução idônea. § 2º Revogada a liminar, o depósito do valor da multa converter-se-á em renda do Fundo de Defesa de Direitos Difusos. § 3º O depósito em dinheiro não suspenderá a incidência de juros de mora e atualização monetária, podendo o Cade, na hipótese do § 2º deste artigo, promover a execução para cobrança da diferença entre o valor revertido ao Fundo de Defesa de Direitos Difusos e o valor da multa atualizado, com os acréscimos legais, como se sua exigibilidade do crédito jamais tivesse sido suspensa. § 4º Na ação que tenha por objeto decisão do Cade, o autor deverá deduzir todas as questões de fato e de direito, sob pena de preclusão consumativa, reputando-se deduzidas todas as alegações que poderia deduzir em favor do acolhimento do pedido, não podendo o mesmo pedido ser deduzido sob diferentes causas de pedir em ações distintas, salvo em relação a fatos supervenientes.	SEM 36 – "Art. 98. O oferecimento de embargos ou o ajuizamento de qualquer outra ação que vise à desconstituição do título executivo não suspenderá a execução, se não for garantido o juízo no valor das multas aplicadas ou em outro fixado pelo juiz da causa, para que se garanta o cumprimento da decisão final proferida nos autos, inclusive no que tange a multas diárias."	SEM 36 – "Art. 98. O oferecimento de embargos ou o ajuizamento de qualquer outra ação que vise à desconstituição do título executivo não suspenderá a execução, se não for garantido o juízo no valor das multas aplicadas ou em outro fixado pelo juiz da causa, para que se garanta o cumprimento da decisão final proferida nos autos, inclusive no que tange a multas diárias."
Art. 99. Em razão da gravidade da infração da ordem econômica, e havendo fundado receio de dano irreparável ou de difícil reparação, ainda que tenha havido o depósito das multas e prestação de caução, poderá o Juiz determinar a adoção imediata, no todo ou em parte, das providências contidas no título executivo.		Art. 99. Em razão da gravidade da infração da ordem econômica, e havendo fundado receio de dano irreparável ou de difícil reparação, ainda que tenha havido o depósito das multas e prestação de caução, poderá o Juiz determinar a adoção imediata, no todo ou em parte, das providências contidas no título executivo.

Art. 100. No cálculo do valor da multa diária pela continuidade da infração, tomar-se-á como termo inicial a data final fixada pelo Cade para a adoção voluntária das providências contidas em sua decisão, e como termo final o dia do seu efetivo cumprimento.		Art. 100. No cálculo do valor da multa diária pela continuidade da infração, tomar-se-á como termo inicial a data final fixada pelo Cade para a adoção voluntária das providências contidas em sua decisão, e como termo final o dia do seu efetivo cumprimento.
Art. 101. O processo de execução em juízo das decisões do Cade terá preferência sobre as demais espécies de ação, exceto *habeas corpus* e mandado de segurança.		Art. 101. O processo de execução em juízo das decisões do Cade terá preferência sobre as demais espécies de ação, exceto *habeas corpus* e mandado de segurança.
CAPÍTULO II **DA INTERVENÇÃO JUDICIAL** Art. 102. O Juiz decretará a intervenção na empresa quando necessária para permitir a execução específica, nomeando o interventor. Parágrafo único. A decisão que determinar a intervenção deverá ser fundamentada e indicará, clara e precisamente, as providências a serem tomadas pelo interventor nomeado.		**CAPÍTULO II** **DA INTERVENÇÃO JUDICIAL** Art. 102. O Juiz decretará a intervenção na empresa quando necessária para permitir a execução específica, nomeando o interventor. Parágrafo único. A decisão que determinar a intervenção deverá ser fundamentada e indicará, clara e precisamente, as providências a serem tomadas pelo interventor nomeado.
Art. 103. Se, dentro de 48 (quarenta e oito) horas, o executado impugnar o interventor por motivo de inaptidão ou inidoneidade, feita a prova da alegação em 3 (três) dias, o juiz decidirá em igual prazo.		Art. 103. Se, dentro de 48 (quarenta e oito) horas, o executado impugnar o interventor por motivo de inaptidão ou inidoneidade, feita a prova da alegação em 3 (três) dias, o juiz decidirá em igual prazo.
Art. 104. Sendo a impugnação julgada procedente, o juiz nomeará novo interventor no prazo de 5 (cinco) dias.		Art. 104. Sendo a impugnação julgada procedente, o juiz nomeará novo interventor no prazo de 5 (cinco) dias.
Art. 105. A intervenção poderá ser revogada antes do prazo estabelecido, desde que comprovado o cumprimento integral da obrigação que a determinou.		Art. 105. A intervenção poderá ser revogada antes do prazo estabelecido, desde que comprovado o cumprimento integral da obrigação que a determinou.
Art. 106. A intervenção judicial deverá restringir-se aos atos necessários ao cumprimento da decisão judicial que a determinar e terá duração máxima de 180 (cento e oitenta) dias, ficando o interventor responsável por suas ações e omissões, especialmente em caso de abuso de poder e desvio de finalidade. § 1º Aplica-se ao interventor, no que couber, o disposto nos arts. 153 a 159 da Lei nº 6.404, de 15 de dezembro de 1976. § 2º A remuneração do interventor será arbitrada pelo Juiz, que poderá substituí-lo a qualquer tempo, sendo obrigatória a substituição quando incorrer em insolvência civil, quando for sujeito passivo ou ativo de qualquer forma de corrupção ou prevaricação, ou infringir quaisquer de seus deveres.		Art. 106. A intervenção judicial deverá restringir-se aos atos necessários ao cumprimento da decisão judicial que a determinar e terá duração máxima de 180 (cento e oitenta) dias, ficando o interventor responsável por suas ações e omissões, especialmente em caso de abuso de poder e desvio de finalidade. § 1º Aplica-se ao interventor, no que couber, o disposto nos arts. 153 a 159 da Lei nº 6.404, de 15 de dezembro de 1976. § 2º A remuneração do interventor será arbitrada pelo Juiz, que poderá substituí-lo a qualquer tempo, sendo obrigatória a substituição quando incorrer em insolvência civil, quando for sujeito passivo ou ativo de qualquer forma de corrupção ou prevaricação, ou infringir quaisquer de seus deveres.

Art. 107. O juiz poderá afastar de suas funções os responsáveis pela administração da empresa que, comprovadamente, obstarem o cumprimento de atos de competência do interventor, devendo eventual substituição dar-se na forma estabelecida no contrato social da empresa. § 1º Se, apesar das providências previstas no *caput* deste artigo, um ou mais responsáveis pela administração da empresa persistirem em obstar a ação do interventor, o juiz procederá na forma do disposto no § 2º deste artigo. § 2º Se a maioria dos responsáveis pela administração da empresa recusar colaboração ao interventor, o juiz determinará que este assuma a administração total da empresa.		Art. 107. O juiz poderá afastar de suas funções os responsáveis pela administração da empresa que, comprovadamente, obstarem o cumprimento de atos de competência do interventor, devendo eventual substituição dar-se na forma estabelecida no contrato social da empresa. § 1º Se, apesar das providências previstas no *caput* deste artigo, um ou mais responsáveis pela administração da empresa persistirem em obstar a ação do interventor, o juiz procederá na forma do disposto no § 2º deste artigo. § 2º Se a maioria dos responsáveis pela administração da empresa recusar colaboração ao interventor, o juiz determinará que este assuma a administração total da empresa.
Art. 108. Compete ao interventor: I – praticar ou ordenar que sejam praticados os atos necessários à execução; II – denunciar ao Juiz quaisquer irregularidades praticadas pelos responsáveis pela empresa e das quais venha a ter conhecimento; e III – apresentar ao Juiz relatório mensal de suas atividades.		Art. 108. Compete ao interventor: I – praticar ou ordenar que sejam praticados os atos necessários à execução; II – denunciar ao Juiz quaisquer irregularidades praticadas pelos responsáveis pela empresa e das quais venha a ter conhecimento; e III – apresentar ao Juiz relatório mensal de suas atividades.
Art. 109. As despesas resultantes da intervenção correrão por conta do executado contra quem ela tiver sido decretada.		Art. 109. As despesas resultantes da intervenção correrão por conta do executado contra quem ela tiver sido decretada.
Art. 110. Decorrido o prazo da intervenção, o interventor apresentará ao juiz relatório circunstanciado de sua gestão, propondo a extinção e o arquivamento do processo ou pedindo a prorrogação do prazo na hipótese de não ter sido possível cumprir integralmente a decisão exeqüenda.		Art. 110. Decorrido o prazo da intervenção, o interventor apresentará ao juiz relatório circunstanciado de sua gestão, propondo a extinção e o arquivamento do processo ou pedindo a prorrogação do prazo na hipótese de não ter sido possível cumprir integralmente a decisão exeqüenda.
Art. 111. Todo aquele que se opuser ou obstaculizar a intervenção ou, cessada esta, praticar quaisquer atos que direta ou indiretamente anulem seus efeitos, no todo ou em parte, ou desobedecer a ordens legais do interventor será, conforme o caso, responsabilizado criminalmente por resistência, desobediência ou coação no curso do processo, na forma dos arts. 329, 330 e 344 do Decreto-Lei nº 2.848, de 7 de dezembro de 1940 – Código Penal.		Art. 111. Todo aquele que se opuser ou obstaculizar a intervenção ou, cessada esta, praticar quaisquer atos que direta ou indiretamente anulem seus efeitos, no todo ou em parte, ou desobedecer a ordens legais do interventor será, conforme o caso, responsabilizado criminalmente por resistência, desobediência ou coação no curso do processo, na forma dos arts. 329, 330 e 344 do Decreto-Lei nº 2.848, de 7 de dezembro de 1940 – Código Penal.
TÍTULO IX DISPOSIÇÕES FINAIS E TRANSITÓRIAS Art. 112. As disposições desta Lei aplicam-se aos atos ou fatos pretéritos pendentes de julgamento pelos órgãos integrantes do SBDC: I – quando for de natureza processual; II – quando deixe de defini-lo como infração; ou III – quando lhe comine sanção menos severa. § 1º Os atos ou fatos que não se enquadrarem nas hipóteses dos incisos I, II e III do *caput* deste artigo serão regidos pela lei em vigor ao tempo de sua prática. § 2º Tendo sido julgado definitivamente o ato ou fato pelos órgãos referidos no *caput* deste artigo, com decisão ainda pendente de execução, esta será revista para aplicação do disposto nos incisos II e III do *caput* deste artigo, quando for o caso.		**TÍTULO IX DISPOSIÇÕES FINAIS E TRANSITÓRIAS** Art. 112. As disposições desta Lei aplicam-se aos atos ou fatos pretéritos pendentes de julgamento pelos órgãos integrantes do SBDC: I – quando for de natureza processual; II – quando deixe de defini-lo como infração; ou III – quando lhe comine sanção menos severa. § 1º Os atos ou fatos que não se enquadrarem nas hipóteses dos incisos I, II e III do *caput* deste artigo serão regidos pela lei em vigor ao tempo de sua prática. § 2º Tendo sido julgado definitivamente o ato ou fato pelos órgãos referidos no *caput* deste artigo, com decisão ainda pendente de execução, esta será revista para aplicação do disposto nos incisos II e III do *caput* deste artigo, quando for o caso.

<table>
<tr>
<td>Art. 113. Visando a implementar a transição para o sistema de mandatos não coincidentes, as nomeações dos Conselheiros observarão os seguintes critérios de duração dos mandatos, nessa ordem:
I - 2 (dois) anos para os primeiros 2 (dois) mandatos vagos; e
II - 3 (três) anos para o terceiro e o quarto mandatos vagos.
§ 1º Os mandatos dos membros do Cade e do Procurador-Chefe em vigor na data de promulgação desta Lei serão mantidos e exercidos até o seu término original, devendo as nomeações subseqüentes à extinção desses mandatos observar o disposto neste artigo.
§ 2º Na hipótese do § 1º deste artigo, o Conselheiro que estiver exercendo o seu primeiro mandato no Cade, após o término de seu mandato original, poderá ser novamente nomeado no mesmo cargo, observado o disposto nos incisos I e II do caput deste artigo.
§ 3º O Conselheiro que estiver exercendo o seu segundo mandato no Cade, após o término de seu mandato original, não poderá ser novamente nomeado para o período subseqüente.
§ 4º Não haverá recondução para o Procurador-Chefe que estiver exercendo mandato no Cade, após o término de seu mandato original, podendo ele ser indicado para permanecer no cargo na forma do art. 16 desta Lei.</td>
<td></td>
<td>Art. 113. Visando a implementar a transição para o sistema de mandatos não coincidentes, as nomeações dos Conselheiros observarão os seguintes critérios de duração dos mandatos, nessa ordem:
I - 2 (dois) anos para os primeiros 2 (dois) mandatos vagos; e
II - 3 (três) anos para o terceiro e o quarto mandatos vagos.
§ 1º Os mandatos dos membros do Cade e do Procurador-Chefe em vigor na data de promulgação desta Lei serão mantidos e exercidos até o seu término original, devendo as nomeações subseqüentes à extinção desses mandatos observar o disposto neste artigo.
§ 2º Na hipótese do § 1º deste artigo, o Conselheiro que estiver exercendo o seu primeiro mandato no Cade, após o término de seu mandato original, poderá ser novamente nomeado no mesmo cargo, observado o disposto nos incisos I e II do caput deste artigo.
§ 3º O Conselheiro que estiver exercendo o seu segundo mandato no Cade, após o término de seu mandato original, não poderá ser novamente nomeado para o período subseqüente.
§ 4º Não haverá recondução para o Procurador-Chefe que estiver exercendo mandato no Cade, após o término de seu mandato original, podendo ele ser indicado para permanecer no cargo na forma do art. 16 desta Lei.</td>
</tr>
<tr>
<td>Art. 114. Em até 1 (um) ano da entrada em vigor desta Lei, as requerentes poderão requerer ao Tribunal, no ato de notificação de ato de concentração, a imediata concretização da operação.
§ 1° Na hipótese prevista no caput deste artigo, em até 30 (trinta) dias úteis da notificação de que trata o art. 53 desta Lei, o Tribunal deverá pronunciar-se quanto à efetivação da operação, de forma a garantir que sejam mantidas as condições de reversibilidade até a conclusão da análise da operação, nos termos estabelecidos pelo Cade.
§ 2° A Superintendência-Geral e o Tribunal analisarão os efeitos concorrenciais da operação após sua concretização, tornando-se não preclusivos os prazos de instrução estipulados por esta Lei.
§ 3º O prazo referido no caput deste artigo poderá ser prorrogado, a critério da Superintendência-Geral e do Presidente do Tribunal, enquanto a dotação de recursos financeiros e humanos consignados ao Cade, conforme dispõem os arts. 28, 123 e 124 desta Lei, forem considerados insuficientes para o objetivo de adoção das regras definidas no § 2º do art. 88 desta Lei, que não implique atrasos excessivos para a concretização de atos de concentração econômica submetidos ao Cade.</td>
<td></td>
<td>Art. 114. Em até 1 (um) ano da entrada em vigor desta Lei, as requerentes poderão requerer ao Tribunal, no ato de notificação de ato de concentração, a imediata concretização da operação.
§ 1° Na hipótese prevista no caput deste artigo, em até 30 (trinta) dias úteis da notificação de que trata o art. 53 desta Lei, o Tribunal deverá pronunciar-se quanto à efetivação da operação, de forma a garantir que sejam mantidas as condições de reversibilidade até a conclusão da análise da operação, nos termos estabelecidos pelo Cade.
§ 2° A Superintendência-Geral e o Tribunal analisarão os efeitos concorrenciais da operação após sua concretização, tornando-se não preclusivos os prazos de instrução estipulados por esta Lei.
§ 3º O prazo referido no caput deste artigo poderá ser prorrogado, a critério da Superintendência-Geral e do Presidente do Tribunal, enquanto a dotação de recursos financeiros e humanos consignados ao Cade, conforme dispõem os arts. 28, 123 e 124 desta Lei, forem considerados insuficientes para o objetivo de adoção das regras definidas no § 2º do art. 88 desta Lei, que não implique atrasos excessivos para a concretização de atos de concentração econômica submetidos ao Cade.</td>
</tr>
<tr>
<td>Art. 115. Aplicam-se subsidiariamente aos processos administrativo e judicial previstos nesta Lei as disposições do Decreto-Lei nº 5.869, de 11 de janeiro de 1973 - Código de Processo Civil e das Leis nºs 7.347, de 24 de julho de 1985; 8.078, de 11 de setembro de 1990, e 9.784, de 29 de janeiro de 1999.</td>
<td></td>
<td>Art. 115. Aplicam-se subsidiariamente aos processos administrativo e judicial previstos nesta Lei as disposições do Decreto-Lei nº 5.869, de 11 de janeiro de 1973 - Código de Processo Civil e das Leis nºs 7.347, de 24 de julho de 1985; 8.078, de 11 de setembro de 1990, e 9.784, de 29 de janeiro de 1999.</td>
</tr>
</table>

Art. 116. O art. 4º da Lei 8.137, de 27 de dezembro de 1990, passa a vigorar com a seguinte redação: "Art. 4º Constitui crime contra a ordem econômica: I – abusar do poder econômico, dominando o mercado ou eliminando, total ou parcialmente, a concorrência mediante qualquer forma de ajuste ou acordo de empresas; II – formar acordo, convênio, ajuste ou aliança entre ofertantes, visando: a) à fixação artificial de preços ou quantidades vendidas ou produzidas; b) ao controle regionalizado do mercado por empresa ou grupo de empresas; c) ao controle, em detrimento da concorrência, de rede de distribuição ou de fornecedores. Pena – reclusão, de 2 (dois) a 5 (cinco) anos e multa."(NR)		Art. 116. O art. 4º da Lei 8.137, de 27 de dezembro de 1990, passa a vigorar com a seguinte redação: "Art. 4º Constitui crime contra a ordem econômica: I – abusar do poder econômico, dominando o mercado ou eliminando, total ou parcialmente, a concorrência mediante qualquer forma de ajuste ou acordo de empresas; II – formar acordo, convênio, ajuste ou aliança entre ofertantes, visando: a) à fixação artificial de preços ou quantidades vendidas ou produzidas; b) ao controle regionalizado do mercado por empresa ou grupo de empresas; c) ao controle, em detrimento da concorrência, de rede de distribuição ou de fornecedores. Pena – reclusão, de 2 (dois) a 5 (cinco) anos e multa."(NR)
Art. 117. O art. 312 do Decreto-Lei nº 3.689, de 3 de outubro de 1941 – Código de Processo Penal, passa a vigorar com a seguinte redação: "Art. 312. A prisão preventiva poderá ser decretada como garantia da ordem pública, da ordem econômica, por conveniência da instrução criminal, ou para assegurar a aplicação da lei penal, quando houver prova da existência do crime e indício suficiente de autoria."(NR)		Art. 117. O art. 312 do Decreto-Lei nº 3.689, de 3 de outubro de 1941 – Código de Processo Penal, passa a vigorar com a seguinte redação: "Art. 312. A prisão preventiva poderá ser decretada como garantia da ordem pública, da ordem econômica, por conveniência da instrução criminal, ou para assegurar a aplicação da lei penal, quando houver prova da existência do crime e indício suficiente de autoria."(NR)
Art. 118. O art. 1º da Lei nº 7.347, de 24 de julho de 1985, passa a vigorar com a seguinte redação e a inclusão de novo inciso: "Art. 1º Regem-se pelas disposições desta Lei, sem prejuízo da ação popular, as ações de responsabilidade por danos morais e patrimoniais causados: .... V – por infração da ordem econômica."(NR)		Art. 118. O art. 1º da Lei nº 7.347, de 24 de julho de 1985, passa a vigorar com a seguinte redação e a inclusão de novo inciso: "Art. 1º Regem-se pelas disposições desta Lei, sem prejuízo da ação popular, as ações de responsabilidade por danos morais e patrimoniais causados: .... V – por infração da ordem econômica."(NR)
Art. 119. Nos processos judiciais em que se discuta a aplicação desta Lei, o Cade deverá ser intimado para, querendo, intervir no feito na qualidade de assistente.		Art. 119. Nos processos judiciais em que se discuta a aplicação desta Lei, o Cade deverá ser intimado para, querendo, intervir no feito na qualidade de assistente.
Art. 120. O disposto nesta Lei não se aplica aos casos de *dumping* e subsídios de que tratam os Acordos Relativos à Implementação do Artigo VI do Acordo Geral sobre Tarifas Aduaneiras e Comércio, promulgados pelos Decretos nºs 93.941 e 93.962, de 16 e 22 de janeiro de 1987, respectivamente.		Art. 120. O disposto nesta Lei não se aplica aos casos de *dumping* e subsídios de que tratam os Acordos Relativos à Implementação do Artigo VI do Acordo Geral sobre Tarifas Aduaneiras e Comércio, promulgados pelos Decretos nºs 93.941 e 93.962, de 16 e 22 de janeiro de 1987, respectivamente.
Art. 121. A Lei nº 8.137, de 27 de dezembro de 1990, passa a vigorar acrescida do seguinte art. 16-A: "Art. 16-A. Compete à Justiça Federal processar e julgar os crimes contra a ordem econômica previstos no *caput* e nos arts. 5º e 6º desta Lei."		Art. 121. A Lei nº 8.137, de 27 de dezembro de 1990, passa a vigorar acrescida do seguinte art. 16-A: "Art. 16-A. Compete à Justiça Federal processar e julgar os crimes contra a ordem econômica previstos no *caput* e nos arts. 5º e 6º desta Lei."

Art. 122. Ficam criados, para exercício na Secretaria de Acompanhamento Econômico e, prioritariamente, no Cade, observadas as diretrizes e quantitativos estabelecidos pelo Órgão Supervisor da Carreira, 200 (duzentos) cargos de Especialistas em Políticas Públicas e Gestão Governamental, integrantes da Carreira de Especialista em Políticas Públicas e Gestão Governamental, para o exercício das atribuições referidas no art. 1º da Lei nº 7.834, de 6 de outubro de 1989, a serem providos gradualmente, observados os limites e a autorização específica da lei de diretrizes orçamentárias, nos termos do inciso II do § 1º do art. 169 da Constituição Federal. Parágrafo único. Ficam transferidos para o Cade os cargos pertencentes ao Ministério da Justiça atualmente alocados no Departamento de Proteção e Defesa Econômica da Secretaria de Direito Econômico, bem como o DAS-6 do Secretário de Direito Econômico.	CCT EM 24 – Suprimido o parágrafo único.	Art. 122. Ficam criados, para exercício na Secretaria de Acompanhamento Econômico e, prioritariamente, no Cade, observadas as diretrizes e quantitativos estabelecidos pelo Órgão Supervisor da Carreira, 200 (duzentos) cargos de Especialistas em Políticas Públicas e Gestão Governamental, integrantes da Carreira de Especialista em Políticas Públicas e Gestão Governamental, para o exercício das atribuições referidas no art. 1º da Lei nº 7.834, de 6 de outubro de 1989, a serem providos gradualmente, observados os limites e a autorização específica da lei de diretrizes orçamentárias, nos termos do inciso II do § 1º do art. 169 da Constituição Federal.
Art. 123. Os órgãos do SBDC poderão requisitar servidores da administração pública federal direta, autárquica ou fundacional para neles ter exercício, independentemente do exercício de cargo em comissão ou função de confiança. § 1º As requisições de servidores para os órgãos referidos no *caput* deste artigo serão irrecusáveis e deverão ser prontamente atendidas, até o limite e prazo fixados na forma do art. 124 desta Lei, ressalvados os casos expressamente previstos em lei. § 2º Ao servidor requisitado na forma deste artigo são assegurados todos os direitos e vantagens a que façam jus no órgão ou entidade de origem, considerando-se o período de requisição para todos os efeitos da vida funcional, como efetivo exercício no cargo que ocupe no órgão ou entidade de origem.		Art. 123. Os órgãos do SBDC poderão requisitar servidores da administração pública federal direta, autárquica ou fundacional para neles ter exercício, independentemente do exercício de cargo em comissão ou função de confiança. § 1º As requisições de servidores para os órgãos referidos no *caput* deste artigo serão irrecusáveis e deverão ser prontamente atendidas, até o limite e prazo fixados na forma do art. 124 desta Lei, ressalvados os casos expressamente previstos em lei. § 2º Ao servidor requisitado na forma deste artigo são assegurados todos os direitos e vantagens a que façam jus no órgão ou entidade de origem, considerando-se o período de requisição para todos os efeitos da vida funcional, como efetivo exercício no cargo que ocupe no órgão ou entidade de origem.
Art. 124. Ato do Ministro de Estado do Planejamento, Orçamento e Gestão fixará o quantitativo ideal de cargos efetivos, ocupados, a serem mantidos, mediante lotação, requisição ou exercício, no âmbito do Cade e da Secretaria de Acompanhamento Econômico, bem como fixará cronograma para que sejam atingidos os seus quantitativos, observadas as dotações consignadas nos Orçamentos da União.		Art. 124. Ato do Ministro de Estado do Planejamento, Orçamento e Gestão fixará o quantitativo ideal de cargos efetivos, ocupados, a serem mantidos, mediante lotação, requisição ou exercício, no âmbito do Cade e da Secretaria de Acompanhamento Econômico, bem como fixará cronograma para que sejam atingidos os seus quantitativos, observadas as dotações consignadas nos Orçamentos da União.
Art. 125. Ficam criados, no âmbito do Poder Executivo Federal, para alocação ao Cade, os seguintes cargos em comissão do Grupo-Direção e Assessoramento Superiores - DAS: 2 (dois) cargos de natureza especial NES de Presidente do Cade e Superintendente-Geral do Cade, 7 (sete) DAS-6, 16 (dezesseis) DAS-4, 8 (oito) DAS-3, 11 (onze) DAS-2 e 21 (vinte e um) DAS-1.		Art. 125. Ficam criados, no âmbito do Poder Executivo Federal, para alocação ao Cade, os seguintes cargos em comissão do Grupo-Direção e Assessoramento Superiores - DAS: 2 (dois) cargos de natureza especial NES de Presidente do Cade e Superintendente-Geral do Cade, 7 (sete) DAS-6, 16 (dezesseis) DAS-4, 8 (oito) DAS-3, 11 (onze) DAS-2 e 21 (vinte e um) DAS-1.
Art. 126. O Poder Executivo disporá sobre a estrutura regimental do Cade, sobre as competências e atribuições, denominação das unidades e especificações dos cargos, promovendo a alocação, nas unidades internas da autarquia, dos cargos em comissão e das funções gratificadas.		Art. 126. O Poder Executivo disporá sobre a estrutura regimental do Cade, sobre as competências e atribuições, denominação das unidades e especificações dos cargos, promovendo a alocação, nas unidades internas da autarquia, dos cargos em comissão e das funções gratificadas.

Art. 127. Ficam extintos, no âmbito do Poder Executivo Federal, os seguintes cargos em comissão do Grupo-Direção e Assessoramento Superiores - DAS e Funções Gratificadas - FG: 3 (três) DAS-5, 2 (duas) FG-1 e 16 (dezesseis) FG-3.		Art. 127. Ficam extintos, no âmbito do Poder Executivo Federal, os seguintes cargos em comissão do Grupo-Direção e Assessoramento Superiores - DAS e Funções Gratificadas - FG: 3 (três) DAS-5, 2 (duas) FG-1 e 16 (dezesseis) FG-3.
Art. 128. Ficam revogadas as Leis nºs 8.884, de 11 de junho de 1994, e 9.781, de 19 de janeiro de 1999, e os arts. 5º e 6º da Lei nº 8.137 de 27 de dezembro de 1990.		Art. 128. Ficam revogadas as Leis nºs 8.884, de 11 de junho de 1994, e 9.781, de 19 de janeiro de 1999, e os arts. 5º e 6º da Lei nº 8.137 de 27 de dezembro de 1990.
Art. 129. Esta Lei entra em vigor 180 (cento e oitenta) dias após a data de sua publicação.	SEM 37 - "Art. 129. Esta Lei entra em vigor na data de sua publicação, salvo quanto aos dispositivos que disciplinam o controle prévio de apresentação de atos de concentração econômica, os quais entram em vigor 1 (um) ano após a data de sua publicação."	Art. 129. Esta Lei entra em vigor na data de sua publicação, salvo quanto aos dispositivos que disciplinam o controle prévio de apresentação de atos de concentração econômica, os quais entram em vigor 1 (um) ano após a data de sua publicação.
	CCT EM 25 - 122 A - *"As disposições desta Lei aplicam-se subsidiariamente à legislação específica e às respectivas leis de criação das agências reguladoras".*	122 A - *"As disposições desta Lei aplicam-se subsidiariamente à legislação específica e às respectivas leis de criação das agências reguladoras".*
	CCT EM 26 - *"Art. 122-B: O inciso XIX do art. 19 da Lei 9.472, de 16 de julho de 1997, passa a ter a seguinte redação:* *Art. 19...* *XIX - exercer, relativamente às telecomunicações, as competências legais em matéria de controle, prevenção e repressão das infrações da ordem econômica, ressalvadas as pertencentes ao Tribunal Administrativo de Defesa Econômica do Conselho Administrativo de Defesa Econômica - Cade;"*	*Art. 122-B: O inciso XIX do art. 19 da Lei 9.472, de 16 de julho de 1997, passa a ter a seguinte redação:* *Art. 19...* *XIX - exercer, relativamente às telecomunicações, as competências legais em matéria de controle, prevenção e repressão das infrações da ordem econômica, ressalvadas as pertencentes ao Tribunal Administrativo de Defesa Econômica do Conselho Administrativo de Defesa Econômica - Cade;"*
	CCT EM 27 - *"Art. 122-C O § 2º do Art. 7º da Lei 9.472, de 16 de julho de 1997, passa a ter a seguinte redação:* *Art. 7º.....................................* *§ 2º Os atos de que trata o parágrafo anterior serão submetidos à apreciação do Tribunal Administrativo de Defesa Econômica do Conselho Administrativo de Defesa Econômica - Cade por meio do órgão regulador."*	*Art. 122-C O § 2º do Art. 7º da Lei 9.472, de 16 de julho de 1997, passa a ter a seguinte redação:* *Art. 7º.....................................* *§ 2º Os atos de que trata o parágrafo anterior serão submetidos à apreciação do Tribunal Administrativo de Defesa Econômica do Conselho Administrativo de Defesa Econômica - Cade por meio do órgão regulador."*
	CCT EM 28 - *"Art. 122-D. A Anatel editará, em 90 dias a contar da publicação desta lei, normativo disciplinando o tempo e modo da análise de que trata o art. 7º, § 2º "*	*Art. 122-D. A Anatel editará, em 90 dias a contar da publicação desta lei, normativo disciplinando o tempo e modo da análise de que trata o art. 7º, § 2º "*

Fonte: Seae/MF

Quadro comparativo de artigos

L. 8884/94	L. 12.529
1º	1º
2º	2º
3º	4º
4º	6º
5º	7º
6º	8º
7º	9º
8º	10º
9º	11
10º	15
11	16
12	20
13	12
14	13
15	31
16	32
17	33
18	34
19	35
20	36
21	36, §3º
22 (vetado)	-
23	37
24	38
25	39
26	40/41/43
26-A	42
27	45
28 (revogado)	46
29	47
30	66
31	67
32	69
33	70
34	71
35	72
35-A	13, VI, "d"

35-B	86
35-C	87
36	9º, §3º
37	70/73
38	-
39	73/74
40	82
41	-
42	75
43	76
44	78
45	51, III/IV
46	79
47	13, XVIII/14, II
48	81
49	9º, §1º
50	9º, §2º
51	83
52	84
53	85
54	88
55	91
56	-
57	-
58	92 (vetado)
59 (revogado)	9º, §§4º e 5º
60	93
61	94
62	95
63	96
64	97
65	98
66	99
67	100
68	101
69	102
70	103
71	104
72	105

73	106
74	107
75	108
76	109
77	110
78	111
79 (vetado)	-
80	-
81	121/122
81-A	-
82 (vetado)	-
83	115
84	-
85	-
86	127
87	127
88	117
89	118
90	-
91	119
92	127
93	128

ÍNDICE